# MARXISME
## ET
# THÉORIE
## DE LA
# PERSONNALITÉ

# DU MÊME AUTEUR

L'ÉCOLE ET LA LAÏCITÉ, anthologie commentée des grands textes laïques, E.D.S.C.O., 1956.

INTRODUCTION AU LÉNINISME *(La Différence)*, deux essais : sur *Matérialisme et empiriocriticisme* de Lénine et sur *La Somme et le reste* de H. Lefebvre, Éditions sociales, 1960 (épuisé).

LA PHILOSOPHIE FRANÇAISE CONTEMPORAINE ET SA GENÈSE DE 1789 A NOS JOURS, Éditions sociales, 1962 (épuisé).

LES « DONS » N'EXISTENT PAS, *L'École et la nation*, octobre 1964 (épuisé). Repris partiellement dans *L'échec scolaire. Doué ou non doué ?* Éditions sociales, 1974.

LÉNINE ET LA SCIENCE DU XXᵉ SIÈCLE : MATÉRIALISME ET EMPIRIO-CRITICISME, Cahiers de l'Université nouvelle, octobre 1966.

MÉTHODE STRUCTURALE ET MÉTHODE DIALECTIQUE, *La Pensée*, numéro spécial sur *Structuralisme et marxisme*, octobre 1967 (épuisé).

LA THÉORIE MARXISTE DE L'INDIVIDUALITÉ HUMAINE, Cahiers de l'Université nouvelle, janvier 1968.

LE RÔLE DU PARTI COMMUNISTE FRANÇAIS DANS L'ÉDITION EN FRANCE DES CLASSIQUES DU MARXISME-LÉNINISME, dans *La fondation du P.C.F. et la pénétration des idées léninistes en France*, Éditions sociales, 1971.

BESOINS ET ALIÉNATION, dans *Problèmes de la révolution socialiste en France*, Éditions sociales, 1971.

SUR LE STRUCTURALISME, *La Nouvelle revue internationale*, nº 6 (juin 1971) et nº 7 (juillet 1971).

PSYCHANALYSE ET MATÉRIALISME HISTORIQUE, dans *Pour une critique marxiste de la théorie psychanalytique*, Éditions sociales, 1973.

SUR LA DIALECTIQUE, dans *Lénine et la pratique scientifique*, Éditions sociales, 1974.

INTRODUCTION à *Textes sur la méthode de la science économique* de Marx et Engels (édition bilingue), Éditions sociales, 1974.

ANALYSES MARXISTES DE L'ALIÉNATION : RELIGION ET ÉCONOMIE POLITIQUE, dans *Philosophie et religion*, Éditions sociales, 1974.

Y A-T-IL UNE MORALE RÉVOLUTIONNAIRE ? dans *Morale et Société* (Semaine de la pensée marxiste, janvier 1974), Éditions sociales, 1974.

LUCIEN SÈVE

# MARXISME
## ET
# THÉORIE
## DE LA
# PERSONNALITÉ

4ᵉ édition

EDITIONS SOCIALES
146, rue du Faubourg-Poissonnière, PARIS (10ᵉ)
*Service de vente* : 24, rue Racine, PARIS (6ᵉ)

# AVERTISSEMENT

*Le livre qu'on va lire est tout le contraire d'une œuvre de circonstance relevant de l'improvisation.*

*Dès le début de mon activité intellectuelle indépendante, j'ai porté aux problèmes de la psychologie un intérêt passionné. C'est en partie le désir de faire de la psychologie qui, étudiant, m'orienta en 1945 vers la philosophie — on sait que dans l'enseignement français elle comprend aussi de la psychologie — et plus tard, un certificat de licence scientifique étant exigé pour l'agrégation de philosophie, me poussa à choisir celui de psychophysiologie. Mais la psychologie existante, souvent captivante dans le détail, ne fit dans son ensemble que me décevoir : je n'y trouvai de rigueur scientifique que dans l'étude d'objets fort impersonnels, et n'y aperçus presque rien qui eût rapport concret avec les problèmes d'une vie humaine réelle, et d'abord de la mienne. C'est en marge de l'enseignement psychologique universitaire, et souvent contre lui, que je m'interrogeais sur la personnalité, en de nombreux brouillons littéraires ou philosophiques à la recherche d'une compréhension autobiographique. La Crise de la psychologie contemporaine avait été publiée en 1947 par les Éditions sociales : cette critique profonde de Politzer contribua à orienter ma réflexion vers le marxisme. Que la rigueur de son refus de la psychologie classique aboutît justement à la promesse d'une psychologie à la fois concrète et scientifique, à laquelle j'aspirais, voilà ce qui m'importait. Sur ce que Politzer détruisait comme sur ce qu'il annonçait, j'étais d'accord. La psychanalyse, à cet égard, bien que me paraissant contenir un fort noyau de vérité, m'intéressait moins que l'œuvre mal aimée de Janet, qui, malgré ses nombreuses limites, m'enthousiasmait par son sens de l'activité psychologique et du caractère historico-social de la personnalité.*

*Un tournant décisif de cette réflexion sur la psychologie résulta de ce que j'entrepris sérieusement l'étude de Lénine, à partir de 1950. A l'école de Lénine, j'acquis la conviction que ce qui viciait la conception ordinaire de l'individu c'était l'idéologie bourgeoise qui naturalise l'activité psychologique et la personnalité — que ce naturalisme prenne des formes matérialistes ou spiritualistes. Dans Lénine au contraire je croyais discerner le fondement d'une psychologie histori- quement concrète et révolutionnaire, où la vie réelle de l'individu est comprise comme intériorisation des rapports politiques. C'est pourquoi lorsque la revue marxiste de psychopathologie La Raison, dans son n° 4 (1952), présenta, en plusieurs articles, la physiologie pavlo- vienne comme la base de la véritable psychologie matérialiste, je lui envoyai une longue lettre de désaccord où je cherchais à tracer la frontière, c'est-à-dire la limite de validité, entre la science pavlovienne de l'activité nerveuse supérieure et une science de la personnalité que je voulais appuyer sur le matérialisme historique, mais qu'à cette époque je confondais en fait avec une « psychologie sociale ». C'est cette position qui s'exprime dans mon article de La Raison, « Pavlov, Lénine et la psychologie » (écrit en 1953, publié dans le n° 9-10 de décembre 1954) et mon intervention au colloque sur Lénine organisé par la revue La Pensée (« Lénine et la psychologie », La Pensée, n° 57, septembre 1954).*

*Mais, pendant ce temps, un autre tournant décisif était survenu dans ma réflexion, dont ces publications ne portent pas encore la trace : la lecture et l'étude attentives du Capital, en 1953, lecture pendant laquelle je ne me privai pas de poser au texte de Marx mes questions psychologiques. Dans de nombreuses notes demeurées à l'état de brouillon, je commençai à entrevoir un terrain spécifique pour la psychologie de la personnalité articulée sur le matérialisme historique, et j'élaborai à partir du Capital un certain nombre des concepts essentiels que met en œuvre le dernier chapitre du présent ouvrage, en particulier le concept à mes yeux crucial d'emploi du temps. Cependant nombre de connaissances indispensables en psychologie et plus encore en marxisme me faisaient défaut. Mon travail sur la psychologie se poursuivit jusqu'en 1956, mais en s'ensablant, et le cours de mes activités fit que je me consacrai princi- palement à d'autres problèmes pendant des années : la critique des déformations révisionnistes du marxisme, la dialectique, l'histoire de la philosophie française depuis le XIX<sup>e</sup> siècle.*

*En réalité, par cette logique profonde de toute recherche théorique lorsqu'elle touche à un problème vraiment fondamental et qu'elle est poursuivie pendant plusieurs dizaines d'années, chacun de ces sujets me ramenait d'une certaine façon à la théorie de la personnalité : la lutte contre les révisions droitières du marxisme et la critique de l'existentialisme posaient le problème du psychologisme, l'histoire de la philosophie française au XIX<sup>e</sup> siècle, celui du biologisme ; quant à l'étude de la dialectique, à laquelle je me consacrais de plus en plus,* *elle est le préalable épistémologique décisif à tout travail théorique qui prétend à la rigueur de la science. L'enseignement de la philosophie au lycée, à la fois par le programme de psychologie à y traiter et la pratique psychopédagogique à y développer, ne cessait lui aussi de me pousser dans le même sens. C'est pourquoi lorsque la revue* L'École et la nation *me demanda en 1962 un article sur les problèmes de rapport entre les enseignants et les parents d'élèves, j'y vis d'emblée l'occasion de revenir à l'expression publique d'un certain nombre d'idées que j'incubais depuis des années, et en particulier de reprendre la critique toujours nécessaire du physiologisme, au niveau simple et populaire, mais vraiment central, de la croyance aux « dons ». Un premier article, sommaire, publié en novembre 1962 dans* L'École et la nation, *déclencha une vive discussion, au cours de laquelle je revins plus en détail sur le problème (juin 1963), ce qui m'obligea à dépouiller une vaste bibliographie spécialisée. Après des débats intérieurs et publics très animés, je repris de nouveau la question dans un long article,* « Les « dons » n'existent pas », *(*L'École et la nation, *octobre 1964). Les critiques qui me furent adressées tenaient, à mon sens, d'une part à l'élaboration encore insuffisante de la conception de la personnalité sous-jacente à cette étude, d'autre part à la persistance, même chez des marxistes, d'illusions pseudo-matérialistes tenaces à propos de l'homme. Cependant, par rapport au sens général de l'article, c'est-à-dire la réfutation de l'idéologie bourgeoise des « dons », l'approbation de l'essentiel l'emporta nettement en fin de compte. Je crois devoir noter celle de Jean Rostand, exprimée publiquement à diverses reprises, et d'autant plus significative que, sur la foi de certains de ses écrits déjà anciens, on le tient souvent pour un défenseur de l'innéité des aptitudes intellectuelles.*

*Ces deux années de travail sur la question des « dons », en me donnant une conscience plus aiguë de tout ce qui restait à élucider au fond en matière de théorie de la personnalité, aussi bien dans mes propres conceptions que dans la bibliographie scientifique existante, furent la source directe du présent ouvrage. D'autant que l'importance véritablement centrale du problème de l'individualité humaine apparaissait à tous les points cardinaux de la recherche marxiste et des débats idéologiques : critique et dépassement des déformations dogmatiques du marxisme, comme de son altération « humaniste » ; élaboration fine du matérialisme historique et réflexion sur les modalités et finalités humaines du socialisme ; discussion des enseignements récents des sciences de l'homme et de l'antihumanisme structuraliste — tout met sans cesse davantage à l'ordre du jour cette interrogation redoutable : qu'est-ce que l'homme ? Je formai donc, au début de 1964, le projet d'un court essai où seraient avancées des hypothèses sur la manière de résoudre en profondeur cette vaste question à partir du marxisme, et dans l'été de 1964 je commençai une première rédaction, que le manque de temps et le surgissement à chaque pas de nouvelles difficultés théoriques arrêta à mi-chemin.*

*La publication en 1965 des trois livres de Louis Althusser et de ses camarades marqua une nouvelle étape dans mon travail. L'interprétation antihumaniste, au sens théorique, qui y est donnée du* Capital, *et par là de tout le marxisme, apportait à certaines thèses de mon manuscrit une confirmation éclatante, à d'autres une contradiction radicale, à toutes une nouvelle exigence d'approfondissement. Ces livres d'une richesse extrême, et la non moins riche discussion qu'ils suscitèrent, me contraignirent à élaborer de façon beaucoup plus poussée mes propres positions, en désaccord foncier bien que circonscrit avec l'antihumanisme théorique, donc à remettre entièrement mon ouvrage sur le métier, ce qui suffit à dire combien il leur est redevable. Je me mis en 1966 à une deuxième rédaction de mon livre, qui semblait devoir aboutir rapidement à sa conclusion, et dont un passage, consacré au* Capital *et aux leçons qui s'en dégagent pour la conception de l'homme, parut dans* La Nouvelle Critique *en novembre 1966. Par suite de très nombreuses difficultés, et du mûrissement subjectif comme objectif du problème, je ne pus reprendre ce travail que dans l'été de 1967, en procédant à une troisième rédaction, cette fois presque complète, à laquelle correspond le texte d'une conférence prononcée à l'Université nouvelle de Paris, en mars 1968, sur la théorie marxiste de l'individualité humaine. Le texte qu'on va lire est le fruit d'une quatrième rédaction, encore profondément remaniée, commencée en avril et menée à son terme d'août à décembre 1968.*

*Tel qu'il se présente ici, je ne me dissimule certes pas les nombreuses imperfections de ce travail. J'y aperçois dès maintenant bien des choses qui justifieraient une cinquième rédaction. Comme l'écrivait Marx à Lassalle, dans une lettre du 22 février 1858, au moment où il avait attaqué la rédaction, qu'il croyait finale, de la* Contribution à la critique de l'économie politique, *et cela est d'une criante vérité : « La chose n'avance que très lentement ; dès que l'on veut en finir avec des sujets dont on a fait depuis des années l'objet principal de ses recherches, ils ne cessent d'apparaître sous de nouveaux aspects et de vous donner des scrupules. En outre, je ne suis pas maître de mon temps, mais plutôt son valet... ». Mais il vient un moment où, du point de vue même de la poursuite de la recherche, rien n'est plus nécessaire que la critique collective, qui suppose la publication.*

*Ainsi, écrit sur la base de recherches, de publications et d'appro-fondissements successifs poursuivis pendant près de vingt ans, le livre qu'on va lire exprime un point de vue qui, de quelque façon qu'on l'apprécie, est parvenu pour l'essentiel à sa maturité. Je formule l'espoir qu'il sera lu et jugé comme tel.*

*Décembre 1968.*

Note sur la 4ᵉ édition :

La principale différence entre cette édition et la précédente consiste dans la mise à jour des traductions et des références de textes de Marx et de Gramsci, qui ont fait récemment l'objet, aux Éditions sociales, de publications nouvelles améliorées. Il s'agit, d'une part, de la *Critique du droit politique hégélien*, de Marx, de l'anthologie *Études philosophiques*, de Marx et Engels, et, d'autre part, de l'anthologie *Gramsci dans le texte*.

L. S., novembre 1975.

# CHAPITRE 1

# UNE SCIENCE
# EN GESTATION :
# LA PSYCHOLOGIE
# DE LA PERSONNALITÉ

CHAPITRE I

UNE SCIENCE
EN GESTATION :
LA PSYCHOLOGIE
DE LA PERSONNALITÉ

> « L'étroitesse d'esprit et le rétré-
> cissement dans les spécialités n'est
> jamais une bonne chose, et surtout
> lorsqu'on s'occupe de psychologie,
> il a des effets déplorables (...). Il
> faudrait au contraire être capable
> de généralisation, il faudrait être
> universel pour s'occuper d'études
> psychologiques... »
>
> Pierre JANET : *L'évolution
> psychologique de la personnalité*.
> (Éd. A. Chahine, 1929, p. 4.)

> « La psychologie ne détient nulle-
> ment le « secret » des faits humains,
> simplement parce que ce « secret »
> n'est pas d'ordre psychologique. »
>
> Georges POLITZER : *La crise
> de la psychologie contemporaine*.
> (Éd. sociales, 1947, p. 120.)

POUR qui s'attache à suivre, en marxiste, le développement de la psychologie, il semble impossible de n'en pas venir au fil des années à une vue résolument critique de la situation où elle se trouve. Cette situation, malgré les rapides progrès de la psychologie en général dans la voie de la science, est à mon sens dominée par une contradiction aiguë entre l'importance multiforme et l'immaturité persistante de ce qui semblerait pourtant en être le faîte : la théorie de la personnalité. Contradiction qui jusqu'à ces dernières années ne paraissait pas préoccuper grand monde : malgré maints indices de la présence en ce domaine de questions essentielles irrésolues, et quelques invites intéressantes à la réflexion, ne se développait pas, du moins dans les publications marxistes françaises, de discussion systématique et générale sur les fondements d'une telle théorie. Peut-être n'était-on pas toujours convaincu qu'à des marxistes doive importer extrêmement le sort de la psychologie, dont apparemment on ne trouvait pas non plus que les affaires scientifiques aillent si mal ? Si l'on en juge ainsi, c'est évident, pas de contradiction aiguë, nulle conscience d'un retard théorique intolérable, calme plat pour le débat sur les principes.

Mais la théorie a horreur du vide. Et depuis quelque temps, parties des points les plus éloignés et cheminant dans des directions diverses, plusieurs recherches marxistes en viennent à signaler, de façon implicite ou, de plus en plus souvent, explicite, cet état insatisfaisant des choses au niveau des principes en matière de théorie de la personnalité. Certains travaux publiés, d'autres, plus nombreux, annoncés, tentent de préfigurer cette théorie ou du moins d'en reconnaître les voies d'accès — qu'elles passent, selon les avis, par Freud ou par Meyerson, par Pavlov ou par Politzer, et qu'elles soient frayées par des philosophes soucieux de mettre au net les rapports entre marxisme et humanisme, des économistes, sociologues et historiens préoccupés de l'articulation du psychisme individuel avec les structures et les groupes sociaux, des artistes ou des critiques pour qui l'insertion de la création dans la biographie ne cesse de faire problème, — ou plus directement des psychologues et des psychiatres, sans doute irrités parfois de cet afflux d'amateurs dans ce qui est leur tâche professionnelle, et peu enclins à se représenter les progrès de leur science sous la forme d'un grand soir de la découverte révolutionnaire, mais qui sont parmi les premiers artisans du lent mûrissement des problèmes [1].

---

1. Je prends le parti de renoncer, dans les pages qui suivent et sauf cas d'espèce, à toute référence explicite aux travaux — marxistes notamment — dont ma recherche s'est nourrie ; cela, non par ingratitude, mais par une raison exactement contraire : la claire conscience que, dans un travail de ce genre en tout cas, dont on s'occupe sans cesse durant de longues années, la dette excède toujours les états qu'on en pourrait dresser. Dût-on les accumuler lourdement en bas de pages, les références ne seraient jamais qu'un échantillon assez arbitraire de tout ce qu'il y aurait à reconnaître. Souvent même les plus importantes sont impossibles. Ainsi une longue conversation, en janvier 1964, avec J.-J. Goblot, a marqué une phase essentielle de mon travail : qui pourrait démêler l'apport d'une telle conversation, et en quel lieu du texte il faudrait la signaler ? En vérité, la recherche la plus person-

Il semble qu'une évolution analogue se soit produite aussi en dehors du marxisme, et hors de France, avec d'évidentes interférences réciproques. Au point où nous en sommes aujourd'hui, peu de chose sans doute devrait suffire à déclencher une révolution dans l'état des questions, et en tout cas un processus de discussion concertée des fondements mêmes. Le but de ce livre est de contribuer — après d'autres — à l'ouverture d'une telle discussion, actuelle au premier chef ; et, pour que s'en aiguise le souci, d'approfondir d'abord ces deux données contradictoires : l'importance extrême de la théorie de la personnalité, et son immaturité scientifique.

nelle n'en est pas moins fondamentalement collective encore. Au fond, c'est toute une idéologie individualiste et propriétaire du travail intellectuel, tenace en philosophie, qui est ici mise en cause ; mise en cause qui déborde de très loin le cadre de cette note. Je me limiterai donc à dire tout ce que ce livre doit, fût-ce parce qu'il s'y oppose sur certains points, à nombre d'études publiées ces dernières années, notamment dans *La Nouvelle Critique*, *La Pensée*, *Économie et politique*, *Recherches internationales à la lumière du marxisme*.

# I

# UNE SCIENCE
# D'IMPORTANCE FONDAMENTALE

IMPORTANTE à un point extrême, la théorie de la personnalité ne l'est pas seulement sur le terrain et dans les limites de la psychologie, selon les raisons du spécialiste ; elle l'est de manière universelle, pour le présent et pour l'avenir des hommes. Inutile de démontrer ici longuement cette évidence. Mais que cela vaille à plus forte raison pour tous les marxistes, et pour tout le marxisme, voilà qui ne va pas de soi. Cela ne heurte-t-il pas l'idée bien enracinée qu'au contraire, du point de vue du marxisme, ce qui relève de la psychologie a nécessairement une importance subalterne ? Les raisons ne manquent pas en effet d'en juger ainsi. Schématiquement : le marxisme, c'est le matérialisme dialectique, c'est-à-dire une philosophie pour laquelle la conscience est fonction de la matière supérieurement organisée ; par conséquent l'étude neurophysiologique de cette organisation supérieure de la matière n'est-elle pas primordiale, et secondaire l'étude « psychologique » des faits de *conscience* qui lui correspondent ? Le marxisme, c'est la science matérialiste de l'histoire, dont le principe est que ce n'est pas la conscience qui détermine la vie sociale, mais la vie sociale qui détermine la conscience ; par conséquent l'étude de la vie sociale objective — c'est-à-dire avant tout la science des rapports économiques — n'est-elle pas primordiale, et secondaire l'étude « psychologique » des formes de la *subjectivité* ? Le marxisme c'est encore le socialisme scientifique, c'est-à-dire une doctrine politique, et selon le mot de Lénine la politique commence là seulement où l'on compte les hommes par millions ; par conséquent l'étude des masses — l'ensemble des sciences sociales — n'est-elle pas l'essentiel, et secondaire l'étude « psychologique » de l'*individu* ? Vérification pratique : la psychologie, n'ayant pas encore tiré au clair le problème central de la personnalité, semble bien ne pas être une science totalement adulte ; or le marxisme existe comme doctrine scientifique cohérente depuis plus d'un siècle, et il y a un demi-siècle les Bolcheviks ont pu faire victorieusement la révolution. C'est donc que la psychologie n'est pas une pièce vitale pour la théorie et la pratique marxistes, et qu'un marxiste n'a pas besoin d'attendre le psychologue pour voir clair et agir juste.

Non seulement cela ; mais il y a chez les marxistes de grandes réserves de *méfiance* à l'égard de la psychologie. La psychologie, ils ont été payés pour le savoir, c'est souvent, depuis Maine de Biran et Victor Cousin jusqu'à certains aspects du behaviorisme et du freudisme, le biais par quoi l'idéologue introduit ses conceptions bourgeoises, par quoi l'idéaliste tente de réviser dans un sens subjectiviste le matérialisme historique et le socialisme scientifique. A la limite, que les choses n'aillent pas fort au point de vue de la science dans tel ou tel domaine de la psychologie, un marxiste pourrait être tenté de trouver cela non seulement secondaire, mais presque dans l'ordre naturel des choses. Au fond, la psychologie ne serait-elle pas dans l'âme une *fausse science* ? N'inclinerait-elle pas toujours, comme par vocation, vers la manière idéaliste et dépolitisée d'aborder les problèmes humains ? La physiologie, et à plus forte raison la physiologie pavlovienne, matérialiste et progressiste par essence, voilà une robuste science de l'homme, vérification-modèle du marxisme, et qui ne menace pas — on l'a cru longtemps — de nous faire des embardées vers l'idéalisme réactionnaire, vers l'individualisme bourgeois. Mais aussi bien, avec le pavlovisme, n'est-ce pas la physiologie de l'activité nerveuse supérieure qui *supplante* révolutionnairement la ci-devant psychologie ? Allons plus loin, et en même temps plus près de certains débats philosophiques récents : le marxisme, dans son acte de fondation, n'implique-t-il pas la fin de toute psychologie ? Si l'essence humaine, ainsi que l'écrit Marx dans la *VIᵉ Thèse sur Feuerbach*, « n'est pas une abstraction inhérente à l'individu isolé », mais si « dans sa réalité elle est l'ensemble des rapports sociaux », toute psychologie, au sens ordinaire du mot, en cherchant le secret de l'homme psychique *là où il ne peut pas être : dans les individus*, et se voulût-elle la plus concrète, n'est-elle pas imprégnée par définition d'humanisme spéculatif, et ne retombe-t-elle pas fatalement en deçà de la science marxiste, et de la vérité ?

Toutes ces réticences, voire ces refus, ici trop brièvement évoqués, je les tiens pour injustifiés en fin de compte, et j'en donnerai mes raisons. Il n'empêche qu'ils reposent sur une expérience historique et une réflexion critique parfaitement valables dans le principe, et que je n'ai aucune intention de déprécier. Au contraire, même ; car s'il est vrai, comme je le pense, que la science psychologique n'est pas encore parvenue à complète maturité — c'est-à-dire que dans sa représentation de l'individu humain elle est encore inégalement et incomplètement dégagée de l'idéologie — quoi d'étonnant à ce qu'elle ne puisse pour l'heure satisfaire tout à fait un marxiste ; et tout spécialement lorsqu'il en attend, non pas la seule étude des fonctions psychiques prises à part, mais bien davantage *la compréhension de la structure et du développement des personnalités humaines prises dans leur ensemble et sans restriction* — ce qui est, je le souligne pour prévenir les malentendus, le point de vue même où se place d'un bout à l'autre ce travail. Seulement, si les problèmes théoriques que posent la constitution et la croissance des personnalités humaines ne sont pas encore tout à fait mûrs, cette immaturité de fait ne prouve évidemment rien contre leur importance en droit, mais bien plutôt souligne la responsabilité des chercheurs marxistes eux-mêmes dans leur nécessaire maturation. Ne pas le comprendre, ce serait tourner non sans ridicule dans ce cercle vicieux : parce qu'une psychologie encore partiellement prise dans l'idéologie ne donne pas toute satisfaction, on ne prend pas la peine de travailler à l'en émanciper, et parce qu'elle ne s'en émancipe pas on y voit la confirmation qu'elle n'en vaut pas la peine. Ce cercle vicieux de la coupable inattention est mis à mal par trois sortes de faits irrécusables.

**1. Psychologie et politique.** Bien que cela dérange l'idée simple — et, pour une part, juste — selon laquelle s'opposent la manière politique et la manière psychologique d'aborder un problème, il n'est pas rare que ce soient justement les luttes politiques qui, d'elles-mêmes, posent inexorablement des problèmes psychologiques. Autrement dit, et cette remarque conduirait beaucoup plus loin qu'on ne la suit d'ordinaire, plus d'un problème politique consiste, du moins en partie, en un problème psychologique qui se pose pour des millions d'hommes. Dans de tels cas, il faut convenir, en toute rigueur marxiste, que la bataille politique ne peut être menée jusqu'au bout, ni même parfois tout simplement menée, que dans la mesure où elle peut s'appuyer sur une psychologie réellement scientifique.

Soit l'exemple, hautement important à tous égards, de la lutte des forces démocratiques françaises contre la politique du pouvoir

gaulliste en matière scolaire telle qu'elle s'est développée dans les
années 1960 avec le « plan Fouchet ». Le problème pouvait d'abord
sembler étranger à la psychologie : du point de vue financier,
l'école sacrifiée à la force de frappe atomique et plus généralement
à une répartition des masses budgétaires selon les intérêts des
monopoles — du point de vue politique et idéologique, la formation de la jeunesse livrée de plus en plus au patronat, aux forces
de réaction. Mais cela n'épuise pas encore l'essentiel. Ce qu'il y
avait aussi, et plus au fond, c'est le vaste dessein de réformer
tout le système d'enseignement en l'adaptant de façon plus étroite
non pas aux exigences démocratiquement conçues du développement national, mais aux stricts besoins en main-d'œuvre du grand
capital, engagé dans une concurrence intermonopoliste acharnée
— c'est-à-dire en faisant fi du droit à la culture chez la masse des
enfants du peuple — aggravant par conséquent les inégalités
sociales, et cela bien entendu non pas de façon ouverte au nom
d'une politique de classe, mais sous le prétexte « objectif » que la
plupart d'entre eux ne sont pas assez « doués » pour exercer ce
droit. Voyez comme je suis démocrate, dit le défenseur d'une telle
politique : les aptitudes seules seront prises en considération pour
orienter les enfants, l'un vers les études courtes et les emplois
subalternes, l'autre vers les études longues et les fonctions élevées.
Il « oublie » seulement de dire — entre autres choses — comment
l'inégalité des capacités intellectuelles, dans la mesure incontestable où on la constate, est elle-même massivement prédéterminée
par l'inégalité des conditions sociales et son réseau d'effets en
chaîne. Ainsi la sélection *selon* les aptitudes, profondément opposée à l'effort multiforme d'une école démocratique vers la promotion de tous *malgré* l'effet des inégalités de classe, revient-elle à
faire endosser à la « nature » la responsabilité d'une politique de
malthusianisme culturel et de discrimination sociale.

> « Il y a deux pyramides, déclare avec aplomb, sur
> le ton de l'évidence, un des penseurs de cette poli-
> tique : celle de la société qui, avec sa hiérarchie, cor-
> respond à la nature. Puis il y a aussi la pyramide des
> aptitudes. Les deux pyramides ont par définition le
> même contour. Le problème est simplement de les
> faire coïncider [1]. »

---

1. J. CAPELLE : *Le Nouveau Candide*, n° 229, 13-19 septembre 1965,
« Tout doit changer dans l'enseignement », avec J. Rueff, L. Armand,
M. Demonque, P. Uri, p. 35.

Ici, par conséquent, la politique du capital monopoliste s'incarne dans une manœuvre *pédagogique* de grand style. Or la pédagogie, qu'on le veuille ou non, c'est à la fois, inséparablement, politique et psychologie.

Pour aller jusqu'au fond des choses dans la critique d'une telle politique, il faut donc faire aussi de la psychologie — de la psychologie *scientifique*. Car, si la théorie psychologique de l'innéité foncière des inégalités intellectuelles, théorie « populaire » s'il en est, théorie « évidente » même pour des gens instruits, si cette théorie profondément mystificatrice était exacte, on pourrait reprocher bien des choses à une telle politique scolaire, et en particulier l'insuffisance criante des efforts pour compenser, dans un esprit démocratique, l'inégalité « naturelle » des intelligences. Mais il y a une chose contre laquelle il ne faudrait rien dire, contre laquelle on serait un utopiste ou un démagogue de rien proposer dans le sens du projet Langevin-Wallon, et, au-delà, dans le sens d'une école socialiste : c'est le *principe même* — présenté comme la conséquence obligée de cette inégalité « naturelle » et « éternelle » par définition — d'une discrimination entre les privilégiés d'un enseignement long et les sacrifiés d'un enseignement court ; c'est-à-dire qu'il faudrait accepter, dans sa base, précisément le pire de tous les aspects de la politique scolaire conforme aux vœux du grand capital. Ainsi la réfutation de l'idéologie bourgeoise des « dons » intellectuels, la théorie scientifique de la formation des capacités intellectuelles — qui implique en dernier ressort toute la théorie de la personnalité — loin d'être luxe intellectuel ou superfétation douteuse de l'argumentation politique, est une partie essentielle de l'affaire elle-même. Quant à la défense et illustration, et demain à l'application, d'un plan vraiment démocratique de réforme de l'enseignement, conforme aux principes posés il y a vingt ans par la commission Langevin-Wallon [1], elles seraient tout simplement impossibles si l'on négligeait les considérants psychologiques, car sans eux on ne pourrait voir ce plan tel qu'il est : non pas seulement un plan « généreux » mais un plan réaliste ; non pas seulement un plan démocratique mais un plan scientifique. Posons même la question : songe-t-on toujours assez que, si le mouvement français pour une école démocratique a eu le point d'appui du plan Langevin-Wallon, cette arme *politique*

---

1. Cf. les propositions du Parti communiste français pour une réforme démocratique de l'enseignement, dans *Reconstruire l'école*, Éditions sociales, 1973.

inestimable, il le doit pour une large part aux progrès faits avant
la guerre par la *psychologie* scientifique française, sous l'impulsion
de grands savants matérialistes comme Wallon et Piéron — qui
devaient jouer plus tard, personnellement, un rôle considérable
dans l'élaboration de ce plan ?

Cet exemple est l'un des plus nets qu'on puisse donner de l'importance politique concrète de la psychologie, à laquelle un marxiste, tout particulièrement, ne peut pas ne pas réfléchir. Peut-être
même apparaîtra-t-il comme trop probant pour n'être pas un cas
d'espèce, une exception ? Grave erreur. C'est en réalité un exemple
de valeur générale, comme on le verrait sans doute mieux si l'on
se préoccupait plus souvent de réfléchir dans cette direction.
Considérons, en un domaine plus central encore, l'économie politique, et les luttes revendicatives de première importance qu'elle
éclaire. Il peut sembler d'abord que là non plus la psychologie
n'ait rien à voir, mieux : que la manière psychologique d'aborder
ces questions soit foncièrement erronée. Et c'est vrai en un sens :
métamorphoser en problèmes psychologiques les contradictions
économiques est un des tours de passe-passe classiques de l'idéologie bourgeoise. Pourtant, un problème économique aussi crucial que celui de la paupérisation absolue, par exemple, exige
qu'on élucide complètement les problèmes psychologiques du
*besoin* — concept essentiel de la théorie de la personnalité. En
effet, si la conception abstraite, non historique des besoins, dont
Marx plus profondément que personne a montré toute la fausseté,
était exacte, la paupérisation absolue des travailleurs, cette réalité
criante du capitalisme aujourd'hui même, ne pourrait aucunement
être mise en évidence, puisqu'elle signifie que la tendance foncière
du développement économique est de leur rendre de plus en plus
difficile la satisfaction, non pas de besoins « éternels » — les pré-
tendus besoins « éternels » ne sont en fait que les besoins d'hier
transfigurés en abstractions immuables — mais des besoins qui se
développent et se diversifient objectivement avec les conditions
de travail et avec la société elle-même [1]. Autant les mystifications
psychologiques ordinaires sur les « dons », en masquant les vraies
causes, et les vrais responsables, de la masse sans cesse accrue
des retards et des échecs scolaires, entravent l'essor des luttes
populaires pour une école démocratique, autant les mystifications
psychologiques ordinaires sur les besoins, rapportés à une prétendue

---

1. Cf. par exemple sur ce point K. MARX : *Travail salarié et capital*,
Éd. sociales, 1968, p. 34 et suivantes.

nature humaine immuable et détachés des conditions sociales qui
les déterminent, en obscurcissant les voies et les effets de l'exploitation capitaliste et en suscitant l'illusion d'un progrès automa-
tique des conditions de vie des travailleurs avec le progrès des
forces productives, nuisent de façon tangible au développement
des luttes contre la politique économique et sociale du pouvoir des
monopoles. Ici aussi il y a matière à méditation, pour un marxiste, sur la profondeur des liens qui existent entre psychologie
et politique, sur l'importance de la théorie de la personnalité du
point de vue des luttes politiques concrètes.

Qu'on réfléchisse encore, dans le même esprit, et s'il est besoin
d'autres exemples, au rôle de la psychologie — au rôle que *devrait*
jouer une psychologie *pleinement* scientifique — dans l'effort de
démystification idéologique et le renforcement des luttes politiques au niveau de tous les problèmes de *rapports* entre groupes
sociaux — « relations humaines » dans l'entreprise, rapports entre
« races », entre « sexes », entre « générations », etc. — par exemple,
dans ce dernier cas, en élucidant jusqu'au bout, conjointement
avec le travail d'analyse politique, tant de variations psychologiques trompeuses, mais qu'il ne suffit pas d'ignorer, autour de la
notion d'*adolescence*. Ou encore : ne faudrait-il pas attaquer davantage aussi par ce biais d'une théorie scientifique du développement (et de l'inégalité de développement) de la personnalité, qui
n'éloignerait pas du fond politique des choses, mais au contraire
concourrait à le dégager, le tenace culte du chef, la superstition
du grand homme miraculeux, voire une certaine mythologie du
« génie » dont les prestiges doivent être dissipés pour que s'aiguise
l'exigence démocratique ? Plus généralement, comment donner
au mouvement politique des masses toute sa puissance sans travailler au développement universel de la prise de conscience et
par conséquent sans engager la lutte contre chaque foyer de mystification idéologique ? Or comment, sans une conception scientifique de la personnalité, livrer bataille, non en des escarmouches
de détail, mais en une puissante campagne d'ensemble, à cet
énorme massif de superstitions — l'un des plus énormes et sans
doute des plus caractéristiques de notre temps — qui s'étend de
la vieille psychologie fruste et résignée des croyances familiales à
l' « atavisme », aux « bosses » et aux « tares » de l'esprit et du cœur,
jusqu'à la psychologie « moderne » et péremptoirement abêtis-
sante d'allure testologique ou caractérologique que répandent les
hebdomadaires illustrés et les flots de vulgarisation scientifique de
bas étage ; de la psychologie quotidiennement émolliente des

romans-photos, des courriers du cœur et des feuilletons télévisés *made in USA*, à la psychologie savamment mystificatrice de *Sélection* ou de *Planète* ; des sommets nuageux de l'austère psychologie des manuels spiritualistes et de l'humanisme éthique aux abîmes de celle des horoscopes, de la presse astrale et de votre guide zodiacal — sans parler de bien d'autres — massif extraordinaire, inextricable de superstitions de niveaux divers, qui bouchent de toute part la compréhension de la vie réelle, favorisent toutes les mises en condition, et plus simplement, plus essentiellement encore, maintiennent de larges masses dans l'inconscience des vrais problèmes et des vraies données psychologiques. Or — les pages qui suivent se proposent de l'établir — si l'on ne comprend rien à la vie psychologique on ne peut rien comprendre vraiment à l'homme. Et si l'on ne comprend rien à l'homme on ne comprend rien à rien.

**2. Psychologie et anthropologie.** Cette dernière remarque conduit à examiner le problème sur un plan plus théorique. Jusqu'ici la psychologie ne paraît importer au marxisme qu'en pratique et comme au détail : tel aspect de la théorie de la personnalité importe pour telle ou telle lutte politique, voire pour la lutte politique en général. Mais il y a bien plus : la théorie de la personnalité dans son ensemble est impliquée de façon nécessaire dans le tout scientifique cohérent que constitue le marxisme, et le secteur qu'elle y occupe est aujourd'hui décisif pour le développement de la recherche. Que cette théorie soit à la fois exigée et suggérée par le matérialisme dialectique et historique, c'est ce qui sera longuement examiné dans le prochain chapitre ; du moins est-il d'emblée visible que si, pour Marx, la révolution socialiste est certaine, c'est bien que l'aiguisement des contradictions caractéristiques des *rapports de production* capitalistes est éprouvé de façon intolérable par les exploités dans leur existence même en tant qu'*individus*, et que, selon une formule très remarquable de *L'idéologie allemande*, les prolétaires doivent « renverser (l') État pour réaliser leur personnalité [1] ». C'est dire à quel point de profondeur, qu'il faudra exactement repérer, psychologie de la personnalité, matérialisme historique, socialisme scientifique doivent avoir partie liée. Mais il faut bien reconnaître que la théorie marxiste de cette liaison n'est pas

---

1. K. MARX et F. ENGELS : *L'idéologie allemande*, Éd. sociales, 1968, p. 96. Cf. aussi pp. 320 et 416.

encore faite de manière claire et convaincante. Et que cette question, ou plus exactement ce vaste ensemble de questions, se trouve
occuper aujourd'hui un lieu proprement stratégique dans la
recherche du marxisme et des sciences de l'homme, il n'est que de
regarder autour de soi pour s'en convaincre. Depuis des années,
et sans doute pour longtemps encore, la grande affaire, le nœud
des problèmes — qu'il s'agisse des hypothèses ou des objections
des marxistes ou de ceux qui ne le sont pas — c'est, pour employer
sous bénéfice d'inventaire une terminologie répandue, celle des
*médiations* entre la marche générale de la société — dont le matérialisme historique est la théorie de plus en plus largement admise,
sinon toujours bien comprise — et la vie des individus. Et la théorie
de ces médiations pose en premier lieu, cela va de soi, tous les
problèmes du fondement de la psychologie.

C'est ce qu'exprimait par exemple Sartre dans le préambule de
sa *Critique de la raison dialectique*. Il y reprochait vivement aux
marxistes de s'en tenir à des schémas socio-politiques passe-
partout, de se débarrasser du particulier, de ne pas « approfondir
les hommes réels », mais de « les dissoudre dans un bain d'acide
sulfurique [1] ». Le résultat, ajoutait-il,

> « c'est qu'il a entièrement perdu le sens de ce qu'est
> un homme : il n'a, pour combler ses lacunes, que
> l'absurde psychologie pavlovienne [2] ».

Et c'est ainsi qu'il pensait justifier, malgré sa profession d'attachement au matérialisme historique, sa fidélité à l'existentialisme ; car l'existentialisme, écrivait-il,

> « entend, sans être infidèle aux thèses marxistes,
> trouver les médiations qui permettent d'engendrer
> le concret singulier, la lutte réelle et datée, la per-
> sonne à partir des contradictions *générales* des forces
> productives et des rapports de production [3] ».
> « Et d'autres, *ajoutait-il plus loin d'une façon qui
> ne peut pas ne pas faire réfléchir*, d'autres, tant que le
> marxisme s'y refusera, tenteront le coup à sa place [4]. »

---

1. SARTRE : *Critique de la raison dialectique*, Gallimard, 1960, p. 37.
2. *Ouvrage cité*, p. 58.
3. *Ibidem.*, p. 45.
4. *Ibidem.*, p. 58.

Naturellement, il y a bien des choses à répondre à Sartre — beaucoup l'ont été, et j'y reviendrai. Cependant, il n'y a aucun doute que nombre d'intellectuels reprennent ou reprendraient à leur compte non pas certes toujours les thèses, mais du moins le souci formulé ici par Sartre dans son vocabulaire, parce que, même si l'on établit que ce vocabulaire est inadéquat, la question qui est posée à travers lui n'a pas pour autant reçu réponse. C'est ainsi que G.-G. Granger, dans *Pensée formelle et sciences de l'homme*, critiquait lui aussi la typologie pavlovienne en tant que pseudo-solution de la détermination par concepts de l'individuel et écrivait :

> « La doctrine pavlovienne, bien loin de pouvoir représenter l'état définitif d'une psychologie marxiste de la personnalité — *définitif* et *marxiste* constituant déjà une contradiction dans les termes — ne doit être considérée que comme une première étape, tout à fait valable en tant que réaction contre l'immobilisme des caractérologies « idéalistes », mais absolument insuffisante et « mécaniste » dans le contexte actuel [1]. »

Il ne serait pas difficile de multiplier les citations. Il semble donc bien y avoir, pour le moment encore, *une lacune réelle à l'endroit de la théorie de la personnalité qui convient au matérialisme historique :* c'est là le fait fondamental. Et il ne paraît pas déraisonnable de penser qu'il y a dans une telle lacune à la fois — si on la tient pour contingente et provisoire — l'occasion des incessantes tentatives de « compléter » le marxisme, dans une perspective plus ou moins spiritualiste, par un humanisme spéculatif, et — si au contraire on la considère comme structurelle et définitive — l'une des sources d'une interprétation antihumaniste qui, aux confins du structuralisme, en vient à récuser, avec la légitimité théorique du concept d'homme, le bien-fondé de toute « psychologie » — au profit d'une relecture de Freud. Mais cette deuxième orientation de la recherche, par un détour, nous ramène tout comme la première à l'exigence cruciale de tirer au clair sur le terrain du marxisme les problèmes de constitution d'une *anthropologie scientifique*, dont la théorie de l'individualité humaine concrète est en tout état de cause une pièce maîtresse.

1. G.-G. GRANGER : *Pensée formelle et sciences de l'homme*, Aubier, 1960, p. 199.

Est-il besoin de souligner combien pourrait être importante une telle mise au clair, comme « médiation », précisément, entre des masses d'intellectuels, de chercheurs des sciences humaines, — et le marxisme, comme preuve pertinente que le ralliement sans réserve au marxisme n'implique, sur le plan théorique pas plus que sur le plan pratique, aucun oubli, ni de l'homme, ni des exigences de la rigueur scientifique ? Dans les préoccupations théoriques, dans la sensibilité culturelle d'un grand nombre d'intellectuels — notamment de gauche — l'attitude face aux problèmes de la conception concrète des individus humains apparaît désormais comme un test majeur d'une conception du monde authentiquement vivante, scientifiquement adéquate, politiquement engageante — ou non. Critère légitime. Or chez nombre d'intellectuels de gauche, engagés dans le processus extrêmement complexe d'alliance ou de ralliement à la classe ouvrière, de passage sur les positions du matérialisme historique et du socialisme scientifique, le fait que le marxisme n'offre pas aujourd'hui de façon claire et cohérente une théorie de l'individu concret, ni par conséquent des très nombreux problèmes qui en dépendent, joue un rôle objectivement négatif. Il alimente les tentatives perpétuellement infécondes, mais sans cesse renaissantes, de croiser le marxisme avec des théories de l'individualité, des vues anthropologiques, éthiques et esthétiques connexes qui se sont formées sur une base complètement étrangère au marxisme, voire contre lui, et plus ou moins gauchies pour les besoins de la cause, mais dont l'essence non marxiste demeure, ce qui perpétue chez ces masses d'intellectuels une dichotomie profonde de la réflexion, une faille de la conscience théorique par lesquelles pénètre en dernière analyse l'idéologie de la classe dominante. Bien entendu les causes ultimes de cet état de choses sont à chercher en dehors de la sphère de l'idéologie. Mais il n'est nullement indifférent que le retard d'élaboration de la théorie de la personnalité et par conséquent de l'anthropologie scientifique par le marxisme puisse favoriser la persistance d'une conjoncture idéologique dans laquelle l'évolution vers les positions de la classe ouvrière, chez un grand nombre d'intellectuels, se trouve freinée par une fixation mal surmontée en ce domaine à des positions théoriques mystificatrices.

Encore n'est-ce pas là le plus essentiel. Le plus essentiel, c'est que l'élucidation scientifique réelle des questions définies plus haut serait avant tout pour le marxisme lui-même une inestimable conquête théorique. D'abord pour mettre à jour de manière effective, et positive, des comptes encore regrettablement arriérés,

du moins en partie, sur ses registres : depuis ceux de la psychanalyse, du pavlovisme comme psychologie ou de la notion de
drame chez Politzer, jusqu'à celui, multiforme, du structuralisme
anthropologique. Conquête inestimable aussi pour élaborer plus
avant, et plus scientifiquement, au-delà d'optiques subjectives,
d'immenses questions dans lesquelles l'incertitude de la théorie
de la personnalité fait un goulot d'étranglement : les rapports
entre nécessité historique et liberté individuelle, entre psychologie
et épistémologie, éthique, esthétique. Conquête inestimable
encore, et peut-être par-dessus tout, pour assurer une compréhension juste du marxisme, puisque de la place qu'on attribue, ou
qu'on refuse, à l'*homme* dans sa conception d'ensemble, et de
l'idée qu'on a de la théorie de la subjectivité, ou de l'individualité,
qu'il commande, dépend foncièrement l'intelligence qu'on a de
ses principes mêmes, jusqu'à engager d'éventuelles sollicitations
dans le sens d'une régression vers l'humanisme philosophique
dont il est sorti, ou au contraire d'une réduction à certaines thèses
scientifiques qu'il a produites. Conquête capitale, en bref, pour
*achever* — en un sens sur lequel on reviendra attentivement — la
conception marxiste de l'homme. Cela donne la mesure de l'importance que revêt aujourd'hui, parmi toutes les sciences, et pour
un marxiste, celle de la personnalité humaine.

**3. Vue sur l'avenir**
**de la psychologie**
**de la personnalité.**

Aujourd'hui... — Mais combien plus
grande encore apparaît son importance
si nous nous tournons vers le futur !
Science concrètement nécessaire dans
mainte lutte politique présente, secteur maintenant crucial de la
recherche théorique, la psychologie, au sens général indiqué plus
haut, est, bien davantage encore, une science d'avenir, une science
dont le rôle ne peut que croître immensément avec la conquête
d'une authentique démocratie, le passage au socialisme, l'épanouissement du communisme. Qu'on essaie par exemple de se
représenter l'ampleur et la diversité des problèmes psychologiques que posera l'application d'une réforme réellement démocratique de l'enseignement, avec tout ce qu'elle impliquera d'efforts
multiformes pour le développement des capacités chez chaque
enfant, d'ingéniosité dans la mise sur pied d'un vaste système de
rattrapage, de bouleversement des vieux rapports entre enseignants, élèves et parents, d'épanouissement des formes de liberté
individuelle au sein d'une collectivité scolaire démocratique, etc.
— et par conséquent aussi d'approfondissement des problèmes

théoriques de la pédagogie. Or à cette énorme demande en matière de théorie psychologique fondamentale, qui résultera de la réforme de l'enseignement, s'en adjoindront d'autres, non moins énormes, venant de la mise en œuvre d'un vaste plan de développement de la production et par conséquent de la recherche rationnelle de stimulants économiques, ou des problèmes d'urbanisme qui se poseront de façon aiguë avec la réorientation vers les masses travailleuses de la politique du logement, ou de la politique des loisirs, ou de la refonte nécessaire de l'attitude de millions de gens à l'égard de l'État, du bien public, de la loi, de la justice, etc., dont le sens objectif sera en voie de transformation radicale. En vérité on est pris de vertige lorsqu'on tente de se représenter les rythmes de progrès qu'imposeront à la science de la personnalité les transformations démocratiques de la France de demain.

Mais ce n'est rien encore. Pour en apprécier l'importance future, c'est beaucoup plus loin en avant qu'il faut porter l'attention, jusqu'au communisme. A-t-on assez remarqué à cet égard que lorsque les classiques du marxisme définissent et analysent la société communiste, interviennent parmi leurs concepts clefs nombre de concepts psychologiques qui soudain, de façon fort insolite pour qui dédaignerait la psychologie, prennent figure de *forme supérieure* de catégories économiques et politiques ? Ainsi de la définition même de la répartition dans la société communiste, caractérisée non plus par le principe : à chacun selon son travail, comme dans le socialisme, mais par le principe : à chacun selon ses besoins — définition où le concept de *besoin* (et du besoin de chacun, du besoin *personnel*) se trouve promu au rang de catégorie économique cardinale. Ainsi encore du dépérissement de l'État dans le communisme, et dont Lénine montre que ce qui le remplace, dans sa fonction de gouvernement des hommes, c'est de plus en plus l'*habitude*, forme supérieure de la démocratie devenue intégrale. Ici un concept psychologique est haussé au niveau d'une catégorie politique absolument centrale. De manière plus générale, on peut dire qu'après l'ère multimillénaire où la croissance des personnalités était, du moins pour la masse des hommes, essentiellement subordonnée aux impératifs économiques et politiques de la classe dominante, et subordonné aussi par conséquent le point de vue psychologique, dans le communisme le rapport enfin se renverse, et, la maxime effective de cette société pouvant être, pour la première fois : tout pour l'homme, c'est l'optimum de croissance des personnalités à un stade donné du développement des forces productives et de la culture qui tend à devenir l'impératif (et l'instrument) dominant de la société. Ce qui revient à dire que le communisme assure — mais aussi exige — une promotion théorique et pratique inouïe de la psychologie, en tant que science du développement des personnalités humaines. Ici, me semble-t-il, nous touchons au fond même des raisons pour lesquelles la psychologie doit être considérée par le marxisme comme une discipline capitale. S'il est vrai qu'une psychologie *scientifique* est en principe pour les individus humains le moyen théorique de prendre en main leur propre croissance psychique, alors la science psychologique n'est pas seulement un *instrument* essentiel pour le communisme, en tant que processus général de l'émancipation humaine : *elle en fait organiquement partie.* Poussons plus loin encore, et nous voyons qu'achève de se renverser l'hégémonie millénaire de la politique sur la psychologie : car la politique elle-même passera, mais la psychologie ne passera pas. Dans le communisme réalisé, le parti communiste se dissoudra, sa tâche historique étant achevée, mais la tâche de formation des personnalités humaines ne dépérira pas, et tout au contraire. On aperçoit déjà ici pourquoi on ne peut pas être d'accord du tout avec l'idée malheureusement répandue que le marxisme se serait édifié en oubliant — ou en récusant — la personnalité humaine et la science dont elle doit faire l'objet. On a mal lu et compris Marx si on le pense.

Mais sans doute, sans aucun doute, si la psychologie de la personnalité, du point de vue de la *conception fondamentale*, a sa place faite d'avance, par définition, dans la théorie marxiste — une place qu'on s'attachera à définir avec rigueur — comme *science positive* de la personnalité, elle n'a pas suivi jusqu'à maintenant le prodigieux essor de la science marxiste de la société. Et c'est fâcheux pour le communisme ; car d'une certaine façon le communisme commence aujourd'hui. Nous avons mieux compris en effet ces dernières années combien de temps un peuple paie ses retards, dans tous les ordres, y compris les retards que lui a fait prendre un régime dont il s'est libéré, et lors même qu'il travaille d'arrachepied à se mettre à jour. Dans ce que nous faisons et dans ce que nous ne faisons pas, aujourd'hui même en France, se prépare déjà de façon concrète, et inexorable, le visage de notre communisme futur. Ne voit-on pas alors combien gravement ce serait hypothéquer cet avenir que de ne pas s'employer à constituer sans tarder la théorie authentiquement scientifique de la personnalité et de son développement ? Au train dont va l'histoire, on ne peut se défendre du sentiment aigu que nous sommes déjà en retard. Quant aux mécomptes que réserverait ce retard, s'il n'était rattrapé, et pour la construction même du socialisme, de profondes réflexions critiques développées ces dernières années en Union soviétique et dans d'autres pays socialistes nous ont aidés à nous en faire une idée, qu'il s'agisse de problèmes aussi divers que ceux de la planification économique, de la formation de la jeune génération ou de l'affermissement de la conception matérialiste du monde — et plus largement encore du sens même de la vie. De plus en plus souvent, nous avons lu, sous la plume de chercheurs marxistes de ces pays, des remarques comme celles-ci :

> « C'est un des paradoxes de l'époque actuelle que pour conduire une automobile par exemple il faille subir des épreuves assez sévères, alors que l'éducation des enfants, le choix d'un conjoint ou le mode de vie sont laissés pour l'essentiel au libre arbitre et à l'ignorance de millions de gens, lesquels, bien souvent, recherchent en vain un conseil et une aide dans toutes sortes de fausses pratiques (...). Les rapports mutuels entre les hommes ont des implications beaucoup plus nombreuses, satisfont beaucoup plus de besoins qu'on ne le supposait à l'origine dans la théorie de la société socialiste. Il y intervient en particulier une liaison complexe entre l'économie, le moral et le politique, le problème de l'égalité et de l'inégalité au sens large, de la supériorité et de la subordination, de l'autorité, du collectivisme, de l'individualisme, les problèmes de la rivalité, de l'émulation, de l'appréciation que l'on a de soi et des autres et de toute la gamme des jugements de valeur moraux, politiques et économiques. S'il se révèle aujourd'hui impossible, dans la théorie économique, de conserver le système de prix et les critères de formation des prix jusqu'à présent en vigueur, le problème de l'évaluation des hommes, de leurs qualités et de leurs rapports, est à plus forte raison encore plus pressant. Dans ce domaine, bien plus essentiel encore que l'évaluation des diverses catégories de marchandises, la spontanéité, l'empirisme, le subjectivisme et les conjectures erronées les plus diverses règnent en maîtres [1]. »

---

1. Jiri CVEKL : « *Le facteur humain* », *Recherches internationales*, nº 55, 1966, pp. 161 et 166.

Mais en même temps, et par contraste, nous saisissons plus concrètement qu'hier les extraordinaires possibilités d'avenir auxquelles l'essor de la science de la personnalité est lié de façon intime. S'il est vrai que pour l'humanité les plus grandes libérations du passé — et souvent du présent encore — sont des libérations de caractère élémentaire : libération de la faim, de l'insécurité, de l'oppression et de la violence bestiale — on entrevoit, à une étape supérieure du développement, l'arrivée à l'ordre du jour d'une immense libération de niveau plus élevé : la libération de l'anarchie et du rabougrissement dans la croissance psychique, non plus seulement pour une petite minorité, mais pour tous les hommes. En d'autres termes, s'il est vrai que le communisme substituera au gouvernement des hommes l'administration des choses, on peut dire aussi, semble-t-il, que par le même mouvement, à la priorité de la production des choses il substituera celle de la formation des hommes eux-mêmes. C'est là le plein sens de la formule de Marx et d'Engels sur le saut du règne de la nécessité à celui de la liberté que le communisme rendra possible aux hommes :

> « ce sera la domination pleinement développée de l'homme sur les forces naturelles, sur la nature proprement dite aussi bien que sur sa nature à lui [1] ».

Bien entendu ce n'est pas la psychologie prise à part qui pourra jamais donner cette maîtrise de l'homme sur sa propre « nature » : c'est le communisme. Mais ce n'est pas le communisme pris à part non plus : c'est le communisme *s'incorporant la science de la personnalité devenue adulte*. Rien ne souligne mieux quel aveuglement il y aurait pour un marxiste à la dédaigner.

---

1. K. MARX : *Fondements de la critique de l'économie politique*, Éd. Anthropos, 1967, t. I, p. 450.

# II

# UNE SCIENCE
# INCOMPLÈTEMENT FORMÉE

E N somme, si l'idée peut d'abord surprendre, il n'est pourtant
pas difficile de montrer que la théorie de la personnalité a
pour le marxisme lui aussi une importance de premier plan —
même si cela fait surgir nombre de questions qu'il faudra examiner
avec soin. En revanche, quand je dis que, si importante dans le
présent et pour l'avenir, la psychologie de la personnalité, c'est-à-
dire le cœur même de la psychologie en général, n'est toujours pas
cependant une science vraiment *adulte*, cette affirmation a des
chances de passer pour éminemment vague, subjective, indémontrable — présomptueuse, qui plus est, sous la plume d'un profane
en psychologie : d'un philosophe.

Pour ce qui est de la présomption, et plus essentiellement des
droits et pouvoirs du philosophe marxiste en matière de psychologie, je reviendrai plus loin sur cette question cruciale. Mais quant
au jugement selon lequel la psychologie de la personnalité n'est pas
encore une science vraiment adulte, c'est tout autre chose qu'un
jugement d'humeur. Le caractère adulte d'une science est un fait
précis, objectif, démontrable. Les critères en peuvent être tirés de
l'histoire des sciences et de la théorie de la connaissance à la fois.
Ainsi l'économie politique avant Marx n'était pas entièrement
adulte ; avec son œuvre elle l'est devenue. Cela veut dire qu'elle a
élaboré de façon définitive ses organes essentiels, et par suite qu'elle
a été en mesure de produire tout ce qu'on attend d'une telle science.
Et quels sont ces organes essentiels d'une science ? Une *définition*,
par laquelle on saisit avec exactitude l'essence propre de son objet
— et, liée à cette définition, la méthode adéquate pour étudier cet
objet ; des *concepts de base*, par lesquels on exprime les éléments
principaux, et surtout les contradictions déterminantes, de cette
essence — organes qui permettent de rechercher avec chance de

succès les *lois fondamentales de développement* de l'objet étudié, et de conduire par là, pour autant que cela dépend de cette science, à le maîtriser en théorie et en pratique, ce qui est le but de toute l'entreprise scientifique. Définition et méthode, concepts de base, lois fondamentales de développement, parvenus à un point de vérité qui met fin à la période des tâtonnements préalables — voilà des critères précis, objectifs, démontrables, du caractère adulte d'une science.

Sous aucun de ces rapports la psychologie de la personnalité — ni par conséquent, en toute rigueur, le champ d'ensemble de la psychologie, ou si l'on préfère *des* sciences psychologiques — n'apparaît comme pleinement adulte. Ce n'est pas là l'opinion téméraire d'un amateur, c'est celle même des psychologues de profession dans leur généralité. « Science en plein essor, mais encore très jeune » — telle est sans doute l'appréciation qui revient le plus fréquemment dans les bilans et les diagnostics des spécialistes. Et cette jeunesse, c'est-à-dire en fait cette immaturité persistante, se manifeste dès l'abord dans l'incertitude où se trouve encore la psychologie dans la question la plus vitale pour toute science : celle de la définition rigoureuse de son objet, du découpage cohérent de son terrain, donc de la saisie de l'essence même de ce dont elle veut constituer la science.

**1. Problèmes de définition.** Dans leur importante déclaration commune de mai 1957, cinq parmi les plus éminents psychologues soviétiques, tout en soulignant leur accord sur nombre de points importants, reconnaissaient l'existence entre eux « de divergences sérieuses sur toute une série de questions théoriques, en particulier sur celles qui concernent l'objet de la psychologie [1] ». On ne risque guère de trouver de contradicteurs en disant que la situation est, aujourd'hui encore, analogue chez les psychologues français — et même, sans doute, à considérer seulement ceux qui se réclament du marxisme. N'est-elle pas identique dans le monde entier ? Il y a justement là, depuis plusieurs décennies, une particularité hautement remarquable de la psychologie : elle avance à pas rapides dans l'étude de son objet, mais elle ne sait pas encore de façon exacte en quoi consiste cet objet.

En 1929, dans l'une de ses dernières conférences sur *L'évolution psychologique de la personnalité*, Pierre Janet disait :

---

1. *La Raison*, n⁰ 19, 3ᵉ trimestre 1957, p. 98.

> « La conception d'une science est toujours une chose très difficile et très vague. On fait presque toujours les études scientifiques sans bien savoir ce que l'on fait et sans bien savoir vers quoi on se dirige. Cette difficulté me paraît surtout manifeste quand il s'agit de la science psychologique, la plus nouvelle et la plus mouvante des sciences d'aujourd'hui [1]. »

Trente ans plus tard, Henri Wallon qualifiait la psychologie de « science dont le domaine est encore confus et les méthodes plus ou moins incertaines [2] », et René Zazzo écrivait dans le même esprit :

> « La psychologie s'est développée bien avant qu'elle n'ait été capable de se définir, et la courbe croissante de ses acquisitions et les acquisitions des sciences voisines n'ont pas constitué progressivement, graduellement, une véritable définition [3]. »

Plus récemment, Jean Piaget, dans *Sagesse et illusions de la philosophie*, et bien qu'il y défende de bout en bout contre la tutelle impénitente des philosophes le statut majeur de la psychologie, ne faisait pas de difficulté pour reconnaître « le caractère encore lacunaire de cette science encore jeune », et pour citer, en l'approuvant, cette affirmation de Paul Fraisse :

> « Le domaine qu'elle a conquis est de plus en plus large, mais il est à peine défriché [4]. »

D'autres vont plus loin encore. A la question opportunément directe : qu'est-ce que la psychologie ? Michel Foucault répondait :

> « Il est de notoriété publique que le statut scientifique de la psychologie, d'abord n'est pas bien établi, et ensuite n'est pas clair du tout [5]. »

Et ailleurs, avec un détachement édifiant : « Je ne pense pas qu'il faille essayer de définir la psychologie comme science [6]. »

---

1. P. JANET : *L'évolution psychologique de la personnalité*, p. 535.
2. H. WALLON : « *Fondements métaphysiques ou fondements dialectiques de la psychologie ?* », *La Nouvelle Critique*, n° 100, novembre 1958, p. 141.
3. R. ZAZZO : *Les jumeaux, le couple et la personne*, P. U. F., 1960, t. I, p. 22.
4. J. PIAGET : *Sagesse et illusions de la philosophie*, P. U. F., 1965, p. 254.
5. *Philosophie et psychologie*, émission de la télévision scolaire, 6 mars 1965.
6. Fiche pédagogique de l'émission citée, p. 1.

C'est donc bien, semble-t-il, au nom de la collectivité des psycho-logues tout entière que, dans son discours inaugural à leur XVIIIe Congrès, à Moscou, en août 1966, le professeur A. Léontiev, après avoir noté que « la psychologie traverse une période de développement impétueux », ajoutait :

> « Ces progrès incontestables ne devraient pas cependant cacher de sérieuses difficultés face aux-quelles la psychologie mondiale se trouve encore de nos jours. Ces difficultés concernent l'interprétation théorique des faits accumulés, l'édification d'un *sys-tème* de la science psychologique. Certes, on ne saurait — à l'instar de Nicolas Lange au début de notre siècle — comparer un psychologue moderne à Priam assis sur les ruines de Troie. De nos jours, le psychologue serait plutôt un *constructeur* ayant devant lui d'abon-dants matériaux de qualité supérieure, et, ce qui plus est, des ensembles finis, mais ne disposant pas d'es-quisse générale d'un tout architectural des plus compliqués qu'il a à ériger. Ce contexte ne serait-il pas la source de cette impression d'anarchie régnant dans la théorie psychologique ? [1] »

Ces quelques textes, auxquels il serait fastidieux, mais facile d'en ajouter beaucoup d'autres, mettent bien en évidence le point essentiel : si la psychologie, tout en réalisant d'énormes progrès, est demeurée dans l'ensemble jusqu'ici une science incomplètement adulte, c'est que ces progrès n'ont pas encore été décisifs dans la question dont tout dépend : celle du *plan d'ensemble de son domaine*, du *découpage cohérent de ses objets*. Et c'est bien pourquoi aussi l'immaturité théorique s'y trouve très inégalement répartie : peu sensible, sinon contestable, dans l'étude de telle ou telle forme de comportement prise à part, elle est à son comble là justement où il s'agit de l'ensemble, là où convergent tous les problèmes fonda-mentaux, dans la théorie de la personnalité. Sur ce point non plus il ne s'agit pas là d'une vue de l'esprit : c'est l'avis général des gens de métier. Il suffit par exemple pour s'en convaincre de prendre connaissance des actes du Symposium de l'Association de psycho-logie scientifique de langue française, tenu à Liège en 1964, sur la

---

1. A. Léontiev : « *Discours d'inauguration au XVIIIe Congrès inter-national de psychologie* », *Bulletin de psychologie*, décembre 1966, p. 236.

question des modèles de la personnalité en psychologie. Dès le début de son rapport, M^me de Montmollin met en avant

> « l'idée qu'aucun modèle actuel de la personnalité ne rend compte, simultanément et de façon cohérente, de tous les aspects du problème [1] ».

Il y a plus, comme le souligne, parmi d'autres, F. Bresson :

> « On est d'abord frappé par une hétérogénéité : entre l'analyse factorielle des traits et la psychanalyse, entre les théories psycho-pathologiques et les analyses de K. Lewin, on ne voit guère de traits communs. Si nous avions eu des rapports sur la typologie pavlovienne ou sur celle de Sheldon, sur les théories issues de Hull ou de Tolman, cette hétérogénéité eût été encore accrue. Le seul trait commun semble être le terme « personnalité », mais nous pouvons douter qu'il recouvre une même signification dans ces différents cadres [2]. »

Allons plus loin encore : la "personnalité" est-elle bien un objet réel de science ? La chose paraît douteuse à plusieurs.

> « J'ai parlé de modèle de la personnalité, *déclare D. Lagache*, pour m'aligner sur le sujet proposé aux rapporteurs de ce Congrès. Je me demande cependant si les milieux psychologiques ne sont pas dominés par le culte de la personnalité. Je dirai, quant à moi, que la personnalité comme telle n'existe pas : ce qui existe, ce sont des réseaux de relations. Mais la personnalité elle-même n'est qu'un modèle [3]. »

Et L. Canestrelli d'ajouter que la personnalité « est une construction de notre esprit [4] ». Les théories de la personnalité ne sont-elles pas alors de pures constructions idéologiques ? R. Pagès le pense :

> « Les idéologies caractérologiques et personnologiques sont des traits adaptatifs de certaines sociétés. C'est dans le même sens qu'Ash et Bruner ont raison

---

1. *Les modèles de la personnalité en psychologie*, P. U. F., 1965, p. 11.
2. *Ibid.*, pp. 134 et 135.
3. *Ibid.*, p. 133.
4. *Ibid.*, p. 137.

d'étudier les cadres sémantiques de la représentation d'autrui et les théories implicites de la personnalité qui s'y révèlent. Notre psychologie scientifique de la personnalité est une partie, plus ou moins différenciée, des idéologies à la fois normatives et cognitives qui règlent ces traitements [1]. »

Et P. Pichot à son tour estime que les modèles de la personnalité

« pourraient être considérés comme un reflet des modèles sociaux. Il y a probablement plus qu'une boutade dans la remarque que le modèle factoriel hiérarchique de Spearman ne pouvait naître qu'en Grande-Bretagne, où suivant la formule traditionnelle, tel le facteur g, *the Queen is the fountain of honours,* alors que le modèle « démocratique » de Thurstone reflétait la conception américaine de la société [2] ».

C'est J. Nuttin qui tire la conclusion la plus claire, semble-t-il, de tout ce débat, en déclarant :

« Ce n'est pas rendre un service à la science que de se croire « arrivé » alors qu'on n'a pas encore pu aborder scientifiquement les vrais problèmes dans toute leur complexité. On a quelquefois l'impression que c'est bien dans cette phase de défrichement préliminaire que l'on se trouve actuellement en psychologie de la personnalité [3]. »

Ainsi, de l'avis des psychologues eux-mêmes, la psychologie de la personnalité se trouve aujourd'hui encore aux prises avec des problèmes irrésolus dans la question primordiale de la détermination de son objet, de la délimitation de son terrain. *De quoi au juste veut-on faire la théorie lorsqu'on entreprend de construire la théorie de la personnalité ?* Il est clair que, tant qu'une question à ce point décisive n'aura pas reçu de réponse satisfaisante, la psychologie de la personnalité en restera au « défrichement préliminaire » — et le *système* même de la science psychologique en général, selon le mot de Léontiev, demeurera en sursis.

---

1. *O. c.*, p. 161.
2. *Ibid.*, p. 171.
3. *Ibid.*, p. 145. Ce jugement fournit également à J. Nuttin la conclusion de son livre *La structure de la personnalité*, P. U. F., 1965, p. 255.

Mais il y a pis : à les considérer dans leur plus grande généralité, les problèmes de définition en matière de psychologie de la personnalité semblent bien n'être pas seulement des problèmes irrésolus mais des problèmes insolubles. Posons d'abord, pour nous en tenir au plus élémentaire, celui de la spécificité de l'étude *psychologique* de la personnalité par rapport à son approche *biologique*, au sens le plus large de l'adjectif. Autrement dit posons la question générale de la définition du *psychisme* en tant qu'objet distinct de science, et étoffe supposée de la personnalité, quant à sa délimitation d'avec l'objet des recherches neuro- et physiopsychologiques. On peut à cet égard chercher à tracer la frontière de trois manières, qui épuisent toutes les possibilités théoriques, et qui pourtant, semble-t-il, conduisent toutes à des impasses.

*a*) Ou bien l'on définit le psychisme comme une activité — ou tout autre terme analogue — *essentiellement distincte* de l'activité nerveuse qui lui correspond. Dans ce cas, il n'y a aucun moyen d'éviter le dualisme spiritualiste de l'« âme » et du « corps », l'idéalisme, au sens marxiste du mot. Une telle définition, quelles que puissent être ses variantes « modernes », n'est qu'un avatar de la vieille conception métaphysique de la psychologie comme « science de l'âme », conception définitivement insoutenable dans l'état actuel des connaissances, et pour un marxiste plus évidemment que pour personne.

*b*) Ou bien l'on définit au contraire le psychisme comme une activité qui n'est en fait *pas autre chose* que l'activité nerveuse. Dans ce cas il n'y a aucun moyen d'éviter la volatilisation de la psychologie au profit des sciences biologiques. Dans le meilleur des cas il s'agira d'une volatilisation à terme, laissant provisoirement une psychologie sans statut assignable vagabonder sur les jachères de la science matérialiste future. La physiologie, dira-t-on par exemple, n'est pas en état pour le moment d'aborder sur son terrain certains aspects très complexes du psychisme, ce qui donne du sursis au bricolage psychologique. Mais inexorablement viendra l'heure du complet investissement de l'étude du psychisme humain par *la vraie psychologie matérialiste*, c'est-à-dire la neurophysiologie de l'activité « psychique ». Certains interprètes du pavlovisme ont soutenu dans le passé ce point de vue liquidateur à l'égard de toute psychologie entendue comme science foncièrement autonome par rapport à la physiologie nerveuse. Les mécomptes auxquels ce physiologisme a conduit, sa stérilité au point de vue psychologique, le tort qu'il a causé en fin de compte au matérialisme lui-même — et on verra bien pourquoi par la suite — tous ces inconvénients sont tels qu'il est permis de douter qu'il trouve aujourd'hui des adeptes parmi les gens informés, et qui pensent.

*c*) Il ne reste plus alors qu'une issue : c'est, tout en affirmant *l'unité* du psychologique et du physiologique, du subjectif et de l'objectif, de soutenir que psychologie et neurophysiologie n'en sont pas moins des *sciences distinctes à titre définitif* parce qu'elles étudient cet objet *unique* qu'est le psychisme *sous deux angles différents*. Il semble alors qu'on ait fait un grand pas vers la solution. Malheureusement, le dilemme précédent se représente, dans des termes qui n'ont pas été modifiés de façon radicale pour avoir été déplacés : cette différence d'angle est-elle *différence subjective* des points de vue pris sur un objet purement un, ou au contraire différence fondée sur une *distinction réelle* au sein de cet objet ? Dans le premier cas, de quelque façon qu'on s'y prenne, il sera impossible de justifier l'existence définitive de la psychologie comme science distincte de la neurophysiologie. La seule science concevable d'un objet *un*, et exclusivement un, est elle-même une science une. A une étude psychologique enfermée par définition dans les limites d'un point de vue parcellaire sur le psychisme, et qui fait subjectivement abstraction de son aspect neurophysiologique — c'est-à-dire tout simplement, dans l'hypothèse envisagée, de la *réalité effective* en quoi consiste l'activité psychique — on préférera nécessairement, et on s'efforcera de substituer, une étude unitaire complète qui sache ne faire abstraction d'aucun de ses aspects, c'est-à-dire en d'autres termes une « neurophysiopsychologie » qui sache se hausser au rang de science matérialiste unique du psychisme humain.

C'est ce qui apparaît bien chez le psychologue même qui a sans doute poussé le plus loin la réflexion sur ce problème. Au tome III de son *Épistémologie génétique*, Piaget soutient que les rapports entre psychologie et physiologie sont ceux de « deux langages à traduire l'un dans l'autre » : « le langage idéaliste et implicateur » pour la première, et le « langage réaliste ou causal » pour la seconde. Or, même si l'on admet les présupposés sur lesquels repose une telle vue, il reste que cette dualité « parallèle » et « isomorphe » des langages psychologique et physiologique suppose *l'unité d'un même texte*. Mais alors la *dualité* des lectures de ce texte unique reste en dernière analyse contingente, et ne sera par conséquent que provisoire. Piaget l'admet . on ne peut exclure, écrit-il, qu' « un jour la neurologie et la psychologie s'assimilent réciproquement ou constituent une science commune

telle qu'est la « chimie physique »... [1] ». Disons que cela paraît
même inévitable. Dans ces conditions la psychologie, étape provisoire dans la constitution d'une science générale unique du psychisme humain, ne peut être considérée en elle-même comme
science indépendante. Bref, par un grand détour, et comme à
reculons, on se condamne à retomber dans l'impasse *b*), et la définition de la psychologie apparaît comme une tâche impossible.

Sans doute, dans la vie concrète de la science, et de façon partiellement empirique, une division du travail s'est-elle développée
et cristallisée, qui semble trancher pratiquement ce nœud gordien
théorique ; dans l'activité quotidienne des disciplines ainsi cons-
tituées, ces problèmes irrésolus de frontière, c'est-à-dire plus profondément de saisie rigoureuse de l'essence des objets étudiés, ne
se manifestent pas toujours de façon voyante. Mais quand les
choses vraiment sérieuses commencent — par exemple quand
il faut tirer au clair le concept énigmatique de personnalité —
l'irrésolution des questions théoriques primordiales, le caractère
technique, pragmatique, c'est-à-dire au fond idéologique du
découpage du champ, réapparaissent au premier plan, et l'on
constate que malgré une grande activité de recherche on n'a pas
dépassé en fait la phase du « défrichement préliminaire ». C'est
ainsi que lors du Symposium de Liège sur les modèles de la personnalité en psychologie, un neurophysiologiste, J.-R. Paillard,
vint regretter « l'absence d'expression dans ce Symposium du
point de vue biologique », souhaiter l'ouverture d'un dialogue
et la recherche d'un langage commun entre psychologues — ou
psychanalystes — et neurophysiologistes [2]. Que lui répond-on ?
Rien. Tout au plus D. Lagache lui rappelle qu'« il importe de
conserver présente à l'esprit à l'heure actuelle la spécificité des
domaines et des méthodes respectives » — spécificité dont la
théorie reste absolument problématique en droit — et renvoie la
perspective d'un rapprochement « sur des modèles généraux » au
moment où la physiologie aura « porté son attention sur les stimuli
internes [3] ». Bref, en présence de cette question véritablement
fondamentale, on se retranche derrière un simple état de fait,
dont on ne parvient pas à établir clairement le droit, et qui est
précisément l'indice de ce que la psychologie en général, et la

---

1. J. PIAGET : *Introduction à l'épistémologie génétique*, P. U. F., 1950,
t. III, pp. 177 et suivantes.
2. *Les modèles de la personnalité en psychologie*, p. 168.
3. *Ibid.*, p. 172.

psychologie de la personnalité en particulier, n'a pas encore pu accéder à une définition pleinement adulte d'elle-même, de ce côté-ci de son terrain.

C'est cette insurmontable difficulté qu'on pourrait éviter — dernière possibilité théorique, on le notera — en justifiant la dualité des angles de vue psychologique et physiologique par une *dualité objective au sein du psychisme lui-même*. Mais comme dans le même temps, soucieux d'écarter absolument l'idéalisme de l'hypothèse *a)*, on soutient *l'unité essentielle* du psychisme, cela revient à dire que le psychisme est conçu comme étant à la fois, et dans son essence, unité et dualité. C'est là une conception qui, dans sa forme logique, n'est pas du tout inadmissible. Elle signifie tout simplement que les rapports entre l'objet d'une psychologie indépendante et l'activité nerveuse sont des rapports de distinction réelle au sein d'une unité, ce qui est le cas en toute contradiction dialectique. Malheureusement il ne suffit pas qu'un énoncé soit formellement acceptable pour qu'il ait un sens scientifique concret. Or, autant qu'on sache, l'effort pour donner à cette formulation abstraite une signification scientifique claire et convaincante n'a abouti à aucun résultat décisif : *la nature exacte de cette propriété du psychisme qui le distinguerait qualitativement de l'activité nerveuse, bien qu'il ne soit rien d'autre qu'elle, se dérobe jusqu'ici.* C'est dire qu'il reste à comprendre comment l'étude du psychisme pourrait être en un sens entièrement épuisée — du moins en droit — par la physiologie, et comment il pourrait en même temps subsister un terrain objectivement spécifique d'étude pour une psychologie autonome. Bref, c'est l'impasse. Il va de soi que tout ce qui précède pourrait être dit, et vaut aussi, dans la même mesure, au sujet des méthodes : de l'approche neurologique à l'approche clinique en passant par les diverses modalités de l'expérimentation sur le comportement, on trouve les mêmes ambiguïtés et les mêmes contradictions.

Il ne semble pas que la situation soit plus favorable si l'on examine les problèmes de définition de la personnalité du côté des rapports entre psychologie et sciences sociales, et cela pour des raisons analogues : là encore la distinction réelle au sein de l'unité dialectique demeure passablement obscure. On peut d'abord, en effet, *détacher* la personnalité des conditions sociales dans lesquelles elle se forme, mais par là on se prive de tout moyen de rendre compte de sa *socialité* foncière, on s'enferme dans une conception irrémédiablement abstraite, non historique de l'individualité, que ce soit sous la forme d'un spiritualisme de la per-

sonne ou d'un biologisme du tempérament : dans tous les cas,
l'historicité essentielle de la personnalité échappe. On peut alors,
à l'inverse, se laisser aller à *résorber* la personnalité dans les données
sociales, mais par là on échoue à rendre compte de la *singularité*
concrète de chaque individu, si ce n'est en la virant au compte
du hasard, c'est-à-dire en s'avérant incapable de comprendre son
caractère essentiel — ou à celui des « données biologiques », c'est-à-
dire en retombant dans l'erreur opposée — et on verse dans un
sociologisme qui ne peut en aucune façon livrer accès à une théorie
*psychologique* de la personnalité. En somme, de même que s'il
n'y a rien dans le psychisme qui ne soit activité nerveuse, il faut
bien pourtant que d'une certaine façon il s'en distingue si du moins
l'on doit accorder à la psychologie un objet spécifique, il n'y a
rien non plus dans la personnalité qui ne soit social, et pourtant
il faut bien que sa singularité soit comprise comme essentielle
si la psychologie de la personnalité n'est pas une fausse science.
Autrement dit, la notion d'*individualité sociale* étant une contradiction dans les termes, il n'y a pas d'autre issue que de reconnaître le caractère dialectique de la personnalité, unité incluant
la distinction réelle. Malheureusement *la nature exacte de cette
propriété de la personnalité psychologique qui la distingue qualitativement de toutes les données sociales, bien qu'elle soit de part en
part sociale, se dérobe jusqu'ici.* En d'autres termes, on ne voit pas
comment l'étude de la personnalité pourrait être en un sens
épuisée — du moins en droit — par les sciences sociales, et comment il pourrait en même temps subsister un terrain spécifique
pour une psychologie de la personnalité. Ici aussi, c'est l'impasse.

Supposons même que, malgré ces difficultés apparemment
insurmontables, on tienne pour acquise l'existence d'un domaine
spécifiquement psychologique — encore que dans ces conditions
la définition rigoureuse de son objet soit évidemment impossible :
les difficultés de définition ne sont pas encore toutes épuisées pour
autant. En particulier, au sein de ce champ psychologique, quelle
serait donc la place exacte de la théorie de la personnalité par
rapport à la science du comportement, ou de la conduite ? On
peut d'abord concevoir la théorie de la personnalité comme une
dépendance de la science du comportement, la personnalité étant
considérée comme un ensemble organisé de comportements
divers. C'est d'une façon générale le point de vue des systèmes
caractérologiques et typologiques ordinaires, par exemple — la
variété des personnalités étant décrite en termes de combinaisons
factorielles. Mais si l'on raisonne ainsi, on renonce d'avance à la

possibilité de comprendre la personnalité en tant que structure et processus spécifiques, c'est-à-dire en somme qu'on renonce à comprendre la personnalité tout court. On peut au contraire poser d'emblée que la personnalité ne peut pas s'analyser en termes de fonctions de comportement. On la traite alors comme un ensemble de systèmes différenciés qui

> « ne correspondent pas aux traditionnelles facultés : l'un n'est pas un système mnémonique, l'autre un système perceptif, un troisième la volonté ; chaque système correspond à tous les aspects psychiques de l'individu, motivation, affectivité, représentation, pensée, volonté, appliqués à un même objet ou activité du monde extérieur dans ses relations avec l'individu [1] ».

Mais dans cette deuxième hypothèse le découpage théorique de la personnalité s'effectue selon des concepts — systèmes, instances, rôles, etc. — qui ne résultent pas de la science du comportement et qui n'y trouvent pas même leur place, au point qu'on voit mal quelle connexion subsiste entre la psychologie comme science du comportement, ou de la conduite, et la science de la personnalité. Allons plus loin : si les fonctions qu'étudie la science du comportement ne constituent pas les systèmes élémentaires dont la personnalité serait l'ensemble, quel statut de réalité ont-elles exactement ? N'y aurait-il pas là en fait un résidu de la vieille psychologie des facultés que la science de la personnalité serait appelée à dissoudre ? Ainsi, ou bien une science du comportement qui échoue à comprendre la personnalité, ou bien une science de la personnalité qui récuse le découpage en comportements. Ici aussi les rapports, non plus externes, entre la psychologie et les sciences biologiques et sociales, mais internes à la psychologie elle-même, apparaissent comme éminemment contradictoires et embrouillés.

En somme, c'est *tout le découpage fondamental des sciences de l'homme dans la région du psychisme des individus qui fait radicalement problème.* Et il n'est guère difficile de voir que c'est d'abord ce problème irrésolu de découpage, c'est-à-dire de définition, qui sépare encore la psychologie de la personnalité de son âge adulte.

**2. Problèmes des concepts de base.** Incertaine de ses définitions, et de ses méthodes, la psychologie de la personnalité ne possède guère non plus de *vrais concepts de base* — bien qu'elle en possède abondance de faux.

---

1. M^me DE MONTMOLLIN : *Les modèles de la personnalité*, p. 33.

Comment d'ailleurs une science pourrait-elle poser correctement ses concepts *de base* sans avoir une connaissance exacte de la nature essentielle de son objet ? Considérons en effet pour commencer la série de concepts qu'on rencontre le plus souvent lorsqu'il s'agit de traiter des fondements mêmes de l'activité personnelle : les concepts relatifs au « moteur » — ou supposé tel — de cette activité, comme besoin, instinct, tendance, désir, etc. Tous ces concepts sont d'abord sujets à l'ambiguïté générale signalée plus haut : ils ont tous une signification biologique et psychologique, mais en quoi consiste au juste chacune d'entre elles, et quels sont leurs rapports, cela ne semble guère élucidé. Mais il y a beaucoup plus : même si l'on passait sur cette ambiguïté, ils n'en seraient pas moins inadéquats en tant que concepts *de base*. On peut s'en rendre compte même à propos de celui qui est pourtant sans doute le plus clairement fondé de tous, celui de besoin. C'est à coup sûr un concept très important, qui correspond à une réalité indéniablement objective — alors que la valeur de concepts comme instinct et tendance, si fréquemment mystificateurs, ou comme désir, inséparable d'une complexe problématique psychanalytique, fait au moins initialement problème. Le concept de besoin est d'emblée articulable avec le matérialisme historique, et c'est bien pourquoi, sans doute, il est en général déprécié, voire écarté par l'idéalisme psychologique ordinaire. Et pourtant il ne peut être à proprement parler considéré comme concept psychologique *premier*. Si on le croit, c'est notamment, semble-t-il, parce que les premiers stades du développement de l'individu sont dominés et rythmés par les cycles de satisfaction et de reproduction des besoins; or rien n'est plus courant aujourd'hui, en psychologie, que de considérer ce qui se trouve, ou semble se trouver, *à la base dans les phases initiales* de l'ontogenèse psychique comme étant la *base générale de tout le psychisme développé,* c'est-à-dire en somme d'admettre *l'identité des concepts de base et de début.* La méditation de l'œuvre de Marx conduit à plus de circonspection dans une question théorique d'une aussi haute importance. Marx a montré à maintes reprises, à propos du développement historique, qu'en règle générale ce n'est justement pas ce qui est déterminant dans une phase antérieure du développement social qui détermine essentiellement la phase ultérieure, mais qu'au contraire le propre du passage à une phase ultérieure est d'impliquer des transformations structurelles profondes au cours desquelles ce qui était déterminant antérieurement descend à un rang subordonné tandis que de nouveaux éléments acquièrent le rôle déterminant — c'est-à-dire que les formes historiques qui ont donné naissance à une société ne sont pas en général celles qui fournissent les concepts de base pour sa compréhension, et qu'au contraire « l'anatomie de l'homme est la clef de l'anatomie du singe [1] ». Il y a là des vues extrêmement profondes sur la dialectique du développement et dont la valeur dépasse largement les frontières des sciences sociales : la psychologie, souvent tributaire encore de conceptions génétiques un peu trop simples, aurait profit à les assimiler. A supposer, par conséquent, que le concept de besoin puisse être considéré comme concept de base pour la psychologie des premiers âges — ce qui est à discuter — cela n'entraîne pas automatiquement qu'il vaille comme concept de base général par rapport à l'ensemble développé de la personnalité.

Ce n'est pas tout. S'il est bien vrai que le propre de l'homme, par opposition à l'ensemble du monde animal, est de naître homme au sens biologique du mot mais de n'être homme au sens psychosocial que dans la mesure où il s'est *hominisé* à travers l'assimilation du patrimoine humain objectivement accumulé dans le monde social, il en résulte que de la nature à la culture il y a certes continuité mais plus encore *renversement* des rapports, et que la théorie ne peut faire dériver le culturel du naturel, donc aussi le psychologique du biologique, que par une extraordinaire illusion d'optique [2]. Cela concerne au premier chef les besoins humains. En effet, sous leur forme développée, les besoins humains ne sont pas du tout l'expression d'une nature humaine antéhistorique, infrasociale, et première absolument par rapport à l'activité psychique dont ils sont censés être la base, mais ils sont eux-mêmes produits pour l'essentiel par l'histoire humaine, produits par les hommes au cours de leur histoire, c'est-à-dire, d'abord, de leur travail. Or si le besoin est lui-même un produit historico-social, cela veut dire que, bien plus qu'il n'est la base de l'activité psychique, *c'est cette activité elle-même qui joue le rôle de base par rapport à lui.* « Que l'on considère la production et la consommation comme des activités d'un sujet ou de nombreux individus, *écrit Marx dans un des nombreux textes où il réfléchit* à la fois *sur les problèmes théoriques de la société et sur ceux de l'individualité humaine,* elles apparaissent

---

1. K. MARX : *Contribution à la critique de l'économie politique,* Éd. sociales, 1957, p. 170.
2. Sur l'hominisation, cf. notamment H. PIÉRON : *De l'actinie à l'homme,* P. U. F., 1959, t. II ; A. LÉONTIEV : « *L'homme et la culture* », dans *L'homme, Recherches internationales,* n⁰ 46, 1965.

en tout cas comme les moments d'un procès dans lequel la production est le véritable point de départ, et par suite aussi le facteur
qui l'emporte. La consommation en tant que nécessité, que besoin,
est elle-même un facteur interne de l'activité *productive* ; mais
cette dernière est le point de départ de la réalisation et par suite
aussi son facteur prédominant, l'acte dans lequel tout le procès
se déroule à nouveau. L'individu produit un objet et fait retour
en soi-même par la consommation de ce dernier, mais il le fait en
tant qu'individu productif et qui se reproduit lui-même. La consommation apparaît ainsi comme moment de la production [1]. » Ainsi,
prendre le besoin comme base en psychologie (ou en histoire, comme
le fait par exemple Sartre dans la *Critique de la raison dialectique*,
où le besoin vient avant le travail [2]), c'est manquer de façon
radicale la compréhension de ce que Marx appelle dans *L'idéologie allemande* la « condition fondamentale [3] » de toute histoire :
le travail, la production des moyens de subsistance — donc la
compréhension de l'homme. C'est se laisser prendre aux apparences
d'un « matérialisme du besoin » en réalité très insidieusement
idéaliste, par le détour du biologisme, comme on verra plus loin.
C'est en somme une erreur analogue à celle qui consiste en économie politique à prendre la sphère de la consommation pour
sphère de base et celle de la production pour sphère dérivée. C'est,
pour tout dire, une erreur de type pré-marxiste.

Et c'est une erreur qui en entraîne, en chaîne, un grand nombre
d'autres. Par exemple, de l'illusion « évidente » que le schéma
élémentaire de toute activité serait : besoin-activité-besoin,
B-A-B, — et non pas activité-besoin-activité, A-B-A — dérive
également l'illusion tenace que l'activité n'aurait d'autre fin que
de « satisfaire les besoins », c'est-à-dire, pour employer une métaphore économique, que le circuit de l'activité n'aurait pas d'autre
fonction que la *reproduction simple*, alors que la moindre réflexion
*historique* sur les besoins humains montre, au contraire, leur développement et leur différenciation donc, de ce seul point de vue,
exige une conception de la *reproduction élargie* de l'activité. C'est
ce qu'un certain nombre de psychologues commencent aujourd'hui
à reconnaître [4], contraints par leur science à rallier sur ce point les

---

1. K. MARX : *Contribution...*, p. 159.
2. Cf. pp. 165 et suivantes.
3. *L'idéologie allemande*, p. 57.
4. Cf. *Les modèles de la personnalité*, pp. 26 et 169, les remarques de
M^me de Montmollin et les références aux idées d'Atkinson notamment.

thèses que Marx avait établies il y a plus de cent ans. Mais cette reconnaissance suffit à ruiner toute théorie psychologique qui voit dans le besoin un concept *premier*, à exiger la recherche de concepts de base qui se situent sur le terrain de l'activité productive elle-même.

Ces remarques valent non seulement pour le concept de besoin, mais pour tous les concepts de même type, y compris, à mon sens, celui de désir. Certes, dans une acception freudienne épurée selon les vues de J. Lacan, le désir n'est plus du tout un concept biologique, et l'on peut même soutenir, comme le fait Louis Althusser, qu'

« on n'accède pas à la réalité spécifique du désir en partant du besoin organique, pas plus qu'on n'accède à la réalité spécifique de l'existence historique en partant de l'existence biologique de l'homme[1] ».

La distinction est importante. Mais elle n'empêche que le concept de désir lui aussi, tout comme celui de besoin, ou d'autres analogues, et pour autant qu'il suppose une représentation de l'activité dominée par le principe de réduction des tensions, reste solidaire d'un *schéma homéostatique* de l'individu, c'est-à-dire qu'il ne peut rendre compte du fait psychologique fondamental de la reproduction élargie de l'activité. Aucun concept fondé sur l'idée d'un « moteur » extérieur et préalable en son principe à l'activité elle-même ne peut jouer le rôle de concept premier et désigner valablement la base d'une théorie scientifique de la personnalité humaine. Ne pas le voir, c'est en rester, quelques efforts qu'on puisse faire pour s'en dégager, à une conception dans laquelle les pulsions sont comprises comme des *instincts* au sens animal du terme. Or il ne semble pas que l'exigence de placer à la base de la théorie de la personnalité des concepts situés dans la sphère de l'activité elle-même ait donné lieu jusqu'ici à des recherches suffisamment fécondes.

Mais peut-être alors, à la différence des concepts précédents, des concepts comme comportement, conduite, pattern, structure, attitude, rôle, etc., qui paraissent bien se situer sur le terrain de l'*activité* psychique, satisfont-ils aux exigences d'un véritable fondement? Pas davantage, à mon sens. En effet, pour que des concepts puissent jouer le rôle capital de concepts de base dans

---

1. L. Althusser : « *Freud et Lacan* », *La Nouvelle Critique*, n° 161-162, décembre 1964, p. 103, note.

une science, il ne suffit pas qu'ils décrivent et découpent plus ou
moins heureusement les phénomènes qu'on y observe le plus souvent, il faut, bien davantage, qu'ils expriment, en eux-mêmes ou
dans leurs rapports les uns avec les autres, *les contradictions
déterminantes qui caractérisent l'essence de son objet.* Ce point est
décisif — et pour un marxiste il est, de plus, familier. Exposant
brièvement le point de départ de la démarche dialectique de Marx
dans la *Contribution à la critique de l'économie politique*, Engels
écrit :

> « Avec cette méthode, nous partons du premier
> rapport et du plus simple qui existe pour nous histo-
> riquement, pratiquement, c'est-à-dire ici, du premier
> rapport économique qui se présente à nous. Ce rapport,
> nous l'analysons. Du fait que c'est un rapport, il
> résulte déjà qu'il a deux aspects *qui sont en relation
> l'un avec l'autre.* Chacun de ces concepts est considéré
> en soi ; il en résulte le mode de leur comportement à
> l'égard l'un de l'autre, leur action réciproque. Il en
> résultera des contradictions qui demandent à être
> résolues [1]... »

C'est ainsi que dès le début de l'exposition de l'économie politique marxiste apparaissent les contradictions *de base* entre l'utilité et la valeur au sein de la marchandise, entre l'aspect concret
et l'aspect abstrait du travail social, etc. La découverte de la
conceptualisation correspondant aux contradictions fondamentales
de l'objet est un critère essentiel de la maturité d'une science. Il
est remarquable à cet égard qu'à la base de la physiologie pavlovienne, bien qu'elle n'ait pas été élaborée à partir d'une connaissance préalable de la dialectique marxiste, on trouve les contradictions entre excitation et inhibition, entre irradiation et concentration, entre analyse et synthèse. On ne peut pas ne pas réfléchir
non plus au fait que la psychanalyse tire une notable part de son
audience théorique justement de ce que, malgré le caractère
discutable d'un certain nombre des concepts mis en jeu, elle cherche à réfléchir la structure contradictoire de l'inconscient et du
psychisme, par exemple lorsqu'elle oppose pulsions de vie et
pulsions de mort, réalisation des possibilités et réduction des
tensions, libido objectale et libido narcissique, transfert et contre-

---

1. K. MARX et F. ENGELS : *Études philosophiques*, Éd. sociales, 1974,
p. 130.

transfert, etc. [1]. A mon sens, les marxistes ont d'ailleurs sous-estimé dans l'ensemble cet apport au moins tendanciellement dialectique de la psychanalyse, ne fût-ce d'abord que pour sa valeur de symptôme.

Or actuellement, sauf erreur, les concepts d'activité qu'utilisent les diverses théories psychologiques, comme comportement, structure, rôle, etc., ne débouchent nulle part sur de véritables contradictions fondamentales et demeurent des concepts prédialectiques, incapables d'exprimer la logique interne du développement psychique. Cela, à une exception près, semble-t-il : dans la conceptualisation psychologique contemporaine, la seule contradiction ayant au premier abord l'ampleur d'une contradiction fondamentale, c'est la contradiction entre individu et société, qu'on trouve, sous des formes diverses, à la base de toute la psychologie du comportement comme aussi bien de la psychanalyse, et c'est la contradiction même qui hante les rapports entre psychologie et sciences biologiques d'une part, sciences sociales d'autre part. Encore faut-il que cette « contradiction fondamentale » soit une fausse contradiction, même et surtout si l'on s'efforce de la penser dialectiquement. En effet :

*a)* Ou bien la terminologie individu-société veut signifier et en tout cas recouvre une opposition entre hérédité et milieu, entre innéité et acquisition, entre nature et culture ou si l'on préfère la terminologie anglaise nature et nurture, bref, entre données biologiques et conditions sociales. Mais alors, si les données biologiques auxquelles on pense sont vraiment biologiques de façon autonome — par exemple le type nerveux au sens pavlovien et tel qu'il se manifeste très précocement — elles n'ont pas avec les conditions sociales la moindre *unité*, elles ne sont donc aucunement des *contraires* au sens dialectique fondamental. Elles ne sont pas le résultat de la différenciation d'une unité en éléments opposés dont la lutte interne impulse le développement nécessaire, mais la rencontre fortuite d'éléments en soi indépendants, c'est-à-dire qu'elles sont ce qu'on appelle parfois — d'une expression parfaitement discutable au point de vue dialectique — des « contraires externes » (comme par exemple peuvent l'être géographie physique

---

1. Cf. notamment D. LAGACHE : « *Psychanalyse et structure de la personnalité* », *La Psychanalyse*, n⁰ 6, Perspectives structurales, P. U. F., 1961, p. 21 ; J. LAPLANCHE et J.-B. PONTALIS : *Vocabulaire de la psychanalyse*, P. U. F., 1967, article : « Couple d'opposés », p. 106.

et structures politiques dans le développement d'une nation) dont les relations réciproques ne sauraient être déterminées par une *loi dialectique interne de croissance.* En somme, bien qu'elles puissent exprimer un aspect réel et non négligeable du développement de la personnalité, sur lequel on reviendra, elles ne débouchent pas, dans leur opposition extérieure, sur une réelle conceptualisation de base, exprimant les contradictions internes de leur objet, et ne peuvent donc aucunement fonder une science, c'est-à-dire la supporter tout entière.

*b)* Ou bien les données auxquelles renvoie la notion d'individu sont en réalité elles-mêmes des données sociales déguisées — comme par exemple l'essentiel de ce qu'on vise en parlant de besoins, ou d'« instincts », chez l'homme — et dans ce cas-là, la « contradiction entre le biologique et le social » n'est qu'une forme illusoire, mystificatrice, d'une contradiction entre des données sociales et d'autres données sociales, ce qui revient à dire qu'en ce sens *l'opposition classique entre individu et milieu en psychologie, loin d'exprimer une contradiction première, est elle-même une forme dérivée de l'opposition de la société avec elle-même.* Ce n'est donc pas en se bornant à opposer superficiellement individu et société — ni à plus forte raison en s'attaquant à la tâche absurde consistant à évaluer mathématiquement la « part relative d'influence » de ces deux « facteurs de développement de la personnalité » que seraient l'« hérédité » et le « milieu », tâche dans laquelle le formalisme mathématique semble bien être la feuille de vigne qui couvre la misère des concepts de base — mais c'est en analysant les effets psychologiques internes des contradictions sociales qu'on peut espérer atteindre à une véritable conceptualisation de base en psychologie. En d'autres termes, tant que le fondement théorique du *concept d'individu humain* n'est pas tiré au clair, la théorie de la personnalité garde les pieds enfoncés dans le sable mouvant de l'illusion idéologique.

Or on ne voit pas pour le moment se profiler de théorie de la personnalité qui repose sur une élucidation véritablement scientifique de ce concept. Mieux : nombre de psychologues qui s'occupent de ces questions ne semblent pas même s'apercevoir de cet état de choses ou en prennent leur parti avec une facilité déconcertante. Quand on lit, par exemple, dans *Les variétés du tempérament* de Sheldon, l'incroyable note sur le faux problème « hérédité-milieu », où l'auteur ne voit tout compte fait pas d'autre moyen de surmonter l'opposition que de « faire preuve de tolérance dans la définition de la personnalité [1] », c'est-à-dire en somme qu'il propose d'adopter l'irrésolution en face de ce faux problème comme solution de compromis, on est tenté de considérer que si elle persévérait dans cette voie la psychologie de la personnalité risquerait fort de vieillir sans jamais devenir adulte.

**3. Une science en question.**   Quant aux *lois générales de développement* de la personnalité, à peine est-il besoin de souligner qu'en ce domaine rien n'est établi pour le moment. Non seulement personne ne se risque à énoncer scientifiquement de telles lois, mais les choses en sont au point que le seul fait de proposer une telle tâche a chance de passer pour parfaitement incongru. A y bien réfléchir, c'est même là une situation étrange. En toute science adolescente on observe d'ordinaire une profusion de généralisations suggestives et fragiles, de théories ambitieuses et mort-nées : défauts de jeunesse, certes, mais en même temps signes éclatants de vie, ébauches décevantes mais éminemment utiles de ce que sera la science adulte de demain. Cette période héroïque, cette floraison d'hypothèses annonciatrice des grandes découvertes, non seulement la psychologie de la personnalité, dont ce serait pourtant l'âge, ne la connaît guère, mais à l'égard de ces grandes ambitions théoriques elle semble souvent s'être laissé aller à un scepticisme morose, prête à se satisfaire indéfiniment de la juxtaposition de modèles fragmentaires et contradictoires. De ce point de vue, qu'il ne faut certes pas surfaire, mais qu'aujourd'hui l'on voit surtout méconnu, un certain affairement dans des travaux d'une minceur délibérée, une sorte de polarisation invincible vers la science en miettes, une fixation à des classiques sans doute considérables, mais qu'il faudrait aussi savoir dépasser, donnent fugitivement l'impression d'une discipline en état de névrose épistémologique. Et pourtant l'on conviendra, en tout cas si l'on pense dialectiquement, que le but suprême d'une science, et la marque la plus éclatante de son accession à la maturité, c'est la formulation des lois générales de développement de son objet. Et tant que la psychologie de la personnalité n'aura pas l'équivalent de ce que sont pour l'économie politique la loi de la correspondance nécessaire entre forces et rapports de production, la loi générale de l'accumulation capitaliste ou la loi de la baisse tendancielle du taux de profit, elle sera sans doute engagée dans la voie de la science — comme c'est le

---

1. W. H. Sheldon : *Les variétés du tempérament*, P. U. F., 1951, p. 404.

cas depuis assez longtemps déjà — mais elle ne sera pas une science adulte.

Et il ne lui faudra pas s'étonner alors si, de plus en plus souvent, son droit même à l'existence est mis en question — non pas par ces philosophes à l'ancienne mode qui défendent contre l'idée même d'une *science* psychologique les derniers avatars de la métaphysique, et auxquels Piaget dit leur fait avec raison [1], mais bien par d'autres qui, au nom même des exigences de la science, et la plus matérialiste qui soit, considèrent le sort de ce qui se donne aujourd'hui pour psychologie comme « scellé sans rémission [2] ». Certes, les psychologues ont la possibilité d'ignorer ces mises en cause, forts de l'existence sonnante et trébuchante de leur discipline. Mais à trop se satisfaire de prouver la marche seulement en marchant, on finit souvent par s'apercevoir qu'on piétine. Ils peuvent aussi songer à récuser comme hyperbolique l'exigence d'une conceptualisation de base rigoureuse en invoquant des précédents illustres. C'est Freud lui-même, par exemple, qui écrivait, non dans un texte de jeunesse, mais dans l'autobiographie qu'il rédigeait en 1925, à soixante-six ans, alors qu'il avait derrière lui la plus grande partie de son œuvre :

> « J'ai souvent entendu exprimer avec mépris l'opinion qu'on ne pouvait avoir aucune considération pour une science dont les concepts dominants étaient aussi imprécis que ceux de libido et d'instinct dans la psychanalyse. Mais à la base d'un tel reproche gît une parfaite méconnaissance de l'état des choses. Des concepts fondamentaux clairs et des définitions précises en leurs contours ne sont possibles dans les sciences de l'esprit qu'autant que celles-ci veulent faire rentrer un ordre de faits dans les cadres d'un système intellectuel créé de toutes pièces. Dans les sciences naturelles, dont la psychologie fait partie, une telle clarté dans les concepts dominants est de trop, voire impossible [3]. »

Mais pour prestigieuse que soit la signature d'un tel texte, il est permis de penser que c'est seulement lorsqu'elle aura achevé

---

1. Cf. *Sagesse et illusions de la philosophie.*
2. La formule est de J. LACAN : *Écrits*, Éd. du Seuil, 1966, p. 792. Cf. aussi pp. 859 et suivantes.
3. S. FREUD : *Ma vie et la psychanalyse*, Gallimard, 1949, pp. 90 et 91.

de rompre avec cette transmutation en principe épistémologique d'une simple impuissance historique que la psychologie aura chance de devenir complètement adulte. Et cela ne pourra pas se faire en deçà des problèmes épistémologiques fondamentaux, dans leur oubli, mais au-delà, dans leur solution. C'est-à-dire en fin de compte que la psychologie ne parviendra pas à l'entière maturité scientifique *sans faire aussi de la philosophie.*

# III

# L'APPORT DU MARXISME

E T nous voici au cœur même du problème. Pourquoi, demandera-t-on en effet, ne pas s'en remettre, pour ce nécessaire développement de la psychologie de la personnalité, à la psychologie elle-même, c'est-à-dire aux psychologues ? Question cruciale, et qui met en cause l'existence de cet essai. N'est-ce pas en effet dès l'abord une entreprise déraisonnable que de se mêler d'une telle tâche si l'on est philosophe, c'est-à-dire si l'on n'est pas un spécialiste ? Car, s'il est exact que la psychologie n'est pas encore en toutes ses parties une science adulte — au sens exigeant que l'épistémologie marxiste confère à cette notion — il ne faudrait tout de même pas perdre de vue les progrès gigantesques qu'elle a faits dans la voie de la science en moins d'un siècle, et qui sont en train de s'accélérer notablement. La psychologie n'est peut-être qu'un adolescent encore, mais c'est un adolescent du xxe siècle, un adolescent géant par comparaison avec ce que pouvait être, dans le passé, une science en voie de formation. Il suffit d'avoir ne serait-ce qu'une vue très partielle de l'immensité du champ recouvert par les multiples branches de la psychologie, de la haute technicité atteinte par la plupart d'entre elles, de la richesse et de la diversité de la bibliographie qu'elles ont accumulée, pour comprendre à quel point l'amateurisme a toutes chances d'être ici dérisoirement impuissant. Plus : n'y aurait-il pas quelque chose d'incohérent, voire de risible, dans le projet de contribuer à l'achèvement scientifique du passage de la psychologie à l'âge adulte, sans être soi-même un psychologue achevé ? Et l'idée qu'un simple philosophe pourrait apporter à la psychologie non pas même quelques matériaux, mais ni plus ni moins que des lumières sur sa définition rigoureuse et son fondement théorique, ne trahirait-elle pas avec naïveté une représentation typiquement préscientifique de la science et la persistance du vieux préjugé métaphysique ? A une conception aussi prétentieuse de la philosophie, la psychologie scientifique contemporaine paraît bien être en droit de demander ses titres avec quelque vigueur. Peut-on alors n'être pas d'accord avec Piaget par exemple lorsqu'il déclare :

> « Comme psychologue, je me refuse absolument — et je me crois solidaire sur ce point de tous les hommes de science, dans toutes les disciplines — à ce que les représentants d'une instance différente viennent m'expliquer quel est mon domaine, et à ce qu'au nom d'une philosophie supérieure à la science on vienne le limiter en me disant : voilà ce qui est mathématique et ce qui ne l'est pas, voilà ce qui est psychologique et ce qui ne l'est pas[1]. »

**1. Psychologie et philosophie.** Dans la mesure où est visée ici toute conception spéculative de la philosophie et de ses pouvoirs — et donc toute psychologie « philosophique » — on ne peut bien entendu qu'être d'accord. Disons même qu'un marxiste est d'accord *par définition*, puisque le marxisme proclame précisément la fin de toute philosophie qui prétend connaître dans son essence l'objet d'une science particulière mieux que cette science elle-même, par une connaissance d'ordre supérieur au sien, et marque l'avènement d'une philosophie de type foncièrement nouveau, dont les prémisses, selon l'analyse essentielle de *L'idéologie allemande*, ne sont rien d'autre que les bases réelles de toute histoire humaine « dont on ne peut faire abstraction qu'en imagination » et qui « sont donc vérifiables par voie purement empirique[2] ». Le matérialisme historique

> « met fin à la philosophie dans le domaine de l'histoire[3] tout comme la conception dialectique de la nature rend aussi inutile qu'impossible toute philosophie de la nature. Partout il ne s'agit plus d'imaginer dans sa tête des enchaînements, mais de les découvrir dans les faits[4] ».

---

1. J. PIAGET : *Entretiens sur les notions de genèse et de structure*, Mouton, 1965, p. 60.
2. *L'idéologie allemande*, p. 45.
3. Le mot philosophie est pris ici au sens spéculatif ancien du terme.
4. F. ENGELS : « *Ludwig Feuerbach et la fin de la philosophie classique allemande* », *Études philosophiques*, p. 224.

C'est justement pour cette raison de principe qu'il y a quelque quinze ans j'avais abandonné le projet de formuler un certain nombre d'hypothèses relatives à la constitution d'une théorie scientifique de la personnalité, parce que j'en étais venu, à partir du marxisme, à la conviction que pour le philosophe comme tel il n'existe aucune possibilité ni aucun droit de s'avancer sur le terrain de la psychologie — et je m'en suis tenu là pendant des années.

Au reste, des impasses et des erreurs dans lesquelles retombe même une recherche d'intention marxiste, mais qui oublie ce principe fondamental et tend à identifier la *philosophie marxiste*, en tant que *base théorique* de la *conception scientifique du monde*, avec la *philosophie de type spéculatif* qui confond sans cesse les plans selon ses vues, nous avons eu des exemples sous les yeux. Un texte encore instructif à analyser de ce point de vue me paraît être le recueil d'études sur Pavlov qui fut publié en 1953 dans le volume IV des *Questions scientifiques* — exemple d'autant plus significatif qu'il s'agit d'un des meilleurs travaux qui aient été faits en France sur le pavlovisme, et que, par-delà ses auteurs, lesquels ne sont aucunement en cause ici, il est représentatif d'une démarche alors fréquente. Cette démarche consiste à montrer que le pavlovisme apporte « une confirmation éclatante, une justification supplémentaire à la seule conception scientifique du monde, qui est celle du matérialisme dialectique [1] », et cela en établissant que chaque trait essentiel du matérialisme et de la dialectique a dans le pavlovisme un ou plusieurs répondants concrets — ce qui est tout à fait exact. A ceux qui seraient tentés aujourd'hui d'ironiser sur le style d'un tel travail, il sera permis de rappeler, ou d'apprendre, que ce qu'il combattait alors ne méritait pas tant le rire que le mépris, car c'était tout uniment la conjuration du silence, ou les inepties les plus affligeantes, à propos du pavlovisme, généralement évoqué, jusque dans des ouvrages savants, comme se réduisant à la découverte de la sécrétion salivaire psychique chez le chien. Mais le grave défaut de ce travail de 1953, c'était qu'en établissant *de plain-pied et terme à terme* un parallélisme — un « isomorphisme » — entre matérialisme dialectique et pavlovisme, il laissait de toute nécessité entendre, consciemment ou non, que le passage est en principe *également possible dans les deux sens*. Dans le premier sens, le pavlovisme apparaît après

---

1. « *Introduction à l'œuvre de Pavlov* », *Questions scientifiques*, t. IV, Éd. de La Nouvelle Critique, 1953, p. 49.

coup comme la preuve expérimentale du matérialisme dialectique.
Dans le deuxième sens, le matérialisme dialectique apparaît comme
la *matrice théorique avant la lettre* du pavlovisme. Assez peu semble
importer alors que par suite des « contingences » — Pavlov ne
prit connaissance du marxisme « qu'au soir de sa vie[1] » — ce
deuxième sens n'ait pas été historiquement réel : il *aurait pu
l'être*, et les choses ne seraient allées — et elles n'iraient — que
mieux et plus vite, dans cette hypothèse. Aussi bien, affirme un
des auteurs, les thèses philosophiques générales du marxisme
« font prévoir sous la forme la plus générale le principe fondamental de la théorie de Pavlov[2] ». Ainsi se développe l'idée que,
si les sciences confirment la philosophie marxiste, réciproquement
les vérités scientifiques particulières sont contenues de façon
virtuelle et sous leur forme générale dans le matérialisme dialectique : à la limite, il n'est que de les en tirer par une déduction
spécifiante, et c'est ce qu'on exhorte pratiquement la psychologie,
par exemple, à faire davantage en se plaçant « sur les positions du
matérialisme dialectique ».

Or, en même temps qu'une idée juste et fort importante, sur
laquelle on reviendra, il y a là un trompe-l'œil, comme cela a été
souvent mis en lumière ces dernières années, mais insuffisamment
encore peut-être dans le cas précis de la psychologie. Il est bien
exact que les grandes vérités scientifiques établies depuis un siècle
— par exemple celles qu'on doit à Pavlov et à ses continuateurs —
ont substantiellement *cadré* avec le matérialisme dialectique, tout
en élargissant elles-mêmes ce cadre, et c'est là une constatation
de première importance théorique. Elle fonde notamment pour le
penseur marxiste le droit, et le pouvoir, de critiquer au nom du
matérialisme dialectique *en tant que corps de principes scientifiquement éprouvés* les vues idéologiques qui se manifestent dans une
psychologie idéaliste et bourgeoise, ou à partir d'elle — critique
que ne manquaient pas de faire, et souvent de bien faire, les textes
marxistes en question, dans les années 1950. Mais pour autant
on ne peut pas considérer de façon réciproque que les vérités scientifiques, comme des belles au bois dormant, sommeillaient dans
la philosophie marxiste depuis sa fondation. Car pour chaque
vérité particulière qui cadre avec les principes généraux d'une
conception matérialiste dialectique du monde, il y a aussi un grand
nombre d'erreurs possibles, qui leur ressemblent comme des sœurs,

---

1. O. c., p. 51.
2. *Ibid.*, p. 9.

et qui cadrent, ou sembleraient cadrer, tout aussi bien. Précisément parce que la philosophie est la philosophie, c'est-à-dire une réflexion qui se situe au niveau des catégories et des principes les plus généraux de la conception du monde, il n'est pas possible d'en déduire, même si elle a qualité scientifique, des vérités particulières, à moins de s'imaginer que le concret peut être engendré à partir de l'abstrait, ce qui serait revenir à l'illusion idéaliste caractéristique de l'hégélianisme. En d'autres termes, si cela a un sens de dire que les principes du matérialisme dialectique *contiennent d'avance* les vérités scientifiques futures — par exemple en psychologie — c'est un peu de la même manière que la langue française contient d'avance les chefs-d'œuvre littéraires futurs : la seule chose qui manque, c'est un moyen quelconque de les en tirer, autre que l'effort pour les écrire. C'est pourquoi, prise dans ce sens, l'idée que la philosophie marxiste « fait prévoir » les résultats scientifiques à venir, l'exhortation à se placer de cette manière-là « sur les positions du matérialisme dialectique » restent inévitablement stériles, ou pis encore, risquent de cautionner des erreurs et donc de nuire au progrès réel de la science. C'est justement, à mon sens, ce qui s'est passé lorsqu'on a cru que le pavlovisme fondait *la* psychologie qui convient au marxisme parce qu'il cadrait exactement avec les principes du matérialisme dialectique, erreur sur laquelle reviendra longuement un chapitre ultérieur.

Et c'est aussi pourquoi, à la sommation souvent présentée au marxisme, par exemple par l'existentialisme sartrien, d'avoir à constituer une *psychologie marxiste* digne de ce nom, faute de quoi « d'autres tenteront le coup à sa place », on peut répondre que le fait de sommer une philosophie, fût-elle scientifique, d'effectuer une tâche de cette nature est irrecevable dans le principe — et décliner par conséquent toute responsabilité particulière du marxisme dans l'immaturité persistante de la psychologie de la personnalité. Pourquoi donc la *philosophie marxiste* serait-elle comptable du sort de telle ou telle science particulière ? Qu'on remplace la psychologie par la phonologie ou la biochimie, par exemple : ne voit-on pas aussitôt en quoi la sommation est foncièrement erronée ? Il faut bien prendre garde à cet égard que si les marxistes eux-mêmes parlent couramment de l'*économie politique marxiste*, ce n'est pas parce que cette désignation serait scientifiquement nécessaire, mais simplement parce qu'elle est idéologiquement indispensable, pour éviter toute confusion entre la *science* économique fondée par Marx et développée par ses continuateurs authentiques, et les théories incomplètement scienti-

fiques, voire purement et simplement *idéologiques*, qui se présentent
sans vergogne comme *la* science économique. Mais cela ne signifie
absolument pas que le critère de vérité de l'économie politique
*marxiste* consiste dans sa concordance (d'ailleurs très réelle) avec
les principes de la philosophie marxiste, dans sa source historique
inséparable de celle de la philosophie marxiste ; ce critère réside
exclusivement dans son aptitude à rendre un compte théoriquement cohérent et pratiquement vérifié de l'ensemble des données
économiques. En d'autres termes l'économie politique *marxiste*
n'est pas autre chose que l'économie politique *scientifique*, l'économie politique *tout court*. Ainsi, que les marxistes aient, et doivent
avoir, leurs positions à l'égard de la psychologie, comme de l'économie politique, de la phonologie ou de la biochimie, c'est naturel,
et c'est légitime. Mais l'idée toute différente d'une psychologie
« marxiste » — comme d'une phonologie ou d'une biochimie
« marxistes » — embrouille la question capitale du *critère* de la
vérité scientifique — laquelle en dernière analyse, selon la deuxième *Thèse sur Feuerbach*, « n'est pas une question théorique
mais une question pratique » — et contient inévitablement au
moins les germes d'une fausse conception, à la fois dogmatique et
subjectiviste, des rapports entre philosophie et sciences particulières.

2. Le matérialisme                Et pourtant, dans l'exceptionnel
     dialectique,                  hommage que constitue au moins
guide épistémologique.            implicitement la sommation pré-
                                  sentée au marxisme, et à nulle autre
philosophie, d'avoir à indiquer les bases d'une théorie scientifique
de la personnalité humaine, il y a aussi quelque chose de profondément juste. Elle est juste, d'abord, parce que le matérialisme
dialectique, s'il ne contient aucunement d'avance les vérités
psychologiques concrètes, n'en est pas moins, en tant que théorie
scientifique de la connaissance, le seul fil directeur sûr pour résoudre
les problèmes épistémologiques de la constitution de la psychologie
de la personnalité en science adulte. Elle est juste, ensuite, parce
que le marxisme, en tant que philosophie du prolétariat, doctrine
révolutionnaire, science de l'émancipation de l'homme dans le
communisme, définit la seule mise en perspective théorique et
pratique de la psychologie — quel sens a-t-elle ? à quoi sert-elle ? —
qui permette de la soustraire complètement aux œillères des
idéologies bourgeoises et aux tendances à lui faire servir des intérêts
égoïstes, voire oppressifs — obstacle essentiel à l'avènement d'une

véritable science de la personnalité humaine. Elle l'est, en bref, parce que si le marxisme, selon la formule de Lénine, « est tout-puissant parce qu'il est juste[1] » — ce que Sartre, en un langage discutable, reconnaît en écrivant qu'il est « la philosophie de notre temps[2] » — il est donc nécessairement comptable, au fond, de toutes les grandes tâches théoriques nécessaires de notre époque, de quelque horizon qu'elles surgissent — comptable, ce qui ne veut pas dire dépositaire jaloux, ou liquidateur abusif, mais responsable, dans la haute acception que le mouvement ouvrier a donnée à ce terme. Si donc il n'y a pas, s'il ne peut y avoir, au sens propre, de *psychologie marxiste*, ce qui existe à coup sûr, et qui est appelé à se développer davantage encore, c'est *une conception et un usage marxistes de la psychologie.*

Telle est d'ailleurs la leçon générale des débats et des réexamens déjà anciens auxquels a donné lieu la grande question des « deux sciences », « science bourgeoise » et « science prolétarienne » — formulation qui a cristallisé dans la philosophie marxiste française à partir de 1948, et dont la critique a commencé en 1950-1951, à la suite de la publication de l'opuscule de Staline, *A propos du marxisme en linguistique.* Sans doute enregistre-t-on parfois aujourd'hui des tendances unilatéralement négatives dans l'évocation de ce bilan. « Il ne reste rien de l'opposition entre science bourgeoise et science prolétarienne », allait par exemple jusqu'à écrire Lucien Sebag il y a quelques années, dans un livre qui était déjà en lui-même une preuve douloureuse du contraire[3]. La réalité est beaucoup plus complexe : le *savoir* scientifique n'est ni bourgeois ni prolétarien, il est vrai — partant, il est un — et le critère de sa vérité réside dans son adéquation à son objet, et non pas à telle ou telle conception philosophique ou aux intérêts de telle ou telle classe sociale. Dans ce sens l'idée qu'existeraient *deux* sciences est une erreur profonde, de grave portée, et qui plus est, pour la philosophie scientifique qu'est le marxisme, elle est le pavé de l'ours, puisqu'elle fait inévitablement descendre la science au seul rang d'une idéologie historiquement relative. Mais le *travail* scientifique, lui, de par le caractère des idéologies de divers niveaux dont il est, ou non, pénétré, et des pratiques sociales auxquelles, fût-ce très indirectement, il est lié, a de toute

---

1. Cf. LÉNINE : « *Les trois sources et les trois parties constitutives du marxisme* », dans *K. Marx et sa doctrine*, Éd. sociales-Éd. du Progrès, 1971, p. 70.
2. J-P. SARTRE : *Critique de la raison dialectique*, p. 29.
3. Lucien SEBAG : *Marxisme et structuralisme*, Payot, 1964, p. 150.

nécessité une *orientation idéologique* et un *caractère de classe*, surtout lorsqu'il s'agit des sciences de l'homme. Dans ce sens, il demeure parfaitement légitime, et opportun, de parler par exemple de *psychologie bourgeoise* — tout comme Marx dans *Le Capital* analyse à maintes reprises à la fois les mérites théoriques mais aussi les limites de classe de *l'économie politique bourgeoise*. Et les marxistes ont eu parfaitement raison de dénoncer, il y a longtemps déjà, et les premiers, les idéologies mystifiantes et les pratiques anti-démocratiques dont une certaine psychologie bourgeoise apparaît à la fois comme le reflet et l'aliment. Et c'est sur les traces frayées dans les années 50 par des revues marxistes comme *La Nouvelle Critique* ou *La Raison* que s'avançait par exemple Georges Canguilhem lorsque, dans l'apologue incisif qui sert de conclusion à sa conférence de 1956 intitulée *Qu'est-ce que la psychologie ?*, il rappelait que lorsqu'on sort de la Sorbonne par la rue Saint-Jacques, « si l'on va en descendant, on se dirige sûrement vers la Préfecture de Police [1] ».

Au contraire, aborder les problèmes de la psychologie de la personnalité dans l'esprit du marxisme — ce qui n'est pas du tout la même chose que la prétention infondée d'édifier une psychologie marxiste — c'est avant toute chose se poser le problème de l'organisation du plein épanouissement psychique de tous les hommes, ce qui implique d'emblée une perspective politique révolutionnaire. Toute l'histoire des sciences de l'homme atteste d'ailleurs, à la condition qu'elle n'ait pas été elle-même édulcorée au préalable sur la base de l'idéalisme historique, que les conditions du progrès de la connaissance vraie ne se réduisent jamais à leur aspect logique, mais comprennent aussi des perspectives pratiques et des choix idéologiques avancés. C'est pourquoi lorsque sont prodigués aujourd'hui aux marxistes certains rappels quelque peu terroristes de l'erreur que constitua il y a vingt ans la « théorie des deux sciences », il n'est pas difficile d'y apercevoir souvent en filigrane l'alibi d'une conception frauduleusement « impartiale » et en réalité bourgeoise de la recherche, dans les sciences en général et les sciences de l'homme en particulier, et la tentative de combattre *l'esprit de parti dans le travail scientifique*, c'est-à-dire l'adoption et la défense conscientes d'une ligne de travail qui tienne un compte marxiste des principes épistémologiques, des conditions idéolo-giques et des perspectives pratiques — sans jamais les substituer

---

1. G. Canguilhem : « *Qu'est-ce que la psychologie ?* », *Revue de méta-physique et de morale*, A. Colin, janvier-mars 1958, p. 25.

cependant aux critères spécifiques du vrai. Ici comme ailleurs, mais dans les sciences de l'homme plus encore qu'ailleurs, la tendance à en revenir au prétendu apolitisme dans le travail scientifique, répandue par exemple dans le mouvement d'idées structuraliste, en même temps qu'elle peut relever d'une juste vigilance contre toute dégradation idéologique et utilitariste du savoir, est aussi l'indice d'un recul sous la pression multiforme de la bourgeoisie dans la bataille pour le vrai.

Mais l'apport du marxisme à la psychologie de la personnalité ne se réduit pas à une juste perspective idéologique et politique de travail en général ; en tant que théorie scientifique de la connaissance, donc proprement en tant que philosophie, le marxisme fournit le seul fil directeur qui vaille pleinement pour résoudre les problèmes théoriques de la constitution d'une science adulte. Car si le matérialisme dialectique « met fin à la philosophie de la nature, et de l'histoire », comme le dit Engels, il ne met aucunement fin à la théorie de la connaissance, mais tout au contraire la fait accéder elle-même au rang de *science philosophique adulte*. C'est Engels lui-même qui ajoute après les remarques citées plus haut :

> « Il ne reste plus dès lors à la philosophie, chassée de la nature et de l'histoire, que le domaine de la pensée pure, dans la mesure où celui-ci subsiste encore, à savoir la doctrine des lois du processus même de la pensée, la logique et la dialectique [1]. »

En d'autres termes, si la naissance de la philosophie marxiste met fin à la chimère d'une connaissance « philosophique » des objets scientifiques, elle marque en même temps l'avènement d'une connaissance scientifique des objets philosophiques : c'est là l'autre face de la philosophie matérialiste dialectique. Et cela porte à un niveau supérieur la capacité, et la responsabilité, de la philosophie par rapport aux sciences particulières — par exemple la psychologie — non plus du tout cette fois, on le voit, dans le sens inacceptable d'une tentative de déduction ou de construction *a priori* de son contenu concret à partir des principes d'une conception générale du monde, mais dans le sens tout autre d'une aide apportée à la science dans la résolution des problèmes épistémologiques qui se posent à elle. L'apport d'une telle aide n'a rien à voir avec un franchissement clandestin de frontière, une manœuvre

---

1. F. ENGELS : « *Ludwig Feuerbach et la fin de la philosophie classique allemande* », *Études philosophiques*, p. 224.

détournée du philosophe pour régenter une recherche qui n'est pas de son ressort. Il est manifeste que des questions comme celle des critères de maturité d'une science, ou de la valeur de l'opposition individu-milieu en tant que contradiction dialectique, ou encore des rapports entre base et début dans un processus de développement — pour ne prendre ici que l'exemple de questions déjà abordées plus haut — ne sont pas des questions spécifiquement psychologiques, mais des questions épistémologiques générales, c'est-à-dire philosophiques, posées par la psychologie, ou posées par la philosophie à une psychologie qui en serait insuffisamment consciente. Et c'est à la philosophie — marxiste — d'y répondre. Il va de soi que la formule : c'est *à la philosophie* d'y répondre, ne signifie pas automatiquement que c'est *au philosophe*. Le psychologue peut bien entendu être aussi un philosophe — et un philosophe marxiste — compétent, voire plus compétent que tel philosophe marxiste : il ne s'agit ici d'une question d'hommes que dans la mesure où elle reflète une question de principe. A plus forte raison va-t-il de soi que le rôle de guide épistémologique du matérialisme dialectique à l'égard des sciences particulières ne saurait être conçu dans le sens d'une sorte de hiérarchie des dignités : selon quel ordre de préséance, du reste, faudrait-il dresser une telle hiérarchie ? Il s'agit tout simplement du fait fondamental que toute démarche scientifique met en œuvre une théorie de la connaissance, et que le philosophe marxiste, par conséquent, ne commet aucune rechute dans le vieil impérialisme périmé de la philosophie dogmatique, mais qu'au contraire il accomplit une tâche nécessaire s'il exerce sa vigilance propre au service de la psychologie.

Du reste, que la psychologie de la personnalité ait absolument besoin sur ce terrain du concours de la philosophie, plus d'un spécialiste aujourd'hui s'en rend bien compte.

> « Comme systèmes de catégories de personnes, *écrit, par exemple, M*ᵐᵉ *de Montmollin*, ou comme catégories de la personne, les théories de la personnalité sont aussi, et peut-être essentiellement, des théories de la connaissance, et, à ce titre, elles doivent faire l'objet d'une critique épistémologique [1]. »

Une telle remarque suffit à disqualifier la plupart des théories caractérologiques et typologiques, dont l'indigence épistémologique est en général consternante. Malheureusement, même chez les

---

1. Mᵐᵉ DE MONTMOLLIN : *Les modèles de la personnalité*, p. 6.

théoriciens de la personnalité qui prennent au sérieux les problèmes épistémologiques règne trop souvent encore une connaissance insuffisante, voire une complète ignorance de l'épistémologie post-hégélienne, et à plus forte raison de la conception dialectique matérialiste de la connaissance. C'est par exemple le cas de Lewin. Son étude de 1931 sur *Le conflit entre les modes de pensée aristotélicien et galiléen dans la psychologie contemporaine* présente un incontestable intérêt théorique et abonde en remarques pertinentes. Il est bien vrai, comme il le montre, que la psychologie moderne reste trop souvent tributaire de principes épistémologiques aristotéliciens sans tirer de la révolution scientifique marquée par la formation de la physique galiléenne toutes les leçons qui la concernent. Il n'en reste pas moins injustifiable que, pour aider à la fondation d'une théorie psychologique vraiment scientifique, Lewin ne songe à puiser des enseignements que dans la physique galiléenne, négligeant complètement d'analyser les développements épistémologiques de la biologie moderne (« Je ne pense pas l'étudier ici, se borne-t-il à indiquer dans une note, quoique je considère la psychologie en général comme une partie de la biologie [1] »), et surtout les leçons qu'il y a à tirer, même pour un non-marxiste, de l'apport, essentiel à l'épistémologie des sciences de l'homme, constitué par la méthode de Marx dans *Le Capital*, et plus largement dans l'ensemble de son œuvre. Si l'épistémologie qui a permis il y a quatre siècles la formation de la physique classique a encore de la valeur pour la psychologie d'aujourd'hui, comment pourrait-on ne pas voir la valeur bien plus grande encore de celle qui a permis il y a un siècle la fondation de la science des formations sociales et de leur développement ? Et ne serait-il pas temps de voir combien la sous-estimation de l'importance scientifique du matérialisme dialectique, si souvent soulignée par un Henri Wallon, a coûté et coûte cher à la psychologie ? Cette sous-estimation n'est aucunement légitimée par son histoire ; elle est l'effet d'une discrimination idéologique bourgeoise, étrangère aux intérêts de la science, et qui aboutit à ce résultat absurde que des psychologues de métier, qui sont prêts à étudier même Galilée pour tenter d'y voir clair dans la problématique passablement embrouillée de leur discipline, ne soupçonnent même pas que *Le Capital* de Marx présente pour eux, ne fût-ce que sous l'angle épistémologique et du strict point de vue professionnel, un intérêt exceptionnel.

Mais sans doute, à cet égard, les choses sont-elles en train de

---

1. K. Lewin : *Psychologie dynamique*, P. U. F. 1964, p. 57.

changer profondément. Il n'est pas indifférent par exemple que le professeur A. Léontiev, dans sa conférence d'ouverture au XVIIIe Congrès international de psychologie, ait pu montrer comment le concept de *reflet*, concept central de la théorie matérialiste dialectique de la connaissance,

> « a, en plus d'un sens gnoséologique, encore un sens de science concrète, psychologique ; que l'introduction de ce concept dans la psychologie a une signification heuristique importante au premier chef pour résoudre ses problèmes théoriques fondamentaux [1] ».

Dans les chapitres suivants, on donnera des exemples approfondis de cette valeur heuristique des concepts épistémologiques marxistes pour la psychologie de la personnalité. Un aperçu de l'un d'entre eux pourra dès maintenant en faire saisir toute la portée. J'ai noté, plus haut, que la psychologie d'aujourd'hui ne se risque guère à aborder le problème des lois générales de développement de la personnalité, et il semble bien qu'une des raisons principales de cette réserve, c'est qu'elle n'a guère idée de la *forme possible* de telles lois. Est-il alors sans intérêt de réfléchir sur le fait que plusieurs lois fondamentales du développement social — à commencer par la plus fondamentale de toutes — ont été dégagées par Marx sous la forme de *lois de correspondance nécessaire*? Si l'on tient compte que des lois de ce type sont par excellence capables d'exprimer à différents niveaux *le déterminisme interne d'un être structuré en voie de développement,* c'est-à-dire qu'elles sont susceptibles d'allier la plus grande rigueur dans la désignation des processus nécessaires à la plus grande souplesse dans l'application aux situations concrètes infiniment diverses et changeantes, on en viendra à l'idée que la psychologie de la personnalité ne perdrait vraiment pas son temps à réfléchir sur les lois de correspondance nécessaire. Ne serait-ce pas d'ailleurs souhaitable pour une science qui manie couramment les notions de correspondance projective, de rapports sémantiques ou de causalité structurale, sur lesquelles sont fondés par exemple tant de tests de personnalité, et une part croissante de l'interprétation en psychanalyse ou dans la théorie des rôles, mais bien souvent sans qu'ait été vraiment examiné, semble-t-il, ce que signifie une correspondance *nécessaire,* c'est-à-dire un rapport de *détermination fonctionnelle*?

---

1. A. LÉONTIEV, *Bulletin de Psychologie*, décembre 1966, p. 241.

**3. Le matérialisme historique, fondement des sciences de l'homme.** Et pourtant le rôle de guide épistémologique n'est pas l'apport le plus important du marxisme à la psychologie de la personnalité ; bien plus essentiel encore, à mon sens, quoique fort peu mis en œuvre jusqu'ici, est son apport en tant que matérialisme historique. Car le matérialisme historique, disons-le pour prendre d'emblée position sur une question toujours controversée, et ne donnant provisoirement ici que le résultat d'une démonstration à laquelle sera consacré le prochain chapitre, c'est la *base de principe de la science de l'histoire* — et à ce titre une partie intégrante de la philosophie marxiste — dans la mesure où il est en même temps l'énigme résolue de l'anthropologie philosophique, le *fondement d'une anthropologie scientifique, la pierre angulaire de toute conception scientifique de l'homme*. C'est même sur ce point très exactement qu'a été effectuée par Marx et Engels en 1845-1846 la percée décisive vers cette philosophie radicalement nouvelle qu'est le marxisme : en parvenant à la conception selon laquelle l'*essence humaine*, dont l'élucidation était la quadrature du cercle de la philosophie spéculative, n'est pas autre chose que l'ensemble des rapports sociaux que les hommes nouent nécessairement entre eux, et d'abord dans la production matérielle de leur existence, Marx et Engels tout à la fois mettaient à nu la racine du processus de production des idéologies, rendant ainsi possible la formation d'une théorie authentiquement scientifique de la connaissance — achevaient en la repensant dialectiquement la conception matérialiste du monde désormais complétée par une conception correspondante de l'homme — et ouvraient la voie à la science de l'histoire, donc à la politique, au socialisme scientifiques : tel est, de façon extrêmement schématique, l'extraordinaire noyau de découvertes fondamentales effectuées par Marx et Engels à la veille des révolutions de 1848. Or il résulte de cela une conséquence capitale pour notre propos : c'est que la psychologie de la personnalité, en tant que science de l'*individualité humaine concrète*, doit nécessairement venir s'articuler sur la *conception scientifique générale de l'homme* que constitue le matérialisme historique. Mieux encore : quoique la psychologie, en tant que science particulière, ne soit bien entendu pas constituée *dans son contenu concret* par la fondation du matérialisme historique — pas plus d'ailleurs que ne le sont la science de l'histoire et l'économie politique elles-mêmes, dont l'élaboration concrète a coûté à Marx et Engels des dizaines d'années de travail au-delà de la fondation du matérialisme historique proprement dit — *la forme* *de son articulation sur l'ensemble du marxisme n'est-elle pas déjà donnée, en creux si l'on veut, dans le matérialisme historique, en tant que conception scientifique générale de l'homme ?*

A ce point de la réflexion, on voit d'un coup grandir et se préciser singulièrement le rôle possible de la philosophie marxiste dans le développement scientifique de la psychologie. Ce rôle n'est pas seulement de fournir des indications épistémologiques générales, mais bien plus directement encore de décrire avec exactitude la « forme » de l'articulation où la psychologie de la personnalité doit venir s'ordonner à l'ensemble du matérialisme historique et des sciences qu'il commande — économie politique, science de l'histoire — c'est-à-dire à un corps de vérités relatives à l'homme dont la consistance et le degré de vérification pratique, on peut le dire sans hésiter, sont sensiblement supérieurs à ceux de toutes les théories psychologiques actuelles de la personnalité. Nous sommes ici, ce point est capital, aux antipodes de l'impérialisme d'une philosophie spéculative, qui tend toujours plus ou moins à intervenir dans les affaires d'une discipline comme la psychologie pour s'opposer de l'intérieur à son libre développement dans la voie de la science et lui imposer ses limitations idéologiques propres. Tout au contraire il s'agit ici, sans intervenir *dans* les affaires de la psychologie, de favoriser son passage à l'âge adulte en lui fournissant, si l'on peut dire, *un relevé de position exact* par rapport à la conception scientifique générale de l'homme et aux sciences particulières qu'elle commande. Piaget lui-même ne déclarait-il pas dans sa conférence au XVIIIe Congrès international de psychologie que

> « la sociologie possède le grand privilège de situer ses recherches à une échelle supérieure à celle de notre modeste (psychologie) et par conséquent *de tenir en main les secrets dont nous dépendons* [1] » ?

Ce qui, à quarante ans de distance, donne un singulier éclat à la perspicacité de Politzer écrivant en 1929 :

> « La psychologie ne détient nullement le « secret » des faits humains simplement parce que ce « secret » n'est pas d'ordre psychologique [2]. »

Mais la remarque de Piaget n'est exacte que dans la mesure où

---

1. J. PIAGET, *Bulletin de psychologie*, décembre 1966, p. 248.
2. G. POLITZER : *La crise de la psychologie contemporaine*, p. 120.

nous avons affaire à une sociologie véritablement scientifique, et il n'est d'autre fondement véritablement scientifique à la sociologie que dans le matérialisme historique.

Nous nous trouvons donc en somme en présence d'une de ces conjonctures fécondes, et classiques, dans l'histoire des théories scientifiques, où l'avancement d'un secteur du front de la connaissance aide à percer sur un autre moins avancé jusqu'à-là, comme par exemple lorsque la géologie évolutionniste de Lyell, dessinant d'avance de façon irrécusable la forme de l'articulation que devait prendre sur elle toute théorie scientifique du monde vivant, ouvrit la voie à Darwin. Mais, dans le cas qui nous occupe ici, il ne s'agit pas seulement d'un rapport de fécondation théorique entre des sciences particulières articulées, mais plus encore entre une science particulière et toute la conception scientifique générale de l'homme, tout le massif de la science marxiste de l'histoire humaine. C'est aussi pourquoi la fécondité du rapport promet d'être encore plus grande ; car de la « forme » de l'articulation de la psychologie sur le marxisme on peut tirer, sous la condition d'une extrême vigilance doctrinale, et en vertu de ce qu'on pourrait appeler loi de correspondance des formes théoriques, non seulement des vues partielles mais la conception d'ensemble d'une psychologie de la personnalité scientifiquement adulte. Il va de soi qu'une telle tâche, si elle est manifestement en son fond de nature *philosophique au sens marxiste de ce terme,* n'est aucunement l'apanage de philosophes de profession. Est-il besoin de répéter qu'il n'existe évidemment nulle incompatibilité de principe entre la qualité de psychologue de métier et la compétence en matière de philosophie marxiste en général, de matérialisme historique en particulier ? Il n'en reste pas moins nécessaire de bien voir que c'est cette seconde compétence qui est ici décisive en dernière analyse, car ce n'est pas la psychologie de la personnalité, surtout dans ses incertitudes actuelles quant à son identité même, qui peut déterminer quant à l'essentiel la « forme » de son articulation sur le marxisme : c'est l'inverse. Toute autre conception reviendrait en fait à *réviser le marxisme pour l'accommoder à telle ou telle idéologie psychologique régnante.*

Les remarques qui précèdent placent très haut la conception marxiste de l'homme. Bien entendu, cela devra être justifié avec la rigueur que cette assurance implique. Mais je veux souligner d'emblée qu'elle n'a rien à voir avec un doctrinarisme. Ce n'est pas le marxiste qui invente la nécessité où se trouve toute psychologie, et à plus forte raison toute psychologie de la personnalité, d'avoir à répondre à la question doctrinale : quelle est la conception de l'homme sur laquelle en somme vous vous fondez ? Cette nécessité est soulignée par les penseurs les moins enclins au dogmatisme philosophique. C'est ainsi que Georges Canguilhem, au nom d'une conception classiquement critique de la réflexion philosophique, montrait, dans une conférence déjà citée plus haut, qu'

> « il est inévitable qu'en se proposant elle-même comme théorie générale de la conduite, la psychologie fasse sienne quelque idée de l'homme. Il faut alors permettre à la philosophie de demander à la psychologie d'où elle tient cette idée et si ce ne serait pas au fond de quelque philosophie ».

Et, envisageant le cas même où la psychologie soutiendrait qu'elle n'a pas besoin pour se développer d'emprunter aucune idée de l'homme à aucune philosophie, il montre sans peine que « la question : qu'est-ce que la psychologie ? dans la mesure où on interdit à la philosophie d'en chercher la réponse, devient : où veulent en venir les psychologues en faisant ce qu'ils font ? Au nom de quoi se sont-ils institués psychologues ? » — question préjudicielle qui implique qu'on le veuille ou non une réflexion philosophique (et politique) sur les fondements. Et c'est pourquoi, après avoir souligné « l'incapacité constitutionnelle (de la psychologie) à saisir et à exhiber dans la clarté son projet instaurateur », G. Canguilhem concluait que

> « nul ne peut interdire à la philosophie de continuer à s'interroger sur le statut mal défini de la psychologie, mal défini du côté des sciences comme du côté des techniques [1] ».

Il est remarquable qu'à la suite de cette conférence un psychologue, R. Pagès, dans sa réponse, accorde qu'en effet toute psychologie

> « suppose (...) une certaine philosophie, partielle ou totale, implicite ou explicite, de l'homme [2] ».

Un marxiste ne peut être en désaccord avec la façon dont G. Canguilhem met en évidence l'impossibilité pour toute psychologie de récuser son articulation avec une conception générale de l'homme — et un ensemble de pratiques sociales. Il estimera

---

1. G. Canguilhem : « *Qu'est-ce que la psychologie ?* » *Revue de métaphysique et de morale*, janvier-mars 1958, pp. 12, 21, 24, 25.
2. *Ibid.*, p. 27.

toutefois qu'il faut aller plus loin ; car le problème de cette articulation n'est pas seulement posé, mais il a reçu une *solution*
scientifique, qui est contenue, du moins à titre virtuel, dans la
conception scientifique générale de l'homme qu'a fondée, et sur
laquelle est fondé, le marxisme. Il ne suffit donc pas de questionner
socratiquement la psychologie pour lui faire avouer qu'*elle ne peut
pas* définir par elle-même ses fondements, il s'agit de lui fournir les
matériaux théoriques existants grâce auxquels *elle peut* les définir.

Mais ce qui détourne un grand nombre de psychologues de chercher dans la philosophie marxiste, aussi bien que dans toute autre
philosophie, le fondement préalable d'une conception scientifique
générale de l'homme, c'est la conviction extrêmement répandue et
enracinée, en particulier chez les hommes de science, que toute
philosophie, sans exception, serait, selon la formule très significative
de R. Pagès dans sa réponse à G. Canguilhem, « une façon d'expli-
citer des valeurs (des choix, des appréciations) au-delà de la connaissance [1]. » Dans le même esprit, Jacques Monod affirme qu'il existe

> « un hiatus dans les relations entre la connaissance
> objective (...) et toute espèce de sentiments ou de
> théories des valeurs »

et que par suite l'adoption d'un système éthique, élément capital de toute anthropologie philosophique, relève d'un « choix (qui)
ne pourra jamais apparaître comme complètement satisfaisant [2] ».

Or il est parfaitement exact que *toute* philosophie jusqu'à Marx
a reposé au moins partiellement sur des prémisses théoriques
indémontrées, sur des jugements scientifiquement contingents.
Mais l'acte de naissance du marxisme consiste dans une transformation radicale de la position même de la question. Toute philosophie repose sur des prémisses théoriques qui, en tant que telles,
sont en partie arbitraires, et par conséquent il est impossible
qu'une philosophie soit fondée absolument par elle-même. Mais
étudiées de façon radicalement critique, c'est-à-dire à la lumière
d'une réelle science de l'histoire, ces prémisses théoriques arbitraires se révèlent n'être pas autre chose que des *expressions idéologiques* plus ou moins déformées et abstraites des *prémisses réelles*
sur lesquelles repose nécessairement l'activité philosophique elle-
même, c'est-à-dire la *vie sociale réelle*. Comme l'écrit Marx à

---

1. O. c., p. 31.
2. J. Monod : « *La science, valeur suprême de l'homme* », *Raison présente*,
n° 5, novembre 1967, p. 15.

propos de Max Stirner — mais la remarque a une portée universelle — :

> « Ces prémisses réelles sont aussi les prémisses de
> ses prémisses *dogmatiques*, qu'il retrouve du coup en
> même temps que les conditions réelles, qu'il le veuille
> ou non, et ceci, tant que les prémisses réelles n'auront
> pas changé et avec elles les prémisses dogmatiques,
> ou qu'il n'aura pas compris, en penseur matérialiste,
> que les conditions réelles sont les prémisses de sa
> pensée, ce qui supprime une fois pour toutes les pré-
> misses dogmatiques [1]. »

Texte capital, où se trouve à la fois formulée une critique décisive de toute philosophie au sens antérieur du mot et indiquée la
voie d'une conception radicalement nouvelle de la philosophie,
devenue pleinement scientifique dans la mesure où, toute prémisse
théorique arbitraire étant écartée, elle se fonde sur la seule étude
objective des conditions réelles.

> « Les prémisses dont nous partons ne sont pas des
> bases arbitraires, des dogmes ; ce sont des bases réelles
> dont on ne peut faire abstraction qu'en imagination.
> Ce sont les individus réels, leur action et leurs condi-
> tions d'existence matérielles, celles qu'ils ont trouvées
> toutes prêtes, comme aussi celles qui sont nées de leur
> propre action. Ces bases sont donc vérifiables par voie
> purement empirique [2]. »

C'est une conception

> « *qui n'est pas dépourvue de présuppositions*, mais qui
> observe empiriquement les conditions préalables maté-
> rielles réelles, considérées comme telles, et, de ce fait,
> est la première à être *réellement* une conception
> critique [3] ».

Qualifier la philosophie marxiste de *scientifique* ne relève donc
pas d'une modalité particulière d'autosatisfaction de la part des
marxistes, mais désigne avec exactitude un fait capital, et d'importance historique dans le développement universel de la philosophie :

---

1. *L'idéologie allemande*, p. 447.
2. *Ibid.*, p. 45.
3. *Ibid.*, p. 268.

la *philosophie marxiste* — la conservation du *mot* philosophie étant justifiée par le fait qu'elle *prend la relève* de l'ancienne philosophie, mais ne devant pas masquer qu'elle opère la transmutation de son contenu et de ses formes — ne suppose quant à elle pas plus l'acceptation contingente de prémisses indémontrées que le choix arbitraire de valeurs éthiques :

> « Le communisme n'est pas pour nous un *état* qui doit être créé, un *idéal* d'après lequel la réalité doit se régler. Nous appelons communisme le mouvement *réel* qui abolit l'état actuel. Les conditions de ce mouvement résultent des bases actuellement existantes [1]. »

Et c'est pourquoi la conception scientifique générale de l'homme que la philosophie marxiste propose à la psychologie ne constitue pas seulement pour elle un apport *critique* irremplaçable, mais un apport *constructif sans aucun dogmatisme*. Le dogmatisme, en cette affaire, consiste au contraire à admettre *sans examen réel* que le marxisme, comme toute « philosophie », ne saurait échapper à la contingence des fondements ni par suite s'articuler directement de manière nécessaire avec une science, au lieu de constater qu'il apporte seul une réponse théorique vraiment rigoureuse aux questions préalables de toute psychologie.

J'étais loin, il y a quinze ans, de me représenter avec exactitude la position d'ensemble de ces problèmes. Et pourtant tout en saisissant les raisons de principe exposées plus haut, qui rendent impossible au philosophe en tant que tel de pousser ses recherches *sur le terrain* de la psychologie, j'entrevoyais les devoirs et les pouvoirs de la philosophie marxiste en cette matière non seulement quant à ses problèmes épistémologiques, mais quant à son articulation sur le matérialisme historique, en sorte que je crus utile, en 1952-1953, d'engager la discussion de ce qui me paraissait présager alors une *déviation physiologiste* de la conception de la psychologie dans une partie du remarquable effort de recherche entrepris à partir du pavlovisme par une équipe de psychiatres et de psychologues marxistes français [2]. Pour critiquer cette déviation physio-

---

1. O. c., p. 64.
2. Cf. L. Sève : « *Pavlov, Lénine et la psychologie* », *La Raison*, nº 9-10, décembre 1954, et les réponses critiques jointes. Cf aussi L. Sève : « *Lénine et la psychologie* », *La Pensée*, nº 57, septembre 1954, et la discussion de cette intervention au colloque sur Lénine.

logiste, je tentai — sans avoir une claire conscience de toutes les conditions théoriques de la tâche que j'entreprenais — de décrire l'articulation que le matérialisme historique offre à la psychologie, afin de faire apparaître que cette articulation n'a pas son répondant dans la seule physiologie de l'activité nerveuse supérieure fondée par Pavlov, mais dans une science de la personnalité d'une tout autre nature, suggérée par les classiques du marxisme. Malheureusement ce que je prenais alors pour l'articulation du marxisme et de la psychologie et pour l'emplacement d'une théorie marxiste de la personnalité était en réalité tout autre chose, dont il sera question plus loin, et qui dans la terminologie courante peut être considéré comme relevant de la psychologie sociale, c'est-à-dire, en fait, des sciences *sociales* et non d'une *psychologie* de la personnalité. Et l'unité interne de la tentative, pour qui rejetait cette erreur de fond, semblait disqualifier aussi la critique du physiologisme elle-même, qui en apparaissait comme la source. C'est dans l'ensemble sur cette ambiguïté que vint achopper la discussion, et on en resta là.

Quant à moi, en tout cas, j'avais acquis à travers ces recherches et ces débats la certitude que la philosophie marxiste pouvait et devait se préoccuper des questions fondamentales de la théorie de la personnalité. Aussi bien l'erreur de ma tentative ne relevait-elle pas tant de l'inexpérience psychologique que de l'inexpérience marxiste. Or, dans toutes les années suivantes, au fur et à mesure que les problèmes posés, notamment depuis 1956, au mouvement communiste et à la pensée marxiste me conduisaient, comme beaucoup d'autres, à une relecture plus avertie des classiques et à une réflexion plus vigilante sur les problèmes de la conception fondamentale de l'homme, je ne pouvais pas ne pas être frappé vivement par le fait que, dans l'ensemble, la psychologie de la personnalité, fût-ce d'intention marxiste, ne semblait pas toujours s'apercevoir de tout ce qui lui restait à faire dans la question de ses bases théoriques, et pour accéder à l'âge adulte. Je ne pouvais pas ne pas faire peu à peu le compte des occasions manquées. Car, dans la mesure même où l'on se faisait une haute idée de la psychologie scientifique, n'était-il pas naturel d'attendre d'elle, par exemple, qu'elle soit présente dans les débats théoriques intenses d'il y a une douzaine d'années sur la réalité de la paupérisation absolue en régime capitaliste, ou plus récemment sur la conception des aptitudes intellectuelles sous-jacente aux réformes scolaires gaullistes, ou encore sur les perspectives que le communisme ouvrira pour l'épanouissement des individus — qu'elle fasse bénéficier de ses lumières propres tant de questions où l'éclairage psychologique reste en général fâcheusement insuffisant, des problèmes de la planification socialiste à ceux du culte de la personnalité, de ceux de l'esthétique à ceux de l'éthique ? Il faut bien admettre que l'attente a été déçue.

Force était alors de réfléchir aux raisons profondes de ces silences ; et de constater qu'en somme, relativement avancée dans l'étude des animaux, des enfants, voire des malades mentaux, et fort riche de détails comme de vues d'ensemble sur les fonctions psychiques prises à part, la psychologie, sauf exception, demeure bien faible quand il s'agit de comprendre _l'économie générale de la personnalité humaine adulte et normale_, c'est-à-dire précisément ce qui nous intéresse le plus en fin de compte. On comprend ainsi pourquoi les psychologues se taisent si souvent dans les débats idéologiques où la conception de la personnalité humaine est pourtant le plus directement impliquée : faute des données théoriques indispensables, et justement parce qu'ils ont le sens de leur responsabilité scientifique, leur seule issue est souvent l'abstention. Mais alors la réflexion critique rebondit : si les bases d'une théorie scientifique d'ensemble de la personnalité font encore défaut, comme il est manifeste, pourquoi ne pas concentrer la plus intense activité de recherche collective sur ce que son articulation avec le matérialisme historique peut déjà nous apprendre de plus certain à son sujet ? Puisque le marxisme, on l'a vu, est conduit par les plus fortes raisons théoriques et pratiques à attacher une importance extrême à la psychologie de la personnalité, comment pourrait-il attendre passivement ses progrès quand il peut lui-même les hâter ? Et puisque le philosophe marxiste a été conduit par ses propres exigences de recherche à réfléchir sur ce problème, pour ce qui lui en est accessible, pourquoi, oui, pourquoi tarderait-il plus longtemps pour donner tout simplement son avis à cet égard ? Ce faisant, il suivra d'ailleurs la logique d'une féconde tradition de la philosophie marxiste française : celle de Politzer, et de sa critique militante en faveur d'une « psychologie concrète » authentiquement matérialiste, que les conditions théoriques de son époque ne lui permettaient pas sans doute de concevoir exactement, mais dont il a eu le génie de formuler l'exigence. Tant que la psychologie ne sera pas définitivement constituée en science adulte par l'édification de la théorie scientifique de la personnalité, ce sera la responsabilité et l'honneur de la philosophie marxiste que de ne pas laisser dépérir la grande tradition politzérienne, c'est-à-dire, on va le voir, celle de Marx lui-même.

# CHAPITRE II

# PERSONNALITÉ HUMAINE ET MATÉRIALISME HISTORIQUE

> « L'histoire est la véritable histoire
> naturelle de l'homme (y revenir). »
>
> Karl MARX : *Manuscrits de 1844.*
> (Éd. sociales, 1968, p. 138.)

> « Le culte de l'homme abstrait
> qui constituait le centre de la nou-
> velle religion feuerbachienne devait
> nécessairement être remplacé par la
> science des hommes réels et de leur
> développement historique. »
>
> Friedrich ENGELS : *Ludwig
> Feuerbach et la fin de la
> philosophie classique allemande.*
> (Éd. sociales, 1966, pp. 55-56.)

« L'HISTOIRE de l'*industrie*, écrivait Marx dans les *Manuscrits de 1844*, et l'existence *objective* constituée de l'industrie sont le *livre ouvert des forces humaines essentielles*, la *psychologie* de l'homme concrètement présente, que jusqu'à présent on ne concevait pas dans sa connexion avec l'essence de l'homme, mais toujours uniquement du point de vue de quelque relation extérieure d'utilité, parce que — comme on se mouvait à l'intérieur de l'aliénation — on ne pouvait concevoir, comme réalité de ses forces essentielles et comme activité *générique humaine*, que l'existence universelle de l'homme, la religion, ou l'histoire dans son essence abstraite universelle (politique, art, littérature, etc.). Dans l'*industrie matérielle courante* (...), nous avons devant nous, sous forme d'*objets concrets, étrangers, utiles*, sous la forme de l'aliénation, les *forces essentielles* de l'homme *objectivées*. Une *psychologie* pour laquelle reste fermé ce livre, c'est-à-dire précisément la partie la plus concrètement présente, la plus accessible de l'histoire, ne peut devenir une science *réelle* et vraiment riche de contenu. Que penser somme toute d'une science qui *en se donnant de grands airs* fait abstraction de cette grande partie du travail humain et qui n'a pas le sentiment de ses lacunes, tant que toute cette richesse déployée de l'activité humaine ne lui dit rien, sinon peut-être ce que l'on peut dire d'un mot : « besoin », « besoin vulgaire » ? [1] »

Lorsqu'on relit aujourd'hui un tel texte — et d'autres, non moins suggestifs, en particulier dans le troisième manuscrit, sur le caractère historico-social des sens humains, sur la dialectique du travail et du besoin, sur la perversion essentielle de la personnalité par l'argent, sur son émancipation radicale par l'abolition de la propriété privée, etc. — on ne peut éviter d'être assailli par une série de questions d'importance fondamentale, et en premier lieu par celle-ci : comment se fait-il que des indications aussi claires — en apparence — et aussi catégoriques sur la voie à suivre pour faire de la psychologie une « science réelle et vraiment riche de contenu » n'aient pas déterminé jusqu'ici de mutation décisive dans le développement de la psychologie, dans la constitution d'une théorie scientifique de la personnalité ? Sans doute voit-on ces textes, ainsi que d'autres appartenant aux œuvres de jeunesse de Marx, cités périodiquement avec des commentaires prometteurs ; sans doute même quelques courants de recherche, comme celui qui a été marqué en France par l'œuvre d'I. Meyerson, ont-ils fait fructifier certaines indications des *Manuscrits de 1844*, lorsqu'ils analysent le caractère historique et l'objectivation des fonctions psychiques de l'homme dans ses œuvres — ce qui d'ailleurs donne déjà une idée de ce que, prises au sérieux, les analyses de Marx peuvent apporter à la psychologie. Mais il est impossible de ne pas voir que jusqu'ici la psychologie n'a rien édifié de notable à partir de ce qui constitue de toute évidence l'élément central des *Manuscrits de 1844*, comme des autres textes de cette période, la *théorie de l'aliénation de l'homme* — c'est-à-dire, pour s'en tenir ici à une brève définition, de la perte de son être, devenu puissance étrangère, dans le monde de la propriété privée, le communisme signifiant la suppression de cette aliénation. Comment rendre compte de cette surprenante impuissance ? Et la question en commande aussitôt une deuxième : comment se fait-il que Marx lui-même n'ait pas, semble-t-il, donné suite à ce projet d'une

---

1. K. MARX : *Manuscrits de 1844*, Editions sociales 1968 pp. 94 et 95.

« psychologie réelle » dans les œuvres de sa maturité ? Faudrait-il croire que, pour élaborer cette psychologie comme pour exposer systématiquement sa méthode dialectique, le temps lui ait manqué ? Ou faut-il au contraire penser qu'il a consciemment abandonné dans son âge mûr un projet de jeunesse reconnu alors erroné ? Bref, qu'en est-il de l'articulation entre le marxisme et la psychologie de la personnalité ?

# I
# LA CONCEPTION MARXISTE
# DE L'HOMME

CETTE question, on le voit, est tout autre chose qu'une affaire d'étroite spécialité ; c'est un aspect essentiel, et beaucoup trop peu étudié encore à mon sens, d'un problème théorique et historique central aujourd'hui posé à tous ceux qui réfléchissent sur la signification du marxisme : le problème des rapports qui existent en son sein entre le contenu humaniste et le caractère scientifique, c'est-à-dire aussi entre les œuvres philosophico-humanistes de la jeunesse et les œuvres scientifiques de la maturité. Or, dans l'extrême foisonnement des discussions et des réponses proposées ces dernières années, une profonde opposition s'est dessinée entre deux directions d'interprétation, qu'on pourrait caractériser ainsi, en les résumant à l'extrême : l'une pour laquelle le marxisme se définit essentiellement comme un *humanisme* — c'est-à-dire comme une philosophie de la réalisation progressive de l' « homme total » à travers l'histoire — mais qui tend pour se justifier à antidater dans l'évolution intellectuelle de Marx et d'Engels le moment où l'on peut considérer leur théorie fondamentale comme constituée, à atténuer du même coup la portée des transformations profondes qu'elle a subies entre 1844 et 1847, à réincorporer tels quels des thèmes philosophico-humanistes de jeunesse dans les conceptions scientifiques de la maturité, et qui paraît alors conduite de façon invincible à en dégrader la rigueur théorique, à ramener le matérialisme historique au niveau d'une anthropologie mal dégagée des illusions spéculatives — l'autre pour laquelle au contraire le marxisme se définit essentiellement comme *science*, ce qui prévient dès le principe la déformation précédente, mais qui tend alors à transformer en coupure la révolution théorique marquée par les *Thèses sur Feuerbach* et *L'idéologie allemande*, à rejeter purement et simplement hors du marxisme le contenu des œuvres antérieures à cette époque, ainsi que la notion même d'un humanisme théorique marxiste, et qui en vient à effectuer une lecture restrictive des œuvres de maturité, à réduire le contenu de la philosophie marxiste à la théorie de la connaissance, en déniant toute portée anthropologique directe au matérialisme historique [1].

Il est bien évident que cette question, primordiale, des rapports au sein du marxisme entre contenu humaniste et rigueur scientifique a une incidence décisive sur notre problème d'articulation entre science psychologique et conception marxiste de l'homme — et l'on voit du même coup à quel dilemme nous ne pouvons éviter d'achopper à son propos dans la mesure où nous nous laissons porter par la logique de ces deux interprétations opposées.

**1. Humanisme philosophique, antihumanisme théorique.** Selon la première, la conception de la psychologie définie en 1844, qui fait corps avec les thèmes philosophico-humanistes et en particulier avec le thème de l'aliénation de l'homme, sera considérée comme une *bonne ébauche* de la psychologie qui convient au marxisme. On attribuera alors à des circonstances extérieures le fait que Marx n'ait pas lui-même développé cette psychologie dans ses écrits ultérieurs, à une déformation dogmatique la persistance jusqu'à nos jours d'une telle lacune ; mais on soutiendra que la « psychologie de 1844 » est la clef de tout enrichissement et même de toute lecture correcte des classiques du marxisme. Ainsi la théorie de la paupérisation dans *Le Capital* sera présentée comme le développement économique détaillé du thème toujours présent de l'aliénation, des analyses du troisième manuscrit de 1844 sur la « richesse » et la « pauvreté » humaines, sur l'être et l'avoir, etc. On affirmera comme un principe fondamental que pour le marxisme l'homme ne se réduit pas aux rapports de production, mais qu'il se définit toujours par le libre choix et le projet créateur. On soutiendra que dans cette voie il est nécessaire de développer toute

---

1. Les pages qui suivent sont redevables au premier chef à l'apport de tous les participants aux débats, d'une richesse extrême, qui se sont développés autour des problèmes de l'humanisme, d'abord dans *La Nouvelle Critique* (n°s 164 à 172, de mars 1965 à février 1966), puis lors des Journées d'étude des philosophes communistes, en présence du Bureau politique du Parti communiste français, à Choisy-le-Roi (janvier 1966) et de la session d'Argenteuil du Comité Central (cf. n° de mai-juin 1966 des *Cahiers du Communisme.*)

une théorie marxiste de la *subjectivité*, et que, faute de le faire, on mutile le marxisme. Bref, on donnera pour articulation du marxisme et de la psychologie les thèmes philosophico-humanistes des œuvres de jeunesse de Marx, en particulier les *Manuscrits de 1844*, et les textes de la maturité relus à leur lumière.

Une telle interprétation peut séduire. On verra plus loin qu'elle n'est pas sans quelques rapports avec la réalité. Pourtant, il faut bien dire qu'elle est inacceptable. Elle est inacceptable d'abord parce qu'elle repose, de façon générale, sur une conception erronée de l'évolution de la pensée de Marx, une sous-estimation des transformations de fond qu'elle subit en 1845-1846, un amalgame impossible des textes de jeunesse encore pénétrés d'illusions spéculatives et des textes de maturité parvenus à la pleine rigueur scientifique. Lorsque Engels, en 1888, dans la préface de *Ludwig Feuerbach*, qualifie les *Thèses sur Feuerbach*, écrites au printemps de 1845, de « premier document où soit déposé le germe génial de la nouvelle conception du monde », il pose une pierre d'angle de toute interprétation historique et théorique sérieuse de la pensée de Marx, et d'une façon que les études ultérieures n'ont fait que confirmer. Tout ce qui la méconnaît est conduit à s'écarter du marxisme.

Elle est inacceptable aussi pour une raison plus directe et plus décisive encore du point de vue où nous nous plaçons ici : c'est que, à partir de 1845-1846, justement, la théorie de l'aliénation telle qu'on la trouve au cœur des *Manuscrits de 1844* a été sans conteste dépassée par Marx et Engels eux-mêmes et qu'on doit par conséquent la tenir pour prémarxiste. En effet, si elle permet de décrire de façon souvent très suggestive un certain nombre de phénomènes caractéristiques et d'aspects vécus de la société bourgeoise, et bien qu'elle soit liée, entre autres choses, à une critique fondamentale de la propriété privée et à la perspective du communisme, ce qui est fort important, cette théorie n'en repose pas moins, du point de vue philosophique, sur la conception spéculative d'une essence humaine encore conçue sous la forme d'un « homme générique », d'une individualité abstraite dont le développement historique et les rapports sociaux seraient la *manifestation objective*, et, corrélativement, sur la méconnaissance de principes fondamentaux de la science historique (en particulier la détermination de la forme des rapports sociaux par le caractère des forces productives) et de concepts essentiels de l'économie scientifique (valeur, force de travail, plus-value, etc.). Dans les *Manuscrits de 1844*, et bien qu'ils marquent une étape importante

dans le passage du vieux point de vue humaniste *spéculatif* vers
le nouveau point de vue historique et économique *scientifique*,
une grande part de l'analyse a encore la tête en bas, n'a pas encore
été redressée de façon matérialiste.

> « Le rapport de l'ouvrier à l'égard du travail, *lit-on
> dans le premier manuscrit*, engendre le rapport à ce
> travail d'un homme qui y est étranger et se trouve
> placé en dehors de lui. Le rapport de l'ouvrier à l'égard
> du travail engendre le rapport du capitaliste, du maître
> du travail, quel que soit le nom qu'on lui donne, à
> l'égard de celui-ci. La *propriété privée* est donc le
> produit, le résultat, la conséquence du *travail aliéné*,
> du rapport extérieur de l'ouvrier à la nature et à lui-
> même. La *propriété privée* résulte donc par analyse
> du concept de *travail aliéné*, c'est-à-dire d'*homme aliéné*,
> de travail devenu étranger, de vie devenue étrangère,
> d'homme *devenu étranger*. Nous avons certes tiré le
> concept de *travail aliéné* (de vie aliénée) de l'économie
> politique comme le résultat du *mouvement de la pro-
> priété privée*. Mais de l'analyse de ce concept il ressort
> que, si la propriété privée apparaît comme la raison,
> la cause du travail aliéné, elle est bien plutôt la consé-
> quence de celui-ci, de même que les dieux *à l'origine*
> ne sont pas la cause mais l'effet de l'aberration de
> l'entendement humain. Plus tard ce rapport se change
> en action réciproque [1]. »

Et plus loin :

> « Comment, demandons-nous maintenant, l'homme
> en vient-il à *aliéner son travail*, à le rendre étranger ?
> Comment cette aliénation est-elle fondée dans l'es-
> sence du développement humain ? Nous avons déjà
> fait un grand pas dans la solution de ce problème en
> *transformant* la question de *l'origine de la propriété
> privée* en celle du rapport du *travail aliéné* à la marche
> du développement de l'humanité [2]. »

Ainsi les *Manuscrits de 1844* affirment-ils une circularité entre
la propriété privée et le travail aliéné, entre les rapports sociaux

1. *Manuscrits de 1844*, p. 67.
2. *Ibid.*, p,. 68 et 69.

et l'essence humaine, mais dans cette circularité le moment fondamental est celui de l'« essence humaine ». C'est du côté de l'homme conçu de façon encore abstraite que se trouverait l'essence du processus historique, du côté des catégories économiques son phénomène : malgré l'enveloppe matérialiste que représente déjà l'adoption du point de vue du travail humain, nous sommes encore dans la spéculation idéologique [1]. Autrement dit, s'il est bien vrai que les *Manuscrits de 1844* se situent à la charnière entre économie politique et philosophie, c'est dans ce sens que la théorie « philosophique » (spéculative) de l'aliénation y *tient encore lieu* d'explication économique réelle de l'exploitation capitaliste : telle qu'elle est, elle n'y conduit donc pas, mais plutôt en masque l'accès. C'est pourquoi il est impossible de soutenir qu'en 1844 Marx *ébaucherait sur le plan du vécu*, de la subjectivité humaine, l'analyse qu'il portera ensuite à son point d'achèvement scientifique *sur le terrain économique* : en réalité, de par son contenu même, spéculatif encore dans son essence, l'« ébauche » de 1844 était *inachevable scientifiquement comme telle*, et les analyses des œuvres de maturité sont non pas l'achèvement mais bien plutôt la transmutation de la théorie de l'aliénation, en ce sens qu'elles montrent comment, loin que ce soit une aliénation abstraite de l'homme qui produise les formes d'exploitation capitaliste, c'est l'exploitation capitaliste qui produit les formes concrètes de l'aliénation. Ce renversement est indiqué pour la première fois clairement dans les *Thèses sur Feuerbach* et *L'idéologie allemande*, qui montrent bien, contre Feuerbach et aussi contre la « conscience philosophique » antérieure de Marx et d'Engels eux-mêmes, que ce n'est pas une phénoménologie de l'essence humaine qui permet de voir clair dans les rapports sociaux, mais que c'est au contraire l'étude scientifique des rapports sociaux qui permet de comprendre ce qu'on prenait jusque-là pour l'essence humaine : c'est à ce point exact que naît vraiment la « nouvelle conception du monde », selon l'expression d'Engels [2].

---

1. Le même point de vue apparaît encore, en automne 1844, dans *La Sainte Famille*, par exemple ici : « Une fois l'homme reconnu comme l'essence, comme la base de toute activité humaine et de toutes les situations humaines... ». (MARX et ENGELS. *La Sainte Famille* Éditions sociales 1969, p. 116. Cf. aussi pp. 47 et 48.)
2. Ne reconnaissant pas ce point exact, Roger Garaudy, dans les très nombreuses pages qu'il a consacrées depuis près de dix ans au problème des rapports entre marxisme et humanisme, ne parvient pas à lui apporter

Mais par là se trouve disqualifiée, du point de vue scientifique, toute analyse psychologique effectuée directement au niveau des individus humains, puisque le propre de l'individu, pour le marxisme mûr, est de ne pas porter originairement en soi l'essence humaine, mais de la trouver hors de soi, dans les rapports sociaux. Par conséquent, la recherche de l'homme concret sur la base des

---

de solution convaincante. Il n'a jamais vraiment renoncé à voir dans les *Manuscrits de 1844*, selon ses propres expressions, le « point de départ » de la pensée de Marx (« *Recherches sur la paupérisation* », *Cahiers du Communisme*, janvier 1961, p. 14), « l'étape décisive » dans la formation de la théorie marxiste (« *A propos des Manuscrits de 1844 de Marx* », *Cahiers du Communisme*, mars 1963, p. 112). Position insoutenable, à la lumière d'une étude objective de l'ensemble des textes et des faits. Les *Manuscrits de 1844* marquent un moment important de la réflexion de Marx, et plus d'un thème de cette œuvre de jeunesse a été retravaillé dans les œuvres de maturité, y compris le thème de l'aliénation, cela est certain. Mais il est non moins certain que, si étape décisive il y a dans la longue genèse du marxisme, c'est, comme Marx et Engels eux-mêmes l'ont indiqué, celle des *Thèses sur Feuerbach* et de *L'idéologie allemande*, en 1845-1846. Car dans ces textes, et à partir d'eux, il n'y a pas seulement, comme le soutient Roger Garaudy, « reconversion des concepts spéculatifs » (*Peut-on être communiste aujourd'hui ?*, Grasset, 1968, p. 73), mais un véritable renversement des perspectives, une révolution théorique qui prépare pour la première fois de façon directe la grande œuvre de la maturité.

Souligner cet aspect insoutenable, parmi d'autres, dans la réinterprétation du marxisme que Roger Garaudy développe depuis 1959, ce n'est pas verser dans une querelle secondaire d'érudition marxologique : c'est le sens même du marxisme mûr qui est ici en cause. Car la révolution théorique de 1845-1846, sous-estimée systématiquement par Roger Garaudy, porte sur un point décisif : la conception de l'homme. Jusqu'en 1844 l'essence humaine, dont Marx avait déjà bien vu le caractère historico-social, lié au travail, était cependant pour l'essentiel encore conçue sous la forme de « l'homme générique », c'est-à-dire comme inhérente à un individu encore abstrait — donc sous une forme préscientifique. Ce n'est pas un hasard si à ce stade de sa réflexion Marx n'a pas encore dégagé les concepts et les principes les plus fondamentaux de l'économie politique et du socialisme scientifiques, alors qu'après les *Thèses sur Feuerbach* et *L'idéologie allemande*, il est directement préparé à écrire *Misère de la philosophie*, *Travail salarié et capital*, le *Manifeste* — ces « premières œuvres du marxisme parvenu à sa maturité », selon le ferme jugement de Lénine dans *L'État et la révolution*. En quoi donc consiste cette révolution théorique de 1845-1846 dans la conception de l'homme ? Essentiellement en cette découverte d'immense portée, que développe longuement *L'idéologie allemande* et qui se trouve pour la première fois consignée dans la *VI*ᵉ *Thèse sur Feuerbach*, acte de naissance véri-

*Manuscrits de 1844* ne peut jamais en réalité parvenir à produire des connaissances vraiment scientifiques, elle n'est que le dernier avatar de la psychologie spéculative, qui croit avoir fait une découverte lorsqu'elle a simplement formulé une observation empirique

---

table de la théorie proprement marxiste de l'homme : « L'essence humaine n'est pas une abstraction inhérente à l'individu isolé. Dans sa réalité, elle est l'ensemble des rapports sociaux. » (« Das menschliche Wesen ist kein dem einzelnen Individuum inwohnendes Abstraktum. In seiner Wirklichkeit ist es das ensemble der gesellschaftlichen Verhältnisse. » *Marx-Engels Werke*, Dietz Verlag, Berlin, 1962, T. 3 p. 6).

Cela veut dire que l'être des hommes, leur « humanité » historiquement concrète n'a aucunement son siège ni sa source directement dans l'individualité humaine considérée en général, mais bien, selon le commentaire sans équivoque de *L'idéologie allemande*, dans « cette somme de forces de production, de capitaux, de formes de relations sociales, que chaque individu et chaque génération trouvent comme des données existantes. » (p. 70) — autrement dit avant tout dans la formation économique de la société. La *VIᵉ Thèse* établit donc une distinction capitale entre l'essence humaine objective et la forme de l'individualité, et affirme le caractère foncièrement second de l'individualité par rapport à la base sociale objective. Cela entraîne bien évidemment d'immenses conséquences théoriques. Toute spéculation philosophico-humaniste sur « l'homme » en général est disqualifiée sans retour : parler de « l'homme », au singulier, et sauf cas d'espèce, est une mystification. L'aliénation, terme philosophique dans lequel en 1844 se trouvaient confondus les phénomènes les plus hétérogènes, se résout en processus précis, distincts, engendrés par des rapports sociaux objectifs dont la science doit remplacer les phrases creuses sur l'essence humaine. L'histoire humaine apparaît comme un processus d'histoire naturelle ; ses acteurs sont certes les hommes eux-mêmes, mais des hommes produits dans et par les rapports sociaux, dont « l'individu, selon la formule du *Capital*, reste socialement la créature, quoi qu'il puisse faire pour s'en dégager. » (*Le Capital*, I, 1, p. 20). Cela conduit à une conception totalement neuve de la liberté, qui n'est plus un pouvoir abstrait de l'homme en général, mais un produit historico-social concret, un effet déterminé du stade atteint par le développement de la société. Cela fonde de façon matérialiste, dans l'analyse des classes, la théorie révolutionnaire et le socialisme scientifique.

C'est cet ensemble « coulé en acier d'une seule pièce », selon une image de Lénine, qui se désagrège peu à peu dans les travaux de Roger Garaudy. Soucieux à juste titre de corriger les déformations dogmatiques et scientistes de la philosophie marxiste, dont ses travaux d'avant 1956 étaient particulièrement marqués, il a cru y parvenir par un retour à l'humanisme. Mais, s'il n'a certainement pas tort, en un sens qu'on précisera plus loin, de contester avec véhémence que le marxisme soit un « antihumanisme théorique », sa contestation est sans vertu parce qu'elle est développée à partir d'une vue encore bien moins recevable de l'humanisme marxiste,

dans des concepts philosophiques préalables. On comprend alors pourquoi Marx l'a abandonnée, pourquoi elle est toujours restée une utopie inféconde : la « psychologie » de 1844 est une voie d'accès illusoire vers la personnalité humaine parce qu'elle est une voie d'accès à une conception illusoire de cette personnalité. La « richesse » des analyses de 1844, qui littérairement permettent

---

ramené à certains de ses aspects préscientifiques de 1844 et, qui plus est, déformé dans un sens spiritualiste. Il est hautement remarquable à cet égard que chez lui, en liaison avec sa sous-estimation persistante de la révolution théorique de 1845-1846, cet énoncé cardinal du marxisme qu'est la *VIe Thèse sur Feuerbach* soit régulièrement remplacé depuis quelques années par un texte imaginaire profondément différent, quoique cité sans façons entre guillemets, comme s'il était le texte réel. Quand la *VIe Thèse* dit que, dans sa réalité, « l'essence humaine est l'ensemble des rapports sociaux », cela devient chez Roger Garaudy : « L'individu est l'ensemble de ses relations sociales. » (Cf. *Marxisme du XXe siècle*, La Palatine, 1966, pp. 73, 105, 155, 162 et 164.) Bien que je lui aie fait remarquer cette insoutenable substitution de texte, Roger Garaudy persiste, dans son livre suivant, à attribuer à Marx ce texte pourtant étranger à la lettre comme à l'esprit de la *VIe Thèse*. (Cf. *Peut-on être communiste aujourd'hui ?*, pp. 245 et 288. En revanche, p. 204, le texte réel est rétabli, mais suivi d'un commentaire qui se rapporte encore ouvertement au texte imaginaire.) Il devrait cependant être évident qu'un tel manque de rigueur ne laisse aucune chance de résoudre correctement les problèmes de haute précision qui sont ici en cause. Car le marxisme est science, ou il n'est pas.

Certes, la pseudo-*VIe Thèse* de Roger Garaudy n'est pas en elle-même sans vérité. *L'idéologie allemande*, par exemple, développe à maintes reprises l'idée que « la véritable richesse intellectuelle de l'individu dépend entièrement de la richesse de ses rapports réels » (p. 67), esquissant une théorie marxiste de l'individualité que tout le présent livre a pour but de préciser et de développer. Mais justement parce que Marx, lui, pense les problèmes de l'individualité sur la base de la vraie *VIe Thèse*, c'est-à-dire sur la base du matérialisme historique, tout son effort dans *L'idéologie allemande*, et ailleurs, vise à montrer que ces « relations » des individus sont elles-mêmes déterminées par les rapports sociaux objectifs : « (Les individus) trouvent leurs conditions de vie établies d'avance, reçoivent de leur classe, toute tracée, leur position dans la vie et du même coup leur développement personnel ; ils sont subordonnés à leur classe » (p. 93). Au contraire, l'énoncé de Roger Garaudy, qui remplace la définition matérialiste de l'essence humaine par une simple conception relationnelle de l'individu, nous ramène de la science de l'histoire à une philosophie de l'« intersubjectivité », au demeurant banale, et qui, détachée de la base matérialiste, peut parfaitement être acceptée par un spiritualiste, et se trouve même inévitablement entraînée au spiritualisme. En effet, méconnaissant l'importance décisive

des développements brillants, est en ce sens foncièrement trompeuse : il s'agit d'un feu follet théorique. C'est ce qui permet d'affirmer que les *Manuscrits de 1844* — ou les œuvres de cette période — ne constituent pas l'articulation cherchée entre psychologie et marxisme. Il ne s'agit pas là en fait d'une articulation,

---

de la distinction entre essence humaine et individualité, Roger Garaudy ressuscite désormais à chaque instant le mythe philosophico-humaniste de « l'homme » en général, « sujet de l'histoire » (*Peut-on être communiste aujourd'hui ?*, p. 95) ; il y situe de nouveau des propriétés humaines essentielles, conçues dès lors de façon inévitablement abstraite (« le projet créateur », « le dépassement dialectique », etc.), et par-dessus tout, remettant sur la tête les relations entre l'homme et les rapports sociaux, restaurant contre le matérialisme historique des vues typiquement idéalistes, il attribue à « l'homme » une liberté transcendante : « l'homme » ne « se réduit pas » aux rapports sociaux qui le « conditionnent » (pp. 46, 105 et 379), il est « transcendant » par rapport « à la société et à sa propre histoire » (p. 379), c'est lui qui « produit » les relations sociales (p. 105), par lui que naît « le sens de l'histoire » (p. 298). Bref, « l'activité spécifiquement humaine (est) l'acte de créer des valeurs » (p. 232), « l'homme » est « un créateur à l'image de Dieu » (p. 378). A ce point extrême, toute différence de nature est effacée entre marxisme et spiritualisme. Du même coup, dans cette reconversion du socialisme scientifique en humanisme philosophique, c'est la base de classe de la politique communiste qui est directement en cause.

Dans l'autobiographie sur laquelle s'ouvre son livre *Peut-on être communiste aujourd'hui ?*, Roger Garaudy laisse apparaître certaines motivations personnelles de cette sollicitation spiritualiste à laquelle il ne cesse de soumettre le marxisme. Ce qu'il recherche désormais fiévreusement de livre en livre, c'est le point où ce qu'il appelle le « moment subjectif » de l'initiative historique et du combat des communistes pourrait rejoindre la foi chrétienne (p. 388) et le message de Jésus (p. 379) auquel il reste profondément sensible. On peut être touché par une telle quête. Mais on ne peut pas ne pas voir qu'elle le conduit à glisser sans cesse du dialogue des hommes et de la confrontation des « valeurs » à la recherche d'une impossible convergence des doctrines (Y a-t-il vraiment entre marxistes et chrétiens, demande-t-il, des « divergences philosophiques irréductibles » ?, p. 386), qui signifie inexorablement en fait, par-delà les libertés prises avec les textes, altération foncière du marxisme, sur le plan théorique et sur le plan pratique. Car, autant le marxisme s'exprime de façon juste dans la politique de la main tendue, autant il est réfractaire à ce « supplément d'âme » spiritualiste dont on prétend l'enrichir. Qui veut « sauver » l'âme du marxisme la perdra.

Ce qu'à mon sens il faut bien appeler l'impasse de la tentative de Roger Garaudy est une preuve, après tant d'autres, qu'aucune compréhension authentique du marxisme n'est possible si l'on demeure ou si l'on revient si peu que ce soit en deçà de la révolution théorique qu'il a opérée.

mais d'un *point mou* dans la théorie du jeune Marx, point mou qui trahit l'immaturité de sa conception de la société. Rien de ce qu'on s'imaginerait pouvoir bâtir là ne tiendrait ; toute théorie de la « personne » ou de la « subjectivité » ainsi engagée retomberait en deçà du marxisme, dans l'humanisme abstrait, dans l'idéologie.

On est alors directement conduit, semble-t-il, à l'extrême de l'autre interprétation. Elle consistera à soutenir que du point de vue marxiste non seulement la « psychologie de 1844 » mais, au sens courant du mot psychologie — c'est-à-dire au sens apparemment évident où son objet serait *l'homme*, le *sujet humain* — *toute psychologie* est intrinsèquement idéologique, au même titre que tout humanisme est spéculatif. En effet, dira-t-on, à partir de la coupure des *Thèses sur Feuerbach*, et défalcation faite des séquelles inévitables pour un temps après une coupure théorique aussi radicale, Marx déplace du tout au tout le terrain de son analyse : de l'essence humaine aux rapports sociaux. Mais ce déplacement, qui est la condition impérieuse du passage au matérialisme historique, à l'économie et au socialisme scientifiques, implique l'abandon sans réserves de la conceptualisation antérieure, entièrement contaminée par l'attitude spéculative. C'est ainsi que disparaît sans retour, sinon absolument le *mot*, du moins le *concept*, et la théorie, de *l'aliénation*. Plus fondamentalement encore, selon cette interprétation, *c'est le concept même d'homme qui ne trouve plus sa place dans le marxisme mûr*. Non pas bien sûr que le marxisme « oublie » l'existence et le rôle *des* hommes « réels », « concrets ». Mais « ne pas oublier » les hommes réels n'implique pas du tout nécessairement qu'on accepte *le concept d'homme* comme concept scientifique — pas plus que l'économiste n'oublie la misère réelle parce qu'il considère qu'en parlant des « pauvres » on ne possède pas encore un concept scientifique. Or s'il est vrai, comme l'énonce la *VIᵉ Thèse sur Feuerbach*, que ce n'est pas dans l'individu que réside l'« essence humaine » mais dans l'ensemble des rapports sociaux, une science qui croit pouvoir prendre pour objet les individus humains semble bien être une *science sans essence*, une fausse science. On soutiendra donc que les individus ne peuvent intervenir dans la théorie marxiste *que dans la mesure où ils personnifient des rapports sociaux*, donc dans la mesure où ils *ne sont pas* des sujets psychologiques. C'est ce que dit Marx, apparemment, dans la Préface de la première édition du *Capital* : « Il ne s'agit ici des *personnes* qu'autant qu'elles sont la *personnification des catégories économiques*, les *supports d'intérêts et de rapports de classe déterminés*[1] » Certes, tout l'individu réel ne se résorbe pas dans les rapports sociaux : en tant qu'organisme vivant, il est objet pour les sciences biologiques ; en tant qu'animal qui a à devenir homme, il est objet pour la psychanalyse. Mais on ne peut pas confondre ces sciences avec une psychologie. Mieux : si l'on veut bien débarrasser la psychanalyse de toute idéologie parasitaire et ne pas commencer par la dégrader en une variante de la psychologie, son apport théorique le plus précieux n'est-il pas de confirmer, par un tout autre biais, que le prétendu « sujet humain » n'est que le faux-semblant de *rapports* — en l'occurrence, les rapports entre nature et culture qui hantent l'inconscient et ses mécanismes ? Résumons l'ensemble de l'interprétation : toute psychologie, et même la plus positiviste d'allure, repose, fût-ce inconsciemment, sur une *croyance philosophique*, la croyance en l'homme, en la validité théorique du concept d'homme. Or la découverte fondamentale de Marx, ce serait que, théoriquement parlant, l'homme n'existe pas, mais les rapports sociaux ; il n'y aurait pas de sujet, mais des structures de l'histoire ; pas de sens humain du progrès historique, mais une succession de formations sociales ; pas de réalisation de l'essence humaine, mais la résolution des contradictions entre structures sociales. Dans ces conditions, il ne saurait évidemment y avoir nulle part d'articulation entre marxisme et psychologie. Le point mou qui existait dans la théorie de 1844 a été entièrement colmaté par le matérialisme historique, par l'économie politique. De ce côté, il n'y a plus rien à ajouter.

Une telle interprétation a de quoi surprendre, voire de quoi choquer tout d'abord. Elle n'en représente pas moins, par opposition aux séductions faciles de la précédente, une précieuse incitation à la réflexion profonde. Sur certains points essentiels, elle exprime bien la vérité. Cependant, prise dans son ensemble, elle ne me paraît pas plus recevable que la précédente. D'abord parce qu'elle est faussée de bout en bout, à mon sens, par une conception erronée du rapport entre œuvres de jeunesse et œuvres de maturité dans le marxisme — donc aussi de la signification exacte des œuvres de maturité. Cette conception est particulièrement visible dans le concept de *coupure* : entre les *Manuscrits de 1844* et les œuvres de la maturité, un changement radical de problématique étant intervenu, rien n'aurait véritablement *passé* — sauf à titre de séquelles provisoires — d'un bord à l'autre de la coupure. Cette notion de coupure, avec son fond de signification mathématique,

---

1. *Le Capital*, Éd. sociales, 1968, I, 1, p. 20.

n'est-elle pas beaucoup trop simple, et trop peu dialectique, pour exprimer dans toute sa complexité une *révolution* dans l'histoire des idées, comme dans l'histoire tout court ? Car ce qu'il faut bien voir, ce n'est pas seulement la *rupture* de continuité qu'introduit la restructuration théorique impliquée par toute grande découverte, c'est aussi en même temps l'*unité* du processus, sans laquelle d'ailleurs la découverte serait proprement miraculeuse. En fait, l'utilisation de la notion inadéquate de coupure dans la question de la formation de la pensée marxiste semble bien signifier le refus polémique du point de vue — insoutenable — de la continuité confuse, plutôt qu'en assurer le réel dépassement scientifique, lequel exclut toute simplification unilatérale, toute tendance à *forcer* les textes et les idées.

Des *Manuscrits de 1844* aux œuvres marxistes de la maturité, ce serait certes trop peu de dire qu'il y a progrès scientifique : ce « progrès » a été marqué par une rupture — ou mieux par *des* ruptures — de continuité, la plus décisive se situant en 1845-1846. C'est indiscutable. Mais en même temps il est indiscutable que la série de ces ruptures de continuité, comme une sorte de processus d'orthogenèse théorique, jalonne un effort *continu* pour maîtriser un domaine *inchangé* du réel avec des concepts transformés. C'est comme cela que Marx et Engels se sont toujours représenté leur propre évolution — et si leur point de vue n'a pas à être entouré d'un respect fétichiste, il serait encore plus irrationnel de le dédaigner. Ainsi dans la Préface de la *Contribution*, en 1859, avec quelque quinze ans de recul, Marx considère le travail entrepris par Engels et lui-même en 1845, travail qui devait aboutir à *L'idéologie allemande*, comme une tentative de « régler leurs comptes avec leur conscience philosophique d'autrefois [1] ». Donc, rupture. Mais dans le même texte, Marx rappelle comme une étape notable de sa découverte du matérialisme historique le fait que dès 1843, dans la *Contribution à la critique de la philosophie du droit de Hegel*, il en était arrivé à l'idée que les rapports juridiques et la forme de l'État ne peuvent s'expliquer qu'à partir de la « société civile », dont l'anatomie doit être cherchée dans l'économie politique [2]. Donc, continuité du progrès de la réflexion. Bien plus tard encore,

---

1. *Contribution à la critique de l'économie politique*, Éditions sociales 1968, p. 5.

2. *Ibid.*, p. 4. Cf. *L'idéologie allemande*, p. 268, où ce travail de 1843 est considéré comme indiquant le chemin vers la conception matérialiste du monde, bien qu'à travers la conceptualisation philosophique traditionnelle.

dans une lettre à Engels du 24 avril 1867, c'est-à-dire avec près
d'un quart de siècle de recul, il écrit après avoir repris contact
avec *La Sainte Famille*, qui date de 1844 : « Je fus agréablement
surpris de constater que nous n'avons pas à rougir de ce travail,
bien que le culte de Feuerbach nous produise maintenant une drôle
d'impression [1] ». Ce n'est pas là le langage de la coupure. Et c'est
ce que Lénine soulignait dans ses notes sur *La Sainte Famille*, en
écrivant en face d'un passage du livre où Marx critique Proudhon :
« Ce passage (...) montre comment Marx s'approche de l'idée fondamentale de tout son « système » — *sit venia verbo* [2] — à savoir
l'idée des rapports sociaux de production [3]. »

Il y a plus. Pendant toute sa vie, Marx n'a *pas cessé* de reprendre,
de réincorporer *en les retravaillant* des matériaux d'avant 1845,
et particulièrement des *Manuscrits de 1844*.

> « Qu'il s'y soit référé ne fait pas de doute, si l'on
> en juge par les nombreux passages barrés d'un trait
> vertical. Il avait en effet l'habitude de procéder ainsi
> lorsqu'il utilisait des idées ou des passages des manus-
> crits restés dans ses tiroirs [4]. »

Du reste, ces reprises sont aisées à déceler à la simple lecture.
Ainsi un des passages les plus célèbres des *Manuscrits de 1844*,
l'analyse du pouvoir de l'argent à partir d'un texte du *Timon
d'Athènes*, de Shakespeare, est repris dans *L'idéologie allemande*,
puis dix ans plus tard dans la version primitive de la *Contribution*,
puis dix ans encore plus tard dans *Le Capital* [5]. Dans *Le Capital*,
autre exemple, Marx reprend l'analyse de la contradiction, au
sein de la société bourgeoise, et dans l'âme même du capitaliste,
entre le penchant à la thésaurisation et le penchant au luxe
jouisseur [6]. De même encore, il reprend à maintes reprises dans *Le
Capital* le parallèle déjà développé en 1844 entre l'aliénation
économique et l'aliénation religieuse [7]. On pourrait multiplier sans

1. *Correspondance Marx-Engels*, Costes, t. IX, p. 150.
2. Qu'on excuse le mot.
3. LÉNINE : « *Cahiers philosophiques* », *Œuvres*, Paris-Moscou, t. 38, p. 27.
4. *Manuscrits de 1844*, préface de E. Bottigelli, p. LXIX.
5. *Manuscrits de 1844*, pp. 120 et suivantes ; *L'idéologie allemande*,
p. 262 ; *Contribution...*, p. 203 ; *Le Capital*, I, 1, p. 137.
6. *Le Capital*, I, 3, p. 32. Cf. *Manuscrits de 1844*, p. 103.
7. *Le Capital*, I, 1, p. 85 ; I, 3, p. 82. Cf. *Manuscrits de 1844*, pp. 57 et
suivantes.

peine les exemples. C'est là en quelque sorte le comportement d'un peintre qui revient dans son âge mûr sur des sujets qu'il a traités dans sa jeunesse, parce qu'il n'a jamais cessé d'y songer. Naturellement, en lisant la *version de maturité* de ces analyses, on ne peut manquer de se dire : comme elles ont changé ! — mais c'est bien l'aveu qu'on les *reconnaît.*

Allons plus au fond. Lorsque, après le tournant de 1845-1846, dans sa lettre de première importance à Annenkov datée du 28 décembre 1846, lettre qui constitue l'un des meilleurs exposés systématiques des principes du matérialisme historique et le condensé de toute *L'idéologie allemande,* Marx écrit que

> « l'histoire sociale des hommes n'est jamais que l'histoire de leur développement individuel [1] »

— lorsqu'en pleine maturité, en 1857-1858, il formule cette conclusion que la « forme extrême de l'aliénation » constituée par le rapport du travail salarié au capital

> « contient déjà *en elle* — bien que sous une forme renversée, la tête en bas — la dissolution de toutes les *conditions limitées de la production* et, en outre, qu'elle produit les conditions illimitées de la production ainsi que les pleines conditions matérielles du développement entier et universel des forces productives de l'individu [2]. »

— lorsque dans *Le Capital* même, c'est-à-dire à un moment où il a devant lui son œuvre scientifique accompli, où il devrait donc, selon l'interprétation antihumaniste, être aux antipodes de l'humanisme de 1844 et de la théorie de l'aliénation, nous lisons par exemple qu'

> « au fond du système capitaliste il y a la séparation radicale du producteur d'avec les moyens de production [3] »,

mais aussi qu'en développant la grande industrie il impose « la nécessité de reconnaître le travail varié et par conséquent le plus grand développement possible des diverses aptitudes du travailleur comme une loi de la production moderne » et

---

1. *Lettres sur Le Capital,* Éd. sociales, 1964, p. 28.
2. *Fondements de la critique de l'économie politique,* t. I, p. 481.
3. *Le Capital,* I, 3, p. 154.

« oblige la société sous peine de mort à remplacer
l'individu morcelé, porte-douleur d'une fonction productive de détail, par l'individu intégral qui sache
tenir tête aux exigences les plus diversifiées du travail
et ne donne, dans des fonctions alternées, qu'un libre
essor à la diversité de ses capacités naturelles ou
acquises [1] »,

lorsqu'il conclut qu'avec le communisme commencera

« le développement des forces humaines comme fin
en soi, le véritable royaume de la liberté [2] ».

— lorsque Engels, dans un article résumant tout *Le Capital*,
écrit que si Marx

« met en relief les mauvais côtés de la production
capitaliste, il prouve tout aussi clairement que cette
forme sociale était nécessaire pour élever progressivement les forces productives de la société jusqu'à
un niveau où *tous* les membres de la société pourront
également développer leurs valeurs humaines [3] ».

— ou lorsque enfin, dans le livre IV du *Capital*, Marx lui-même
n'hésite pas à dire que

« le développement des capacités de l'espèce humaine,
bien qu'il se fasse d'abord aux dépens de la majorité
des individus, et même de certaines classes, brise
finalement cet antagonisme et se confond avec le
développement de l'individu. Le développement
supérieur de l'individu ne s'achète donc que par un
procès historique où les individus sont sacrifiés [4] ».

— quand on relit ces textes, et bien d'autres semblables, sur
lesquels je reviendrai, peut-on vraiment considérer que les préoccupations humanistes des *Manuscrits de 1844* ont été *dépassées*
sans que rien n'en ait *passé* dans le marxisme mûr ? Et comment
faudrait-il lire de tels textes pour n'y pas voir, au cœur de la
théorie la plus rigoureuse, d'une façon qu'il faudra élucider, les

---

1. O. c., I, 2, p. 166.
2. *Ibid.*, III, 3, p. 199.
3. *Ibid.*, I, 3, p. 225.
4. *Histoire des doctrines économiques*, Costes, t. IV, p. 10.

hommes et le chemin contradictoire de leur épanouissement historique [1] ?

Je pense en avoir assez dit pour faire apparaître la nécessité d'un réexamen systématique et rigoureux de ce que devient dans son ensemble la problématique de l'homme à l'intérieur du marxisme mûr, de *L'idéologie allemande* au *Capital* — réexamen dont dépend à la fois la compréhension même du marxisme et la saisie exacte de son articulation avec la théorie de la personnalité.

---

1. C'est pourquoi, malgré ses mérites, la solution proposée par Louis Althusser au problème des rapports entre marxisme et humanisme ne paraît pas recevable. La thèse de Louis Althusser est que Marx, à partir de 1845, « rompt radicalement » (*Pour Marx*, Maspéro, 1965, p. 233) avec la problématique de « l'homme », de « l'essence humaine », et par conséquent de l'humanisme, irrévocablement identifié dès lors comme idéologie. « La connaissance de l'ensemble des rapports sociaux n'est possible que sous la condition de se passer complètement des *services théoriques* du concept d'homme (...). Ce concept en effet nous apparaît comme inutilisable du point de vue scientifique » (p. 255). La problématique du marxisme mûr émigrerait en un tout autre lieu, jalonné de tout autres concepts, ceux du matérialisme historique. C'est pourquoi, selon Louis Althusser, « on peut et on doit parler ouvertement d'un antihumanisme théorique de Marx » (p. 236). « L'antihumanisme théorique est le préalable de la philosophie marxiste » (p. 238).

Le travail fait par Louis Althusser et ses camarades dans cette direction a beaucoup contribué à mettre en évidence deux points essentiels qu'on peut tenir pour définitivement établis et en deçà desquels il ne saurait y avoir de recherche marxiste sérieuse : qu'en 1845-1846 s'opère chez Marx une révolution décisive dans sa conception de l'homme et des rapports sociaux, et que cette révolution disqualifie sans retour l'humanisme philosophique. En même temps, Louis Althusser a démonté le mécanisme des altérations philosophico-humanistes du marxisme : « Il suffit d'affecter à (la) nature humaine les attributs de l'historicité « concrète », pour échapper à l'abstraction et au fixisme des anthropologies théologiques ou morales (...). L'histoire devient alors transformation d'une nature humaine, qui demeure le vrai sujet de l'histoire qui la transforme. On aura de la sorte introduit l'histoire dans la nature humaine, pour bien rendre les hommes contemporains des effets historiques dont ils sont les sujets, mais — et c'est là que tout se décide — on aura réduit les rapports sociaux à des « *rapports humains* » historicisés, c'est-à-dire à des rapports inter-humains, inter-subjectifs. Tel est le terrain d'élection d'un humanisme historiciste. Tel est son grand avantage : remettre Marx dans le courant d'une idéologie bien antérieure à lui, née au XVIIIe siècle ; lui ôter le mérite de l'originalité d'une rupture théorique révolutionnaire et souvent même le rendre acceptable aux formes modernes de l'anthropologie « culturelle » et autre. Qui, de nos jours, n'in-

Dans ses formes érudites, un tel réexamen exigerait des volumes.
Les pages qui suivent en présenteront un abrégé.

**2. La conception**      Dans *L'idéologie allemande,* c'est-à-
**de l'homme,**        dire dans la première grande œuvre qui
**de l'Idéologie**      consacre et approfondit le tournant théo-
**allemande au Capital.** rique marqué par les *Thèses sur Feuer-*
                     *bach,* « germe génial de la nouvelle concep-
tion du monde », Marx et Engels entreprennent une critique radi-

___

voque cet humanisme historiciste, croyant vraiment se réclamer de Marx,
alors qu'une telle idéologie nous éloigne de Marx ? » (*Lire Le Capital,* Maspéro, 1965, t. II, p. 103.) Ces analyses sont sans réplique.

Convaincants lorsqu'ils caractérisent la naissance du marxisme proprement dit par la rupture avec l'humanisme philosophique, les travaux de
Louis Althusser et de ses camarades le sont-ils encore autant quand ils
considèrent comme nécessairement philosophique tout humanisme, comme
idéologique tout usage du concept d'homme, et affirment que cette rupture
conduit Marx à l'antihumanisme théorique ? C'est ici que plus d'un marxiste se déclare en désaccord. Et non sans raisons. Pour pouvoir soutenir
que Marx, humaniste en 1844, cesserait radicalement de l'être à partir du
tournant de 1845-1846, il leur faut désigner cette révolution théorique
par le concept unilatéral, et donc non-dialectique de coupure, qui suppose,
contre des faits bien établis, que rien ne serait conservé des positions antérieures dans ce dépassement. Cette supposition se heurte immédiatement
à la présence éclatante dans *L'Idéologie allemande* du concept d'homme
et de la théorie de l'épanouissement historique des individus. Écartant
par principe, sans examen attentif, l'idée qu'il puisse s'agir là d'une sorte
*toute nouvelle* d'anthropologie et d'humanisme, non plus philosophique
au sens spéculatif du terme mais scientifique, Louis Althusser soutient
donc qu'il faut y voir seulement des survivances idéologiques temporaires
(« On ne rompt pas d'un coup avec un passé théorique », *Pour Marx,* p. 28),
que *L'Idéologie allemande,* ainsi que les *Thèses sur Feuerbach,* doit être
classée comme « œuvre de la coupure », ambiguë, équivoque, posant « des
problèmes d'interprétation délicats » (*Pour Marx,* p. 28), c'est-à-dire que la
« coupure » ne serait pas à vrai dire une coupure mais plutôt, concept bien
étrange, une « transition-coupure » (*Pour Marx,* p. 255). Or, même si l'on
admet ces hypothèses en ce qui concerne *L'Idéologie allemande,* comment
pourraient-elles valoir lorsqu'il s'agit des œuvres de Marx qui appartiennent
indiscutablement à l'époque de la maturité et qui toutes, sans exception,
contiennent de la façon la plus nette et la plus constante les éléments de ce
qu'Engels appelle dans *Ludwig Feuerbach* « la science des hommes réels
et de leur développement historique » ? C'est le cas par exemple du grand
manuscrit économique de 1857-1858, les *Grundrisse,* traduits en français
en 1967 sous le titre, d'ailleurs contestable, de *Fondements de la critique de*

cale du point de vue de l'*humanisme philosophique* — philosophique étant toujours pris, à cette époque et dans ce contexte,
dans l'acception péjorative de *spéculatif*. Ils rejettent donc de la
façon la plus catégorique le concept d'Homme abstrait, dont
l'histoire ne serait que l'autodéveloppement, et du même coup la
théorie de l'aliénation telle qu'elle se présentait dans les *Manus-*

---

*l'économie politique*, qui à eux seuls constituent une objection à mon sens
décisive contre l'interprétation antihumaniste du marxisme mûr. On peut
naturellement expliquer le silence complet de Louis Althusser sur les *Grundrisse* par le fait que leur traduction est postérieure à ses travaux sur le problème de l'humanisme. Mais les autres textes économiques de 1857-1859,
la *Contribution à la critique de l'économie politique*, la version primitive de
la *Contribution*, l'*Introduction* de 1857 sont traduits, eux, depuis longtemps.
Or, pour ne donner que cet exemple, l'*Introduction*, que Louis Althusser
classe sans hésiter parmi les œuvres de la maturité et considère, à juste
titre, comme théoriquement fondamentale (« Le chapitre III de l'*Introduction* de 1857 peut être à bon droit tenu pour le *Discours de la méthode* de
la nouvelle philosophie fondée par Marx. » *Lire Le Capital*, t. II, p. 27)
s'ouvre sur une élucidation du concept d'individu et même, chose inconcevable du point de vue de l'antihumanisme, propose une très remarquable définition de l'homme : « L'homme est, au sens le plus littéral, un
*zôon politikon*, non seulement un animal social, mais un animal qui ne
peut s'individualiser que dans la société. » Toute l'*Introduction*, d'ailleurs,
contient des matériaux de première importance pour l'élaboration d'une
théorie scientifique de l'individualité humaine et de son développement dans
l'histoire. Mais il y a plus encore : dans *Le Capital*, comme on l'a déjà vu
par quelques citations et comme je le montrerai plus loin en détail, on
trouve une fois de plus dans une position centrale et clairement indiquée
une conception parfaitement cohérente de l'homme, dans l'acception
non-spéculative, matérialiste-historique du terme, et qui fonde une anthropologie, un humanisme scientifiques.

Il est donc manifestement impossible de soutenir que tout concept
d'homme, toute préoccupation humaniste soient seulement des survivances
temporaires du prémarxisme qu'on rencontrerait une dernière fois de façon
éparse dans les « œuvres de la coupure », en 1845-1846 : il y a là au contraire
une composante permanente et essentielle du marxisme mûr. Dans ces
conditions, pour soutenir envers et contre tout qu'elle n'en relève pas
moins de l'illusion spéculative, on est contraint de supposer, par un pas de
plus dans la voie de l'arbitraire, que le jeune Marx n'aurait en somme
jamais cessé de hanter le Marx de la maturité, autrement dit que la révolution théorique dont est sorti le marxisme scientifique n'aurait jamais été
pensée de façon totalement claire et cohérente dans l'œuvre même de Marx.
Bref, Marx n'aurait jamais réussi à comprendre complètement le marxisme.
Et c'est pourquoi il ne faudrait pas hésiter à pratiquer sur *Le Capital* lui-

*crits de 1844*. *L'idéologie allemande* consomme leur rupture avec
ce qu'on peut appeler le couple *anthropologie spéculative — humanisme abstrait*. Là précisément est le contenu essentiel de ce que
Marx treize ans plus tard, dans la Préface de la *Contribution*,
appelait le règlement de leurs comptes avec leur conscience philosophique d'autrefois, et de son but principal : voir clair en eux-

---

même ce que Louis Althusser appelle une « lecture symptomale », c'est-à-dire
une lecture qui cherche à « déceler l'indécelé dans le texte même qu'elle lit. »
(*Lire Le Capital*, I, p. 31.) Or même si l'on peut en effet admettre en principe qu'un homme qui effectue une découverte théorique géniale demeure,
sur des points secondaires ou dans la forme, prisonnier des limites idéologiques mêmes qu'il a plus que tout autre contribué à dépasser, comment
ne pas voir tout ce qui sépare ce principe critique de l'arbitraire inacceptable consistant à admettre que Marx ne se serait pas compris lui-même
dans la question tout simplement la plus centrale et la plus décisive de sa
découverte majeure, le matérialisme historique ? En d'autres termes, de la
*coupure* qui nous était initialement présentée comme un tournant historique réel de la pensée de Marx, séparant un avant encore philosophique
et un après intégralement scientifique, on passe subrepticement au *découpage* que l'interprète antihumaniste s'autorise à effectuer au niveau du
marxisme mûr lui-même entre des textes qu'il agrée et d'autres qu'il invalide
pour cause d'humanisme. C'est ainsi que par la plume de Jacques Rancière
la découpe antihumaniste du marxisme fait vigoureusement la leçon au
Marx empirique, qui « n'a jamais pensé rigoureusement la différence de son
discours avec le discours anthropologique du jeune Marx », « n'a jamais
véritablement saisi et conceptualisé cette différence ». (*Lire Le Capital*, I,
p. 198). Bref, « l'anthropologie n'a dans *Le Capital*, d'autre place que celle
qui lui est ménagée par les retombées du discours de Marx » (p. 196). Mais
la question de savoir si ce que Rancière nous donne pour des bévues de
Marx ne sont pas en réalité des bévues de la lecture de Marx par Rancière
reste entièrement ouverte. C'est là l'extrême ambiguïté d'une lecture « symptomale » : ne court-elle pas le risque d'être en fin de compte beaucoup plus
symptomatique des méconnaissances du lecteur que de celles de l'auteur ?
    Il y a plus ; car cet arbitraire même ne nous tire pas d'affaire, mais nous
accule au contraire irrémédiablement à une ultime impasse. En effet, si
le marxisme symptomalement épuré, à la différence du marxisme historiquement hétérogène de Marx, exclut tout usage du concept d'homme, et
par conséquent toute articulation théorique entre les rapports sociaux et
les hommes réels, c'est la lutte des classes, et par conséquent le marxisme
dans son entier, qui deviennent proprement incompréhensibles. Là est le
point crucial dans cette question de l'antihumanisme théorique. Tout le
socialisme scientifique de Marx repose sur la démonstration du caractère
historiquement nécessaire du passage révolutionnaire du capitalisme au
socialisme. Or pourquoi ce passage est-il historiquement nécessaire, *autre-*

mêmes. L'erreur majeure à leurs yeux désormais, c'est celle que dévoile par exemple ce texte, pris parmi vingt autres :

> « Si l'on considère, du point de vue *philosophique,* le développement des individus dans les conditions d'existence commune des ordres et des classes qui se succèdent historiquement et dans les représentations générales qui leur sont imposées de ce fait, on peut,

---

ment dit pourquoi est-il historiquement nécessaire que des *hommes,* les prolétaires, fassent la révolution ? La réponse de Marx, on le sait, est donnée justement dans les pages les plus célèbres du *Manifeste* : cette nécessité tient à ce que « la bourgeoisie produit ses propres fossoyeurs », elle « n'a pas seulement forgé les armes qui la mettront à mort, elle a produit aussi les hommes qui manieront ces armes : les ouvriers modernes, les *prolétaires* ». L'exploitation capitaliste rend de plus en plus littéralement *impossible* l'*existence* du prolétariat ; c'est pourquoi celui-ci, dont « la lutte contre la bourgeoisie commence avec l'existence même », « ne peut se redresser sans faire sauter toute la superstructure des couches qui constituent la société officielle ». Ainsi, la chute de la bourgeoisie et la victoire du prolétariat sont « également inévitables ». (*Manifeste du parti communiste,* 1re partie.) On voit d'emblée que cette démonstration fondamentale est le développement direct des analyses de *L'idéologie allemande* établissant que « les prolétaires doivent, s'ils veulent s'affirmer en tant que personnes, abolir leur propre condition d'existence antérieure », qu'« il leur faut renverser l'État pour réaliser leur personnalité ». (*L'idéologie allemande,* p. 96. Cf aussi pp. 103, 320, 416 et 482 : « Les individus de l'époque actuelle *sont contraints* d'abolir la propriété privée. ») Cette thèse qui lie indissolublement le concept d'homme aux concepts du matérialisme historique n'a jamais cessé d'être l'épine dorsale du marxisme, jusqu'à ce fameux chapitre XXXII du 1er livre du *Capital* sur « La tendance historique de l'accumulation capitaliste », qui plonge l'interprétation antihumaniste dans un désarroi profondément révélateur, parce que Marx y montre que la nécessité de l'expropriation des expropriateurs résulte du « jeu des lois immanentes de la production capitaliste », dont l'effet est d'accroître « la misère, l'oppression, l'esclavage, la dégradation, l'exploitation, mais aussi la résistance de la classe ouvrière, sans cesse grossissante et de plus en plus disciplinée. » (*Le Capital,* I, 3, p. 205.) L'existence d'une correspondance théorique fondamentale entre science des rapports sociaux et science des hommes réels, entre matérialisme historique et anthropologie scientifique est donc nécessairement inscrite au cœur du marxisme, et la tâche qui s'impose à nous est de la déchiffrer, de la *développer* correctement. Au contraire, l'arbitraire découpage antihumaniste porte logiquement à mettre en cause l'essentiel même dans le socialisme scientifique, dans le marxisme en général. Cette logique est déjà perceptible, par exemple, chez Étienne Balibar (cf. « Sur les concepts fondamentaux du matérialisme historique », *Lire Le Capital,* II) : ayant posé

il est vrai, s'imaginer facilement que le Genre ou
l'Homme se sont développés dans ces individus ou
qu'ils ont développé l'Homme ; vision imaginaire qui
donne de rudes camouflets à l'histoire. On peut alors
comprendre ces différents ordres et différentes classes
comme des spécifications de l'expression générale,

d'abord que chez Marx « le concept d'« hommes » constitue un véritable
point de fuite de l'énoncé vers les régions de l'idéologie philosophique ou
vulgaire » (p. 198) et construit avec des morceaux découpés dans *Le Capital*
un « discours » qui « fait disparaître la théorie des hommes comme support
commun de tous les rapports sociaux et le problème de leur individualité »
(p. 251), il est bien obligé de constater que la nécessité interne du développement historique et du passage au socialisme devient éminemment problématique. « Il n'est pas possible, en vient-il à écrire en conclusion, sans de
nouvelles recherches approfondies, de proposer de solution » (p. 323) ; et
cela, alors que justement la résolution de ce problème par Marx est à la
base du marxisme. Une logique voisine a conduit Maurice Godelier (cf.
« *Système, structure et contradiction dans Le Capital* », *Les Temps modernes*,
novembre 1966), à partir d'une tentative de réinterprétation structuraliste et antihumaniste du *Capital*, à une altération profonde du matérialisme
historique et de la dialectique. (Cf. Lucien Sève : *Méthode structurale et
méthode dialectique, La Pensée*, octobre 1967.) On est donc fondé à affirmer
que, prise dans le sens qu'on vient de voir, l'interprétation antihumaniste
théorique, loin de produire comme elle le prétend une lecture enfin rigoureuse de Marx par-delà Marx lui-même, constitue en réalité une contamination du marxisme par des courants de pensée qui lui sont étrangers, en
particulier, chez Maurice Godelier, le structuralisme, tel qu'on le trouve
notamment dans Lévi-Strauss. Le fond de l'œuvre considérable de Lévi-
Strauss, on le sait, est l'idée que le secret ultime des faits humains résiderait
non pas du tout dans les infrastructures sociales au sens marxiste, c'est-à-
dire en des rapports nécessaires dans lesquels entrent les *hommes* à l'occasion
de la production des biens *matériels*, mais en des structures *impersonnelles*
et inconscientes de l'*esprit*. Il s'agit donc foncièrement d'un idéalisme,
même si Lévi-Strauss tente ici ou là de lui donner une apparence matérialiste
en suggérant que ces structures de l'esprit pourraient avoir elles-mêmes
leur fondement dans des structures du cerveau, voire de toute matière.
L'antihumanisme est le corollaire logique de ce structuralisme, puisque,
ces structures ultimes demeurant normalement inconscientes et n'ayant
nulle « forme humaine », le *sens* que les hommes donnent à leur histoire
est nécessairement illusoire, et la *science* qu'on en fait a pour tâche non de
constituer l'homme, mais de le dissoudre. On voit très clairement dans une
telle œuvre comment l'antihumanisme théorique y est inséparable d'un
idéalisme anthropologique et d'un scepticisme historique. Mais dans ces
conditions, croire qu'à partir du structuralisme on pourrait proposer une

comme des subdivisions du Genre, comme des phases de développement de l'Homme [1]. »

C'est en somme ce que fait Feuerbach :

« Il n'arrive jamais aux hommes qui existent et agissent réellement, il s'en tient à une abstraction,

lecture plus authentique du marxisme relève de ces chimères épistémologiques que ne cesse de susciter autour du marxisme la pression de l'idéologie dominante.

Aussi bien Louis Althusser, pour sa part, et à y mieux regarder, se montre-t-il circonspect dans le maniement de l'antihumanisme théorique. S'il « fait disparaître », lui aussi, le concept d'homme, il note toutefois que ce qu'il appelle le « faux problème » du « rôle de l'individu dans l'histoire » est cependant « l'indice d'un vrai problème (...) : le problème des *formes d'existence historiques de l'individualité* ». (*Lire Le Capital*, II, p. 63), ce qui peut s'entendre en plusieurs façons, et même, traitant de la consommation et des besoins, il écrit que par là « nous sommes renvoyés à la distribution des hommes en *classes sociales* qui deviennent alors les « vrais sujets » (pour autant qu'on puisse employer ce terme) du procès de production » et que « l'idée d'une anthropologie, si elle est possible, passe par la prise en considération de la définition économique (non anthropologique) de ces « besoins » (p. 139). Ainsi, pour Louis Althusser, toute anthropologie marxiste ne serait pas impossible. Cela signifie, me semble-t-il, que quant à lui il n'a pas choisi de façon absolument nette et irrévocable, dans *Lire Le Capital*, entre deux interprétations bien différentes de l'antihumanisme théorique formulé dans ses études antérieures, reprises dans son *Pour Marx* : une interprétation positive, selon laquelle le marxisme *est* un antihumanisme théorique, l'antihumanisme théorique *constitue la réponse* du marxisme au problème de « l'homme » — interprétation dont j'ai montré que la logique conduit inexorablement hors du marxisme — et une interprétation simplement négative, selon laquelle le marxisme *n'est pas* un humanisme théorique, présuppose la critique radicale de l'humanisme théorique, mais sans que cela *constitue* encore la *solution* marxiste du problème de « l'homme ». On peut interpréter dans ce sens certains passages de *Pour Marx*, par exemple celui où l'antihumanisme théorique est seulement qualifié de « préalable » de la philosophie marxiste (p. 238). Cette deuxième interprétation est loin de soulever des objections aussi radicales que la première, et même elle pourrait être entièrement acceptée sous bénéfice d'un inventaire rigoureux et univoque de ce qu'on rejette sous le nom d'humanisme *théorique* ; car il est absolument vrai, et capital, on l'a vu, que le marxisme

---

1. *L'idéologie allemande*, p. 93. Des analyses de même orientation se rencontrent littéralement dans tout l'ouvrage, et en particulier pp. 56, 57, 67, 104, 210, 211, 266 à 270, 278, 324, 472 à 475, 481, 482 et 569.

« l'Homme », et il ne parvient à reconnaître l'homme
« réel, individuel, en chair et en os », que dans le sentiment ; autrement dit, il ne connaît pas d'autres
« rapports humains » « de l'homme avec l'homme »
que l'amour et l'amitié, et encore idéalisés. Il ne fait
pas la critique des conditions de vie actuelles. (...) Il

---

mûr repose sur une rupture irrévocable avec l'humanisme *philosophique,
abstrait, spéculatif,* c'est-à-dire, selon les formules parfaitement claires de
*L'Idéologie allemande,* avec la substitution d'un « homme » abstrait aux
« hommes qui existent et agissent réellement » dans « leur contexte social
donné, dans leurs conditions de vie données qui en ont fait ce qu'ils sont »
(p. 56). (Cf. aussi pp. 93, 104, 210, etc.)

Malheureusement cet inventaire, dont l'exactitude décide de tout, n'est
pas dressé par Louis Althusser de façon suffisamment rigoureuse. Ici encore
la *VI^e Thèse sur Feuerbach* est la pierre de touche. On lit, en effet, dans le
seul passage de *Pour Marx* où il en soit directement traité : « La *VI^e Thèse
sur Feuerbach* dit que « *l'homme* » non abstrait est l'« *ensemble des rapports
sociaux* » (p. 254). Non. La *VI^e Thèse,* si l'on veut bien prendre son texte
*tel qu'il est,* ne dit absolument pas que « l'homme » non abstrait, mais que
« l'essence humaine, dans sa réalité », est l'ensemble des rapports sociaux.
La différence est capitale. En effet, l'énoncé : l'homme non abstrait (donc
l'individu concret ?) est l'ensemble des rapports sociaux, n'a rigoureusement
aucun sens. C'est bien ce que Louis Althusser conclut aussitôt, contre Marx,
du texte de sa pseudo-*VI^e Thèse* : « A prendre cette expression à la lettre,
comme une définition adéquate, *elle ne veut rien dire* » ; d'où il déduit « une
*inadéquation* entre le concept homme et sa définition », et dénie au concept
tout caractère scientifique. A partir de cette déformation de la *VI^e Thèse,*
convertie en une sorte de non-sens et contrainte de témoigner, contre sa
lettre et son esprit, en faveur d'une non-correspondance entre la conceptualisation anthropologique et la conceptualisation du matérialisme historique, alors qu'elle en établit au contraire l'articulation scientifique, le
glissement à l'antihumanisme théorique *positif* devient difficilement évi-
table, avec toutes les conséquences que cela entraîne.

Prenons maintenant la *VI^e Thèse* telle qu'elle est. Que dit-elle ? Très
clairement ceci : l'humanisme philosophique, en l'occurrence celui de Feuerbach, ne conçoit l'essence humaine que de façon abstraite, c'est-à-dire
comme un ensemble de propriétés universelles qu'il abstrait sans critique
historique à partir des individus réels de la société bourgeoise. Les hommes
concrets devraient donc être conçus comme les exemplaires d'un « genre »
hypostasié, entité métaphysique « liant de façon purement *naturelle* les
nombreux individus ». Là est toute l'erreur. Car « l'essence humaine (et
non pas « l'homme » !) n'est pas une abstraction inhérente à l'individu isolé.
Dans sa réalité elle est l'ensemble des rapports sociaux. » Ainsi, selon la
*VI^e Thèse,* et contrairement à ce qu'écrit Louis Althusser, l'essence humaine

retombe par conséquent dans l'idéalisme, précisément là où le matérialiste communiste voit à la fois la
nécessité et la condition d'une transformation radicale tant de l'industrie que de la structure sociale [1]. »

Ce *renversement idéaliste* des vrais rapports entre l'homme et

---

*a bel et bien une réalité* ; ce qui est rejeté, à ce point crucial de la naissance
du marxisme mûr, ce n'est nullement le concept d'essence humaine, mais la
*compréhension abstraite* de ce concept, et *du même coup* lui est substituée une
*nouvelle compréhension*, concrète, scientifique, historique, de l'*essence humaine* : l'ensemble des rapports sociaux. *L'idéologie allemande* le redit
sans aucune ambiguïté : « Cette somme de forces de production, de capitaux,
de formes de relations sociales, que chaque individu et chaque génération
trouvent comme des données existantes, *est la base concrète* (c'est moi qui
souligne. L. S.) de ce que les philosophes se sont représenté comme « substance » et « essence de l'homme » (p. 70).

Or, cette base concrète une fois identifiée, autrement dit l'*essence humaine*
une fois remise sur ses pieds, renversée dans le sens du matérialisme historique, il devient enfin possible de concevoir scientifiquement l'*existence* des
individus. Jusqu'ici le concept d'homme réel renvoyait toujours peu ou
prou à l'essence humaine *abstraite*, d'où l'incompatibilité insurmontable
entre le matérialisme historique et cette conception de l'homme : dans ce
sens le marxisme est en effet l'adversaire *théorique* irréductible de l'humanisme *spéculatif* (ce qui est autre chose que l'« antihumanisme théorique »,
formulation intrinsèquement ambiguë à laquelle à mon sens il convient de
*renoncer*). Maintenant au contraire le concept d'homme réel renvoie directement à la science des rapports sociaux, qui en est la vraie base, et cela
ouvre la voie à la construction sur cette base d'une théorie de l'individualité,
d'une science de la personnalité articulées avec le matérialisme historique :
tâche immense, pour laquelle l'œuvre de Marx nous offre des matériaux
de première importance, mais qui n'en est pas moins encore devant nous.
C'est cela que méconnaît et que masque à la fois la déformation de la
*VIe Thèse* relevée plus haut : récusant la problématique de l'homme et de
l'humanisme, alors que Marx l'y hausse pour la première fois au niveau
scientifique, elle permet une réduction antihumaniste du marxisme qui le
dénature, et qui décrète à jamais idéologique un champ de recherches
exceptionnellement fécond dont il permet justement la prospection. Du
même coup, ne pouvant satisfaire tous ceux qui, sans être en mesure d'en
préciser le statut, voient bien cependant chez Marx les éléments d'un humanisme non-spéculatif, elle les rejette vers l'impasse de l'interprétation
philosophico-humaniste. La réciproque est vraie.

De ce cercle vicieux, il faut sortir. Et l'on n'a aucune chance d'en sortir,

---

1. O. c., pp. 56 et 57.

l'histoire, entre les individus et les rapports sociaux (« renversement qui fait d'emblée abstraction des conditions réelles », qui
« met tout la tête en bas », et qui « découle du processus de vie
historique (des hommes), absolument comme le renversement
des objets sur la rétine découle de son processus de vie directement
physique [1] »), voilà ce qu'il faut éliminer radicalement : il faut
remettre sur les pieds, de façon matérialiste et scientifique, l'étude
du développement historique des hommes.

> « Cette façon de considérer les choses n'est pas
> dépourvue de présuppositions. Elle part des prémisses
> réelles et ne les abandonne pas un seul instant. Ces
> prémisses, ce sont les hommes, non pas isolés et figés
> de quelque manière imaginaire, mais saisis dans leur

faut-il le préciser, par la recherche d'une « voie médiane », c'est-à-dire d'un
compromis éclectique, entre humanisme spéculatif et antihumanisme
théorique. Après ce qui précède, il est assez clair qu'une telle « recherche »
se situerait d'emblée au-dessous de la critique. En tout cas, cela n'a rien à
voir avec la solution qui sera proposée ici. Il faut d'abord bien se convaincre
que l'humanisme spéculatif, même s'il lui arrive souvent de côtoyer la
vérité — ce qui peut créer des illusions — n'a aucune chance pourtant de
la rejoindre jamais, parce qu'il en est séparé par le fossé d'une incompréhension radicale : rien ne peut dispenser de rompre avec lui, comme Marx
l'a fait, le premier, en 1845-1846, fondant par là une nouvelle conception du
monde. Mais cette rupture exige une vigilance théorique extrême, car, au
sens littéral, toute la suite en dépend. Le grand service rendu par Louis
Althusser à la réflexion marxiste contemporaine est d'avoir donné un relief
tout nouveau à cette exigence ; mais il ne l'a pas mise lui-même suffisamment en pratique encore. Il s'agit donc de reprendre depuis le début afin
de le mener jusqu'à son terme un effort dont le principe est juste. Cela
suppose évidemment la patience d'accorder à des minuties apparentes
l'attention requise par les questions les plus vitales. Marx nous en a prévenus,
dans la Préface de la première édition allemande du *Capital* : avertissant
le lecteur que « dans toutes les sciences le commencement est ardu », tout
en s'engageant à « rendre l'exposé aussi clair que possible et accessible à
tous les lecteurs », il dit à propos de la forme-valeur de la marchandise :
« Pour l'homme peu cultivé, l'analyse de cette forme paraît se perdre dans
des *minuties* ; ce sont en effet et nécessairement des *minuties*, mais comme
il s'en trouve dans l'*anatomie micrologique*. »

---

1. O. c., pp. 51, 104 et 270.

processus de développement réel dans des conditions
déterminées, développement visible empiriquement [1]. »

En ce sens, il faut « laisser de côté la philosophie », « il faut en
sortir d'un bond et se mettre à l'étude de la réalité en homme
ordinaire [2] », car le propre de la philosophie est de tout transformer en catégories abstraites, même « le terme de communiste, qui,
dans le monde actuel, désigne l'adhérent d'un parti révolutionnaire déterminé [3] », et par là d'en rester au point de vue de « l'interprétation » du monde, quand il s'agit de le transformer :

> « La transformation par la division du travail des
> puissances personnelles (rapports) en puissances
> objectives ne peut pas être abolie du fait que l'on
> s'extirpe du crâne cette représentation générale,
> mais uniquement si les individus soumettent à nou-
> veau ces puissances objectives et abolissent la divi-
> sion du travail [4]. »

C'est pourquoi les philosophes les plus radicaux en paroles sont
« les plus grands conservateurs [5] ». A ce point de leur réflexion,
Marx et Engels ont donc répudié complètement dans le principe
l'attitude spéculative qui viciait encore leurs travaux de 1844 et
notamment les *Manuscrits*. Ils le soulignent eux-mêmes à plusieurs reprises de façon explicite. Ainsi Bruno Bauer se livre à
des spéculations sur *La Sainte Famille*. « L'expression « humanisme concret » qu'il a rencontrée dans la préface de ce pamphlet
sert de base principale à son hypothèse [6]. » Marx et Engels mettent
les choses au point. Ils rappellent que l'évolution vers le renversement matérialiste de la philosophie spéculative était déjà indiquée dans les *Annales franco-allemandes*, dans l'*Introduction à la
critique de la philosophie du droit de Hegel* et dans *La Question
juive*, donc en 1843-1844,

> « mais elle l'était à l'aide du vocabulaire philosophique
> traditionnel, et les termes philosophiques tradition-
> nels qui s'étaient glissés dans ces ouvrages, tels que

1. *O. c.*, p. 51.
2. *Ibid.*, p. 269.
3. *Ibid.*, p. 74.
4. *Ibid.*, p. 94.
5. *Ibid.*, p. 44.
6. *Ibid.*, p. 127.

« essence humaine », « genre », etc., donnèrent aux théoriciens allemands l'occasion qu'ils souhaitaient de se méprendre sur le sens de la véritable évolution et de croire qu'il ne s'agissait dans ce cas, une fois encore, que d'un nouvel avatar de leurs vêtements théorique usés [1] ».

*L'idéologie allemande* est donc bien l'exposé des motifs d'une rupture sans retour avec l'humanisme philosophique.

Mais cette rupture ne fait aucunement disparaître les *hommes réels* du champ de la théorie : elle en est bien plutôt l'*apparition en lieu et place de l'Homme abstrait.* A la suite de la *VIᵉ Thèse sur Feuerbach*, qui pose les rapports sociaux comme « base réelle » de l'essence humaine, *L'idéologie allemande* est justement une longue démonstration du fait que « l'histoire des forces productives » est aussi « l'histoire du développement des forces des individus eux-mêmes [2] ». Comme l'expose la lettre de Marx à Annenkov datée du 28 décembre 1846, et où se trouve résumée toute *L'idéologie allemande* :

> « Par ce simple fait que toute génération postérieure trouve des forces productives acquises par la génération antérieure, qui servent à elle comme matière première de nouvelle production, il se forme une connexité dans l'histoire des hommes, il se forme une histoire de l'humanité, qui est d'autant plus l'histoire de l'humanité que les forces productives des hommes et en conséquence leurs rapports sociaux ont grandi. Conséquence nécessaire : l'histoire sociale des hommes n'est jamais que l'histoire de leur développement individuel, soit qu'ils en aient la conscience, soit qu'ils ne l'aient pas. Leurs rapports matériels forment la base de tous leurs rapports. Ces rapports matériels ne sont que les formes nécessaires dans lesquelles leur activité matérielle et individuelle se réalise [3]. »

C'est donc justement le renversement du point de vue stérile de l'humanisme abstrait, des phrases creuses sur l'essence humaine

---

1. *Ibid.*, p. 269.
2. *Ibid.*, p. 98.
3. *Lettres sur Le Capital*, Éd. Sociales, 1964, p. 28.

comprise dans le sens idéaliste, qui permet le passage à une conception scientifique féconde des individus concrets et de leur développement historique, parce que les individus sont compris désormais à partir de leur véritable essence : les rapports sociaux. De la fécondité de ce nouveau point de vue pour la compréhension des hommes réels, *L'idéologie allemande* est une démonstration éclatante. Dans des pages d'une admirable profondeur, exceptionnellement suggestives à mon sens pour qui réfléchit à la théorie de la personnalité [1], Marx et Engels montrent comment ce qu'ils nomment, sans l'avoir encore bien analysé, la *division du travail* — donc un ensemble de *rapports sociaux* — fait perdre au travail humain le sens d'une « manifestation de soi » et, dans la société bourgeoise, conduit la majorité des hommes à ce point qu' « ils sont frustrés du contenu réel de leur vie [2] ». Ils montrent aussi comment, non pas du tout en vertu d'un développement mystique de l'essence humaine, mais du développement concret des *forces productives*, parvenues à un stade où elles exigent « le développement d'une totalité de facultés dans les individus eux-mêmes », et des *rapports de classes*, qui, en excluant totalement les prolétaires de toute manifestation de soi les mettent « en mesure de parvenir à une manifestation de soi totale et non plus bornée », la révolution communiste a *nécessairement* un caractère total et universel, et ouvre la voie à une société où « la manifestation de soi coïncide avec la vie matérielle, ce qui correspond à la transformation des individus en individus complets [3] ». Toute cette analyse fonde la conclusion générale que les prolétaires « doivent, s'ils veulent s'affirmer en tant que personnes, abolir leur propre condition d'existence antérieure » ; « il leur faut renverser l'État pour réaliser leur personnalité [4] ».

Ces dernières formules, particulièrement rebelles à l'interprétation antihumaniste, mais dont on voit au contraire la portée pour l'élaboration d'une théorie scientifique de la personnalité, ne sont nullement des formules isolées dans *L'idéologie allemande*. Elles sont longuement développées dans la polémique contre Max Stirner en particulier [5]. Mieux : Marx et Engels montrent, et cela permet de saisir à quel point de profondeur la prise en considéra-

---

1. *L'idéologie allemande*, pp. 91 à 104.
2. O. c., p. 103.
3. *Ibid.*, p. 104.
4. *Ibid.*, p. 96.
5. Cf. notamment pp. 320 à 322, 472 à 484.

tion des hommes est impliquée dans le matérialisme historique,
que la *séparation* entre les hommes et les rapports sociaux ne rend
pas seulement incompréhensibles les *hommes*, mais aussi bien le
développement des *rapports sociaux*, la lutte des classes : chez
Stirner, écrivent-ils,

> « il y a d'un côté la « transformation de la situation »
> et de l'autre les « hommes », et ces deux aspects sont
> complètement séparés. [Il] n'est même pas effleuré
> par l'idée que la « situation » a toujours été la situa-
> tion de ces hommes précisément et qu'il n'a jamais été
> possible de la transformer sans que les hommes se
> transforment, et, pour en arriver là, aient été « mécon-
> tents d'eux-mêmes » dans leur situation antérieure [1] ».

*L'idéologie allemande* démontre ainsi d'avance la thèse célèbre
du *Manifeste*, et plus largement de tout le marxisme, selon laquelle
la bourgeoisie produit elle-même ses propres fossoyeurs.

> « Le prolétaire, qui a, comme tout autre homme,
> la vocation de satisfaire ses besoins personnels et qui
> ne peut même pas satisfaire ceux qu'il a en commun
> avec les autres hommes, lui que la nécessité de tra-
> vailler quatorze heures par jour ravale au niveau de
> la bête de somme, et dont la concurrence fait une
> chose et une marchandise, lui qui se voit expulsé de
> sa position de simple force productive, la seule qui lui
> reste, par d'autres forces productives plus puissantes
> — ce prolétaire a par là même la mission réelle de
> bouleverser ses conditions de vie [2]. »
> « Les individus de l'époque actuelle *sont contraints*
> d'abolir la propriété privée [3]. »

Tout cela revient à dire que l'humanisme philosophique n'est
pas, dans *L'idéologie allemande*, simplement rejeté, ce qui ne nous
en délivrerait que de façon négative ; il est nié dialectiquement,
c'est-à-dire *dépassé* — non pas bien entendu, ce point est capital,
dans le sens hégélien du concept de dépassement, c'est-à-dire en
découvrant *au sein* de la spéculation philosophique un point de
vue « supérieur », mais dans le sens spécifiquement marxiste, celui

---

1. O. c., p. 416.
2. *Ibid.*, p. 320.
3. *Ibid.*, p. 482.

d'un *renversement matérialiste* et d'une *transmutation scientifique* qui nous font sortir définitivement de la spéculation. Le concept d'Homme abstrait n'est pas seulement invalidé comme spéculatif, mais sa genèse historique est expliquée à partir des conditions dans lesquelles se développent les hommes réels, et par conséquent un nouveau concept d'homme comme individu social historiquement déterminé le remplace, ouvrant la voie à une *anthropologie non spéculative* dont la *VIᵉ Thèse sur Feuerbach* constitue la pierre angulaire. La théorie de l'aliénation elle-même, odyssée mystique de l'essence humaine, ne peut dévoiler son idéalisme le plus profond ni par conséquent être radicalement éliminée que dans la mesure où la totalité des processus historiques, y compris les processus de l'existence personnelle, est comprise sur la base de l'essence humaine *réelle*, et non plus imaginaire, donc sur la base de l'étude concrète des rapports sociaux, de leurs contradictions effectives et de leur développement pratique ; la théorie philosophique de l'aliénation cède alors du même coup la place à une *théorie scientifique des contradictions et des conditions d'épanouissement historiques des individus*. Ainsi les nouveaux concepts et les nouvelles théories qui résultent du renversement matérialiste achevé des rapports spéculatifs entre essence humaine et rapports sociaux ne sont nullement le simple *reflet inversé* des théories et concepts idéalistes dont ils prennent la place ; une telle inversion ne nous ferait pas quitter vraiment le monde de la spéculation. Mais, engendrés de façon nouvelle sur la base de l'étude des conditions historiques objectives, ils remplissent *scientifiquement* par rapport à la réalité la fonction explicative que les théories et concepts idéalistes de la philosophie antérieure ne parvenaient à remplir que *spéculativement*. C'est cette *homologie de fonction* dans le cadre de systèmes théoriques cependant *qualitativement différents* qui permet la lecture des solutions scientifiques nouvelles comme réponse effective aux problèmes insolubles de l'ancienne philosophie, sous réserve de la vigilance à ne jamais tomber dans le piège de leur pure et simple confusion, amorce d'une inévitable régression à l'humanisme spéculatif. Marx et Engels procèdent fréquemment ainsi dans *L'idéologie allemande*, allant jusqu'à se trouver en coquetterie avec le vocabulaire spéculatif, alors même qu'en d'autres passages ils le disqualifient avec sarcasme, et cela non pas du tout par « inconséquence » — l'inconséquence des « œuvres de la coupure » selon l'interprétation antihumaniste —, mais au contraire parce que les deux démarches sont au fond identiques : la possibilité de résoudre un ancien problème insoluble en le *traduisant* dans une probléma-

tique nouvelle est la plus convaincante des preuves de la caducité
de l'ancienne.

C'est ainsi que, tout comme la *VI*e *Thèse*, *L'idéologie allemande*
admet la désignation de l'ensemble des conditions sociales matérielles comme essence humaine « réelle », « base concrète de l'essence humaine [1] ». Un raccourci extrême dit même que « l'Être des
hommes est leur processus de vie réel [2] », énoncé où le verbe être ne
signifie pas bien entendu identité indifférente du sujet et de l'attri-
but, mais transcription effectuable du premier dans le second — et
qui malgré les apparences est donc de sens bien différent de
l'énoncé des *Manuscrits de 1844* : « L'individu *est* l'*être social* [3] »,
dont l'examen attentif dans son contexte montre qu'il affirmait au
contraire l'équivalence pure et simple du langage de la société
réelle et du langage de l'essence humaine abstraite. *L'idéologie
allemande* transcrit de même dans la nouvelle conceptualisation
scientifique ce que visait le terme d'aliénation :

> « Cette fixation de l'activité sociale, cette pétrifi-
> cation de notre propre produit en une puissance
> objective qui nous domine, échappant à notre contrôle,
> contrecarrant nos attentes, réduisant à néant nos
> calculs, est un des moments capitaux du développe-
> ment historique jusqu'à nos jours [...]. Cette « alié-
> nation » — pour que notre exposé reste intelligible aux
> philosophes — ne peut naturellement être abolie qu'à
> (des) conditions pratiques... [4]. »

Ailleurs, critiquant Feuerbach pour qui « l'Être d'un objet ou
d'un homme est également son essence », Marx et Engels jugent
possible de répondre dans les termes mêmes de Feuerbach :

> « Donc, si des millions de prolétaires ne se sentent
> nullement satisfaits par leurs conditions de vie, si leur
> « Être » ne correspond pas le moins du monde à leur
> « essence », ce serait, d'après le passage cité, un malheur
> inévitable qu'il conviendrait de supporter tranquille-
> ment. Cependant ces millions de prolétaires ou de
> communistes ont une tout autre opinion à ce sujet et

---

1. O. c., p. 70.
2. *Ibid.*, p. 50. (« Das Sein der Menschen ist ihr wirklicher Lebenspro-
zess. » *M. E. W.* 3 p. 26.)
3. *Manuscrits de 1844*, p. 90.
4. *L'idéologie allemande*, p. 63.

ils le prouveront, en temps voulu, quand ils mettront leur « être » en harmonie avec leur « essence » dans la pratique, au moyen d'une révolution [1]. »

Ailleurs encore, ils montrent que les termes « humain » et « inhumain », qui, rapportés à un Homme idéal et abstrait, font au premier chef partie du vocabulaire mystifié de la philosophie spéculative, ne sont cependant pas de purs et simples non-sens si on les définit historiquement comme un « produit des conditions actuelles ».

« L'expression positive « humain » correspond à un système déterminé, *dominant* en fonction d'un certain niveau de production, et à la façon de satisfaire les besoins que ce système implique, de même que l'expression négative « inhumain » correspond à la tentative quotidiennement renouvelée, et suscitée par ce même niveau de production, de nier cette situation dominante et de nier aussi la façon dominante de satisfaire les besoins dans le cadre du mode de production existant [2]. »

C'est pourquoi

« le jugement antirationnel des philosophes disant que l'homme réel n'est pas un homme n'est rien d'autre que l'expression la plus universelle, la plus générale de la contradiction universelle qui existe en fait entre les besoins des hommes et les conditions où ils se trouvent — elle est simplement transportée sur le terrain de l'abstraction. La forme antirationnelle de cette phrase abstraite correspond tout à fait au caractère irrationnel des rapports qui existent au sein de la société bourgeoise, où ils sont poussés à leur forme extrême [3]. »

On le voit : dans l'œuvre même de Marx et d'Engels qui opère la rupture décisive entre le point de vue encore « philosophique » de leur jeunesse et le point de vue scientifique de leur âge mûr par rapport à la question centrale de la conception de l'homme, la conceptualisation anthropologique-humaniste *ne disparaît pas*, elle subit une *transmutation scientifique* complexe, qui en apparaît

---

1. *O. c.*, p. 74.
2. *Ibid.*, p. 475.
3. *Ibid.*, p. 472.

à la fois comme une *critique radicale* mais aussi comme une *validation théorique nouvelle*. Et c'est très exactement encore ce qui advient de ce que j'appelais plus haut la « psychologie de 1844 » : l'extrême richesse d'indications pour une psychologie de la personnalité qu'on trouve dans *L'idéologie allemande* n'est nullement, à bien regarder, dans le simple prolongement de celle qu'on trouve dans les *Manuscrits de 1844*, et dont on a vu plus haut le caractère spécieux et la décevante infécondité scientifique. Car les analyses si remarquables de *L'idéologie allemande* sur les besoins, les désirs, la passion, la richesse intellectuelle, la concentration du talent artistique en quelques individus, et plus encore sur les structures mêmes des contradictions de la vie personnelle, analyses dont il sera fait usage dans les chapitres suivants, reposent pour l'essentiel non plus sur des considérations situées abstraitement dans le monde de « l'homme générique », mais sur l'étude des rapports sociaux réels. Leur limite de base est celle même des connaissances économiques de Marx et Engels en 1845-1846. Mais il semble bien que, dans le principe, quelque chose prenne là naissance, en matière de théorie de l'individu concret, qui préfigure la réelle solution de ce problème crucial.

$$* \atop {* \;\; *}$$

Voyons maintenant, pour aller vite, où en est Marx à l'égard de ces questions quelque dix ans plus tard, dans l'énorme massif — près de 1 200 pages imprimées — de ses travaux économiques de 1857-1859, ceux qu'il est convenu d'intituler, dans l'ordre de leur rédaction, l'*Introduction à la critique de l'économie politique* (1857), les *Grundrisse* ou *Fondements de la critique de l'économie politique* (1857-1858), le fragment conservé de la *Version primitive* (1858) et la version définitive de la *Contribution à la critique de l'économie politique* (1858-1859) — ce dernier travail seul ayant été publié en son temps par Marx. Ce qui frappe d'emblée dans ces textes si on les compare avec *L'idéologie allemande* du point de vue des problèmes ici débattus, c'est que la polémique contre l'humanisme philosophique en tant que tel y a pratiquement disparu. Tout au plus rencontre-t-on encore quatre ou cinq fois, en 1 200 pages, des remarques incidentes faisant écho à ce qui dans *L'idéologie allemande* constituait le thème critique central : dans l'*Introduction* de 1857, une phrase contre Proudhon qui trouve

« naturellement bien commode de faire de la mythologie pour donner une explication historico-philosophique d'un rapport économique dont il ignore l'origine historique [1] » ;

plus loin, dans le même texte, la brève indication que « la conscience philosophique est ainsi faite que pour elle la pensée qui conçoit constitue l'homme réel [2] » ; dans les *Grundrisse*, un paragraphe résumant presque littéralement une page de *L'idéologie allemande* pour expliquer l'illusion des philosophes qui « décrivent l'ère moderne comme étant dominée par les idées et identifient la production de la libre individualité au renversement de cette domination [3] » ; et ailleurs, au cours d'une discussion du point de vue d'Adam Smith, la précision suivante :

« Ce que nous voulons, ce n'est pas discuter son point de vue sous l'angle philosophique, mais économique [4]. »

Cette disparition presque complète de la polémique explicite contre l'humanisme philosophique ne signifie évidemment pas que Marx en remette en cause le bien-fondé, mais tout au contraire que désormais pour lui *cela va sans dire* ; c'est une phase totalement acquise, et dans cette mesure même dépassée, de son *passage* sur le terrain du matérialisme historique. Désormais il ne s'agit plus de démontrer au lecteur, tout en se démontrant à soi-même, la niaiserie de la spéculation sur l'Homme, mais bien de pousser le travail critique dans le domaine de l'économie politique bourgeoise et d'édifier une économie politique matérialiste, scientifique, qui seule peut fournir une base théorique correcte à l'étude de l'ensemble des problèmes de l'homme, de la société et de l'histoire.

Mais, justement pour cette raison, si la critique de *l'humanisme abstrait* est maintenant dépassée pour Marx, en revanche la critique de *l'abstraction* en général, et dans l'économie politique en particulier, devient pour lui une tâche capitale. Dans ce sens, on va le voir, il y a toujours dans les travaux de 1857-1859, il y a plus que jamais une critique de *l'homme abstrait* ; seulement l'effort critique s'est déplacé, si l'on peut dire, du substantif à l'adjectif : pour

---

1. *Contribution...*, Éd. sociales, p. 150. Ce volume contient l'*Introduction*, la *Contribution* et la *Version primitive*.
2. *Ibid.*, p. 165.
3. *Fondements...*, Éd. Anthropos, t. I, p. 102. Cf. *L'idéologie allemande*, p. 210.
4. *Fondements*, t. II, p. 115.

achever l'élaboration des nouveaux concepts, y compris le nouveau concept d'homme, qui prennent la place des concepts de l'humanisme philosophique, il faut achever l'élaboration de la nouvelle théorie du concept, de l'abstraction et du concret, de l'essence et de l'existence, il faut pousser à son terme la critique de la conception spéculative de la connaissance et l'édification d'une théorie matérialiste, scientifique, qui la remplace. C'est bien pourquoi sans doute Marx *commence* son énorme travail de 1857-1859 par la rédaction de l'*Introduction*, et en particulier du développement sur *La méthode de l'économie politique,* dont on doit dire avec Louis Althusser qu'il « peut être à bon droit tenu pour le *Discours de la méthode* de la nouvelle philosophie fondée par Marx ». Ce que Marx, alors âgé de trente-neuf ans, parachève dans ce texte, c'est en somme la critique de la dialectique de Hegel, qu'il avait commencée dès sa prime jeunesse, c'est le renversement matérialiste de cette dialectique. Cette question, immense, déborde largement, cela va de soi, le cadre du présent ouvrage [1]. Du moins faut-il indiquer à partir d'un bref retour en arrière un petit nombre de données essentielles, dont on verra dans les prochains chapitres l'importance décisive pour édifier une théorie véritablement scientifique de la personnalité.

La première critique fondamentale de la dialectique hégélienne à laquelle Marx se soit livré est contenue dans le Manuscrit de 1843, la très importante *Critique du droit politique hégélien.* Le sens de cette critique est résumé dans une page à tous égards centrale :

> « La faute principale de Hegel consiste en ceci qu'il saisit *la contradiction du phénomène* comme *unité dans l'essence, dans l'Idée,* alors qu'assurément cette contradiction a pour essence quelque chose de plus profond : une *contradiction essentielle,* comme par exemple ici la contradiction du pouvoir législatif en lui-même est seulement la contradiction de l'État politique avec lui-même, par conséquent aussi la contradiction de la société civile-bourgeoise avec elle-même.

---

1. L'analyse *complète* et *systématique* du *développement* de la critique et du *renversement* de la dialectique hégélienne dans l'œuvre de Marx et d'Engels, analyse dont l'importance est capitale, n'a encore fait l'objet que d'études trop partielles dans les travaux marxistes de langue française. Je me propose d'apporter une contribution à cette tâche nécessaire dans de prochaines publications consacrées à la dialectique.

La critique vulgaire donne dans une erreur *dogmatique* opposée. Elle critique par exemple la constitution. Elle attire l'attention sur l'opposition des pouvoirs, etc. Elle découvre partout des contradictions. C'est là encore une critique dogmatique qui *combat* avec son objet, un peu comme avant on voulait se débarrasser du dogme de la Sainte-Trinité par la contradiction entre un et trois. La vraie critique en revanche montre la genèse intérieure de la Sainte-Trinité dans le cerveau humain. Elle décrit son acte de naissance. C'est ainsi que la critique vraiment philosophique de l'actuelle constitution politique ne se contente pas d'exhiber des contradictions dans leur existence : elle les *explique*, elle conçoit leur genèse, leur nécessité. Elle les saisit dans la signification qui leur est *propre*. Mais ce *concevoir* ne consiste pas, comme le croit Hegel, à reconnaître partout les déterminations du concept logique, mais à saisir la logique qui est propre à l'objet en ce que cet objet est en propre [1]. »

Il y a là le germe de *toute* la critique marxiste de la dialectique hégélienne *et* de son renversement matérialiste — critique et renversement étant rigoureusement inséparables.

Que dit en somme Marx ? Hegel a réalisé un progrès remarquable en montrant, dans la sphère de l'État comme dans toutes les autres, le *mouvement dialectique*. Mais cette découverte est encore chez lui celle d'un philosophe spéculatif, idéaliste, c'est-à-dire que les contradictions empiriques ne deviennent pas objet d'une science matérialiste qui cherche leur base réelle, mais sujet d'une spéculation qui les considère sous l'angle de leur réflexion dans la pensée, c'est-à-dire les convertit en *abstraction logique : le* mouvement dialectique — lequel à son tour, par un renversement idéologique classique, apparaît comme l'essence réelle et la source des contradictions empiriques. Cela signifie que chez Hegel la découverte géniale de la dialectique est doublement mystifiée : dans son statut et dans son contenu. Dans son *statut* : le support réel, matériel, des contradictions empiriques n'étant pas vu, « la substance

---

1. K. Marx, *Critique du droit politique hégélien*, Éditions sociales, 1975, pp. 148-149.

mystique devient sujet réel [1] ». Hegel « inverse tout [2] » : « le réel devient phénomène [3] » tandis que l'idée devient le sujet réel ; pur « mysticisme logique [4] ». Dans son *contenu :* car, du même coup, au lieu que soit cherchée partout scientifiquement « la logique spéciale de l'objet spécial », « ce sont toujours les mêmes catégories qui fournissent l'âme tantôt à telle sphère, tantôt à telle autre [5] ». Par exemple « la logique ne sert pas à prouver l'État, c'est l'État qui sert à prouver la logique [6] ». Autrement dit, Hegel force les données empiriques pour les faire entrer dans des catégories préétablies, donc marquées par *l'abstraction spéculative*. Il y a plus. Si les contradictions existantes ne sont que des manifestations empiriques de la contradiction logique, leur solution ne peut elle-même survenir qu'à partir de la logique, donc de façon spéculative, et non pas de façon pratique, par une révolution de l'état de choses existant. Là est la critique la plus profonde de Marx : la dialectique chez Hegel n'est pas *vraiment critique*. Au lieu de rapporter les contradictions empiriques au mouvement réel qui les a produites et qui doit les dépasser dans la pratique, elle les transporte dans la sphère de la spéculation, où elles ont d'avance leur solution idéale — laquelle a donc déjà aussi sa manifestation empirique dans la réalité. Ainsi le *dépassement dialectique* devient-il la chose la plus conservatrice qui soit : dépasser les contradictions seulement dans la pensée (idéalisme) signifie qu'on accepte sans critique leur fondement réel (empirisme) [7]. Par exemple

> « Hegel n'est pas à blâmer parce qu'il décrit l'essence de l'État moderne comme elle est mais parce qu'il allègue ce qui est comme *l'essence de l'État*. Que le raisonnable soit réel c'est ce qui se montre justement dans la *contradiction* de la *réalité déraisonnable* qui toujours et partout est le contraire de ce qu'elle énonce et énonce le contraire de ce qu'elle est [8]. »

---

1. *O. c.*, p. 60.
2. *Ibid.*, p. 144.
3. *Ibid.*, p. 40.
4. *Ibid.*, p. 38.
5. *Ibid.*, p. 42.
6. *Ibid.*, p. 51.
7. Chez Hegel il y a « renversement de l'empirisme en spéculation » (p. 80), chute « de son spiritualisme politique dans le *matérialisme* le plus épais » (p. 166).
8. *Ibid.*, p. 113

De ce fait Hegel cherche à nous faire croire que la solution des contradictions politiques existantes pourrait être trouvée dans le cadre même de l'État et de la société qui en sont justement la base réelle, allant « presque jusqu'à la servilité » à l'égard du pouvoir. En réalité

> « L'abrogation de la bureaucratie peut seulement consister en ce que l'intérêt universel devienne *réellement* l'intérêt particulier, et non rien que dans la pensée, dans l'abstraction, comme chez Hegel. Ceci n'est possible à son tour que si l'intérêt *particulier* devient réellement l'intérêt *universel*. Hegel part d'une opposition non réelle et ne parvient par suite qu'à une identité imaginaire qui, à la vérité, est elle-même de nouveau contradictoire [1]. »

La dialectique hégélienne, idéaliste dans son contenu comme dans son statut, est donc inutilisable sous cette forme. Et pourtant, « malgré sa tare spéculative originelle », elle fournit, telle qu'on la trouve par exemple dans la *Phénoménologie*, « les éléments d'une caractéristique réelle des rapports humains [2] ». Cela vient justement du fait que, malgré la conscience idéaliste qu'elle prend d'elle-même, la dialectique hégélienne a en dernière analyse sa source dans la réflexion de la réalité objective. C'est là un fait fondamental, souvent mal compris parce que *l'histoire de la formation de la dialectique hégélienne* a presque toujours jusqu'ici été écrite à partir de la conception *idéaliste* que Hegel en avait lui-même. Bien entendu il faut aussi *renverser de façon matérialiste l'histoire de cette genèse*, c'est-à-dire analyser, dans l'esprit du matérialisme historique, comment la dialectique hégélienne est venue résumer un immense développement de la pratique et de la théorie, tout en le renversant idéologiquement et en le mystifiant par l'abstraction spéculative. Il apparaît alors que la critique radicale de la dialectique hégélienne, c'est-à-dire l'élucidation scientifique de sa genèse, coïncide avec son *renversement*, c'est-à-dire avec le *redressement matérialiste de son statut* (la dialectique est la réflexion du mouvement réel dans la pensée) et la *réélaboration scientifique de son contenu* (la dialectique, non plus comme abstraction spéculative, mais comme « logique spéciale de l'objet spécial [3] »).

1. O. c., p. 93.
2. *La Sainte Famille*, Éditions sociales, 1969, p. 228. Cf. *L'idéologie allemande*, p. 601.
3. Cf. sur ce point L. Sève : « *Henri Lefebvre et la dialectique chez Marx* », *La Nouvelle Critique*, mars 1958, n° 94.

Le redressement matérialiste de son statut est réalisé dès qu'il
est conçu, puisqu'il consiste dans sa simple représentation théorique ; et c'est pourquoi Marx l'a entrevu très tôt, très exactement
dès qu'il a été capable de commencer à concevoir le principe du
matérialisme historique, c'est-à-dire, selon son propre jugement
dans la Préface de la *Contribution*, dès 1843, à l'occasion de sa
critique de la *Philosophie du droit* de Hegel. En revanche, la réélaboration scientifique du contenu de la dialectique, qui implique
l'inventaire critique de toute la dialectique hégélienne à la lumière
du travail scientifique et de la lutte politique, représente une tâche
immense, et en un sens infinie. On doit s'y garder à la fois de la
tentation de conserver de façon insuffisamment critique des catégories hégéliennes, ce qui conduirait à retomber partiellement
dans la spéculation, — et de méconnaître le noyau de vérité
qu'elles contiennent, c'est-à-dire de régresser du point de vue
théorique. C'est cette tâche exceptionnellement difficile, mais
exceptionnellement importante, que Marx entreprend, et qu'on
peut suivre, de livre en livre, par exemple à propos du concept
de négation de la négation, sur lequel il ne cesse de revenir, dans
le troisième des *Manuscrits de 1844*, dans *L'idéologie allemande*
(où il oppose à la conception hégélienne de « l'unité négative », du
dépassement spéculatif des deux termes d'une contradiction,

> « l'anéantissement, produit par des conditions maté-
> rielles, d'un mode de vie conditionné matériellement
> (...) *qui fait disparaître à la fois cette contradiction et son
> dépassement* [1] »,

autrement dit un nouveau concept de la négation de la négation, du
dépassement), dans *Misère de la philosophie* et le *Manifeste* (où ce nouveau concept reçoit un large développement), puis dans les travaux
de 1857-1859 et dans *Le Capital*, où il joue un rôle irremplaçable.

Rien n'est donc plus important dans l'*Introduction* de 1857,
du point de vue même de l'élaboration de la théorie des *individus
concrets*, que la critique de l'*abstraction spéculative* et la théorie
scientifique de l'essence et du concept qui y sont développées
avec une profondeur sans égale au terme de quinze ans de réflexion
sur les questions de méthode. Dès le début Marx entreprend la
critique de ce qu'il nomme l' « éternisation des rapports de production historiques [2] ».

---

1. *L'idéologie allemande*, p. 280. C'est moi qui souligne.
2. *Contribution...*, p. 150.

« Toutes les époques de la production, *écrit-il*, ont certains caractères communs, certaines déterminations communes. *La production en général* est une abstraction, mais une abstraction rationnelle, dans la mesure où, soulignant bien les traits communs, elle nous évite la répétition [1]. »

Prise dans ce sens, l'abstraction n'implique pas la mystification spéculative. Mais si l'on veut développer le contenu de cette « production en général », c'est-à-dire les conditions générales de toute production, « cela se réduit à quelques déterminations très simples rabâchées en plates tautologies [2] ». Au contraire, dès qu'on examine concrètement la production dans des conditions historiques déterminées, ces caractères communs à toutes les époques cèdent le pas aux différences essentielles qu'on relève d'une formation sociale à une autre : à la place de l'abstraction pauvre de la production en général, toujours et partout identique à soi-même, nous trouvons la diversité des branches et des formes de production, la spécificité de ses manifestations selon le corps social auquel elle appartient. Il nous faut donc abandonner le terrain des abstractions préliminaires si nous voulons élaborer une représentation scientifique du concret.

« Le concret est concret parce qu'il est la synthèse de multiples déterminations, donc unité de la diversité. C'est pourquoi il apparaît dans la pensée comme procès de synthèse, comme résultat, non comme point de départ, bien qu'il soit le véritable point de départ et par suite également le point de départ de la vue immédiate et de la représentation. La première démarche a réduit la plénitude de la représentation à une détermination abstraite ; avec la seconde les déterminations abstraites conduisent à la reproduction du concret par la voie de la pensée. C'est pourquoi Hegel est tombé dans l'illusion de concevoir le réel comme le résultat de la pensée, qui se concentre en elle-même, se meut par elle-même, alors que la méthode qui consiste à s'élever de l'abstrait au concret n'est pour la pensée que la manière de s'approprier le concret, de le reproduire sous la forme d'un concret pensé.

---

1. O. c., pp. 150 et 151.
2. *Ibid.*, p. 152.

Mais ce n'est nullement là le procès de la genèse du concret lui-même [1]. »

Ainsi l'erreur théorique la plus fondamentale en matière de maniement de l'abstraction, l'erreur spéculative qui barre toute voie d'accès à la science véritable, c'est celle qui consiste à confondre la *généralité abstraite*, qui n'est encore que la représentation purement extérieure des choses elles-mêmes, avec l'*essence réelle* qui préside à leur mouvement concret, de prendre cette généralité abstraite, simple commencement du travail de la réflexion, pour le point de départ objectif, la base effective du processus réel. Par exemple la production en général n'est à aucun titre *ce qui se développe et se spécifie* dans les formes et les étapes historiques réelles de la production ; elle est tout au plus la désignation de ce qui apparaît à la pensée comme demeurant identique à travers ces formes et étapes. Lorsque les économistes bourgeois, dans leurs exposés sur la production en général, nous donnent cette généralité pour l'essence la plus profonde de leur objet, ils nous représentent donc la production

« comme enclose dans des lois naturelles, éternelles, indépendantes de l'histoire, et à cette occasion (glissent) en sous-main cette idée que les rapports *bourgeois* sont des lois naturelles immuables de la société conçue *in abstracto*. Tel est le but auquel tend plus ou moins consciemment le procédé ».

Le fond de cette mystification est

« d'effacer ou de supprimer toutes les différences historiques pour énoncer des lois s'appliquant à l'*homme en général* [2] ».

On voit ici, au terme de ce qui a pu d'abord apparaître comme une digression, combien le travail épistémologique et économique de Marx en 1857 est loin, malgré les apparences, d'avoir oublié la critique de l'*homme abstrait* dans *L'idéologie allemande* : il en est au contraire l'approfondissement, tant du point de vue de sa base matérielle (économie politique) qu'intellectuelle (épistémologie).

« Pour résumer, *écrit Marx*, tous les stades de la production ont des déterminations communes aux-

---

1. O. c., p. 165.
2. *Ibid.*, p. 152.

quelles la pensée prête un caractère général ; mais les prétendues *conditions générales* de toute production ne sont rien d'autre que ces facteurs abstraits, qui ne répondent à aucun stade historique réel de la production [1]. »

Chaque mot doit être pesé, dans cet énoncé où cristallise toute la critique marxiste de l'abstraction. Et pour qui l'a effectivement pesé, c'en est nécessairement fini de toute accommodation du marxisme avec un humanisme spéculatif.

Un autre exemple peut le montrer avec éloquence : celui du travail. Dans les *Manuscrits de 1844* le rôle central est précisément joué par ce concept de travail, et d'aliénation du travail. Mais de quelle manière ? Tous les phénomènes qui s'y rapportent sont considérés comme *compris* dès lors qu'ils ont pu être présentés comme des manifestations de l'aliénation générale du travail humain, c'est-à-dire en fait regroupés sous une abstraction. Mais comme la notion d'aliénation du travail en général est immédiatement *évocatrice* des réalités vécues dans la société bourgeoise, pour la bonne raison qu'elle n'est au fond rien d'autre que leur appellation abstraite, l'illusion est créée que nous aurions atteint, par le court-circuit de l'abstraction philosophique, l'analyse concrète de la réalité concrète. En réalité il s'agit typiquement là du faux concret dont l'*Introduction* démonte le mécanisme, faux concret dans lequel joue encore partiellement le chassé-croisé de l'empirisme et de la spéculation. La notion de travail aliéné, comme essence de la société bourgeoise, ne peut donc nullement jouer le rôle de point de départ, c'est-à-dire de base théorique, de toute l'analyse, qui est le sien dans les *Manuscrits de 1844* : tout au plus pourrait-elle apparaître au contraire comme résultat de l'étude scientifique de toutes les déterminations de l'économie capitaliste. Marx reprend précisément, en 1857, dans l'*Introduction*, l'exemple du travail.

« Le travail semble être une catégorie toute simple. L'idée du travail dans cette universalité — comme travail en général — est, elle aussi, des plus anciennes [2]. » « Il pourrait alors sembler que l'on eût par là seulement trouvé l'expression abstraite de la relation la plus simple et la plus ancienne qui s'établit — dans

---

1. O. c., p. 153.
2. *Ibid.*, p. 167.

quelque forme de société que ce soit — entre les hommes considérés en tant que producteurs. C'est juste en un sens. Dans l'autre, non [1]. »

C'est juste dans le sens d'une abstraction rationnelle qui exprime effectivement un ensemble de déterminations communes à toutes les formes du travail, déterminations qui se réduisent d'ailleurs à peu de choses. Mais c'est faux en ce sens que

« l'indifférence à l'égard d'un genre déterminé de travail présuppose l'existence d'une totalité très développée de genres de travaux réels dont aucun n'est plus absolument prédominant [2] ».

Ainsi la catégorie de travail en général, c'est-à-dire de travail *quelconque*, correspond à un stade *déterminé* du progrès des forces productives. D'autre part la réduction de tous les genres particuliers de travail à l'*abstraction* du travail en général suppose le *complet développement* de la production marchande, la société capitaliste. Par conséquent,

« l'abstraction la plus simple, que l'économie politique moderne place au premier rang et qui exprime un rapport très ancien et valable pour toutes les formes de société, n'apparaît pourtant sous cette forme abstraite comme vérité pratique qu'en tant que catégorie de la société la plus moderne. [...] Cet exemple du travail montre d'une façon frappante que même les catégories les plus abstraites, bien que valables — précisément à cause de leur nature abstraite — pour toutes les époques, n'en sont pas moins, sous la forme déterminée de cette abstraction même, le produit de conditions historiques et ne restent pleinement valables que pour ces conditions et dans le cadre de celles-ci [3] ».

Ainsi non seulement les généralités abstraites sont loin d'exprimer immédiatement l'essence universelle de leur objet, mais, à y mieux regarder, l'illusion qu'elles ont de le faire est déjà la preuve de leur particularité historique. C'est ce que disait très succinctement la *VII[e] Thèse sur Feuerbach* : non seulement Feuerbach

---

1. *O. c.*, p. 168.
2. *Ibid.*, p. 168.
3. *Ibid.*, p. 169.

fait abstraction du cours de l'histoire en réduisant l'être humain réel à un individu abstrait, mais il ne voit pas « que l'individu abstrait qu'il analyse appartient en réalité à une forme sociale déterminée » — la société bourgeoise. Ce thème est repris dans l'*Introduction de 1857* :

> « L'époque qui engendre le point de vue de l'individu isolé [la société bourgeoise du XVIII<sup>e</sup> siècle, est-il précisé quelques lignes plus haut - L. S.] est précisément celle où les rapports sociaux (revêtant de ce point de vue un caractère général) ont atteint le plus grand développement qu'ils aient connu [3]. »

Plus généralement c'est l'ensemble des travaux de 1857-1859 qui développe, à propos des catégories les plus diverses, l'analyse des conditions épistémologiques sous lesquelles seulement peut être conçue une anthropologie non-spéculative : il faut que toutes ses catégories — individu, besoin, travail, etc. — aussi bien prises isolément que dans leurs rapports au sein de la théorie, soient non pas des généralités abstraites, mais l'expression conceptuelle du mouvement historique, ce qui suppose leur critique radicale et leur renversement matérialiste par rapport à l'idéologie anthropologique ordinaire.

Mais, précisément, qu'une anthropologie non spéculative soit possible dès que ces conditions sont respectées, qu'elle soit même nécessairement impliquée dans le développement du matérialisme historique et de l'économie politique scientifique, les travaux de Marx en 1857-1859 en sont une nouvelle démonstration éclatante. Il est impossible de prendre contact avec eux sans être puissamment frappé par la richesse et l'ampleur des analyses et des aperçus qu'on y trouve à chaque instant sur le développement historique des individus. Sans doute cette richesse est-elle au fond plus grande encore que celle de *L'idéologie allemande,* bien qu'elle porte sur un nombre de questions beaucoup plus limité : dans *L'idéologie allemande* il est question de la passion comme du travail, du talent artistique comme du besoin ; dans les travaux de 1857-1859, il n'est plus d'autre « psychologie » que celle que suppose et suggère à la fois de la manière la plus directe l'analyse des rapports économiques. Cette transformation est par elle-même hautement significative. Dans *L'idéologie allemande,* ce n'est pas

---

1. O. c., p. 150.
2. Cf. *Fondements,* I, p. 205 ; II, pp. 108, 169, 403, 437, 622, etc.

seulement la loi du genre polémique qui pousse Marx et Engels à suivre leurs adversaires sur le terrain des questions psychologiques les plus diverses, y compris la discussion de la psychologie de Fourier [1], c'est aussi, semble-t-il, la tendance bien compréhensible à faire d'emblée l'inventaire de la totalité des connaissances auxquelles le renversement matérialiste achevé de l'essence humaine donne un accès scientifique *de principe* : il y a comme une joie fébrile à vérifier sans attendre dans toutes les directions la fécondité du nouveau point de vue. Mais le propre de ce nouveau point de vue est justement de ne donner

> « en aucune façon, comme la philosophie, une recette, un schéma selon lequel on peut accommoder les époques historiques. La difficulté commence seulement, au contraire, lorsqu'on se met à étudier et à classer cette matière, qu'il s'agisse d'une ·époque révolue ou du temps présent, et à l'exposer dans sa réalité [2] ».

Or l'insuffisance inévitable des connaissances concrètes de Marx et d'Engels au moment où ils écrivent *L'idéologie allemande* a pour conséquence que maintes analyses « psychologiques », pour ne parler ici que d'elles, conservent malgré leur scientificité *de principe*, source de leur valeur profonde, un caractère non seulement conjectural mais légèrement spéculatif.

Dix ans plus tard, on mesure non seulement combien se sont développées les connaissances de Marx, en matière économique notamment, mais à quel point s'est affermie sa rigueur dans la mise en œuvre de la nouvelle épistémologie et de ses interdits. C'est cette rigueur qui va jusqu'à le faire renoncer à publier en 1859, en tête de la *Contribution*, l'*Introduction* de 1857, qui contient entre autres choses des analyses extrêmement profondes sur l'individu et sur le besoin tout autant que sur le travail, parce que, dit-il,

> « réflexion faite, il me paraît qu'anticiper sur des résultats qu'il faut d'abord démontrer ne peut être que fâcheux [3] ».

Ainsi, dans les *Grundrisse* et la *Contribution*, plus de dévelop-

1. *L'idéologie allemande*, pp. 565-566.
2. *Ibid.*, p. 52.
3. *Contribution*, dans *Études philosophiques*, Préface de 1859, pp. 119-120.

pements relatifs à l'existence individuelle autres que ceux qui résultent strictement de l'analyse et de la démonstration économiques. Mais ce qui est perdu en étendue est regagné, et au-delà, en approfondissement. Mieux : dans ces travaux de 1857-1859, il commence à apparaître, du moins pour qui les étudie à la lumière de ce que nous pouvons comprendre *aujourd'hui* dans la problématique de la théorie de la personnalité, que le renversement matérialiste de *la* psychologie *spéculative* donne naissance non pas à *une* psychologie *scientifique,* mais sans doute à un *système complexe de sciences et de parties de sciences* ayant pour objet le *psychisme* des *individus humains* : pressentiment théorique prodigieusement en avance sur son temps — celui des « facultés de l'âme », encore ! — et peut-être même en partie sur le nôtre. Il apparaît en particulier que la science économique a le devoir et le pouvoir de constituer sur son terrain, indépendamment de toute prétendue « psychologie », une *théorie des formes historiques de l'individualité* — formes des besoins, de l'activité productive, de la consommation dans leur détermination sociale ; formes d'individualité impliquées par les rapports sociaux, par exemple le thésauriseur, le travailleur libre, le capitaliste ; formes des contradictions générales de l'existence individuelle correspondant à ces rapports sociaux. Et il apparaît en même temps, mais de façon beaucoup plus floue et principalement négative, que cette théorie des formes générales (dans le sens historique du mot) de l'individualité *ne doit pas être confondue* avec une *théorie de l'individu concret,* une théorie de la personnalité, qui cependant ne saurait être conçue en dehors de son articulation sur la précédente, non plus que, d'autre part, sur la science biologique. Cette non-symétrie du domaine tout simple de la psychologie spéculative et du champ complexe des sciences réelles des individus est parfaitement conforme à l'essence même du *renversement matérialiste et scientifique,* comme on l'a déjà dit. Marx montrait dès 1843 que l' « esprit » n'est pas le *contraire* de la « matière », il n'en est que « l'abstraction »[1] : la remise sur pieds au sein d'une science matérialiste de leur rapport renversé dans l'idéologie ne peut donc affecter la forme d'une symétrie, mais bien substituer à la simplicité de la généralité abstraite la complexité des rapports concrets. Ce n'est pas encore le lieu d'analyser plus à fond cette complexité du champ des sciences du psychisme humain. Disons seulement qu'elle peut achever de convaincre celui qui hésiterait

---

1. *Critique du droit politique hégélien.* Éditions sociales, p. 146.

à considérer comme spécieuse et stérile *la* « psychologie de 1844 » :
ce singulier, à soi seul, trahit le caractère encore spéculatif d'une
tentative qui, sur la base des concepts encore abstraits dont elle
relève, était nécessairement prématurée. Mais voyons de plus près ce que nous offrent les *Grundrisse* et
la *Contribution* en matière de science des hommes réels[1]. En
premier lieu, on y trouve une démonstration multiforme du fait
que, sur la base du matérialisme historique et au plus intime de
l'économie politique, individus et rapports sociaux, conceptualisation anthropologique et conceptualisation économique sont
rigoureusement *indissociables*. Le point décisif de cette démonstration, c'est que

> « la société ne se compose pas d'individus ; elle exprime
> la somme des rapports et des conditions dans lesquels
> se trouvent ces individus les uns vis-à-vis des autres[2] ».

Que la société, malgré l'illusion idéologique, ne *se compose pas*
d'individus, autrement dit que les individus, en tant qu'êtres
sociaux, ne soient pas les *éléments premiers* du « corps » social,
c'est ce que disait déjà en fait la *VIe Thèse sur Feuerbach* : l'essence
humaine n'est pas du côté des individus isolés mais du côté des
rapports sociaux. Mais justement parce qu'elle exclut d'emblée
toute *psychologisation* de la société, cette conception implique la
*socialisation* fondamentale des individus : en tant qu'êtres sociaux,
les individus, loin de jouer le rôle d'éléments premiers, sont des
« produits historiques[3] ». Impossible par conséquent de fonder
une science des individus sur une autre base que la science de
l'histoire. Mais impossible également de fonder la science de
l'histoire sans fonder du même coup la théorie de la production
historique des individus. Car la production historique des individus n'est pas un sous-produit en quelque sorte contingent de
l'histoire : elle y est intégrée de multiples manières à titre de
moment essentiel. Les *Grundrisse* fournissent maints exemples
de cette intégration. D'une manière générale, il n'existe aucun
processus ou rapport économique qui ne mette en jeu les hommes,
aucun concept économique qui n'ait par conséquent une face

---

1. Cf. en particulier l'*Introduction* de 1857, pp. 149-175 ; *Fondements*,
I, pp. 93-102, 161-167, 422-435, 435-481 ; II, pp. 33-35, 165-169, 221-231,
377-380 ; *Contribution*, pp. 10-14, 216-226.
2. *Fondements*, I, p. 212.
3. *Ibid.*, p. 436.

anthropologique. Ainsi « la force productive principale (est) l'homme [1] ». Tout le développement des forces productives est en même temps développement des capacités des hommes. Les rapports de production à leur tour ne sont en leur fond rien d'autre que des rapports entre les hommes, non pas bien entendu dans le sens où les hommes en tant qu'individus sociaux *préexisteraient* à ces rapports — c'est là au contraire toute l'illusion spéculative — mais dans le sens où ces rapports préexistants sont ceux dans lesquels *entrent* nécessairement les hommes à l'occasion de la production, et où ils trouvent déterminé d'avance leur processus de vie réel, au sens social de ce terme.

A cet égard l'idée, apparemment solide, que l'*objectivité* des rapports sociaux tels que les conçoit le matérialisme historique *exclurait* qu'il puisse s'agir de rapports entre les *hommes* repose en fait sur la double erreur de méconnaître l'*objectivité* à laquelle renvoie le concept matérialiste-historique d'homme — de ce point de vue l'antihumanisme théorique ne serait-il pas en partie justement le dernier avatar, négatif au sens non-dialectique du mot, de la réduction idéaliste du sujet humain à la subjectivité ? — et réciproquement de méconnaître le fait que ce sont des rapports entre *hommes* qui constituent l'essence réelle des rapports entre les *choses*. Cette double erreur n'est donc rien d'autre que l'illusion « *réifiante* » qui, dans la production marchande, fait disparaître les relations entre les individus derrière l'apparence de purs rapports entre les choses. Dans une société où domine un tel mode de production, la valeur d'échange n'étant « qu'une relation aliénée de l'activité productive entre les personnes », « les *rapports* entre individus se sont *figés dans les choses* [2] ».

> « Le matérialisme grossier des économistes leur fait voir les rapports de production sociaux des hommes et les déterminations qui en résultent pour les choses comme autant de rapports dépendant des *propriétés naturelles* des choses. En fait, ce matérialisme est un idéalisme non moins grossier ; c'est même un fétichisme puisqu'il attribue aux choses des rapports sociaux qui leur seraient inhérents et qu'il y introduit ainsi une mystification [3]. »

---

1. O. c., p. 380.
2. *Ibid.*, p. 97.
3. *Ibid.*, t. II, p. 205. Cf. *Contribution*, p. 14.

Marx va même beaucoup plus loin :

> « *Le procès de valorisation du capital a essentielle-*
> *ment pour but de produire des capitalistes et des tra-*
> *vailleurs salariés.* C'est ce que l'économie politique en
> général oublie complètement, car elle ne retient que
> les choses produites. Dans ce procès, le travail objec-
> tivé est posé à la fois comme *non-objectivité* du tra-
> vailleur, comme objectivation d'un sujet opposé au
> travailleur et comme *propriété* d'une volonté étran-
> gère : le capital est donc aussi, de toute nécessité,
> *capitaliste.* (...) La notion de capital implique que les
> conditions objectives du travail, bien qu'elles en soient
> le produit, prennent la forme d'une *personne* opposée au
> travail, ou bien — ce qui revient au même — appa-
> raissent comme la propriété d'une personne étrangère
> au travailleur. Le capital implique donc le capitaliste[1]. »

Le capital n'est pas « une simple chose » mais « un rapport de
production qui, réfléchi en lui, est le capitaliste [2] ». Devant de
telles analyses, on doit bien constater que l'affirmation, qu'on
rencontre ici ou là, selon laquelle dans la théorie économique de
Marx il n'y aurait aucune correspondance pensable entre les rapports sociaux *et les hommes* témoigne d'une incompréhension de
caractère véritablement fondamental. La vérité est au contraire
que chaque moment, chaque aspect essentiel des rapports sociaux
implique directement les hommes et détermine un aspect, un
moment de leur processus de vie. Ainsi, pour donner un autre
exemple, la consommation personnelle du prolétaire, dans la
mesure où elle est réparation de sa force de travail, est directement
un moment du processus d'ensemble de la reproduction capitaliste.

> « Étant donné que la reproduction de l'ouvrier est
> une condition pour le capital, la consommation de
> l'ouvrier apparaît comme reproduction, non pas
> directement du capital, mais des rapports qui seuls le
> mettent en état d'être du capital. La force de travail
> vivante fait partie des conditions d'existence du capi-
> tal au même titre que la matière première et l'instru-
> ment. Le capital se reproduit donc sous une forme

---

1. O. c., t. I, p. 478. Cf. p. 426.
2. *Ibid.*, p. 251.

double, la sienne propre, et celle de la consommation de l'ouvrier, mais seulement pour autant qu'elle reproduit sa force de travail vivante [1]. »

On voit ici à quel point on se méprendrait sur la pensée de Marx si l'on croyait que l'œuvre de sa maturité donne un sens purement métaphorique à la *VIᵉ Thèse sur Feuerbach* quand elle qualifie les rapports sociaux de « réalité » de l'essence humaine. Tout au contraire, les *Grundrisse* établissent que « le développement de l'individu social représente le fondement essentiel de la production et de la richesse », que « les forces productives et les rapports sociaux » sont de « simples faces différentes du développement de l'individu social [2] » ; et Marx va jusqu'à écrire : « La société, c'est-à-dire l'homme dans ses rapports sociaux [3]. » Aucun doute ne peut donc subsister sur le fait que le matérialisme historique soit immédiatement aussi anthropologie scientifique.

Et précisément le deuxième aspect de ce que les travaux de 1857-1859 nous apportent en matière de science des hommes réels, c'est un ensemble d'indications concrètes sur les bases d'une telle anthropologie, de *matériaux pour une théorie des formes historiques de l'individualité humaine*. Le principe en est que l'individu, au sens social développé du terme, est un produit de l'histoire : « l'homme ne s'individualise qu'au travers du processus historique [4] ». Par suite toutes les catégories à travers lesquelles on pense l'existence individuelle doivent être pensées d'abord à partir des rapports sociaux qui en sont la base réelle. Soit par exemple la catégorie du besoin. Non seulement les *formes* que prennent les besoins, et les modes d'assouvissement des besoins, chez les individus d'une formation sociale donnée, sont déterminés par elle — idée formulée déjà dans les *Manuscrits de 1844* et à laquelle on réduit souvent la critique marxiste du concept de besoin — mais, chose bien plus importante encore, leur *essence* même en apparaît comme le produit. Ici les *Grundrisse* vont bien plus loin que les *Manuscrits de 1844*, encore que la thèse y fût esquissée à l'intérieur des considérations partiellement spéculatives sur l'argent. Marx reprend scientifiquement en 1857-1859 l'examen des effets anthropologiques de l'argent.

---

1. O. c., t. II, p. 191.
2. *Ibid.*, pp. 222-223. Cf. p. 379.
3. *Ibid.*, p. 230.
4. *Ibid.*, t. I, p. 459. Cf. *Contribution*, p. 150.

« L'argent n'est pas seulement *un* objet du désir d'enrichissement, c'est *son* objet même. C'est essentiellement l'*auri sacra fames* [1]. La passion des richesses est autre chose que la soif instinctive de richesses particulières, telles les habits, les armes, les bijoux, les femmes, le vin ; elle n'est possible que si la richesse générale, en tant que telle, s'individualise dans un objet particulier, bref si l'argent existe sous sa troisième forme. L'argent n'est donc pas seulement l'objet, mais encore la source de la soif de s'enrichir. Le goût de la possession peut exister sans l'argent ; la soif de s'enrichir est le produit d'un développement social déterminé, elle n'est pas *naturelle*, mais historique [2]. »

Il y a là une vue extraordinairement pénétrante sur l'économie la plus profonde de la personnalité dans une société dominée par l'argent, et à laquelle l'idéologie psychologique ordinaire n'a aucune chance de parvenir jamais. Or ce n'est pas seulement sur l'argent et sur le besoin que les travaux de 1857-1859 abondent en vues d'une telle richesse, mais c'est aussi sur le travail, ou sur la liberté personnelle, ou sur les types d'individualité engendrés par des rapports sociaux définis, depuis l'individu de la commune primitive au capitaliste et au prolétaire modernes, en passant par le citoyen romain et le thésauriseur médiéval, ou encore sur les formes d'inconscience sociale qui accompagnent ces types de rapports. Il y a là une immense quantité de matériaux scientifiques complètement inemployés jusqu'ici.

En troisième lieu, vient s'ajouter à tout cela — et peut-être est-ce même ce qui frappe le plus le lecteur à cause de l'insistance avec laquelle Marx y revient — ce que je nommais plus haut la *théorie des contradictions et des conditions d'épanouissement historique des individus*, et qui représente en fait le dépassement de la théorie de l'aliénation de 1844. La démarche de Marx est facile à comprendre : s'il est vrai que les individus sont inséparables des rapports sociaux, les contradictions des seconds déterminent de toute évidence les bases contradictoires du processus de vie des premiers, mais le mouvement historique qui abolit nécessaire-

---

1. L'infernale soif de l'or.
2. *Ibid.*, t. I, pp. 162-163. Cf. t. II, pp. 18-19 ; *Contribution*, pp. 223-224, etc.

ment la forme contradictoire des rapports sociaux actuels est aussi en même temps l'acte de naissance d'individus sociaux délivrés des contradictions correspondantes. La théorie de l'aliénation de 1844 n'a donc nullement disparu sans laisser de traces : elle a été elle aussi *renversée*, dans le sens matérialiste et scientifique qui a été défini plus haut. Ce n'est pas bien entendu un mouvement d'aliénation puis de désaliénation de l'essence humaine prise en tant que généralité abstraite qui constitue le sens de l'histoire ; cette vision spéculative des choses a disparu sans retour dès 1845-1846. Mais pour autant la réalité qu'elle visait n'a nullement disparu. Mieux : il suffit de lire sans œillères les travaux de *1857-1859* pour y voir fonctionner le plus clairement du monde un *nouveau concept*, non symétrique du précédent et parfaitement scientifique, d'*aliénation*. Toute spéculation généralisante mise à part, qu'est-ce que l'aliénation, du point de vue strict de la science des hommes réels et de leur développement historique ? C'est, dans la société fondée sur la production marchande, le fait que,

> « le caractère social de l'activité et du produit ainsi que la participation de l'individu à la production sont étrangers et réifiés en face de l'individu. Les relations qu'ils entretiennent sont, en fait, une subordination à des rapports qui existent indépendamment d'eux et surgissent du choc entre les individus indifférents les uns des autres. L'échange universel des activités et des produits, qui est devenu la condition de vie et le rapport mutuel de tous les individus particuliers, se présente à eux comme une chose étrangère et indépendante [1]. »

C'est d'abord dans l'argent

> « que l'on constate la transformation des relations sociales réciproques en un rapport social fixe, écrasant, qui subjugue les individus [2] ».

Mais elle a sa source la plus profonde dans « le processus qui, d'une manière ou d'une autre, sépare une masse d'individus de leurs anciens rapports positifs avec les *conditions objectives du*

---

1. *Fondements*, t. I, p. 94. Cf. pp. 96, 101, 167, 255, 416, 425 ; t. II, pp. 212, 222, 378.
2. *Contribution*, p. 236.

*travail,* en niant ces rapports et en transformant ainsi ces individus en libres travailleurs », donc en opposant ces conditions objectives du travail aux individus [1]. C'est parce qu'il pousse à un point extrême ce processus historique contradictoire, à travers lequel se réalise la croissance des forces productives, que le capitalisme produit aussi la « forme extrême de l'aliénation [2] ». Mais, par la même nécessité historique, mûrissent les conditions de sa suppression.

> « La limitation du capital, c'est que tout son développement s'effectue de manière antagonique, et que l'élaboration des forces productives, de la richesse universelle, de la science, etc., apparaît comme *aliénation* du travailleur qui se comporte vis-à-vis des conditions produites par lui-même comme vis-à-vis d'une richesse étrangère et de sa pauvreté à lui. Mais cette forme contradictoire est elle-même transitoire et produit les conditions réelles de sa propre abolition [3] ».
>
> « La production fondée sur le capital crée les conditions de développement de toutes les propriétés de l'homme social, d'un individu ayant le maximum de besoins, et donc riche des qualités les plus diverses, bref, d'une création sociale aussi universelle et totale que possible, car plus le niveau de culture de l'homme augmente, plus il est à même de jouir [4]. »
>
> « Le *surtravail des grandes masses* a cessé d'être la condition du développement de la richesse générale, tout comme le *non-travail de quelques-uns* a cessé d'être la condition du développement des forces générales du cerveau humain. La production basée sur la valeur d'échange s'effondre de ce fait, et le procès de production matériel immédiat se voit lui-même dépouillé de sa forme mesquine, misérable et antagonique. C'est alors le libre développement des individualités [5]. »
>
> « Mais au fait, que sera la richesse une fois dépouillée de sa forme bourgeoise encore limitée ? Ce sera l'uni-

---

1. *Fondements,* t. I, p. 467.
2. *Ibid.,* t. I, p. 481. Cf. aussi t. II, pp. 189, 378.
3. *Ibid.,* t. II, p. 35.
4. *Ibid.,* t. I, p. 366.
5. *Ibid.,* t. II, p. 222.

versalité des besoins, des capacités, des jouissances, des forces productives, etc., des individus, universalité produite dans l'échange universel. Ce sera la domination pleinement développée de l'homme sur les forces naturelles, sur la nature proprement dite aussi bien que sur sa nature à lui. Ce sera l'épanouissement entier de ses capacités créatrices, sans autre présupposition que le cours historique antérieur qui fait de cette totalité du développement un but en soi ; en d'autres termes, développement de toutes les forces humaines en tant que telles, sans qu'elles soient mesurées d'après un *étalon* préétabli [1]. »

Pour qui se rappelle, en lisant ces textes exaltants, le passage des *Manuscrits de 1844* où Marx écrivait que dans le communisme

« on voit comme *l'homme riche* et le besoin *humain* riche prennent la place de la *richesse* et de la *misère* de l'économie politique. L'homme *riche* est en même temps l'homme qui a *besoin* d'une totalité de manifestation vitale humaine [2] »,

la continuité du propos — l'absence de *coupure* — est évidente. Mais en 1857, c'est la dialectique réelle des forces et des rapports de production — concepts qui n'étaient même pas formés en 1844 — non une désaliénation conçue encore comme une nécessité abstraite, qui permet d'anticiper rationnellement, quoique non sans lyrisme, sur l'épanouissement futur des individus : ici aussi il y a renversement.

« Les innombrables formes contradictoires de l'unité sociale ne sauraient être éliminées par de paisibles métamorphoses. Au reste, toutes nos tentatives de les faire éclater seraient du donquichottisme, si nous ne trouvions pas, enfouies dans les entrailles de la société telle qu'elle est, les conditions de production matérielles et les rapports de distribution de la société sans classes [3]. »

Ce n'est pas la vertu mystique de la négation de la négation

---

1. O. c., t. I, p. 450.
2. *Manuscrits de 1844*, p. 97.
3. *Fondements*, t. I, p. 97.

hégélienne, en réalité foncièrement conservatrice, qui fera fonction d'accoucheuse de la nouvelle société et, du même coup, du nouvel homme social : c'est la lutte des classes. Il n'en reste pas moins que ce mouvement objectif de l'histoire affecte la forme d'une négation de la négation, dans un sens nouveau de ce concept : la suppression *réelle* d'une contradiction, et par là, sous un angle déterminé, la récupération sur un plan plus élevé de l'unité antérieure.

> « Les rapports de dépendance personnelle (d'abord tout à fait naturels) sont les premières formes sociales dans lesquelles la productivité humaine se développe lentement et d'abord en des points isolés. L'indépendance personnelle fondée sur la dépendance à l'égard des *choses* est la deuxième grande étape : il s'y constitue pour la première fois un système général de métabolisme social, de rapports universels, de besoins diversifiés et de capacités universelles. La troisième étape, c'est la libre individualité fondée sur le développement universel des hommes et sur la maîtrise de leur productivité sociale et collective ainsi que de leurs capacités sociales. La seconde crée les conditions de la troisième [1]. »

> « Le rapport du capital au travail salarié, dans lequel l'ouvrier, l'activité productive, s'oppose à ses propres conditions et à son propre produit est un stade transitoire nécessaire [...]. Cette *forme extrême de l'aliénation* contient déjà *en elle*, — bien que sous une forme renversée, la tête en bas — la dissolution de toutes les *conditions limitées de la production* et, en outre, elle produit les conditions illimitées de la production, ainsi que les pleines conditions matérielles du développement entier et universel des forces productives de l'individu [2]. »

Telle est la *perspective d'ensemble* de la conception marxiste de l'homme en 1857-1859.

---

1. O. c., p. 95.
2. *Ibid.*, p. 481. Cf. t. I, pp. 273-274, 357 (note) ; t. II, pp. 276, 378-379, etc.

*
* *

Dix ans encore, et c'est *Le Capital*, dont la richesse, du point de vue même où nous nous plaçons, déborde énormément les limites du bref aperçu qu'il est question d'en donner ici. Du reste, tout y confirme ce qu'on vient de voir à propos des travaux de 1857-1859 : inutile, par conséquent, de le répéter longuement. Si Marx, au cours de ces dix ans, a encore avancé quant à la méthode, c'est dans le sens indiqué par l'*Introduction* de 1857, dont la quintessence est reprise en particulier dans la célèbre conclusion du premier chapitre sur *Le caractère fétiche de la marchandise et son secret*, et dans la *Postface* de la deuxième édition allemande. Si on ne le voyait pas, on risquerait de commettre sur *Le Capital* des contre-sens extraordinaires. Prenons pour exemple la troisième section du Livre I, qui traite de « la production de la plus-value absolue ». Nous sommes ici devant l'un des textes les plus essentiels de tout le marxisme. Or, il peut sembler d'abord que Marx fonde toute son analyse sur des thèses *philosophiques* liminaires — au vieux sens du mot :

> « Notre point de départ, c'est le travail, sous une forme qui appartient exclusivement à l'homme. Une araignée fait des opérations qui ressemblent à celles du tisserand. L'abeille confond par la structure de ses cellules de cire l'habileté de plus d'un architecte. Mais ce qui distingue dès l'abord le plus mauvais architecte de l'abeille la plus experte, c'est qu'il a construit la cellule dans sa tête avant de la construire dans la ruche. Le résultat auquel le travail aboutit préexiste idéalement dans l'imagination du travailleur. Ce n'est pas qu'il opère seulement un changement de forme dans les matières naturelles ; il y réalise du même coup son propre but dont il a conscience, qui détermine comme loi son mode d'action, et auquel il doit subordonner sa volonté [1]. »

Supposons que, faute de tenir assez compte de la révolution théorique qui est intervenue entre la méthode du *Capital* et celle des *Manuscrits de 1844*, nous donnions à la formule de Marx : « Notre point de départ, c'est le travail... » le sens (spéculatif) de : « Notre *base théorique*, c'est le travail (en général) ». Nous allons

---

1. *Le Capital*, Éd. sociales, I, 1, 1968, pp. 180-181.

présenter alors, et qui plus est en croyant bénéficier de la caution explicite du *Capital*, la quintessence du marxisme comme une « philosophie de l'homme » et de son « travail créateur », c'est-à-dire comme un humanisme spéculatif.

Spéculatif, en effet, et d'abord, parce qu'en s'en tenant là, en détachant cette première page des cinq autres qui la suivent immédiatement, et qui forment avec elle un tout indissociable, on arrive à ce résultat extravagant de faire endosser à Marx une caractérisation du travail proprement humain par la seule « préexistence idéale du but », autrement dit par la seule conscience : on ne peutconcevoir contre-sens idéaliste plus radical. En réalité, Marx écrit d'emblée :

> « Voici les éléments simples dans lesquels le *procès de travail* se décompose : 1º activité personnelle de l'homme, ou travail proprement dit ; 2º objet sur lequel le travail agit ; 3º moyen par lequel il agit [1]. »

Et développant à son tour ce troisième point, Marx écrit notamment que

> « l'emploi et la création de moyens de travail, quoiqu'ils se trouvent en germe chez quelques espèces animales, *caractérisent éminemment* le travail humain. Aussi Franklin donne-t-il cette définition de l'homme : l'homme est un animal fabricateur d'outils [2] ».

Ainsi se trouve exposée une définition *matérialiste* du concept *général* de travail, laquelle inclut la conscience, non comme essence spécifique, mais comme moment d'un ensemble *matériel*. Au contraire, *détacher* la page sur la conscience des analyses sur les éléments objectifs du procès de travail constitue une véritable falsification idéaliste de la conception de Marx [3].

Spéculatif aussi, et plus profondément, puisque le propre de ce concept de *travail humain en général*, c'est de donner tout au plus accès à l'analyse des éléments les plus simples et les plus abstraits du procès de travail : activité personnelle de l'homme, objet sur

---

1. O. c., p. 181.
2. *Ibid.*, p. 182. C'est moi qui souligne.
3. Ce procédé classique est utilisé par exemple par A. Cuvillier dans son *Nouveau précis de philosophie* (A. Colin, 1963, t. II, p. 343) et ses *Textes choisis des auteurs philosophiques* (A. Colin, 1955, t. II, p. 227), et malheureusement aussi chez d'autres auteurs qui se réclament pourtant du marxisme.

lequel il agit, moyen par lequel il agit — tout cela *en général*. A cette analyse Marx consacre les *six premières pages* de la troisième section (qui compte cinq chapitres et cent vingt-cinq pages). Après quoi il écrit :

> « Le procès de travail tel que nous venons de l'analyser dans ses moments simples et abstraits [...] est la condition générale des échanges matériels entre l'homme et la nature, une nécessité physique de la vie humaine, indépendante par cela même de toutes ses formes sociales, ou plutôt également commune à toutes. *Nous n'avions donc pas besoin de considérer les rapports de travailleur à travailleur*. L'homme et son travail d'un côté, la nature et ses matières de l'autre *nous suffisaient* [1]. »

Cela suffisait, en d'autres termes, tant qu'il n'était pas encore question, dans ces considérations préliminaires, de *comprendre concrètement une formation économique déterminée*, donc aussi des *individus déterminés*. Mais qu'on essaie un peu, pour voir, de rendre compte de l'exploitation capitaliste en prenant pour « point de départ » la généralité abstraite du « travail créateur » « conscient de son but ». En fait, pour y parvenir, — c'est-à-dire pour parvenir à l'une de ses découvertes les plus décisives, le secret du profit capitaliste — Marx a besoin de reprendre ou d'élaborer successivement toute une série de concepts qui s'éloignent de plus en plus de la simplicité pauvre du « travail en général » — travail concret et travail abstrait, valeur des marchandises, valeur de la force de travail, plus-value, capital constant et capital variable, taux de la plus-value, etc. — et à rejoindre en fin de compte un aspect du concret : la journée de travail, les luttes ouvrières pour la réduction de la journée de travail, — mais un concret qui est cette fois compris scientifiquement, comme résultat d'un grand nombre de déterminations.

Il a donc fallu prendre pour *base théorique* non pas le *faux concret*, stérile en soi, du travail humain en général, — lequel *n'est pas* l'essence humaine *réelle*, — mais bien les *formes particulières des rapports sociaux* caractéristiques du capitalisme. On voit alors en quel sens Marx peut écrire au début de la troisième section : « Notre point de départ c'est le travail... ». Point de *départ* doit être pris ici, de toute évidence, si l'on veut bien faire effort pour com-

---

1. *Le Capital*, I, 1, p. 186. C'est moi qui souligne. Cf. aussi III, 3, p. 194.

prendre Marx, non pas au sens de *base théorique* mais, au contraire,
au sens de *simple début de l'exposé*. Ce n'est pas ce à partir de quoi
tout le reste peut être compris, mais au contraire ce qu'il faut
absolument dépasser pour comprendre quoi que ce soit. Marx le
souligne d'ailleurs expressément dans ses notes sur le *Traité d'économie politique* de Wagner :

> « Ma méthode *analytique*, ne partant pas de l'homme,
> mais de la période sociale économiquement donnée,
> n'a rien de commun avec la méthode d'accrochage de
> notions des professeurs allemands [1]. »

C'est pourquoi ce serait une idée pour le moins malencontreuse
que de donner sans précautions un tel texte comme caractéristique de ce qu'il y a de plus fondamental dans le marxisme. Non
qu'il soit faux, bien entendu, de dire que l'homme est avant tout
un être qui travaille, et qui se produit lui-même par le travail.
C'est là une grande vérité au contraire, et qui à elle seule *situe*
le marxisme, et le distingue déjà de mainte autre conception
générale de l'homme. Mais quand on a dit cela, on n'a pas plus
défini cependant l'essence *spécifique* du marxisme que l'on n'aurait
défini l'essence spécifique de la dialectique en disant qu'elle est une
« théorie de l'évolution ». Il faut aller radicalement plus loin que
ces généralités abstraites, qui ne disent encore rien du *contenu
réel* du marxisme, et auxquelles on peut souscrire sans être nullement marxiste. Il faut dire, dans la question qui nous occupe,
que ce qui définit le marxisme, c'est le renversement du rapport
spéculatif entre l'essence humaine et les rapports sociaux, avec
toutes les conséquences théoriques que cela entraîne dans la
conception des hommes réels. Faute de quoi, l' « homme » et son
« travail créateur » en général redeviennent des entités métaphysiques, sinon des thèmes mystiques.

Peut-être trouvera-t-on utile le recoupement de ces conclusions
à partir de l'analyse d'un nouvel exemple, limité en apparence,
mais non moins significatif. Incapable, et pour cause, de donner
du *Capital* pris dans son ensemble une représentation tant soit peu
cohérente, l'interprétation humaniste-spéculative du marxisme
essaie de jeter le trouble en brandissant quelques paragraphes,
quelques phrases, quelques membres de phrase qu'elle a dénichés
ici ou là, et dans lesquels elle trouve avec ravissement la « preuve »
introuvable que Marx lui donne raison. C'est ainsi, nous dit-on,

---

1. O. c., I, 3, p. 249.

que dans une note du chapitre XXIV du Livre I Marx écrit qu'

« il s'agit d'abord d'approfondir la nature humaine [1]
en général et d'en saisir ensuite les modifications
propres à chaque époque historique [2] ».

Cette « nature humaine en général » qu'il faudrait « d'abord
approfondir » devait bien entendu nous être présentée comme
un argument de poids en faveur de l'interprétation philosophico-
humaniste du marxisme, et cela, sans égard à la masse de textes
qui y contredisent absolument — comme si, de toute façon, et
quoi qu'il en soit du sens de cette petite phrase, dont on va s'occuper, *une ligne* d'*une note* infrapaginale pouvait prévaloir contre
l'éclatante cohérence scientifique *de sens contraire* qui marque
les deux mille pages du *Capital*, et plus largement encore toute
l'œuvre de Marx, et d'Engels, depuis 1845-1846. Mais voyons
un peu cette curieuse ligne, *et son contexte* — car en fait ce qu'on
nous présente comme un aphorisme indépendant n'est que la proposition principale d'une phrase circonstanciée, elle-même incluse dans
un paragraphe consacré à la critique de Bentham. Bentham,
dit Marx, c'est « la sottise bourgeoise poussée jusqu'au génie ».

« Le fameux principe d'utilité n'est pas de son invention. Il n'a fait que reproduire sans esprit l'*esprit*
d'Helvétius et d'autres écrivains français du
XVIIIe siècle. Pour savoir, par exemple, ce qui est
utile à un chien, il faut étudier la nature canine,
mais on ne saurait déduire cette nature elle-même
du principe d'utilité. Si l'on veut faire de ce principe
le critérium suprême des mouvements et des rapports
humains, il s'agit d'abord d'approfondir la nature
humaine en général et d'en saisir ensuite les modifications propres à chaque époque historique. Bentham

---

1. « Die menschliche Natur », *Das Kapital*, *M.E.W.* t. 23, 1968, p. 637.
2. O. c., I, 3, p. 50, note 2. La citation est utilisée par Roger Garaudy
(*Cahiers du Communisme*, juillet-août 1967, p. 128 ; et *Peut-on être communiste aujourd'hui ?*, p. 291). Elle l'avait déjà été, dans le même sens, par
Adam Schaff, en 1965, dans son livre *Le Marxisme et l'individu* (A. Colin,
1968, p. 98), dans lequel on trouve aussi la pseudo-*VI[e] Thèse sur Feuerbach* :
« l'individu est l'ensemble des rapports sociaux » (pp. 74, 119, 157, etc.)
avec des développements analogues à ceux de Roger Garaudy, encore que
les sympathies de l'auteur en la matière aillent, non au spiritualisme chrétien, mais à la psychanalyse de Fromm.

ne s'embarrasse pas de si peu. Le plus sèchement et
le plus naïvement du monde, il pose comme homme
type le petit bourgeois moderne, l'épicier, et spécialement l'épicier anglais. Tout ce qui va à ce drôle
d'homme modèle et à son monde est déclaré utile
en soi et par soi. C'est à cette aune qu'il mesure le
passé, le présent et l'avenir. »

Ainsi la critique mordante de Marx consiste à montrer que
Bentham n'est même pas capable d'appliquer correctement la
méthode d'analyse *des philosophes matérialistes français du
XVIII* siècle.* Il semble permis d'attendre d'un philosophe
marxiste qu'il sache reconnaître, dans cette critique, un condensé
de la longue analyse que, dans *L'idéologie allemande*, Marx et
Engels consacraient précisément à la théorie de l'utilité dans la
philosophie des Lumières et en particulier chez Helvétius et
d'Holbach, ainsi qu'à sa réduction à des platitudes moralisantes
chez Bentham [1]. La lecture de ces pages, que Marx avait de toute
évidence en tête lorsqu'il écrivit cette petite note du *Capital*, ne
laisse subsister aucun doute sur son jugement dans cette question.

« Cette apparente niaiserie, lit-on dans *L'idéologie
allemande*, qui consiste à réduire les multiples rapports
que les hommes ont entre eux à cet *unique* rapport
d'utilisation possible, cette abstraction d'apparence
métaphysique, a pour point de départ le fait que dans
la société bourgeoise moderne tous les rapports sont
pratiquement subordonnés et réduits au seul rapport
monétaire abstrait, au rapport du troc [2]. »

Autrement dit la théorie utilitariste revient à prendre le bourgeois pour l'homme en général.

« On voit du premier coup d'œil que c'est seulement
des relations d'échange réelles que j'entretiens avec
d'autres hommes qu'on peut déduire, par abstraction,
la catégorie « utilisation » ; elle ne peut se déduire
ni de la réflexion ni de la simple volonté ; et présenter
alors ces relations comme des preuves de la réalité
de cette catégorie qu'on a abstraite d'eux, c'est une
façon de procéder purement spéculative. De la même

1. *L'idéologie allemande*, pp. 450 à 455.
2. *Ibid.*, p. 450.

manière et tout aussi légitimement Hegel a présenté tous les rapports comme des rapports de l'esprit objectif. La théorie de d'Holbach est donc l'illusion philosophique, historiquement justifiée, sur le rôle de la bourgeoisie dont c'est précisément l'avènement en France et dont la volonté d'exploitation pouvait être encore interprétée comme une volonté de voir les individus s'épanouir complètement dans des échanges débarrassés des vieilles entraves féodales [1]. »

Chez Bentham ce système philosophique se charge d'un contenu économique, en même temps que l'homme idéalisé des penseurs français devient beaucoup plus clairement le bourgeois ; de la sorte la philosophie des Lumières se mue en « simple apologie de l'ordre existant [2] ».

« Ce caractère de généralité, avec disparition du contenu positif, qui se manifeste chez Helvétius et d'Holbach, est fondamentalement différent de l'universalité nourrie de données concrètes qu'on rencontre pour la première fois chez Bentham et Mill. La première correspond à la bourgeoisie en lutte, en voie de développement, la seconde à la bourgeoisie triomphante, qui a achevé sa croissance [3]. »

Revenons maintenant à la note du *Capital*. Son sens est évident :

« *Si l'on veut faire du principe (d'utilité) le critérium suprême des mouvements et des rapports humains* (autrement dit si l'on veut raisonner comme les philosophes français du XVIIIᵉ siècle, en *idéalisant spéculativement* les relations réelles) il s'agit d'abord d'approfondir la nature humaine en général et d'en saisir ensuite les modifications propres à chaque époque historique. (Autrement dit il s'agit, dans la logique d'une telle attitude spéculative, de présenter les rapports de la société bourgeoise comme répondant aux exigences d'épanouissement de la « nature

1. O. c., p. 452.
2. *Ibid.*, p. 455.
3. *Ibid.*, p. 453.

humaine »). Bentham ne s'embarrasse pas de si peu.
Le plus sèchement et le plus naïvement du monde (car
il ne comprend même pas la fonction décisive de l'idée
abstraite de *nature humaine* dans la théorie philosophique qu'il reprend à son compte) il pose comme
homme type le petit bourgeois moderne... »

On le voit : le fragment de phrase que le préjugé philosophico-
humaniste fait attribuer à Marx malgré l'évidence du contexte
comme un énoncé sans réplique de *sa* méthode scientifique, est
en réalité la caractérisation résumée d'une méthode *typiquement
spéculative*, celle de la philosophie *bourgeoise* du XVIIIe siècle.
Que l'on puisse ainsi *confondre* en toute tranquillité d'esprit la
méthode de Marx, qui est l'âme même du marxisme, avec celle
toute contraire dont l'ensemble de son œuvre depuis 1845-1846
constitue une réfutation écrasante, cela témoigne, me semble-t-il,
avec une éloquence qui se suffit à elle-même, du caractère radicalement erroné de l'interprétation humaniste au sens spéculatif
du terme [1].

Cela veut-il dire que, dans les œuvres de sa maturité, Marx
ne prenne jamais à son compte la notion de nature humaine ?
Nullement. Sans parler de quelques cas, rarissimes, où l'expression
n'a vraiment pas d'autre sens que « la qualité d'homme », « le
fait d'être homme », en général, avec tout ce que cela implique [2],
on y trouve maintes fois le substantif *nature*, ou l'adjectif *naturel*,
pour désigner une réalité bien définie : la *base biologique* de toute
existence humaine, considérée indépendamment des effets que
produit sur elle la socialisation. C'est ainsi que *L'idéologie alle-
mance* place au point de départ de toute l'histoire des « bases
naturelles » parmi lesquelles « la complexion corporelle des individus et les rapports qu'elle leur crée avec le reste de la nature [3] »,
et les « besoins issus de la nature humaine immédiate [4] ». De la
même manière les *Grundrisse* qualifient le « sujet travaillant »

---

1. A ceux toutefois qui ont le goût de cette sorte de causes, on s'en voudrait de ne pas signaler une autre « citation décisive » : dans *Misère de la
philosophie* on lit que l'« histoire tout entière n'est qu'une transformation
continue de la nature humaine » (Éd. sociales, 1947, p. 115). Qu'ils veuillent
bien cependant observer le contexte, s'ils tiennent à s'éviter le ridicule
d'attribuer cette fois à Marx le vocabulaire et la conception de Proudhon...
2. Cf par exemple *Le Capital*, III, 3, p. 199.
3. *L'idéologie allemande*, p. 45.
4. *Ibid.*, p. 320. Cf. aussi p. 481.

des sociétés prébourgeoises d' « individu naturel » pour autant que « la première condition objective de son travail est la nature, la terre », qui est « son corps inorganique », tout comme il possède « un corps organique »[1]. Ailleurs Marx appelle « besoins nécessaires » « les besoins d'un individu ramené à l'état naturel[2] ». Et c'est tout à fait dans le même esprit que *Le Capital* analyse par exemple les « besoins naturels » qui servent à la détermination de la valeur de la force de travail[3], ou la « limite physiologique extrême de la journée de travail[4] ». Mais ce qu'il est absolument essentiel de bien voir, c'est que cette *nature* humaine n'est *justement pas* la « nature *humaine* » dont parle sans cesse l'humanisme spéculatif, c'est-à-dire l'ensemble des manifestations de vie de l'homme *en tant qu'être socialement développé* ; comme le disaient les *Manuscrits de 1844* en une formule dont la dialectique est encore très abstraite, mais déjà extrêmement profonde, « l'homme n'est pas seulement un être naturel, il est aussi un être naturel *humain*. (...) L'histoire est la véritable histoire naturelle de l'homme (y revenir)[5]. »

Toute l'anthropologie scientifique tourne autour de ce point, que Marx *le premier* a véritablement compris. Et son œuvre entière en est le développement argumenté. Déjà *L'idéologie allemande* montre très clairement le principe du processus qui, de la production par l'homme de ses moyens de subsistance, fait du même coup la production de nouveaux besoins, « et cette production de nouveaux besoins est le premier fait historique[6] ». Encore ne faut-il pas entendre seulement par « nouveaux besoins » le fait que des désirs qui « existent en tout état de cause » (base naturelle) voient « leur forme et leur orientation (changer) avec les conditions sociales », mais aussi qu'en surgissent d'autres « qui ne doivent leur origine qu'à une structure sociale déterminée, à un mode de production et d'échange déterminé[7] », ce qui ne veut absolument pas dire qu'ils seraient « factices » (« *Besoins factices*, tels sont pour l'économiste 1° les besoins résultant de l'existence *sociale* des individus et 2° ceux qui ne découlent pas de sa simple

1. *Fondements*, t. I, pp. 450 et 451.
2. *Ibid.*, t. II, p. 19. Cf. aussi p. 115.
3. *Le Capital*, I, 1, p. 174.
4. *Ibid.*, I, 1, p. 260.
5. *Manuscrits de 1844*, p. 138.
6. *L'idéologie allemande*, p. 58.
7. *Ibid.*, p. 289, note.

10

existence d'objet naturel. Cela montre bien la pauvreté déses-
pérante sur laquelle s'édifient la richesse bourgeoise et sa science [1] »),
mais au contraire qu'ils « sont devenus une seconde nature [2] ».
Plus généralement, *tout* ce qui est *spécifiquement humain*, au sens
social développé du terme, est un produit de l'histoire et non pas
une donnée naturelle, même « la supériorité qu'un individu en tant
que tel a sur l'autre [3] », ou la prétendue « solidarité humaine
naturelle [4] ». A plus forte raison « pour modifier la nature humaine
de manière à lui faire acquérir aptitude, précision et célérité dans
un genre de travail déterminé » est-il besoin d'une éducation qui
repose elle-même sur tout le développement social antérieur [5].
Seule l'illusion idéologique analysée plus haut a pu faire prendre
aux penseurs bourgeois du XVIIIe siècle l'individu « comme quelque
chose de naturel, conforme à leur conception de la nature humaine,
non comme un produit de l'histoire, mais comme une donnée de
la nature [6] ». C'est l'illusion de Malthus, qui

> « fait abstraction des lois historiques qui commandent
> le mouvement de la population. L'histoire de la nature
> de l'homme obéit certes aux lois *naturelles* ; mais
> il ne faut pas confondre pour autant les lois purement
> naturelles de l'homme, à un certain niveau histo-
> rique, avec le développement des forces productives
> déterminé par son propre procès historique. L'homme
> — naturel — de Malthus, abstrait de l'humanité
> historiquement déterminée, n'existe que dans sa
> cervelle [7]... »

On voit donc à quel point la croyance que Marx dans *Le Capital*
fonderait si peu que ce soit son analyse sur le concept de « nature
humaine » est en réalité étrangère à ce qu'il y a de plus essentiel
dans le marxisme. Et on comprend une fois de plus pourquoi est
toujours l'indice de contre-sens théoriques profonds à cet égard
la sous-estimation de la révolution opérée par Marx et Engels
en 1845-1846 par rapport aux *Manuscrits de 1844*, dont la thèse

---

1. *Fondements*, t. I, p. 170, note.
2. *Le Capital*, III, 3, p. 235.
3. *L'idéologie allemande*, p. 480.
4. *Ibid.*, p. 528.
5. *Le Capital*, I, 1, p. 174.
6. *Contribution*, p. 149.
7. *Fondements*, t. II, p. 108.

centrale sur la fusion du *naturalisme* et de l'humanisme dans le communisme, sur l'humanisme comme *naturalisme* 'conséquent [1] est viciée au plus profond d'elle-même au moins par une *équivoque* spéculative.

Et pourtant, il ne serait pas plus juste d'en conclure que dans *Le Capital* l'homme disparaît. Ce qui frappe sans doute le plus qui le relit à la lumière des questions cruciales ici débattues, c'est d'abord la démonstration incessante, à la fois rigoureuse et passionnée, du caractère foncièrement *inhumain* du capitalisme — au sens historique concret de cet adjectif, que définissait *L'idéologie allemande*. Les textes sont dans la mémoire de tous ceux qui ont quelque connaissance du marxisme : le capitalisme « attaque l'individu à la racine même de sa vie [2] », manifeste « une soif de vampire pour le sang vivant du travail [3] », opère « le gaspillage le plus énorme du développement d'individus particuliers [4] », etc.

> « Dans le système capitaliste, toutes les méthodes pour multiplier les puissances du travail collectif s'exécutent aux dépens du travailleur individuel ; tous les moyens pour développer la production se transforment en moyens de dominer et d'exploiter le producteur : ils font de lui un homme tronqué, fragmentaire, ou l'appendice d'une machine ; ils lui opposent comme autant de puissances hostiles les puissances spécifiques de la production ; ils substituent au travail attrayant le travail forcé ; ils rendent les conditions dans lesquelles le travail se fait de plus en plus anormales et soumettent l'ouvrier durant son service à un despotisme aussi illimité que mesquin ; ils transforment sa vie entière en temps de travail et jettent sa femme et ses enfants sous les roues du Jagernaut capitaliste [5]. »

Peut-on imaginer tableau plus saisissant de « l'aliénation de l'ouvrier à l'égard des conditions de la réalisation de son propre

---

1. *Manuscrits de* 1844, pp. 87, 89, 136.
2. *Le Capital*, I, 2, p. 52.
3. *Ibid.*, I, 1, p. 252.
4. *Ibid.*, III, 1, p. 108.
5. *Ibid.*, I, 3, pp. 87-88.

travail. », selon une formule du *Capital* même [1], c'est-à-dire de
la tendance des rapports de production capitalistes à se subordonner
la totalité de l'existence de *l'individu concret* ? Peut-on même ne
pas reconnaître, au passage, mainte notation qu'on rencontrait
déjà dans les *Manuscrits de 1844* ? Et, plus largement, ne pas voir
que ce qui est *visé*, dans cette page synthétique du *Capital*, c'est
*la réalité même* qui était visée dans les *Manuscrits de 1844*, lorsque
Marx par exemple y notait :

> « L'aliénation de l'ouvrier dans son objet s'exprime
> selon les lois de l'économie de la façon suivante : plus
> l'ouvrier produit, moins il a à consommer ; plus il crée
> de valeurs, plus il se déprécie et voit diminuer sa
> dignité ; plus son produit a de forme, plus l'ouvrier est
> difforme ; plus son objet est civilisé, plus l'ouvrier est
> barbare ; plus le travail est puissant, plus l'ouvrier
> est impuissant ; plus le travail s'est rempli d'esprit,
> plus l'ouvrier a été privé d'esprit et est devenu esclave
> de la nature [2]. »

Mais ce qui, en 1844, malgré l'extraordinaire brio de la forme et
même la richesse de la plupart des indications, n'était qu'une
constatation empirique ramenée sans analyse réelle à la dialectique encore spéculative de l'aliénation est devenu, dans *Le Capital*,
le résultat effectivement concret d'une immense analyse scientifique parvenue jusqu'à la découverte de la loi générale de l'accumulation capitaliste.

C'est ici qu'il convient d'être extrêmement attentif : l'erreur
d'une interprétation humaniste, au sens spéculatif, n'est pas de
soutenir, par exemple, que certains aspects de la réalité exprimée
par la théorie scientifique de la paupérisation — qui inclut un
nouveau concept de l'aliénation — étaient *déjà reconnus et for-
mulés* en 1844, car c'est là un fait indiscutable. L'erreur serait de
ne pas voir qu'en 1844 cette réalité n'est *pas comprise scientifiquement* : sa base réelle reste inconnue, sa conceptualisation
adéquate n'est pas formée, elle ne peut être par conséquent ni
expliquée dans son ensemble ni prévue dans ses formes concrètes ;
elle ne peut servir de point de départ ni à un processus de connaissance plus complexe, ni à l'organisation précise d'une action

---

1. O. c., III, 1, p. 103. (« Entfremdung worin es den Arbeiter versetzt
gegenüber den Bedingungen der Verwirklichung seiner eignen Arbeit. »
*M.E.W.* t. 25 1964. p. 95).

2. *Manuscrits de 1844*, p. 59.

révolutionnaire. En ce sens, on serait donc fondé à dire que malgré la ressemblance extérieure il ne s'agit plus de la *même* réalité dans *Le Capital*. Et de ce point de vue, le *rapprochement* que suggère cette ressemblance extérieure de deux textes comme ceux-là, que ne séparent pas par hasard vingt-cinq ans d'effort théorique de Marx, risque fort d'être un calembour épistémologique, comme peut l'être le rapprochement entre des textes sur l'atome puisés chez les philosophes de l'antiquité et dans la science contemporaine. Pourtant — et l'on touche par là à l'erreur d'une interprétation antihumaniste au sens positif — s'il ne s'agit pas de la même réalité *mentale*, il s'agit bel et bien ici en dernière analyse de la même réalité *matérielle*. La conceptualisation de cette réalité et sa théorisation ont énormément changé ; on peut même dire qu'à certains égards elles sont devenues méconnaissables. Mais il est sûr qu'il y a encore en elles les éléments qui reflètent les hommes réels, leurs conditions et leur exploitation réelles — non plus naturellement en tant que point de départ philosophique, mais en tant que résultat scientifique.

C'est même là une chose tellement *évidente* qu'on ne peut éviter de se demander comment une interprétation érudite du *Capital* dans un sens antihumaniste est simplement *possible*. Et que de fait elle le soit, puisqu'elle existe, ne serait-ce pas l'indice que l'analyse précédente, derrière son évidence, laisserait échapper une confusion essentielle ? Qu'il y ait dans *Le Capital* des éléments théoriques — par exemple le concept de capitaliste, de travailleur salarié — dont le répondant objectif peut être trouvé au niveau des hommes réels, des individus concrets, voilà l'évidence — et en ce sens certaines formes, et certaines formulations, de l'interprétation antihumaniste théorique apparaissent d'emblée comme irrecevables. Mais a-t-on le droit d'affirmer réciproquement que les hommes réels, les individus concrets *comme tels* ont leur répondant objectif dans la théorie du *Capital* ? On voit tout de suite que la question est bien différente de la précédente. Elle revient à demander *sous quelle forme, à quel titre* les hommes réels interviennent dans la science économique marxiste. Là est le véritable problème. Et à ce problème l'interprétation antihumaniste propose la réponse suivante : à proprement parler les hommes réels, considérés en eux-mêmes en tant que personnes, *n'ont pas place* dans la théorie du *Capital* ; ils n'y figurent qu'au titre de *supports des rapports économiques* [1]. Cela veut dire que la science

---

1. Cf. notamment *Lire « Le Capital »*, I, pp. 163-170 ; II, pp. 62-63 et 242-251.

économique découpe selon ses exigences propres dans l'ensemble des rapports réels des *concepts d'individualité* — le capitaliste, le travailleur salarié — qui bien entendu, étant des concepts objectifs, reflètent la réalité et possèdent donc un répondant chez les individus concrets, mais qui ne s'articulent dans le plan de la théorie qu'avec les autres concepts économiques, étrangers à la forme de l'individualité — par exemple valeur, plus-value, taux de profit — et non pas avec d'autres concepts d'individualité, pour constituer avec eux une théorie de l'individu concret. Le capitaliste dont il est question dans *Le Capital* ne coïncide nullement avec la *personne* de tel ou tel capitaliste, bien que la personne de tel ou tel capitaliste vérifie empiriquement ce que *Le Capital* nous dit du capitaliste. C'est pourquoi, selon une telle interprétation, s'il n'est pas faux de dire, comme on l'a fait plus haut, que *Le Capital* fait référence aux *hommes*, il est essentiel de voir, et d'affirmer avec intransigeance, que ces hommes *ne sont pas* les individus concrets de l'expérience immédiate, les sujets de la psychologie ordinaire, les « hommes réels » de l'humanisme philosophique ; ce sont exclusivement des catégories économiques, des porteurs de fonctions économiques, dépouillés de toute autre « épaisseur » humaine. Faute de le voir, on retomberait inévitablement hors de la science, hors du marxisme, dans l'illusion idéologique.

Cette conception paraît bien conforme à de très nombreuses indications de Marx dans *Le Capital*, à commencer par ce paragraphe très connu de la Préface de la première édition allemande :

> « Pour éviter des malentendus possibles, encore un mot. Je n'ai pas peint en rose le capitaliste et le propriétaire foncier. Mais il ne s'agit ici des *personnes* qu'autant qu'elles sont la *personnification de catégories économiques, les supports d'intérêts et de rapports de classes déterminés.* Mon point de vue, d'après lequel *le développement de la formation économique de la société* est *assimilable à la marche de la nature et à son histoire* peut moins que tout autre rendre l'individu responsable de rapports dont il reste socialement la créature, quoi qu'il puisse faire pour s'en dégager [1]. »

Marx reprend cette idée des douzaines de fois dans *Le Capital* :

---

1. *Le Capital*, I, 1, p. 20.

« [*Le capitaliste*] en tant que capitaliste n'est que
capital personnifié ; son âme et l'âme du capital ne
font qu'un [1]. »

« Le capitaliste, c'est-à-dire la classe capitaliste,
et le travailleur, c'est-à-dire la classe ouvrière [2] ».

« Le capitaliste n'a aucune valeur historique, aucun
droit historique à la vie, aucune raison d'être sociale
qu'autant qu'il fonctionne comme capital personnifié.
Ce n'est qu'à ce titre que la nécessité transitoire de sa
propre existence est impliquée dans la nécessité
transitoire du mode de production capitaliste [3]. »

« Si le prolétaire n'est qu'une machine à produire de
la plus-value, le capitaliste n'est qu'une machine à
capitaliser cette plus-value [4]. »

« Le capitaliste n'est que du capital personnifié ;
dans le procès de production il fait seulement office de
porteur du capital. [5] » « Les principaux agents de ce
mode de production, le capitaliste ou l'ouvrier salarié,
en soi, sont simplement l'incarnation, la personnification du capital et du travail salarié ; ce sont des
caractères sociaux définis que le procès social de production imprime aux individus ; ils sont le produit de
ces rapports sociaux de production bien définis [6]. »

Les choses semblent donc parfaitement claires : dans *Le Capital*,
les *hommes* — le capitaliste, le prolétaire, etc. — ne sont aucunement des personnes concrètes, mais des « personnes sociales
abstraites [7] », de simples *caractères sociaux* que les rapports de
production *impriment* aux individus. C'est d'ailleurs là la conséquence théorique rigoureuse de tout le renversement commandé
par la *VI*e *Thèse sur Feuerbach* : si l'essence humaine n'est pas une
abstraction inhérente aux individus isolés, mais dans sa réalité
s'identifie à l'ensemble des rapports sociaux, ce ne sont donc pas
les individus comme tels qui produisent l'histoire, c'est au contraire

---

1. *O. c.*, p. 229.
2. *Ibid.*, p. 231.
3. *Ibid.*, I, 3, p. 32.
4. *Ibid.*, p. 36.
5. *Ibid.*, III, 3, p. 197.
6. *Ibid.*, p. 254.
7. *Contribution*, pp. 181, 203. Cf. aussi p. 223.

l'histoire qui produit les individus. De ce point de vue, on ne saurait être trop vigilant à l'égard d'une formule que Marx et Engels emploient souvent, du *18 Brumaire* à *Ludwig Feuerbach*, et selon laquelle *ce sont les hommes qui font l'histoire*. Rien de plus facile, on pourrait même dire de plus tentant, que de commettre sur cette formulation un contre-sens de même type que les contre-sens relevés plus haut sur le travail comme « point de départ » ou sur la « nature humaine » : l'humanisme philosophique trouve ici une nouvelle occasion rêvée de se substituer au matérialisme historique. En réalité, que signifie *pour le marxisme* cette affirmation ? C'est ici *La Sainte Famille* qui nous fournit la réponse. Dans cet ouvrage de 1844, Marx et Engels s'en prennent, comme ils le disent dès la préface, au spiritualisme, ou idéalisme spéculatif, « qui, à la place de l'homme individuel réel, met la « conscience de soi » ou «l'esprit [1] ». Ils engagent par là le travail critique qui sera mené à bien les deux années suivantes avec *L'idéologie allemande*. Attaquant la conception spéculative de l'histoire, ils écrivent :

> « Une fois l'homme reconnu comme l'essence, comme la base de toute activité humaine et de toutes les situations humaines, la « Critique » seule peut encore inventer de *nouvelles catégories* et remétamorphoser comme elle le fait précisément l'*homme* en une catégorie et en un principe de toute une série de catégories, recourant ainsi à la seule échappatoire qui reste encore à l'inhumanité *théologique* traquée et pourchassée. *L'histoire* ne fait *rien*, elle « ne possède *pas* de richesse énorme », elle « ne livre *pas* de combats » ! C'est au contraire *l'homme*, l'homme réel et vivant qui fait tout cela, possède tout cela et livre tous ces combats ; ce n'est pas, soyez-en certains, l' « histoire » qui se sert de l'homme comme moyen pour réaliser, — comme si elle était une personne à part, — *ses* fins à elle ; elle n'est *que* l'activité de l'homme qui poursuit ses fins à lui [2]. »

Et plus loin :

> « Des idées ne peuvent jamais mener au-delà d'un

---

1. *La Sainte Famille*, Éditions sociales, 1969, p. 13.
2. *Ibid.*, p. 116.

ancien état du monde, elles ne peuvent jamais que
mener au-delà des idées de l'ancien état de choses.
Généralement parlant, des idées ne peuvent rien mener
à bonne fin. Pour mener à bonne fin les idées, il faut
les hommes, qui mettent en jeu une force pratique [1]. »

On voit d'emblée, dans ces textes de 1844, la marque d'un vocabulaire et d'une conception encore partiellement spéculatifs eux-
mêmes : « l'homme » est qualifié d'« essence de tout rapport humain ».
Nous sommes avant les *Thèses sur Feuerbach*, et le renversement
de l'humanisme philosophique qui fonde le matérialisme historique n'est pas encore achevé. Mais le *sens* de la critique est bien
clair, et c'est un sens *matérialiste*. L'idée que *l'homme fait l'histoire*
s'oppose, non pas du tout à la thèse matérialiste essentielle selon
laquelle les hommes sont eux-mêmes des *produits* de l'histoire
— cette thèse n'est pas encore vraiment formée en 1844 — mais
bien à la thèse idéaliste selon laquelle *l'histoire s'expliquerait sans
l'homme réel*, en tant que mouvement autonome de la conscience,
des idées, abstraction faite de sa « base », c'est-à-dire en l'occurrence « la société bourgeoise [2] » : ainsi réduite à une abstraction,
« l'histoire ne fait rien », ce sont les hommes réels qui font l'histoire.
La formule « les hommes font leur histoire » a toujours conservé
chez Marx et Engels ce sens *matérialiste*, au fur et à mesure qu'elle
perdait d'autre part son ambiguïté *humaniste*. La *III⁰ Thèse sur
Feuerbach* fait grief à la doctrine matérialiste (prémarxiste) « qui
veut que les hommes soient des produits des circonstances » d'oublier
« que ce sont précisément les hommes qui transforment les circonstances [3] », non pas du tout, bien sûr, pour dire avec l'humanisme philosophique que « c'est « l'Homme » qui a fait l'histoire [4] »
— c'est là au contraire ce que *L'idéologie allemande* objecte ver-
tement à Stirner — mais pour mettre en évidence le rôle capital
de la « pratique révolutionnaire [5] ». *L'idéologie allemande* commente
d'ailleurs sans ambiguïté cette *III⁰ Thèse* en disant que

« la fin de l'histoire n'est pas de se résoudre en « Conscience de soi » comme « Esprit de l'esprit », mais à
chaque stade se trouvent donnés un résultat matériel,

---

1. *O. o.*, p. 145.
2. *Ibid.*, p. 139.
3. *L'Idéologie allemande*, p. 32.
4. *Ibid.*, p. 267.
5. *Ibid.*, p. 32.

une somme de forces productives, un rapport avec la nature et entre les individus, créés historiquement et transmis à chaque génération par celle qui la précède, une masse de forces de production, de capitaux et de circonstances, qui, d'une part, sont bien modifiés par la nouvelle génération, mais qui d'autre part lui dictent ses propres conditions d'existence et lui impriment un développement déterminé, un caractère spécifique ; par conséquent les circonstances font tout autant les hommes que les hommes font les circonstances [1] ».

Quarante ans plus tard, Engels ne s'exprimera pas autrement :

« Nous faisons notre histoire nous-mêmes, mais, tout d'abord, avec des prémisses et dans des conditions très déterminées »,

de telle sorte que :

« l'histoire jusqu'à nos jours se déroule à la façon d'un processus de la nature [2] ».

Ainsi les hommes dont Marx et Engels disent qu'ils *font l'histoire* sont eux-mêmes de part en part des *produits de l'histoire*, et s'ils font preuve d'initiative en révolutionnant les rapports sociaux, ce n'est pas en vertu d'on ne sait quelle essence créatrice ou liberté transcendante inhérente à *l'homme*, mais parce qu'ils sont *contraints* à le faire précisément par les contradictions de ces rapports sociaux.

C'est donc une erreur radicale que d'utiliser cette formule : les hommes font leur histoire, *contre* la thèse cent fois répétée dans *Le Capital* selon laquelle les personnes dont parle l'économie politique sont la personnification de catégories économiques, le support de rapports sociaux. Cette erreur, de type idéaliste, s'exprime encore dans une autre idée connexe, et particulièrement chère à toute l'interprétation humaniste spéculative du marxisme : l'idée que les hommes *ne se réduisent pas* aux rapports sociaux. Que les *individus* soient en eux-mêmes *autre chose* que les rapports sociaux, c'est bien entendu une évidence ; et la *VI*e *Thèse* précisément, on l'a vu, identifie à l'ensemble des rapports sociaux, non pas l'indi-

---

1. O. c., p. 70.
2. *Lettre à Joseph Bloch* du 21 septembre 1890. Cf. aussi *Ludwig Feuerbach*, IV.

vidu, ce qui serait absurde, mais l'essence humaine. En ce sens, on commettrait une erreur de lourde conséquence si, dans les énoncés du *Capital* rappelés plus haut, on négligeait le petit mot crucial : *ici*, c'est-à-dire : au point de vue de l'économie politique. « Il ne s'agit ici des *personnes* qu'autant qu'elles sont la *personnification de catégories économiques* [1]... » ; « le travailleur n'est plus ici que du temps de travail personnifié [2] » ; etc. A cela, l'interprétation antihumaniste ne prête pas assez d'attention, ce qui la conduit, on va le voir, à une autre erreur fondamentale. Mais cela ne justifie pas le moins du monde l'idée que sous-entend toujours l'humanisme philosophique dans sa formule : les individus ne se réduisent pas aux rapports sociaux, — et qui en est même la raison d'être ; c'est-à-dire l'idée que *l'homme*, dans ce qu'il a de plus essentiel, de plus intime, de plus élevé, *n'est pas* le produit de l'histoire, mais lui est *transcendant*, qu'il n'est pas au plus profond de lui-même *déterminé* par les rapports sociaux, mais seulement *conditionné* par eux, à l'égard desquels il posséderait une *liberté essentielle*. Or cette idée est par excellence ce contre quoi s'est formé le matérialisme historique, qui n'a rien à voir avec une « philosophie de la liberté », mais qui est la théorie scientifique de la *nécessité historique* et du même coup, de la *libération concrète* des hommes.

Dès *L'idéologie allemande* Marx et Engels ont démontré, au sens fort du mot, que « ce qu'on appelait jusqu'à présent la liberté personnelle » n'est pour les hommes réels rien d'autre que

> « le droit de pouvoir jouir en toute tranquillité de la contingence à l'intérieur de certaines conditions [3] »,

que leur émancipation de ces conditions par lesquelles ils sont déterminés ne relève pas plus de leur liberté personnelle qu'

> « il ne dépend de leur volonté idéaliste, de leur bon plaisir, que leur corps ait ou n'ait pas de poids [4] »,

et que leur libération effective par rapport à elles dépend entièrement de la suppression révolutionnaire de la propriété privée, de la réalisation de

> « la société communiste, la seule où le développement

1. *Le Capital*, I, 1, 20.
2. *Ibid*, p. 239.
3. *L'idéologie allemande*, pp. 96-97.
4. *Ibid*, p. 362.

original et libre des individus n'est pas une phrase
creuse [1] ».

De même dans les *Grundrisse* Marx écrit, en comparant la
liberté des individus dans les formes sociales précapitalistes et
capitalistes, que dans ces dernières

> « le simple particulier ne peut se dégager de ses déter-
> minations personnelles, mais il peut surmonter des
> rapports extérieurs et s'en rendre maître, c'est pour-
> quoi sa liberté *paraît* plus grande dans le second cas.
> Cependant un examen attentif de ces rapports et de
> ces conditions révèle qu'il est impossible à la masse
> des individus d'une classe, etc., de les surmonter, à
> moins de les abolir. A l'occasion, un individu peut en
> venir à bout ; mais la masse leur reste soumise ;
> d'ailleurs son existence même exprime déjà la subor-
> dination des individus à ces conditions [2] ».

Et *Le Capital* à son tour répète qu'en ce domaine

> « la seule liberté possible est que l'homme social, les
> producteurs associés règlent rationnellement leurs
> échanges avec la nature, qu'ils les soumettent à leur
> contrôle collectif au lieu d'être dominés par eux
> comme par une puissance aveugle... [3] »

Encore faut-il bien comprendre que même dans une telle société
les individus n'ont acquis rien qui ressemble à une liberté transcendante par rapport aux lois sociales objectives :

> « Des lois naturelles, par définition, ne peuvent pas
> être supprimées. Ce qui peut être transformé, dans
> des situations historiques différentes, c'est unique-
> ment la *forme* sous laquelle ces lois s'imposent [4]. »

Le communisme transformera les lois sociales objectives de
*lois coercitives externes* en *lois collectivement contrôlées* : c'est en

---

1. O. c., p. 482.
2. *Fondements*, t. I, p. 101.
3. *Le Capital*, III, 3, pp. 198-199. Traduction rectifiée, cf. *Cahiers de
l'Institut Maurice Thorez*, nº 6, octobre 1967, p. 97.
4. *Lettre de Marx à Kugelmann*, 11 juillet 1868, cf. *Lettres sur « Le Capital »*,
p. 227.

cela, très précisément, que consistera pour l'humanité le « bond du règne de la nécessité dans le règne de la liberté [3] ».

Ainsi le fait d'*opposer* à la thèse marxiste centrale de la production des individus dans et par les rapports sociaux l'idée, *juste en un sens précis*, que les individus *ne se réduisent pas* aux rapports sociaux et que *ce sont les hommes* qui font l'histoire, signifie qu'on *joue* sur le sens de ces formules, que tout le développement de l'œuvre de Marx et d'Engels définit pourtant de manière univoque, et ce jeu traduit le refus d'accepter dans sa dernière rigueur l'ensemble cohérent du matérialisme historique. En s'éloignant de nouveau du marxisme mûr vers les œuvres de jeunesse de Marx et vers Feuerbach, on retombe dans l'idéalisme. On voit ici de façon saisissante les ravages théoriques produits par la tendance apparemment anodine à remplacer le pluriel *les hommes*, pluriel qui consigne en fait toute la révolution théorique effectuée par Marx en 1845 dans les *Thèses*, par le singulier philosophique et abstrait *l'homme*. Par la brèche de cette catégorie non critiquée, toutes les illusions idéalistes que Marx et Engels avaient si laborieusement dissipées font de nouveau irruption, de la question du travail à celle de la liberté. L'idée que les hommes ne se réduisent pas aux rapports sociaux, prise dans cette ambiguïté, est d'autant plus grossièrement fausse que la tragique réalité, dans la société capitaliste, est que la masse des individus *se réduisent* bel et bien, étant donné leur processus de vie réel, à quelque chose d'infiniment pauvre par rapport à la richesse extraordinaire de l'ensemble des rapports sociaux : tout le problème est justement de créer des conditions historiques dans lesquelles chaque individu parvienne à assimiler sans limitation extérieure la richesse du patrimoine social objectif, ce dont la société de classes est bien incapable. En ce sens, l'exaltation philosophique de l'homme qui *ne se réduit pas* aux rapports sociaux repose, fût-ce inconsciemment, sur une idéalisation des rapports bourgeois.

Ce n'est donc certainement pas de cette façon qu'on a chance de venir à bout de l'interprétation antihumaniste du *Capital* ; mieux : *cette* manière de récuser l'idée selon laquelle les hommes, dans la théorie économique marxiste, ne sont que les supports des rapports sociaux, est la meilleure preuve *a contrario* de sa profonde justesse. Dans *Le Capital*, le capitaliste, le prolétaire ne sont pas des personnes concrètes, mais des caractères sociaux imprimés aux individus par le processus de production ; ce ne

---

1. ENGELS : *Anti Duhring*, Éd. sociales, 1969, p. 322.

sont pas des catégories psychologiques mais des catégories économiques — et on entrevoit par là les extraordinaires ambiguïtés
que ne peut pas ne pas recouvrir la notion de *psychologie sociale* :
le prochain chapitre y reviendra longuement. En insistant sur
ces points, l'interprétation antihumaniste est inattaquable. Elle
ne l'est plus lorsque, de là, elle conclut que disparaît le problème
de l'individualité et la place d'une anthropologie. Il suffit de lire
*Le Capital* sans y effectuer de coupures arbitraires pour y apercevoir à chaque instant des analyses constitutives de ce qui, dans
les travaux économiques de 1857-1859, apparaît déjà clairement
comme une théorie scientifique des formes historiques générales
de l'individualité humaine. Est-il exact, à cet égard, que les
concepts de capitaliste ou de travailleur salarié ne s'articulent
dans le plan de la théorie qu'avec des concepts étrangers à la forme
de l'individualité (valeur, plus-value, taux de profit, etc.) et non
avec d'autres concepts d'individualité qui pourraient constituer
avec eux les bases d'une théorie de l'individu concret ? Non, ce
n'est pas exact. Dans *Le Capital,* tout comme dans les *Grundrisse*
et la *Contribution,* Marx *élabore systématiquement* des concepts
comme ceux de besoin, de consommation, de travail, de liberté,
qui sont *à la fois* des concepts de rapports économiques et des
concepts d'individualité. Dans ce sens, bien qu'il ne s'agisse nullement là, soulignons-le, d'une *psychologie de la personnalité* enchâssée on ne sait comment dans une théorie économique se développant sur un tout autre plan, *Le Capital* fournit de toute évidence
un ensemble de matériaux de consistance scientifique où une
psychologie de la personnalité, d'une façon qui reste à élucider,
peut enfin trouver un *fondement théorique.*
    Mais il y a plus, beaucoup plus. Car s'il est parfaitement vrai
que *dans la théorie économique et de son point de vue* les hommes ne
sont en principe considérés qu'en tant que supports des rapports
sociaux, en tant que personnes sociales abstraites, l'individu *dans
son ensemble* n'en apparaît pas moins sans cesse à la marge de
l'analyse, et même, en maintes occasions, s'y trouve partiellement intégré. Cela tient au fait véritablement crucial qu'on a
déjà signalé, et dont la méconnaissance est en la matière la principale erreur de l'interprétation antihumaniste : les rapports
sociaux sont des rapports *entre les hommes,* non certes dans le
sens d'une préexistence des individus sociaux, qui sont au contraire entièrement le produit des rapports sociaux, mais dans le
sens où la substance même de ces rapports est l'activité productive des hommes. Cette activité productive des hommes, étant une

activité *sociale*, est entièrement régie par la dialectique objective des rapports sociaux — et en ce sens, qui est celui de la théorie économique prise en elle-même, les hommes n'apparaissent que comme supports des catégories économiques ; mais d'autre part, étant une activité *des hommes*, elle constitue aussi immédiatement *un aspect fondamental de leur processus de vie individuel*. Ce sont là deux faces d'une *même* réalité. Par conséquent, il est impossible de tracer la frontière de la science économique sans dessiner du même coup celle de la théorie de l'individu concret ; et même en bien des cas d'analyser à fond un rapport économique sans esquisser l'analyse d'un processus social de vie individuelle à travers lequel il se manifeste. Ici, sans que cela constitue la moindre dérogation aux exigences de rigueur du marxisme mûr mais au contraire en vertu de ces exigences, la science économique est amenée à produire non plus seulement la théorie des formes générales de l'individualité, mais à esquisser, pour ce qui s'en trouve aux confins de sa propre frontière, la théorie de l'individu concret ; non plus seulement la catégorie économique du capitaliste, mais le concept d'ensemble de l'individu personnel. Est-il besoin de souligner qu'il s'agit ici d'un nouveau concept, complètement indépendant des idéologies philosophiques, psychologiques ou morales ordinaires, d'emblée articulé avec la science économique, avec le matérialisme historique ? C'est faute d'identifier comme tel ce nouveau concept, dont la formation était pourtant contenue en germe déjà dans la *VIᵉ Thèse sur Feuerbach*, que l'interprétation antihumaniste croit voir partout dans *Le Capital* des retombées dans l'anthropologie philosophique : ce qu'elle rejette comme des scories, ce sont les pépites extraordinairement précieuses d'une nouvelle science, la science de l'individu — il faudra revenir sur cette appellation provisoire et encore imprécise — que Marx n'a pas développée mais dont il a identifié l'emplacement.

C'est dans *L'idéologie allemande* que cet emplacement apparaît pour la première fois de manière distincte, en particulier dans cette page du plus haut intérêt :

> « Les individus sont toujours partis d'eux-mêmes, naturellement pas de l'individu « pur » au sens des idéologues, mais d'eux-mêmes dans le cadre de leurs conditions et de leurs rapports historiques donnés. Mais il apparaît au cours du développement historique, et précisément par l'indépendance qu'acquièrent les rapports sociaux, fruit inévitable de la division du

travail, qu'il y a une différence entre la vie de chaque individu, dans la mesure où elle est personnelle, et sa vie dans la mesure où elle est subordonnée à une branche quelconque du travail et aux conditions inhérentes à cette branche. (Il ne faut pas entendre par là que le rentier ou le capitaliste, par exemple, cessent d'être des personnes ; mais leur personnalité est conditionnée par des rapports de classe tout à fait déterminés et cette différence n'apparaît que par opposition à une autre classe et ne leur apparaît à eux-mêmes que le jour où ils font banqueroute.) Dans l'ordre (et plus encore dans la tribu), ce fait reste encore caché ; par exemple, un noble reste toujours un noble, un roturier reste toujours un roturier, abstraction faite de ses autres rapports ; c'est une qualité inséparable de son individualité. La différence entre l'individu personnel opposé à l'individu en sa qualité de membre d'une classe, la contingence des conditions d'existence pour l'individu n'apparaissent qu'avec la classe qui est elle-même un produit de la bourgeoisie. C'est seulement la concurrence et la lutte des individus entre eux qui engendrent et développent cette contingence en tant que telle [1]. »

On voit bien, dans cette analyse qui fait entrevoir tout un nouveau monde scientifique à explorer, comment le concept de vie personnelle, d'individu personnel, est rigoureusement articulé avec l'analyse historico-économique où il trouve son point de départ, et comment cependant il appartient non plus à la seule science des rapports économiques, mais à une possible science de l'individu considéré pour lui-même.

Et justement pour cette raison on comprend bien que Marx, quel que fût l'intérêt que de toute évidence il portait en 1845-1846 à ce deuxième ordre de considérations, était conduit à se consacrer néanmoins au premier, non seulement à cause de l'importance politique déterminante de la science économique, mais encore parce que du point de vue théorique même elle est la clef de toute investigation sur les problèmes de l'individu. L'essentiel, du point de vue où nous nous plaçons ici, est cependant que, tout en se consacrant à la critique et à l'élaboration scientifique de

---

1. *L'idéologie allemande*, p. 94. Cf. également pp. 97-98.

l'économie politique, Marx n'ait nullement *oublié* et moins encore renié cette autre direction possible de la recherche. En fait, il ne manque jamais l'occasion de dessiner au passage les articulations qui permettraient de s'y engager. Ainsi dans les *Grundrisse,* ce texte capital pour une compréhension correcte et précise du rapport historique entre *Le Capital* et *L'idéologie allemande,* on trouve à maintes reprises, comme je l'ai montré plus haut, des indications relatives à l'imbrication de l'individu social et de l'individu personnel, qui doivent bien entendu être soigneusement distingués du point de vue de l'économie politique, mais qui en même temps ne peuvent être séparés dans le mouvement général de l'analyse. Abordant par exemple les problèmes de rotation du capital, Marx est amené à noter que

> « si le capitaliste perd du temps dans l'échange, cela n'entraîne pas de déduction sur le temps de travail. Il n'est capitaliste, c'est-à-dire représentant du capital, capital personnifié, qu'en se comportant vis-à-vis du travail comme vis-à-vis du travail d'autrui, en s'appropriant et en posant le temps de travail comme celui des autres. *Si la circulation absorbe le temps du capitaliste,* ce temps ne représentera aucun frais de circulation, car le temps du capitaliste est du temps *superflu,* temps de *non-travail,* temps *non créateur de valeur,* bien que ce soit le capital qui réalise la valeur produite [1]. »

Une telle analyse fait très bien apparaître d'un premier côté la distinction rigoureuse entre individu personnel et individu social, personne concrète et personne abstraite sur quoi repose toute la science économique telle que Marx la développe. De ce point de vue, il enchaîne :

> « Dans la mesure où il affecte le temps du capitaliste, le temps de circulation ne nous préoccupera donc pas plus, *au point de vue économique,* que le temps qu'il passe avec sa petite amie. [...] *Ici* le capitaliste ne nous intéresse que s'il personnifie le capital [2]. »

Mais cet *ici* est du même coup l'envers d'un *ailleurs* qui naturellement ne donne pas lieu *ici* à développement scientifique pour

---

1. *Fondements,* t. II, p. 142.
2. *Ibid.,* p. 142-143. C'est moi qui souligne.

lui-même, mais qui se trouve brièvement indiqué à la marge de
l'analyse :

> « Si l'ouvrier fait du surtravail, c'est que le *temps
> de travail nécessaire* du capitaliste est du *temps libre*,
> car il n'en a pas besoin pour sa subsistance immé-
> diate. Étant donné que tout ce temps libre permet
> un libre développement, le capitaliste usurpe le
> *temps libre* créé par l'ouvrier pour la société, c'est-à-
> dire la civilisation... [1] »

Remarque qui permet de rêver à ce que serait une analyse
scientifique des *temps* dans le processus de la vie individuelle.
Et qui prouve à quel point Marx est conscient que, comme il
l'écrit plus loin, « le capitaliste n'est pas seulement du capital [2] »,
de sorte que si la théorie économique au sens strict ne doit retenir
de lui que le support de rapports économiques, la théorie *dans son
ensemble* telle que la fonde le matérialisme historique peut
parfaitement au contraire le considérer en tant qu'individu
personnel.

> « Certes, les individus ne se présentent que comme
> sujets de ce procès (de production), mais ils entre-
> tiennent également des rapports entre eux, qu'ils
> reproduisent soit simplement, soit d'une manière
> élargie. C'est donc leur *propre* procès en mouvement
> constant qu'ils renouvellent, parallèlement au monde
> de la richesse qu'ils créent [3]. »

Or non seulement ce type de considérations n'a pas disparu dans
*Le Capital*, mais, tout en y étant plus étroitement subordonné
encore à ce que l'analyse économique autorise, il s'y trouve
approfondi. C'est le cas par exemple dans les deuxième et troisième
sections du Livre I, dont le centre est constitué par l'analyse de la
force de travail et de la plus-value ou, dans le chapitre XXIV,
point III, qui analyse les rapports entre fonction accumulatrice et
consommation personnelle du capitaliste : il y a là, pour qui n'a
pas au préalable fait vœu de cécité antihumaniste, un ensemble de
notations d'un intérêt exceptionnel sur les problèmes de l'individu,

---

1. *Fondements*, II, p. 142.
2. *Ibid.*, p. 286.
3. *Ibid.*, p. 231.

et dans la méconnaissance desquelles on peut bien affirmer qu'une théorie scientifique de la personnalité n'a aucune chance de se constituer. Inutile, ici, de citer à titre d'acompte : analyser ces textes, ce serait d'emblée s'engager dans la tâche même de détermination de cette théorie, c'est-à-dire faire ici le travail des prochains chapitres, alors qu'il n'est encore question que d'en poser solidement les fondations. Je me bornerai à signaler comment par exemple, en trois lignes d'une note en bas de page, Marx condense de façon extraordinaire des pages entières de *L'idéologie allemande* et des *Grundrisse* en les élevant à une formulation pleinement scientifique, et en fournissant à la théorie de l'individu une indication véritablement centrale :

> « Ce qui caractérise l'époque capitaliste, c'est donc que la force de travail acquiert *pour le travailleur lui-même* la forme d'une marchandise qui lui appartient, et son travail, par conséquent, la forme de travail salarié [1]. »

C'est cela qui permet aussi de comprendre la présence indéniable dans *Le Capital* d'un concept et d'une théorie parfaitement non spéculatifs de l'aliénation humaine [2]. Il est bien évident en effet que si les hommes ne figuraient dans *Le Capital* qu'à titre de catégories économiques, il ne saurait y être question de leur *aliénation*. Au contraire, dans la mesure où ils sont aussi considérés, ne fût-ce qu'à la marge, en tant que personnes concrètes, en tant qu'individus personnels, tous les processus économiques peuvent être également lus comme des processus de la vie individuelle, et le développement historique de la société comme développement de l'homme social, comme anthropogenèse sociale, incluant le phénomène de l'aliénation comme contradiction interne fondamentale. De très nombreux passages du *Capital* ne laissent aucunement douter qu'il en soit bien ainsi. En particulier Marx revient souvent sur l'analyse du renversement historique que le développement de la valeur d'échange, puis de la production marchande, culminant dans le capitalisme, produit dans les rapports entre besoins et travail, entre individu concret et individu abstrait.

---

1. *Le Capital*, I, 1, p. 173, note. C'est moi qui souligne.
2. J'ai analysé ce point en détail dans *Analyses marxistes de l'aliénation : religion et économie politique*, dans *Philosophie et religion*, cycle de conférences du C.E.R.M., Éditions sociales, 1974.

« Quand la forme d'une société est telle, au point de
vue économique, que ce n'est point la valeur d'échange
mais la valeur d'usage qui y prédomine, le surtravail y
est plus ou moins circonscrit par le cercle de besoins
déterminés ; mais le caractère de la production elle-
même n'en fait point naître un appétit dévorant.
Quand il s'agit d'obtenir la valeur d'échange sous sa
forme spécifique, par la production de l'or et de
l'argent, nous trouvons, déjà dans l'antiquité, le
travail le plus excessif et le plus effroyable. Travailler
jusqu'à ce que mort s'ensuive devient alors la loi [1]. »

Mais le capitalisme pousse à l'extrême ce renversement, par quoi
les individus se voient frustrés du contenu le plus essentiel de leur
vie. Dans le capitalisme,

« il est évident par soi-même que le travailleur n'est
rien autre chose sa vie durant que force de travail, et
qu'en conséquence tout son temps disponible est, de
droit et naturellement, temps de travail appartenant
au capital et à la capitalisation. Du temps pour
l'éducation, pour le développement intellectuel, pour
l'accomplissement de fonctions sociales, pour les
relations avec parents et amis, pour le libre jeu des
forces du corps et de l'esprit, même pour la célébration
du dimanche, et cela dans le pays des sanctificateurs du
dimanche, pure niaiserie ! Mais dans sa passion
aveugle et demesurée, dans sa gloutonnerie de travail
extra, le capital dépasse non seulement les limites
morales, mais encore la limite physiologique extrême
de la journée de travail. Il usurpe le temps qu'exigent
la croissance, le développement et l'entretien du corps
en bonne santé. Il vole le temps qui devrait être
employé à respirer l'air libre et à jouir de la lumière
du soleil. Il lésine sur le temps des repas et l'incorpore,
toutes les fois qu'il le peut, au procès même de la
production, de sorte que le travailleur, rabaissé au
rôle de simple instrument, se voit fournir sa nourriture
comme on fournit du charbon à la chaudière, de l'huile
et du suif à la machine. Il réduit le temps du sommeil,
destiné à renouveler et à rafraîchir la force vitale, au

---

1. *Le Capital*, I, 1, p. 231.

minimum d'heures de lourde torpeur sans lequel l'organisme épuisé ne pourrait plus fonctionner [1]. »

On voit, dans cette extraordinaire description qui est loin d'être la seule de son genre dans *Le Capital*, combien peu Marx hésite à poursuivre son analyse par-delà la frontière des strictes catégories économiques en s'avançant sur le terrain des processus connexes de la vie individuelle. Et il conclut :

> « Bien loin que ce soit l'entretien normal de la force de travail qui serve de règle pour la limitation de la journée de travail, c'est au contraire la plus grande dépense possible par jour, si violente et si pénible qu'elle soit, qui règle la mesure du temps de répit de l'ouvrier [2]. »

Ce renversement est un processus caractéristique de l'aliénation de l'individu dans de tels rapports sociaux. On le retrouve à tous les moments importants de l'analyse. Ainsi la division manufacturière du travail

> « estropie le travailleur, elle fait de lui quelque chose de monstrueux en activant le développement factice de sa dextérité de détail, en sacrifiant tout un monde de dispositions et d'instincts producteurs, de même que dans les États de la Plata on immole un taureau pour sa peau et son suif. Ce n'est pas seulement le travail qui est divisé, subdivisé et réparti entre divers individus, c'est l'individu lui-même qui est morcelé et métamorphosé en ressort automatique d'une opération exclusive, de sorte que l'on trouve réalisée la fable absurde de Menenius Agrippa représentant un homme comme fragment de son propre corps [3]. »

Le capitaliste est d'ailleurs soumis lui aussi, sous des formes spécifiques, à des processus d'aliénation.

> « Il ne faut jamais oublier que la production de (la) plus-value [...] est la fin immédiate et le motif déterminant de la production capitaliste. On ne doit donc jamais la présenter comme ce qu'elle n'est pas, je

---

1. *Le Capital*, I, 1, p. 259 et 260.
2. *Ibid.*, p. 260.
3. *Ibid.*, I, 2, pp. 49 et 50.

veux dire une production ayant pour fin immédiate la jouissance ou la création de moyens de jouissance pour le capitaliste [1]. »

Sous ce rapport, on peut résumer le caractère aliénant du capitalisme en disant que

« la fin du capital (est) la production de profit et non la satisfaction des besoins [2] ».

On trouve d'ailleurs là, dans la mesure où ce renversement n'est pas bien vu, l'origine de l'illusion selon laquelle la théorie économique en général serait vouée, par une sorte de *nécessité épistémologique abstraite,* à ne considérer les hommes que comme support de ses propres rapports : étant entièrement subordonné à la nécessité économique, dans laquelle il n'intervient que comme personne sociale abstraite, l'individu concret tombe hors du champ de cette science. Mais il s'agit en fait d'une caractéristique éminemment *historique* de l'économie politique du *capitalisme* ; très précisément, il s'agit de la traduction épistémologique du phénomène historique concret de l'aliénation des individus dans les rapports capitalistes. C'est pourquoi Marx estime Ricardo :

« On lui reproche d'étudier la production capitaliste sans ce soucier des « hommes », de ne considérer que le développement des forces productives — de quelque sacrifice en hommes et en *valeurs*-capital que soient payés ces progrès — c'est justement ce qu'il y a d'important chez lui [3]. »

Au contraire l' « humanisme » de l'économie bourgeoise vulgaire n'est que plate édulcoration de la réalité du capitalisme. Seulement, dans le temps même où l'on distingue avec rigueur sur le terrain de l'économie du capitalisme rapports abstraits et individus concrets, il importe au premier chef de garder présent à l'esprit que dans le développement historique réel cette distinction n'est ni éternelle ni absolue, que derrière leur forme aliénée les rapports entre personne abstraite et personne concrète n'en subsistent pas moins et que par conséquent l'économie politique elle-même *manquerait son propre objet,* c'est-à-dire la mise au jour de la loi de dévelop-

---

1. *Le Capital,* III, 1, p. 257.
2. *Ibid.,* p. 269.
3. *Ibid.,* p. 271.

pement d'un organisme social donné *et de son remplacement par un autre supérieur* [1] si elle ne cherchait pas à suivre le mouvement objectif qui supprime cette forme aliénée et fait du développement des individus concrets, au point de vue économique lui-même, une fin en soi.

C'est ce que Marx ajoute immédiatement après sa défense de Ricardo :

> « Le développement des forces productives du travail social est la tâche historique et la justification du capital. Ce faisant, il crée précisément, sans le savoir, les conditions matérielles d'un mode de production supérieur [2]. »

Le propre de la science économique marxiste est qu'elle élève ce processus qui s'accomplit *sans le savoir* au niveau de la conscience vraie. Mais cela serait par principe impossible si, comme le veut l'interprétation antihumaniste, Marx s'interdisait de déchiffrer le processus d'anthropogenèse sociale qui s'accomplit en même temps que le développement des rapports capitalistes, c'est-à-dire s'il restait lui-même prisonnier des limites et des dissociations qu'ils impliquent. Il n'y a pas l'ombre d'une rechute dans l'anthropologie spéculative chez lui lorsqu'il montre, à maintes reprises, la nécessité avec laquelle

> « la grande industrie oblige la société sous peine de mort à remplacer l'individu morcelé, porte-douleur d'une fonction productive de détail, par l'individu intégral qui sache tenir tête aux exigences les plus diversifiées du travail et ne donne, dans des fonctions alternées, qu'un libre essor à la diversité de ses capacités naturelles ou acquises [3] ».

On peut même songer à soutenir qu'en l'occurrence c'est l'interprétation antihumaniste qui ne parvient pas à se détacher de la conception spéculative de l'individu concret — sauf peut-être dans la région qu'en a défrichée Freud — et qui de ce fait ne parvient pas non plus à reconnaître dans *Le Capital* les éléments d'une théorie non spéculative de l'individu, sans lesquels pourtant toute la cohérence de son œuvre demeure insaisissable. Cohérence que

1. Cf. *Le Capital*, I, 1, p. 29.
2. *Ibid.*, III, 1, p. 271.
3. *Ibid.*, I, 2, p. 166.

résume, parmi d'autres, un passage déjà cité du Livre IV du *Capital*, et qui dit tout :

> « Le développement des capacités de l'espèce humaine, bien qu'il se fasse d'abord aux dépens de la majorité des individus, et même de certaines classes, brise finalement cet antagonisme et se confond avec le développement de l'individu. Le développement supérieur de l'individu ne s'achète donc que par un procès historique où les individus sont sacrifiés [1]. »

**3. Le marxisme comme anthropologie et comme humanisme scientifiques.** Reprenons maintenant les questions cruciales qu'il s'agissait d'élucider. Dans ses œuvres de maturité, nous demandions-nous, peut-on dire, et en quel sens, que Marx ait éliminé le concept d'homme, renoncé à la théorie de l'aliénation, abandonné la mise en perspective humaniste ? Or *l'évidence* — qui n'est pas une simple illusion — c'est que Marx n'a *jamais* cessé de parler *visiblement* de l'homme, de son aliénation, de sa réalisation intégrale. Le marxisme serait donc un *humanisme*, comme le soutient l'interprétation spéculative. Mais, en s'en tenant à cette réponse *évidente*, une telle interprétation, méconnaissant la complexité de l'épistémologie scientifique de Marx, oublie de se demander quel est le statut réel des concepts qui affleurent sous les mots. Il ne suffit pas que le mot homme ou le mot aliénation soient employés dans *Le Capital* aussi bien que dans les *Manuscrits de 1844* pour qu'il s'agisse automatiquement d'un même concept, d'un concept de même statut. Et ce qui définit le statut d'un concept, c'est la nature de l'essence qu'il désigne. Dans les *Manuscrits de 1844* le concept d'homme renvoie à l'idée d'une essence humaine abstraite, sujet de l'histoire, et dont les rapports sociaux comme les catégories économiques seraient les phénomènes, la manifestation extérieure. Lorsqu'il y est dit que « l'individu *est* l'être social », cela signifie alors qu' « il faut surtout éviter de fixer de nouveau la « société » comme une abstraction en face de l'individu », que l'être social n'est *pas autre chose* que l'individu, que l'individu est donc « la totalité [2] ».

---

1. *Histoire des doctrines économiques*, Costes, t. IV, p. 10. Cf. aussi *Le Capital*, III, 3, pp. 198-199 ; *Lettres sur « Le Capital »*, pp. 201, 297 ; ENGELS : *AntiDuhring*, 3ᵉ partie, chap. 2.
2. *Manuscrits de 1844*, p. 90.

Sur ce point crucial, la *VI*e *Thèse sur Feuerbach* rompt avec les *Manuscrits* et plus largement avec toutes les conceptions antérieures. L'*être social* y est conçu comme *tout autre chose* que l'individu. C'est « la somme de forces de productions, de capitaux, de formes de relations sociales, que chaque individu et chaque génération trouvent comme des données existantes ». Telle est la *base concrète* de ce que les philosophes se sont représenté comme « substance » ou « essence » de l'homme : il faut donc renverser radicalement l'ancien concept de l'*homme*. Cela ne signifie nullement que désormais tout concept d'homme doive être rejeté comme illusoire, mais bien qu'il ne faut pas *confondre le concept abstrait d'homme avec le concept d'homme abstrait* : tout concept scientifique est abstrait en tant que concept, mais il n'est scientifique, selon les exigences marxistes, que s'il saisit l'essence concrète de son objet. Ainsi, lorsqu'on lit par exemple dans *L'idéologie allemande* que l' « l'Être des hommes est leur processus de vie réel [1] », cet énoncé ne peut sans contre-sens être pris pour l'équivalent de l'énoncé de 1844 : « L'individu *est* l'être social ». D'une certaine façon son sens est opposé : l'être des hommes n'est pas ce qu'il semble d'abord être, lorsqu'on le considère de manière immédiate, pseudo-concrète, dans la forme de l'individu isolé, c'est au contraire ce qu'il faut aller laborieusement chercher dans l'étude des conditions sociales objectives où cette individualité est produite. Il s'agit donc non d'un abandon, mais d'une transfiguration scientifique du concept d'homme ; la notion d'essence humaine *a du sens* pour le marxisme mûr, un sens tout nouveau, un sens matérialiste et dialectique : c'est une essence, non plus abstraite mais concrète, non plus idéale mais matérielle, non plus naturelle mais historique, non plus inhérente à l'individu isolé mais à l'ensemble des rapport sociaux. Ou encore, pour transposer cette conclusion dans les termes de notre problème spécifique, l'être des hommes ne peut pas être rencontré directement sur le terrain d'une psychologie, au sens ordinaire du terme, mais sur celui du matérialisme historique.

L'interprétation antihumaniste isole et déforme cette conclusion. Pour elle, le marxisme en tant que théorie ne serait plus du tout un humanisme, ce serait même l'exact contraire d'un humanisme, puisque c'est avant tout l'affirmation que l'homme existant — non pas, cela va de soi, en tant qu'être biologique, mais en tant qu'individualité historico-sociale — n'est pas une *substance*

---

1. *L'idéologie allemande*, p. 50.

*réelle, autonome,* et n'a pas non plus d'histoire réellement indépendante (aliénation, retour à soi) : l'homme n'est pas le sujet de
l'histoire, ce que la théorie peut en connaître à chaque époque n'est
que le produit du mode concret de production à cette époque, le
support des rapports sociaux, la personnification des catégories
économiques, et les divers aspects que cela implique n'ont aucune
raison de coïncider dans l'unité d'une personne concrète. L'« homme » serait donc aussi peu, malgré les apparences, un concept *réel*
que l'« âme » par exemple — son déploiement dans l'histoire, aussi
peu un processus réel que les avatars de l'âme — sa réalisation
intégrale, aussi peu un futur réel que le salut de l'âme. Et il
serait aussi peu raisonnable de croire, en ce sens, en une « science
de l'homme » qu'en une « science de l'âme ». Le matérialisme historique ne devrait donc pas être considéré comme la théorie scientifique générale de l'homme, partie intégrante de la philosophie
marxiste, mais exclusivement comme le fondement de la science
de l'histoire. Bref, humanisme et psychologie relèveraient au même
titre, et par essence, de la spéculation.

Tout cela part d'une idée juste, et la vérité ne se trouve certainement pas *en deçà* de ces analyses. Mais ce que l'interprétation
antihumaniste ne voit pas, ce qu'elle manque dès l'instant où elle
déforme la *VIe Thèse sur Feuerbach,* c'est que, pour n'être plus à
aucun degré une abstraction inhérente à l'individu isolé, l'essence
humaine, coïncidant avec l'ensemble des rapports sociaux, n'en
est pas moins une *essence, préalable à l'existence de chaque individu
particulier,* et dont l'existence des individus est en fait la *reproduction* sous une autre forme, une reproduction nécessairement
contradictoire, morcelée, incomplète dans la société de classe, mais
que la loi même de la production moderne rendra *intégrale,* pour
autant que le comporte la forme de l'individualité, et relativement
au stade de développement atteint à chaque époque par la société
sans classes. C'est pourquoi, *partie* d'une rupture avec la conception spéculative de l'homme, rupture qu'il ne faut surtout pas
atténuer, la science marxiste des rapports sociaux n'interdit
aucunement de *revenir,* sur la base de ses résultats, à la connaissance scientifique des individus humains et des formes concrètes
de leur vie. C'est même bien trop peu de dire qu'elle ne l'interdit
pas : elle l'exige. Elle l'exige pour cette raison décisive, on l'a vu,
que les rapports sociaux ne sont en leur fond rien d'autre que des
rapports entre les hommes. C'est le point capital. Cela ne signifie
pas, bien entendu, que les rapports sociaux soient des « rapports
humains » au sens idéologique ordinaire de l'expression, c'est-à-dire

des rapports entre des hommes considérés comme préalables dans leur essence à ces rapports mêmes : de cela, il ne peut plus être question depuis 1845-1846. Non, les hommes sont en dernière analyse produits par les rapports sociaux — ce qui d'ailleurs ne fait nullement « disparaître » la liberté, mais au contraire fait apparaître en quoi elle consiste dans sa réalité, et sur quoi elle se fonde : sur la nécessité historique. Mais s'ils peuvent être produits par ces rapports, c'est parce que ceux-ci, loin de leur être étrangers, constituent leur processus de vie réel, et ils ne peuvent constituer *leur* processus de vie réel que dans la mesure où ils sont des rapports *entre eux, hommes.* C'est ce que dit le plus clairement du monde, parmi cent autres textes, la vue d'ensemble la plus classique et la plus étudiée que Marx ait donnée du matérialisme historique, dans la Préface de la *Contribution,* et qui, faut-il le rappeler, commence ainsi :

> « Dans la production sociale de leur existence, les hommes entrent en des rapports déterminés, nécessaires, indépendants de leur volonté, rapports de production qui correspondent à un degré de développement déterminé de leurs forces productives matérielles [1]. »

Énoncé sans ambiguïté : les rapports de production, base de tous les rapports sociaux, existent objectivement et indépendamment de la volonté des hommes, ils ne sont pas ce que la philosophie spéculative appelle des « rapports humains », des « rapports intersubjectifs », reflet de leur « conscience » et de leur « liberté » — cependant ces rapports sociaux objectifs et nécessaires ne sont rien d'autre que les relations dans lesquelles sont « engrenés [2] » les *hommes* à l'occasion de la production sociale de *leur existence.*

Certes, le fétichisme de la marchandise, la « réification des rapports sociaux », leur « autonomie vis-à-vis des agents de la production [3] », toutes les illusions objectives caractéristiques de la société capitaliste font apparaître ces rapports entre les hommes sous « la forme fantastique d'un rapport entre les choses [4] ». Mais précisément l'analyse marxiste démontre qu'il s'agit là d'une illusion, dont elle démonte le mécanisme. Elle établit que tout ce « mysticisme », propre à une société où domine universellement la produc-

---

1. *Contribution,* p. 4.
2. *Le Capital,* I, 1, p. 86.
3. *Ibid.,* III, 3, pp. 207-208.
4. *Ibid.,* I, 1, p. 85.

tion marchande, disparaît si nous envisageons d'autres formes de production, ce qui rend très clair le fait que, quelles que soient les apparences, les rapports sociaux sont toujours « les rapports sociaux *des hommes* [1] ». En d'autres termes, le marxisme n'a nullement *substitué* l'étude des rapports sociaux à l'étude des hommes, au contraire, il a montré *l'unité profonde* de ces deux études. Mais il a démontré aussi que l'étude des rapports sociaux dans leur forme matérielle objective est l'étude nécessairement première parce que là est le fondement réel de toute la vie sociale humaine. L'erreur des *Manuscrits de 1844* n'était pas d'affirmer l'unité, la circularité entre essence humaine et rapports sociaux — vérité dont on perd de vue la permanence dans le marxisme mûr si l'on transforme en coupure radicale la révolution théorique de 1845-1846. Aussi bien, la formulation de 1844 : « L'individu *est* l'être social », se retrouve littéralement dans la version primitive de la *Contribution*, quatorze ans plus tard. Ce qui s'est transformé entre-temps — transformation immense — c'est que le rapport réel exprimé par cette lettre inchangée, et qui en 1844 restait d'une ambivalence préscientifique, s'est complètement renversé dans le sens matérialiste ; si en 1844 l'essence humaine était considérée comme le fondement, et les rapports sociaux comme ses manifestations, si par conséquent elle relevait encore d'une conception au moins partiellement métaphysique de l'essence, en 1858, au contraire, il est devenu clair que tout tient aux conditions objectives

> « qui ne résultent ni de la volonté de l'individu ni de sa nature immédiate, mais de conditions et de rapports historiques qui font déjà *de l'individu un être social*, déterminé par la société [2] ».

Ici le concept d'homme, — l'« essence humaine » — est devenu un concept dialectique, scientifique. Entre l'homme et les rapports sociaux la circularité subsiste, mais inversée — donc altérée en tous ses moments et ses aspects, mais *non supprimée*. En méconnaissant cette donnée majeure, on fausse la signification de *tout* le marxisme mûr.

Car le *retour* à l'histoire réelle et aux individus concrets à partir de l'étude des rapports sociaux n'est pas autre chose que le but de toute l'entreprise scientifique, dans le sens marxiste, c'est-à-

---

1. *Ibid.*, p. 90.
2. *Contribution*, p. 214. C'est moi qui souligne.

dire l'analyse concrète de la situation concrète en vue de sa transformation révolutionnaire. C'est pourquoi il ne faudrait surtout pas séparer arbitrairement, dans *Le Capital*, l'étude des déterminations abstraites et leur aboutissant constant, c'est-à-dire la réalité humaine concrète, suivie par Marx jusqu'au stade de la *monographie* [1] comme dans la troisième section du Livre I sur la production de la plus-value, où l'analyse va, exemple entre beaucoup d'autres, jusqu'à l'histoire tragique de Marie-Anne Walkley, modiste de vingt ans, morte en juin 1863 « par simple excès de travail [2] » — comme dans la septième section du même livre sur l'accumulation du capital, où figure la loi générale de cette accumulation, qu'on ne saurait comprendre si on oublie qu'elle est la loi de « l'influence que l'accroissement du capital exerce sur le sort de la classe ouvrière [3] » et dont Marx suit l'action par exemple jusqu'au tableau statistique de l'entassement ouvrier dans douze chambres à Langtoft, où couchent 74 personnes [4]. C'est pourquoi aussi il ne faudrait pas oublier que *Le Capital*, dans la conception de Marx et s'il avait été écrit jusqu'à la dernière page, devait trouver son aboutissement théorique dans la lutte des classes. C'est ce que rappelle expressément Engels dans sa Préface au Livre III :

> « La lutte des classes, résultat nécessaire de l'existence de ces classes, devait y être montrée comme l'aboutissement de la période capitaliste [5]. »

et Marx lui-même, dans sa très importante lettre à Engels du 30 avril 1868, où il lui expose le plan d'ensemble de son travail du point de vue de la question du taux de profit, termine ainsi son canevas :

> « Comme conclusion, *la lutte des classes*, dans laquelle le mouvement se décompose et qui est le dénouement de toute cette merde [6]. »

C'est pourquoi encore, de façon plus générale, il ne faudrait pas séparer arbitrairement *Le Capital* dans son ensemble — non plus que les autres textes de théorie économique — des *ouvrages his-*

---

1. Le mot est de Marx, Préface de la *Contribution*, p. 3.
2. *Le Capital*, I, 1, p. 249.
3. *Ibid.*, I, 3, p. 54.
4. *Ibid.*, p. 130.
5. *Le Capital*, III, 1, p. 12.
6. *Lettres sur « Le Capital »*, p. 213.

*toriques* et des *écrits politiques* de Marx, puisque ces applications concrètes de la théorie à l'histoire vivante ne sont nullement des illustrations extérieures et subalternes du matérialisme historique, mais sa vérité même en action. C'est pourquoi enfin il ne faudrait pas arbitrairement séparer l'ensemble des écrits de Marx, et d'Engels, de leur activité politique pratique, sous peine de transformer en phrase la dernière des *Thèses sur Feuerbach*, où tient tout l'esprit du marxisme : « Les philosophes n'ont fait qu'*interpréter* le monde de différentes manières, ce qui importe, c'est de le *transformer*. » Déjà les *Manuscrits de 1844* disaient fort justement :

> « Pour abolir *l'idée* de la propriété privée, le commu-
> nisme *pensé* suffit entièrement. Pour abolir la propriété
> privée réelle, il faut une action communiste *réelle* [1] ».

Et une action communiste réelle implique la compréhension scientifique de la réalité concrète : nous retrouvons ici les remarques présentées dès le début du chapitre précédent sur le fait que les luttes politiques elles-mêmes posent les problèmes fondamentaux de la psychologie de la personnalité, de la théorie de l'individu. Le retour de la théorie au problème des individus humains tient donc à ce qu'il y a de plus central dans le marxisme. Mais ce n'est un retour théoriquement et pratiquement effectif aux individus concrets qu'au prix de la longue patience exigée par l'analyse préalable de l'ensemble des déterminations sociales abstraites. Faute de quoi l'exaltation du concret, de l'homme, de la pratique, non seulement ne nous permet pas d'échapper aux illusions idéologiques, mais nous y enfonce sûrement.

On voit donc en quel sens le matérialisme historique, justement parce qu'il est la base de la science des rapports sociaux, essence concrète de l'homme, est du même coup beaucoup plus encore que cela : *la base de toute science de l'homme* — à commencer bien sûr par l'économie politique, mais sans oublier non plus la psychologie de la personnalité — *la théorie générale de la conception scientifique de l'homme*, qui achève par le haut le matérialisme, en tant que théorie générale de la conception scientifique de la nature, et qui est donc partie intégrante de la philosophie marxiste. Le matérialisme historique étant, selon la très juste expression d'Engels, « science des hommes réels et de leur développement historique [2] »,

---

1. *Manuscrits de 1844*, p. 107.
2. F. ENGELS : *Ludwig Feuerbach*, à la fin du chapitre III.

son objet coïncide avec ce qu'on peut nommer l'anthropogenèse sociale, le développement de « l'homme dans ses rapports sociaux [1] »; il est donc aussi *anthropologie scientifique*, et plus précisément la partie socio-historique de l'anthropologie scientifique, qui s'articule avec sa partie biologique. Il est profondément inexact que le matérialisme historique se soit constitué en se passant des services théoriques du concept d'homme ; tout au contraire, il implique la formation d'un nouveau concept, non spéculatif, de l'homme, qui renvoie d'emblée à une nouvelle essence : les rapports sociaux. C'est pourquoi l'usage scientifique du concept d'homme exige normalement le pluriel : par opposition aux hommes réels dans leurs rapports sociaux, l'Homme est toujours une mystification idéaliste, qui croit trouver l'essence humaine directement dans l'individu isolé, abstrait. Cependant, le concept d'homme peut être employé au singulier dans deux acceptions précises : d'une part lorsqu'il désigne en tant que simple généralité abstraite l'ensemble de caractères sociaux (et à plus forte raison naturels) qui demeurent plus ou moins communs à tous les hommes à travers toutes les époques historiques ; usage licite, fréquent chez Marx, mais périlleux, puisque la moindre confusion entre cette généralité abstraite et une essence concrète entraîne la rechute dans la spéculation — d'autre part lorsqu'il désigne l'individu comme tel, — le terme individu étant alors bien préférable pour éviter toute confusion avec le singulier spéculatif. Ce nouveau concept, scientifique, de l'homme rend à la théorie marxiste les services les plus évidents. Il est d'abord un concept fondamental du matérialisme historique lui-même et en tant que tel, puisque ni les forces productives (les hommes étant la principale de ces forces) ni les rapports sociaux (qui sont toujours en dernière analyse des rapports entre les hommes) ne peuvent être pensés sans lui. Il est tout aussi nécessaire pour penser la lutte des classes et la révolution socialiste, puisque l'effet des contradictions sociales sur les hommes qui sont produits en leur sein est un maillon essentiel de l'ensemble du mouvement historique ; et c'est justement pourquoi l'interprétation antihumaniste du marxisme se trouve hors d'état de rendre compte clairement de la nécessité interne de la lutte des classes et de la révolution. Mais le nouveau concept d'homme peut aussi rendre au marxisme d'autres services théoriques inestimables, et en particulier celui-ci : rendre enfin possible l'édification d'une

---

1. *Fondements*, t. II, p. 230.

théorie scientifique de l'individualité et de l'individu. La méconnaissance de ce dernier point est à la source des tentatives incessantes de constituer une théorie de l'individu articulée avec le marxisme — tâche dont la nécessité ne peut être niée par personne, pas même par un adepte de l'antihumanisme théorique — mais à partir de bases *tout autres* que celles de Marx, ce qui rend évidemment impossible leur complète articulation réciproque. La claire reconnaissance de l'anthropologie scientifique que constitue le matérialisme historique est à cet égard la clef de toute solution correcte du problème.

On voit aussi en quel sens le marxisme peut être qualifié d'*humanisme scientifique* : il l'est en tant que théorie des contradictions et des conditions d'épanouissement historiques des individus, de l'avènement nécessaire de ce que Marx appelle *l'individu intégral* de la société communiste. Certes, les deux termes *humanisme* et *scientifique* passent souvent pour incompatibles. Cette incompatibilité est même, le fait est notable, le *postulat commun* de l'interprétation humaniste spéculative et de l'interprétation antihumaniste au sens théorique, puisque dans leur opposition diamétrale elles apparaissent comme les deux manières de comprendre une exclusion, admise comme indiscutable, entre contenu humaniste et rigueur scientifique. Pour la première, l'humanisme du marxisme ne saurait s'accommoder du carcan de la pure science, qui n'atteindrait pas au fondamental dans l'homme — pour la seconde la scientificité du marxisme ne saurait admettre la retombée dans l'humanisme, qui ne pourrait émerger de l'idéologie. Mais le fait capital qui échappe dans les deux cas, c'est qu'en fondant le matérialisme historique, et du même coup la dialectique, Marx permet à la *science* d'atteindre jusqu'à l'*essence* humaine parce qu'il découvre par-delà les formes idéologiques de cette essence son *être réel* ; dès lors tombe la vieille incompatibilité entre une conception empirique de la science et une conception idéaliste de l'essence. De plus, le passage à la conception de l'essence réelle signifiant le passage à une conception historique de cette essence, l'anthropologie marxiste est d'emblée une science du développement des hommes, les *individus* étant engrenés dans les processus de reproduction des *rapports sociaux*. Dans ce sens, bien qu'il ne soit naturellement plus question d'une réalisation autonome de l'essence humaine conçue comme substance indépendante, toute l'histoire peut très légitimement être considérée aussi en tant qu'*histoire de l'épanouissement progressif des individus humains*. C'est ce que disait Marx, en 1846, dans sa grande lettre à Annenkov : « L'« histoire sociale des hommes n'est jamais que l'histoire de leur développement individuel », qu'ils en aient conscience ou non [1]. Sur ce point non plus Marx n'a jamais varié ; toute son œuvre ultérieure en est un développement, et en particulier *Le Capital* où, chemin faisant, se trouve esquissée toute la courbe d'évolution de l'individu social, depuis les sociétés primitives caractérisées par « l'immaturité de l'homme individuel [2] » jusqu'au communisme où se déploiera « l'individu intégral [3] ».

Il est vrai que, malgré sa légitimité théorique profonde, on pourrait hésiter à revendiquer pour le marxisme la dénomination d'*humanisme* scientifique, à cause des équivoques idéologiques particulièrement nombreuses et tenaces auxquelles le terme d'humanisme reste pratiquement lié, et de l'orientation spéculative, voire révisionniste, que prennent souvent les interprétations du marxisme qui s'en réclament. Il est bien vrai que l'étiquette humanisme a recouvert et recouvre encore les marchandises les plus diverses, de l'attachement aux humanités classiques jusqu'à l'anthropologie spéculative de Feuerbach, de la foi naïve en la valeur de la connaissance immédiate de l'homme par l'homme jusqu'à l'idéalisation abstraite des rapports bourgeois, de la proclamation que l'homme est pour l'homme l'être suprême jusqu'à l'attaque du socialisme « totalitaire » au nom du « personnalisme » chrétien. Le fameux « tout ce qui monte converge » du Père Teilhard a ouvert plus récemment, fût-ce à son corps défendant, une carrière nouvelle à l' « humanisme » : celle de l'éclectisme des « philosophies de bonne volonté », de la confusion entre la coexistence pacifique des États à régimes sociaux différents et une coexistence mystificatrice des idéologies opposées, forme doucereuse de la lutte d'idées. Il est clair que le marxisme, pour être à tous égards *ouvert*, ne saurait effacer ses *frontières*. Le marxisme n'est pas une voix, fût-ce la basse, dans la polyphonie spéculative d'un humanisme œcuménique. C'est indiscutable. Pourtant il est non moins indiscutable que se refuser à caractériser la théorie marxiste comme *humanisme* scientifique, en ne retenant que sa *réfutation* de l'humanisme *spéculatif*, c'est aussi nourrir des équivoques idéologiques tenaces, voire une interprétation non moins spéculative et révisionniste du marxisme, quoique en un tout

---

1. *Lettres sur « Le Capital »*, p. 28.
2. *Le Capital*, I, 1, p. 91.
3. *Ibid.*, I, 2, p. 166.

autre sens. Le marxisme n'est pas l'une des composantes, fût-ce l'excipient, d'un structuralisme généralisé qui fait abstraction de l'homme. A plus forte raison est-il essentiel de ne pas accréditer l'idée fausse que les altérations possibles du « visage humain » du socialisme auraient dans des caractéristiques profondes de la doctrine leur source naturelle. Ce n'est pas par inadvertance que Marx et Engels, tout au long de leur œuvre, reviennent sur cette idée que les hommes font leur propre histoire : cela ne s'oppose aucunement à la *priorité matérialiste des rapports sociaux* sur les individus, mais à *l'abstraction d'une histoire impersonnelle,* laquelle peut devenir le cas échéant autre chose qu'une erreur théorique. L'histoire est l'histoire des hommes. C'est pourquoi au total, s'il y a indiscutablement des raisons d'opportunité idéologique qui tendraient à faire rejeter la caractérisation du marxisme comme *humanisme* scientifique, il en est d'autres, et non moins importantes, qui militent en sens inverse. Il n'y a donc aucun motif sérieux de ne pas s'en tenir à ce que les pures considérations théoriques conduisent à affirmer : le marxisme est humanisme scientifique dans la mesure même où il est science de l'histoire coïncidant avec la science de l'homme.

Au fond, il en est du terme humanisme comme de la plupart des termes à l'aide desquels le marxisme se définit. On sait par exemple qu'à une certaine époque Marx et Engels prenaient le terme *matérialisme* en mauvaise part et refusaient de reconnaître en lui leur propre position philosophique. Cela se comprend : dans la mesure où le matérialisme était le mécanisme à certains égards métaphysique des penseurs français du XVIIIᵉ siècle, ou l'anthropologie spéculative de Feuerbach, ou le plat scientisme des « vulgarisateurs ambulants » à la Vogt, il était toujours, malgré ses mérites, une idéologie philosophique. Avec cette idéologie, la tâche de Marx et d'Engels n'était pas de pactiser, mais de rompre. Pourtant, lorsque la rupture est consommée et que du recul est pris par rapport à elle, il apparaît à Marx et Engels tout les premiers que la nouvelle conception est la transmutation scientifique de l'ancien matérialisme, une étape supérieure dans le développement du matérialisme, et qu'il convient de la désigner aussi, toutes précisions étant données sur son originalité foncière, par le terme de matérialisme. Il en va de même du terme *dialectique,* qui pouvait sembler au départ irrémédiablement marqué par l'idéalisme hégélien, mais qui en fin de compte est conservé par Marx parce que sa dialectique matérialiste, bien qu'elle rompe avec celle de Hegel et réélabore son contenu sur des bases profondément nouvelles, n'en est pas moins, d'un point de vue plus général, le développement de son noyau rationnel. Prenons encore l'exemple du terme *philosophie* lui-même. La philosophie marxiste en un sens n'est plus du tout une « philosophie », au sens péjoratif du mot qu'on rencontre en particulier dans *L'idéologie allemande,* c'est-à-dire au sens d'une conception idéologique du monde, de l'homme, de la connaissance. Au contraire, elle marque la fin de la « philosophie », l'avènement sur son terrain, profondément transformé de ce fait, d'un point de vue véritablement scientifique, au sens le plus large de ce terme, c'est-à-dire au sens de la critique radicale (matérialiste) de toute spéculation, de l'élucidation de l'essence concrète (dialectique). Appeler la base de la théorie marxiste *philosophie,* c'est donc risquer d'entretenir des équivoques fâcheuses, d'orientation spéculative. C'est vrai. Mais ne pas qualifier de philosophie les principes de la conception du monde, de l'homme, de la connaissance qui constituent la base du marxisme, c'est entretenir d'autres équivoques encore plus fâcheuses, notamment d'orientation positiviste, laisser croire que le marxisme implique la résorption de *la* philosophie dans *les* sciences, c'est-à-dire ouvrir la voie au retour, sous le nom de marxisme, des pires restes vulgarisés des pires philosophies. En vérité, le marxisme repose sur une *transmutation scientifique de l'ancienne philosophie,* et dans ce sens très précis on peut et on doit parler, tout jugement naïvement subjectif de valeur mis à part, de la *philosophie scientifique* du marxisme. C'est bien pourquoi toutes les tentatives de se passer ici du terme de philosophie, à commencer par celle de Marx et d'Engels, ou de lui trouver un succédané, ont abouti à un échec, non pour une raison de vocabulaire, mais pour une raison théorique fondamentale.

A cet égard, malgré ses mérites, *l'épistémologie de la coupure* apparaît comme une déformation inacceptable de la dialectique matérialiste de la connaissance. Il est profondément vrai que les révolutions dans l'ordre de la théorie impliquent non la continuité simple du passage des questions à leurs réponses, mais la rupture d'une restructuration en profondeur de l'ancien champ des questions et réponses. Mais il est tout aussi vrai que, comme le rappelle Marx dans *L'Introduction* de 1857, « après comme avant, le sujet réel subsiste dans son indépendance en dehors de l'esprit [1] », de sorte que le passage d'un monde théorique à un autre, s'ils

---

1. *Contribution,* p. 166.

visent bien tous deux le même sujet *réel*, repose nécessairement sur l'*unité* du « tout concret, vivant, déjà donné [1] » dont ils sont des représentations mentales différentes. La deuxième apparaît alors comme une étape supérieure dans un *même* processus de « reproduction du concret par la voie de la pensée [2] ». Rien de plus erroné en la matière que de méconnaître, fût-ce au niveau du vocabulaire, ce qui passe et demeure de l'une à l'autre. Marx allait jusqu'à écrire, après avoir souligné l'erreur de Ricardo avec laquelle il rompt :

> « Il est vrai que l'histoire de la théorie prouve d'autre part (...) que la conception du rapport de valeur *a toujours été la même*, plus ou moins claire, tantôt estompée d'illusions, tantôt mieux définie scientifiquement. Comme le processus de la pensée émane lui-même des conditions de vie, et est, lui-même, un *procès de la nature*, la pensée, en tant qu'elle appréhende réellement les choses, ne peut qu'être toujours la même, et elle ne peut se différencier que graduellement, selon la maturité atteinte par l'évolution, et donc aussi selon la maturité de l'organe qui sert à penser. Tout le reste n'est que radotage [3]. »

L'épistémologie de la coupure, déformation unilatérale de la *dialectique* du bond qualitatif, ne serait-elle pas en dernière analyse le fruit d'une analyse insuffisamment *matérialiste* de l'histoire des idées, qui perd de vue l'unité dans l'être derrière les restructurations de la conscience ?

Un dernier exemple mérite réflexion, pour qui hésiterait à qualifier le marxisme d'humanisme scientifique — c'est celui du terme *socialisme*, le rapprochement étant ici d'autant plus éclairant que les deux concepts ont entre eux des rapports directs : dans la théorie marxiste, *l'humanisme est au socialisme scientifique ce que l'anthropologie est au matérialisme historique*. Or comme Engels l'explique dans sa Préface de 1890 à une réédition du *Manifeste*, en 1847 il ne pouvait être question pour Marx et lui-même de l'intituler le *Manifeste socialiste*, car sous le nom de socialistes on comprenait alors d'une part « les adhérents des divers systèmes

---

1. *Contribution*, p. 165.
2. *Ibid.*, p. 165.
3. *Lettres sur « Le Capital »*, p. 230.

utopiques », d'autre part « les charlatans sociaux de tout acabit ». Il est inutile d'insister sur le fait qu'aujourd'hui même, et moins que jamais, le terme de socialisme n'est pur de résonances ambiguës. *Tout* ce qu'on peut dire, avec raison, contre les équivoques auxquelles est lié le terme d'humanisme, on pourrait donc avec plus de raison encore le dire à propos de celles qui entourent le terme de socialisme. D'une certaine façon le marxisme a été et reste la critique la plus radicale de ces équivoques « socialistes ». Il est né de la *rupture* avec elles. Et pourtant il ne pourrait venir à l'idée de personne de refuser pour la théorie politique marxiste la qualification de socialiste, à plus forte raison d'appeler le marxisme « antisocialisme théorique ». Le marxisme est la *transmutation scientifique du socialisme utopique*, le *socialisme devenu science*. L'expression « socialisme scientifique » n'est donc aucunement un jeu de mots, une contradiction dans les termes, elle est au contraire la juste formulation d'une révolution théorique, qui marque à la fois la *fin de la préhistoire* du socialisme et le *début de son histoire réelle*. C'est en cette même mesure et au même sens qu'il est humanisme scientifique.

# II

# L'ARTICULATION DE LA PSYCHOLOGIE DE LA PERSONNALITÉ SUR LE MARXISME

TOUT cela fait apparaître la réponse à la question précise qui a motivé cette longue mais nécessaire analyse théorique des rapports entre le marxisme, la science et l'humanisme : la question de l'articulation entre marxisme et psychologie. Il est clair, au point où nous sommes parvenus, que dans la mesure même où le marxisme est la théorie générale de la conception scientifique de l'homme, son articulation avec la psychologie de la personnalité, c'est-à-dire la science de l'individu concret, existe de toute nécessité, au moins virtuellement, et si nous ne l'avons pas encore décrite de façon complète et détaillée jusqu'ici, elle est en tout cas dès maintenant identifiée et localisée. Pour la décrire avec plus de précision *du côté du marxisme*, il nous faut examiner de plus près la correspondance entre les divers aspects de la conceptualisation du matérialisme historique et les aspects fondamentaux des processus de la vie individuelle, de la production de la personnalité humaine.

1. L'articulation du côté du marxisme. Résumons tout d'abord les résultats auxquels nous sommes arrivés sur ce point. Le premier est qu'à chacun de ses niveaux essentiels la conceptualisation du matérialisme historique est en correspondance avec le nouveau concept d'homme. Entre les *forces productives* et les hommes, il y a cette correspondance fondamentale que les hommes sont précisément la plus importante des forces productives. Considérés d'abord en tant que producteurs, en tant que forces de travail — c'est-à-dire comme

« ensemble de facultés physiques et intellectuelles qui existent dans le corps d'un homme, dans sa personnalité vivante [1] »

— les hommes constituent le *facteur subjectif* de la production. Tout ce qui est dit par la science économique des forces productives et de leur développement concerne directement les hommes. Les instruments de travail sont à la fois les

« gradimètres du développement du travailleur et les exposants des rapports sociaux dans lesquels il travaille [2] ».

Et l'*appropriation* des forces productives par les producteurs, dans le sens purement technique du mot,

« n'est pas autre chose elle-même que le développement des facultés individuelles correspondant aux instruments matériels de production [3] ».

Entre les *rapports de production* et les hommes, il y a cette correspondance fondamentale que les rapports de production sont en fait les rapports nécessaires dans lesquels entrent les hommes pour produire socialement leur existence, de sorte qu'

« ils trouvent leurs conditions de vie établies d'avance, reçoivent de leur classe toute tracée leur position dans la vie et du même coup leur développement personnel ; ils sont subordonnés à leur classe [4] ».

Cette subordination ne concerne d'ailleurs pas seulement leurs conditions de travail — ou d'oisiveté, — la division technique et sociale du travail déterminant au premier chef les formes générales et les modes de développement des individus, mais encore leurs conditions de consommation, leurs revenus, leur mode de satisfaction des besoins, puisqu'

« un individu qui participe à la production sous la forme du travail salarié participe sous la forme du salaire à la répartition des produits, résultats de la production [5] ».

---

1. *Le Capital*, I, 1, p. 170.
2. *Ibid.*, p. 183.
3. *L'idéologie allemande*, p. 103.
4. *Ibid.*, p. 93.
5. *Contribution*, p. 160.

Entre les *superstructures* et les *idéologies* d'une part et les hommes d'autre part, il y a cette correspondance fondamentale que « la conscience est d'emblée un produit social[1] », que la conscience des individus ne peut par conséquent dépasser dans l'ensemble les limites, ni échapper aux problèmes — et aux solutions — caractéristiques de leur classe et du degré général de développement historique[2], que les institutions et les représentations objectives d'une société déterminent à leur niveau le processus de vie et de représentation des individus. Et tout cela étant, il y a lieu de s'attendre à ce que les *contradictions caractéristiques d'une formation sociale*, en particulier la contradiction entre le caractère des forces productives et la forme des rapports sociaux, aient aussi avec les hommes cette correspondance fondamentale qu'elles induisent chez eux les contradictions de base entre les capacités et le développement réel, entre les besoins et la satisfaction des besoins, entre le travail comme moyen d'existence et le travail comme manifestation de soi, etc. Ainsi peut-on clairement comprendre que dans la société capitaliste les prolétaires doivent « renverser l'État pour réaliser leur personnalité[3] », et d'une façon plus générale que toute formation sociale produise dans l'ensemble les hommes dont elle a besoin, y compris ceux dont il est besoin pour la transformer de manière révolutionnaire, en sorte que « l'humanité ne se propose jamais que des tâches qu'elle peut résoudre[4] ».

La correspondance entre la conceptualisation spécifique du matérialisme historique et la structure des individualités humaines n'est donc pas seulement indiquée au détail de manière évidente dans les textes marxistes, mais *impliquée dans son ensemble de façon nécessaire par la cohérence de la théorie*, et d'ailleurs *attestée de façon vivante par le mouvement de la pratique révolutionnaire*. On peut même se demander comment il est possible de lire par exemple dans *Le Capital* les pages sur la distinction entre travail concret et travail abstrait, sur la valeur de la force de travail et le taux du salaire, sur la division du travail dans la manufacture capitaliste, sur l'effet de l'argent dans les rapports marchands, sur l'extorsion de la plus-value absolue et relative, sur la loi générale de l'accumulation capitaliste, etc., et jusqu'aux dernières

---

1. *L'idéologie allemande*, p. 59.
2. Cf. *Le 18 Brumaire de Louis Bonaparte*, Éd. sociales, 1946, pp. 33-34.
3. *L'idéologie allemande*, p. 96.
4. *Contribution*, p. 5 (traduction rectifiée).

pages sur les revenus et les classes sociales — sans s'apercevoir qu'en même temps que de catégories économiques, c'est d'individus humains qu'il s'agit. La réponse à cette question, prise à son niveau le plus simple, est que pour *voir* dans les analyses économiques de Marx tout ce qui s'articule avec une science possible de l'individu, il faut être en état de *concevoir* jusqu'à un certain point dans son ensemble l'idée même, radicalement nouvelle, d'une telle science en tant qu'articulable avec l'économie politique et le matérialisme historique de Marx. La méconnaissance de tout ce qui dans l'œuvre de Marx préfigure et permet l'élaboration d'une théorie scientifique de l'individu n'est en somme que le dernier avatar de la conception spéculative de l'individu : dans la mesure où l'on reste influencé par l'idée que *toute psychologie de la personnalité est spéculative* — ce qui est jusqu'ici, à des degrés divers selon les doctrines, une vérité empirique, mais non pas une nécessité d'essence — on *ne s'attend pas* à ce que le marxisme mûr contienne des éléments essentiels permettant sa transmutation scientifique, et par suite on ne les perçoit même pas. La négation de toute psychologie de la personnalité est la dernière forme, négative, de la croyance à la vieille psychologie de la personnalité, chez qui ne parvient pas encore à concevoir son dépassement, mais seulement sa suppression. Dans ce sens, l'antihumanisme théorique positif, négateur de toute anthropologie, est à l'anthropologie scientifique ce que l'athéisme classique est à la théorie marxiste de la religion.

Mais si l'existence et la position générale de l'articulation entre matérialisme historique et théorie scientifique de l'individu sont choses bien claires, la structure concrète de cette articulation, elle, demeure quelque peu obscure. Comme toute articulation, elle a nécessairement deux faces. La première, du côté du matérialisme historique, se présente à nous, on l'a vu, sous l'aspect d'une théorie des formes historiques générales de l'individualité : formes des besoins, de l'activité productive, de la consommation, dans leur détermination sociale ; formes d'individualité impliquées dans les rapports sociaux ; formes des contradictions générales de l'existence individuelle correspondant à ces rapports sociaux. Cette théorie n'est en aucune façon une *psychologie*. Elle n'a pas pour objet *les individus* mais *l'individualité*. Elle est élaborée exclusivement à partir des matériaux fournis par l'analyse des rapports sociaux et plus largement du mode de production. Elle se situe donc entièrement sur le terrain de la science de la société. Cependant elle constitue une *articulation* avec l'étude scientifique des individus pris en eux-mêmes pour la raison évidente que ces formes d'individualité dont l'*essence* se situe dans les rapports sociaux n'en *existent* pas moins *dans* les individus, dont elles déterminent le processus de vie. C'est ainsi que dans *Le Capital*, analysant le « conflit à la Faust entre le penchant à l'accumulation et le penchant à la jouissance » qui se manifeste nécessairement dans l'âme du capitaliste, conflit qui *malgré les apparences* n'est pas du tout un conflit psychologique mais un conflit économique, Marx dit de la phase historique où prédominent l'avarice et l'envie de s'enrichir qu'elle « se renouvelle dans la vie privée de tout industriel parvenu [1] ». Autrement dit *tout* est *social* dans les formes historiques générales de l'individualité — excepté le *fait même* de la forme d'individualité, le fait que des rapports sociaux existent à travers des processus de vie individuelle, c'est-à-dire, en somme, l'expression historique du fait biologique préalable que l'espèce humaine, comme toute espèce, se reproduit et se développe à travers un ensemble *d'individus*.

La deuxième face de l'articulation, c'est précisément celle qui apparaît lorsqu'on part non de la société, mais de l'individu ; lorsqu'on considère non plus l'unité de l'ensemble des rapports sociaux, par rapport à quoi l'individu n'apparaît que sous la forme éminemment *partielle* de support de telle ou telle catégorie économique ou forme d'individualité, mais l'unité de l'ensemble des processus de vie individuelle dans la personnalité, par rapport à quoi c'est la société à son tour qui apparaît sous la forme très partielle des formes générales d'individualité. Ce deuxième point de vue, spécifiquement psychologique parce qu'il a pour objet l'individu comme tel, affleure à de nombreuses reprises, on l'a vu, dans le marxisme mûr : les *Grundrisse* et *Le Capital* tout particulièrement présentent maintes pierres d'attente sur lesquelles doit venir s'appuyer une psychologie véritablement scientifique de la personnalité. Mais il est bien vrai qu'on n'y trouve rien de plus à cet égard que des pierres d'attente. Cette absence d'une théorie toute élaborée de la personnalité humaine dans les grands textes marxistes a joué un tel rôle dans la sans cesse renaissante critique humaniste-spéculative du marxisme, et plus récemment dans l'interprétation antihumaniste, qu'il importe de bien préciser ses raisons, lesquelles n'ont rien à voir avec une disqualification de principe de toute psychologie. Il faut d'abord se représenter qu'au

---

1. *Le Capital*, I, 3, p. 34.

moment où Marx écrit *Le Capital* la psychologie en tant que science positive, expérimentale, *n'existe encore pratiquement pas.* C'est pour une bonne part l'énorme développement contemporain des sciences psychologiques qui retentit sur notre lecture actuelle du *Capital* et peut rendre *évidente* la question ici posée, mais on ne pourrait la poser rétrospectivement à Marx sans un certain anachronisme théorique. En d'autres termes, s'étonner que Marx n'ait pas développé davantage, au moment où il écrivait *Le Capital*, les éléments d'une théorie de la personnalité, reviendrait à s'étonner qu'en réalisant l'œuvre colossale de la constitution de l'économie politique en science adulte, il n'ait pas aussi, et comme en passant, inventé et édifié d'un coup la psychologie scientifique, laquelle un siècle plus tard ne dispose pas encore d'une théorie adulte de la personnalité.

Il y a plus : ce serait ne pas comprendre qu'en un sens il n'a justement pu faire de l'économie politique une science adulte qu'en rompant absolument avec la tentation de *faire de la psychologie comme en 1844*, en séparant de façon draconienne l'objet de l'économie politique de celui de la psychologie au sens de 1844. Pour bien le comprendre, il faut se représenter objectivement l'ensemble des différents moments de la réflexion de Marx sur les problèmes de l'homme dans leur connexion logique et historique. Le point de départ, c'est l'ensemble des formes illusoires que prennent dans la société capitaliste aussi bien les produits du travail que les producteurs eux-mêmes, et qui mystifient la conscience immédiate des individus tout comme les systèmes idéologiques plus ou moins élaborés. Dans la mesure même où les rapports sociaux semblent être des rapports entre les choses, des données naturelles, l'essence humaine apparaît comme leur étant *étrangère*, et plus elle semble leur être étrangère, plus elle prend elle-même l'allure d'une *donnée naturelle*. Au fétichisme des produits du travail correspond nécessairement un fétichisme complémentaire des puissances du producteur, au fétichisme de la marchandise, un fétichisme de l'individu. Tout l'humanisme abstrait, toute la psychologie spéculative plongent ici leurs racines. Marx éclaire notamment ce point dans des pages importantes de la version primitive de la *Contribution* : pour le producteur placé dans de tels rapports sociaux,

> « la particularité de son travail — et d'abord sa matérialisation — a son origine dans sa propre nature et ce qu'elle suppose de particulier ».

Ainsi conçue,

> « la division du travail est la reproduction à l'échelle
> sociale de l'individualité particulière, qui est ainsi en
> même temps un chaînon de l'évolution totale de
> l'humanité ».

Cette conception, qui met à l'envers les rapports réels, est « la
conception courante de l'économie politique bourgeoise [1] ». C'est
aussi la conception courante de la psychologie et de la philosophie
spéculatives, que Marx combattait déjà chez Stirner dans *L'idéologie allemande*, en montrant qu'il ne faut pas faire dériver la
division du travail des différences entre les individus, mais au
contraire les différences entre les individus de la division du
travail [2]. Plus exactement encore, les différences entre les individus,
pour autant qu'elles ne sont pas le produit de la division du travail,
sont tout au plus l'une des causes qui font qu'un individu donné
en vient à occuper une position donnée dans un système social de
division du travail, lequel n'est aucunement la conséquence de ces
différences, mais au contraire la source d'une différenciation entre
les individus qui recouvre et domine leurs autres différences.

Pour saisir la réalité derrière ces formes illusoires, il est donc
indispensable de rompre avec ce substantialisme de l'essence
humaine, obstacle déterminant au renversement matérialiste de
toute la conception de la société et de l'histoire — donc semble-t-il
d'abord, de *renoncer* à s'occuper des individus humains pour
s'occuper des rapports sociaux objectifs. Ce moment de la rupture
avec la réflexion *directe* sur l'essence humaine qui était encore au
premier plan dans les *Manuscrits de 1844* est une étape essentielle
et nécessaire de la réflexion de Marx. En 1844 la psychologie — une
psychologie encore spéculative — est d'autant plus développée
que, dans la confusion, elle *tient lieu* en maintes circonstances
d'analyse économique et historique. C'est pourquoi les *Manuscrits
de 1844* sont l'ouvrage de Marx à la fois le plus séduisant et le plus
décevant quant à l'articulation entre marxisme et psychologie. A
partir des *Thèses sur Feuerbach*, cette psychologie de 1844 est
récusée dans son principe, l'élaboration de la science économique
et historique est conçue comme une tâche indépendante, et
absolument première par rapport à toute considération sur l'homme

---

1. *Contribution*, p. 219. Cf. toute l'analyse des pages 211 à 227.
2. *L'idéologie allemande*, pp. 466 à 486. Cf. également *Misère de la philosophie*, II, 2, sur la division du travail et les machines.

individuel. Mais *L'idéologie allemande*, précisément parce qu'elle règle son compte à la conception spéculative de l'homme, accorde aux problèmes de la personnalité une place considérable : la science nouvelle en train de naître donne son congé à la psychologie de 1844 dans des analyses d'une richesse et d'une pénétration extraordinaires. Cependant les connaissances économiques y sont encore bien minces, le passage du point de vue de l'essence humaine abstraite au point de vue des rapports sociaux est net mais seulement embryonnaire. De ce fait, toutes les indications psychologiques de *L'idéologie allemande* conservent un caractère elliptique, conjectural — embryonnaire lui aussi. Et plus Marx avance dans la voie qu'il a découverte, plus le matérialisme historique, l'économie politique, le socialisme scientifique — dont au surplus l'importance pratique dans les luttes ouvrières est bien entendu prioritaire — prennent de consistance, d'ampleur et de temps de recherche, et plus s'allonge et se complique le *détour théorique nécessaire* pour revenir valablement au problème de l'individu humain. On comprend dès lors pourquoi dans l'ensemble Marx a consacré une part décroissante de son travail à l'élaboration *visible, directe* de la théorie de la personnalité, au fur et à mesure que l'élaboration de plus en plus poussée de l'économie politique faisait apparaître comme *indirecte* et *invisible,* pour qui la cherchait avec de vieux yeux, la seule voie d'accès réelle aux fondements du processus de vie individuelle. A chaque stade nouveau de son travail, Marx est conduit alors à considérer que les indications qu'il donnait sur ce problème au stade précédent de ses recherches étaient encore prématurées à certains égards, c'est-à-dire insuffisamment scientifiques. De *L'idéologie allemande* aux *Grundrisse* et de la *Contribution* au *Capital*, il extrapole de moins en moins sur le terrain de la théorie de l'individu concret, en même temps qu'il approfondit de plus en plus la théorie des formes de l'individualité, partie intégrante de la science économique. Mais par là il fait justement le travail qui, du point de vue des problèmes de l'individu concret aussi, est en réalité le plus décisif, puisqu'il en est le préalable absolu. Il ne faut donc surtout pas se laisser surprendre par *l'inaccoutumance à reconnaître d'emblée les bases de la théorie de l'individu concret dans les formes « méconnaissables » que Marx leur a données* — méconnaissables pour qui s'en tient au fétichisme traditionnel de l'individu humain, à la vieille représentation de l'individu comme porteur d'une essence humaine abstraite, représentation qui bien entendu ne trouve aucun répondant dans la science des rapports sociaux *qui en est la négation.* Il ne faut pas

conclure de la rupture avec les illusions spéculatives sur la possibilité d'une psychologie *immédiate* à la disqualification de toute
psychologie par Marx, quand cette rupture est précisément la
découverte du détour théorique qui permet enfin de penser la
psychologie de la personnalité dans son statut rigoureux.

Ce résumé de l'évolution de Marx par rapport au problème qui
nous occupe ne permet pas seulement de faire justice de l'idée
extraordinairement fausse selon laquelle le marxisme serait hors
d'état de rendre compte de l'individu, mais il fait bien voir aussi
comment ce qui sert de support à cette idée est précisément le fait
que Marx a découvert, le premier, les voies *paradoxales* par lesquelles seulement on en peut rendre compte. Et il est vrai qu'en
découvrant ces voies Marx n'a pas pu pousser jusqu'au bout de
celle qui revient à la science de l'individu, quoiqu'il ait désigné son
point de départ et l'allure de son tracé. Cela nous permet de nous
représenter la tâche théorique qui reste à accomplir, sur le terrain
de la théorie de la personnalité, non seulement pour l'accession de
la psychologie à l'âge adulte, mais pour *l'achèvement du marxisme
lui-même* en ce secteur — le mot achèvement étant pris, non pas
bien entendu au sens, incompatible avec le marxisme, où achevé
veut dire *terminé*, et par conséquent *mort*, mais au sens parfaitement dialectique où achevé veut dire *complètement formé* et par
conséquent dans la *plénitude* de sa force. Seule la conscience nette de
cet inachèvement partiel et relatif du marxisme dans une direction
qu'il a lui-même découverte peut faire comprendre dans tous ses
aspects la nostalgie sans cesse renaissante de tant de marxisants,
voire de marxistes, à l'égard des œuvres de jeunesse de Marx, et
notamment des *Manuscrits de 1844* : ils seraient plus riches que les
œuvres de maturité, les fruits n'auraient pas tenu toutes les pro-
messes des fleurs, une déperdition d'humanisme se serait produite en
cours de route, etc. On voit surtout d'ordinaire dans cette nostalgie
ce qui y est en effet presque à chaque fois le principal : l'incapacité, ou
l'hostilité au *passage*, que chacun à partir de l'idéologie bourgeoise
doit refaire pour son propre compte, d'un humanisme encore
spéculatif au matérialisme historique, au socialisme scientifique.
Mais il faut aussi savoir y discerner ce qui est, au moins sur le mode
du pressentiment, l'occasion de cette nostalgie : que, s'il est
parfaitement faux de voir dans la science marxiste adulte le
produit d'un appauvrissement par rapport aux germes qu'on en
trouve dans les œuvres de jeunesse — c'est en réalité d'un extraordinaire enrichissement qu'il s'agit — il est vrai en revanche que
ces œuvres de jeunesse, outre les germes de ce qui a été élevé au

niveau de la science adulte dans le marxisme mûr, contiennent aussi beaucoup d'autres éléments qui *semblent* être les germes d'autre chose qui *n'a pas encore* été élevé au niveau de la science adulte, en particulier ceux d'une psychologie — comme, en même temps, ceux d'une éthique et d'une esthétique — et qui devraient eux aussi être élevés au niveau de la science adulte. D'où les tentations périodiquement renaissantes d'aller chercher *directement là* les points de départ de ce que le marxisme adulte paraît avoir laissé perdre. En réalité, la démarche qui aboutit au *Capital* n'est pas seulement la voie unique qui conduit à l'économie, à l'histoire scientifiques, c'est plus généralement la voie unique qui conduit à *toute* science de l'homme, puisqu'elle conduit à la science de ce qui constitue la base de tous les faits humains. Il n'y a donc pas de *voie courte* vers une psychologie scientifique à partir de la psychologie de 1844 — et cela vaut aussi pour bien des spéculations éthiques et esthétiques. Mais cela n'empêche que les *Manuscrits de 1844*, dans leur totalité en quelque sorte naïve de facettes humaines au niveau d'un humanisme encore partiellement spéculatif, restent un *appel vivant à la reconstitution d'une totalité adulte de sciences humaines au niveau de rigueur du Capital.* Dans ce sens, la nostalgie des *Manuscrits de 1844* n'est pas pure déraison, elle a un noyau rationnel ; elle ne regarde pas seulement vers l'arrière, mais vers l'avant ; elle n'est pas rétrograde mais militante. Ce qu'elle exprime, tout simplement, c'est alors la *nécessité ressentie du développement du marxisme,* sans lequel il serait impossible de résoudre en théorie et en pratique les problèmes nouveaux et immenses qui surgissent sans cesse au stade actuel du passage de l'humanité au socialisme. Dans ce développement, l'élaboration de la théorie scientifique de la personnalité humaine constitue aujourd'hui à mon sens le maillon principal.

**2. L'articulation du côté de la psychologie.** Nous avons considéré jusqu'ici l'articulation du marxisme et de la psychologie *du côté du marxisme,* c'est-à-dire en partant de la question : comment l'économie politique marxiste, comment le matérialisme historique en viennent-ils au problème des individus humains, et qu'impliquent-ils nécessairement quant à sa conception ? Pour aller plus loin dans l'étude de ce point crucial, il faut maintenant en faire la triangulation, tout en demeurant *sur le terrain du marxisme,* c'est-à-dire considérer l'articulation sous son autre angle *du côté de la psychologie,* en examinant ce nouveau problème : comment la psychologie, comment la tentative de constituer une théorie scientifique de la personnalité est-elle conduite à s'appuyer sur le matérialisme historique et l'économie politique marxiste, et qu'entraîne nécessairement pour elle un tel appui ?

La question est d'autant moins arbitraire qu'en fait, depuis sa naissance, la science psychologique n'a cessé de quêter des appuis théoriques dans toutes les directions. Arrachée à la métaphysique spiritualiste et au journal intime pour verser d'abord dans le positivisme, elle s'est d'emblée ouverte aux enseignements de sciences très diverses — sciences physiques et biologiques hier, logique mathématique, cybernétique ou linguistique aujourd'hui — toujours avide de « modèles » à importer, fût-ce à titre expérimental. Or, s'il est bien vrai que la fécondité est en dernier ressort le seul critère pour apprécier la légitimité de ces croisements épistémologiques, cette fécondité elle-même ne peut pas être établie par la simple prolifération des publications, mais bien par leur pertinence théorique. En d'autres termes, il faut pouvoir établir que l'utilisation en psychologie de tels ou tels « modèles » d'origine extérieure est licite, parce qu'il y a dans une mesure donnée *identité ou du moins connexion d'essence* entre l'objet de la psychologie et ces objets extérieurs. Il ne suffit pas, par exemple, pour justifier la transposition de concepts linguistiques dans la théorie du « sujet », d'affirmer que des tropes comme la métaphore et la métonymie y seraient d'un emploi pertinent parce que l'inconscient paraît être structuré *comme* un langage ; il faut plus radicalement établir qu'il est structuré *par* le langage, en sorte que la traduction linguistique des structures et des processus psychiques apparaisse non comme le choix plus ou moins réussi d'une *formulation* pour un contenu dont l'essence propre demeurerait incomprise, non comme une métaphore, précisément, mais comme une *saisie effective de cette essence*. Faute de quoi, quels que puissent être l'effet de distanciation produit et son rôle à certains égards tonique pour la réflexion, ce bouturage de « modèles » n'est en profondeur qu'un expédient théorique, voué dès le départ à la dégénérescence en mode idéologique, en l'occurrence à une *panglossie*, selon le mot de G. G. Granger [1], un *lingualisme*, selon celui de M. Dufrenne [2], voire une linguistomanie, sœur cadette de la cybernétomanie des années 60.

La seule légitimation profonde qu'on puisse concevoir à l'appui

---

1. *Pensée formelle et science de l'homme*, Aubier, 1960, p. 192.
2. *Pour l'homme*, Éd. du Seuil, 1968, p. 204.

théorique de la psychologie sur une autre science, c'est donc l'articulation objective de leurs essences respectives. Ainsi la psychologie, dans ses efforts pour édifier une représentation théorique valable de son objet, est conduite par sa propre logique, et quelle que puisse être sa répugnance à l'égard de ce genre de questions, à s'interroger sur *l'essence* de l'être dont elle veut faire la science ; elle ne peut éviter de se demander *ce qu'est l'homme en son essence*. Or par là elle aborde un problème dont la solution ne se trouve pas sur son terrain, mais sur le terrain du matérialisme historique. C'est ce que Politzer avait clairement vu :

> « La psychologie ne détient nullement le « secret » des faits humains, simplement parce que ce « secret » n'est pas d'ordre psychologique [1]. »

Ce « secret », c'est l'ensemble des rapports sociaux. Autrement dit l'individu humain n'a pas originairement son essence au-dedans de lui-même, mais au-dehors, en position excentrée, dans le monde des rapports sociaux : voilà ce que Marx a découvert et formulé pour la première fois à travers la *VIe Thèse sur Feuerbach*. Cette vue théorique a depuis lors été confirmée de manière éclatante par les progrès de toutes les sciences de l'homme : *l'humanité* (au sens de l' « être-homme »), par opposition à *l'animalité* (l'« être-animal ») n'est pas une donnée présente par nature dans chaque individu isolé, c'est le *monde social humain*, et chaque individu *naturel* devient *humain* en s'hominisant par son processus de vie réel au sein des rapports *sociaux* [2]. Cela, tous les psychologues le savent bien. Mais cela signifie alors qu'entre la psychologie et le matérialisme historique existe non pas même une « homologie » autorisant le transfert de « modèles », mais une *connexion d'essence* primordiale exigeant une articulation théorique consciente de la première sur le second.

Et c'est ici que la psychologie de la personnalité, si elle méconnaît dans son ensemble l'importance pour elle cruciale du matérialisme historique, échoue à faire fructifier ce qu'elle sait pourtant fort bien sur l'excentration de l'essence humaine. Considérons, comme exemple instructif, l'intéressant livre d'un psychologue professionnel, Joseph Nuttin, professeur à l'Université de Louvain,

---

1. *La crise de la psychologie contemporaine*, p. 120.
2. Cf. sur ce point la synthèse de H. Piéron : *De l'actinie à l'homme* P. U. F., 1959 ; t. II, IVe partie : « De l'enfant à l'homme et de son " humanisation " », pp. 211-262.

sur *La structure de la personnalité* [1]. Après avoir, dans le corps
de son ouvrage, exposé et analysé en détail un certain nombre
de conceptions classiques de la personnalité, de Spearman à
Sheldon, de Cattell à Kretschmer, et d'Heymans à Jung, l'auteur,
au seuil d'un dernier chapitre, écrit que chacune de ces théories
peut sans doute « jeter quelque lumière » sur le sujet, mais que
celui-ci « nous échappe encore en grande partie ». Partant de ce
bilan essentiellement critique, l'auteur en vient alors, dans un
dernier chapitre personnel, à développer l'idée que

> « la réalité dont il faut partir en psychologie comme
> d'une donnée de base n'est pas la personnalité ou
> l'organisme, mais le schéma d'interactions concrètes ou
> virtuelles, à l'un ou l'autre niveau de complexité, entre
> les deux pôles de la biosphère psycho-physiologique :
> le moi *et* le monde, ou l'organisme *et* le milieu [2] ».

et que

> « le *monde* de notre vie psychique, autant que le
> facteur héréditaire, construit notre personnalité [3] ».

Cette conception relationnelle, et non plus substantialiste, de
la personnalité, dominée par « la structure Moi-Monde », peut
d'abord sembler satisfaisante, et accordée à l'esprit même de tout
ce que nous avons montré jusqu'ici. Mais alors, si la structure de la
personnalité est *construite par ses rapports avec le « monde »*, il est
évident, du seul point de vue de la psychologie, qu'on ne pourra
avancer dans l'étude scientifique de cette structure qu'en s'ap-
puyant sur une étude scientifique des rapports du « moi » avec son
« monde », autrement dit *sur la science des rapports sociaux* : on
rencontre ici, qu'on le veuille ou non, la nécessité de l'articulation
de la psychologie de la personnalité sur une réelle science de
l'histoire et de l'économie. Or ce qui frappe au premier chef,
à la lecture de ce chapitre final de J. Nuttin, c'est ce qu'il faut bien
appeler la pauvreté extrême des considérations relatives à ces
rapports, l'absence de tout examen sérieux des formes et du
contenu historiques concrets de ces « relations Moi-Monde ».
Toute la richesse des rapports sociaux réels disparaît derrière les
abstractions les plus indigentes, « le Monde », « l'Autre », qui sont
les seuls partenaires connus du « Moi », dans le système de ses

---

1. P. U. F., 1965.
2. *Ibid.*, p. 207.
3. *Ibid.*, p. 213.

relations. Et comme de toute évidence il est impossible de rendre compte de toute la richesse concrète de l'individualité par ses relations avec des abstractions passe-partout aussi minces, le substantialisme psychologique revient au galop, réduisant la tentative d'édifier une conception relationnelle de la personnalité à un simple vœu spiritualiste : on en reste à une « structure préexistante qui constitue le noyau de la personnalité fonctionnelle » en tant qu' « exigence et *potentialité active* de certains types d'interaction et de communication avec le monde [1] ». On comprend qu'à la dernière page de son livre l'auteur ait le sentiment que la théorie de la personnalité n'a toujours pas dépassé le stade du « défrichement préliminaire [2] ».

Or à quoi tient l'avortement d'une tentative apparemment bien engagée ? Au fait que la leçon fondamentale du matérialisme historique, le sens matérialiste de la *VI*ᵉ *Thèse sur Feuerbach* n'ont pas été entendus. L'auteur n'a pas pris au sérieux sa *propre* affirmation selon laquelle ce sont les rapports de l'homme avec le monde dans lequel il vit qui construisent sa personnalité. Dès lors il ne s'occupe pas vraiment de comprendre la *logique objective* de ces rapports *sociaux*. Loin que « le monde objectif et social » soit reconnu *en fait* comme ce à partir de quoi s'édifie la personnalité, l'auteur écrit que c'est « le monde objectif et social » qui est « construit par notre activité psychique [3] » : pur idéalisme sociologique. Il qualifie d' « impressionnant » le « fait » que « la personnalité ou le comportement humain a transformé la « nature » en « culture » et en civilisation [4] », sans voir qu'en réalité c'est au contraire le processus social objectif de transformation de la « nature » en « culture » qui a aussi transformé l'individu naturel archaïque en personnalité historico-sociale développée. Il s'imagine que « dans notre société »

> « la source fondamentale du conflit humain dans son ensemble réside dans la diversité et la complexité des lignes d'actualisation possibles pour la personnalité [5] »,

sans même dire un mot de la division sociale du travail, de la division en classes comme source objective *réelle* de cette « diversité ».

---

1. O. c., p. 207.
2. *Ibid.*, p. 255.
3. *Ibid.*, p. 210.
4. *Ibid.*, p. 232.
5. *Ibid.*, p. 237.

En fin de compte, c'est la vieille abstraction spéculative de l'humanisme philosophique, l'Homme en général, qui nous est donné comme le *deux ex machina* des rapports Moi-Monde :

> « L'homme est si pauvrement équipé, à sa naissance, qu'il lui est impossible de réaliser, par ses propres moyens, les formes de communication avec le monde qu'il lui faut pour se maintenir en vie. Cette absence quasi totale d'insertion préétablie est ce qu'on pourrait appeler la *condition biologique de sa liberté et de sa personnalité individuelle*. Grâce à cette absence, en effet, *l'homme* (c'est moi qui souligne, L. S.) est appelé à construire lui-même les formes comportementales qui constitueront son insertion dans le monde et, dès lors, sa personnalité à lui [1]. »

On escamote ainsi derrière la pauvreté de l'équipement *biologique* de l'individu à sa naissance la richesse fabuleuse de son « équipement » *social excentré*, on transforme en « quasi totale absence d'insertion préétablie » le fait criant de la totale insertion préétablie de l'individu dans un monde déterminé de rapports sociaux, et par là on volatilise la *nécessité* des processus de vie individuels derrière le mythe vieillot de la liberté d'un « Moi » que la psychologie dite scientifique emprunte sans critique à la philosophie traditionnelle. N'est-il pas temps de voir la leçon qu'il y a à tirer de cette sorte d'échec ? Aucune théorie authentiquement relationnelle de la personnalité, aucun dépassement effectif des impasses du substantialisme, du naturalisme psychologiques, et par conséquent aucune théorie réellement scientifique de la personnalité ne sont possibles tant qu'on ne prend pas radicalement au sérieux la découverte décisive de Marx : l'essence humaine dans sa réalité est l'ensemble des rapports sociaux, au sein desquels les hommes non seulement produisent leurs moyens de subsistance, mais se produisent eux-mêmes.

Ce qui est arrivé le plus souvent jusqu'ici, c'est que la psychologie a cru avoir fait aux sciences sociales, voire au matérialisme historique lui-même, leur large part lorsqu'elle proclamait le rôle tout à fait déterminant des *facteurs sociaux* dans la formation de la personnalité humaine — proclamation éminemment naïve en réalité, et péniblement contradictoire, puisque du seul fait que l'on considère le monde social de l'homme, les rapports sociaux,

---

1. *Ibid.*, p. 244.

en tant que *facteurs externes de croissance* — en tant que « milieu [1] »
— d'un individu conçu par conséquent comme *leur préexistant
naturellement*, on rend manifeste qu'on n'a justement pas compris
que les rapports sociaux sont non pas des facteurs externes de
croissance, mais l'essence même de la personnalité. *Toutes* les
conséquences de cette idée sont loin d'avoir été tirées jusqu'ici
en psychologie, même dans des travaux qui se réclament du
marxisme. Ainsi, Marx n'a pas cessé de montrer, d'un bout à
l'autre de son œuvre, que les besoins humains sont historiques et
sociaux dans leur essence même ; cela peut donc sembler une
vérité bien connue. Cependant, on a pu lire dans un texte de
recherche marxiste non publié, et des plus intéressants, sur la
sexualité — des plus intéressants, déjà du seul fait qu'il était une
recherche psychologique de caractère fondamental sur la base du
marxisme — que « le besoin sexuel a besoin de l'Autre (sexe) pour
se satisfaire : il est donc social et socialisé dans son essence » —
tandis que pour les autres besoins supportés par des fonctions
biologiques, « les médiations sociales ne sont *jamais* fondamentales », et que, pour le besoin de manger par exemple, les médiations sociales conditionnent tout au plus « ses formes et ses normes »,
mais non « l'exercice fondamental de la fonction alimentaire ». Je
considère cette thèse comme un exemple exceptionnellement
instructif de la prégnance des illusions de la psychologie spéculative
au sein même des plus grands efforts pour la repenser à la lumière
des idées les plus essentielles de Marx.

En réalité, la faim humaine, comme *tout* besoin humain, n'est
pas seulement sociale dans « ses formes et ses normes » —

> « la faim qui se satisfait de la viande cuite, mangée
> avec fourchette et couteau, est une autre faim que
> celle qui avale de la chair crue en se servant des mains,
> des ongles et des dents [2] », —

mais dans son essence. L'illusion contraire vient ici de ce qu'on
ne pense à considérer dans le besoin que l'acte par lequel il s'assou-
vit, c'est-à-dire le côté de la consommation, en oubliant simplement
la découverte *essentielle* de Marx à cet égard : que chez l'homme
la consommation est inséparable de la production, mieux, que la
production est la source productive de l'activité de consommation

---

1. Cf. par exemple pp. 207-208, 232, etc.
2. *Contribution*, p. 157.

elle-même. Si l'on considère le besoin alimentaire et le besoin
sexuel uniquement du côté de la « consommation », c'est-à-dire
si l'on suppose leur objet déjà donné, déjà présent — l'aliment,
« l'Autre » — il est bien vrai jusqu'à un certain point que le second
apparaît alors comme impliquant fondamentalement autrui à la
différence du premier. Encore devrait-on être troublé alors par
le fait qu'une telle analyse, faite dans ces termes, vaudrait tout
autant pour la sexualité animale que pour la sexualité humaine,
ce qui permet déjà de constater qu'ainsi on n'a pas dû saisir
encore l'essence la plus spécifique de la seconde. Mais surtout
l'homme est un animal qui produit socialement ses moyens de
subsistance, c'est-à-dire que pour manger, boire, se vêtir, se
loger, etc., il lui faut travailler, gagner sa vie dans le monde de la
division du travail social, et par conséquent *il a fondamentalement
besoin de « l'Autre » pour produire l'objet de son besoin*. En ce sens
non seulement le besoin alimentaire apparaît comme ayant fondamentalement besoin des autres, mais la socialité est en lui plus
profonde que celle qu'attribue l'analyse ici discutée au besoin
sexuel, puisqu'elle ne fait état que du besoin, non pas réellement
*social* mais seulement *interpersonnel, d'un* autre au niveau de la
« consommation », alors que le besoin alimentaire a besoin des
*autres* pour, la production même de ce qu'il veut consommer, et,
on le verra, qu'il est très profondément déterminé par cette production. On voit très nettement ici les méfaits de la « psychologie
de 1844 ». En effet, derrière l'analyse citée du besoin sexuel, il
n'est pas difficile de reconnaître en transparence les belles analyses
des *Manuscrits de 1844* sur le rapport de l'homme à la femme
comme le rapport le plus significatif de l'homme à l'homme,
l'indice de la mesure dans laquelle « le besoin de l'homme est
devenu un besoin *humain* », donc dans laquelle « l'homme *autre*
en tant qu'homme est devenu un besoin [1] ». Mais précisément
la limite de ces analyses de 1844, qui sont loin d'être sans valeur,
c'est qu'elles décrivent l'*effet* de rapports sociaux non encore
scientifiquement compris, alors que le marxisme mûr donne la
théorie scientifique de la production de ces effets. C'est pourquoi
en rester au niveau de la psychologie de 1844 implique toujours
qu'on manque l'instance décisive de la *formation* de la personnalité
et par suite qu'on demeure prisonnier, au moins partiellement,
des illusions substantialistes, c'est-à-dire spéculatives.
    On voit comment l'articulation de la psychologie de la person-

---

1. *Manuscrits de 1844*, pp. 86-87.

nalité sur le matérialisme historique n'est pas seulement une *offre de service* que le marxisme est conduit par sa propre logique à faire à la psychologie, mais réciproquement un *appel à l'aide* que la psychologie doit bien lancer au marxisme si elle prend entièrement au sérieux ses propres certitudes sur le caractère en dernière analyse relationnel de la personnalité humaine. Cela veut dire que la science de la personnalité, tout en étant une science *spécifique*, se trouve à l'égard du matérialisme historique en général et de l'économie politique marxiste en particulier dans une position de *dépendance épistémologique foncière*. Ce point a la plus grande importance et demande à être précisé soigneusement. Il est bien clair d'abord que si l'on méconnaît cette dépendance, attitude qui est jusqu'ici très largement répandue, et qui signifie au fond que l'essence humaine est peu ou prou considérée abstraitement, insuffisamment identifiée aux rapports sociaux, cela rend impossible la solution des problèmes fondamentaux. Cependant il ne serait pas juste non plus, sous prétexte que la *base* d'une formation sociale est aussi la *base* des formes d'individualité qui y sont produites, de qualifier la personnalité de *superstructure* des rapports sociaux, fût-ce au *sens large* de ce terme ; car le concept de superstructure figure dans les classiques du marxisme sous deux acceptions distinctes. Au sens étroit — le seul qu'on retienne en général, et à tort — il désigne électivement les *institutions politiques et juridiques* qui s'élèvent sur la base des rapports de production et leur correspondent, à l'exclusion des *idéologies* (terme à la signification complexe lui aussi) et des *formes de la conscience sociale*. Mais d'autre part, en tant que concept historique beaucoup plus général, il désigne toute formation qui apparaît sur la base d'une autre et de ses contradictions internes ; qui est fonctionnellement déterminée par elles, et réciproquement joue à leur égard un rôle régulateur, tout en présentant des aspects nouveaux et un mode de développement relativement autonome ; qui disparaît si sa base est détruite, de façon non pas certes immédiate et mécanique mais néanmoins certaine; mais qui peut aussi en certains cas assimiler peu à peu sa propre base et s'y substituer. C'est en ce sens que parfois le terme de superstructure désigne l'ensemble des institutions, des idéologies et des formes de la conscience sociale — d'où de redoutables ambiguïtés. C'est en ce sens que dans une lettre de 1879 à Danielson Marx écrit que le système des chemins de fer a permis et imposé à des États « où le capitalisme était limité à quelques points culminants de la société, de créer et d'agrandir brusquement leur superstructure capitaliste », et plus loin il évoque « la superstructure financière, commerciale, industrielle, ou plutôt les « façades » de l'édifice social » dans la France de Louis XIV et de Louis XV[1]. Et c'est encore en ce sens que Lénine, en 1919, écrivait :

> « Si Marx disait de la manufacture qu'elle était une superstructure de la petite production de masse, l'impérialisme et le capitalisme financier sont des super structures de l'ancien capitalisme. Quand on en démolit le sommet, on découvre l'ancien capitalisme[2]. »

Or, même en ce sens large, il est manifeste que l'individu concret n'est pas une superstructure des rapports sociaux, en particulier pour deux raisons. D'abord l'*individualité sociale*, tout en étant déterminée fonctionnellement de manière radicale par la *base* sociale, n'occupe pourtant pas à son égard une position superstructurelle puisqu'elle est *partie intégrante* de cette base et de son processus de reproduction ; les processus de base de la vie individuelle n'apparaissent pas *sur la base* des rapports sociaux, ils leur appartiennent. En second lieu l'individualité sociale elle-même se développe au sein d'*individus biologiques* qui comme tels ne sont pas du tout le produit de la base sociale et de ses contradictions, mais une réalité tout à fait distincte. Ainsi les individus, bien qu'ils soient déterminés fonctionnellement par la base sociale (et par ses superstructures) *tout autant* que les superstructures elles-mêmes, ne surgissent pas *sur* cette base avec des caractéristiques superstructurelles, mais sont en quelque sorte *engrenés latéralement* en elle et lui deviennent entièrement subordonnés bien qu'ils n'aient pas en elle leur *source même*. Pour désigner ce type spécifique de connexion d'essence, qui n'est pas du reste le fait exclusif des individus, je propose le concept de *juxtastructure*. Il est essentiel de ne pas confondre la connexion purement externe de deux structures par elles-mêmes indépendantes, connexion qui a donc l'allure d'une *réciprocité neutre*, avec ce que j'appelle ici un rapport juxtastructurel, et dans lequel par définition l'une des structures, bien que son support ait une existence et une source indépendantes, se trouve entièrement subordonnée à l'autre, leur détermination fonctionnelle nécessairement réciproque ayant alors l'allure d'une *circularité orientée* : l'une des structures est toujours

---

1. *Lettres sur « Le Capital »*, pp. 294 et 296.
2. Lénine : *Œuvres*, Éd. sociales, t. 29, p. 116.

en dernière instance la structure déterminante. La réduction du rapport juxtastructurel de l'individu avec la base sociale à un simple rapport de connexion externe est la démarche fondamentale de l'humanisme spéculatif et de la psychologie ordinaire. Inversement, la confusion de ce rapport avec une relation de type superstructurel est plus ou moins secrètement présente dans tout antihumanisme, dans l'interprétation unilatérale du phénomène de l'excentration du sujet humain.

Cela aide peut-être à comprendre pourquoi la psychologie de la personnalité, bien qu'elle ait de toute évidence à s'appuyer sur des données *indépendantes* du matérialisme historique, en particulier des données biologiques, ne peut cependant devenir scientifiquement adulte que sous la condition décisive de s'articuler sur la science des rapports sociaux : la psychologie de la personnalité est en position juxtastructurelle par rapport au matérialisme historique. Le matérialisme historique seul donne la topographie générale du terrain sur lequel elle doit s'édifier, et par là lui permet d'éventer les pièges théoriques dans lesquels elle a sans cela toutes chances de tomber dès le départ à propos du concept d'individu. En effet, dans la mesure où l'on veut exprimer la spécificité de la psychologie par rapport à toute science sociale, rien de plus *naturel* que de mettre en avant la notion d'individualité, la distinction entre l'individu et la société. C'est là, on y reviendra, une démarche tout à fait juste en un certain sens. Mais de là à définir la psychologie comme science de *l'individu isolé*, à considérer la dichotomie individu-société comme ayant une signification naturelle absolue, la contradiction individu-société comme contradiction de base, etc., en *biologisant* dès lors inévitablement l'individualité historico-sociale, il n'y a qu'un pas. Or, si on le franchit, on s'est dès le départ fourvoyé de manière décisive. Au contraire, si l'on a compris que l'individu humain développé n'est pas en son fond substance indépendante à l'égard des rapports sociaux, on saisit du même coup qu'une psychologie de la personnalité qui ne serait pas, dans un sens à préciser, *science des rapports sociaux elle-même*, manquerait obligatoirement l'essence de son objet, *serait forcément une fausse science*. Et il devient immédiatement *visible* que les grandes abstractions creuses à majuscule, le Moi, le Monde, l'Autre, entités philosophiques dont se montre bien significativement friande une psychologie pourtant avide de « science positive », sont très exactement ce dont il faut entreprendre la critique radicale et le dépassement scientifique si l'on veut enfin déboucher sur une théorie scientifique de la personnalité.

Toute question de « sympathie idéologique » préalable à l'égard du marxisme mise à part, il est donc permis de dire combien le psychologue perdra peu son temps à délaisser un moment le laboratoire pour *lire* les grands textes du matérialisme historique, et à réfléchir à nouveau sur les fondements de la psychologie à partir de là. Tout, dans le matérialisme historique, une fois dégagé le principe de son articulation avec la théorie de l'individu, doit lui apparaître comme d'une fécondité heuristique exceptionnelle. Aussi bien, on ne le souligne pas assez, Marx et Engels eux-mêmes ont souvent et explicitement, quoique toujours brièvement, *suggéré le passage* du point de vue de la formation sociale au point de vue de l'individu, c'est-à-dire présenté le matérialisme historique comme science-pilote par rapport à la science de la personnalité. Ce passage est même suggéré, dans une question aussi essentielle que celle de la dialectique infrastructure-superstructure, par l'exposé fondamental du matérialisme historique que donne la Préface de la *Contribution* :

> « Pas plus qu'on ne juge un individu sur l'idée qu'il se fait de lui-même, on ne saurait juger une [...] époque de bouleversement sur sa conscience de soi ; il faut, au contraire, expliquer cette conscience par les contradictions de la vie matérielle, par le conflit qui existe entre les forces productives sociales et les rapports de production [1]. »

Il semble qu'en général on ait vu là jusqu'à maintenant, pour autant qu'on y ait prêté attention, une sorte de comparaison littéraire, une clause de style, ou du moins une *banalité* psychologique, alors qu'après tout ce qui précède on apercevra mieux sans doute dans ce « pas plus... » une indication *théorique* de haute importance, et qui conduit à réfléchir très sérieusement à la question suivante : le fait *d'avoir des superstructures*, des superstructures *conscientes*, incorporant aux institutions des éléments comme les représentations idéologiques, les cultures, les langages, etc., générateurs de problématiques correspondantes (problèmes de fonctionnalité et d'objectivité, de passage de l'inconscience à la conscience, de décalage, survivance et anticipation, etc.), est-il une *propriété exclusive des formations sociales ?* N'y a-t-il pas lieu de réfléchir à ce que pourrait être la théorie des *superstructures de*

---

1. *Contribution*, p. 5.

*la personnalité*, en connexion avec les superstructures sociales ? Et n'est-ce pas précisément à cette recherche possible que continue de songer Engels lorsque dans *Ludwig Feuerbach* il note :

> « De même que, chez l'homme isolé, toutes les forces motrices de ses actions doivent nécessairement passer par son cerveau, se transformer en mobiles de sa volonté pour l'amener à agir, de même tous les besoins de la société civile — quelle que soit la classe au pouvoir — doivent passer par la volonté de l'État pour s'imposer universellement sous forme de lois [1] ? »

N'est-ce pas une impulsion analogue à la réflexion psychologique profonde qu'on reçoit lorsqu'on lit, dans l'*Introduction* de 1857, par exemple ceci :

> « Que l'on considère la production et la consommation comme des activités *d'un sujet ou de nombreux individus*, elles apparaissent en tout cas comme les moments d'un procès dans lequel la production est le véritable point de départ et par suite aussi le facteur qui l'emporte [2] ».

ce qui comporte un enseignement décisif sur les relations entre besoins et activité ; ou, dans les *Grundrisse*, ce thème sur lequel Marx est si souvent revenu :

> « Moins il faut de temps à la société pour produire du blé, du bétail, etc., plus elle gagne du temps pour d'autres productions, matérielles ou spirituelles. De même chez un individu, l'universalité de son développement, de sa jouissance et de son activité dépend de l'économie de son temps [3]. »,

remarque dont on montrera dans le dernier chapitre qu'en un sens elle contient très exactement *la* solution du problème de la théorie de la personnalité ; ou encore, dans *Le Capital*, cette note qui prouve combien Marx est toujours resté occupé par les problèmes anthropologiques :

> « Sous un certain rapport, il en est de l'homme comme de la marchandise. Comme il ne vient point au monde

---

1. « *Ludwig Feuerbach* », Éditions sociales, p. 73.
2. *Contribution*, p. 159.
3. *Fondements*, t. I, p. 110.

avec un miroir, ni en philosophe à la Fichte dont le
Moi n'a besoin de rien pour s'affirmer, il se mire et se
reconnaît d'abord seulement dans un autre homme.
Aussi cet autre, avec peau et poil, lui semble-t-il la
forme phénoménale du genre homme [1]. »

note où il est difficile de ne pas lire en filigrane jusqu'aux analyses de 1844 sur le rapport entre l'homme et l'« autre homme [2] »,
et qui fournit une indication profonde sur la source des illusions
substantialistes dans la conception de l'individu. Devant tous ces
textes, il faut bien convenir qu'on ne peut indiquer plus nettement
à la psychologie que c'est d'elle aussi, et de son propre fonds, qu'il
est question sous des airs étrangers dans le matérialisme historique.
Car en somme, on pourrait dire que la psychologie de la personnalité réclamée par le marxisme y a depuis toujours existé, quoiqu'elle y apparaisse rarement sous la forme psychologique. Dans
ces conditions l'articulation entre les deux domaines n'implique
pas seulement, comme toute articulation, des *contraintes* théoriques
de la psychologie par rapport au matérialisme historique, mais aussi
un *support* et une *circulation* théoriques : le sang passe du matérialisme historique à la psychologie. Une nouvelle voie exceptionnellement prometteuse s'ouvre donc à la réflexion sur les fondements de la théorie de la personnalité : celle qui consiste à partir
de chaque aspect essentiel du matérialisme historique, et à rechercher ce qu'il nous apprend, ce qu'il nous incite à découvrir, dans
la juxtastructure de l'individu. Bien entendu, on commencera
par ce dont tout le marxisme a établi le caractère primordial au
point de vue de la production même de l'homme social : l'analyse
économique du travail.

**3. Le point central :**    Là est en effet, dans l'articulation
   **l'analyse marxiste**    désormais inventoriée entre psychologie
      **du travail.**    de la personnalité et marxisme, la *région
centrale*. On pourrait même s'étonner, tant
il y a là en somme une vérité élémentaire, que ce ne soit pas
aujourd'hui de la plus grande banalité. Il y a quarante ans déjà
Politzer l'a montré :

1. *Le Capital*, I, 1, p. 67. Tout le développement scientifique contemporain de la « psychologie du miroir », de Wallon à Lacan, se trouve ici
préfiguré.
2. *Manuscrits de 1844*, pp. 64-65.

La psychologie tout entière n'est possible qu'enchâssée dans l'économie. Et c'est pour cela qu'elle suppose toutes les connaissances acquises par le matérialisme dialectique et doit constamment s'appuyer sur elles [1]. »

« Il est incontestable que les psychologues, lorsqu'il est question des sciences auxiliaires de la psychologie, voient surtout la médecine, alors que, au point de vue de l'orientation fondamentale de la psychologie et de son organisation, c'est la signification de l'économie qui est vraiment fondamentale [2]. »

Certes, la psychologie d'aujourd'hui n'ignore plus l'existence de l'économie politique. Au contraire, les rapports entre ces deux disciplines semblent plus que jamais à l'ordre du jour : la « psychologie économique » n'est-elle pas présentée ici ou là comme l'une de ces nouvelles *sciences-charnière* dont chacun sait qu'elles caractérisent le mouvement actuel du savoir ? Mais dans cette perspective il ne s'agit en fait que des rapports *externes*, et de service mutuel, que pourraient se rendre deux sciences conçues comme indépendantes et séparées dans leur essence. Or la question posée ici est tout autre : c'est celle de la connexion *interne* de l'essence de leurs objets. La psychologie est science de l'homme. Et qu'est-ce que l'homme, au sens le plus général de la question ? Un être qui produit ses moyens de subsistance et, par là, se produit lui-même. Certes, on l'a vu plus haut, cette notion de production en général, de travail en général est encore beaucoup trop abstraite pour servir par elle-même de fil conducteur au savoir scientifique. Ce n'en est pas moins une

« abstraction rationnelle, dans la mesure où, soulignant et précisant bien les traits communs, elle nous évite la répétition [3]. »

C'est tout ce dont nous avons besoin ici, puisqu'il s'agit seulement de situer le point central de l'articulation entre psychologie et marxisme, non d'entreprendre par là une recherche scientifique concrète. Or, si l'homme est un être qui se produit lui-même dans le travail social, il est immédiatement évident que *la psychologie*

---

1. *La crise de la psychologie contemporaine*, p. 116.
2. *Ibid.*, p. 121.
3. *Contribution*, p. 151.

*de la personnalité a pour fondement l'analyse du travail social ou qu'elle n'est pas.*

Comment comprendre, à cet égard, que dans la déjà si vieille confrontation de principes entre marxisme et psychanalyse ce point décisif ait été si rarement pris pour point de départ, mettant du même coup un point final à un certain nombre d'espoirs utopiques ? Qu'en un sens la psychanalyse puisse être *assimilée* sous certaines conditions par le matérialisme historique, c'est-à-dire *reprise* de façon critique et dans certaines limites sur la base de sa propre conceptualisation, c'est l'évidence — une évidence qu'il aura fallu beaucoup de temps et d'efforts de divers côtés pour bien dégager, mais qui semble aujourd'hui presque acquise, notamment en France. Cependant, que la psychanalyse puisse devenir, tout en restant substantiellement elle-même, *la théorie de la personnalité qui est réclamée par le marxisme*, ou ne fût-ce que sa base, c'est impossible. Et je dirai même que cette impossibilité aussi est une évidence — ou devrait l'être. Car le sujet selon la psychanalyse fait à peu près tout ce qu'un être humain réel peut faire : il désire, il consomme, il jouit, il renonce ; il éprouve, il veut, il parle, il rêve ; il se meut dans la sphère de la vie corporelle, familiale, politique, et même religieuse et artistique. Il n'y a guère en somme qu'une chose qui ne trouve pas sa place statutaire, c'est-à-dire centrale, dans le modèle psychananalytique : c'est le travail social. Là est le manque originaire de la psychanalyse, en tant que candidate virtuelle — et sans doute à son corps défendant d'ailleurs — au titre de théorie *générale* de la personnalité humaine. La psychanalyse, dans ses formes les plus intelligentes, est peut-être, elle est sans doute ce qu'on peut dire de plus essentiel sur l'individu concret, tant qu'on en laisse de côté encore l'aspect le plus essentiel. Comment une science qui laisse de côté *dans son principe* le travail, et donc le rôle déterminant des *rapports de production*, pourrait-elle être la science générale de l'être qui se définit dans son essence même par son travail, qui est produit dans son essence même par ces rapports de production ? Sur cette impossibilité radicale, toutes les tentatives de faire de la psychanalyse la *base* de la théorie scientifique de la personnalité qui s'articule avec le marxisme, même les plus ingénieuses et les plus lyriques, viendront se casser les dents. Ne serait-ce qu'en ce sens, tout freudo-marxisme est une falsification du marxisme, et du freudisme tout aussi bien. La psychanalyse s'est édifiée en considérant l'être humain *en dehors de la sphère du travail*, non du simple point de vue empirique, mais dans le principe ; et c'est bien pourquoi, de manière si profonde, elle cherche inlassablement à lire la vie de l'individu dans le langage de son enfance. « La psychanalyse d'enfants, c'est la psychanalyse », écrit bien significativement une psychanalyste [1]. En revanche, on doit constater la pauvreté constitutive de tout ce qui nous a été proposé à partir de la psychanalyse lorsqu'il s'agit d'aborder *en eux-mêmes* les problèmes de l'adolescence et de l'âge adulte, avec tout ce qu'ils apportent de spécifique à la formation de la personnalité. S'il ne devait apparaître téméraire de spéculer sur l'avenir d'une discipline existante à partir d'une science encore purement conjecturale, on pourrait même poser la question : comme « l'anatomie de l'homme est la clef de l'anatomie du singe [2] », la psychologie scientifique de l'adulte qui travaille ne sera-t-elle pas aussi une clef de la psychologie de l'enfant qui ne travaille pas encore, et ce que la psychanalyse nous en dit est-il destiné à subsister de façon définitivement autonome par rapport à une telle psychologie, ou plutôt à s'y articuler à son tour tout en l'enrichissant ?

Quoi qu'il en soit de ce problème, qu'il est évidemment impossible d'approfondir à ce point de l'analyse, on peut dire que l'attitude foncière à l'égard du travail social est le critère qui permet de déterminer de façon souveraine si une théorie, ou plus modestement une vue psychologique, éclaire la question des fondements d'une psychologie de la personnalité vraiment scientifique, et correctement articulée sur le marxisme — c'est la même chose. Et si l'on confronte à un tel critère non seulement la psychanalyse, mais l'ensemble de ce qui se donne aujourd'hui pour psychologie, il faut bien reconnaître que le bilan est encore très mince. Après quarante ans, on peut malheureusement reprendre sans y presque rien changer la profonde remarque de Politzer :

> « On n'a pas encore vu un seul *manuel de psychologie générale* débuter [...] par l'analyse précise des différents aspects, facteurs, conditions du travail, du métier, etc. [3]. »

Comment ne pas voir, à partir de là, que la méconnaissance effective du travail social comme base de la personnalité humaine développée est justement la raison majeure pour laquelle les

---

1. Maud MANNONI : *L'enfant, sa « maladie » et les autres*, Éd. du Seuil, 1967, p. 7.
2. *Contribution*, p. 169.
3. *La crise de la psychologie contemporaine*, p. 64.

seules directions que la théorie psychologique ait empruntées
avec succès jusqu'ici sont celles où l'on a affaire à *l'être humain
qui ne travaille pas*, ou *en tant qu'il ne travaille pas* — psychologie
de l'enfant, psychopathologie, psychologie des conduites considérées indépendamment de leur insertion concrète dans le travail,
sans parler de la psychologie animale. Encore importe-t-il de souligner que, même dans ces conditions, la conclusion de tout ce
qui s'est fait de meilleur, en psychologie de l'enfant et en psychiatrie notamment, est que là même où l'on ne rencontre pas *directement* le travail social, il est cependant, pris au sens le plus large
et fût-ce justement par son absence, un élément irremplaçable
de compréhension théorique, voire d'intervention pratique.

Rien non plus ne permet mieux de voir quelle avance a, en un
certain sens, la psychologie « populaire » arriérée sur la psychologie scientifique avancée. Car s'il est une chose à laquelle on
accorde attention pour connaître un homme, dans la part la meilleure de cette psychologie populaire, et tout particulièrement
dans celle qu'a élaborée de façon empirique le mouvement ouvrier,
s'il est une chose qu'on y prend avec le plus grand soin en considération lorsqu'il s'agit par exemple de *choisir un cadre*, c'est son
travail, son genre de travail, son attitude à l'égard du travail,
et de l'ensemble des rapports sociaux qui sont liés directement à
ce travail. Le travail, pris dans le sens le plus large du terme,
n'importe quel responsable expérimenté du mouvement ouvrier
le sait, non seulement est le meilleur gradimètre des capacités
foncières d'un individu, mais fournit à qui sait la lire la radiographie la plus profonde de la structure de sa personnalité, de ses
forces et de ses failles. Or cela, qui n'est rien de moins que la
*vérité première*, la science psychologique contemporaine, dans la
très grande majorité des cas, ne semble pas le comprendre vraiment. Mieux encore, si l'on peut dire : mis à part les travaux d'un
petit nombre de chercheurs, qui réfléchissent sur la base du marxisme, ou du moins s'en inspirent, la « psychologie du travail »
est conçue, étrange aveuglement, comme une petite spécialité à
côté de la psychologie générale, ou dans la plus favorable hypothèse comme une de ses rubriques particulières. On voit même se
développer une « science du travail » — l'ergonomie — qui se pose
sérieusement le problème d'éclairer le comportement de l'homme
au travail à partir, entre autres choses, de ce qu'une psychologie
*qui ignore le travail* nous dit de la personnalité : c'est véritablement le monde à l'envers.

Ce n'est pas d'ailleurs, notons-le en passant, dans la seule psychologie, mais dans l'ensemble des sciences de l'homme, dans toute l'anthropologie, et en philosophie même, que la compréhension sympathique de l'œuvre immense de Marx, pour grande qu'elle soit déjà, s'arrête souvent encore au seuil du principal, le rôle déterminant du travail social, donc des rapports de production. Trente ans de débats idéologiques sont derrière nous pour le prouver : toutes les tentatives de *dépassement* anthropologique du marxisme — à partir de l'existentialisme sartrien, du spiritualisme teilhardien, du structuralisme lévi-straussien — malgré leurs mérites d'ailleurs fort inégaux, reposent en dernier ressort sur la longue persistance de la *méconnaissance prémarxiste* de ce qui peut être appelé réalité de l'essence humaine. Car un dépassement théorique obéit à des lois rigoureuses, ou il n'est que simulacre. Or comment la praxis totalisante sartrienne, la noogenèse teilhardienne, la structuration lévi-straussienne, si « matérialistes », si « dialectiques » qu'on ait pu les vouloir, parviendraient-elles à dépasser l'anthropologie marxiste, donc à la reprendre sur une base plus fondamentale, alors qu'à des degrés divers elles se bornent à *ignorer* le rôle primordial des rapports de travail dans la genèse de l'homme social ? D'où aussi chez elles la manière toujours *forcée* de faire jouer à des données scientifiques en soi parfaitement valables — par exemple psychanalytiques, biologiques, linguistiques — un rôle absolument disproportionné : il faut bien tenter de remplir le vide théorique immense creusé au cœur de l'anthropologie par l'absence de l'économie politique. Au reste, ces données elles-mêmes, si on n'en mutile pas le sens, ramènent à l'économie, aux rapports de production. Que l'inconscient, par exemple, nous soit donné pour structuré comme un langage, cela représente sans aucun doute un progrès considérable par rapport à la conceptualisation freudienne originelle selon laquelle il serait structuré comme un organisme biologique, car qui dit langage dit rapport social, ce qui nous introduit bien plus avant dans l'essence effective de l'homme. Mais pourquoi s'arrêter en si bon chemin ? Une fois reconnu que c'est non pas en termes d'instinct, mais en termes de rapport social qu'il convient de poser le problème de l'individu, pourquoi abstraire le rapport du langage de l'*ensemble* des rapports sociaux, sinon pour éviter d'en venir aux rapports de production ? Et si la linguistique peut apporter quelque chose à la psychologie, ce qu'on ne conteste pas, pourquoi ne pas regarder *à plus forte raison* ce que peut lui apporter l'économie politique ?

Mais pour que l'économie politique puisse effectivement ins-

14

truire la psychologie, encore faut-il que la psychologie soit en état
de lire l'économie politique en se rendant compte de ce qui l'y
concerne. Or c'est là justement qu'on se heurte à une difficulté
d'apparence insurmontable, qui masque l'articulation des deux
disciplines et peut même la faire apparaître comme impossible.
En effet, *sous l'angle où cela semble pouvoir intéresser la psychologie*,
c'est-à-dire sous l'angle de ce que Marx a appelé le *travail concret*,
« dépense de la force humaine sous telle ou telle forme productive,
déterminée par un but particulier » et produisant « des valeurs
d'usage ou utilités[1] », ce que l'économie politique nous dit du
travail est somme toute fort pauvre, étant donné que d'une façon
générale *ce côté* du travail n'intéresse justement pas *en soi* l'économie politique, mais les sciences naturelles et technologiques.
Et si elle vient à en parler, comme c'est le cas en divers endroits
du *Capital*, c'est seulement, on l'a rappelé plus haut, à titre de
conséquence de *ses* démonstrations *économiques*, lesquelles ne
reposent pas sur la considération du travail concret pris en soi.
L'économie politique marxiste *commence* au moment où, de la
notion de travail concret, manifestation déterminée des capacités
d'une personnalité vivante, est distinguée, pour lui être opposée,
celle de travail abstrait, « dépense de force humaine en général[2] »,
mesure des valeurs, régulateur des échanges, et, au-delà, clef de
la plus-value — donc, semble-t-il, au moment, qui survient dès
le départ même, où en introduisant comme élément central un
aspect du travail qui n'a apparemment *aucune réalité psychologique concrète*, elle tourne le dos à la psychologie. C'est bien ce que
Marx a l'air de dire lorsque par exemple dès les premières pages
de la *Contribution* il souligne que le temps de travail qui détermine la valeur d'échange des marchandises,

> « c'est le temps de travail de l'individu, *son* temps de
> travail, mais seulement en tant que temps de travail
> commun à tous : il est donc indifférent de savoir *de
> quel* individu c'est le temps de travail[3] ».

De la même manière Marx dans les *Fondements* critique Adam
Smith qui « considère le travail d'un point de vue psychologique,
en fonction du plaisir et du déplaisir qu'il procure à l'individu »
en expliquant :

---

1. *Le Capital*, I, 1, p. 61.
2. *Ibid.*, p. 59.
3. *Contribution*, p. 12.

« Si l'*idée de sacrifice* d'Adam Smith exprime de manière exacte le *rapport subjectif de l'ouvrier salarié vis-à-vis de sa propre activité*, elle ne peut expliquer la détermination de la valeur par le temps de travail. Pour l'ouvrier, une heure de travail peut toujours être d'un sacrifice également grand, mais la valeur de la marchandise et de son heure de travail ne dépend nullement de ce qu'il ressent [1]. »

Nous avons là très précisément la ligne de rupture entre l'humanisme idéologique de l'économie bourgeoise et la conception marxiste qui part non de l'individu concret, mais des rapports sociaux. Mais cette rupture est de toute évidence la raison majeure pour laquelle la psychologie, même la mieux disposée à l'égard du marxisme, n'a pas bien vu où se trouvaient au juste les trésors théoriques qu'on lui annonçait — trop rarement d'ailleurs — dans le champ du matérialisme historique, et pour laquelle aussi, moins persévérante que les enfants du laboureur, elle a presque toujours en conséquence renoncé à le retourner à la bêche, en sorte que, selon la formule de Mikel Dufrenne, « la psychologie du travail n'a pas encore trouvé son Freud [2] ». Et cela explique aussi pourquoi, presque toujours, les théorisations psychologiques qui se réclament du marxisme s'appuient en fait sur les textes où Marx montre la connexion entre les capacités humaines et le développement des *forces productives* — tels les textes de 1844 sur « le livre ouvert des forces humaines » que constitue « l'industrie » [3]. Or dans cette direction on a toutes chances d'aboutir à une conception historico-sociale de fonctions psychiques *qui restent conçues en elles-mêmes de la façon psychologique ordinaire*, c'est-à-dire qu'on reste au fond captif des illusions naturalistes spéculatives sur « l'homme » tout en essayant de leur donner la *forme* du matérialisme historique : ce n'est pas rien, mais il est bien clair que nous sommes encore très loin de la solution réelle du problème.

Pour que cette solution devienne possible, pour que la psychologie découvre effectivement l'immense richesse de ce que l'économie politique marxiste peut bel et bien lui apporter, il faut comprendre que la distinction, l'opposition dialectique entre travail concret et travail abstrait, bien loin d'être située *juste au-delà*

---

1. *Fondements*, t. II, p. 117.
2. *La personnalité de base*, P. U. F., 1966, p. 285, note 2.
3. *Manuscrits de 1844*, pp. 94-95.

des frontières de la psychologie, est au contraire *le point à partir duquel toutes les recherches sur la personnalité peuvent vraiment commencer*. En effet, comment le travail abstrait, par opposition au travail concret, pourrait-il ne concerner que l'économiste, et nullement le psychologue, s'il est bien vrai, comme le montre très clairement Marx dans *Le Capital* par exemple, qu' « il n'y a pas à proprement parler deux sortes de travail dans la marchandise [1] » — ni non plus, cela va de soi, dans *l'homme qui travaille* — mais que travail concret et travail abstrait sont *deux faces* du *même* travail qui s'oppose à lui-même. Comment *l'unité* essentielle de ces deux aspects *contradictoires* du travail pourrait-elle exister dans la marchandise, mais non dans la personnalité du producteur ? *Le concept de travail abstrait comme tel correspond aussi à une réalité psychologique concrète:* voilà le mot de l'énigme. Le travail abstrait est non psychologique dans la mesure où la psychologie est elle-même identifiée au préalable à la science des aspects concrets du comportement individuel, et d'eux seuls. Mais c'est cette identification qui ne correspond pas à la *réalité* de la vie individuelle, qui fait abstraction en elle de tout ce par quoi elle est engrenée en son essence même dans les rapports sociaux. Si on ne le voit pas, si on ne saisit pas que la contradiction entre les deux côtés du travail, loin de concerner la seule économie politique, touche à la racine même de l'homme vivant et travaillant dans les conditions de cette économie, et par conséquent à la racine même de sa personnalité — bref, si dans l'activité professionnelle d'un homme, pour donner un exemple élémentaire, on voit seulement les *conduites* en quoi consiste concrètement ce travail (ce qui est évidemment la seule chose qu'on en puisse étudier dans un laboratoire de psychologie), mais non pas en même temps, et contradictoirement, ce travail en tant que correspondant à un *salaire* (et à un profit pour le capitaliste), comme si ce deuxième côté devait intéresser l'économiste mais rester indifférent à l'étude de la personnalité — on a perdu dès le départ toute chance de fonder une psychologie vraiment *objective* et « riche de contenu » selon l'expression des *Manuscrits de 1844*, une psychologie de la personnalité articulée avec le marxisme. Pour celui qui était parti du meilleur pas à la recherche d'une telle psychologie, le « livre ouvert des forces humaines essentielles » et des contradictions humaines principales semble fort pauvre. Le sens réel de la *VIᵉ Thèse sur Feuerbach* échappe, les rapports sociaux, au lieu

---

1. *Le Capital*, I, 1, p. 61.

d'être compris comme essence de l'homme, prennent l'apparence d'une simple manifestation extérieure de l'individualité — son « interaction avec le milieu » — les besoins, les capacités, les activités deviennent de simples fonctions naturelles à conditionnement social externe, le naturalisme psychologique, fût-ce entre des berges historicistes, coule à pleins bords. Le fétichisme des facultés psychiques règne en maître. En fin de compte la « psychologie du travail » cesse d'apparaître comme ayant une importance centrale et finit par ne plus évoquer qu' « un mot : besoin, besoin vulgaire [1] ». Où est le marxisme dans tout cela ?

Si au contraire on comprend qu'au sein de conditions économiques données le travail social concret de l'homme est intrinsèquement porteur de son contraire, le travail abstrait, lequel ne peut de toute évidence être pris pour une « faculté naturelle », ni être étudié *comme tel* en aucun laboratoire, mais renvoie ouvertement aux rapports sociaux, à la division du travail social, aux structures et aux contradictions caractéristiques de la formation sociale correspondante, alors la *VIe Thèse* peut devenir une *vérité psychologique agissante* ; toutes les activités psychiques apparaissent, par-delà leurs conditions biologiques, qu'il n'est pas question d'oublier, comme produit des rapports sociaux quant à leur essence même, donc aussi quant au déterminisme interne de leur croissance. L'illusion idéologique sur laquelle repose le naturalisme psychologique se dissipe. Du même coup on voit affluer de tous les points de l'horizon marxiste les hypothèses de travail, s'ouvrir dans toutes les directions de la vie réelle des perspectives de recherche. Ce que Marx écrit du fétichisme de la marchandise par exemple peut être perçu comme la face économique d'une théorie générale des illusions sociales objectives, dont la face psychologique devrait être constituée par l'analyse du fétichisme de la personnalité et de ses fonctions. Toute la dialectique des contradictions objectives du travail social dans *Le Capital*, théorie économique adulte de ce que visait la philosophie adolescente de l'aliénation, apparaît comme le moyen d'édifier la théorie psychologique adulte de la dialectique des contradictions au sein de la personnalité. Comme les catégories de l'économie bourgeoise dont Marx dit qu' « elles ont une vérité objective en tant qu'elles reflètent des rapports sociaux réels » mais qu'elles sont destinées à disparaître au sein « d'autres formes de production [2] », les caté-

---

1. *Manuscrits de 1844*, p. 95.
2. *Le Capital*, I, 1, p. 88.

gories de la conception bourgeoise de la personnalité humaine — primat des besoins, inégalité native des aptitudes, opposition du médiocre et du génie, etc. — se dépouillent de leur caractère spéculatif d'éternité naturelle, laissent entrevoir leur essence historiquement transitoire. La théorie psychologique aperçoit son point de jonction avec les perspectives humaines exaltantes du communisme. Bref, à ne considérer sommairement qu'un seul exemple, on voit, semble-t-il, une véritable science de la personnalité se mettre en marche.

Bien entendu, en même temps que les hypothèses de travail et les perspectives de recherche, on voit aussi affluer les difficultés et les objections. On dira d'emblée, par exemple, que de par le vaste monde des hommes, donc de la psychologie, il n'y a pas que des rapports sociaux capitalistes — qu'au sein même des rapports sociaux capitalistes il n'y a pas que du travail prenant la forme abstraite — que surtout, si l'on peut accorder que le travail est chose importante dans la vie des individus, il serait extravagant de vouloir y réduire l'homme — etc. Ces objections, et d'autres encore, seront examinées à leur ordre, du moins dans les limites de ce qui est possible en un tel livre, non point vaste traité, mais simple essai. Toutefois, au niveau même de ce qui n'est encore en ce chapitre que remarques préliminaires, je veux faire observer que ces objections sont analogues à celles auxquelles le matérialisme historique n'a cessé d'être en butte lui aussi, de la part de ceux qui n'en ont pas compris ou qui en contestent le fond. Le matérialisme historique a été et est encore accusé de reposer sur une généralisation abusive de caractères propres au capitalisme [1], de ne donner des rapports sociaux dans le capitalisme même qu'une vue beaucoup trop étroite, et par-dessus tout de réduire mécaniquement toute la complexité de la vie sociale au seul travail productif, aux seules considérations économiques. En réalité toutes ces objections, si on les dépouille de leur forme souvent naïve, correspondent bien à des problèmes réels, mais ce sont des problèmes qui ne trouvent justement leur solution qu'au sein du matérialisme historique lui-même.

Et cela vaut aussi des objections évoquées à l'instant contre le principe esquissé d'une psychologie de la personnalité qui s'articule sur le matérialisme historique. Que toutes les personnalités humaines ne se forment pas au sein des rapports sociaux capitalistes, cela ne constitue pas une objection aux vues présentées ici, mais tout au

---

1. *Le Capital*, I, 1, p. 93, note 1.

contraire le point de départ d'une recherche qui promet d'être exceptionnellement féconde, et pour laquelle on trouve justement chez Marx, de *L'idéologie allemande* au *Capital* en passant par les travaux économiques de 1857-1859, d'inestimables pierres d'attente : la recherche sur *les transformations historiques des structures et des lois de développement des personnalités humaines*, en liaison avec les transformations des rapports sociaux, recherche d'un intérêt théorique et pratique de premier ordre, et à laquelle il saute aux yeux que seule une psychologie ainsi conçue peut introduire de manière essentielle. Que d'autre part au sein même des rapports sociaux capitalistes il y ait des activités qui ne prennent pas — ou pas directement — la forme abstraite analysée dans *Le Capital*, cela ne constitue pas davantage une objection, mais au contraire invite à réfléchir à la diversité des formes que prennent les activités, et par conséquent les contradictions des personnalités humaines, en relation avec la diversité des rapports sociaux et des aspects de la division du travail — y compris, par exemple, du travail domestique, sans l'étude objective duquel pèche à la base toute conception de la famille, et par suite toute théorie de la personnalité, pour autant que celle-ci se constitue dans les rapports familiaux. Ici encore la fécondité prévisible de cette théorisation psychologique se mesure à l'ampleur et à la variété des problèmes nouveaux qu'elle permet de poser, et peut-être de découvrir.

Qu'enfin il ne faille pas *réduire* toute la richesse d'aspects de la personnalité humaine à la seule dimension du travail social, donc des rapports de production, c'est en un sens l'évidence : on verra par la suite qu'une telle réduction n'est pas plus impliquée dans le fait de *fonder* la psychologie de la personnalité sur l'analyse des rapports du travail social que la réduction de toute la richesse d'aspects de la vie sociale à la seule base économique n'est impliquée dans le principe du matérialisme historique. Mais il serait plaisant de voir mettre en garde la psychologie contre les risques horribles d'une « surestimation du rôle du travail » alors que l'état *réel* des choses consiste aujourd'hui dans une méconnaissance extraordinaire et quasi-universelle de tout ce que l'analyse scientifique des rapports du travail social peut seule lui apporter. Cette méconnaissance fait à tel point partie de ce qui finit par nous apparaître présentement comme *la* psychologie définitive et pérenne que, pour ne donner qu'un exemple, ce qu'écrivait Makarenko à propos des enfants, où l'on trouve souvent la simplicité de la vraie profondeur, sur les rapports essentiels entre leur jeu et le travail, ou sur le rôle primordial de l'attitude pratique des parents à l'égard du travail social dans le développement de leurs rapports avec leurs enfants, et dans le développement des enfants eux-mêmes — bref, tout ce que le point de vue central du travail peut faire apercevoir quant aux bases mêmes de la personnalité d'un être qui ne travaille pas encore, mais qui n'en vit pas moins dans un monde dont le travail est *la vraie base à tous égards*, tout cela reste aujourd'hui chez nous à peu près entièrement occulté par la psychanalyse — quand ce n'est pas, un degré au-dessous, par la caractérologie ou la biotypologie — au point que le simple projet d'éclairer *aussi* par l'analyse du travail et de ses rapports la formation infantile de la personnalité court le risque d'être accusé d'emblée de « surestimation du rôle du travail ». C'est un fait que l'histoire n'est devenue vraiment science que sur la base de la révolution théorique accomplie par Marx avec la fondation de la science des *rapports de production*. A ce fait, ne serait-il pas nécessaire que réfléchisse très sérieusement la psychologie de la personnalité à la recherche de son âge adulte ?

Quoi qu'il en soit de ces réponses à quelques objections immédiatement possibles, il est bien évident que l'idée d'une psychologie de la personnalité articulée sur le matérialisme historique, telle qu'elle est esquissée ici, est comme toute autre justiciable de l'examen critique. Simplement, elle semble dessiner un programme de recherches contre la consistance et l'importance desquelles on ne saurait rien prouver par des incompréhensions préliminaires. Aussi bien, après toutes ces considérations introductives sur la position et la forme de l'articulation entre psychologie et marxisme, il est temps de *passer aux preuves*, en abordant de front maintenant la question décisive : celle de la *définition* d'une psychologie de la personnalité scientifiquement adulte.

# CHAPITRE III

# L'OBJET
# DE LA PSYCHOLOGIE
# DE LA PERSONNALITÉ

« L'individu n'a pas seulement un corps organique... »

Karl MARX : *Fondements de l'économie politique*, (I, p. 450.)

« Devant toutes ces formations (art et science, nations et États, droit, politique et religion), qui se présentaient au premier chef comme des produits du cerveau et qui semblaient dominer les sociétés humaines, les produits plus modestes du travail des mains passèrent au second plan (...). C'est à l'esprit, au développement et à l'activité du cerveau que fut attribué tout le mérite du développement rapide de la société. »

Friedrich ENGELS : *Dialectique de la nature*, (Éd. sociales, 1952, p. 178.)

DE quoi donc veut-on faire la science lorsqu'on se propose d'édifier une psychologie de la personnalité ? La question, on l'a vu, n'est pas seulement irrésolue, elle semble insoluble. Et le premier aspect de cette difficulté insoluble, c'est le problème du tracé de la frontière entre ce qui relève, en droit, des sciences qu'on peut très largement qualifier de psychobiologiques, et ce qui appartient spécifiquement à une psychologie indépendante, le problème de la *distinction réelle* de ces deux domaines au sein de leur *unité*. Et c'est à ce problème qu'il faut s'attacher d'abord si l'on veut avancer vers un *découpage rationnel du champ des sciences dans la région du psychisme humain*.

# I

# PSYCHOLOGIE DE LA PERSONNALITÉ ET SCIENCES PSYCHOBIOLOGIQUES

TOUTE cette question paraît se résumer, et pouvoir être tranchée, d'emblée ainsi : il n'y a rien dans l'activité psychique qui ne soit nerveux et qui par conséquent ne tombe, ou ne soit appelé à tomber, dans le champ des sciences de type *physiologique*. Pour qui s'en tient fermement en ces matières à une position scientifique, et à plus forte raison pour un matérialiste conscient, toute tentative de détacher une portion du psychisme qui échapperait de par sa nature à l'approche physiologique — qu'il s'agisse de la « conscience », de la « dimension subjective de l'activité », de l'« intimité », etc. — est intrinsèquement irrecevable : on reconnaît sans arrière-pensée que la vie psychique est *matérielle de part en part*, ou on renonce à toute rigueur scientifique.

En d'autres termes, pour parvenir à une solution acceptable du problème, il faut d'abord prendre position sans équivoque sur cette déclaration déjà ancienne mais toujours fondamentale de Pavlov :

> « Je suis convaincu qu'une étape importante de la pensée humaine approche où le physiologique et le psychologique, l'objectif et le subjectif fusionneront réellement, où la contradiction pénible, où l'opposition de ma conscience à mon corps sera résolue *en fait* ou disparaîtra par voie naturelle. En effet, lorsque l'étude objective d'un animal supérieur, le chien par exemple, atteindra le degré — et cela arrivera certainement — où le physiologiste aura la possibilité absolue de prévoir exactement le comportement de cet animal dans n'importe quelles conditions, que restera-t-il alors pour l'existence particulière, indépendante, de son état subjectif, qui existe naturellement chez lui, mais qui

lui est propre comme nous l'est le nôtre ? L'activité de tout être vivant, jusques et y compris l'homme, ne se transformera-t-elle pas alors obligatoirement pour notre pensée en un tout indivisible [1] ? »

**1. Rapports naturels et rapports sociaux entre les conduites.** Cette déclaration de Pavlov est *en un sens* — un sens que le tout est de bien préciser — *entièrement inattaquable*. Elle constitue la prémisse obligatoire de toute conception de la personnalité humaine qui prétend se situer sans réserves sur le terrain de la science positive, à l'exclusion de toute « adjonction étrangère », selon l'expression d'Engels [2], c'est-à-dire de toute « lubie idéaliste impossible à concilier avec les faits [3] ». Et de ce point de vue le dédain de « l'absurde psychologie pavlovienne », selon la formule déjà citée de Sartre, est à peu près sans exception l'indice d'un manque de fermeté scientifique et matérialiste — au mieux. Au contraire, tout le développement moderne des sciences physiologiques apporte des confirmations éclatantes au grand principe posé par Pavlov. Mais ce sont surtout les conséquences de ce principe qui doivent ici retenir l'attention, et faire l'objet d'un examen plus poussé. En effet, si toute conception de la psychologie comme *science d'une portion non physiologique du psychisme*, d'une activité qui serait essentiellement distincte de l'activité nerveuse — ou qui du moins, ce qui revient au même, devrait être *traitée méthodologiquement à titre définitif comme si elle l'était* — est idéaliste à la base, et doit être éliminée de la science d'une façon radicale, non seulement au niveau de déclarations théoriques du dimanche, mais dans la recherche concrète et dans l'activité idéologique quotidiennes, cela veut dire alors qu'une grande partie de ce qui est encore couramment présenté aujourd'hui comme relevant d'une *psychologie intrinsèquement indépendante* est voué à se résorber tôt ou tard dans une « neurophysiopsychologie », vaste complexe des sciences psychobiologiques, dont le champ s'étendra à la *totalité des comportements humains* — du réflexe absolu aux opérations mentales les plus compliquées

---

1. I. PAVLOV : *Discours au XIVe Congrès international de physiologie*, Rome, 1932, cité dans *Orientation des théories médicales en U. R. S. S.*, Éd. France-U. R. S. S., s. d., p. 25. Cf. aussi *Œuvres choisies*, Moscou, 1954, pp. 474-475.
2. *Dialectique de la nature*, p. 198.
3. « *Ludwig Feuerbach* », *Études philosophiques*, p. 209.

— considérés dans *toute leur épaisseur* — de leur aspect conscient et socialisé à leurs infrastructures neurologiques. Peut-être la résorption *effective* de toute la pseudo-psychologie dans ce complexe scientifique matérialiste demandera-t-elle beaucoup de temps encore, quoique le rythme auquel les choses avancent dans cette direction soit des plus rapides aujourd'hui ; peut-être une division technique du travail, notamment entre approche comportementale et approche neurophysiologique de l'activité psychique, est-elle destinée à subsister durablement, encore que leur tendance à la fusion paraisse bien s'accentuer ; mais du point de vue théorique, on peut et on doit dès maintenant tenir cette résorption et cette fusion pour obligées.

A qui pourrait être tenté de voir là une extrapolation hasardeuse, on fera simplement observer que ce passage inexorable de la « *psychologie* », — au sens (aujourd'hui encore courant en France) de « science » d'un psychisme considéré comme *substantiellement distinct* de l'activité nerveuse, c'est-à-dire au sens idéaliste — à la *physiologie*, dans la vaste acception pavlovienne du mot, loin d'être spéculation sur le futur, s'effectue présentement sous nos yeux, et de plus en plus vite, en particulier sous la forme du développement impressionnant de la *psychophysiologie*. Qu'est-ce, en effet, prise dans son ensemble, que la psychophysiologie ? A en croire certains, ce serait une de ces jeunes et sympathiques *sciences-charnière* qui marquent, c'est bien connu, l'essor actuel du savoir et ses transformations impétueuses. Au premier abord, cette appellation de science-charnière, qui repose en elle-même sur des vues épistémologiques et historiques tout à fait fondées, paraît correspondre à la réalité de la situation concrète à laquelle nous avons affaire ici. Elle semble impliquer la reconnaissance loyale du rôle croissant de l'approche matérialiste des problèmes psychologiques, reposer sur une conception dialectique de leur connexion avec les problèmes physiologiques. En réalité, il s'agit dans ce cas précis d'une illusion — et parfois peut-être d'une habileté — typique de l'idéalisme. Définir la psychophysiologie comme science-charnière, c'est en effet, en sous-main, la confiner d'avance dans l'étude des *problèmes frontaliers* qui opposent à la physiologie une psychologie dont elle n'aurait le pouvoir ni de transformer le statut, ni à plus forte raison de s'approprier l'objet ; c'est même lui extorquer subtilement l'aveu, si elle est charnière, que la psychologie, comme la physiologie, est donc quant à elle une porte ouvrant bel et bien sur un domaine *spécifique et inaliénable*, donc sur le psychisme considéré comme non physiologique ; bref, c'est la définir de façon *restrictive et statique,* sous des dehors dialectiques et modernes, et par conséquent masquer la signification épistémologique révolutionnaire de ses progrès rapides.

En réalité, le développement de la psychophysiologie n'est pas du tout le *grossissement sur place* de l'étude des simples *zones de contact* entre une physiologie et une psychologie *immuables,* c'est au contraire le *processus de transformation* des problèmes ci-devant « psychologiques » — c'est-à-dire des problèmes du psychisme abordés de façon idéaliste en dernière analyse — en problèmes physiologiques — c'est-à-dire en problèmes du psychisme abordés de façon matérialiste, ou en tout cas susceptibles de l'être. C'est non pas la consolidation, mais au contraire la liquidation du vieux statu quo entre la prudence positiviste d'une physiologie ne se risquant pas à traiter de la « conscience » et l'arrogance spiritualiste d'une psychologie ne condescendant pas à prendre en considération les réalités nerveuses. A ce statu quo, à cette dichotomie scientifiquement rétrograde enracinée dans l'état du rapport des forces idéologiques au siècle dernier, la psychologie du comportement avait déjà porté au début de ce siècle un coup très dur en montrant que l'activité psychique *bien que consciente* peut être étudiée d'un point de vue purement objectif. Le pavlovisme lui a porté un coup encore plus sévère, et même mortel, en prouvant que cela vaut de l'activité psychique, non pas seulement *bien que* consciente, mais *en tant que* consciente. L'essor actuel de la recherche et de la découverte sur le vaste terrain neurophysiopsychologique, essor qui par-delà les formes idéologiques et les incompréhensions individuelles à travers lesquelles il s'opère parfois, a le caractère d'un puissant mouvement objectif de l'histoire contemporaine du savoir en direction du matérialisme, achève la démonstration. La figure même du terme *psychophysiologie,* où la moitié seulement du mot psychologie émerge encore de la gueule de la physiologie, atteste que la physiologie matérialiste, au sens large de l'expression, a déjà dévoré pour une bonne part la vieille psychologie. On peut être assuré que le reste y passera.

Par rapport à l'usage aujourd'hui encore si fréquent, et qui conserve même pour beaucoup l'allure d'une évidence, des mots physiologie et psychologie, par rapport à la *répartition des matières,* au découpage des domaines entre elles qu'implique cet usage, un reclassement fondamental s'impose donc, tout caprice terminologique mis à part. Au point actuel de l'analyse, la nature exacte d'un découpage véritablement scientifique n'est pas encore définie ; mais déjà apparaît clairement ce que le terme de « psychologie » ne peut plus continuer à recouvrir sans intolérable équivoque. Qu'on ouvre, pour prendre un exemple simple, mais en réalité d'extrême importance, n'importe quel manuel de philosophie destiné à l'enseignement secondaire, aux chapitres qui traitent de « psychologie » : sur presque toutes les questions qui y sont abordées, que trouve-t-on *en fait* ? Un mélange extraordinairement hétéroclite qui, après réduction, laisse apparaître dans une proportion variable selon les sujets et les auteurs deux sortes d'ingrédients sans commune mesure : d'une part, des données physiologiques ou psychophysiologiques qui, malgré leur insuffisance quantitative et qualitative plus ou moins marquée, constituent des acomptes sur ce que devrait être un traitement réel de la question à la lumière d'une neurophysiopsychologie générale du comportement — et d'autre part, comme excipient, une décoction de thèses philosophiques plus ou moins périmées, de références littéraires plus ou moins pertinentes, de considérations morales, quand ce n'est pas de banalités introspectives téléguidées par une métaphysique préétablie, c'est-à-dire tout simplement, si « moderne » que puisse être la présentation, et quelque intérêt qu'ils puissent présenter parfois d'ailleurs, des *résidus* de la vieille manière spéculative de considérer la « psychologie[1] ». Ce monstre idéologique est le produit de la *mutation matérialiste partielle*, irrésistiblement induite, mais secondairement contre-carrée en même temps par le mouvement contradictoire des idées, d'une psychologie dont toute la fonction était initialement, dans le plan des études secondaires conçu par la bourgeoisie du siècle dernier, de faire croire que les thèses maîtresses de la métaphysique spiritualiste étaient des données immédiates de la conscience[2]. Le progrès qui reste à accomplir consistera donc, en premier lieu, à développer partout la claire conscience que *c'en est fini de la « psychologie » comme doublet non scientifique de la science maté-*

---

1. Dans un recueil intitulé *Les grands textes de la psychologie moderne* (Bordas, 1967) et destiné non aux seuls lycéens mais aux étudiants, l'auteur, Louis Millet, choisit de consacrer le *tiers* des textes à des philosophes (Bergson, Alain, Sartre, Merleau-Ponty et même Hamelin) et donne la phénoménologie comme un des courants principaux de la psychologie moderne, alors qu'il ne cite pas même un texte de Janet, de Wallon, de Zazzo, de Politzer ou de l'école soviétique issue de Vygotski, et donne un seul texte de Piéron comme de Piaget.

2. Cf. L. SÈVE : *La philosophie française contemporaine*, notamment pp. 120 et suivantes.

*rialiste de l'activité psychique*, et que tous les combats de retardement idéologiques pour éviter à cette « psychologie » une issue fatale sont perdus d'avance. Il est important de souligner que dans cette campagne le philosophe marxiste appuie sans réticence le psychologue scientifique.

La question, qui sous des formes approximatives a été tant de fois reposée depuis plus d'un siècle, est alors de savoir si entre cette frontière de la neurophysiopsychologie en gestation et la frontière de la science des rapports sociaux, théorie des formes générales de l'individualité comprise — si, entre la « physiologie » et la « sociologie », comme on le disait dans un vocabulaire traditionnel, et trop vague, mais suggestif — il existe *matière* à une autre science psychologique encore, une science psychologique de la personnalité, irréductible à la science matérialiste des comportements humains, ou si au contraire la totalité du savoir à ce sujet est vouée à se résorber elle-même dans la neurophysiopsychologie. Nous sommes ici au cœur du problème de la définition d'une psychologie véritablement scientifique de la personnalité, si elle doit être ; au cœur du problème du découpage général du champ des sciences dans la région du psychisme humain. Cela veut dire qu'il s'agit maintenant de bien préciser *en quel sens* la déclaration de Pavlov sur la fusion du psychologique et du physiologique est *entièrement inattaquable*, ou, ce qui revient au même, s'il n'en existerait pas un autre dans lequel elle serait *tout à fait irrecevable*. Or ce deuxième sens n'est pas très difficile à établir, sur la base de tout ce qui a été rappelé à propos de la conception marxiste de l'homme. Lorsque Pavlov, parlant en *physiologiste*, déclare que la fusion du psychologique et du physiologique, si elle est réalisable pour le chien, l'est pour « tout être vivant, jusques et y compris l'homme », il a entièrement raison *au point de vue des sciences naturelles, du matérialisme philosophique* : l'homme n'est rien d'*autre* qu'un être *naturel*. Mais si des interprètes imprudents du pavlovisme, appliquant cette déclaration au problème d'une psychologie de la personnalité, s'imaginaient qu'on peut le résoudre de la même manière — quant au principe — que celui de la psychologie *animale*, par la réduction pure et simple de toute l'étude à la neurophysiopsychologie du comportement, en effaçant par conséquent de façon implicite toute différence qualitative d'essence entre l'homme et les animaux, ils auraient radicalement tort *au point de vue de la science sociale, du matérialisme historique* : l'homme est un être naturel, mais c'est un « être naturel humain », un être dont l'essence consiste dans l'ensemble des rapports sociaux. Croire qu'il soit possible d'*épuiser* la connaissance d'un tel être, d'atteindre vraiment à son essence, de *saisir son âme* par une voie foncièrement identique à celle qui vaut pour les animaux, c'est une extra-ordinaire aberration — l'aberration *physiologiste*. On y reviendra.

Voici donc comment se présente le problème : d'une part il ne saurait absolument plus exister de psychologie en tant que science d'aucune chose considérée comme substantiellement distincte de l'activité nerveuse, car une telle *chose* n'existe pas et pourtant, s'il est bien vrai que l'essence humaine est tout autre que l'essence animale, une fois défalqué tout ce que la neurophysiopsychologie peut nous dire des comportements de l'homme, on est loin encore d'avoir épuisé l'étude de son *essence* propre ; en un sens, on n'y a même pas encore touché. Or qu'est-ce qu'une *essence* qui n'est à aucun degré une *chose* ? C'est un *rapport*. Dans cette simple affirmation réside tout le secret d'une psychologie de la person-nalité effectivement distincte des sciences psychobiologiques et capable de passer à l'âge adulte, c'est-à-dire avant tout de prendre une conscience exacte de la nature de son objet : la science de la personnalité n'a pas pour tâche d'être science d'aucune *chose à part*, mais d'être science de *rapports*. C'est ce qu'on pouvait d'ailleurs soupçonner en réfléchissant sérieusement aux leçons qui se dégagent pour toutes les sciences de l'homme de l'économie politique marxiste, cette *science-pilote*. Car l'économie politique marxiste, dont la naissance a marqué l'achèvement du passage de la science économique à l'âge adulte, est précisément fondée pour une large part sur la solution d'un problème analogue. Comme le dit fort bien Engels, on ne comprend rien à l'économie politique si on ne saisit pas qu'elle n'a pas pour objet d'étudier la production des *choses elles-mêmes* — en quoi se distinguerait-elle alors des sciences naturelles et technologiques ? — mais les *rapports sociaux* qui s'établissent à l'occasion de la production de ces choses et qui sont *masqués par elles* :

> « Nous avons ici d'emblée un exemple d'un fait de nature spécifique qui se retrouve tout au long de l'économie et qui a causé un malin désarroi dans les têtes des économistes bourgeois : l'économie ne traite pas de choses mais de rapports entre des personnes et, en dernière instance, entre des classes ; mais ces rap-ports sont toujours *liés à des choses* et *apparaissent comme des choses* [1]. »

---

1. Deuxième article d'Engels sur la *Contribution*, *Études philosophiques*, p. 130.

Bien que dans un sens différent, n'en irait-il pas de même en psychologie de la personnalité, si celle-ci doit être une science authentique ? Telle est du moins la thèse liminaire défendue ici : étant science d'un être dont l'essence est l'ensemble des rapports sociaux, la psychologie de la personnalité n'a pas pour objet de traiter de *conduites psychiques* — c'est l'affaire de la neurophysiopsychologie — mais bien des *rapports qui les sous-tendent* dans la vie concrète de la personnalité, rapports en dernière instance *sociaux*, mais qui sont toujours *liés* à des conduites et qui *apparaissent comme des conduites*.

Que faut-il au juste entendre par là ? S'il s'agit d'établir que le psychisme humain est tout entier *marqué* par les rapports sociaux, n'est-ce pas là une idée acquise d'avance dans la psychologie d'aujourd'hui ? N'a-t-elle pas été depuis longtemps introduite dans la physiologie nerveuse elle-même par le pavlovisme ? Ainsi chez Pavlov la théorie du second système de signalisation, le langage, n'introduit-elle pas les rapports sociaux au cœur de la science de l'activité nerveuse supérieure ? Sa théorie des névroses — autre exemple significatif — n'est-elle pas fondée sur l'idée d'une surtension, d'un surmenage imposés au système nerveux notamment par les caractéristiques contradictoires de certains rapports sociaux ? Si donc notre étude avait pour résultat d'établir que les conduites ne peuvent être comprises abstraction faite des rapports constitutifs du *milieu social* au sein duquel elles se déploient, elle reviendrait à enfoncer une porte grand ouverte. Mais aussi bien, pour n'accoucher que de ce fruit ridicule, il lui faudrait oublier en cours de route les enseignements fondamentaux du matérialisme historique en matière de théorie de la personnalité. En effet il est bien vrai que la physiologie et la psychologie contemporaines dans leur part la plus scientifique accordent une grande attention aux effets que produit le milieu social sur les conduites des individus humains — et par là, en un sens, tiennent tout à fait compte des rapports sociaux, *pour autant que le permet et l'exige l'étude des conduites prises comme objet en elles-mêmes*. Mais justement, dans cette façon de considérer les choses — parfaitement légitime si l'on se place sur le terrain de la science des conduites — les rapports sociaux ne sont considérés que comme *milieu*, par lequel ces conduites, *portant en elles-mêmes leur essence d'activité nerveuse*, se trouvent *conditionnées*. On reconnaît dans cette opposition individu-milieu un élément classique de la conceptualisation des sciences *biologiques*, ce qui ne saurait surprendre puisque dans son sens le plus général la science des conduites traite l'homme

comme un être *essentiellement* biologique. La meilleure preuve en
est que pour elle, et bien qu'elle ne méconnaisse pas du tout les
différences qualitatives qui apparaissent sur son terrain même
entre conduites humaines et conduites animales, le passage théorique des unes aux autres est toujours possible en droit, et il est
sans cesse pratiqué, sauf empêchement extérieur. De ce point
de vue également, la déclaration de Pavlov rappelée plus haut
vaut pour l'ensemble de la science des conduites.

Mais comment ne pas voir du même coup qu'en traitant les
conduites comme des réalités biologiques et les rapports sociaux
comme une *forme spécifique de milieu*, on n'a encore aucunement
tenu compte de ce que le matérialisme historique nous indique sur
l'essence même de l'homme en tant qu'être social développé ?
Si l'on prend vraiment au sérieux la découverte capitale consignée
dans la *VIe Thèse sur Feuerbach*, il doit en résulter qu'au-delà de
la frontière de la science des conduites la place apparaît pour une
science de la personnalité humaine, articulée bien entendu avec la
science des conduites, mais pour laquelle les rapports sociaux sont
non plus le *milieu extérieurement conditionnant des rapports nerveux
entre les conduites*, mais la base d'une *autre sorte* de rapports entre
les conduites, rapports *non physiologiques* ceux-là, constitutifs
des bases de la personnalité *dans son acception historico-sociale*.
Et la condition du passage à ce nouveau point de vue, sans lequel
il est impossible de comprendre vraiment dans toute sa profondeur
l'effet produit par la société dans les individus, c'est l'étude préalable de *ce que les individus produisent dans la société*. Autrement
dit il s'agit d'établir d'emblée les quartiers de la science de la personnalité sur le terrain de la production sociale : là où, le matérialisme historique nous l'apprend, les hommes se produisent eux-
mêmes.

Or si l'on développe la réflexion psychologique à partir de là,
on voit apparaître un type de rapports entre les conduites humaines
tout à fait étrange au point de vue de la science des conduites.
Soit par exemple des activités comme travailler le bois ou le métal,
faucher un pré, conduire une voiture, faire la cuisine, soigner un
blessé, chercher la solution d'un problème technique, éduquer
un enfant, donner des directives à quelqu'un, etc. D'un premier
côté, ce sont là des ensembles complexes de conduites, produisant
des résultats déterminés par leur nature concrète. A ce titre leurs
rapports entre elles et avec l'ensemble des autres conduites relèvent
purement et simplement de la science des conduites, qui les décou-
pera selon ses méthodes et ses concepts, et il peut même sembler

d'abord qu'une telle approche en épuise le contenu. Mais en réalité ce premier point de vue est encore foncièrement abstrait, car on n'y a tenu aucun compte du *statut* de ces activités *en tant qu'activités sociales de l'individu* — et non plus en tant qu'activités nerveuses : quelle place tiennent-elles dans la vie réelle de la personnalité, c'est-à-dire dans ses rapports avec le monde social existant, et avec elle-même ? Supposons, pour préciser ce point, que ces conduites, au lieu d'être le fait d'individus vaquant à des *occupations personnelles ou domestiques* — travail du bois ou du métal à titre de bricolage, conduite d'une voiture à des fins touristiques, éducation de ses propres enfants, etc. — soient accomplies dans le cadre d'un *travail professionnel salarié* au sein d'une société capitaliste — celui d'un ouvrier d'usine, d'un chauffeur de taxi, d'un enseignant, etc. Il pourra sembler d'abord que non seulement leur *nature* de conduites mais encore leur *rôle* dans l'économie d'ensemble de la personnalité ne soient pas substantiellement modifiés : dans un cas comme dans l'autre, elles visent et atteignent des *résultats utiles* désirés par l'individu. Il pourra sembler que le *salaire* qui leur correspond est leur *produit pour le sujet* tout comme l'est leur *résultat concret* dans l'hypothèse où il s'agirait de conduites non professionnelles. En réalité, ce serait là commettre une erreur *économique* décisive, et par voie de conséquence une erreur *psychologique* barrant irrémédiablement l'accès à une compréhension véritable de la structure et du développement de la personnalité.

Pour s'en rendre compte, il faut réfléchir à la découverte cruciale de Marx sur la vraie nature des rapports entre le salaire et le travail au sein des rapports capitalistes — découverte dont est sortie toute l'économie politique marxiste. Cette découverte n'est sans doute nulle part mieux exposée du point de vue qui est ici le nôtre que dans le court chapitre de la VIe section du Livre I du *Capital*, intitulé : la transformation de la valeur ou du prix de la force de travail en salaire.

> « A la surface de la société bourgeoise, *note d'abord Marx*, la rétribution du travailleur se représente comme le salaire du travail : tant d'argent payé pour tant de travail [1] »

Si cette apparence coïncidait avec la réalité, il n'y aurait donc, du point de vue psychologique, aucune différence fondamentale

---

1. *Le Capital*, I, 2, p. 206.

entre un ensemble de conduites fonctionnant comme simple activité personnelle et le même ensemble de conduites fonctionnant
comme travail salarié : le rapport du salaire au travail serait analogue au rapport général du résultat d'une conduite à cette conduite
elle-même, et ce rapport, du point de vue psychologique, resterait
entièrement dans le cadre de la science des conduites. Mais précisément il ne s'agit là que d'une illusion propre à la société bourgeoise. En effet

> « qu'est-ce que la valeur ? La forme objective du tra-
> vail social dépensé dans la production d'une marchan-
> dise. Et comment mesurer la grandeur de valeur
> d'une marchandise ? Par la quantité de travail qu'elle
> contient. Comment dès lors déterminer, par exemple,
> la valeur d'une journée de travail de douze heures ?
> Par les douze heures de travail contenues dans la
> journée de travail de douze heures, ce qui est une
> tautologie absurde [1] ».

C'est de cette impasse que Marx a su tirer l'économie politique,
en établissant qu'en réalité ce que le travailleur vend au capitaliste, ce n'est aucunement son *travail* mais sa *force de travail*.

> « Ce qui sur le marché fait directement vis-à-vis
> au capitaliste, ce n'est pas le travail mais le travailleur.
> Ce que celui-ci vend, c'est lui-même, sa force de travail.
> Dès qu'il commence à mettre cette force en mou-
> vement, à travailler, dès que son travail existe, ce
> travail a déjà cessé de lui appartenir, et ne peut plus
> désormais être vendu par lui. Le travail est la sub-
> stance et la mesure inhérente des valeurs, mais il n'a
> lui-même aucune valeur [2]. »

La salaire n'est donc pas, malgré l'apparence, le *prix du travail*,
pour la bonne raison que le travail, n'ayant pas de valeur, ne saurait
avoir de prix. De quoi donc le salaire est-il le prix ? De la *force
de travail*.

> « Sous ce nom il faut comprendre l'ensemble des
> facultés physiques et intellectuelles qui existent dans
> le corps d'un homme, dans sa personnalité vivante,

---

1. O. c., p. 206.
2. *Ibid.*, pp. 206-208.

> et qu'il doit mettre en mouvement pour produire des choses utiles [1]. »

Or la force de travail, comme toute marchandise, se vend à sa valeur, déterminée par le temps de travail social nécessaire à sa production. Comment ce temps peut-il être déterminé ?

> « L'individu étant donné, il produit sa force vitale en se reproduisant ou en se conservant lui-même. Pour son entretien il a besoin d'une certaine somme de moyens de subsistance. Le temps de travail nécessaire à la production de la force de travail se résout donc dans le temps de travail nécessaire à la production de ces moyens de subsistance ; ou bien la force de travail a juste la valeur des moyens de subsistance nécessaires à celui qui la met en jeu [2]. »

Ainsi, le capitaliste ayant payé la force de travail à sa valeur, il lui est possible de la mettre en œuvre dans des conditions telles qu'elle crée une quantité de valeur supérieure à celle qu'il paie au travailleur sous la forme du salaire, et c'est cette différence fondamentale qui permet de comprendre tout le mécanisme de l'exploitation capitaliste, du prélèvement de la plus-value sur le travail, derrière l'*apparence immédiate* selon laquelle le salaire paierait tout le travail fourni.

> « On comprend maintenant, *commente Marx*, l'immense importance que possède dans la pratique ce changement de forme qui fait apparaître la rétribution de la force de travail comme salaire du travail, le prix de la force comme prix de sa fonction. Cette forme, qui n'exprime plus que les fausses apparences du travail salarié, rend invisible le rapport réel entre capital et travail et en montre précisément le contraire ; c'est d'elle que dérivent toutes les notions juridiques du salarié et du capitaliste, toutes les mystifications de la production capitaliste, toutes les illusions libérales et tous les faux-fuyants apologétiques de l'économie vulgaire. [...] Il en est d'ailleurs de la forme « valeur et prix du travail » ou « salaire » vis-à-vis

---

1. O. c., I, 1, p. 170.
2. *Ibid.*, pp. 173-174.

du rapport essentiel qu'elle renferme, savoir : la
valeur et le prix de la force de travail, comme de
toutes les formes phénoménales vis-à-vis de leur
substratum. Les premières se réfléchissent spontanément, immédiatement dans l'entendement, le second
doit être découvert par la science. L'économie politique classique touche de près le véritable état des
choses sans jamais le formuler consciemment. Et cela
lui sera impossible tant qu'elle n'aura pas dépouillé
sa vieille peau bourgeoise [1]. »

D'une telle analyse, on peut dire qu'elle n'est pas seulement
décisive pour l'économie politique, mais qu'elle l'est aussi *du
même coup* pour la psychologie de la personnalité. Car c'est *aussi*
de ce « changement de forme » que dérivent toutes les illusions
inhérentes à l'idée que la psychologie ordinaire se fait du travail,
pour autant qu'elle s'en fasse une. Et de cette psychologie, non
moins justement que de l'économie politique, on peut dire qu'elle
ne parviendra pas à formuler consciemment le véritable état des
choses « tant qu'elle n'aura pas dépouillé sa vieille peau bourgeoise ».

En effet la psychologie habituelle, ne s'occupant que des conduites
en tant que réalités comportementales et activités biologiquement
définies — la seule chose qui existe en apparence dans la vie psychique humaine — et ne soupçonnant pas le problème tout autre
des rapports sociaux entre les conduites, s'en tient inévitablement
à l'apparence que prend l'activité humaine « à la surface de la
société bourgeoise ». On voit bien ici comment se méprennent
ceux qui attribuent à *l'étude en laboratoire* l'abstraction de la
psychologie objective par rapport à la vie réelle, alors que cette
abstraction est *déjà effectuée* au niveau de la conception immédiate de la vie réelle, dont la psychologie de laboratoire n'est
*sur ce point* que le prolongement. Pour une telle psychologie,
tout se passe comme si le salaire qui *correspond* — au niveau des
apparences — à un travail concret déterminé, c'est-à-dire à la
mise en œuvre d'un ensemble de conduites, pouvait se ranger sans
difficulté, *en chose qui va sans dire*, sous la catégorie des résultats
concrets que vise et auxquels aboutit une conduite, tels qu'elle
les analyse par exemple dans l'étude de l'apprentissage. Et par
conséquent, sans qu'elle se pose en général de questions à ce sujet
à travers quelque théorie de la personnalité que ce soit, elle opère

---

1. *Le Capital*, I, 2, pp. 211-213.

comme si l'on pouvait assimiler purement et simplement les rapports entre travail et salaire à des rapports directs entre conduites concrètes de travail et conduites concrètes de satisfaction des besoins correspondants, c'est-à-dire les identifier aux seuls rapports qu'elle rencontre sur son terrain : rapports en dernière analyse *psychologiques* au sens ordinaire du terme — naturels, immédiats, concrets — à l'égard desquels le milieu social joue seulement un rôle *conditionnant.* Dans cette perspective, et fût-ce à travers les conceptions de la conduite et des motivations les plus attentives aux « facteurs sociaux », on dérive immanquablement, lorsqu'on aborde la théorie de la personnalité, vers l'idée d'une *nature* humaine régie en dernier ressort par des lois psychologiques *indépendantes,* non sans doute dans leur forme mais dans leur essence, à l'égard de la formation sociale dans laquelle ces individus travaillent. En d'autres termes, si l'on raisonne ainsi, le fait *capital* pour la vie d'un individu réel qu'une activité concrète soit effectuée par lui au titre de travail salarié plutôt que d'occupation privée cesse évidemment d'avoir une signification scientifique quelconque pour la psychologie, qui peut en faire abstraction comme d'une circonstance purement fortuite, étrangère à son objet. Aussi bien, du laboratoire de la biotypologie au divan du psychanalyste, les méthodes d'approche de l'individu concret, pour opposées qu'elles soient entre elles, ne sont pas autre chose à cet égard que diverses mises en œuvre de cette abstraction *implicite* du travail, et par conséquent des rapports sociaux. Mais ce faisant, la science psychologique s'est enfermée dans les phénomènes de surface de la vie des hommes au sein de la société bourgeoise, lors même qu'elle veut être une psychologie des profondeurs, elle reste victime des mystifications idéologiques qui s'y imposent spontanément aux individus parce que

> « ce sont là précisément les formes illusoires au sein desquelles ils se meuvent tous les jours et auxquelles ils ont affaire [1] ».

Sur une telle base, l'évocation d'une théorie à constituer des « rapports Moi-Monde » demeure une utopie inféconde, le problème de la *structure historico-sociale* de la personnalité reste insoluble.

Le point dont il faut partir si l'on veut y voir clair, c'est que la correspondance apparente entre conduites concrètes du travail

---

1. *Le Capital,* III, 3, p. 208.

et conduites de satisfaction des besoins permises par le salaire n'a *aucune vérité économique* et ne peut donc être qu'une *illusion psychologique*. A un même travail concret peuvent correspondre selon les conditions sociales des salaires fort variables, et à plus forte raison des façons de les dépenser totalement différentes ; inversement un même salaire, voire une même façon de le dépenser, peut correspondre aux travaux concrets les plus divers. Cela suffit déjà à prouver que la correspondance entre le travail et le salaire *n'est pas* un rapport naturel, immédiat, « psychologique » au sens ordinaire du terme, et que par conséquent il n'y a aucun espoir d'en rendre compte dans les termes et sur le terrain de la science des conduites. C'est ici que l'analyse de Marx est positivement *irremplaçable* pour éclairer les problèmes les plus essentiels de la personnalité. Elle permet en effet de comprendre que cette apparente correspondance directe du travail et du salaire est en fait *entièrement médiatisée par des rapports sociaux objectifs*, c'est-à-dire qu'elle n'est une « correspondance » que dans la mesure où elle est *porteuse d'une relation réelle d'une tout autre nature que la relation apparente*. Cette relation réelle est celle qui rattache le salaire, non pas du tout au travail concret qui a été effectué, mais à la *forme-valeur de la force de travail qui s'y est dépensée*, c'est-à-dire à une forme dans laquelle le travail humain intervient comme *travail abstrait*, lequel n'est pas plus réductible aux conduites concrètes qui en sont l'autre face que la valeur de l'or en tant que monnaie, par exemple, n'est réductible à sa nature de substance chimique, encore que l'une soit le support de l'autre. Nous nous trouvons donc ici en présence, au cœur même de la vie psychologique réelle, d'un rapport « psychologique » qui est en fait non pas un rapport psychologique, mais un rapport social. Ici, comme le dit Marx dans l'*Introduction* de 1857,

> « le rapport entre le producteur et le produit est un rapport extérieur, et le retour du produit au sujet dépend des relations de celui-ci avec d'autres individus [1] ».

Et comme ce rapport social n'est pas du tout un simple élément conditionnant du « milieu extérieur », mais bien le plus intérieur de tous les rapports constitutifs de la vie personnelle concrète, il nous faut prendre conscience du fait qu'avec lui c'est un *type de rapports psychologiques foncièrement nouveaux*, un monde de

---

1. *Contribution*, p. 159.

*structures de la personnalité vivante entièrement spécifiques*, bref c'est le terrain d'une théorie scientifique de la personnalité historico-sociale qui apparaît. En d'autres termes, si l'on considère des conduites concrètes — travailler le bois ou le métal, conduire une voiture, éduquer un enfant, etc. — la science des conduites a parfaitement raison de les traiter, en tant que conduites concrètes, comme identiques à elles-mêmes quelles que soient les conditions sociales dans lesquelles elles sont effectuées, car ces conditions ne changent rien à leur nature de conduites concrètes. En revanche, du point de vue de l'économie réelle de la personnalité, un abîme les sépare selon qu'elles fonctionnent comme travail salarié ou activité privée ; cela, chacun le sait parfaitement sans avoir besoin d'étudier la psychologie, et ce qui est étonnant c'est précisément que la psychologie, elle, ne semble pas le savoir. La psychologie *scientifique* de la personnalité *commence* au moment où l'on a compris que c'est cela qu'il s'agit d'étudier d'abord : *les rapports sociaux entre les conduites en tant que structures fondamentales de la vie individuelle.*

Une comparaison élémentaire peut aider à saisir la nature de l'articulation qui se dessine ici entre psychologie des conduites et psychologie de la personnalité. Considérons un puzzle. D'un premier point de vue, ce n'est rien d'autre qu'une somme de morceaux découpés dont il s'agit de réaliser l'assemblage total. Il n'y a rien dans le puzzle total qui ne soit un morceau, comme il n'y a rien dans la personnalité qui ne soit une conduite. Et il n'y a aucun morceau du puzzle qui n'ait de rapports avec les autres dans l'ordre du découpage qui le constitue comme puzzle, comme il n'y a aucune conduite concrète qui ne soit en rapport avec les autres au sens que la science des conduites donne à cette notion de rapport. Mais lorsqu'on place un nouveau morceau du puzzle en considérant non pas seulement sa configuration de morceau dans ses relations d'emboîtement avec les autres morceaux déjà assemblés, mais la portion d'image qu'il supporte dans ses relations d'emboîtement avec le dessin déjà commencé, on fait intervenir un ordre de découpage, un type de structure — celle de l'image — totalement différents de ceux qui apparaîtraient seuls si l'on entreprenait de faire le puzzle par son verso. Et l'on voit à quel point il serait absurde de chercher à *rendre compte de la structure de l'image selon les termes du découpage des morceaux.* Ce découpage est le *support* de l'autre, mais l'autre n'en est aucunement le *reflet.* Tout au contraire, *c'est l'image qui est première à tous égards,* et sa configuration, qui n'a par elle-même aucun rapport logique avec le découpage du puzzle en morceaux, est dans la pratique la *configuration-pilote* pour une part essentielle de l'assemblage des morceaux. D'une façon analogue, quoique bien plus complexe, on voit à quel point il y a peu de chances de rendre compte des structures historico-sociales de la personnalité — c'est-à-dire justement de la personnalité humaine dans ce qu'elle a de spécifique — *à partir* des rapports entre les conduites tels qu'ils apparaissent sur le terrain neurophysiopsychologique. Mieux : le nouveau type de structures de la personnalité que fait apparaître l'analyse d'un exemple aussi central que les rapports entre travail et salaire n'est pas seulement apte à fournir la base de la théorie scientifique de la personnalité ; cette théorie de la personnalité elle-même, bien qu'elle soit en un sens *supportée* par la science des conduites, ne vient aucunement s'y ajouter comme sa conclusion naturelle : sa source est ailleurs, et il y a toutes chances pour qu'elle constitue elle-même la *science-pilote* dans la résolution de nombreux problèmes obscurs de psychologie des conduites — par exemple le problème des motivations, dont la complexité déborde si visiblement les possibilités théoriques de la *seule* science des conduites.

La vie réelle de la personnalité, comment pourrait-on ne pas le voir, est hantée jusqu'en son tréfonds par des *choses abstraites* comme l'argent, le temps de travail ou le salaire ; or ces choses abstraites ne sont rien d'autre que les formes réifiées de rapports sociaux, c'est-à-dire de rapports humains, dont les données biologiques sont le support individuel, mais aussi peu la *cause* que le découpage en morceaux du puzzle est la cause de la configuration du dessin. Le rapport entre travail et salaire, avec ses immenses conséquences pour la vie de l'individu, ne dépend pas du système nerveux mais du système social. C'est pourquoi la théorie de la personnalité en tant que constituée par des rapports sociaux ne peut être édifiée en prenant pour *base* des données psychologiques élaborées par la science des conduites et qui ne sont pas la *base réelle* de la personnalité. Il faut *renverser* le rapport jusqu'ici admis : ce sont ces rapports sociaux qui constituent, à partir de la vie réelle de la personnalité historico-sociale, la base de toutes sortes de rapports dont la science des conduites ne rencontre sur son terrain que la *projection*, énigmatique en elle-même. Sans doute la psychologie contemporaine de la personnalité, dans sa part la plus lucide, a-t-elle reconnu précisément que le découpage en conduites, licite dans son ordre, n'est pas pertinent comme découpage de la personnalité ; mais les découpages qu'elle tente de lui substituer, par exemple le découpage en *rôles*, demeurent malgré

leur intérêt prisonniers de la plupart des illusions psychologiques
ordinaires, parce qu'elle n'a pas encore pris clairement conscience
de la nécessité préalable de *renverser* radicalement le primat de
la conceptualisation psychologique : ainsi le concept de rôle est
déjà un concept qui relève de la psychologie — fût-ce de la psychologie « sociale » — alors que la vraie base se trouve au niveau
de rapports sociaux qui n'ont pas en eux-mêmes la forme psychologique. Ce renversement nécessaire, condition d'une psychologie
scientifique de la personnalité, n'est au fond pas autre chose que
le corollaire psychologique du renversement marxiste de la conception spéculative de l'essence humaine. Et le renversement de
la conception spéculative de l'essence humaine est lui-même en
dernier ressort la réflexion par la science du renversement objectif
en quoi a consisté le passage de l'animalité à l'humanité, c'est-à-
dire le passage d'êtres vivants portant leur essence en eux-mêmes
comme patrimoine biologique à d'autres portant leur essence au
dehors d'eux-mêmes comme patrimoine social [1]. Les vues présentées ici sur la théorie de la personnalité ne sont en un sens pas
autre chose que la conséquence nécessaire de tout ce que le mouvement moderne des sciences nous a appris sur l'essence de
l'homme, et qui est venu confirmer de façon impressionnante
l'enseignement de la *VIe Thèse sur Feuerbach*. Il est impossible,
si l'on prend totalement au sérieux cet enseignement expérimen-
talement démontré, de ne pas voir que la psychologie humaine
doit être en un sens l'*inverse* de la psychologie animale. Or c'est
cette inversion dont on cherche encore vainement la trace dans
une science qui pour l'*essentiel* se considère comme cousine de la
biologie dans le même temps qu'elle ignore l'économie politique,
et qui se satisfait sans trop de mal de la même dénomination que
la *psychologie* animale. Si la psychologie humaine est la spécification à l'être humain d'une science dont un autre aspect est la
spécification aux animaux, il est clair qu'elle ne peut comprendre
dans l'homme que ce qui n'est pas radicalement différent de ce
qu'on observe chez les animaux. Et si cela définit le champ parfaitement pensable d'une science des conduites, ou plus largement
des comportements humains, c'est très exactement sur cette

---

1. Cf. cette formulation de A. Leroi-Gourhan (*Le geste et la parole*, t. II,
Albin Michel, 1965, p. 34) : « Toute l'évolution humaine concourt à placer
en dehors de l'homme ce qui, dans le reste du monde animal, répond à
l'adaptation spécifique. »

limite infranchissable que vient achopper jusqu'ici l'introuvable
théorie scientifique de la personnalité humaine.

A ce point de la réflexion, ce n'est pas d'une *comparaison*, par
exemple avec un puzzle qu'il est besoin, mais, mieux que toute
comparaison, c'est la leçon du matérialisme historique en tant que
support d'articulation pour la psychologie de la personnalité qui
est la plus éclairante. Le matérialisme historique est né justement
de la découverte par Marx du rôle fondamental joué dans le
développement de la société humaine par un ordre de rapports
jusque-là mal dégagé des rapports concrets entre les *conditions* de
la vie sociale : l'ordre des rapports de production. En effet, que l'on
étudie le monde de la production des biens matériels lui-même, on
ne rencontre d'abord, semble-t-il, que des processus concrets de
travail, entre lesquels existe une multitude de rapports, aussi bien
rapports entre la production et ses conditions naturelles — par
exemple entre la production agricole et les conditions climatiques,
entre l'industrie et les richesses minières, etc. — que rapports de
caractère technique à l'intérieur de la production elle-même —
par exemple entre production des biens de consommation et
production des moyens de production, entre niveau des forces
productives et division technique du travail, etc. — De ce point
de vue l'étude de la production des biens matériels constitue un
vaste domaine qui emprunte ses matériaux aux sciences naturelles
et technologiques. De là à s'imaginer que *tous* les rapports de la
production, et plus largement de la vie sociale, sont des rapports
de cette nature, il n'y a qu'un pas, franchi par toutes les conceptions prémarxistes, lesquelles dérivent, selon les cas, vers des
théories géographiques, raciales, technologiques du développement
historique. Ces théories, tout à fait comme les théories actuelles de
la personnalité, sans même parler de leur caractère incoerciblement
fragmentaire, en opposition les unes aux autres, échouent de façon
radicale à rendre compte de *l'essentiel* dans le développement
historique concret, parce qu'elles ne voient pas qu'avec les rapports
naturels ou techniques de la production on n'a pas plus épuisé
l'étude des rapports fondamentaux qu'avec le découpage du puzzle
selon ses morceaux on n'a rendu compte de l'image qu'il supporte.
Au contraire, à partir du moment où Marx eut dégagé dans toute
sa rigueur le concept de rapports de production, c'est-à-dire non
pas de rapports naturels ou techniques *supplémentaires*, mais de
rapports dans lesquels entrent les hommes à l'occasion de la production, rapports d'un *tout autre ordre* par conséquent, quoique
appartenant à la même formation sociale et articulés avec les

précédents (ce que la comparaison du puzzle ne traduit pas), la dialectique fondamentale du développement social devient compréhensible, et compréhensible la raison même pour laquelle avant cette découverte elle demeurait incompréhensible. Les données naturelles et techniques ne sont aucunement récusées, mais bien situées comme des données, à l'égard desquelles le processus social du travail — donc, des rapports de production — tout en étant conditionné par elles, joue le rôle de régulateur, et dont il fait de plus en plus son propre *résultat.* Ainsi non seulement la science des rapports de production permet, seule, de comprendre des rapports absolument inélucidables sur le terrain naturel ou technique — comme le rapport entre travail et salaire, capital et profit, terre et rente foncière — mais elle devient également la science-pilote pour saisir dans leur ensemble tous les autres rapports et leurs lois générales de développement.

Confondre derrière l'unité fallacieuse du mot « psychologie » *science des conduites* et *science des rapports sociaux entre les conduites*, ce serait une erreur de même nature que celle qui consiste à confondre sous le vocable confus de « science de la production » la technologie et l'économie politique. Et c'est en une *position homologue à celle de l'économie politique* que doit s'édifier, au-delà de la psychologie des conduites, la science de la personnalité articulée sur le matérialisme historique.

**2. La personnalité comme système vivant de rapports sociaux entre les conduites.** Mais peut-être trouvera-t-on que c'est en venir bien hâtivement aux conclusions les plus ambitieuses à partir de l'analyse rapide du seul rapport, important certes, mais encore très limité, entre le travail et le salaire. Est-il vraiment possible de *généraliser* les enseignements qui semblent se dégager d'une telle analyse? La notion de rapports sociaux entre les conduites considérés comme structures fondamentales de la vie individuelle est-elle pertinente à l'échelle de la personnalité tout entière ? Peut-on espérer raisonnablement qu'elle permette de saisir son économie d'ensemble et ses lois de développement, et cela pour les personnalités les plus diverses, dans les sociétés les plus diverses ? Il est clair que la consistance théorique de la définition de cette *nouvelle science psychologique,* la science de la personnalité en tant que système vivant de rapports sociaux entre les conduites, et à plus forte raison de sa prétention au rôle de science-pilote sur le vaste terrain de l'étude du psychisme humain, dépend de la démonstration qu'il est effectivement possible de généraliser les résultats acquis dans l'analyse des rapports entre travail et salaire. Et la seule réponse décisive à cette légitime exigence sera l'élaboration détaillée de tout le contenu d'une telle science de la personnalité, sur lequel on tentera, dans le chapitre suivant, de présenter un ensemble d'hypothèses concrètes. Mais dans les limites du présent chapitre, c'est-à-dire en se plaçant encore au niveau de l'articulation de la psychologie sur le matérialisme historique et de ce qu'elle implique quant à la science de la personnalité, il est possible de montrer que l'exemple des rapports entre travail et salaire n'est aucunement un cas d'espèce, voué à l'exceptionalité et à la stérilité théoriques, mais bien au contraire un *cas type*, permettant d'emblée le déploiement de la recherche et sa généralisation.

Et d'abord il est aisé d'établir que l'analyse du rapport d'essence sociale qui rattache le salaire au travail, et par conséquent tout un aspect de la satisfaction des besoins à tout un aspect de l'activité concrète, chez des individus qui se rencontrent en grand nombre dans un grand nombre de sociétés : les salariés d'une société de type capitaliste — cette analyse permet de pousser très loin l'étude théorique de l'économie générale de cette forme de personnalité et sans doute de ses lois de développement. En effet, s'il est essentiel de comprendre que le salaire n'est aucunement le « prix du travail », le résultat naturel et immédiat de l'activité productive concrète à laquelle il correspond dans l'apparence de la société capitaliste, il l'est tout autant de voir que par suite toute cette activité concrète se trouve dépourvue de *résultat naturel immédiat pour l'individu qui l'effectue*, ou plus exactement qu'entre son résultat naturel immédiat *du point de vue du processus social de production* et son *résultat purement médiat pour l'individu*, une séparation, une opposition se manifeste. Alors que, dans une activitée privée, travail et résulat du travail, activité productive et satisfaction des besoins constituent un cycle immédiatement clos sur lui-même, dans le travail salarié au sein d'une économie capitaliste le cycle est ouvert, ou plutôt encore *il n'y a pas de cycle réel* derrière les apparences : les besoins auxquels « correspond » l'activité productrice ne sont pas plus ceux de l'individu producteur que le salaire qu'il reçoit, moyen social d'accéder à la satisfaction de ses besoins, ne « correspond » au travail fourni. A travers *l'aliénation du travail*, au sens scientifique que prend ce concept dans *Le Capital*, c'est la personnalité dans son fondement même qui se trouve hantée par les contradictions sociales objectives.

Aucun point sur lequel Marx soit revenu plus constamment

pendant quarante ans. Dans *L'idéologie allemande*, analysant le morcellement du travail caractéristique de la production capitaliste, il écrit :

> « Dans aucune période précédente, les forces productives n'avaient pris cette forme indifférente aux relations des individus *en tant qu'*individus, parce que ces relations étaient encore limitées. D'autre part, on voit se dresser, en face de ces forces productives, la majorité des individus dont ces forces se sont détachées, qui sont de ce fait frustrés du contenu réel de leur vie et sont devenus des individus abstraits, mais qui, par là même et seulement alors, sont mis en état d'entrer en rapport les uns avec les autres *en tant qu'individus*. Le travail, seul lien qui les unisse encore aux forces productives et à leur propre existence, a perdu chez eux toute apparence de manifestation de soi et ne maintient leur vie qu'en l'étiolant. Dans les périodes précédentes, la manifestation de soi et la production de la vie matérielle étaient séparées par le seul fait qu'elles incombaient à des personnes différentes et que la production de la vie matérielle passait encore pour une manifestation de soi, une activité d'ordre inférieur, à cause du caractère limité des individus eux-mêmes ; aujourd'hui, manifestation de soi et production de la vie matérielle sont séparées au point que la vie matérielle apparaît comme étant le but, et la production de la vie matérielle, c'est-à-dire le travail, comme étant le moyen (ce travail étant maintenant la seule forme possible, mais comme nous le voyons, négative, de la manifestation de soi). Nous en sommes arrivés aujourd'hui au point que les individus sont obligés de s'approprier la totalité des forces productives existantes non seulement pour parvenir à manifester leur moi, mais avant tout pour assurer leur existence [1]. »

Dix ans plus tard, dans les *Grundrisse*, Marx reprend l'analyse, dans la conceptualisation économique plus rigoureuse qu'il a élaborée entre temps :

---

1. *L'idéologie allemande*, pp. 102-103.

« Pour l'ouvrier, le travail n'est valeur d'usage que dans la mesure où il EST *valeur d'échange*, et non dans la mesure où il produit des valeurs d'échange. Pour le capital, il a une valeur d'échange dans la mesure où il a une valeur d'usage. Pour l'ouvrier sa valeur d'usage ne se distingue donc pas de sa valeur d'échange, contrairement à ce qui se passe pour le capital. L'ouvrier échange donc son travail comme simple valeur d'échange déterminée par un procès antérieur : il échange son travail pour du *travail objectivé*, car son travail antérieur a déjà matérialisé une certaine quantité de valeurs ; autrement dit, son équivalent est mesuré et donné d'avance. Le capital reçoit en échange le travail vivant, qui est la force productive générale de la richesse, l'activité créatrice d'une surabondance de richesses. De toute évidence, l'ouvrier ne peut *s'enrichir* à partir d'un tel échange : comme Esaü cédait son droit d'aînesse contre un plat de lentilles, l'ouvrier cède sa *force créatrice* contre une grandeur déjà existante pour avoir la faculté de travailler. Bien plus, comme nous le verrons, il s'appauvrit en mettant la force créatrice de son travail à la disposition de la puissance du capital, *force étrangère* qui s'oppose à lui. Il *s'aliène* au travail, force productive de la richesse, que le capital s'approprie de la sorte [1]. »

Et dix ans plus tard encore, dans le Livre I du *Capital*, il reprend cette question fondamentale de façon particulièrement suggestive au point de vue même de l'humanisme scientifique :

« D'un côté, le procès de production ne cesse pas de transformer la richesse matérielle en capital et moyens de jouissance pour le capitaliste ; de l'autre, l'ouvrier en sort comme il y est entré : source personnelle de richesse, dénuée de ses propres moyens de réalisation. Son travail, déjà aliéné, fait propriété du capitaliste et incorporé au capital, avant même que le procès commence, ne peut évidemment, durant le procès, se réaliser qu'en produits qui fuient de sa main.

Et plus loin :

---

1. *Fondements*, t. I, pp. 254-255.

« La consommation du travailleur est double. Dans l'acte de production, *il consomme par son travail* des moyens de production, afin de les convertir en produits d'une valeur supérieure à celle du capital avancé. Voilà sa *consommation productive*, qui est en même temps consommation de sa force par le capitaliste auquel elle appartient. Mais l'argent dépensé pour l'achat de cette force est dépensé par le travailleur en moyens de subsistance, et c'est ce qui forme sa *consommation individuelle*. La consommation productive et la consommation individuelle du travailleur sont donc parfaitement distinctes. Dans la première, il agit comme force motrice du capital et appartient au capitaliste ; dans la seconde, il s'appartient à lui-même et accomplit des fonctions vitales en dehors du procès de production. Le résultat de l'une, c'est la vie du capital ; le résultat de l'autre, c'est la vie de l'ouvrier lui-même. »

Mais cette vie se trouve entièrement dominée par les rapports capitalistes :

« L'ouvrier [est] obligé à faire de sa consommation individuelle un simple incident du procès de production. Alors les vivres qui entretiennent sa force jouent le même rôle que l'eau et le charbon donnés en pâture à la machine à vapeur. Ils ne lui servent qu'à produire, ou bien sa consommation individuelle se confond avec sa consommation productive. »

« La consommation individuelle de l'ouvrier, qu'elle ait lieu au-dedans ou au-dehors de l'atelier, forme donc un élément de la reproduction du capital, de même que le nettoyage des machines, qu'il ait lieu pendant le procès de travail ou dans les intervalles d'interruption. Il est vrai que le travailleur fait sa consommation individuelle pour sa propre satisfaction, et non pour celle du capitaliste. Mais les bêtes de somme aussi aiment à manger, et qui a jamais prétendu que leur alimentation en soit moins l'affaire du fermier ? [1] »

Voilà de bien longues citations ; mais il fallait les faire. Car des

---

1. *Le Capital*, I, 3, pp. 13 à 15.

pages comme celles-là, prises parmi tant d'autres, si elles ont été écrites il y a un siècle, semblent n'avoir encore *jamais été lues*, non certes par des psychologues, mais par la psychologie. Ces textes, qui sont pour nous, hommes du XXᵉ siècle, d'une vérité toujours saignante, inexprimablement essentielles pour la compréhension de notre *vie réelle*, contiennent, justement parce qu'elles ne relèvent pas de la « psychologie », des indications d'une incalculable importance pour une réelle science psychologique de la personnalité, et qui pourtant n'ont encore jamais été perçues comme telles, et en tout cas jamais été mises en état de fonctionner théoriquement comme telles. Montrons donc combien elles le peuvent. Le propre du travailleur salarié de la société capitaliste, c'est qu'il ne possède d'aucune manière les *moyens* d'exercer son activité productive — excepté un seul : sa force de travail. Et comme « l'appropriation » des moyens de production, autrement dit les apprentissages et les activités par lesquels les individus *font leurs* ces moyens de production,

> « n'est elle-même pas autre chose que le développement des facultés individuelles correspondant aux instruments matériels de production [1] »,

il en résulte que les travailleurs ne sont pas maîtres du développement de leurs facultés individuelles, de leur croissance en tant que personnalités, du moins pour autant que leur activité s'exerce au titre du travail salarié. Leur force de travail, donc leur « personnalité vivante [2] », ne peut par conséquent se manifester spontanément en fonction de leurs capacités, de leurs aspirations, de leurs besoins : elle ne peut être une libre manifestation de soi, mais doit être vendue au capitaliste. Or cet acte de vente ne signifie pas seulement que le travailleur se trouve dépossédé de la faculté de l'utiliser à sa guise, mais que, de manifestation de la personnalité vivante, elle descend au rang de marchandise — qu'elle perd son existence concrète de force créatrice de valeurs d'usage pour revêtir la forme abstraite d'une valeur d'échange, dont la grandeur est déterminée avant le processus concret du travail, indépendamment de lui, sauf dans les formes phénoménales de son décompte. Du même coup c'est aussi la consommation personnelle qui se trouve déconnectée d'avec l'activité concrète

---

1. *L'idéologie allemande*, p. 103.
2. *Le Capital*, I, 1, p. 170.

et les besoins réels, qui devient elle-même le simple moyen de conserver à la force de travail sa valeur d'usage *pour le capitaliste*, c'est-à-dire sa valeur d'échange pour le travailleur. Ainsi la personnalité vivante se trouve-t-elle aliénée de tous les côtés : elle est dominée par sa valeur d'échange qui est la négation de l'individualité concrète, hantée de part en part par les rapports sociaux de dépendance, scindée par une opposition fondamentale entre la vie personnelle qui ne peut se loger que dans les pores de la journée de travail et la vie sociale qui n'est plus autre chose que le moyen abstrait, étroitement déterminé, d'assurer cette vie personnelle. Certes

> « toute production est objectivation de l'individu » [mais] « dans l'argent (valeur d'échange) l'objectivation de l'individu ne s'effectue pas en fonction de sa nature, mais dans des conditions (relations) sociales extérieures à lui [1] ».
>
> « La manifestation de la vie — l'activité vitale apparaît comme simple moyen : le phénomène dissocié de cette activité comme but [2]. »

Voyons les choses de plus près encore. Dans sa vie personnelle, l'individu peut bien sans doute déterminer librement son activité et la rapporter concrètement à ses besoins réels, mais comme il ne possède pas les forces de production génératrices du développement universel de l'individu, comme les limites de cette vie personnelle sont à tous égards fixées par les rapports sociaux de la façon la plus étroite, comme au sein même de cette activité personnelle la reproduction de la force de travail l'emporte de toute nécessité puisqu'elle conditionne la possibilité même de vivre, cette vie réelle de l'individu se trouve transformée elle-même en une donnée subalterne, en une simple diversion, en appendice de la forme abstraite de la force de travail. Au contraire, dans le travail social, l'individu est en présence des forces productives avancées : c'est là qu'il pourrait en principe développer largement ses capacités individuelles. Mais ici tout est renversé : non seulement ce développement n'est pas le but de l'activité, mais il ne peut même s'effectuer que dans les limites où cela contribue à la création de valeur d'échange pour le capitaliste, limites avec les-

---

1. *Fondements*, t. I, p. 167. Cf. aussi p. 426.
2. *Travail salarié et capital*, Éd. sociales, 1952, p. 45.

quelles il se trouve à chaque instant en contradiction. Le travail concret, la manifestation de la personnalité vivante, condition de son propre développement, ne peut donc jamais s'épanouir librement : là où elle le pourrait elle n'en a pas les moyens, et là où elle en aurait les moyens cela lui est interdit. C'est justement parce que l'activité concrète se trouve ainsi entièrement assujettie aux exigences de l'activité abstraite que la satisfaction des besoins *en tant qu'elle coïncide avec la reproduction de la force de travail*, apparaît comme *la base naturelle et l'élément moteur de la personnalité*. La psychologie ordinaire pour qui toute l'activité psychique, humaine aussi bien qu'animale, vise en dernier ressort simplement à « satisfaire les besoins », n'est pas autre chose en son fond que l'expression idéologique naïve de l'aliénation fondamentale induite dans la personnalité des travailleurs au sein d'une société capitaliste par la nature même des rapports sociaux. Là il est bien vrai que l'homme *travaille pour vivre* dans la mesure même où il *vit pour travailler* — au lieu de pouvoir travailler pour le travail même en tant que libre manifestation de soi, au lieu que la vie soit le

> « développement de toutes les forces humaines en tant que telles, sans qu'elles soient mesurées d'après un étalon préétabli[1] ».

C'est pourquoi le schéma général de la conduite apparaît sous la forme du cycle besoin-activité-besoin, B-A-B, impliquant par conséquent une vue homéostatique (reproduction simple) de la personnalité — illusion qui constitue le fond d'à peu près toutes les théories de la motivation qui aient été élaborées jusqu'ici — alors qu'un tel schéma ne reflète aucunement chez l'homme une donnée naturelle, mais est au contraire l'effet le plus net, sur les personnalités, de rapports sociaux caractérisés eux-mêmes par une tendance interne à entraver l'essor des forces productives.

On voit aussi, par conséquent, qu'à partir d'une analyse comme celle des rapports réels entre travail et salaire, non seulement apparaît une nouvelle sorte de rapports entre les conduites, mais encore ce type de rapports permet d'accéder à l'étude scientifique des *contradictions de base* de la vie personnelle — contradictions entre activité sociale et activité privée, personnalité abstraite et personnalité concrète, consommation personnelle et reproduction de la force de travail, etc. — et ouvre des perspectives immenses

---

1. *Fondements*, t. I, p. 450.

à la réflexion sur les *lois de développement* des personnalités. C'est là ce qu'aucune théorie classique de l'apprentissage n'est en mesure de nous apporter. Les théories de l'apprentissage qui se situent sur le terrain de la science des comportements et des conduites, peuvent dans le meilleur des cas nous expliquer comment s'effectue le développement des activités *abstraction faite* des rapports sociaux entre les conduites, abstraction faite de la structure sociale de la personnalité, c'est-à-dire sans tenir compte de ce qui détermine le *cours général du développement* de la personnalité. Elles sont aux lois de développement de la personnalité dont l'élaboration apparaît possible sur la base de l'étude des rapports sociaux entre les conduites, ce que les analyses technologiques du développement des forces productives sont aux analyses économiques fondées sur l'étude des rapports de production. C'est pourquoi elles rencontrent sur leur terrain nombre de faits aberrants, dont elles ne peuvent pas faire la théorie de façon correcte. Et seuls les psychologues qui ont conscience des *limites* de la science des conduites, et qui réfléchissent sur ce qui se trouve *au-delà* de ces limites, en particulier s'ils travaillent sur la base du marxisme, savent voir dans ces faits aberrants quelque chose qui met profondément en cause la conceptualisation psychologique habituelle. C'est ainsi que dans son étude d'ensemble de l'apprentissage, J.-F. Le Ny, bien qu'il s'en tienne dans tout son travail en deçà du seuil « où les activités psychologiques cessent d'être communes à l'homme et à l'animal [1] », fait remarquer justement :

> « Ce sur quoi la psychologie de laboratoire, intéressée surtout par l'aspect analytique des comportements, a peu ou pas du tout insisté, c'est sur le fait que dans la vie psychologique concrète il existe au sein de l'environnement toute une structure dialectique de renforcement [2]. »
>
> « Chez l'homme, l'importance du passé et de l'environnement est, à cet égard, telle que sous la variabilité et la diversité des buts c'est à peine si l'on peut reconnaître le fond commun des motivations primitives, transformées par l'histoire personnelle. C'est

---

1. J.-F. Le Ny : *Apprentissage et activités psychologiques*, P. U. F., 1967, p. 444.
2. *Ibid.*, p. 142.

à ce point que les conditions sociales prennent toute leur importance. L'homme ne cesse pas d'être biologiquement déterminé, mais sa façon de l'être est de se déterminer socialement ; en intégrant en lui-même tout ce dont la société dans laquelle il vit l'enrichit et l'appauvrit, l'individu devient une personne [1]. »

Mais l'immense programme de recherches nouvelles que dessinent ces remarques ne peut être mené à bien si l'on n'entreprend pas avant tout l'étude scientifique, non psychologique en elle-même, de « la structure de l'environnement social [2] ».

Le même problème peut être abordé sous un autre angle encore. Pour toute psychologie qui se propose de contribuer pratiquement à l'épanouissement maximum de toutes les personnalités humaines, une question décisive est évidemment celle des *limites de croissance psychique*, de leur nature, de leur source, et des moyens propres à les faire reculer. Une telle recherche peut bien entendu s'appuyer sur des données neurophysiologiques, biologiques et médicales : une gérontologie psychologique doit être articulée avec la gérontologie biologique. Mais la moindre réflexion sur les données évidentes de l'observation journalière montre que les limites du développement des personnalités ne peuvent absolument pas être comprises dans certains de leurs aspects essentiels à partir de la notion de limites biologiques. Les discordances dans les deux sens — pétrifications précoces de la personnalité ou au contraire reprises tardives de croissance — sont par elles-mêmes des preuves éloquentes que, par-delà tous les déterminismes biologiques, nous avons affaire à un phénomène dont l'essence est sociale. Ici encore le matérialisme historique joue son rôle de science-pilote. Marx fait observer dans *Le Capital* le caractère extrêmement bizarre, au premier abord, de la *limite de croissance* du développement des forces productives qui vient contredire la tendance du capitalisme à les pousser sans cesse en avant, et qui apparaît notamment sous la forme de la baisse tendancielle du taux de profit. Or cette limite n'est pas du tout inhérente aux forces productives elles-mêmes, qui peuvent parfaitement croître au-delà d'elle, comme le prouve concrètement le remplacement des rapports capitalistes par les rapports socialistes.

« Cette limitation bien particulière témoigne du

---

1. O. c., p. 441.
2. *Ibid.*, p. 34.

caractère limité et purement historique, transitoire, du système de production capitaliste [1]. »

Cela tient à ce que dans le capitalisme

« c'est le profit et le rapport entre ce profit et le capital utilisé, donc un certain niveau du taux de profit, qui décident de l'extension ou de la limitation de la production, au lieu que ce soit le rapport de la production aux besoins sociaux, aux besoins d'êtres humains socialement évolués. C'est pourquoi des limites surgissent déjà pour la production à un degré de son extension qui sinon, dans la seconde hypothèse, paraîtrait insuffisant, et de loin. Elle stagne, non quand la satisfaction des besoins l'impose, mais là où la production et la réalisation de profit commandent cette stagnation [2]».

En somme, cette limite historique purement relative tient à l'inversion des rapports entre fin et moyens du développement de la production, entre activité concrète et activité abstraite.

« Le capital et sa mise en valeur par lui-même apparaissent comme point de départ et point final, moteur et fin de la production ; la production n'est qu'une production pour le capital et non l'inverse : les moyens de production ne sont pas de simples moyens de donner forme, en l'élargissant sans cesse, au processus de la vie au bénéfice de la *société* des producteurs [3]. »

Il ne s'agit évidemment pas de transposer mécaniquement les conclusions tirées par Marx de la loi de la baisse tendancielle du taux de profit dans l'économie capitaliste à la théorie de la personnalité. Mais qu'on réfléchisse à la raison profonde pour laquelle, selon l'analyse de Marx, le capitalisme rencontre une limite dans le développement des forces productives : cette limite tient au fait que la production se trouve subordonnée à la recherche du profit, *l'activité concrète à sa forme abstraite*. Or ce renversement est à la base non seulement de l'*économie* capitaliste, mais, on l'a vu, de la *personnalité du travailleur salarié* dans cette économie. C'est pourquoi il y a tout autre chose qu'une *simple analogie* entre le phénomène de la tendance *non naturelle* à la stagnation des forces

1. *Le Capital*, III, 1, p. 255.
2. *Ibid.*, p. 271.
3. *Ibid.*, p. 263.

productives et le phénomène de la tendance *non naturelle* à la
stagnation des capacités de la personnalité vivante dans les conditions de ces rapports sociaux. Dans une personnalité où le développement de l'activité concrète est entièrement subordonné à la
valeur de la force de travail, faut-il s'étonner si les capacités correspondantes de l'individu tendent à stagner dans la mesure même
où la valeur de sa force de travail est stagnante, voire dépréciée
selon la loi de la paupérisation ? On aperçoit donc ici, derrière les
phénomènes biologiques et neurophysiologiques de vieillissement,
dont l'incidence sur la personnalité n'est bien entendu pas niable,
une *loi d'essence sociale* qui se manifeste dans la stagnation d'innombrables personnalités, et cela souvent dès la prime jeunesse,
à un niveau extrêmement inférieur à celui dont quelques personnalités exceptionnelles démontrent l'*accessibilité* dans une société
donnée. Ne faudrait-il pas alors réexaminer de façon radicalement
critique, en même temps que l'idéologie bourgeoise des « dons »,
la conception enracinée, et pourtant si visiblement bancale, selon
laquelle les rares *grands hommes* d'une époque seraient les exceptions *biologiques* que les combinaisons des chromosomes produi-
raient avec la parcimonie prévisible d'un calcul génétique ? Ne
serait-il pas temps d'en finir avec la vacuité théorique éclatante
d'une certaine mythologie biologique du génie, en se demandant
si l'*existence* des grands hommes, des personnalités accomplies,
ne serait pas la preuve que le stade de développement atteint par
la société *rend en général possible* cet accomplissement, et si par
conséquent le fait que la masse des individus restent rabougris ne
tient pas à ce qu'ils sont *empêchés* de se développer, comme cela
est permis à d'autres, par des rapports sociaux *inhumains* au sens
historique concret du terme, annulant pour eux les possibilités
d'épanouissement impliquées par le niveau général des forces
productives et de la civilisation ? Les grands hommes, exceptions
d'une époque *dans la mesure exacte où l'immense majorité des
autres hommes est rabougrie par les conditions sociales*, ne seraient-
ils pas en un sens les *hommes normaux* de cette époque, et la règle
commune du rabougrissement ne serait-elle pas justement l'*exception* qu'il faudrait expliquer ? Le chapitre suivant reviendra sur
ces interrogations aujourd'hui irrépressibles [1]. En tout cas, par-

---

1. Cf. *L'idéologie allemande*, p. 434, en particulier l'idée que « la concentration exclusive du talent artistique chez quelques individualités, et corrélativement son étouffement dans la grande masse des gens, est une conséquence de la division du travail ».

tant de l'analyse des rapports sociaux entre travail et salaire, on voit comment la réflexion dégage peu à peu, et logiquement, les grandes lignes possibles d'une théorie générale des structures de base de la personnalité et des lois de développement qui la régissent. Mais il n'a encore été question jusqu'ici que du travailleur salarié de la société capitaliste, considéré du seul point de vue de son activité de travailleur salarié. Pour aller plus loin dans la démonstration qu'il est possible de *généraliser jusqu'au bout* l'étude de la personnalité considérée comme système vivant de rapports sociaux entre les conduites, il nous faut maintenant examiner d'autres aspects de la vie personnelle, d'autres personnalités que celle du salarié, d'autres sociétés que la capitaliste, à la lumière de la théorisation déjà esquissée.

1. — Les analyses précédentes portent sur l'activité sociale de l'individu, sur son travail en tant qu'objet de l'économie politique. Peut-on concevoir une approche identique de problèmes psychologiques bien différents, comme ceux de la vie personnelle au sein du couple, et plus largement des rapports familiaux ? La question est d'autant plus importante que dans son ensemble la psychologie « humaniste », au sens spéculatif du terme, qui ignore à peu près tout des rapports de production, fait en revanche un sort exceptionnel aux « problèmes du couple » et à l'amour. L'un explique d'ailleurs l'autre, comme Marx l'avait bien noté à propos de Feuerbach dans *L'idéologie allemande* : ne saisissant pas les hommes « dans leurs conditions de vie données qui en ont fait ce qu'ils sont », « il s'en tient à une abstraction, « l'Homme », et il ne parvient à reconnaître l'homme « réel, individuel, en chair et en os », que dans le sentiment ; autrement dit, il ne connaît pas d'autres « rapports humains » « de l'homme avec l'homme » que l'amour et l'amitié, et encore idéalisés [1] ». Ainsi entendue, la « dialectique du couple » est le pseudo-concret d'une psychologie essentiellement abstraite, pour qui les rapports sociaux réels se réduisent à la relation spéculative du « Moi » et de « l'Autre ». Mais même lorsque ces problèmes sont abordés de façon beaucoup plus concrète et scientifique, la tendance à les traiter en tant que problèmes de l'*affectivité* dans le sens le plus large du terme et à les valoriser *aux dépens* des problèmes du travail social et des rapports

---

1. *L'idéologie allemande*, p. 56. Cf. ENGELS : *Ludwig Feuerbach*, 3ᵉ partie.

de production est à peu près toujours l'indice d'une déformation philosophico-humaniste : il y a là une véritable loi théorique [1].

Cela ne veut pas dire que la conception ici défendue de la psychologie de la personnalité comme système vivant de rapports sociaux entre les conduites implique pour les problèmes de l'amour, du couple et de la famille, une attitude si peu que ce soit dépréciative. Pas plus que le principe du matérialisme historique, avec lequel il est directement articulé, le principe d'une telle théorie de la personnalité n'est *réducteur*. D'abord parce que, la psychologie de la personnalité ne pouvant, bien entendu, être considérée comme simplement homologue à la théorie de la société, la *base* de l'activité personnelle ne peut être réduite à la seule participation de l'individu aux activités de *base* de la société correspondante. Si, comme nous l'avancerons au chapitre suivant, l'infrastructure d'une personnalité est constituée par l'ensemble des activités qui la produisent et la reproduisent, y figurent donc non seulement le travail social, mais les activités personnelles et les relations interpersonnelles qui, à leur manière, développent des capacités, satisfont des besoins, engendrent un produit psychologique. L'amour, par exemple, répond à ces critères, et appartient en ce sens à l'infrastructure de la personnalité. Aussi bien, si le travail social nous paraît jouer en général le rôle infrastructurel le plus décisif dans l'économie d'ensemble de la personnalité, cela ne relève aucunement d'un mysticisme ou d'un fétichisme « marxistes » du travail, mais seulement du fait irrécusable que le travail social est en général l'activité dans laquelle l'individu se trouve au contact des forces productives et des rapports sociaux les plus décisifs en dernière analyse. Mais justement à cause de leur position en quelque sorte médiane dans la vie personnelle, entre les activités proprement sociales et les activités purement individuelles, les relations interpersonnelles peuvent jouer un rôle spécifique de première importance. Et sans doute l'apport le plus précieux du marxisme en cette affaire serait-il, contrairement à une idée répandue, non pas de pousser à une assimilation forcée de l'amour

---

1. Cette loi se vérifie une fois de plus dans l'évolution théorique de R. Garaudy. Ainsi dans *Marxisme du XXe siècle* (La Palatine, 1966) des vues sur le couple, en elles-mêmes défendables mais détachées de toute analyse sociale concrète, sont utilisées comme argument en faveur de la pseudo-*VIe Thèse* et de l'idée que « l'amour révèle la dimension spécifiquement humaine de l'histoire », c'est-à-dire « la transcendance de l'homme par rapport à chacune de ses réalisations provisoires » (p. 156).

aux rapports sociaux proprement dits, mais au contraire de souligner sa spécificité extrêmement profonde, et en même temps son ambiguïté, source d'une aptitude inépuisable à se charger de fonctions et de significations dérivées les plus diverses : il peut même, de bien des façons, occuper la place du travail social. C'est pourquoi d'ailleurs sa position dans l'infrastructure de la personnalité n'est aucunement une donnée naturelle invariable, mais une caractéristique à la fois historiquement relative et concrètement individuelle. On y reviendra.

En second lieu, si les relations interpersonnelles, la vie du couple et de la famille, l'amour et l'amitié peuvent être considérés comme appartenant à la base de la personnalité, il ne faut pas oublier que la *base* n'est naturellement pas plus *le tout* de la personnalité que de la société, elle est le *facteur déterminant en dernière instance*, selon la formule d'Engels, qui dans une lettre à Joseph Bloch ajoute :

> « Ni Marx ni moi n'avons jamais affirmé davantage. Si, ensuite, quelqu'un torture cette proposition pour lui faire dire que le facteur économique est le *seul* déterminant, il la transforme en une phrase vide, abstraite, absurde [1]. »

Dans la vie d'une personnalité comme dans celle d'une société, il est évident qu'il y a un grand nombre d'actes qui n'appartiennent pas à la base, mais qui par exemple jouent un rôle de superstructure. On reviendra dans le prochain chapitre sur ce problème très important des superstructures de la personnalité. Mais dès maintenant on peut observer que les sentiments en général, et ceux de l'amour ne font pas exception, sont sans doute très largement superstructurels, selon la vue profonde de Pierre Janet, qui a su le premier mettre en évidence leur nature d'*actes secondaires, régulateurs des activités primaires* : il esquissait par là, malgré l'idéologie philosophique médiocre à travers laquelle il réfléchissait, la théorie de la personnalité comme système d'activités structuré dans le temps, c'est-à-dire qu'il approchait la solution d'aussi près qu'il est possible à qui ignore tout du marxisme[2]. De ce point de vue on ne s'avance certainement pas beau-

---

1. Lettre du 21 septembre 1890, *Études philosophiques*, p. 238.
2. L'utilisation des métaphores économiques dans la conception de la personnalité chez Janet mériterait bien une étude : il a eu le génie de pressentir qu'elles touchaient à l'essentiel, alors même qu'il ne connaissait pas

coup si l'on dit que l'amour, dans son extraordinaire multiplicité d'aspects, se charge de façon complexe d'un grand nombre de fonctions superstructurelles dont l'écheveau n'est certes pas facile à débrouiller. Dans la vie d'une personnalité, il y a aussi sans doute beaucoup d'actes qu'on ne peut rapporter directement ni à la base ni à la superstructure. Vouloir élaborer une théorie *vraie* de la personnalité en s'imaginant au départ que chaque acte sera nécessairement classable sous des rubriques scientifiques bien claires relèverait de l'enfantillage ; trop heureux s'il devient possible de saisir enfin rationnellement les structures *principales* et leur mouvement *général*. Il y a à coup sûr beaucoup de ce « tissu conjonctif » de l'activité dans les rapports du couple et de la famille, comme dans tous les autres rapports.

Mais si largement autonomes que puissent être ces rapports à l'égard de ce qu'on a identifié plus haut comme la base de la personnalité, il reste que ce sont des *rapports*. Et si l'on prend vraiment au sérieux cette notion de rapport, on ne peut pas la concevoir comme une simple mise en relation extérieure et contingente d'individus définis eux-mêmes de façon purement préalable et indépendante ; tout rapport a en soi-même une réalité essentielle par laquelle se trouvent déterminés ceux qui y sont engrenés : c'est là aussi tout l'esprit de la *VIᵉ Thèse sur Feuerbach*, et de la dialectique. Il s'agit donc d'étudier dans leur *réalité essentielle* les rapports du couple et de la famille. Et qu'est-ce qu'étudier scientifiquement cette réalité essentielle, sinon pour commencer étudier les *échanges matériels* en quoi elle consiste, ou du moins sur quoi elle repose ? Une psychologie scientifique, matérialiste, des rapports du couple et de la famille s'appuie sur l'étude attentive de *l'économie domestique*, ou elle n'est pas. Telle est bien la démarche des fondateurs du marxisme, de tous les théoriciens authentiques du socialisme. Ainsi, analysant en 1919, dans *La grande initiative*, les conditions d'émancipation sociale des femmes — qui conditionne à son tour leur émancipation psychologique et celle des rapports dans le couple — Lénine écrivait que

> « la femme demeure *l'esclave domestique*, en dépit de toutes les lois émancipatrices, puisque les *petites*

---

d'autre économie politique que sa forme bourgeoise vulgaire. « Les psychologues, écrit-il, n'ont pas donné à mon avis une place suffisante à l'analyse du travail, peut-être parce qu'ils ne se placent pas assez au point de vue de l'action. » (*De l'angoisse à l'extase*, Alcan, 1926, t. 1, p. 228.)

> *besognes domestiques* l'accablent, l'étouffent, l'abru-
> tissent, l'humilient, en l'enchaînant à la cuisine et à
> la chambre d'enfants, en gaspillant ses efforts dans
> un labeur absurdement improductif, mesquin, éner-
> vant, abrutissant, écrasant [1] ».

Cette petite économie domestique n'est pas seulement caractérisée par le bas niveau des *moyens de travail*, comme le croit
l'idéologie techniciste pour qui la généralisation de l'aspirateur
et de la machine à laver, parce qu'ils sont en soi des progrès,
devrait suffire à libérer la femme : le progrès des forces productives de l'industrie, qui est aussi positif en soi, n'affranchit pas
cependant par lui-même le prolétariat, et même au contraire,
dans le capitalisme. Plus encore que le niveau des forces productives, c'est un système de *division du travail*, de *rapports d'activité
domestique*, appuyés sur les rapports de la production sociale,
qui est directement en cause, et c'est de son analyse scientifique
que dépend le passage à une psychologie scientifique de la personnalité dans le couple et la famille. Il y a là une tâche théorique
énorme à accomplir, car il est évident que si nous disposons en
économie *politique*, grâce à Marx, d'une théorie extraordinairement riche et profonde, bien des questions restent sans réponse,
si même elles sont posées, sur le terrain de l'économie *domestique*,
où d'ailleurs, par opposition à ce qui se passe pour le travail social
étudié par l'économie politique, l'extrême diversité des conditions
rend objectivement très difficile la généralisation. Et pourtant
ce retard de la théorie de l'économie domestique n'est-il pas justement la source la plus directe de la persistance de l'idéalisme
dans toute une « psychologie du couple » ?

Ce qu'il faut examiner de près, en particulier, c'est la nature
exacte des *échanges* qui sont en jeu dans les rapports familiaux
et leur *effet* sur les activités qu'ils régissent. Dans ce domaine on
doit bien entendu se garder de toute assimilation naïve entre
travail domestique (de la ménagère) et travail salarié, prestation
de services et vente de marchandises, servitudes domestiques et
exploitation capitaliste : la famille même bourgeoise n'est pas
une société capitaliste en réduction. Mais cela dit des problèmes
surgissent. C'est ainsi que le *travail domestique concret* de la ménagère se trouve sans cesse dans la famille *vis-à-vis* du travail social
abstrait porteur de revenus, sous la forme de l'activité profession-

---

1. LÉNINE : *Œuvres*, t. 29, p. 433.

nelle du mari par exemple ; il est constamment susceptible d'être *remplacé lui-même directement par du travail salarié*, et remplacé doublement : le *même temps* peut être utilisé pour du travail social rémunéré, par exemple si la ménagère se met à exercer un métier, et les *mêmes tâches* peuvent être accomplies comme travail domestique salarié, si elle emploie une femme de ménage. Dès lors dans quelle mesure, au sein même d'une économie domestique qui *par elle-même* n'y conduit pas, le *temps de travail* domestique se dégage-t-il des formes concrètes dans lesquelles il est englué, dans quelle mesure peut-il se mettre à jouer un rôle *régulateur* dans les rapports du couple ? Un dédoublement ne tend-il pas à s'opérer, ici aussi, bien que d'une façon spécifique, entre l'activité concrète comme manifestation de soi et rapport immédiat avec autrui, et une forme *pseudo-abstraite* de cette activité, grevée de cette infériorité constitutive qu'au sein des rapports domestiques elle est incapable *comme telle* de s'échanger contre un *revenu* ? On aperçoit aussitôt les perspectives qu'ouvrirait une telle étude, sur les *formes d'individualité* que comportent les rapports d'activité domestique, sur les *contradictions de la personnalité* qu'ils induisent et qui viennent se greffer sur les contradictions de base évoquées plus haut, sur la source de toutes sortes de *représentations idéologiques* qu'on rencontre à chaque instant dès qu'il est question de psychologie des sexes et de leurs rapports, par exemple sur la racine sociale de toute l'idéologie de l'infériorité essentielle de la femme. En fait, il est impossible de traiter sérieusement de cette question autrement que sur la base d'une étude des *rapports pratiques* du couple — et plus largement de la famille, car dans la logique profonde du rapport entre l'homme et la femme il y a l'enfant, élément capital de l'analyse, fût-ce parfois par son absence : si comme on l'a dit la femme est l'avenir de l'homme, l'enfant est l'avenir du couple. C'est sans forcer les choses qu'on se trouve renvoyé, si l'on est animé par l'esprit de la science matérialiste, des rapports interpersonnels aux échanges matériels et des échanges matériels aux rapports sociaux — de la psychologie à l'économie, sur laquelle dans ce domaine comme dans les autres elle est fondée. Aussi bien Marx, dans *Le Capital* notamment, a-t-il placé des pierres d'attente pour la théorie scientifique de la famille articulée avec l'économie politique :

> « Si terrible et si dégoûtante que paraisse dans le milieu actuel la dissolution des anciens liens de famille, *écrit-il*, la grande industrie, grâce au rôle décisif

qu'elle assigne aux femmes et aux enfants en dehors du cercle domestique, dans des procès de production socialement organisés, n'en crée pas moins la nouvelle base économique sur laquelle s'élèvera une forme supérieure de la famille et des relations entre les sexes [1]. »

Cette brève analyse, qui ne se proposait naturellement pas de résoudre les problèmes pris comme exemple, suffit sans doute à montrer que la conception de la personnalité comme système de rapports sociaux entre les conduites n'est pas une extrapolation abusive et stérile de ce que nous apprend l'analyse du travail social. Elle est au contraire la base générale la plus riche pour la réflexion sur les *divers* aspects fondamentaux de la vie personnelle. L'inconscient, nous dit aujourd'hui la psychanalyse dans sa forme la plus vivante, est structuré comme un langage ; mieux, il est langage. Au point où nous en sommes, n'apparaît-il pas plus fondé encore de dire que la personnalité est *structurée comme un échange* ; mieux, qu'elle est, dans sa base, un *système complexe d'échanges* ?

2. — Les analyses dont nous étions partis portent sur les rapports entre le *salaire* et le *travail*. Est-il possible d'analyser selon le même principe les structures de base de la personnalité si nous envisageons le cas non plus d'un travailleur salarié, mais d'un homme occupant dans la société capitaliste une tout autre position, bénéficiant de revenus d'une autre sorte pour une activité effectuée dans des conditions très différentes ? Sans aucun doute. Ainsi ce qui vaut des rapports entre travail et salaire vaut également, toutes choses inégales d'ailleurs, des rapports entre activité capitaliste et profit : le profit du capitaliste n'est pas plus le résultat naturel immédiat de l'activité concrète du capitaliste, quelle qu'elle soit, que le salaire n'est le résultat naturel immédiat du travail concret du salarié [2]. Et croire le contraire relève dans les deux cas de la même illusion idéologique. Pas plus que le salaire n'est le prix du travail, le profit n'est le prix des responsabilités de direction ; il est le prélèvement qu'autorise le statut de capitaliste sur les richesses créées par le travail vivant. Le rapport entre profit et activité capitaliste n'est donc *pas moins médiatisé*

---

1. *Le Capital*, I, 2, p. 168.
2. Cf. notamment *Le Capital*, III, 3, chap. XLVIII : « La formule tri-nitaire ».

*par les rapports sociaux* que celui du travail et du salaire, bien que ce soit d'une autre façon. Il faut même aller plus loin : la *recherche du profit* ne peut pas même être considérée comme l'*activité personnelle concrète* du capitaliste visant la satisfaction de ses *besoins d'individu* :

> « Il ne faut jamais oublier que la production de [la] plus-value [...] est la fin immédiate et le motif déterminant de la production capitaliste. On ne doit donc jamais la présenter comme ce qu'elle n'est pas, je veux dire une production ayant pour fin immédiate la jouissance ou la création de moyens de jouissance pour le capitaliste. Ce serait faire tout à fait abstraction de son caractère spécifique qui se manifeste dans toute sa structure interne [1]. »

Là est justement la source d'une contradiction caractéristique de la forme d'individualité du capitaliste, contradiction non pas « psychologique » au sens ordinaire du mot mais *sociale objective*, et, dans cette mesure, déterminante pour la personnalité. C'est le « conflit à la Faust » que Marx analyse tout au long de son œuvre, des *Manuscrits de 1844* au *Capital*, conflit qui s'élève dans l'âme du capitaliste entre le « penchant à l'accumulation » et le « penchant à la jouissance [2] » : accumuler, c'est se conformer à l'exigence de « l'agrandissement continu du capital » que la concurrence impose comme « loi coercitive externe à chaque capitaliste individuel [3] », mais d'autre part le capitaliste, qui n'est pas que du capital mais qui est aussi un individu concret, « ressent une « émotion humaine » pour son propre Adam, sa chair [4] », d'autant plus que, la prodigalité étant un important moyen d'obtenir du crédit, « le luxe devient une nécessité de métier et entre dans les frais de représentation du capital [5] ». Mais cela revient à dire que même la satisfaction du penchant personnel à la jouissance tend à devenir chez le capitaliste un aspect du processus de la reproduction élargie du capital.

> « A ce point de vue, *conclut Marx*, si le prolétaire n'est qu'une machine à produire de la plus-value, le

---

1. *Le Capital*, III, 1, p. 257.
2. *Ibid.*, I, 1, p. 34.
3. *Ibid.*, p. 32.
4. *Ibid.*, p. 33.
5. *Ibid.*, p. 34.

capitaliste n'est qu'une machine à capitaliser cette plus-value[1]. »

Cet exemple montre bien que les rapports entre activité sociale et satisfaction des besoins, et plus largement les rapports fondamentaux de la personnalité avec elle-même, sont tout autant des rapports *sociaux* chez le capitaliste que chez le prolétaire, ce qui veut dire que la conception de la personnalité définie plus haut vaut pour l'un aussi bien que pour l'autre. A cet égard, il est parfaitement juste de considérer le processus de vie du capitaliste comme non moins aliéné que celui du prolétaire, quoique d'une autre manière : comme le prolétaire, le capitaliste

« reste socialement la créature (des rapports sociaux), quoi qu'il puisse faire pour s'en dégager [2] »,

et pour l'un comme pour l'autre ces rapports capitalistes rendent contradictoires les relations entre aspect social et aspect personnel de l'individualité, forme concrète et forme abstraite de l'activité et des échanges ; plus généralement, ils subordonnent l'ensemble de la vie individuelle à la société comme à une puissance étrangère *inhumaine*. Dans une société de classes en général

« le progrès n'est pas limité seulement du fait qu'une classe en est exclue, mais aussi du fait que la classe qui exclut est enfermée, elle aussi, dans un cadre étriqué, et que l' « inhumain » se rencontre également dans la classe dominante [3]. »

Cela confirme d'ailleurs clairement la fausseté de l'assimilation humaniste-spéculative entre la théorie de l'aliénation de 1844 et la théorie de la paupérisation du *Capital*. En réalité, le caractère encore partiellement spéculatif de la notion d'aliénation chez Marx en 1844 apparaît justement en ceci qu'y sont mêlés des phénomènes très différents : celui de la paupérisation *de la classe ouvrière* (est-il besoin de souligner que l'économie capitaliste ne comporte pas de loi de paupérisation de la classe capitaliste ?) et celui de l'aliénation *générale* des rapports des individus de la société capitaliste entre eux, avec leurs conditions de vie et avec eux-mêmes, aliénation conçue au reste de façon foncièrement nouvelle en 1857 ou en 1867

1. *Le Capital*, p. 36.
2. *Ibid.*, I, 1, p. 20.
3. *L'idéologie allemande*, pp. 474-475. Cf. p. 460, note.

par rapport à 1844, les formes *spécifiques* d'aliénation de chaque classe n'empêchant pas de dégager une essence commune à toutes. On voit donc qu'ici aussi l'idée de rapports sociaux entre les conduites comme base de la personnalité apparaît comme parfaitement généralisable. Pour aborder scientifiquement l'étude d'une personnalité, il faut partir de la théorie des formes historiques d'individualité correspondantes. Or cette théorie repose toujours elle-même sur la science des rapports sociaux, quelle que soit la classe à laquelle appartient l'individualité dont on s'occupe. Il peut naturellement se faire que les matériaux concrets d'une telle étude soient encore insuffisamment élaborés : il est clair, par exemple, que l'analyse détaillée des formes et des fonctions du travail des intellectuels dans la France contemporaine est loin d'être aussi avancée que celle du travail du prolétariat industriel, de sorte que la théorie des formes d'individualité et par suite la psychologie de la personnalité se trouvent dans un état d'avancement objectif très différent dans ces deux cas. Mais cela ne veut bien entendu nullement dire que la psychologie de la personnalité d'un travailleur intellectuel ne pourrait être développée selon les mêmes principes généraux que celle d'un prolétaire ; tout au contraire, cela prouve que la psychologie de la personnalité telle qu'elle est ébauchée ici fait apparaître, autrement que de façon nébuleuse, l'immensité des recherches positives qu'il s'agit de développer.

3. — Et c'est bien la même conclusion qui s'impose si l'on examine le problème de la généralisation de ces principes à l'étude de personnalités se développant au sein d'autres sociétés que la société capitaliste : non seulement cette généralisation apparaît d'emblée possible, mais c'est la base sur laquelle peuvent enfin être abordés les problèmes capitaux de la *transformation historique des structures* des personnalités humaines. Dans ce domaine, on trouve chez Marx des indications exceptionnellement précieuses, et dont pourtant il semble qu'aucun parti scientifique n'ait encore été tiré sur le terrain psychologique. De *L'idéologie allemande* au *Capital,* Marx revient régulièrement, en des analyses certes rapides et parfois abstraites mais toujours admirablement pénétrantes et suggestives, sur ce problème qu'il est le premier a avoir clairement aperçu et posé, le problème du développement des formes d'individualité dans la commune primitive, le mode de production asiatique, les sociétés esclavagistes, le monde féodal — avec, ici ou là, des vues perspectives sur la société socialiste et communiste future. C'est ainsi que dans *L'idéologie allemande* il s'essaie déjà

à comparer les modes de rapports et les types d'individus qui correspondent aux instruments de production encore « naturels », comme le champ cultivé, et aux instruments de production « créés par la civilisation », outils et machines perfectionnés.

> « Dans le *premier cas*, pour l'instrument naturel, les individus sont subordonnés à la nature ; dans le second cas, ils le sont à un produit du travail. Dans le premier cas, la propriété, ici la propriété foncière, apparaît donc aussi comme une domination immédiate et naturelle ; dans le second cas, cette propriété apparaît comme une domination du travail et, en l'espèce, du travail accumulé, du capital. Le premier cas présuppose que les individus sont unis par un lien quelconque, que ce soit la famille, la tribu, le sol même, etc. Le second cas présuppose que les individus sont indépendants les uns des autres et ne sont retenus ensemble que par l'échange. Dans le premier cas, l'échange est essentiellement un échange entre les hommes et la nature, un échange dans lequel le travail des uns est troqué contre le produit de l'autre ; dans le second cas, il est, de façon prédominante, un échange entre les hommes eux-mêmes. Dans le premier cas, une intelligence moyenne suffit pour l'homme, l'activité corporelle et l'activité intellectuelle ne sont nullement séparées encore ; dans le second cas, la division entre le travail corporel et le travail intellectuel doit déjà être pratiquement accomplie. Dans le premier cas, la domination du propriétaire sur les non-possédants peut reposer sur des rapports personnels, sur une sorte de communauté ; dans le second cas, elle doit avoir pris une forme matérielle, s'incarner dans un troisième terme, l'argent. Dans le premier cas, la petite industrie existe, mais subordonnée à l'utilisation de l'instrument de production naturel et, de ce fait, sans répartition du travail entre les différents individus ; dans le second cas, l'industrie n'existe que dans la division du travail et par cette division [1]. »

Un tel texte, même si l'on ne doit l'accepter que sous bénéfice

---

1. *L'idéologie allemande*, pp. 79-80.

d'inventaire, ouvre des perspectives passionnantes sur une *paléontologie psychologique* à créer, et dont l'importance théorique à
maints égards apparaît capitale. Aussi bien Marx n'en est-il pas
resté là. En particulier, le long passage des *Grundrisse* connu sous
le titre des *Formes antérieures à la production capitaliste* [1] contient
des analyses du plus haut intérêt psychologique aussi bien qu'historique et économique, autour de la thèse centrale selon laquelle
*l'homme ne s'individualise qu'au travers du processus historique :*

> « Il apparaît à l'origine comme un *membre de l'espèce,
> un être tribal, un animal de troupeau,* et nullement
> comme un *animal politique.* L'échange est l'un des
> agents essentiels de cette individualisation. Il rend
> superflu le troupeau, et le dissout. Dès que les choses
> ont pris cette tournure, l'individu ne se rapporte plus
> qu'à lui-même, les moyens pour se poser en individu
> étant devenus son faire-valoir général [2]. »

Cette vue synthétique, où soit dit en passant il est impossible
de ne pas reconnaître l'aspect *anthropologique* fondamental du
matérialisme historique, fait admirablement comprendre sur quelle
base il convient d'aborder les problèmes de structure de la personnalité pour *chaque époque* du développement de la vie sociale.
Et cela n'importe pas seulement à qui veut étudier le passé de
l'humanité : c'est bien davantage encore le problème vital de
*l'avenir de la personnalité* qui peut trouver ici un mode de traitement scientifique. Nous retrouvons à ce point de la recherche les
remarques présentées au premier chapitre sur l'importance
extrême de la psychologie de la personnalité pour la construction
du socialisme et du communisme. Or, trop souvent à mon sens,
la réflexion théorique sur les problèmes de la personnalité dans la
société socialiste, alors même qu'elle se veut marxiste, réussit mal
à aller vraiment au fond des choses, justement par ce qu'elle ne
part pas d'une étude authentiquement marxiste des bases réelles
de la vie personnelle dans une telle société, c'est-à-dire d'une
véritable *science économique du socialisme* et des *formes d'individualité* engendrées, ainsi que leurs contradictions caractéristiques,

---

1. *Fondements,* I, pp. 435 et suivantes. Certains aspects de ces analyses sont repris dans *Le Capital,* à propos du fétichisme de la marchandise
notamment (I, 1, pp. 83 et suivantes).

2. *Ibid.,* p. 459.

par ce nouveau type de rapports sociaux [1]. C'est là peut-être le plus actuel et le plus précieux de la leçon théorique apparemment toute rétrospective que Marx nous donne lorsqu'il s'attache à comprendre la lente individualisation de l'homme à travers les premières phases du développement social : il nous montre *comment* penser les phases présentes et *futures* du processus.

Résumons. Le problème dont nous étions parti était celui de la définition de la personnalité humaine — et donc de la science qu'on en veut faire — comprise à la lumière du matérialisme historique, et sous l'angle de ses rapports avec les sciences psychobiologiques ; c'était de tracer de façon rigoureuse la frontière entre les sciences du comportement et de la conduite et la science de la personnalité capable de s'articuler sur le marxisme. Or l'examen de ce problème a fait apparaître que si, de l'aveu général, il n'a pas été résolu jusqu'ici de manière véritablement concluante, c'est parce que sont sans cesse confondus *deux ordres de faits en réalité complètement hétérogènes* : les rapports naturels et les rapports sociaux entre les conduites. Certes, dire que la science de la personnalité est très exactement la science des rapports sociaux entre les conduites, et non pas de leurs simples rapports naturels, peut au premier abord passer pour une subtilité verbale inutile, tout comme la distinction capitale établie par Marx entre la définition du salaire comme prix du travail et sa définition comme prix de la force de travail a pu sembler d'abord une subtilité verbale inutile. En fait, c'est justement parce qu'elle laisse échapper cette « subtilité » que la théorie de la personnalité n'a pas réussi jusqu'ici à saisir la vraie nature des rapports psychologiques qui constituent la base de l'individualité humaine, quand elle ne s'égare pas à la chercher sur le terrain de la biologie. Au contraire, si l'on part du point de vue que la personnalité développée est le système vivant des rapports sociaux entre les conduites, à commencer par les rapports de base, les rapports infrastructurels qui s'établissent à l'occasion du travail social, une frontière apparaît entre psychologie de la personnalité et sciences psychobiologiques des conduites, selon un découpage fondé en raison, et le dilemme apparemment insurmontable de son tracé se trouve résolu de la façon la plus nette. Cette frontière ne suit pas une imaginaire ligne de partage

---

1. C'est là, à notre sens, l'une des faiblesses principales du livre, d'ailleurs intéressant, d'Adam SCHAFF : *Le marxisme et l'individu*. Mais cette faiblesse peut difficilement être considérée comme un simple phénomène individuel.

entre l'objectif et le subjectif, le physiologique « simple » et le mental « complexe », ou quoi que ce soit d'analogue. La science des conduites a pour objet la *totalité* du psychisme, et la psychologie de la personnalité ne fonde pas sa spécificité dans une portion de psychisme qu'elle prétendrait lui soustraire, mais dans un *ordre de rapports* qui ne résulte pas des conduites, mais au contraire qui y est *induit du dehors du fait de l'insertion de l'activité individuelle dans le monde social*, ordre de rapports qui tend à se *subordonner tout le psychisme* et qui joue par conséquent le rôle pilote pour la compréhension de la personnalité.

Marx écrivait dans les *Manuscrits de 1844* :

> « L'examen de la *division du travail* et de *l'échange* est du plus haut intérêt, parce qu'ils sont l'expression *visiblement aliénée* de *l'activité* et de la *force essentielle* de l'homme en tant qu'activité et force essentielle *génériques* [1]. »

La conceptualisation ici est encore marquée par l'humanisme spéculatif. Il faut renverser le rapport : ce n'est pas la division du travail et l'échange qui sont l'expression de l'activité de l'homme, mais l'activité de l'homme qui est l'expression de l'échange et de la division du travail. Mais une fois renversée, l'idée est capitale. C'est en effet l'étude la plus attentive et la plus objective de la division sociale du travail et des échanges, au sens économique général du terme, qui fournit la clef de la science de la personnalité. Que la clef de cette étude soit *extérieure* au domaine de la psychologie, voilà ce que la psychologie ordinaire n'a jamais pu envisager, et voilà pourtant ce qui *ne peut pas ne pas être*, s'il est bien vrai que l'essence humaine n'est pas inhérente à l'individu isolé, mais à l'ensemble des rapports sociaux — et si chez l'homme, par conséquent, ce ne sont pas seulement les facultés psychiques qui se développent sur la base de l'hominisation, de l'appropriation du patrimoine social, mais du même coup les formes de l'individualité, les structures de la personnalité. On voit aussi en quoi consiste *l'articulation* entre sciences psychobiologiques et psychologie de la personnalité. Toute conduite peut être considérée comme une activité matérielle concrète d'un sujet, et sur ce plan, elle se trouve nécessairement en rapport avec les autres conduites. De ce point de vue, les conduites sont biologiques dans leur contenu et socialisées dans leur forme : c'est là l'objet des sciences psychobiolo-

---

1. *Manuscrits de 1844*, p. 117.

giques. Mais en même temps, dès que les conduites s'insèrent dans le monde des rapports sociaux, et d'abord au titre de travail social, elles deviennent aussi quelque chose qui produit et reproduit ces rapports sociaux, et de ce point de vue, elles ne sont plus les conduites d'un sujet mais les conduites d'une formation sociale déterminée. Elles sont alors sociales dans leur contenu et biologiques dans leur forme : là commence le domaine de la science de la personnalité. Il va de soi qu'entre ces deux points de vue et par conséquent ces deux champs scientifiques existe une détermination réciproque. La psychologie de la personnalité est nécessairement amenée à s'appuyer sur les résultats des sciences psychobiologiques. Mais il ne suffit pas de dire que la réciproque est vraie. Car dans la mesure où chez l'homme le mode de rapports entre l'être et le milieu qui caractérise l'animal se *renverse* et où les processus de vie sociale deviennent déterminants, c'est la science des rapports sociaux entre les conduites qui doit elle-même jouer le rôle théorique déterminant. On reviendra, en conclusion de ce chapitre sur les problèmes qu'on voit surgir ici. Mais cette conclusion est la seule qui permette de donner sur le terrain des sciences psychologiques sa pleine portée théorique à la formule prophétique de Marx dans les *Manuscrits de 1844* : « L'histoire est la véritable histoire naturelle de l'homme [1]. »

**3. L'erreur du physiologisme.** Si la science de la personnalité doit donc être conçue comme la science des structures sociales de la personnalité, et de leurs lois de développement, on comprend le caractère radical de l'erreur qui consiste à *biologiser* sous quelque forme que ce soit la personnalité, l'erreur du *physiologisme*, qui, à partir de la conception de la personnalité, tend à contaminer toute la psychologie. L'erreur, ce n'est pas, bien sûr, d'affirmer que tout dans l'activité psychique concrète de la personnalité consiste en processus physiologiquement analysables. C'est là, au contraire, on l'a dit, une vérité inattaquable. Ce n'est pas non plus, par conséquent, de se préoccuper des rapports physiologiques existant entre les conduites, et, notamment, des rapports plus ou moins stables, caractéristiques du psychisme de tel ou tel individu, qui impriment une allure typique à son activité. Bien qu'en ce domaine l'extrême confusion qui persiste dans le vocabulaire soit déjà en elle-même l'indice que des problèmes théoriques fondamentaux ne sont pas

---

1. *Ibid.*, p. 138.

résolus correctement, il n'est certes pas question de nier que la recherche d'une *structure d'essence physiologique* du psychisme individuel — qu'on parle de caractère, de tempérament, de type nerveux — est une recherche parfaitement recevable, et d'une utilité évidente. Rien, dans la conception ici proposée de la psychologie de la personnalité, n'implique qu'on récuse le bien-fondé du *principe* d'une *typologie psychobiologique* des individus humains. Mais autant la caractérisation biologique des personnalités est légitime *dans son ordre*, c'est-à-dire dans l'ordre des rapports naturels entre les conduites, et en particulier des *structures précoces* de ces rapports, autant la confusion si fréquente des terrains, la méconnaissance des étroites limites de validité d'une telle typologie, et pour finir la tentative de rendre compte en ces termes, fût-ce « partiellement », de la personnalité développée — de sa « base biologique », par exemple, selon l'idéologie la plus répandue — constitue une bévue décisive.

D'abord parce que, comme on l'a marqué plus haut, le *point de départ naturel*, dans la vie des individus comme des formations sociales, est tout autre chose que la *base réelle de la totalité développée*, la formation de la totalité consistant justement dans le renversement des rapports entre le naturel et le social, dans la transformation progressive des données naturelles en résultats historiques : chez l'individu développé, même l'organisme est devenu dans une large mesure le *produit* de la personnalité, au sens matérialiste historique de ce concept. A cet égard, le *génétisme* issu notamment de la psychologie de l'enfant, s'il n'est pas suffisamment médité à la lumière de la dialectique marxiste et des enseignements de la *VIᵉ Thèse sur Feuerbach*, a toutes chances de conduire à des erreurs radicales. Car le paradoxe dominant de la genèse de la personnalité, c'est que si l'adulte *sort* de l'enfant (et dans cette mesure, il est vrai que la psychologie de l'enfant éclaire celle de l'adulte) il n'est cependant pas *engendré* par lui, mais par le monde des rapports sociaux, de sorte que la psychologie de la personnalité développée ne peut pas devoir *l'essentiel* à la psychologie de l'enfant, et peut-être même se révélera à son tour une base essentielle pour la psychologie de l'enfant, c'est-à-dire d'un être qui s'hominise dès le départ à travers ses rapports avec les adultes. La preuve pratique en est d'ailleurs bien *visible* dans le fait que la psychologie de l'enfant, malgré son ancienneté scientifique relative, n'a absolument pas réussi à se prolonger elle-même en une psychologie de la personnalité adulte qui vaille. L'idée que l'enfant serait psychologiquement parlant le père de

l'adulte est donc en son fond une illusion d'un génétisme insuffisamment critique ; et la pente fatale d'un tel génétisme, c'est la
rechute dans le naturalisme, philosophiquement sous-tendu par
l'humanisme spéculatif.

Mais si une biotypologie, pour légitime qu'en soit dans son ordre
le principe, est incapable de fonder la théorie de la personnalité,
c'est plus encore parce que les structures essentielles de la personnalité ne sont pas d'essence biologique, de sorte que la tentative
de les appréhender sur ce terrain repose sur une perversion totale
de la conception de l'homme, et n'a bien entendu aucune chance
d'aboutir au succès. L'effort pour donner de la personnalité en
tant que formation *historico-sociale* une théorie à *base biologique*
est même l'une de ces aberrations dont la persistance, mieux : la
relative impunité critique suffiraient à montrer que la psychologie
n'est pas encore tout à fait parvenue à l'âge adulte. Cette aberration est pourtant du même ordre, et aboutit au même genre de
hauts faits théoriques, que la tentative de fonder la science historique et politique sur une *caractérisation géographique des formations sociales*, par exemple, sur l'opposition entre de prétendues
« civilisations continentales » et de prétendues « civilisations cô-
tières ». Ce genre de billevesées géopolitiques, qui mettent quelques
faits réels au service d'une incompréhension profonde de ce qu'est
essentiellement une société humaine, a son répondant en une
tentative comme celle de W.-H. Sheldon, qui prétend

> « décrire les êtres humains en des termes qui rendent
> compte de leurs similitudes et de leurs différences
> *les plus profondes* [1] »

en se fondant sur des considérations de morphologie physique. En
d'autres termes, au prix de sophismes méthodologiques et de
naïvetés épistémologiques de première grandeur, Sheldon entreprend de faire prouver aux mathématiques que « la tradition (qui)
veut que les gras soient gais et généreux [2] » est en somme parfaitement fondée. Comme on sait, Sheldon croit pouvoir identifier
trois « composantes primaires du tempérament » qui seraient
chacune en très forte corrélation avec des types morphologiques :
la viscérotonie, la somatotonie, la cérébrotonie. « La vie du vis-
cérotonique semble organisée tout d'abord pour le service du
boyau », celle du somatotonique pour « l'expérience de l'aventure

---

1. W.-H. SHELDON : *Les variétés du tempérament*, P. U. F., 1951, p. VII.
2. *Ibid.*, p. 1.

physique et du combat », celle du cérébrotonique pour « l'attention
consciente, qui implique une inhibition, un silence imposé aux
autres activités du corps[1] ». Et voici à quelles considérations
générales l'auteur aboutit sur la base d'une telle conceptualisation :

> « S'il est permis de se lancer dans des spéculations
> sur l'origine des choses, il semble que la vie à ses
> débuts soit viscérotonique par prédominance. Lorsque
> le grand livre de l'évolution sera finalement rédigé,
> il pourrait être évident que, même chronologiquement,
> la viscérotonie ait été la première composante ; on
> peut concevoir les autres composantes comme des
> développements évolutifs qui ont vu le jour en tant
> que spécialisations destinées à étayer la première des
> fonctions organiques mais qui, au cours du temps,
> sont devenues autonomes par elles-mêmes jusqu'à un
> certain point[2]. »

> « Dans notre propre histoire, marquée par le chris-
> tianisme, les vertus cérébrotoniques de contrainte et
> la vertu viscérotonique d'amour fraternel ont cons-
> titué les pierres angulaires de la pensée religieuse et
> de la rationalisation théologique de l'existence (nous
> avons toutefois *pratiqué* surtout un mode de vie plein
> d'agressivité somatotonique), et c'est peut-être dans
> cette incompatibilité que résident quelques-unes des
> raisons de la confusion actuelle des orientations [...].
> Jusqu'à l'époque de la « révolution somatotonique »
> qui devint si manifeste vers le moment de la première
> guerre mondiale, nous avons tenté, en ce qui concernait
> les rationalisations conscientes communes, de mettre
> en pratique un idéal religieux reposant essentiellement
> sur la cérébrotonie, bien que compliqué par un courant
> souterrain de viscérotonie sublimée (amour de l'hom-
> me). Mais depuis quelque temps, comme il est apparu
> spécialement en Allemagne[3], un vigoureux mouvement
> religieux s'est dessiné qui repose carrément sur une
> somatotonie nullement sublimée[4]. »

---

1. O. c., p. 25.
2. *Ibid.*, p. 281.
3. Le livre de Sheldon a été publié à New York en 1942.
4. *Ibid.*, p. 279-280.

« La contre-révolution s'est installée ; le ban qui frappait la somatotonie a été levé, et si nos petits enfants vont aux cours du dimanche, on leur présentera peut-être le tableau non du christ souffrant sur la croix, lèvres serrées, à la manière cérébrotonique, mais d'un christ accomplissant des exploits héroïques d'ordre athlétique [1]. »

« Le christianisme a constitué, en un sens, une suppression religieuse de la somatotonie ; mais nous semblons en être arrivés à une contre-révolution, avec une tendance à faire mugir les klaxons d'autos et à amplifier les bruits de tous ordres en signe de jubilation générale ; nous nous sommes livrés à une débauche de somatotonie. Il se peut que nous ayons été une race en dégénérescence, qui a tourné en cerveau : la longue période de ratiocination cérébrotonique que nous appelons ère chrétienne peut en avoir été un signe. D'un tel point de vue, la récente révolution somatotonique, s'il y en a eu effectivement une, est peut-être un signe de santé, si même elle marque une régression vers la barbarie. Sous un autre angle, le développement de la somatotonie peut être catastrophique. En tout cas, nous pouvons être certains d'une chose : l'appréciation que l'on porte sur l'histoire dépendra toujours de la composante qui prononce le jugement [2]. »

On croit rêver quand on lit de pareilles niaiseries, et dans un gros ouvrage bardé de mathématisation apparente — ce qui, soit dit en passant, confirme à quel point la mathématisation de la psychologie, comme de toute science, si elle est à n'en pas douter, à partir d'un certain seuil de formation de ses bases, une nécessité et comme le couronnement de son passage à l'âge adulte, n'est en revanche, au-dessous de ce seuil, que l'alibi vulgaire, la poudre aux yeux d'une discipline qui ne parvient pas même à élaborer convenablement ses organes fondamentaux. Ce qui est particulièrement instructif dans le travail de Sheldon, c'est que ces vastes conclusions politico-historiques, d'un niveau consternant, ne sont pas du tout, en réalité, des *conclusions* (dont la sottise n'entacherait donc pas nécessairement le point de départ de la théorie des tempé-

---

1. *Ibid.*, p. 294.
2. *Ibid.*, p. 298.

raments), elles sont elles-mêmes *le véritable point de départ*. La psychologie de Sheldon retourne tout naturellement dans ses « conclusions » à l'idéologie biopolitique dont elle n'est en fait pour l'essentiel que la *projection* sur le problème de la personnalité : il n'est, par exemple, guère difficile de voir de quoi, pour un Américain, la notion de somatotonie est l'image idéologique. Du point de vue méthodologique, ce jeu de miroirs qui fait passer les présupposés idéologiques pour des conclusions objectives de « données empiriques », en réalité entièrement prédécoupées par l'idéologie de base, est visible à chaque instant, et parfois presque avoué dans le livre de Sheldon. Il est particulièrement évident dans l'incroyable « échelle du Wisconsin pour les opinions conservatrices et radicales [1] » utilisée par l'auteur pour « briser la glace » avec les sujets étudiés et préparer l'« inventaire de la personnalité » : une telle « préparation » consiste positivement à introduire dans le chapeau le lapin qu'on se propose d'en tirer ensuite. On n'est même pas surpris de trouver le racisme pur et simple étroitement incorporé aux conceptions de base. C'est ainsi que Sheldon adopte pour l'étude des types morphologiques un système de quatre termes raciaux : prédominance « nordique », « alpine », « méditerranéenne » — et « *juif* avec caractéristiques « arménoïdes » prédominantes [2] » : là où le biologisme fleurit, le racisme n'est jamais très loin. Mais comment éviter le biologisme lorsqu'on méconnaît aussi totalement l'essence sociale de la personnalité humaine développée ? Une telle méconnaissance, même chez un auteur qui serait exempt de la vulgarité de pensée d'un Sheldon, ne permet pas de saisir chez l'homme l'essentiel de sa vie psychique.

C'est ce qui se manifeste avec éclat dans cette déclaration véritablement désarmante de l'auteur :

> « Le cérébrotonique peut-être cultivé ou illettré, entraîné ou non entraîné aux exercices intellectuels conventionnels de son *milieu*, peut être un lecteur avide ou n'avoir jamais ouvert un livre, peut être un génie universitaire ou avoir échoué à toute espèce d'exercices scolaires. Ce peut être un rêveur, un poète, un philosophe, un ermite, ou un constructeur d'utopies

---

1. Donnée en annexe, pp. 534 et suivantes.
2. O. c., p. 310. Cf. pp. 483 et suivantes. C'est moi qui souligne. On sait que les Juifs ne sont pas et n'ont jamais été une *race*. Cf. H. VALLOIS, *Les races humaines*, P. U. F., « Que sais-je ? », 1944, p. 44.

et de systèmes psychologiques abstraits ; ce peut être une personnalité schizoïde, un fanatique religieux, un ascète, un martyr ou un croisé plein de combativité ; tout cela dépend du mélange des autres composantes, d'autres variables du chœur symphonique, et aussi des pressions ambiantes auxquelles la personnalité a été exposée. La caractéristique essentielle du cérébrotonique est l'acuité de son attention ; les deux autres fonctions majeures, la fonction viscérale directe et la fonction somatotonique directe sont subjuguées, tenues en échec et rendues secondaires. Le cérébrotonique mange et agit pour servir son attention [1]... »

Admettons même que cette dernière affirmation ne soit pas dépourvue de toute consistance scientifique ; ce qui saute aux yeux en tout cas, c'est que la notion de cérébrotonie, telle qu'elle est ici présentée, loin d'atteindre aux caractéristiques « les plus profondes » de la personnalité, ainsi que l'auteur s'en flatte, est au contraire des plus superficielles et des plus minces si l'on se place au point de vue de toute la *richesse effective de contenu de la vie des hommes*. Une telle notion fait par principe abstraction de ce qu'il y a de plus important pour comprendre *au plus profond* ce qui définit concrètement une personnalité. Autrement dit, même si l'on admettait que par des travaux comme ceux de Sheldon il est possible de parvenir à quelque compréhension de la *forme*, du *style* individuel de certains aspects de la *conduite* — ce qui exigerait de toute façon une autre rigueur théorique que celle dont est capable Sheldon — il est bien évident qu'ils ne pourront jamais rien nous dire du *contenu réel* de la vie personnelle, ni par conséquent de ses *structures essentielles* et de sa *logique interne de développement. Ce qu'un homme fait de sa vie, et en même temps ce que sa vie fait de lui*, voilà ce que je veux pouvoir comprendre sur la base d'une psychologie de la personnalité digne de ce nom, c'est-à-dire qui se situe résolument sur un autre plan que la psychologie d'hebdomadaires illustrés. Qu'un homme éprouve du plaisir à la défécation — trait important de la viscérotonie selon Sheldon — ou qu'il soit fréquemment en mouvement — « gesticuler, bondir facilement de sa chaise, aller et venir dans la pièce [2] » plutôt que

---

1. O. c., p. 303.
2. Le Senne : *Traité de caractérologie*, P. U. F., 1949, p. 637 ; 1re question du questionnaire de l'enquête statistique de Heymans et Wiersma.

posé et calme, trait important de l'« actif » selon la caractérologie
de Heymans — sera-t-il permis de dire que cela nous semble d'une
importance à peu près infime, par rapport à la question décisive
de *ce qu'il fait* dans tous les domaines de la vie humaine réelle,
économique, sociale, politique, culturelle, familiale, etc. : est-il
un travailleur productif ou un parasite social, ses relations avec
les autres hommes sont-elles dominées ou non par des formes
sociales aliénées de rapports, est-il un jouisseur égoïste ou un artisan
de transformations dans les conditions sociopolitiques existantes,
sa personnalité est-elle stagnante et sclérosée ou en voie de développement multiforme, est-il conscient de la base réelle de cette personnalité et de la nature de ses rapports avec le monde dans lequel
il vit ou tout cela reste-t-il pour lui enveloppé dans les brumes d'une
idéologie mystifiante — c'est cela, avec bien d'autres choses du
même ordre, qui pour nous va au fond du sens objectif de la vie
d'un homme : *son contenu d'activité, non sa « forme typologique »*,
ce qu'il fait, et pas seulement la manière dont il le fait, surtout
lorsque cette « manière » est décrite sur la base des critères les
plus futiles.

Et cela ne va pas au fond seulement du point de vue théorique,
mais simultanément du point de vue pratique ; car la psychologie
de la personnalité, redisons-le, ne méritera véritablement son nom
que lorsqu'elle sera, pour autant que cela dépend d'elle, *l'instrument
de l'épanouissement complet de toutes les personnalités* — complet,
dans la mesure où un stade déterminé de développement des forces
productives, des rapports sociaux et de la culture le permet effectivement à chaque individu. S'il est exact que toute conception de
la science de la personnalité, en même temps qu'elle traduit des
vues théoriques et épistémologiques sur la science et sur l'homme,
enveloppe nécessairement aussi, qu'elle en soit consciente ou non,
un projet fondateur d'ordre pratique, *politique* au large sens du
mot, dont elle est la mise en œuvre au niveau du savoir, la conception de la psychologie de la personnalité que nous proposons ici
est sans équivoque : le projet pratique qu'elle vise à mettre en
œuvre et sur lequel elle s'articule n'est autre que le *socialisme
scientifique*, qui est aussi l'*humanisme scientifique*. Au contraire,
le projet fondateur d'une psychologie du tempérament comme celle
de Sheldon est ouvertement conservateur par rapport à la société
capitaliste, exploiteuse et aliénante. Sheldon le dit avec bonne
conscience dès sa préface : son but est de fonder « une discrimination entre les effets de l'hérédité et ceux du milieu », discrimination propre à fournir « le levier nécessaire pour attaquer de nom-

breux problèmes sociaux, allant depuis l'orientation professionnelle et la spécialisation militaire jusqu'à l'isolement et l'élimination du cancer [1]. » Passons sur le cancer ; ce qui apparaît ici sans fard, c'est que l'objectif suprême de Sheldon est tout simplement d'améliorer la subordination des individus à des rapports sociaux dont il va sans dire qu'on ne les met pas en cause, et qu'il s'agit même de consolider en y subordonnant du mieux possible les individus (« ce rôle socialement utile que l'on a si longtemps attendu de la psychologie [2] »), par exemple dans leur affectation au service militaire. C'est à proprement parler une psychologie de sergent recruteur. Or rien ne dévoile davantage le sens réel de la dichotomie hérédité-milieu prise comme base de la conceptualisation de l'individu humain : ce qui est appelé ici héréditaire, derrière le rideau de fumée des prétendues preuves expérimentales et du prétendu verdict du calcul statistique, ce qui est maquillé dès le départ en données biologiques, c'est *l'ensemble des effets sur les individus d'un système social identifié à une nature immuable.* Rapporter la personnalité à un tempérament conçu comme sa « base biologique » signifie alors qu'on ne sait ou qu'on ne veut pas entreprendre l'étude critique de sa base socio-historique réelle. Et les concepts admis comme point de départ d'une telle science appartiennent directement à l'idéologie conservatrice ambiante.

C'est pourquoi d'ailleurs rien ne serait plus profondément erroné que de renvoyer en quelque sorte dos à dos toutes les théories de la personnalité, au nom d'un pragmatisme sceptique, en ne voulant voir en chacune d'elles qu'une rationalisation plus ou moins réussie et sans valeur intrinsèque à partir d'un choix politique subjectif et arbitraire, indémontrable, par conséquent. En réalité, la *portée humaine objective* de chaque théorie de la personnalité *juge* le projet politique dont elle part, car chaque projet politique a la conception de la personnalité qu'il mérite. Si la plupart des théories existantes sont remarquables par l'extrême étroitesse du champ de vision dans lequel elles appréhendent la personnalité, en n'en percevant que certaines formes, et même parfois les plus mesquines, c'est justement parce que des *œillères de classe*, chose presque inconcevable à un certain type de savant et pourtant flagrante, *soustraient* dès le départ à la vigilance scientifique les bases essentielles de la personnalité, c'est-à-dire l'ensemble des rapports sociaux, qui demeurent eux-mêmes invisibles tant qu'on

1. *Les variétés du tempérament,* p. VII.
2. *Ibid.,* p. VII.

n'entre pas en conflit pratique avec eux, et qu'on n'est pas *contraint de les remettre en cause*. Dans ce sens, il y a un lien, d'ailleurs empiriquement observable, entre l'avancement de la psychologie et une attitude politiquement avancée. Et si le socialisme scientifique permet seul, comme on le soutient ici, de fonder une psychologie de la personnalité authentiquement riche de contenu, scientifique et adulte, — *vraie*, pour tout dire — c'est qu'il n'est pas une « opinion politique » parmi d'autres, un étroit préjugé de classe, mais bien la réflexion scientifique du mouvement historique réel et son prolongement conscient vers l'avenir, mouvement dont on ne peut faire abstraction qu'en imagination, et qui appartient au premier chef à la sphère du *démontrable*. Au total, une théorie de la personnalité ne peut mieux se condamner elle-même qu'en déclinant tout rapport avec ce qui constitue pour chaque homme, comme pour la société tout entière, ce qu'il y a de plus vital dans la vie humaine, et en le rejetant, implicitement ou non, du côté de la sociologie, de l'étude des « mentalités », voire de la « philosophie » ou de la littérature, comme si le contenu d'une vie n'était en somme qu'un accident contingent de la personnalité. Mais pour saisir comment la théorie de la personnalité peut prendre ce contenu pour objet essentiel, il faut en passer par la science des rapports sociaux, donc par le marxisme. Et voilà pourquoi l'ignorance, ou ne fût-ce que la connaissance trop distraite, du marxisme, coûte si cher en psychologie.

Aussi bien le cas de Sheldon est-il loin d'être le seul à montrer dans quelles pauvretés biologiques tombe une psychologie qui ignore le rôle fondamental des rapports sociaux. On en trouve illustration partout, car le biologisme est assurément aujourd'hui encore le succédané idéologique le plus répandu de la théorie de la personnalité toujours absente. C'est Kretschmer par exemple qui, dans son livre sur les hommes de génie, formule l'hypothèse

> « que les grands philosophes, théologiens et fondateurs de religion devaient être en majorité des leptosomes-schizothymes ; les grands naturalistes, au contraire, les médecins et les expérimentalistes dans le domaine des sciences de la nature, de préférence des pycniques-cyclothymes [1]. »

---

1. Cf. l'analyse, par J. NUTTIN (*La structure de la personnalité*, p. 195) du livre de KRETSCHMER : *Geniale Menschen*, 1948.

« Pour vérifier cette hypothèse, Kretschmer a étudié plusieurs collections de portraits d'hommes de sciences, de médecins et de personnalités éminentes en général »,

et il croit trouver sur 59 philosophes, théologiens et juristes, 59 p. 100 de leptosomes, autrement dit, en simplifiant, de maigres, et 15 p. 100 seulement de pycniques, c'est-à-dire de gros. On est effaré par le primitivisme d'une telle « vérification ».

« Il est facile de citer, à titre d'exemple, *écrit J. Nuttin*, plusieurs noms illustres qui confirment la thèse de Kretschmer. Il suffit de penser en philosophie à Descartes, Locke, Spinoza, Hegel, Schopenhauer, Nietzsche, qui tous furent des leptosomes purs ou très prononcés [1]. »

Évidemment, il y a eu des philosophes maigres. Mais ce qui frappe, dans une telle vision des choses, ce n'est pas seulement combien il est facile de dresser une contre-liste exactement aussi probante en sens inverse, non seulement parmi les philosophes antireligieux, voire matérialistes, comme Hume, Diderot, d'Holbach, Helvétius ou Marx, mais même parmi les plus spiritualistes, voire les plus théologiens, comme Thomas d'Aquin, Berkeley, Leibniz, Schelling ou Lachelier, qui étaient tout le contraire de maigres. Non, le plus édifiant, c'est ici encore la faiblesse consternante des *notions de base* — par exemple cette dichotomie opérée entre « philosophes et théologiens » d'une part, « naturalistes, médecins et expérimentalistes » de l'autre, comme si Descartes, pour prendre le premier cité, devait prouver la thèse en tant que philosophe mais non l'infirmer en tant que savant ! Plus fondamentalement, l'hypothèse que la pensée philosophique ou la pensée scientifique pourraient se trouver prédéterminées dans les traits corporels témoigne d'une telle incompréhension de ce que représentent, en fait, les conditions réelles de l'une et de l'autre que toute discussion critique est même superflue. La caractérologie issue de Heymans, autre exemple, pour ne pas s'occuper quant à elle des déterminants biologiques des caractères, n'en admet pas moins que « toutes les déterminations fondamentales et dérivées du caractère peuvent être énoncées dans un langage strictement physiologique [2] », ce qui confirme bien qu'elle repose sur la croyance

1. *Ibid.*, p. 195.
2. Le Senne : *Traité de caractérologie*, P. U. F., 1949, p. 18.

en une structure biologique innée des bases de la personnalité. C'est pourquoi elle aboutit à des conclusions qui sont tout à fait du niveau de ce que nous relevions chez Sheldon [1]. Là même où la caractérisation biologique est le plus scientifiquement établie, et avec la conscience des limites théoriques de son domaine, comme chez Pavlov, n'est-il pas significatif de voir comment, dès qu'on s'aventure hors du terrain de la typologie nerveuse valable *pour l'homme comme pour le chien* — la division en quatre types de Pavlov : fort excitable déséquilibré ou colérique, fort équilibré mobile ou sanguin, fort équilibré inerte ou flegmatique, faible ou mélancolique — pour aborder *en termes physiologiques* le domaine de la typologie *proprement humaine*, on débouche sur des concepts — type « intellectuel » avec prédominance du second système de signalisation, le langage, sur le premier, les sensations ; type « artistique » avec prédominance du premier sur le second ; type « intermédiaire » — dont il faut bien dire que déjà ils manquent absolument de rigueur et ne peuvent nous conduire loin.

Il faut donc se rendre à l'évidence : le biologisme, le physiologisme sont des erreurs fondamentales en matière de théorie de la personnalité : quelque chose comme des structures biologiques d'individualité existe sans doute, mais ce n'est pas la base de la personnalité développée, et au contraire c'en est de plus en plus un produit. Nous trouvons là le répondant psychologique de l'erreur historique fondamentale selon laquelle la base des sociétés humaines serait *de toute évidence géographique*. Or s'il est vrai que les conditions naturelles sont celles dont le développement de l'humanité *est parti*, toute l'histoire des hommes consiste précisément dans la transformation de ces « données naturelles en données historiques [2] », ce qui ne signifie pas que le conditionnement réciproque entre la « géographie » et l'« histoire » ait cessé — *Le Capital* montre assez à quel point Marx était éloigné de tout dédain à l'égard du rôle des conditions géographiques — mais qu'il s'est dans l'ensemble renversé : ce ne sont plus les « données » géographiques qui sont la base de l'histoire développée, puisqu'elles sont devenues elles-mêmes de plus en plus des *résultats historiques* ; c'est l'histoire qui est sa propre base, et la base réelle de ces « don-

---

1. Cf. chez Le Senne l'incroyable paragraphe intitulé « Caractérologie politique » où le destin de la nation française, de la Guerre de Cent ans à Pétain, est expliqué par le mélange d'actifs primaires et d'émotifs secondaires dans sa population (pp. 571 à 579).

2. *Contribution*, p. 161.

nées » géographiques. Ce renversement du naturel au social, pleinement dégagé par Marx, est le secret de tout le processus de l'hominisation. Dans cet esprit, il n'est aucunement question de proposer à la psychologie de mépriser le rôle des « données » biologiques — le conditionnement réciproque du « biologique » et « psychologique » ne cesse bien entendu jamais — mais de comprendre pleinement que les « données » biologiques qui caractérisent l'individu psychique à sa naissance, et qui d'ailleurs sont déjà pour une part un produit de la société antérieure, sont transformées de plus en plus par le développement de la personnalité en *résultats psychologiques*, et en sont donc moins la base que le produit. Comprendre cela, c'est se trouver immunisé contre la maladie infantile sans doute la plus pernicieuse à laquelle la psychologie de la personnalité soit sujette : le *naturalisme*, la tendance à concevoir les activités psychiques comme des *facultés naturelles*, à les rapporter à une individualité conçue elle-même comme leur *support naturel*, à les « expliquer » par les *données naturelles* de la biologie — ou par des données immédiates de la conscience, selon que le naturalisme se présente sous des formes pseudo-matérialistes ou franchement spiritualistes — sans voir que ce sont en réalité dans leur essence même des produits des rapports sociaux. Ce fétichisme des fonctions psychiques, corrélatif, on l'a vu, du fétichisme de la marchandise sur le terrain de l'économie politique, est en psychologie de la personnalité l'erreur qui ne pardonne pas.

Or, dans sa forme *physiologiste*, c'est une erreur d'autant plus insidieuse, et qui doit être d'autant plus rigoureusement combattue, qu'elle a une *apparence matérialiste*. Affirmer que tout ce qui est psychique est nerveux, *donc* que le tout de la personnalité est d'ordre physiologique, que l'homme est un animal politique, mais un animal tout de même, bref *nier radicalement la lubie spiritualiste de l'âme*, n'est-ce pas l'extrémité du matérialisme ? C'est ce qu'il semble d'abord. Et sans doute historiquement était-il inévitable que la critique du spiritualisme se fît en premier sous la forme d'un matérialisme apparemment extrême et, en réalité, encore essentiellement incomplet : le *matérialisme physiologique et médical*, inscrit au plus profond de la tradition du matérialisme bourgeois français, du médecin Régius, disciple abusif de Descartes, au médecin Broca, en passant par les médecins La Mettrie, Cabanis et Broussais [1]. Ce matérialisme a rendu les plus grands

---

1. Marx et Engels avaient parfaitement repéré ce courant matérialiste médical dans la pensée française. Cf. *La Sainte Famille*, chap. VI, III, d.

services idéologiques, qu'un marxiste ne saurait oublier. Longuement calomnié, boycotté, et qui pis est rabougri par cette incessante oppression[1], il a fourni le terreau pour le développement
d'une science matérialiste du psychisme, d'une physiologie de
l'activité nerveuse supérieure, et cela non seulement en France,
mais — qu'on songe par exemple à l'influence de ce matérialisme
médical français sur Setchénov et sur Pavlov — dans le monde.
Encore ses mérites n'appartiennent-ils pas tous au passé. La négation matérialiste scientifique de la métaphysique spiritualiste de
l'âme est, et sans doute sera longtemps encore, d'actualité. Tant
que chaque année, par exemple, dans trop de nos classes de philosophie, les pitoyables sophismes d'un Bergson selon qui l'image de
la réalité matérielle ne peut pas être dans le cerveau puisque au
contraire « le cerveau est une partie de cette image[2] » seront
enseignés à des milliers de jeunes gens comme des axiomes,
la lutte pour la conception matérialiste du psychisme restera à
l'ordre du jour.

Mais précisément la faiblesse principale du matérialisme physiologiste est qu'il *ne peut pas* mener cette lutte au succès. Il ne le
peut pas parce que, s'il sait demeurer dans les limites qui sont effectivement les siennes, il ne peut rien nous dire de la personnalité
historico-sociale, c'est-à-dire justement de ce que le spiritualisme
dans ce qu'il a de meilleur vise à tâtons à travers le concept d'âme ;
et s'il déborde ses limites légitimes, il se mue en idéologie aussi
fausse et aussi nuisible que le spiritualisme métaphysique lui-
même. Il l'est tout juste autant, dans le mesure où il méconnaît
radicalement les rapports sociaux constitutifs de la base même de
la personnalité et croit en rendre compte par la fiction d'une *consistance* (voire, dans les formes les plus grossières, d'une *substance*)
*naturelle* de l'identité psychique, non moins mystificatrice que la
*substance surnaturelle* de l'âme. Or il faut comprendre enfin ce
fait capital : ce que le matérialisme historique a permis de découvrir,
c'est qu'il existe bel et bien un *psychisme sans corps organique,* ou
plus exactement que *les frontières réelles du psychisme débordent
énormément les frontières de l'organisme.* Elles les débordent
notamment en ce premier sens que les conditions naturelles et
surtout les instruments de travail (ou plus largement d'activité
sociale), tout en étant extérieurs à l'individualité organique, sont

---

1. Cf. sur ce point L. Sève : *La philosophie française contemporaine,*
pp. 129 et suivantes.
2. *Matière et mémoire,* P. U. F., 1946, p. 14.

*assimilés* par l'activité humaine et *intégrés* à ses circuits : ils deviennent donc à proprement parler le *corps inorganique de l'homme*, comme le dit Marx à propos de la terre pour les sociétés les plus faiblement développées, et à plus forte raison des instruments complexes du travail, qui « sont en quelque sorte le prolongement de son corps [1] ». Allons plus loin : non seulement on doit admettre l'existence de ce vaste et divers corps inorganique de l'homme, mais ce qui requiert explication c'est l'illusion opposée selon laquelle le corps humain en tant que support de la personnalité *se réduirait à l'organisme.*

« Ce n'est pas l'*unité* des hommes vivants et actifs avec les conditions naturelles et inorganiques de leur métabolisme avec la nature qui aurait besoin d'une explication ou qui serait le résultat d'un processus historique ; c'est au contraire la *séparation* entre ces conditions inorganiques de l'existence humaine et de son activité, séparation qui n'est totale que dans le rapport entre le travail salarié et le capital. Cette séparation ne s'opère pas dans le rapport esclavagiste et le servage, une partie de la société y étant traitée comme simple condition *inorganique* et *naturelle* de la reproduction de l'autre [2] ».

Autrement dit, la réduction de la base matérielle de la personnalité à l'organisme individuel, qui culmine dans le matérialisme médical bourgeois, apparaît dans sa version moderne comme une *idéologie typique de la société capitaliste*, c'est-à-dire de la société qui suppose, comme condition historique préalable, la séparation complète entre les producteurs et les instruments de production. D'un certain côté, le concept de corps défini *abstraitement* en dehors des conditions non organiques du travail productif, concept *légitime* sur le terrain physiologique et médical, est *déjà en soi idéaliste* en tant que concept de psychologie de la personnalité ; méconnaissant le caractère essentiel de l'activité productive, de la pratique sociale, c'est-à-dire ici encore de tout l'esprit des *Thèses sur Feuerbach* et du marxisme mûr, ce concept idéaliste a pour complément nécessaire une conception *idéaliste* de l'âme, fût-ce sous la forme apparemment matérialiste d'une âme biologisée. C'est toute la problématique traditionnelle de l'âme et du corps qui est donc à critiquer radicalement et à dépasser.

1. *Fondements*, t. I, pp. 451 et 454.
2. *Ibid.*, p. 451-452.

Il y a plus. Le corps inorganique de l'homme, base réelle de sa personnalité conjointement avec son corps organique, ne se réduit pas aux conditions naturelles et aux instruments de production, ni même à l'ensemble des biens sociaux, comme le *langage* [1], à partir desquels cette personnalité s'édifie, mais c'est encore l'ensemble des rapports sociaux au sein desquels elle se produit. Car la plupart des actes humains, dans une société développée, ne cheminent pas selon un circuit simplement individuel, mais au contraire une portion plus ou moins grande de leur trajet passe par des circuits sociaux souvent extraordinairement éloignés de la réalité immédiate de l'action concrète de l'individu. Pour rendre compte d'un rapport apparemment aussi simple que le taux du salaire payé à un ouvrier pour son travail, il faut passer jusques et y compris par l'étude de la concurrence capitaliste à l'échelle internationale. C'est même l'*immensité du détour* entre le point de départ de l'action d'un individu et son retour à soi qui explique *l'inconscience fondamentale spontanée de l'individu quant aux bases réelles de sa personnalité*. Il faudra examiner si cet inconscient-là ne serait pas au moins aussi essentiel que l'inconscient freudien, et quel rapport ils ont au juste entre eux ; sans doute y a-t-il même là le point central dans l'effort pour déterminer les modalités d'articulation possible de la théorie psychanalytique sur le matérialisme historique et la théorie de la personnalité qu'il implique. Cette inconscience de la base réelle est d'autant plus profonde, dans la forme d'individualité caractéristique du capitalisme, que les rapports sociaux y prennent la forme mystifiée de choses, et de choses de nature fort abstraite. C'est ainsi que la personnalité vivante du travailleur, ne pouvant se réaliser qu'au travers des rapports de production dominants, prend la forme de la valeur de la force de travail. Or la valeur de la force de travail *n'a aucune réalité physiologique* en elle-même bien qu'elle régisse toute l'activité de l'individu. Marx soulignait que la valeur

> « n'étant pas autre chose qu'une manière sociale particulière de compter le travail employé dans la production d'un objet, ne peut pas plus contenir d'éléments matériels que le cours du change, par exemple [...]. Jusqu'ici aucun chimiste n'a découvert de valeur d'échange dans une perle ou un diamant [2] ».

---

1. Cf. pp. 452-453.
2. *Le Capital*, I, 1, pp. 93-94.

Cette remarque mordante adressée au réalisme naïf de l'économie politique ordinaire, le physiologisme de la psychologie ordinaire devrait en ressentir aussi la morsure. Car précisément pour la même raison *aucun physiologiste ne découvrira jamais la valeur de la force de travail dans la cellule nerveuse, et aucun généticien n'en trouvera la source dans les chromosomes.* Il y a là un de ces avis que de temps en temps le philosophe peut donner sans dogmatisme au scientifique, et que le scientifique aurait tort de négliger. C'est là la clef de toute l'erreur biologiste, physiologiste en psychologie : on cherche le secret de la personnalité *là où il ne peut pas être.* En superposant les frontières du psychisme et celles de l'organisme, on commet une faute énorme cachée sous les dehors de l'évidence immédiate. Au contraire, si l'on réfléchit vraiment sur la base du marxisme, on prend au sérieux par exemple cette remarque éminemment profonde du psychologue soviétique Vygotski :

« Il n'y a aucun espoir, *disait-il,* de trouver les sources de l'acte libre dans les hauteurs de l'esprit ou dans les profondeurs du cerveau. La démarche idéaliste des phénoménologues est aussi désespérée que la démarche positive des naturalistes. Pour découvrir les sources de l'acte libre, il faut sortir des limites de l'organisme, et ce non dans la sphère intime de l'esprit, mais dans les formes objectives de la *vie sociale* ; il faut rechercher les sources de la conscience et de la liberté humaines dans l'histoire sociale de l'humanité. Pour trouver l'âme, il faut la perdre [1]. »

Cette dernière formule, admirable, animée intérieurement par la dialectique même de la *VI^e Thèse sur Feuerbach,* conduit me semble-t-il à définir d'une façon originale l'attitude du matérialisme véritablement scientifique, c'est-à-dire marxiste, à l'égard de *l'illusion spiritualiste de l'âme.* Pour le matérialisme physiologiste, l'âme est une simple billevesée, un mot creux, qu'il convient de rayer purement et simplement du vocabulaire scientifique. Pour le matérialisme historique, la négation de l'âme comme « substance immatérielle » est bien entendu définitivement acquise, et il ne saurait être question de revenir en deçà. Mais c'est encore tout à fait insuffisant si l'on ne va pas au-delà : jus-

---

2. A. LOURIA : « *Vygotski et les fonctions psychiques* », dans *Recherches internationales à la lumière du marxisme,* n° 51, 1966 (*La Psychologie*), pp. 96-97.

qu'à la saisie rigoureuse de ce qui constitue le *noyau rationnel* de la notion d'âme, le *concept scientifique* d'âme, savoir *la dynamique des rapports non physiologiques qui animent une personnalité*. A ce point de vue, un concept d'âme n'est pas seulement apte à fonctionner dans la théorie matérialiste, mais je dirai même que le matérialisme ne saurait s'en passer sans se convertir en un non-sens. Sur ce point aussi se vérifie la justesse de l'appréciation de Lénine :

> « L'idéalisme philosophique n'est *qu'*ineptie du point de vue d'un matérialisme grossier, simpliste, métaphysique. Au contraire, du point de vue du matérialisme *dialectique*, l'idéalisme philosophique est un développement *exclusif*, exagéré, *überschwengliches* (Dietzgen) (une boursouflure, une bouffissure) de l'un des traits, de l'un des aspects, de l'une des limites de la connaissance, qui devient ainsi un absolu, *détaché* de la matière, de la nature, divinisé [1]. »

Ce qu'il exprime plus crûment en notant :

> « L'idéalisme intelligent est plus près du matérialisme intelligent que le matérialisme bête [2]. »

Le matérialisme intelligent ne *nie* pas l'âme, mais il en montre la *réalité* dans la dynamique des rapports constitutifs de la personnalité.

La première attitude passe encore parfois pour la plus grande fermeté matérialiste, mais en fait elle n'est pas seulement fausse : elle porte le préjudice le plus clair au matérialisme qu'elle prétend servir. D'abord parce que la pure et simple négation de l'âme dans le sens du matérialisme physiologiste n'a aucune chance de convaincre durablement de la justesse du matérialisme ceux qui pensent : il est évident qu'on ne peut pas rendre compte de la vie d'une personnalité dans ce qu'elle a de plus essentiel, de son *sens*, en s'en tenant à des considérations biologiques. Une telle réduction est donc nuisible au matérialisme même. Plus encore : elle sert le spiritualisme. N'est-il pas extrêmement remarquable de voir reculer de plus en plus aujourd'hui, du côté du spiritualisme, le vieux point de vue borné qui s'efforce de minimiser à tout prix le rôle du cerveau pour faire sa place à la métaphysique de l'âme et à la mythologie de la personne, pendant que se développe, au contraire, une nouvelle forme de spiritualisme, particulièrement

---

1. Lénine : *Cahiers philosophiques*, Éd. sociales, 1955, p. 282.
2. *Ibid.*, p. 229.

reconnaissable dans les publications d'un physiologiste et moraliste comme Chauchard, qui donne au cerveau une place déterminante dans l'explication de la conscience ? Le *cérébralisme* que le matérialisme médical du XIXᵉ siècle a brandi comme une arme contre la métaphysique religieuse sert aujourd'hui de plus en plus ouvertement d'instrument à la contre-offensive spiritualiste. Et cela n'est pas difficile à comprendre. Plus on *réduit* l'explication scientifique, matérialiste, du psychisme et de la personnalité à une explication par le cerveau, et plus la personnalité et le psychisme apparaissent comme *irréductibles* à une simple explication matérialiste et scientifique, plus l'insatisfaction qui se dégage de ce genre d'approche visiblement limitée nourrit la revendication d'un *supplément d'âme*. Mais, plus profondément, c'est dans son esprit même qu'une anthropologie qui méconnaît le rôle décisif du travail, et des rapports de travail, dans la formation de l'homme, est idéaliste, voire secrètement théologique. Le paradoxe apparent qui fait que la thèse de l'origine animale de l'homme, ainsi comprise, sert en fait l'idéalisme, a déjà été mis en évidence par A. Leroi-Gourhan [1]. Hantée par l'idée de l'homme-singe, la paléontologie et la préhistoire du XIXᵉ et du début du XXᵉ siècle ont longuement persévéré dans l'erreur. Comme l'écrit J. Suret-Canale :

« La ressemblance avec l'homme des « grands singes anthropomorphes » avait depuis longtemps frappé les imaginations. Hæckel — rompant avec la prudence de Darwin — voulut y voir les ancêtres de l'homme et c'est dans cette perspective de « chaînons intermédiaires » entre le chimpanzé ou le gorille et l'homme que s'inscrivit l'interprétation des découvertes paléontologiques. A cette première erreur, somme toute compréhensible et qui n'était pas inadmissible comme hypothèse de travail, s'en ajouta une autre : on transposa plus ou moins consciemment le préjugé idéaliste faisant de l'« âme » l'essence même de l'homme en des termes d'apparence matérialiste : le cerveau remplaçant l'âme, l'évolution vers l'humanité fut conçue avant tout comme un processus de « cérébralisation [2]. »

1. A. LEROI-GOURHAN : « *Le geste et la parole*, t. I, Technique et langage, Albin Michel, 1964, chap. I.

2. J. SURET-CANALE : « *Des origines de l'homme aux problèmes de l'humanisme* », *La Nouvelle Critique*, nᵒ 172, février 1966, p. 145.

Dès lors, c'est tout le rôle du travail social, lié à la libération de la main, elle-même inséparable de la station droite, propre aux ancêtres de l'homme et absente chez les grands singes, qui se trouve méconnu ou rejeté, et l'homme, au lieu de s'être lentement produit lui-même, n'apparaît plus que comme le produit passif d'un processus cosmique d'anthropogenèse dont un Teilhard de Chardin n'aura nulle peine à prétendre que la source et le sens sont divins puisque sa conception est d'avance mystifiée de façon spéculative. On voit comment la négation biologiste de l'âme, la méconnaissance du matérialisme historique et la rechute dans le spiritualisme ont partie liée. Politzer avait déjà parfaitement exprimé sur le terrain de la psychologie cette complicité profonde :

> « Le matérialisme médical, physiologique ou biologique, écrivait-il, n'est encore qu'une réaction négative en face du spiritualisme ; une négation strictement calquée sur l'affirmation : le vieux matérialisme est coulé sur le moule du spiritualisme. Il accepte la manière dont celui-ci délimite l'objet de la psychologie et pose ses problèmes ; reprenant le même texte en nommant simplement matière tout ce que le spiritualisme nomme esprit, il conserve le spiritualisme comme un frigidaire [1]. »

Combien Engels voyait plus loin et plus clair que ses contemporains lorsqu'il écrivait, en 1876, dans son étude sur *Le rôle du travail dans la transformation du singe en homme*, et alors que son titre même porte la marque de l'état des connaissances à cette époque :

> « Devant toutes ces formations (art et science, nations et États, droit, politique et religion) qui se présentaient au premier chef comme des produits du cerveau, et qui semblaient dominer les sociétés humaines, les produits les plus modestes du travail des mains passèrent au second plan ; et cela d'autant plus que l'esprit qui établissait le plan du travail, et déjà à un stade très précoce du développement de la société (par exemple dans la famille primitive) avait la possibilité de faire exécuter par d'autres mains que les siennes propres le travail projeté. C'est à l'esprit, au développement et à l'activité du cerveau que fut

---

1. G. POLITZER : *La crise de la psychologie contemporaine*, p. 103.

attribué tout le mérite du développement rapide de la société ; les hommes s'habituèrent à expliquer leur activité par leur pensée au lieu de l'expliquer par leurs besoins (qui cependant se reflètent assurément dans leur tête, deviennent conscients) et c'est ainsi qu'avec le temps on vit naître cette conception idéaliste du monde qui, surtout depuis le déclin de l'antiquité, a dominé les esprits. Elle règne encore à tel point que même les savants matérialistes de l'école de Darwin ne peuvent toujours pas se faire une idée claire de l'origine de l'homme, car sous l'influence de cette idéologie ils ne reconnaissent pas le rôle que le travail a joué dans cette évolution [1]. »

Paroles plus que jamais actuelles au moment où, par une ignorance ou une sous-estimation persistante du marxisme, on voit se réveiller ici ou là le cérébralisme pourtant condamné par les découvertes convergentes de l'anthropologie moderne. Même dans une œuvre du niveau de celle de Claude Lévi-Strauss se trouve aujourd'hui reprise avec insistance l'hypothèse ultime que les structures qui selon lui sous-tendent toutes les manifestations de la culture auraient leur source dans des « lois universelles de l'esprit humain », elles-mêmes explicables par la « structure du cerveau [2] ». L'audience conquise par le structuralisme lévi-straussien n'est d'ailleurs pas étrangère au regain du biologisme et du matérialisme cérébraliste dans les sciences humaines qu'on note depuis quelques années. Or on doit bien constater que ce cérébralisme, dont le rôle objectif est de substituer aux infrastructures économiques en tant que base réelle du développement social humain des « infrastructures » biologiques permettant d'escamoter le rôle décisif des rapports de production, loin d'être le fruit de la science la plus avancée, n'est que la résurgence de ce qui fut le plus lourde erreur de l'anthropologie du siècle dernier.

La lutte du marxisme contre le matérialisme physiologiste ne doit d'ailleurs pas être conçue seulement à usage externe. Car le marxisme n'est pas à l'abri lui-même de toute déformation dans ce sens, de toute rechute partielle au niveau de ce matérialisme bourgeois du XIXe siècle, obnubilé par la *hantise* d'avoir à combattre

---

1. F. ENGELS : *Dialectique de la nature*, p. 178.
2. Cf. C. LÉVI-STRAUSS : *Anthropologie structurale*, Plon, 1958, p. 106 ; *La pensée sauvage*, Plon, 1962, pp. 328, 333, 349, etc.

le spiritualisme de l'âme par le physiologisme de l'activité nerveuse, issue d'une tradition séculaire de lutte matérialiste contre
l'*animisme* ; il n'est pas à l'abri de toute rechute partielle en deçà
de ce qui constitue justement sa spécificité et la source de son
extraordinaire fécondité scientifique : la découverte du matérialisme *historique*. Il faut réfléchir à cet égard au fait que le plus
souvent jusqu'ici l'apport possible du marxisme à la psychologie
a été compris comme l'apport du matérialisme dialectique — qu'il
n'est bien sûr pas question de sous-estimer — mais beaucoup
moins comme l'apport du matérialisme historique, qui est pourtant
bien plus essentiel encore : trace non équivoque d'une tendance à
se représenter la conceptualisation psychologique comme relevant
des catégories de la *matière* — ce qui est juste — mais moins comme
articulée à celles de l'*histoire*, en sorte que *même pour le marxisme*,
il faut bien le dire, *Le Capital* n'est encore guère apparu comme la
clef de la théorie de la personnalité, tandis que des espoirs dispro-
protionnés ont été souvent placés, dans cette perspective, en la
physiologie pavlovienne. Et le fait que la théorie scientifique de
l'individualité et de la personnalité qui s'articule sur le marxisme
n'ait pas été jusqu'ici développée comme il le faudrait crée de ce
point de vue un *danger objectif* de régression partielle au matérialisme que Marx et Engels appelaient celui des « vulgarisateurs
ambulants » — Vogt ou Büchner — danger d'autant plus fort si
la formation biologique et médicale n'est pas équilibrée par une
étude approfondie du matérialisme dialectique et *historique*.

C'est ce qui apparaît, par exemple, lorsqu'il s'agit de reconnaître
le caractère bourgeois en profondeur de l'idéologie des « dons [1] ».
Devant la mise en cause de cette idéologie, il arrive qu'il y ait, au
départ, même chez des marxistes, un réflexe *biologiste*, qui est
d'affirmer le rôle fondamental des données organiques, voire héréditaires. On a vu plus haut que cette conception, vraie tout au plus
pour le nourrisson, fait méconnaître gravement le renversement
des rapports entre biologique et social, le développement extra-orga-
nique du psychisme, la formation d'une dynamique des rapports
sociaux entre les conduites au fur et à mesure que se constitue la
personnalité. A la limite, la croyance en l'idéologie des « dons »
signifie qu'on prend les données biologiques initiales pour la véritable et permanente infrastructure de la personnalité, les rapports
sociaux venant seulement y *ajouter* des superstructures socialisées,

---

1. Cf. L. Sève : « *Les « dons » n'existent pas* », *L'École et la Nation*,
octobre 1964.

ce qui implique la même erreur de fond que par exemple le point de vue géopolitique par rapport au matérialisme historique. Il y a donc là l'amorce d'une retombée possible en deçà du marxisme, dont la pensée bourgeoise cherche incessamment à tirer parti[1]. Au contraire, achever sur ce point le renversement marxiste du vieux matérialisme en aidant à la construction de la théorie scientifique de la personnalité dans son fondement historico-social, c'est donner au marxisme toute sa fécondité non seulement pour la psychologie, mais pour l'ensemble des sciences de l'homme. Et c'est en même temps permettre au matérialisme de *vaincre* le spiritualisme en se rendant réellement convaincant, c'est-à-dire capable non seulement de *réfuter* l'erreur du spiritualisme, mais d'en démontrer le mécanisme, et, mieux encore, de répondre plus justement que lui-même à ce qu'il peut y avoir de juste *dans la thèse même de l'immatérialité de l'âme* : savoir l'irréductibilité de la dynamique des rapports constitutifs de la personnalité à leur support physiologique. Vue sous cet angle, l'histoire du spiritualisme apparaît elle-même dans un jour nouveau. Ainsi lorsque le P. Dubarle note que dans l'Ancien Testament « l'homme est considéré comme une unité indissoluble, dont les activités psychiques ne se laissent guère séparer de l'organisme », tandis que dans le Nouveau « se fait jour la distinction de deux parties constituantes, le corps et l'âme[2] », il n'est pas en mesure de *rendre compte* de cette constatation. Pour le faire, ne voit-on pas qu'il faudrait précisément étudier d'abord les transformations qui se sont opérées dans le monde de la division du travail et des rapports sociaux, donc dans les formes d'individualité et les personnalités réelles, ainsi que

---

1. Dans la science européenne de la deuxième moitié du XIXᵉ siècle, la pression scientifique du dogme erroné de l'hérédité psychologique était si forte qu'Engels s'est, dans quelques notes non destinées à la publication, laissé porter à écrire : « Formes de la pensée aussi en partie héréditairement acquises par évolution (évidence, par exemple, des axiomes mathématiques pour les Européens, certainement pas pour les Boschimans et les Nègres d'Australie. » (*Anti-Dühring*, p. 379. Cf aussi pp. 454-455). Il faut dire franchement qu'il y a là une erreur. L'étonnant n'est pas qu'il y ait sur ce point quelques lignes erronées dans Engels (c'est le contraire qui serait miraculeux), mais bien qu'Engels et Marx aient su pour l'essentiel découvrir la vérité par-delà l'état non seulement des esprits, mais de la science de leur époque.

2. A.-M. DUBARLE : « *La Bible a-t-elle une doctrine sur l'âme et le corps* », dans « *L'âme et le corps* », *Recherches et débats du Centre catholique des intellectuels français*, nº 35, juin 1961, p. 183.

dans les idéologies à travers laquelle elles apparaissent [1] ? L'étude
des conditions dans lesquelles *l'âme est née* en tant que *concept
humain* aurait toutes chances de nous montrer à la fois *de quoi elle
est vraiment faite* et *qui*, par conséquent, du spiritualisme — ou du
matérialisme biologiste — qui la prend pour son ombre, et du
matérialisme historique qui nous permet enfin d'en saisir la consistance, peut donner à la revendication d'un « supplément d'âme »
autre chose que le caractère d'un vœu pieux : la réalité d'un développement historique.

---

1. Sur ce dernier point, cf. par exemple J.-P. Vernant : *Mythe et pensée
chez les Grecs*, Maspéro, 1965, chap. VI.

# II

# SCIENCE DE LA PERSONNALITÉ
# ET SCIENCES PSYCHOSOCIALES

Q UE la frontière entre science des conduites et science de la
personnalité soit clairement tracée suffit à faire apparaître
les limites de la première, mais non pas à délimiter le terrain
de la seconde, ni même à prouver qu'il existe comme terrain spécifique. En effet, dans la mesure où la science de la personnalité
est radicalement distinguée des sciences psychobiologiques grâce
au concept de rapports *sociaux* entre les conduites, on est en droit
de se demander si une telle définition ne la réduit pas du même
coup au statut d'une *science psychosociale* : c'est là évidemment
la question qu'on a dû se poser avec de plus en plus d'acuité tout
au long des pages précédentes Les considérations marxistes dont
on a fait état plus haut ne seraient-elles qu'une variante plus
subtile de la réduction comtiste de toute psychologie à la physiologie d'une part et à la sociologie de l'autre ? La psychologie de la
personnalité présentée ici comme une science nouvelle est-elle
autre chose qu'une trancription marxiste d'une science depuis
longtemps existante : la psychologie sociale ? En d'autres termes,
à la frontière entre science de la personnalité, selon la définition
qu'on en a donnée, et sciences biologiques, peut-il s'ajouter
vraiment, de l'autre côté du terrain ainsi suggéré, une frontière
non moins fermement établie entre science de la personnalité et
sciences sociales ? Et comment concevoir alors cette frontière,
s'il n'est pas question de retomber d'autre part dans une conception
naturaliste de l'individualité humaine ? Le moment est venu
d'examiner ce problème en toute rigueur. Or, comme on l'a dit
au premier chapitre, c'est apparemment aussi un problème insoluble : ou bien en effet on *détache* la personnalité des conditions
sociales dans lesquelles elle se forme, mais par là on se prive de
tout moyen de rendre compte de sa *socialité* foncière ; et après ce

qui précède on comprend que ce soit ici une hypothèse radicalement écartée — ou bien à l'inverse on admet qu'elle se *résorbe* essentiellement dans les données sociales, mais par là on renonce à rendre compte de la *singularité* concrète de chaque individu. C'est *dans ce que sa personnalité a d'essentiellement social* que l'individu est *singulier, dans ce qu'elle a d'essentiellement singulier* qu'il est *social* : telle est la difficulté qu'il s'agit de surmonter.

**1. Les paradoxes**       Pour bien prendre la mesure de **de la psychologie sociale.**    cette difficulté, avant de tenter de la surmonter, il est instructif d'examiner d'abord les contradictions dans lesquelles se trouve prise la psychologie sociale — contradictions symétriques de celles que rencontre la psychologie biologique — lorsqu'elle cherche à rendre compte sur son terrain de la personnalité humaine. Dans la mesure où par psychologie on entend de la manière la plus large la *science du psychisme*, la science des comportements et des conduites, il semble que la notion de psychologie *sociale* soit parfaitement claire en soi, même si ses rapports frontaliers avec la psychologie et la sociologie donnent lieu à contestation : son objet est l'étude des conduites non en tant que réalités nerveuses, mais en tant qu'activités sociales. C'est ainsi par exemple que la psychologie biologique étudiera les processus cérébraux de la mémoire et la psychologie sociale ses cadres sociaux. Cette deuxième approche des conduites de mémoire suppose donc une abstraction et une généralisation spécifiques : nous faisons *abstraction* des réalités nerveuses en quoi consiste toujours chez l'individu réel *une* conduite de mémoire, et par-delà les singularités individuelles nous étudions dans sa *généralité* de conduite sociale commune à un grand nombre d'hommes *la* mémoire, quitte à repérer des variations du type général. Rien de contradictoire dans tout cela, puisque rien dans le concept de mémoire, ni plus largement dans le concept d'une *fonction* psychique, ne répugne ni à cette généralisation ni à cette abstraction. Il y a en effet une *unité relative des fonctions psychiques* à l'échelle de l'humanité tout entière qui tient à l'unité biologique relative de l'espèce humaine, et qui se trouve reproduite et confirmée à l'échelle de chaque société par l'unité relative des conditions les plus générales d'hominisation et d'activité qu'y déterminent le niveau des forces productives et de la culture, l'allure la plus générale des rapports sociaux, etc. En ce sens, il est légitime et scientifiquement viable d'étudier une fonction psychique comme si elle était le fait d'un *individu social général,* abstraction faite de ses bases nerveuses et de sa singularité concrète en chaque personnalité. Mais il en va tout autrement quand on aborde les problèmes de la personnalité en elle-même. Car la personnalité dans ce qu'elle a de plus essentiel est *concrète* et *singulière*, ou elle n'est pas. Que peut bien signifier l'idée d'une personnalité *abstraite*, alors qu'elle est dans son essence même totalité, et *générale*, alors qu'elle est dans son essence même individualité ? Certes, que la psychologie sociale repère des « traits » communs à plusieurs individus, à beaucoup, à tous, et qu'elle entreprenne d'en rendre compte à partir de considérations sociales, cela est pensable. C'est même Marx, on l'a vu plus haut, qui a ouvert à ce type de recherches une voie authentiquement scientifique en montrant comment une formation sociale donnée implique des *formes historiques générales d'individualité*, notion à mon sens beaucoup plus rigoureuse que bien des concepts élaborés depuis par la psychologie sociale dans la méconnaissance des rapports de production et de leur rôle explicatif fondamental. Mais la théorie des formes d'individualité n'est pas du tout encore la théorie de la personnalité : les premières sont générales et abstraites, communes à beaucoup d'individus et non exhaustives du point de vue de l'étude des personnalités ; au contraire, la personnalité est le *système total* de l'activité d'*un individu*, lequel n'est un individu que dans la mesure où il est différent des autres. C'est pourquoi lorsque la psychologie sociale se propose d'étudier non plus tel ou tel aspect du *psychisme* mais la *personnalité*, elle se trouve devant la double et contradictoire exigence de traiter de l'*individu concret*, mais en tant qu'*objet général et abstrait* : entre ce que vise alors le terme de *psychologie* et ce qu'implique la qualification de *sociale*, une contradiction éclate, dont on ne voit pas que dans son ensemble la psychologie sociale l'ait actuellement dépassée, ni même comment elle pourrait être dépassée.

A travers la variété de ses tendances et de ses écoles, la psychologie sociale, au sens le plus large de l'expression, est donc hantée par un concept inconcevable : celui d'*individu général*, c'est-à-dire qu'en son fond, malgré la positivité de ses recherches, elle n'a pas réussi à se délivrer vraiment de la représentation idéologique d'un *homme abstrait*, dont la *VIe Thèse sur Feuerbach* a montré le caractère spéculatif. Un exemple tout à fait clair de cet état de choses nous est donné par la notion de *personnalité de base*, qui joue un si grand rôle dans l'anthropologie culturelle américaine, et plus généralement dans les sciences de l'homme aujourd'hui. Prenons-la telle qu'elle nous est exposée par exemple dans *Le fondement culturel de la personnalité*, de Ralph Linton[1], ou dans *La person-nalité de base*, de Mikel Dufrenne[2] — pour retenir, dans une biblio-graphie immense, deux ouvrages classiques. Qu'est-ce que la personnalité de base selon Linton ? C'est une « configuration bien intégrée » d'« éléments de personnalité commune » aux membres d'une société, éléments dérivés eux-mêmes de « modèles culturels », c'est-à-dire de standards de comportement inhérents à cette société[3].

> « L'existence de cette configuration dote les mem-bres de la société de manières de comprendre et de valeurs communes, et leur permet de répondre affec-tivement de façon unifiée aux situations qui intéres-sent leurs valeurs communes. »
> « On peut aussi constater qu'il existe dans toute société des configurations de réponses supplémentaires qui sont liées à certains groupes socialement déli-mités au sein de la société »,

par exemple sexes, classes d'âge, positions dans un système de parenté, etc., qui constituent autant de *statuts* de la personnalité.

> « Ces configurations de réponses liées au statut peuvent être nommées *Personnalités statutaires*. »

Ces personnalités statutaires

> « sont superposées à (la) personnalité de base, et elles y sont profondément intégrées. »
> « Chaque société a son propre type de personnalité de base et sa propre gamme de personnalités de statut[4] »

qui définissent des *rôles* correspondants, c'est-à-dire « les attitudes, les valeurs et les comportements[5] » que la société assigne aux indi-vidus qui occupent des statuts donnés.

Maintenant, qu'en est-il de l'individu concret par rapport à tout cela ? Cette question n'est pas de celles qui préoccupent particu-lièrement l'auteur, soucieux avant tout de la personnalité prise

1. Dunod, 1965.
2. P. U. F., 2e édition, 1966.
3. R. LINTON : *Le fondement culturel de la personnalité*, p. 115.
4. *Ibid.*, p. 110.
5. *Ibid.*, p. 71.

dans sa généralité sociale. Toutefois, à la fin du livre, Linton reconnaît qu'il

> « reste à expliquer pourquoi les membres d'une société donnée présentent toujours des variations individuelles considérables dans leur personnalité [1] ».

Il déclare aussitôt que ce problème « présente peu de difficulté ». Quelle en est donc la solution ? C'est d'abord que

> « deux individus, seraient-ils des jumeaux vrais, ne sont jamais rigoureusement identiques. Quel que soit leur degré de parenté, les membres d'une société n'ont jamais sur le plan génétique les mêmes capacités de croissance et de développement [2] ».

Autrement dit, la source de la *singularité* des individus serait à chercher en premier lieu dans l'hérédité biologique.

> « Il est significatif, *écrit Linton*, que les processus culturels, que la culture dans sa totalité paraissent avoir un effet négligeable sur les *processus* relatifs à la constitution et au fonctionnement de la personnalité. Les processus de la personnalité dérivent des propriétés inhérentes à l'organisme humain : ils représentent les capacités psychologiques de l'individu en action. A travers l'expérience que l'individu tire de son contact avec la culture, celle-ci ne détermine en partie que les matériaux sur lesquels les processus de la personnalité agissent [3]. »

Et ce seraient les « qualités innées de l'individu [4] » qui influeraient en particulier sur son mode de réaction à la culture dont il fait l'expérience. Or, sans même discuter ici cette notion de *qualités psychiques innées*, qui pour l'essentiel paraît bien relever de la croyance tenace et pourtant dénuée de tout fondement probant à *l'hérédité psychologique*, une telle « explication » de la singularité des personnalités par la biologie ne répond pas du tout à la question posée. Que des données *biologiques*, sans qu'on ait nul besoin de les travestir en hypothétiques qualités *psychiques* innées, jouent leur

---

1. *Ibid.*, p. 129.
2. *Ibid.*, p. 129.
3. *Ibid.*, p. 108.
4. *Ibid.*, p. 117. Cf. aussi p. 119.

rôle dans les processus de l'individuation psychologique, au cours de la formation de la personnalité, c'est bien certain. Mais cela ne nous explique encore pas, et n'a aucune chance de nous expliquer jamais, comment et pourquoi les personnalités des individus concrets diffèrent *en tant que formations historico-sociales*. Ce ne sont évidemment pas des considérations biologiques, fussent-elles d'ailleurs bien fondées, qui peuvent par exemple rendre compte de la différenciation introduite par les rapports sociaux entre personnalité abstraite et personnalité concrète. L'argument biologique de Linton, même s'il contient une idée juste, est donc complètement à côté de la vraie question, comme pourrait l'être l'argument géographique pour rendre compte de la diversité des formations sociales : si la géographie peut sans aucun doute contribuer à éclairer les différences entre deux sociétés capitalistes, elle est par principe incapable de rendre compte de la différence entre une société capitaliste, une société féodale et une société socialiste. On voit ici combien chez Linton — et cela nous semble valoir plus largement de l'anthropologie culturelle américaine, voire de l'anthropologie culturelle tout court même si l'on s'en fait ordinairement une tout autre idée —, l'insistance sur le fondement *social* de la personnalité n'exclut pas un *biologisme* complémentaire très insuffisamment critiqué.

> « Les systèmes sociaux peuvent avoir changé et évolué, *écrit-il*, mais les qualités innées des êtres humains sont restées sensiblement les mêmes[1]. »

Alors que nous nous attendons à être aux antipodes, sommes-nous ici tellement loin de Sheldon ? Et la raison profonde de cette proximité au sein du biologisme n'est pas difficile à apercevoir : chez l'un comme chez l'autre, c'est la conceptualisation hérédité-milieu, admise dans la complète méconnaissance des découvertes fondamentales de Marx à ce sujet. Dès lors, le débat classique et finalement vain sur les « parts » respectives de chacun des deux « facteurs » dans la formation de la personnalité est assuré de se dérouler *à l'intérieur du biologisme*, même chez qui semble attribuer presque tout au « milieu », puisqu'en concevant la société comme simple milieu, donc comme simple détermination *externe* d'un individu *psychiquement préexistant*, on a d'avance accordé *l'essentiel* au biologisme.

Aussi bien, il faut le reconnaître, Linton a-t-il jusqu'à un certain

---

1. *The study of man*, cité par DUFRENNE : *La personnalité de base*, p. 181.

point conscience de la portée limitée de son argument biologique. Il en ajoute aussitôt un second :

> « De plus, *écrit-il*, la façon dont (les) capacités s'exercent se trouve affectée par toutes sortes de facteurs de l'environnement (...). Le processus de formation de la personnalité semble être essentiellement un processus d'intégration de l'expérience, laquelle à son tour résulte de l'interaction de l'individu avec son environnement. Il s'ensuit que des environnements même identiques, pour autant que ce soit concevable, fournissent à des individus différents des expériences différentes et finalement leur constituent des personnalités différentes. »

Et plus loin :

> « Les différences d'individu et les différences d'environnement peuvent entrer dans une quantité à peu près infinie de permutations et de combinaisons, et l'expérience que des individus eux-mêmes différents peuvent en retirer ne peut que varier pareillement. Voilà qui suffit parfaitement à rendre compte des différences de contenu de la personnalité telles qu'on les constate chez les membres d'une même société[2]. »

Ce deuxième argument, plus encore peut-être que le précédent, est révélateur de la référence au moins implicite à l'idée d'homme abstrait, au naturalisme anthropologique, qui sous-tend toute la théorie de la personnalité de base. Quelle est en effet ici l'explication proposée de la singularité des individus ? Le *hasard*. Et bien entendu, tout comme les données biologiques, le hasard joue objectivement un rôle dans les processus d'individuation. Il est vrai que la série d'événements *uniques*, à certains égards, qui constituent une biographie, la somme *unique* des rapports concrets avec des aspects déterminés du monde social *diffèrent* nécessairement d'un individu à un autre. Mais il faut bien voir à quoi on s'engage si on se propose d'expliquer par là la singularité foncière d'une personnalité. En rendre compte par la simple *contingence*, c'est donc la concevoir comme une singularité *inessentielle*, comme une variation brodée autour de la personnalité de base et des person-

---

1. *Le fondement culturel de la personnalité*, pp. 129 et 131.

nalités de statut, comprises pour leur part comme *l'essence commune* des individualités concrètes.

C'est ce que dit très clairement Linton par exemple avec sa
comparaison du complet de confection.

> « Les modèles culturels se présentent à l'individu
> comme des complets de confection : ils sont approxi-
> mativement à la mesure de leurs exigences, mais ils
> ne leur vont pas vraiment tant qu'ils n'ont pas été
> diminués ici et lâchés là. Tout comme pour les complets,
> les modèles réels constituent les limites extrêmes dans
> lesquelles ces modifications restent possibles, mais
> d'habitude ces limites sont assez larges pour pourvoir
> à toute éventualité, sauf anomalie remarquable [1]. »

Mais, dans ces conditions, la *singularité concrète* des individus
étant conçue comme *inessentielle*, *l'essence* de la personnalité se
voit forcément identifiée à une *généralité abstraite*, selon la fausse
conception traditionnelle et prédialectique de l'essence dont Marx
a fait la critique en profondeur. Que la base objective de la personnalité soit dans la société, c'est ce que dit déjà la *VIᵉ Thèse
sur Feuerbach* : cette base est l'ensemble des rapports sociaux.
Mais cet ensemble de rapports sociaux n'a aucunement la forme
psychologique, la forme d'un *individu général*. Au contraire, chez
Linton, faute d'une conception authentiquement dialectique de
l'essence et de l'existence, de l'individuel et du général, de l'abstrait et du concret, *la base de la personnalité se voit idéologiquement
travestie en personnalité de base*, dont on ne nous définit jamais
rigoureusement, et pour cause, le statut de réalité. La personnalité
de base est-elle une simple configuration de traits, une collection
de modèles culturels ? De quel droit alors l'appeler personnalité ?
Est-elle réellement une personnalité ? Comment alors pourrait-elle
exister en dehors des individus concrets, dans le monde social ?
En fait, pour Linton, et plus largement pour l'anthropologie
culturelle, les individus concrets sont compris comme des variantes
plus ou moins fortuites d'un *homme social en général*, véritable
abstraction réalisée, qu'il ne suffit pas de concevoir comme culturel-
lement relatif, historiquement variable, pour en faire disparaître
le caractère profondément spéculatif. Par-delà l'empirisme des
méthodes, nous avons ici encore une forme simplement historicisée
de l'humanisme philosophique.

---

1. O. c., pp. 94-95.

Combien Marx a vu plus profond, un siècle plus tôt, en un temps où n'existait rien encore qui ressemblât à une *science* psychologique ! Il a parfaitement aperçu le problème de la *contingence* des rapports entre l'individualité concrète et les conditions sociales à partir desquelles elle se forme. Mais, étant un dialecticien de premier ordre, il a tout de suite compris — dès *L'idéologie allemande* — que cette contingence ne pouvait absolument pas être le pauvre rapport passe-partout d'une généralité sociale à une singularité individuelle toujours identiques à elles-mêmes dans leur essence, mais que cette contingence, c'est-à-dire ce mode de rapports entre les bases d'une formation sociale donnée et la diversité des individus qui y sont produits, était, de toute nécessité, concrète, diverse et variable historiquement ; que chaque formation sociale détermine son propre mode de contingence dans les rapports entre l'individuel et le social. Il a montré que dans le capitalisme cette contingence est poussée à l'extrême et prend des formes très visibles quoique mystificatrices, de sorte que si elle peut apparaître à un Linton comme une donnée évidente et abstraitement universelle, cela justement est l'indice d'une réflexion dominée à son insu par les conditions du capitalisme.

« La différence entre l'individu personnel et l'individu contingent, *lit-on dans* « *L'idéologie allemande* », n'est pas une distinction du concept, mais un fait historique. Cette distinction a un sens différent à des époques différentes : par exemple, l'ordre en tant que contingence pour l'individu au xviiie siècle, et la famille aussi plus au moins. C'est une distinction que nous n'avons pas, nous, à faire pour chaque époque, mais que chaque époque fait elle-même parmi les différents éléments qu'elle trouve à son arrivée, et cela non pas d'après un concept, mais sous la pression des conflits matériels de la vie [1]. »

[Mais] « c'est seulement la concurrence et la lutte des individus entre eux qui engendrent et développent cette contingence en tant que telle [2]. »

« Dans la concurrence, la personnalité elle-même n'est qu'une contingence, et la contingence, une personnalité [3]. »

---

1. *L'idéologie allemande*, p. 97.
2. *Ibid.*, p. 94. Cf. pp. 96 à 99.
3. *Ibid.*, p. 413.

Cette caractéristique de la société capitaliste, où l'individuation est foncièrement subordonnée au hasard, c'est-à-dire en fait aux nécessités aveugles du développement social, est elle-même transitoire :

> « A l'époque actuelle, la domination des individus par les conditions objectives, l'écrasement de l'individualité par la contingence ont pris des formes extrêmement accusées et tout à fait universelles, ce qui a placé les individus existants devant une tâche bien précise : remplacer la domination des conditions données et de la contingence sur les individus par la domination des individus sur la contingence et les conditions existantes [1]. »

Les *Grundrisse* reviennent à maintes reprises sur ces problèmes [2]. Et Marx y fait notamment remarquer, avec une extrême profondeur, que le fait même de poser le problème des différences entre les individus comme un problème de variation d'une grandeur commune suppose la réduction préalable de l'activité humaine à sa forme abstraite, c'est-à-dire le marché capitaliste et la concurrence.

> « C'est la *comparaison, écrit-il,* au lieu de la *communauté* et de l'*universalité véritables* [3]. »

Il y a là matière à réflexion pour une psychologie qui considère comme allant de soi la mesure différentielle des aptitudes. Mais Linton et l'anthropologie culturelle, malgré leurs mérites, sont bien loin de soupçonner ce fond du problème. Ne voyant de la personnalité que certains aspects, souvent très secondaires, de sa forme, et parce que d'un point de vue très général une belle-mère est évidemment toujours une belle-mère, et un médecin débutant un médecin débutant, il soutient qu'on note

> « dans toutes les sociétés à peu près la même marge de variation et à peu près les mêmes types de personnalité [4] ».

C'est comme si l'on soutenait que, la société étant dans son

---

1. O. c., p. 481.
2. *Fondements*, t. I, pp. 97 à 102, 137-138 ; t. II, pp. 167-168.
3. *Ibid.*, t. I, p. 98.
4. *Le fondement culturel de la personnalité*, p. 129. Cf. pp. 113 et 151.

essence toujours identique à elle-même, les sociétés réelles ne sont que des variantes singulières réparties selon une distribution à peu près constante. C'est bien d'ailleurs ce que soutiennent, aux antipodes du marxisme, les tenants d'une anthropologie profondément *naturaliste* derrière l'importance qu'elle attache au *culturel* ; tel Lévi-Strauss :

> « Aucune société n'est foncièrement bonne, affirme-t-il ; mais aucune n'est absolument mauvaise ; toutes offrent certains avantages à leurs membres, compte tenu d'un résidu d'iniquité dont l'importance paraît approximativement constante et qui correspond peut-être à une inertie spécifique qui s'oppose, sur le plan de la vie sociale, aux efforts d'organisation [1]. »

Indépendamment des objections historiques et politiques qu'on peut adresser à une telle conception, il est aisé de voir qu'elle repose sur une représentation fixiste, prédialectique de l'homme, ou des structures dont il serait l'effet. Cette représentation tourne le dos à ce que nous avons appris de plus essentiel en la matière depuis le XIX⁰ siècle.

Ainsi, lorsque Linton écrit que le problème de la singularité de chaque personnalité « présente peu de difficulté », il est permis de dire que cela révèle chez lui une profonde sous-estimation de sa complexité. Car ni l'explication par les données biologiques, ni l'explication par la contingence, encore qu'elles contiennent toutes deux quelque chose de juste, ne répondent à la question posée : elles ont pour effet, et pour principe, de *séparer singularité et socialité*. Or s'il y a effectivement une singularité de l'individu qui est irréductible aux données sociales générales, la singularité la plus essentielle, celle qui constitue le cœur du problème, est justement celle de *la personnalité historico-sociale comme telle*. Ce qu'il faut expliquer, c'est que, selon la formule de Marx, l'homme s'individualise *dans* le processus historique, et non pas malgré lui ou à sa marge. Il y a là une contradiction qu'on ne peut esquiver, parce qu'elle est tout le problème : c'est que l'individu est un individu en tant qu'être social général, un être social en tant qu'individu singulier. L'explication par la biologie ou par la contingence (au sens que Linton par exemple donne à cette idée) ne résout pas cette contradiction mais la fuit. Cependant, à partir de l'anthropologie culturelle, et sur le terrain de la personnalité de base, une

---

1. C. Lévi-Strauss : *Tristes tropiques*, 10-18, 1955, p. 347.

troisième explication nous est proposée, par exemple par Mikel
Dufrenne : l'explication par la liberté du sujet. Dans son livre sur
*La personnalité de base*, où il aborde le problème à la lumière des
travaux de Linton, mais plus encore de Kardiner, M. Dufrenne
reprend nettement à son compte la « théorie de la nature humaine »
de l'anthropologie culturelle, comme ce qui peut selon lui « inspirer
une sociologie psychologique et aider à comprendre la culture [1] »,
Toutefois, il reconnaît en même temps les difficultés que comporte
cette position quand il s'agit de situer théoriquement l'individu
singulier. Citant Kardiner, qui avoue que « la relation entre personnalité de base, caractères individuels et systèmes de valeurs,
est encore très obscure [2] », il se demande :

> « L'idée d'un fond psychologique commun à tous
> les individus d'une même société est-elle viable ? [3] »

Et il ne méconnaît pas à quel étrange paradoxe on aboutit
lorsqu'on réfléchit sur le concept même d'individu humain :

> « L'individu est unique ; et paradoxalement, on
> peut le dire de tout individu, c'est-à-dire de l'individu
> en général; et ceci nous avertit déjà qu'on ne peut dire
> que l'individu est unique parce qu'il est réel et parce que,
> en tant que réel, il est le résultat d'un concours singu-
> lier et singularisant de circonstances ; il lui appartient
> d'être unique, c'est un trait de son être : il a une per-
> sonnalité [4]. »

On voit que pour M. Dufrenne l'explication lintonienne de la
singularité individuelle par la contingence n'est pas une suffisante
explication. Mais quelle est alors l'explication véritable ?

> « L'individu est [...] inépuisable non seulement par
> la maladresse des concepts, mais par ce qu'il y a en
> lui de profond et de libre, parce qu'en dernier ressort
> il décide lui-même de son être, et de façon imprévi-
> sible [5]. »
> « Il y a de la nature en l'homme, et par conséquent

---

1. *La personnalité de base*, p. 85.
2. *Ibid.*, p. 177.
3. *Ibid.*, p. 199.
4. *Ibid.*, p. 204-205.
5. *Ibid.*, p. 205-206.

de l'universel et du général, par quoi une définition est tout de même possible, mais cette nature est pour une liberté. Certes, en faisant une place à la liberté, la théorie de la nature humaine reconnaît la singularité de l'individu, qui n'est pas seulement le résultat de l'intervention de certaines variables dans un concert de lois, mais l'acte même de l'individu qui va inscrire dans l'univers son choix existentiel [1]. »

M. Dufrenne y revient dans *Pour l'homme*, où l'antihumanisme structuraliste est combattu au nom d'un humanisme éthique :

« Ce qui nous oblige aussi à accueillir avec réserve l'idée d'une nature humaine, c'est la singularité de l'homme » ; car « la première ressemblance que les hommes aient entre eux, c'est qu'ils sont chacun uniques [2] ».

Sur quoi il affirme, avec Sartre, qu'

« il faut bien définir l'homme par la liberté [3] ». « Si la Nature invente l'homme, c'est comme l'être qui doit inventer sa propre nature, toujours singulière. L'idée de l'homme n'est pas un concept, elle est l'affirmation où s'exprime un vouloir, et que tout vouloir enveloppe [4]. »

Conception de la liberté et du vouloir qui, malgré des efforts pour la rattacher au matérialisme dialectique et à la praxis [5], nous renvoie hors de toute genèse historique réelle, à un « transcendal comme inengendrable [6] ».

Ce qui nous paraît irrecevable dans cette troisième tentative d'explication de la singularité individuelle, ce n'est pas seulement le caractère spéculatif, métaphysique — au sens dialectique du mot — de la liberté invoquée ; c'est le fait même d'invoquer « la liberté » comme *deus ex machina philosophique* pour tirer d'embarras une *science* qui échoue à rendre compte sur son terrain du

---

1. O. c., p. 211-212.
2. M. DUFRENNE : *Pour l'homme*, Éd. du Seuil, 1968, p. 155.
3. *Ibid.*, p. 156.
4. *Ibid.*, p. 181.
5. Cf. notamment pp. 166, 181.
6. *Ibid.*, p. 169.

caractère foncièrement unique de chaque personnalité. Que la notion de liberté humaine ait du sens, ce n'est pas un marxiste qui y contredira. Mais ce n'est pas une vue philosophique sur *la* liberté qui peut apporter à la science la solution du problème de l'individualité psychologique, c'est au contraire la science psychologique qui doit établir la légitimité de l'attribution d'une liberté concrètement définie à l'individu : telle est la seule démarche non-spéculative, scientifiquement recevable. A l'inverse, projeter la solution du problème scientifique irrésolu dans la sphère d'une philosophie de la liberté revient à avouer qu'on ne parvient pas à la trouver sur le terrain de la science elle-même ; invoquer une liberté scientifiquement inélucidée n'est pas la solution du problème mais l'aveu même de son irrésolution. Ici encore, on doit le dire, il y aurait profit à méditer, de plus près que cela n'est fait d'ordinaire par la psychologie, les analyses de Marx, à commencer par celles de *L'idéologie allemande*, où, critiquant Stirner, l'un des ancêtres de l'humanisme existentiel, il montre le fond de

> « la détermination de la liberté caractéristique de tous les idéologues, et surtout des idéologues allemands : la liberté comme autodétermination, comme individualité [1] ».

Ce fond, on l'a rappelé plus haut, c'est la transmutation idéologique des processus concrets de « libération historique » des hommes en une « catégorie abstraite : *la* liberté [2] », *déjà donnée* à l'individu du seul fait qu'il est « humain » ; c'est-à-dire, au point de vue pratique, l'acceptation des limites sociales actuelles du processus de libération, ou la méconnaissance des conditions réelles de son développement au-delà de ces limites, acceptation ou méconnaissance tenaces chez l'intellectuel de la société bourgeoise.

Ainsi, pas plus que l'explication par les données biologiques ou par la contingence, l'explication par la liberté ne résout le problème de la singularité essentielle de l'individu humain. Et cela met radicalement en cause le concept de personnalité de base, c'est-à-dire au fond d'individu général. Admettre la notion de personnalité de base, c'est accepter de concevoir la société comme simple milieu, comme *environnement* porteur de modèles culturels *généraux*, à quoi vient s'opposer du dehors l'*individu*, défini comme

---

1. *L'idéologie allemande*, p. 341. Cf. tout le développement sur l'individualité propre, pp. 331-346.
2. *Ibid.*, p. 332.

tel de façon préalable, donc *naturalisé*. Dès lors, pour culturelle qu'on la veuille avec insistance, l'anthropologie est *naturaliste*, c'est-à-dire prisonnière d'une théorie spéculative de la nature humaine, d'un humanisme philosophique, et elle naturalise tout ce qu'elle touche : données biologiques, contingence, liberté, qu'elle ne comprend pas comme produits historiques concrets. Les rapports entre individu et société étant compris, dans la méconnaissance du concept capital de rapports sociaux, comme des rapports essentiellement *externes* entre deux *abstractions*, on s'est condamné à penser les conditions sociales sous la forme d'une généralité abstraite, la personnalité de base, et la singularité individuelle comme inhérente à la « nature humaine », dans toute la gamme des sens du mot nature. L'essence sociale de la personnalité concrète, l'essence concrète de la personnalité sociale échappe. Aucune théorie scientifique de la personnalité n'est possible dans ces conditions : ainsi entendue, la psychologie sociale bouche toute perspective sur une réelle psychologie de la personnalité, dont le terrain et la frontière du côté des sciences sociales demeurent donc introuvables.

Ce qui est en cause ici, on le voit, ce n'est nullement l'étroitesse spécifique de l'anthropologie culturelle américaine. Il est bien vrai, par exemple, comme le note M. Dufrenne, que la sociologie américaine « se défie de ce qui a une saveur marxiste [1] », ce qui ajoute de sérieuses difficultés à l'entreprise de l'anthropologie culturelle telle que la mènent Linton ou Kardiner. Mais l'essentiel, du point de vue où nous nous plaçons ici, est situé beaucoup plus profond. Si l'absence de défiance, voire la sympathie déclarée à l'égard « de ce qui a une saveur marxiste » signifie simplement qu'on cherche à incorporer de façon extérieure des matériaux prélevés chez Marx à une recherche anthropologique dont le principe même est prémarxiste, situé en deçà de la *VI*e *Thèse sur Feuerbach* et de la critique matérialiste radicale de la conception spéculative de l'essence humaine, cela ne peut évidemment rien changer au fond. De ce point de vue, il est fort instructif de confronter à l'anthropologie culturelle américaine des tentatives toutes différentes quant à leur attitude à l'égard du marxisme, qui ont cependant en commun avec elle la volonté de rendre compte de la personnalité humaine en termes historiques et sociaux, mais sans avoir suffisamment réfléchi aux pièges idéologiques qu'il faut

---

1. *La personnalité de base*, p. 97, note 1.

éventer pour y parvenir, et qu'on ne peut éventer sans en passer par Marx. Prenons pour exemple le livre, historiquement important, de I. Meyerson : *Les fonctions psychologiques et les œuvres*[1], d'où est issu le courant contemporain de la « psychologie historique », dans lequel la référence positive à Marx n'est pas rare. D'emblée, Meyerson souligne que l'étude de l'homme à travers ses œuvres, l'analyse des comportements à travers leur manifestation historique modifient heureusement la perspective traditionnelle du psychologue.

> « Il n'a pas affaire à l'homme abstrait, mais à l'homme d'un pays et d'une époque, engagé dans un contexte social et matériel, vu à travers d'autres hommes également d'un pays et d'une époque[2]. »

Affirmation fort claire en un sens : à l'idée d'homme éternel, la psychologie historique et comparée substitue celle d'homme historiquement relatif, socialement déterminé. Mais affirmation plus secrètement contradictoire quand il s'agit d'étudier la personnalité : « Il n'a pas affaire à *l'homme abstrait*, mais à *l'homme* d'un pays et d'une époque... ». Or *l'homme* d'un pays et d'une époque est précisément encore un homme *abstrait*, même s'il est conçu de façon historicisée, socialisée, dans la mesure où il est considéré indépendamment des *rapports sociaux concrets* au sein desquels est produit chaque individu *singulier*. Bien entendu, comme cela a été précisé plus haut, ce n'est pas le fait de manier un concept abstrait d'homme qui est discutable, mais de confondre concept abstrait d'homme et concept d'homme abstrait ; c'est le fait de croire qu'on a dépassé le niveau de l'« homme abstrait » parce qu'on le conçoit désormais dans sa variabilité historique — ce qui est sans aucun doute un progrès, en effet — mais sans voir que cela ne va nullement encore au fond des choses *en matière de théorie de la personne* si l'on conserve à l'intérieur de la perspective historique l'idée d'un *individu général* d'un pays et d'une époque : l'historicisation de l'individu abstrait de l'anthropologie spéculative n'en est pas encore le réel dépassement scientifique. En d'autres termes, on en reste à la « psychologie de 1844 » — et en ce sens on peut se référer à Marx avec faveur — mais on n'a pas encore tenu compte des enseignements essentiels du marxisme dans la question de la *personnalité*.

---

1. I. MEYERSON : *Les fonctions psychologiques et les œuvres*, Vrin, 1948.
2. *Ibid.*, p. 11.

Ce qui trompe ici, redisons-le, c'est que dans la mesure où l'on se propose d'étudier seulement les fonctions psychiques, ce qu'annonce le titre du livre de Meyerson, ce point de vue de l'individu social général est en somme recevable. Dans une société donnée, il existe sans aucun doute des formes sociales relativement communes de la mémoire, de la perception ou de l'émotion, car ces fonctions ont des bases sociales (et biologiques) relativement communes pour les membres de cette société. Mieux : on peut aborder également de ce point de vue la personnalité elle-même, dans la mesure où il existe aussi des formes sociales plus ou moins générales d'individualité dans une société bien définie. Encore faudrait-il, sur ce plan, à plus forte raison si l'on veut tenir compte du marxisme, étudier les *formes et contenus de classe* de la personnalité, dont l'importance est évidente, et dont malheureusement le livre de Meyerson ne s'occupe pas : tout ce que *Le Capital* nous montre sur les formes d'individualité du capitaliste ou du prolétaire, du travail concret et du travail abstrait, etc., demeure complètement méconnu, chez Meyerson aussi bien que dans l'anthropologie culturelle américaine. Mais le plus important n'est pas là. Le plus important, c'est que l'étude des formes historico-sociales de l'individualité, même la mieux conçue, ne nous donne absolument pas la connaissance de *la personne* d'un pays et d'une époque, c'est-à-dire d'une personnalité générale qui n'existe en réalité nulle part. Là est le piège épistémologique dans lequel il est vital pour les sciences psychologiques de ne pas tomber : ce qui vaut pour les fonctions psychiques, qui possèdent une essence relativement générale, ne vaut justement pas pour la personnalité, dont la singularité est essentielle ; dans le deuxième cas, l'abstraction par rapport aux individus concrets ne donne pas naissance à un concept scientifique, mais à une entité spéculative. Cette entité, l'homme général, fût-ce dans les limites « d'un pays et d'une époque », est aussi mystificatrice que peut l'être par exemple sur le terrain de la science sociale le concept de *société industrielle* : il est parfaitement vrai que les forces productives industrielles avancées sont relativement les mêmes dans tous les pays, ce qui crée entre eux un certain nombre de ressemblances, une certaine problématique commune ; mais s'imaginer à partir de là que tel pays socialiste et tel pays capitaliste sont ou tendent à être des exemplaires singuliers du type général « société industrielle », c'est commettre une erreur théorique monumentale. Or, à cet égard, lorsque dans un chapitre intitulé « *L'histoire des fonctions* », Meyerson prend comme exemple principal *la personne*, il tombe dans le piège de façon caractéristique[1]. Au reste, la preuve la plus visible qu'il s'agit bien là d'une impasse épistémologique, c'est que dans tout le développement qui lui est consacré, la personne n'apparaît pratiquement jamais *en personne*, et pour cause, mais sous la forme de *la notion de personne*. On comprend tout le sens de cette substitution : traiter, à propos de la personne, du nom propre ou du costume, des représentations religieuses ou juridiques, c'est en revenir en fait de la personnalité réelles aux formes sociales de l'individualité, aux institutions qui les règlent, aux idéologies qui les reflètent. Tâche scientifiquement légitime, à la condition d'avoir une claire conscience de sa nature et de ses limites. Malheureusement, par un glissement constant sur lequel on reviendra et que couvre la notion extraordinairement ambiguë de *psychologie* historique, Meyerson raisonne comme si la notion de personne, loin d'être une vue idéologique au plus haut point complexe, coïncidait par définition avec un objet réel, la personnalité à la fois générale et concrètement existante, et sur cette base s'autorise à chaque instant à parler de *l'homme* : nous ne sommes pas vraiment sortis de l'anthropologie spéculative.

La contre-épreuve de tout ce qui précède est facile à faire. En effet, s'il est vrai que toutes ces approches insuffisamment critiques de la personnalité humaine reposent sur la fonction spéculative, bien qu'historicisée, d'un individu général — personnalité de base, personne d'un pays et d'une époque, etc. — cela signifie qu'elles demeurent tributaires de l'illusion selon laquelle *l'essence humaine aurait originairement la forme psychologique, la forme de l'individu isolé*, c'est-à-dire de l'illusion dont la *VI*[e] *Thèse* a fait justice. Mais dans ces conditions on peut s'attendre en toute certitude à ce que, simultanément, toutes ces conceptions *psychologisent la société* : si on confond la personnalité avec ses bases sociales, on confond réciproquement les bases sociales avec une personnalité, on se représente peu ou prou la société comme une sorte d'individu total. Or c'est bien ce qu'on constate en règle générale. C'est ainsi que Linton, dans l'ouvrage analysé plus haut en tant qu'exemple représentatif, pose successivement comme définitions fondamentales que « le système social pris dans son ensemble est une configuration [...] de modèles culturels[2] », et que la culture à son tour est « la configuration des comportements appris et de leurs résul-

---

1. Cf. chap. III.
2. *Le fondement culturel de la personnalité*, p. 24.

tats[1] » ; les modèles culturels, fondement de la personnalité, sont des « formes stéréotypées de comportement [2] ». La société est donc considérée ici comme une *somme de comportements,* comme une *réalité homologue au psychisme des individus.* Dans ces conditions l'individu psychique, loin d'apparaître comme un produit social, une juxtastructure des rapports sociaux objectifs, est représenté au contraire comme l'*élément constituant de la société, sa base réelle.*

> « La société ne se compose pas d'individus, *écrit Marx* ; elle exprime la somme des rapports et des conditions dans lesquels se trouvent ces individus les uns vis-à-vis des autres [3]. »

Linton, au contraire, affirme dès les premières pages de son livre : « Toute société est en dernière analyse un ensemble d'individus [4] », ce qui suppose que les rapports sociaux sur quoi repose la structure des personnalités sont confondus avec les conduites psychiques qui leur correspondent, que la conception de la société est mise la tête en bas, que le rapport essentiel de dépendance théorique de la psychologie de la personnalité à l'égard de la science des rapports sociaux se trouve renversé en un rapport faussement synthétique et réciproque où pour finir « l'individu est le point de départ logique de toute investigation portant sur la configuration globale [5] ». Ce ne sont pas les conditions sociales qui déterminent les processus de vie et les besoins des individus : « Le rôle joué dans le comportement humain par les besoins physiques et psychologiques est très exactement celui de causes premières [6]. » La société n'est donc que « l'environnement » [7] de l'individu, environnement sur le rôle duquel on a beau insister, l'importance n'en peut plus apparaître que seconde.

Bien entendu, l'analyse du travail productif ne trouve aucune place dans une telle perspective. Linton écrit nettement que sa conception de la personnalité « ne prend pas en considération les effets que (le) comportement peut avoir sur l'environnement de

---

1. *Ibid.,* p. 33.
2. *Ibid.,* p. 26.
3. *Fondements,* t. I, p. 212.
4. *O. c.,* p. 2.
5. *Ibid.,* p. 11.
6. *Ibid.,* p. 15.
7. *Ibid.,* p. 16.

l'individu, autrui compris [1]. » Cela signifie que le travail salarié par
exemple n'est considéré, pour autant qu'on s'en occupe, que comme
un « agrégat organisé de processus et d'états psychologiques [2] »
où se révèlent des modèles culturels — par exemple, la manière
d'utiliser tel type d'outil — mais où le phénomène décisif de l'exploitation de l'homme par l'homme est entièrement volatilisé. C'est
bien pourquoi, alors que le livre contient maintes analyses intéressantes dans des domaines secondaires, le contenu essentiel de la
vie personnelle donne lieu à des considérations d'une pauvreté,
d'une futilité souvent saisissantes : rien, ou si peu que rien, sur les
rapports vitaux du travail social — bien que les classes sociales
soient fugitivement évoquées — mais des développements sur
l'heure du coucher, le nombre des repas, l'attitude à l'égard du
beau-père, la défiance à l'endroit des jeunes médecins, l'intolérance
au plumage des animaux vivants, les modèles de fabrication des
paniers ou la façon de se tenir à table [3]. Quand il en vient de la
personnalité de base aux personnalités de statut, Linton désigne
sans hésiter comme catégories élémentaires, comme infrastructures
essentielles, l'âge et le sexe ; « aussitôt après » vient « la position
dans le système familial [4] » : mais les rapports de production qui,
dans la vie réelle, ne jouent pas seulement en soi un rôle déterminant, mais vont jusqu'à se subordonner, en leur imprimant
une signification sociale définie, l'âge, le sexe, et les rapports familiaux, ne sont même pas mentionnés. Le résultat, et sans doute la
finalité insconsciente, de cette psychologisation générale de la
société, c'est de masquer les causes et jusqu'au fait même des
contradictions criantes qui caractérisent les personnalités au sein
de la société capitaliste.

> « Ce qui incite l'individu à faire siens [les] modèles
> [culturels], c'est qu'ils satisfont ses besoins person-
> nels, et plus précisément le besoin qu'autrui lui réponde
> favorablement [5]. »

Comme si l'ouvrier par exemple subissait toutes les conséquences
de la condition ouvrière sur sa personnalité parce qu'elle « satisfait

---

1. O. c., p. 78.
2. *Ibid.*, p. 78.
3. Cf. pp. 45, 47, 50, 60, 102, 110, 114.
4. *Ibid.*, p. 69.
5. *Ibid.*, p. 27.

ses besoins », fût-ce le besoin de « réponse affective [1] » ! En fait, le rôle théorique de ce « besoin de réponse affective » chez Linton, c'est d' « expliquer » au sein d'une représentation idéologique d'ensemble comment les individus peuvent être forcés de se plier aux « modèles culturels », alors qu'on nous les donne comme premiers, et libres, par rapport à ces modèles ; c'est-à-dire de suppléer à la méconnaissance du fait capital mis en lumière par Marx : les individus

> « trouvent leurs conditions de vie établies d'avance, reçoivent de leur classe, toute tracée, leur position dans la vie et du même coup leur développement personnel ; ils sont subordonnés à leur classe [2]. »

C'est pour l'essentiel la même psychologisation ruineuse de la société qu'on retrouve dans toute l'anthropologie culturelle. « La méthode de Kardiner, *écrit M. Dufrenne,* revient à considérer la culture non en soi, mais telle qu'elle est pour quelqu'un, ce quelqu'un abstrait qu'est la personnalité de base [3]. »

Ainsi les institutions sociales sont définies par Kardiner comme « ce que les gens font, pensent, croient ou sentent », et il ajoute : « Le lieu des institutions est à l'intérieur de la personnalité [4] ». On comprend que pour lui « toute révolution doit d'abord porter sur le psychologique [5] ». Nous sommes en pleine mystification idéaliste. Mais si M. Dufrenne fait grief à Kardiner de penser « le social en termes de psychologie [6] », c'est à son propre compte, semble-t-il, qu'il écrit, dans la ligne d'une réflexion sur l'apport de la phénoménologie aux sciences de l'homme :

> « La société n'est pas une personnalité, mais elle est comme l'œuvre d'une personnalité qui serait non la personnalité de tel ou tel individu, mais une personnalité à sa taille : et on voit poindre ici l'idée de personnalité de base, c'est-à-dire d'une personnalité qui à la fois serait produite par la société et la produirait [7]. »

---

1. *O. c.,* p. 13.
2. *L'idéologie allemande,* p. 93.
3. *La personnalité de base,* p. 165.
4. *Ibid.,* p. 282.
5. *Ibid.,* p. 194.
6. *Ibid.,* p. 278, note 3.
7. *Ibid.,* p. 33.

La société apparaît ainsi, et d'autant plus aisément qu'on n'en cherche pas assez les bases matérielles derrière les formes de conscience et de conduite sociales, comme une autre puissance du psychique :

> « Si l'humain se distingue de l'individuel, c'est comme le général du singulier, non comme le collectif de l'individuel : il n'y a rien de plus dans l'humain que dans l'individuel, il n'y a que du moins [1]. »

C'est prendre le contre-pied de la *VI<sup>e</sup> Thèse sur Feuerbach*, et se mettre hors d'état de rendre compte ne serait-ce que des classes sociales. Aussi bien M. Dufrenne lui-même marque-t-il assez nettement les limites et les difficultés d'une telle attitude.

> « Après tout, *note-t-il*, les analyses de Kardiner n'établissent de relation vraiment convaincante qu'entre deux institutions, l'éducation et la religion [2]. »

Relevant l'idée de Kardiner selon qui « il y a trop d'insécurité dans le système social » tel qu'il ressort de l'étude de Plainville, aux États-Unis, il écrit :

> « Il y a une question que Kardiner ne résout pas : dans quelle mesure la naissance du monde moderne est-elle une cause ou un effet des drames de la personnalité de base. L'insécurité, par exemple, est-elle la cause ou la conséquence de l'individualisme économique ? [3] »

Des remarques semblables, que l'auteur ne pousse pas assez loin, font resurgir précisément la question décisive : si pour rendre compte de la personnalité à partir de la société on commence par concevoir la société elle-même de façon psychologique, n'est-il pas clair qu'on s'est enfermé dans un cercle théorique d'où émerge en fin de compte l'illusion psychologiste qu'il était question de dissiper ?

Ici non plus, le cas de l'anthropologie culturelle n'est pas un cas d'espèce. Partant d'autres préoccupations et se référant à d'autres vues théoriques, la psychologie historique de Meyerson achoppe aux mêmes difficultés dans la mesure où elle implique elle aussi

---

1. *O. c.*, p. 43.
2. *Ibid.*, p. 314.
3. *Ibid.*, p. 191.

une psychologisation de la société. Dès le début de son livre, Meyerson passe du principe méthodologique, en soi inattaquable, selon lequel il y a intérêt à « analyser les comportements à travers des faits historiques [1] » et les actes à travers les œuvres, à la thèse toute différente et hautement contestable, idéaliste de façon manifeste, selon laquelle ce serait *l'esprit humain* qui s'exprimerait dans les œuvres, l'homme intérieur qui serait la source ultime des comportements extérieurs. « Le psychologue sait que c'est par un effort de l'esprit que l'homme a édifié ces œuvres, et même uniquement par un effort de l'esprit, car les mains ont été guidées, l'outil construit, la matière modelée par l'esprit [2]. » D'emblée se trouve donc écarté justement le point de vue le plus fondamental et le plus fécond, celui du matérialisme historique, c'est-à-dire le point de vue inverse : comment « l'esprit humain », comme dit la philosophie spéculative, se forme à partir des activités et des rapports matériels, et en eux. Tout l'ouvrage d'ailleurs repose sur l'idée que « l'esprit se détermine successivement dans ses créations [3] », « le mental se projette sur l'actif [4] », « l'humain se projette dans les œuvres [5] » : nous revenons en deçà même des *Manuscrits de 1844*. Sur une telle base fleurit inévitablement l'idéalisme sociologique, inspiré par exemple par une très ancienne étude de Seignobos sur la méthode psychologique en sociologie :

> « Les faits économiques impliquent des motifs, des buts, des plans de travail, des connaissances, des habitudes techniques ; la notion fondamentale de la vie commerciale, la valeur, la notion fondamentale du crédit, la confiance, sont des phénomènes de représentation [6]. »

Nous sommes ici aux antipodes du marxisme, et en même temps des vérités les plus essentielles : on s'étonne qu'il soit encore possible, un siècle après *Le Capital*, de se référer à un auteur pour qui la valeur d'échange n'est qu'une représentation. Une autre référence fréquente de Meyerson, concourante à cet idéalisme sociologique, c'est l'œuvre de Cassirer, dont l'influence au moins indi-

---

1. *Les fonctions psychologiques et les œuvres*, p. 11.
2. *Ibid.*, p. 9.
3. *Ibid.*, p. 193.
4. *Ibid.*, p. 105.
5. *Ibid.*, p. 69.
6. *Ibid.*, p. 112.

recte a été grande sur les courants de pensée structuraliste. Tout
cela se traduit par le fait que le concept d'acte, que Meyerson
semblait devoir mettre en valeur très opportunément, demeure
chez lui, comme dans l'anthropologie culturelle, le concept d'un
acte qui n'est pas socialement productif, et tend alors à se réduire
aux concepts pauvres de la psychologie ordinaire : « Nos actes,
enfin, tous nos gestes, toutes nos attitudes[1]... », écrit-il. Et donnant aussitôt un exemple de ce qu'il a en vue, il cite les « gestes
de salutation[2] ». Le monde du travail et des rapports sociaux n'est
donc pas même touché par ce pseudo-concept d'acte. De la même
manière, pour analyser la notion de personne, Meyerson juge
important d'examiner des faits « sociaux, moraux, religieux et
linguistiques[3] », mais n'évoque les conditions économiques qu'en
quelques mots parmi les « conditions qui jouent à titre accessoire[4] ».

Rien ne montre mieux comment la psychologie historique,
comme toute approche de l'individu à partir de la société, lorsqu'elle
part sans critique préalable assez approfondie de l'idée apparemment toute simple et en réalité spéculative d'homme, de personne,
d'individu *en général*, cette généralité fût-elle historiquement
spécifiée, finit par n'être vraiment satisfaisante ni du point de vue
de la science psychologique, ni du point de vue de la science sociale.

Cela ne veut nullement dire qu'à notre sens une psychologie
sociale, culturelle, historique, comparée, etc., soit intrinsèquement
impossible. D'une façon générale, redisons-le, le point de vue
défendu ici n'est exclusif d'aucun autre point de vue existant,
pourvu qu'il se révèle empiriquement fécond et théoriquement
élucidable. Or les notions de *bases sociales générales de la personnalité*, de *formes historiques d'individualité*, répondent clairement
à ces critères ; il y a là matière à une ou des sciences psychosociales. Mais ce qu'il est capital de ne pas perdre de vue alors,
c'est que, négligeant par définition le support psychologique individuel de ces réalités psycho-sociales, on manie des abstractions
*du point de vue de la personnalité concrète*, bien que ces abstractions
soient des réalités concrètes *du point de vue de la société*. Le danger
est donc, par un calembour épistémologique qu'accrédite l'emploi
glissant du concept de *psychologie* sociale, de rechercher un *support*

1. O. c., p. 24.
2. *Ibid.*, p. 25.
3. *Ibid.*, p. 151.
4. *Ibid.*, p. 174.

*psychologique général* à ces réalités sociales, sans comprendre qu'en soi elles n'ont justement pas la forme psychologique, c'est-à-dire de donner dans la fiction d'un individu général, d'un psychisme collectif, d'une nature humaine socialisée. Marx a déjà parfaitement démonté le mécanisme de l'illusion dans *L'idéologie allemande* :

> « Une fois coupées des choses réelles, les représentations et les idées des hommes n'ont plus besoin, comme fondement, des individus réels, mais bien de l'individu de la représentation philosophique, de l'individu coupé de sa réalité et simplement conçu par l'esprit, de « l'Homme » en soi, du concept de l'homme [1] ».

Le développement moderne des sciences de l'homme montre assez que cela ne concerne pas seulement la *spéculation des philosophes*. C'est ici que l'épistémologie décide de tout, et que la réflexion sur celle de Marx et d'Engels en particulier est proprement irremplaçable. Car l'illusion dont il est ici question est par excellence le résultat d'un usage de l'abstraction fondé sur la méconnaissance de la dialectique matérialiste. On pense par exemple à ce qu'Engels dit de la catégorie de *matière* :

> « La matière, comme telle, est pure création de la pensée et pure abstraction. Nous faisons abstraction des différences qualitatives des choses en les embrassant en tant qu'existant corporellement sous le concept de matière. La matière comme telle, à la différence des matières déterminées existantes, n'a donc pas d'existence sensible. Quand la science de la nature entreprend de dépister la matière une en tant que telle, de réduire les différences qualitatives à des différences purement quantitatives, dans la combinaison de particules infimes identiques, elle fait la même chose que si, au lieu de cerises, de poires, de pommes, elle voulait voir le fruit en tant que tel, ou, au lieu de chats, de chiens, de moutons, etc., le mammifère en tant que tel, de même le gaz en tant que tel, le métal en tant que tel, la pierre en tant que telle, la combinaison chimique en tant que telle, le mouvement en tant que tel [2]. »

---

1. *L'idéologie allemande*, p. 324.
2. F. ENGELS : *Dialectique de la nature*, pp. 259-260. Cf. également *La Sainte Famille*, chap. V, II ; et *L'idéologie allemande*, p. 124.

C'est de la même manière que la psychologie sociale est tentée de concevoir un *homme en tant que tel* comme support de ses données, c'est-à-dire de réaliser une abstraction. Cette première erreur, qui bouche toute perspective sur une théorie de la personnalité concrète, puisque l'individu n'apparaît plus dès lors que comme une variante inessentielle du type, est naturellement liée à une deuxième : l'homme général ne peut pas ne pas avoir son répondant dans une société comprise elle aussi comme générale, car l'abstraction est communicative. La société apparaît alors avant tout comme un ensemble de formes de comportement et de conscience directement homologues à l'individu général, c'est-à-dire qu'on en retient seulement un certain nombre de superstructures et d'idéologies. De même qu'elle court-circuite l'analyse de la personnalité concrète, support réel de tout psychisme, la psychologie sociale tend à court-circuiter l'analyse des infrastructures, base réelle de l'ensemble des rapports sociaux et des formes sociales de comportement et de conscience. Le rapport entre individu et société se présente dans ces conditions de la manière la plus simple, pour la bonne raison qu'il a été totalement mystifié : l'homme en général se développe au sein d'un psychisme social qu'il modifie à son tour. Cette pseudo-dialectique de la « réciprocité des perspectives », de l'immanence réciproque de l'individu et de la société, qui est par excellence ce que Marx dénonce sans cesse, demeure jusqu'à nos jours ce qui vicie les œuvres d'autre part les plus valables, de l'anthropologie culturelle à la sociologie de Gurvitch, de la psychologie historique au structuralisme dynamique de Lewin.

C'est pourquoi une psychologie sociale ou historique d'intention réellement matérialiste doit s'entourer des précautions les plus grandes dans la délimitation de son champ de validité et l'interprétation psychologique de ses résultats. Un exemple intéressant à cet égard est celui des recherches de J.-P. Vernant sur le travail et la pensée technique en Grèce [1]. Bien que dérivés expressément de la psychologie historique et comparée fondée par Meyerson, les travaux de J.-P. Vernant se distinguent de ceux de Meyerson notamment par leur base et leur méthodologie réellement matérialistes, même si l'on y rencontre ici ou là des formulations qui ne sont pas sans rappeler les tendances idéalistes des *Fonctions psychologiques* — en particulier l'évocation fréquente de *l'homme intérieur* considéré comme *l'homme psychique réel*, alors que l'homme

---

1. *Mythe et pensée chez les Grecs*, Maspéro, 1965.

psychique réel est tout autant dans le circuit *extérieur* de ses actes que dans le « statut intérieur du sujet [1] ». J.-P. Vernant montre quel « anachronisme psychologique [2] » on commettrait si l'on appliquait à la cité grecque antique les idées modernes de travail en général et de division du travail telles qu'elles se sont développées avec le capitalisme, et il est remarquable de constater combien à ce sujet les données concrètes de l'histoire grecque corroborent les analyses de Marx dans *Le Capital*. Dans la Grèce antique, « le travail, sous sa forme de métier, ne se manifeste pas encore comme échange d'activité sociale, comme fonction sociale de base [3] », l'activité technique et le travail « ne sont pas encore dégagés comme fonction psychologique [4] » ; « D'une façon générale l'homme n'a pas le sentiment de transformer la nature, mais plutôt de se conformer à elle [5]. » Conclusions importantes, et qui contribuent à montrer l'inanité de la conception traditionnelle d'une nature psychique humaine dans laquelle le découpage en fonctions et la position respective de ces fonctions seraient nécessairement toujours les mêmes. Cependant la portée de cette contribution à une théorie des transformations historiques des fonctions psychiques et des formes de l'individualité doit être exactement appréciée. Ce qu'établit J.-P. Vernant, c'est d'abord que n'existe pas chez les Grecs *l'idée* et plus largement la *conscience* du travail en général, qui ne s'est dégagée historiquement qu'avec la généralisation de ce que Marx a analysé sous le nom de travail abstrait [6]. Ce qu'il montre aussi, du même coup, c'est que si l'idée et la conscience du travail en général et de son rôle de base ne sont pas formés, c'est que le *travail social réel*, à la campagne et à la ville, n'a pas encore acquis l'universalité qui le caractérise lorsque domine la production marchande, puis le capitalisme. Mais cela signifie-t-il que dans la Grèce antique la production des biens matériels et les rapports de production correspondants n'avaient pas objectivement une importance déterminante en dernière instance, du point de vue de la formation des personnalités comme du point de vue du développement historique ? En aucune façon. Il ne faut absolument pas confondre l'*anachronisme* qui consiste à appliquer le concept de

1. Cf. pp. 10, 15, 219, 267, etc.
2. *Ibid.*, p. 211.
3. *Ibid.*, p. 221.
4. *Ibid.*, p. 195.
5. *Ibid.*, p. 217.
6. *Ibid.*, p. 219.

travail tel qu'il se développe avec le capitalisme sur une société qui
l'ignore, et la *rétroactivité légitime* du matérialisme historique qui,
même s'il n'a pu être fondé qu'à un stade déterminé du développement historique, n'en est pas moins la clef des stades antérieurs
eux-mêmes, tout comme « l'anatomie de l'homme est une clef pour
l'anatomie du singe [1] ». Comme l'écrit Marx dans un des textes où
il a le plus approfondi la diversité historique foncière des modes
de développement des individus selon les formations sociales :

> « La vie des humains a depuis toujours été basée sur
> la production, *sociale* d'une manière ou d'une autre,
> dont nous désignons précisément les rapports comme
> économiques [2]. »

Ainsi le risque existe de faire dire à de telles analyses de psychologie historique ce qu'elles ne disent pas et ne peuvent pas dire :
que l'évolution de la personne en Grèce serait à expliquer plutôt
par des considérations superstructurelles et idéologiques, juridiques et religieuses, que par les rapports de production, sous
prétexte que « le travail » n'était pas alors dégagé comme fonction
unifiée de base. On ne peut pas juger une époque historique sur
la conscience qu'elle a d'elle-même, et pas davantage la personnalité d'une époque sur les formes de conscience dans lesquelles
est réfléchie la catégorie de la personne. Faute de quoi on ferait,
avec des intentions matérialistes, de la psychologie sociale selon
sa pente descendante, qui ramène à l'idéalisme. Aussi bien J.-P.
Vernant souligne-t-il souvent la dualité des plans. Traitant du
dédain de Platon pour le travail, il note par exemple qu'

> « entre la réalité psychologique et son expression
> littéraire ou philosophique, il y a normalement un
> décalage. Dans le cas de Platon, il risque de se trouver
> accru par le jeu de considérations sociales et poli-
> tiques [3]. »

Toutefois, lorsqu'il écrit : « Dans ce système social et mental,
l'homme « agit » quand il utilise les choses, non quand il les fabri-
que [4] », une ambiguïté apparaît : que cela soit parfaitement vrai
de « l'homme » tel qu'il apparaît *idéologiquement* dans le « système

---

1. *Contribution*, p. 169 (traduction rectifiée).
2. *Fondements*, t. I, p. 451.
3. *Mythe et pensée chez les Grecs*, p. 192.
4. *Ibid.*, p. 225.

mental » de la Grèce antique ne signifie pas qu'il y ait là la *vérité objective* du « système social » et *des* hommes concrets de cette époque, même si leur inconscience de la vérité objective en cette affaire a elle-même sa source dans l'immaturité réelle des forces et des rapports de production. Ici comme ailleurs, ce singulier abstrait, « l'homme », apparaît comme le faux ami n° 1 des sciences *de l'homme*.

Les remarques qui précèdent font donc ressortir l'obscurité particulière du problème de frontière entre sciences psychosociales et psychologie de la personnalité. Deux paradoxes inséparables résument cette obscurité : celui de l'individualité et celui de l'humanité. Le paradoxe de l'individualité peut être formulé ainsi : chaque individu est *singulier*, et par conséquent la singularité individuelle est un fait *général*, un fait social. Mais ce fait *social* consiste dans la diversité foncière des *individus*. De plus, chaque individu n'étant un individu que dans la mesure où il est singulier, la singularité est *essentielle* à l'individualité ; et pourtant, l'individualité étant un fait social et général, la singularité de l'individu y apparaît comme *inessentielle*. Comment dans ces conditions concevoir une théorie générale de l'individualité, une théorie sociale de la personnalité psychologique ? Comment concevoir l'individu comme le produit des rapports sociaux, donc la singularité de l'individu comme le résultat de la généralité des rapports sociaux ? Ce paradoxe n'est en son fond pas autre chose que le paradoxe épistémologique crucial de la *science de l'individuel*. S'il est bien vrai que la science procède par concepts, et que le concept est général, peut-on échapper à l'axiome d'Aristote selon lequel il n'est de science que du général ? Et la théorie de la personnalité concrète n'est-elle pas alors la quadrature du cercle ? Le paradoxe de l'humanité peut être formulé ainsi : chaque individu, semble-t-il, « porte en soi la forme de l'humaine condition », comme dit Montaigne, chaque individu est un exemplaire singulier de l'humanité en général ; et pourtant nous savons depuis Marx que cette humanité en général, l'humanité entendue en compréhension, le fait d'être homme, l'essence humaine, n'a pas en soi la forme de l'individualité, la forme psychologique. C'est la somme historiquement variable et concrète des forces productives, des rapports sociaux, des acquis culturels, etc. *L'humanité en son essence n'a pas la forme humaine.* Et cependant c'est en cette essence qui n'a pas la forme humaine que chaque individu vient prendre sa forme d'individualité, sa forme humaine. Comment la forme psychologique de l'individualité humaine peut-elle correspondre à la forme

non psychologique des rapports sociaux, et réciproquement ?
Comment concevoir une *science* de la personnalité, donc une connaissance qui atteint dans son objet jusqu'à l'essence, alors que cette
essence n'est pas dans cet objet ? Ce paradoxe n'est en son fond
pas autre chose que le paradoxe épistémologique crucial de l'*essence
concrète*. Si l'essence est générale, comment peut-elle n'être pas
simple abstraction étrangère à la vie de l'objet ; et si elle exprime
la vie concrète de l'objet, comme peut-elle atteindre à la généralité
scientifique ? Paradoxe de la science de l'individuel et paradoxe de
l'essence concrète ne sont que les deux faces d'une même difficulté :
celle de l'exacte compréhension et mise en pratique de ce que Marx
désignait dès 1843 comme la seule voie d'une science réelle, la
« logique spéciale de l'objet spécial », c'est-à-dire la dialectique
matérialiste. Faute d'avoir suffisamment approfondi la dialectique
matérialiste, et par suite d'avoir vraiment surmonté les paradoxes
de l'individualité et de l'humanité, les tentatives d'approche des
problèmes de la personnalité à partir des données sociales sont
vouées à tomber, on l'a vu, dans généralisation abstraite de l'individu et dans la psychologisation de la société. Ce double échec
correspond aux variétés de l'humanisme spéculatif, sans en excepter
celui qui se fait oublier au fond de l'a-philosophisme apparent de
maintes recherches positives. Inversement, la prise de conscience
de ces échecs, mais en l'absence, ou l'insuffisance, d'une solution
réelle de ces deux paradoxes et des problèmes épistémologiques
qui les sous-tendent, s'exprime dans l'antihumanisme théorique
positif, lequel, ne parvenant pas à concevoir un statut rigoureux
du concept d'homme, décide de l'éliminer, ce qui laisse la difficulté
en l'état. Or, comme l'a montré le chapitre précédent, le marxisme
contient en réalité tous les éléments théoriques nécessaires qui
doivent permettre de surmonter cette difficulté. La tâche qui se
présente à nous maintenant, c'est précisément de mettre en œuvre
ces éléments pour résoudre les paradoxes anthropologiques et
épistémologiques qui nous arrêtent, de proposer un tracé rationnel
de frontière entre science de la personnalité et sciences sociales
qui en sont la base, mais dans lesquelles pourtant elle ne se résorbe
pas.

**2. Formes d'individualité**          Le point dont nous partons, et
**et théorie de l'individu.**          qui marque par rapport à tout
                                       humanisme philosophique, à tout
idéalisme psychologique un point de non-retour, c'est la découverte
capitale consignée dans la *VIᵉ Thèse sur Feuerbach* : l'extériorité

et si l'on peut dire l'étrangeté de l'essence humaine par rapport à l'individu isolé, à la forme psychologique. La base de la personnalité n'est pas une personnalité de base. Les rapports sociaux ne sont pas des modèles culturels, des comportements — types, des formes de conscience, etc., mais des positions objectives qu'occupent les hommes dans le système de la production, de la propriété, de la distribution sociales. Le capitalisme, par exemple, ce n'est pas l'esprit d'entreprise + la soif du profit + l'éthique protestante, etc., mais un ensemble de rapports objectifs étrangers en eux-mêmes aux processus psychologiques et aux représentations idéologiques dont ils sont le support, irréductibles à des « rôles » individuels et à des « mentalités » collectives. Quitte à rendre apparemment infranchissable le fossé entre le terrain d'une psychologie de la personnalité et celui des sciences sociales, y compris les sciences psychosociales, il faut pour commencer s'attacher à cette différence *qualitative* qui existe entre individu concret et ensemble des rapports sociaux, à *l'absence de correspondance immédiatement visible et pensable* de l'un aux autres.

Cela signifie, en particulier, qu'il faut être extraordinairement vigilant à l'égard des illusions dont risque toujours d'être porteuse l'idée même d'une psychologie sociale. Si des formes psychologiques se rencontrent, indubitablement, dans les réalités sociales objectives — par exemple les croyances et les sentiments sociaux, les formes psychologiques de la conscience de classe, etc. — cela ne tient pas du tout à une capacité qu'aurait la société de prendre originairement et mystérieusement la forme psychologique *sans passer par le psychisme des individus concrets*, mais tout au contraire à ce que la forme psychologique de l'individu concret se projette à son tour sur les données sociales. Il y a là un ensemble de déterminations dialectiques réciproques dans lesquelles on a toute chance de se perdre sans la boussole du matérialisme historique. On semble croire souvent que le point de vue de la priorité foncière des formes sociales du psychisme et de la conscience sur les formes individuelles est par excellence un point de vue matérialiste, marxiste. En réalité, si l'on s'en tient là, on est en plein idéalisme, puisqu'on attribue *à la société comme telle* la forme *psychologique*, c'est-à-dire qu'on la psychologise. Or si l'essence sociale des formes psychologiques est indépendante des individus, si les superstructures et les idéologies, tout comme les infrastructures, sont essentiellement non psychologiques, cela veut précisément dire que *le fait qu'elles prennent aussi forme psychologique* n'est pas d'origine sociale. Pour paradoxal que cela puisse paraître à un

matérialisme simpliste, c'est justement l'idée que la forme psychologique vient des individus à la société, et non l'inverse, qui exprime
le point de vue véritablement matérialiste : *il n'est originairement
de psychisme que dans et par les indvidus concrets.* Et sous ce rapport l'opposition relative entre un sociologisme de la conscience
collective à la Durkheim et un psychologisme de l'imitation sociale
à la Tarde se déroule tout entière à l'intérieur d'un idéalisme sociologique fondamental, dont le matérialisme historique est d'avance
une réfutation décisive. Mais s'il n'est originairement de psychisme
que dans et par les individus, le contenu et les formes de ce psychisme ne sont pas du tout originaires, mais socialement produits :
c'est la société qui produit *les* formes et le contenu concrets du
psychisme humain, mais elle ne les produit originairement que
dans les individus concrets où *la* forme psychologique apparaît
*comme un effet de l'individualité,* et c'est à partir des individus
qu'elle se projette à son tour dans la société, s'y manifestant dès
lors en tant que « psychisme social » dérivé, d'où résultent toutes
sortes d'interactions secondes extraordinairement complexes avec
les individus. La psychologie sociale épistémologiquement naïve
prend ces interactions de $n$ième degré qui apparaissent à la surface
des phénomènes comme l'essence d'emblée compréhensible des
choses et s'enfonce sans recours dans l'idéalisme. C'est ce qui se
produit par exemple dans l'anthropologie culturelle américaine
lorsqu'elle tente de définir ce qu'elle appelle des institutions
sociales *primaires* dont dériverait la personnalité de base et des
institutions *secondaires* qui refléteraient à leur tour cette personnalité de base : comprenant les institutions sociales de façon
psychologisée, elle ne peut évidemment pas établir correctement
leur caractère primaire, c'est-à-dire matériel et objectif, et doit
supposer une nature humaine comme fondement de l'ensemble,
donc rester prisonnière de toutes les illusions idéalistes relatives
à l'homme. Or ce qu'il s'agit de comprendre, tout au contraire,
c'est que les rapports sociaux ne sont à aucun degré des rapports
intersubjectifs, et que pourtant, étrangers dans leur matérialité
objective à la forme psychologique, mais n'en étant pas moins des
rapports entre les hommes, ils déterminent des formes d'individualité au sein desquelles se produisent les individus concrets, où
prend forme psychologique l'essence humaine.

Si l'on s'en tient fermement à cette vérité cardinale de la non-
correspondance *immédiate* entre l'ensemble des rapports sociaux
et l'individu isolé, donc entre formes sociales de l'individualité
et forme psychologique de la personnalité, on est en état d'aper-

cevoir le tracé réel de frontière entre les deux domaines scientifiques. La théorie de l'individu concret, autrement dit de la personnalité, se distingue profondément de la théorie des formes générales de l'individualité, qui appartient aux sciences sociales, en ce qu'elle rencontre comme problème central, et en un sens unique, celui de la *forme psychologique* comme telle, celui de la *personnalité* à proprement parler, par exemple et notamment sur les points suivants :

1. la personnalité concrète se développe à partir d'un *support biologique* qui détermine certaines conditions dans lesquelles elle se produit en tant que formation historico-sociale, tout en lui devenant de plus en plus subordonné. Ce support biologique est par définition absent dans les formes sociales d'individualité : ainsi le « conflit à la Faust » qui s'élève dans l'âme du capitaliste entre penchant à l'accumulation et penchant à la jouissance n'a aucunement sa source, en tant que contradiction caractéristique d'une formation sociale donnée, dans des besoins de l'individu concret, c'est lui au contraire qui induit dans la personnalité des capitalistes les motivations psychiques correspondantes. Le fait que Sartre dans sa *Critique de la raison dialectique* reprenne cette analyse à Marx, sans s'y référer, et en la transcrivant dans une conceptualisation psychologique où l'ascétisme du capitalisme apparaît comme « une invention individuelle [1] » suffit à montrer combien peu il a en réalité assimilé l'esprit du matérialisme historique avec lequel il se dit d'accord. L'existence du support biologique fait apparaître sur le terrain de la science de la personnalité un ensemble de déterminations (par exemple, une base naturelle des besoins) et de différenciations (par exemple, selon les types nerveux) qui n'ont pas de répondant sur le terrain des formes sociales d'individualité.

2. En même temps, la personnalité concrète se trouve foncièrement marquée par les limitations qu'implique naturellement le *fait général de l'individualité*, abstraction faite de ses formes et de ses variations historiques : étroitesse du contenu de chaque personnalité par rapport à la richesse immense de l'essence humaine objective, de l'ensemble du patrimoine social ; contingence relative du cours singulier de la biographie par rapport à la nécessité du développement historique ; limitation impliquée par la courbure

1. J.-P. SARTRE : *Critique de la raison dialectique*, Gallimard, 1960 pp. 717-719.

de la vie et la transitivité des âges jusqu'à la mort, fait fondamental qui s'oppose à la pérennité du monde social à travers la constante et insensible relève des générations, etc. Il y a là une source inépuisable de discordance entre psychisme individuel et conditions sociales, d'inégalité dans l'importance des données objectives : ce qui compte le plus du point de vue de la formation sociale est parfois très secondaire du point de vue de la personnalité, et inversement.

3. Plus encore, le passage de l'individualité sociale à la personnalité concrète signifie qu'on se trouve en face d'une formation fonctionnant comme *une totalité d'un ordre spécifique*, impliquant comme telle des structures spécifiques n'ayant pas leur homologue dans les structures sociales, et réciproquement. Ainsi la personnalité, en tant que système individuel complexe d'activités ayant son unité sur le terrain psychologique, est le siège de régulations, par exemple les sentiments, qui ne trouvent comme telles aucun répondant direct dans des régulations sociales, tandis qu'inversement la société possède des formes de régulation, par exemple les institutions politiques et juridiques, qui n'ont pas comme telles de répondant direct dans les personnalités concrètes. Tout cela souligne combien la psychologie de la personnalité concrète a peu de chances d'être fondée à partir d'un postulat d'homologie avec la psychologie sociale par la médiation d'un concept comme celui de personnalité de base. En réalité, la position de la première est juxtastructurelle par rapport à la seconde : elle en dépend dans son essence, tout en conservant par rapport à elle une spécificité de base.

Cela nous conduit à une conclusion de première importance : bien que l'individu trouve son essence humaine en dehors de lui, dans le monde social, *la forme psychologique de cette essence humaine est un effet de l'individualité concrète, et n'existe originairement que dans l'individualité concrète*. Ce n'est pas là d'ailleurs un fait de nature exceptionnelle et incompréhensible, du moins pour qui aborde les rapports de causalité non en termes mécanistes, mais en termes dialectiques, c'est-à-dire comme des rapports de détermination fonctionnelle. Pour prendre une comparaison, la forme spécifique d'un être vivant, tout en ayant sa source ultime au niveau de la molécule d'A. D. N., ne s'y trouve aucunement *préformée* ; déterminée fonctionnellement à ce niveau moléculaire, elle n'existe en tant que forme organique qu'au niveau de l'individu total. De la même manière, la forme psychique de l'activité humaine est déterminée fonctionnellement au niveau des structures cérébrales et des processus neuroniques, mais elle ne s'y trouve aucunement comme telle, préformée, ainsi que le pensait non sans naïveté le fondateur de l'éphémère phrénologie au siècle dernier, Gall, qui prétendait localiser, dans d'hypothétiques bosses du cerveau, même des traits psychiques comme l'orgueil ou la vénération. De ce point de vue, l'idée que la forme psychologique de la personnalité existerait comme telle dans les données sociales sous prétexte qu'elle y trouve sa source n'est pas tellement différente, épistémologiquement, du naïf préformisme. Ce qu'il faut comprendre au contraire, c'est la nature des processus de détermination fonctionnelle par lesquels la personnalité concrète vient *s'informer* dans des réalités sociales qui n'ont précisément pas sa *forme*.

Or, s'expliquer sur ce point, c'est, comme on l'a entrepris au chapitre précédent, définir avec exactitude le statut des formes sociales d'individualité dont Marx le premier a commencé la théorie, ouvrant ainsi la voie à une psychologie sociale correctement conçue. Reprenons l'analyse au point où nous l'avions laissée, à partir d'un texte essentiel des *Grundrisse* :

> « Il convient de mettre en évidence ici un élément qui ne découle pas seulement de l'observation, mais du rapport économique lui-même. Dans le premier procès — l'échange entre le capital et le travail — le travail en tant que tel, existant *pour soi*, est nécessairement incarné par *l'ouvrier*. Il en va de même ici, dans le second procès. Le capital se présente, lui, comme une valeur existant pour elle-même, pour ainsi dire *égocentrique* (ce qui dans l'argent est simple tendance). Mais, le capital existant pour lui-même, n'est-il pas le *capitaliste* ? Divers socialistes affirment cependant qu'ils ont besoin du capital mais non des capitalistes. C'est supposer que le capital n'est qu'une simple chose et non un rapport de production qui, réfléchi en lui-même, est le capitaliste. Certes, je peux séparer le capital de tel ou tel capitaliste et le faire passer en d'autres mains. Mais, privé de son capital, il perd sa qualité de capitaliste. On peut donc distinguer le capital de tel capitaliste, mais on ne peut le distinguer *du* capitaliste, qui, en tant que tel, fait face à *l'*ouvrier. De même, tel ouvrier peut cesser lui aussi d'être le travail en soi ; par exemple s'il hérite ou vole

de l'argent. Il cesse alors d'être *ouvrier*, car en tant que tel il est uniquement du travail existant pour soi [1]. »

Texte particulièrement éloquent contre un antihumanisme théorique qui voudrait séparer rapports sociaux et concept d'homme ; mais tout à fait clair aussi contre la confusion des catégories économiques de capitaliste et d'ouvrier avec des concepts de « psychologie concrète », puisque l'individu concret (tel ouvrier, tel capitaliste) est ici expressément laissé de côté *comme tel*. De quoi donc s'agit-il ? Il s'agit, du côté des réalités économiques, du fonctionnement et de la reproduction des rapports sociaux, fonctionnement et reproduction qui, du côté des individus, apparaissent comme des *matrices d'activité nécessaires*.

Ce que vise cette dernière expression se distingue foncièrement de ce que Linton par exemple entend par modèles culturels, ou de ce que la psychologie sociale désigne aujourd'hui sous le terme de rôles. En premier lieu, un modèle culturel, un rôle, serait un standard de comportement que l'individu *pourrait adopter ou non* selon le profit psychique qui en résultera pour lui, par exemple la satisfaction du « besoin de réponse affective » invoqué par Linton. Or, sans nier qu'une réalité corresponde à une telle notion, on doit bien reconnaître que les *bases* de la personnalité, loin d'être le résultat d'un choix individuel, sont par excellence un produit social objectivement déterminé. C'est ce dont rend bien compte la notion de rapports de production : rapports déterminés, nécessaires, indépendants de la volonté des individus qui s'y trouvent engrenés dans la production sociale de leur existence. Certes la position d'un individu dans le système des rapports de production, et plus largement des rapports sociaux, n'est pas totalement indépendante de sa volonté, mais la moindre expérience de la vie réelle dans une société de classes montre combien les limites à l'intérieur desquelles la volonté des individus peut s'exercer sont elles-mêmes étroitement déterminées par les rapports sociaux objectifs. Être un capitaliste ou un prolétaire dans une société capitaliste est donc tout autre chose que se conformer à des modèles culturels ou tenir un rôle social par « besoin de réponse affective » ou en vertu de toute autre motivation psychologique *émanant de l'individu* ; il s'agit là au contraire de matrices d'activité *nécessaires* qui impriment aux individus des *caractères sociaux objectivement déterminés*. De plus, ces matrices d'activité nécessaires

---

1. *Fondements*, t. I, p. 251. Cf. également pp. 478-479.

se distinguent foncièrement des modèles culturels ou des rôles en ceci qu'elles n'ont pas en elles-mêmes la forme *psychologique,* mais déterminent seulement les formes et les contenus *sociaux* de l'activité individuelle qui doit passer par elles. Ainsi la forme psychologique concrète que peut prendre le « conflit à la Faust » entre penchant à l'accumulation et penchant à la jouissance dans l'âme de *tel* capitaliste n'est d'aucune façon contenue dans la matrice d'activité impliquée par les rapports capitalistes. Cette forme est des plus variables, et d'ailleurs indifférente au point de vue économique. Ce qui en revanche est déterminé d'avance et de manière générale, c'est que l'activité du capitaliste individuel est qu'il le veuille ou non un aspect du processus d'accumulation du capital et un aspect du processus du crédit, ce qui régit fondamentalement sa *logique interne.* Autrement dit, les rapports sociaux, tout en se distinguant absolument des conduites psychiques, constituent du fait qu'ils sont des rapports *entre les hommes* des matrices sociales au sein desquelles vient nécessairement s'informer l'activité humaine concrète. *Le* capitaliste, *l'*ouvrier n'est pas une personnalité de base, un type psychologique, un système de modèles culturels ou un ensemble de rôles, mais la *logique sociale objective* de l'activité de tel ou tel individu concret, pour autant qu'il déploie son activité au sein des rapports sociaux correspondants et pour autant que cette activité est envisagée dans ces limites. Les mêmes remarques peuvent être faites à propos de toutes les formes sociales d'individualité, depuis les formes des besoins jusqu'aux contradictions de base des processus de vie personnelle.

Tout le problème de la frontière — donc aussi de la connexion réelle — entre sciences psychosociales et psychologie de la personnalité se pose au point exact où nous en sommes arrivés. Et il se pose ainsi : l'essence de l'individu concret ne peut être comprise et faire l'objet d'une étude scientifique que sur la base d'une théorie des formes *générales* de l'individualité dans une formation sociale donnée ; mais pour l'individu concret, et pour une science psychologique qui veut le prendre pour objet, c'est sa *singularité* qui est *essentielle.* Il n'est pas essentiel à la compréhension de la personnalité de tel capitaliste *en tant que capitaliste* qu'il soit *tel,* mais seulement qu'il soit capitaliste — et à cet égard son étude relève des sciences sociales — mais en même temps il est essentiel à la compréhension de ce capitaliste *comme tel* de le comprendre non en tant que capitaliste en général mais en tant que *tel capitaliste singulier* — ce qui nous renvoie à une psychologie de la personnalité concrète. Mais cette psychologie de la personnalité concrète doit elle-même, en tant que science, donner une théorie *générale* de son objet : sa tâche paradoxale est donc de comprendre le général en tant que singulier et le singulier en tant que général. Il est clair que la psychologie n'a aucune chance de débrouiller ce nœud de contradictions autrement que *dialectiquement*. Et c'est pourquoi, ici encore, l'accession de la psychologie de la personnalité à l'âge adulte passe par la philosophie, à la condition que ce soit une philosophie authentiquement et scientifiquement dialectique, puisqu'il s'agit en somme de résoudre le problème épistémologique crucial de la *science de l'individuel*, des rapports entre singularité et généralité, autrement dit d'élucider radicalement la question de *l'essence* et du *concept*.

Pour tenter de résoudre ce problème, qui apparaît comme la croix des sciences de l'homme, considérons-le d'abord tel qu'il se présente dans l'épistémologie contemporaine, par exemple dans l'ouvrage déjà classique de G.-G. Granger : *Pensée formelle et sciences de l'homme* [1]. Dans le dernier chapitre de son livre, consacré précisément à cette question, G.-G. Granger souligne d'emblée qu'

> « à première vue nous nous trouvons enfermés dans un dilemme : ou il y a connaissance de l'individuel, mais elle n'est pas scientifique, — ou bien il y a une science du fait humain, mais qui n'atteint pas l'individu. Aucune réussite éclatante en psychologie, en sociologie, n'est encore venue apporter la preuve indiscutable de la spéciosité de l'alternative. »

> « Une *science spéculative* de l'*individuel* est impossible, c'est vrai : tel est le sens de l'aphorisme aristotélicien, qu'il n'y a de science que du général [2]. »

Pour l'auteur, il n'est de véritable issue que sur le terrain d'une pratique.

> « On pourrait parler de *pôle clinique* des sciences de l'homme pour caractériser cet aspect [3]. »

Et, après avoir examiné sous cet angle la méthode psychanalytique, il ajoute :

---

1. G.-G. GRANGER : *Pensée formelle et sciences de l'homme*, Aubier, 1960.
2. *Ibid.*, p. 185.
3. *Ibid.*, p. 186.

> « Il suffit, pour que s'établisse la dialectique du cas, que le fait examiné, que le second terme du couple clinique soit visé comme « déviant » par rapport à une construction schématique. Et tel nous paraît être pour la science l'aspect positif de l'individuel [1]. »

Ces constructions schématiques, l'auteur en voit le développement futur en psychologie dans la direction d'une « distinction opératoirement valable entre une « infrastructure » énergétique et une « superstructure » informationnelle, d'une

> « distinction provisoirement radicale entre description diachronique et description synchronique [2] »,

bref, dans le sens de la construction de théories structurales nourries des enseignements de la biologie d'une part et de la linguistique d'autre part.

> « Description clinique et théorie structurale convergeraient alors vers une science appliquée, une pratique scientifique, seule capable de donner, en un sens limité mais précis, une détermination par concepts de l'individuel [3]. »

Mais il ne s'agit là que d'une connaissance pratique.

> « Il faut donc renoncer au rêve inconsistant d'une science qui nous ferait atteindre l'individuel, et singulièrement l'individuel humain, de la même manière qu'il nous est donné dans l'expérience — tout en conservant la rigueur, la précision, l'efficacité [4]. »
>
> « C'est la pratique comme art qui achève de résoudre, dans chaque domaine, le problème spéculativement insoluble de l'aliénation individuelle [...]. Il nous faut conclure que la notion d'individu, renvoyant toujours au vécu, n'est pas à proprement parler un concept de la science ; elle est le signe de notre condition aliénée, et le thème de la praxis plutôt que celui d'une connaissance isolée. Une philosophie de la connaissance qui érige en essences ce qui n'est qu'expé-

---

1. O. c., p. 188.
2. *Ibid.*, p. 197.
3. *Ibid.*, p. 199.
4. *Ibid.*, p. 204.

riences vécues sur le mode de l'individuel traite spéculativement ce qui relève de la *praxis*, et laisse définitivement irrésolu le problème de l'individu [1]. »

On reconnaît ici la plupart des thèmes principaux de l'antihumanisme théorique — thèmes dont l'épanouissement récent ne
doit pas peu au livre de G.-G. Granger. Mais on voit aussi combien
est décisif pour notre propos le problème qu'il aborde : le projet
de constituer, au-delà des frontières des sciences psychosociales,
de la théorie des formes *générales* de l'individualité, une *science
théorique de la personnalité concrète* ne serait-il pas contradictoire
en soi ? Il y a là de toute évidence un préalable épistémologique
absolu à la mise en œuvre d'un tel projet. Or il est évident que
si l'on admet les prémisses de G.-G. Granger, ses conclusions sont
inattaquables : *si l'on prend pour base l'aphorisme aristotélicien*,
autrement dit si l'on admet la conception de l'essence, et du
concept, sur laquelle repose cet aphorisme, aucune science théorique de l'individuel n'est à proprement parler possible : il n'est
de science que du général. Mais faut-il admettre une telle conception
de l'essence et du concept ? Faut-il admettre que, si toute science
procède par concepts, ce qu'à coup sûr personne ne contestera, elle
ne peut donc atteindre directement que le général dans l'individuel ? Cela ne s'impose que dans la mesure où l'on identifie en
dernier ressort le concept, et son contenu l'essence, à une *généralité
abstraite*, c'est-à-dire dans la mesure où l'on tient pour inessentielles les transformations à notre sens fondamentales introduites
dans la théorie de l'essence et du concept par la dialectique moderne
et tout spécialement par celle de Marx. De ce point de vue, force
est de constater que le livre de G.-G. Granger, bien qu'il traite de
la méthodologie générale des sciences de l'homme, ne s'attache pas
à analyser ce qu'apporte de radicalement nouveau sur ce terrain
la méthode de Marx dans *Le Capital*, et plus largement dans tous
ses travaux de maturité. Or n'y aurait-il pas précisément là une
de ces « réussites éclatantes», que Granger dit absentes sur le terrain
des sciences de l'homme, et qui bouleversent de fond en comble la
manière traditionnelle d'aborder le problème de la science de
l'individu ? Dans la conception qu'on doit bien qualifier de
*prédialectique*, même si elle se manifeste encore de nos jours,
*l'essence est conçue comme un objet général*, c'est-à-dire qu'elle est
tirée de la connaissance des objets concrets singuliers et de leur

---

1. O. c., p. 205.

*comparaison* par simple et directe *abstraction*. L'essence est alors l'être général des choses existantes, leur point commun, et par conséquent elle est conçue elle-même comme une chose. Le *statut de réalité* de cet objet général qu'est l'essence, et que note le concept, peut bien varier d'une philosophie à une autre, d'un type de pensée scientifique à un autre ; on peut situer sa source ou son siège en Dieu ou dans les choses mêmes ou dans la conscience humaine ; mais en tous les cas — idéalisme objectif, matérialisme abstrait, idéalisme subjectif — l'essence est détachée des objets concrets singuliers, opposée en tant que généralité abstraite à la vie de leurs rapports et de leur mouvement singuliers. A ce titre, toutes ces attitudes philosophiques et scientifiques sont des variantes de la pensée *métaphysique*, qui conçoit à travers des catégories fixes et séparées et se représente l'essence des choses comme une généralité abstraite. Sur une telle base, il est bien évident qu'une science par concepts de l'individuel comme tel est une absurdité. Par exemple, connaître scientifiquement l'homme, ce sera d'une part faire la théorie de *l'homme général*, d'autre part renvoyer *l'individu singulier* à la conscience de soi, à l'expérience des rapports inter-subjectifs, à l'approche esthétique, voire à l'approche clinique, à l'art médical — c'est-à-dire, rigoureusement parlant, à la non-science. Double impasse, pour qui projette une *science* de la *personnalité concrète*.

Cette épistémologie de la généralité abstraite, Marx, on l'a vu au chapitre précédent, la critique jusqu'en son tréfonds et la dépasse dans la dialectique matérialiste, dans l'épistémologie de l'essence concrète. Non que les généralités abstraites soient à ses yeux sans valeur et sans vérité : dans la mesure où elles expriment rationnellement les déterminations communes à plusieurs objets, elles constituent une première étape positive dans l'appropriation du réel par la pensée. Ainsi, définir l'homme *en général* comme fabricateur d'outils au moyen desquels il produit socialement ses moyens de subsistance représente à coup sûr un point de départ correct de la réflexion anthropologique. Mais en rester au niveau des généralités abstraites, c'est être hors d'état de comprendre le mouvement des rapports réels, y compris le plus important de tous : le mouvement du rapport entre la généralité abstraite (l'essence) et la singularité concrète (les objets existants), par exemple entre l'homme en général et les individus réels. Or si l'on y regarde mieux on s'aperçoit que la généralité abstraite *est elle-même inséparable du mouvement réel* :

> « Les définitions les plus abstraites, si on les soumet
> à un examen plus précis, font apparaître toujours une

base déterminée, concrète, historique. Naturellement, puisqu'elles en sont déduites dans cette détermination [1]. »

Pour aller plus loin dans l'appropriation du réel, dans la compréhension de l'essence, il faut donc prendre conscience que les généralités abstraites n'expriment pas encore le fond réel des choses et n'ont de valeur qu'en tant qu'étapes provisoires de la connaissance. Par exemple, traitant des généralités par lesquelles il est d'usage de commencer en économie politique, comme *marchandises*, *valeurs d'usage*, etc., Marx note dans les *Grundrisse* :

> « Ce qu'on dit à ce sujet en général, et par pure convenance, se ramène à des lieux communs, qui ont une valeur historique tout au début de la science lorsque les formes sociales de la production bourgeoise vont se différenciant péniblement de la matière et sont saisies au prix des plus grands efforts comme objets indépendants de la recherche [2]. »

Plus tard, ces généralités

> « deviennent des lieux communs racornis, d'autant plus écœurants qu'elles ont des prétentions scientifiques [3]. »

Pour dépasser ce niveau des généralités abstraites et des concepts correspondants, il faut rompre de façon résolue avec l'identification de l'essence à un *objet général*, et, par-delà les *choses*, installer la science au niveau des *rapports* internes fondamentaux. Là est le premier élément caractéristique de la méthode scientifique de Marx : au lieu de prendre pour *l'essence vraie*, interne, le noyau inerte des propriétés communes à un ensemble d'objets — communes, du point de vue d'une comparaison extérieure, subjective, instaurée par notre connaissance entre ces objets — et de concevoir les rapports vivants, concrets des choses comme une mise en relation simplement externe, donc *inessentielle*, même si l'on juge prépondérant leur rôle extéroconditionnant, puisqu'on oppose ces rapports externes à l'essence interne, — Marx s'élève à un point de vue où l'on découvre dans le précédent une illusion épistémolo-

---

1. Marx à Engels, lettre du 2 avril 1858, *Lettres sur « Le Capital »*, p. 98.
2. *Fondements*, t. II, p. 437.
3. *Ibid.*, p. 403. Cf. sur ce point l'*Introduction* de 1857.

gique type, une inversion idéologique enracinée dans la nature des phénomènes comme tels. *Entre choses et rapports, Marx opère un renversement copernicien*, bien avant le « structuralisme », et d'une façon beaucoup plus dialectique [1] : *c'est le fond des choses même qui est rapport.* Au lieu d'une essence interne inerte et de rapports vivants extérieurs, la dialectique matérialiste découvre la vie des rapports à l'intérieur même de l'essence, et c'est la généralité abstraite qui se révèle n'être qu'une mise en rapport extérieure, inessentielle, sans vie. Au niveau de la science profonde chez Marx, tous les concepts fondamentaux sont donc des concepts d'une nouveauté épistémologique frappante : *des concepts de rapports*, au sens interne du terme. Ainsi l'essence humaine n'est-elle pas une généralité abstraite ayant la forme d'un homme-type, et comme le dit très suggestivement la *VI*e *Thèse sur Feuerbach*, une « universalité interne, muette, liant d'une façon purement *naturelle* les nombreux individus », mais l'ensemble des *rapports* sociaux par lesquels les individus se trouvent déterminés au-dedans d'eux-mêmes. Tout l'effort scientifique de Marx va dans ce sens. Écrivant à Engels quelques jours après avoir corrigé les dernières épreuves du premier livre du *Capital*, et jetant sur son œuvre un regard synthétique, il dit :

> « J'ai sué sang et eau pour trouver les *choses elles-mêmes*, c'est-à-dire *leur enchaînement* [2]. »

Dans une lettre à Kugelmann de l'année suivante, il écrit :

> « L'économiste vulgaire croit faire une grande découverte lorsque, se trouvant devant la révélation de la connexité interne des choses, il se targue avec insistance que ces choses, telles qu'elles apparaissent, ont un tout autre aspect. En fait, il tire vanité de son attachement à l'apparence qu'il considère comme la vérité dernière. Alors, à quoi bon encore une science ? [3]»

Mais comprendre l'essence comme rapport, et par conséquent les choses entre lesquelles il y a rapport, prises dans leur immobilité extérieure, comme inessentielles, c'est comprendre le rapport

---

1. Cf. L. Sève : « *Méthode structurale et méthode dialectique* », *La Pensée*, octobre 1967, n° 135.
2. *Lettres sur « Le Capital »*, p. 174.
3. *Ibid.*, p. 230.

comme passage de l'une à l'autre, comme mouvement, comme production, bref, comme *processus générateur*, comme autodynamique constructive. Là est le deuxième élément majeur de la méthode dialectique de Marx, et trop souvent le moins bien compris. Qu'on approfondisse le concept de *rapports de production*, par exemple, et on apercevra qu'il implique la *production des rapports*, ne serait-ce que sous la forme des processus de reproduction constante d'une formation sociale en elle-même. Ainsi

> « le capital n'est pas un simple rapport, mais un procès ; tout au long des diverses phases de ce *procès*, il ne cesse d'être un capital[1]. »

Cette circulation, cette rotation des formes de rapports les unes dans les autres, qui constitue la vie profonde du réel, atteste que les *rapports* internes essentiels sont *moteurs* : c'est ce que la dialectique a identifié dans la catégorie primordiale de la *contradiction*. Ce qui nous importe ici toutefois n'est pas de développer pour lui-même le contenu de la dialectique, mais de mettre en évidence la conception radicalement nouvelle de l'essence et du concept qu'elle entraîne, et la solution qu'elle apporte au problème de la science de l'individuel. A cet égard, lorsque Marx, dans un passage célèbre de la Postface de la deuxième édition allemande du *Capital*, dit que sa méthode dialectique vise à saisir « le mouvement même, dont toute forme faite n'est qu'une configuration transitoire[2] », il met bien en évidence le point radicalement nouveau : l'essence n'est plus conçue ici comme un *objet général* mais comme la *logique de développement de l'objet réel*. Un abîme sépare ces deux conceptions. Le deuxième point de vue suppose un degré d'abstraction, un approfondissement scientifique incomparablement plus poussés que le premier. L'objet général est seulement abstrait en ce qu'il est détaché des phénomènes sensibles et relève de l'entendement, mais il reste pris dans les illusions épistémologiques du concret, considéré en tant que point de départ de la connaissance, à commencer par l'illusion que l'essence affecte en soi la forme de la chose dont elle est l'essence ; en ce sens l'objet général est encore tout proche des phénomènes tels qu'ils se présentent à la surface. A ce niveau, la tâche de la pensée conceptuelle consiste seulement à élaborer des constructions schématiques, des modèles, qui ne

---

1. *Fondements*, t. I, p. 205.
2. *Le Capital*, I, 1, p. 29.

peuvent être autre chose que des abstractions pseudo-essentielles puisqu'elles ne peuvent par principe rien nous dire de la logique de développement de l'objet ainsi généralisé ; sans doute de telles constructions schématiques ont-elles leur utilité d'un point de vue pratique, phénoméno-technique, dans des limites bien définies, mais pour qui vise à une véritable science, donc à la véritable essence, il saute aux yeux qu'elles ne peuvent suffire [1].

Au contraire, concevoir l'essence comme rapport, procès, logique de développement suppose qu'on dépasse radicalement le niveau familier des objets généraux, banlieue des phénomènes, pour forger des concepts infiniment moins *substantiels* et beaucoup plus *formels*, donc, en un sens, beaucoup plus éloignés du concret immédiat. La tâche de la pensée conceptuelle ainsi comprise est d'élaborer non un modèle, mais une *topologie* de son objet : elle doit repérer les lieux logiques, les instances où se situent les articulations fondamentales — et non seulement une topologie de position, mais une topologie de fonctionnement et de développement, car les rapports sont des procès : elle doit formuler la logique des processus essentiels selon lesquels s'effectue le développement de cet objet. Ce faisant, les concepts ne nous disent absolument pas *comment le concret singulier est en général*, mais en général *comment se produit le concret singulier*. Or voilà justement pourquoi l'essence peut alors être atteinte dans sa réalité concrète, *le singulier saisi dans la généralité du concept* : dans les formes dialectiques de l'abstraction, l'essence n'est pas ce qui apparaît commun à l'objet et à d'autres qu'on lui compare, mais le mouvement interne nécessaire *de l'objet pris en lui-même*, c'est-à-dire qu'elle est l'essence de *cet* objet-*ci* ; la généralité du concept n'est pas faite de l'élimination du singulier, mais de l'élévation du singulier au niveau de *sa logique interne*, c'est-à-dire qu'elle constitue « la logique spéciale de l'objet spécial ». La dialectique elle-même en tant que science philosophique n'est aucunement science des généralités les plus abstraites planant au-dessus des sciences réelles, mais science de l'essence concrète du savoir scientifique et, à travers lui, logique la plus essentielle de la réalité concrète, c'est-à-dire philosophie en un sens et selon un statut profondément originaux.

---

1. De ce point de vue, le fait que Roger Garaudy, dans ses derniers livres, identifie la méthode marxiste à une épistémologie du modèle, est un élément caractéristique de régression en deçà de la nouveauté et de la fécondité profondes de la dialectique matérialiste.

Qu'on revienne, si l'on veut entendre plus clairement les énoncés précédents, à l'exemple de l'essence humaine. Dans la conception ordinaire, prédialectique, définir l'essence humaine c'est dégager « le propre de l'homme » en général, énoncer les propriétés qui apparaissent communes plus ou moins à tous les hommes sur la base de leur comparaison : on dira que l'homme est un fabricateur d'outils, un être capable de pensée abstraite, etc. On a vu plus haut à quelles impasses théoriques conduit ce concept d'homme général, cette pseudo-essence humaine, en particulier lorsqu'il s'agit d'aborder le problème de la théorie de l'individu concret. Marx dépasse d'emblée ces généralités abstraites : l'essence humaine, c'est l'ensemble des rapports sociaux. Une telle définition ne nous dit substantiellement rien de ce qu'est *en général* l'homme *concret* : cette chimère est abandonnée à elle-même. Mais justement à cause de sa profonde abstraction *au sens dialectique* du terme, elle nous donne accès à la compréhension de l'essence concrète des hommes historiquement réels ; elle nous indique comment nous devons nous y prendre pour déterminer en chaque cas concret cette essence. L'opposition figée, métaphysique, insurmontable entre abstrait et concret, essence et existence, connaissance du général et connaissance du singulier s'évanouit du même coup : l'essence est la logique concrète de l'existence, la connaissance du général est celle de la stratégie de la connaissance du singulier. *Le Capital*, cette éclatante réussite de l'épistémologie dialectique matérialiste, est de bout en bout une vérification expérimentale en même temps qu'un lieu d'élaboration de cette théorie de l'essence et du concept. Dans *Le Capital*, Marx ne décrit pas *une société capitaliste abstraite*, il ne construit pas un *modèle* de *la* société capitaliste, dont les sociétés capitalistes réelles seraient des exemplaires singuliers, mais, ce qui est tout différent, il dégage les éléments théoriques *essentiels* qui permettent de penser *chaque* société capitaliste réelle et son mouvement nécessaire, de sorte que, loin de renvoyer le singulier comme tel hors de la conceptualisation, il permet de construire, et construit lui-même fréquemment au passage, le *concept concret* de *telle* société capitaliste singulière. Ce qui est vrai du concept est également vrai de la loi : dans l'épistémologie dialectique matérialiste, la loi générale n'est pas l'énoncé du mouvement nécessaire de l'objet général, c'est-à-dire l'expression d'un déterminisme abstrait, mais l'énoncé des formes générales de détermination qui permettent de comprendre le mouvement nécessaire de l'objet singulier, c'est-à-dire l'expression de la nécessité concrète. C'est ainsi que la loi générale de correspondance nécessaire entre les rapports de production et le caractère des forces productives ne nous dit substantiellement rien par elle-même de ce qu'est *en général* le mode de développement de *la* société *concrète,* ce qui serait un non-sens, mais elle nous met de façon générale en état de saisir dans chaque cas concret en quoi consiste la nécessité de son mouvement. C'est pourquoi ici non plus il n'y a aucune contradiction entre loi générale et connnaissance scientifique du singulier comme tel : la loi générale est dans son essence même loi de la réalité concrète singulière. Chaque formation économique a sa loi de développement, chaque nation sa loi de population, et, pour anticiper sur les hypothèses qui seront présentées au prochain chapitre, dans notre conception chaque personnalité a sa loi de croissance, qu'il s'agit d'élaborer de façon dialectique, c'est-à-dire à la fois *essentielle* et *concrète,* si du moins l'on veut avoir quelque chance de saisir rationnellement l'âme de cette personnalité.

Est-il besoin de souligner que cette conception de l'essence, du concept et de la loi n'implique aucune sous-estimation de l'importance des *données empiriques* dans le travail scientifique, et même tout au contraire ? Si l'essence est la logique spéciale de l'objet spécial, si le concept définit la stratégie de la connaissance du singulier, si la loi est ce qui permet de comprendre le mouvement nécessaire du concret, ce sont donc des éléments théoriques qui ne fonctionnent scientifiquement que *dans la connaissance empirique* dont ils sont d'ailleurs issus eux-mêmes en dernière analyse. Si l'essence humaine est l'ensemble des rapports sociaux, la connaissance scientifique essentielle d'un individu ou d'un groupe humain passe par l'étude empirique de ce que sont concrètement les rapports sociaux au sein desquels est produit ce groupe ou cet individu ; si la loi générale du développement social est la correspondance nécessaire entre rapports de production et caractère des forces productives, la connaissance scientifique essentielle de la loi du développement d'une société donnée passe par l'étude empirique du caractère de ses forces productives et de la structure de ses rapports de production concrets. L'étude de la réalité empirique est donc la substance même du travail scientifique, mais une fois la matière empirique rassemblée, loin de chercher à y séparer ce qui se laisse penser comme généralité abstraite et les singularités concrètes qu'on rangera sous la rubrique de l'inessentiel, l'épistémologie marxiste permet et prescrit de considérer *l'ensemble* de ces données sous les espèces de l'essence et de la nécessité concrètes, c'est-à-dire de les penser *en tant que singulières*

dans la *forme du concept dialectique*. Cela ne veut d'ailleurs nullement dire qu'une telle démarche ignore la différenciation entre
l'essentiel et l'inessentiel, le plus essentiel et le moins essentiel ;
mais le plus essentiel n'est pas moins concret et singulier, le moins
essentiel n'est pas moins abstrait et général : simplement, dans
l'enchevêtrement des rapports et des processus qui constituent le
réel, une hiérarchie objective existe dans l'ordre de l'essentiel, qui
doit être démêlée elle aussi dialectiquement, en son essence
concrète. Marx résume admirablement toute la démarche dans un
passage du livre III du *Capital* :

> « C'est toujours dans le rapport immédiat entre
> le propriétaire des moyens de production et le produc-
> teur direct (rapport dont les différents aspects cor-
> respondent naturellement à un degré défini du déve-
> loppement des méthodes de travail, donc à un certain
> degré de force productive sociale), qu'il faut chercher
> le secret le plus profond, le fondement caché de tout
> l'édifice social, et par conséquent de la forme politique
> que prend le rapport de souveraineté et de dépendance,
> bref, la base de la forme spécifique que revêt l'État à
> une période donnée. Cela n'empêche pas qu'une même
> base économique (la même, quant à ses conditions
> fondamentales), sous l'influence d'innombrables condi-
> tions empiriques différentes, de conditions naturelles,
> de rapports raciaux, d'influences historiques exté-
> rieures, etc., peut présenter des variations et des
> nuances infinies que seule une analyse de ces condi-
> tions empiriques pourra élucider [1]. »

Texte qui distingue, on le voit, non pas la généralité abstraite
d'une société-type (fût-elle considérée comme historiquement
relative) et la singularité concrète de sa réalisation au niveau de
chaque société réelle, mais l'essence concrète déterminante des
formations économico-politiques, et les éléments subordonnés à
cette essence.

Pour exprimer ces résultats d'une autre façon, on peut dire que
l'épistémologie marxiste ne substitue pas seulement le point de vue
dialectique de l'essence concrète au point de vue métaphysique de
la généralité abstraite dans le mode de traitement des *objets
existants*, mais dans celui de l'*essence* elle-même : l'essence aussi est

---

1. *Le Capital*, III, 3, p. 172.

mouvement, vie concrète, de sorte que la topologie à laquelle elle donne lieu, la logique de la chose qu'elle détermine ne sont à aucun degré une logique, une topologie immuables. Ainsi la définition de l'essence humaine par l'ensemble des rapports sociaux ne prend effet qu'à un stade déterminé du processus biologique d'anthropogenèse et acquiert sa forme la plus mûre avec le développement le plus général des rapports sociaux. Il y a plus : ce n'est pas seulement l'existence et l'essence qui doivent faire l'objet d'un traitement dialectique, mais *les rapports mêmes entre l'existence et l'essence*. Ce dernier point, fréquemment méconnu ou sous-estimé, est sans doute celui dont la portée épistémologique est la plus grande. On semble admettre souvent que, si l'essence est un processus, son mode de rapport avec la réalité existante demeurerait quant à lui invariant, comme une sorte de statut logique éternel des choses. Or si l'essence n'est pas une généralité abstraite étrangère à la vie du concret, son rapport avec le concret est nécessairement concret lui aussi, c'est-à-dire historiquement variable. C'est ce que Marx montre non seulement dans l'*Introduction* de 1857, mais dans tous ses travaux économiques de 1857-1859, et au-delà. Ainsi le travail en général, qui dans la Grèce antique est à peine dégagé comme concept abstrait, n'a avec la réalité des activités productives à ce stade de leur développement que des rapports eux-mêmes très abstraits. Mais les choses changent avec l'épanouissement des forces productives modernes.

> « L'indifférence à l'égard de tel travail déterminé correspond à une forme de société dans laquelle les individus passent avec facilité d'un travail à l'autre, et dans laquelle le genre précis de travail est pour eux fortuit, donc indifférent. Là le travail est devenu non seulement sur le plan des catégories, mais dans la réalité même, un moyen de créer la richesse en général, et a cessé, en tant que détermination, de ne faire qu'un avec les individus, sous quelque aspect particulier [1]. »

Donc, si l'essence *existe* en chaque objet concret et si l'existence concrète est toujours de quelque façon *essentielle*, le mode de présence de l'essence dans l'existence, du général dans le singulier est lui-même vivant et changeant, et il est l'indice du *degré de maturité objective* de l'essence et du général : tantôt l'essence

---

1. *Contribution*, p. 168.

encore embryonnaire se manifeste à peine dans l'existence extérieure dispersée et faiblement significative, tantôt au contraire,
parvenue à maturité, elle affleure directement dans une existence
concentrée en elle-même et hautement typique.

Mieux : dans certaines conditions, l'essence *en tant que générale*
en vient à exister comme *forme singulière,* directement concrète,
à côté des autres formes singulières. Il y a là un fait capital et
qui demeure totalement incompréhensible en dehors de la théorie
dialectique matérialiste de l'essence concrète. Marx aborde notamment ce point dans une page essentielle des *Grundrisse,* où il montre
que, si le capital en un sens est une simple abstraction, qui représente

> « la *differentia specifica* du capital en opposition à
> toutes les autres formes de la richesse »

et qui à ce titre n'existe qu'à travers les diverses espèces et formes
de capital concret, il faut voir aussi que

> « le capital en général a une existence *réelle,* différente
> de tous les capitaux particuliers et réels. »

C'est ce qu'on voit lorsque le capital s'accumule dans les banques
ou est distribué par elles, lorsque le capital d'une nation

> « est prêté à une tierce nation pour se valoriser. Ce
> dédoublement, ce rapport à soi-même comme à un
> tiers devient bougrement réel dans ce cas. »

Et Marx conclut :

> « Si le général est une *differentia specifica pensée,*
> il est aussi par ailleurs une forme réelle *particulière*
> à côté de la forme du particulier et de l'individuel.
> *Nous reviendrons plus tard sur ce point qui, quoique*
> *d'un caractère plus logique qu'économique, a néanmoins*
> *une grande importance dans le progrès de notre recher-*
> *che.* Il en va de même en algèbre. Ainsi, a, b, c, d,
> sont des nombres en général ; mais par la suite, ce
> sont des nombres entiers en opposition à a/b, b/c,
> c/b, c/a, b/a, etc., qui les supposent alors en tant
> qu'éléments généraux [1]. »

---

1. *Fondements,* t. I, pp. 412-413; Cf aussi pp. 112, 161-163, et t. II,
pp. 402-403.

Cette analyse, dont l'importance saute aux yeux, est partout sous-jacente chez Marx, et si on ne l'a pas assimilée, on prend à contre-sens littéralement *toute* la science marxiste. C'est elle par exemple qui éclaire le fond de l'analyse marxiste de l'argent :

> « Lorsque la valeur d'échange trouve dans l'argent la *marchandise générale,* à côté de toutes les marchandises particulières, elle se fixe du même coup dans une *marchandise particulière,* l'argent (qui a une telle existence à côté de toutes les autres marchandises) [1]. »

De là résultent les contradictions caractéristiques de l'argent qui « est une marchandise comme les autres en même temps qu'il n'est pas une marchandise comme les autres ». Quant à la valeur d'échange, elle est à la fois une propriété générale existant en chaque marchandise particulière, et, dans l'argent, une marchandise particulière représentant une propriété générale.

Il en va de même du travail en général, du travail abstrait : la réduction des différents travaux concrets à un travail non-différencié, uniforme, simple, apparaît d'abord comme une abstraction,

> « mais c'est une abstraction qui s'accomplit journellement dans le procès de production social [...]. Cette abstraction du travail humain général *existe* dans le travail moyen que peut accomplir tout individu moyen d'une société donnée [2] ».

De même encore l'homme en général, l'homme abstrait n'est en un sens qu'une généralité abstraite, mais cette généralité abstraite commence à exister concrètement dans les individus détachés de tout lien particulier que crée la société capitaliste, dans le prolétaire moderne où se préfigure l'individu intégral de la société communiste future. Cet *affleurement objectif du général dans la forme de l'existence particulière* est la pierre angulaire de la conception dialectique *matérialiste* de la formation du concept et du mouvement de la science. Non pas, bien entendu, qu'il faille confondre le *concret réel* et sa reproduction mentale sous la forme du *concret pensé,* confusion caractéristique aussi bien de l'idéalisme spéculatif que de l'empirisme précritique. Comme le montre parfaitement l'*Introduction* de 1857, les modes de formation du concret réel et

---

1. *Fondements,* t. I, pp. 86-87.
2. *Contribution,* p. 10.

du concret pensé ne coïncident pas nécessairement, et même à
certains égards s'opposent :

> « La méthode qui consiste à s'élever de l'abstrait
> au concret n'est pour la pensée que la manière de
> s'approprier le concret, et de le reproduire sous la
> forme d'un concret pensé. Mais ce n'est nullement là
> le procès de la genèse du concret lui-même [1]. »

La pensée va du concret immédiat, non encore critiqué et analysé, à l'abstrait, aux notions simples, aux catégories générales, et
de là elle revient au concret, mais au concret compris comme synthèse de multiples déterminations, c'est-à-dire saisi scientifiquement ; au contraire, la matière procède du concret au concret, à
travers le mûrissement objectif de l'essence réelle et son affleurement dans l'existence singulière. Mais si la matière ne fait évidemment pas à notre place le travail spécifique de la science, si elle ne
produit pas *le concret pensé comme tel*, il est tout aussi important
de bien voir que le mouvement du concret réel et l'affleurement
objectif de l'essence sont les bases objectives et les conditions
matérielles de l'élaboration des concepts et du développement du
concret pensé.

> « Les abstractions les plus générales ne prennent
> somme toute naissance qu'avec le développement
> concret le plus riche, où un caractère apparaît comme
> commun à beaucoup, comme commun à tous. On
> cesse alors de pouvoir le penser sous une forme parti-
> culière seulement [2]. »

Là est le fond de la dialectique *matérialiste* de la connaissance [3].

---

1. *Contribution*, p. 165.
2. *Ibid.*, p. 168.
3. Si l'interprétation générale du marxisme qu'a développée Louis
Althusser peut, malgré sa profondeur, faire l'objet non seulement de critiques partielles mais d'un désaccord défini portant sur l'ensemble, comme
je le pense pour ma part, c'est ici, sans aucun doute, que ce désaccord
trouve son point focal.
Louis Althusser a remarquablement montré comment la conception
marxiste du concret et du concept rompt avec l'usage empiriste-idéaliste
de l'abstraction conçue comme l'extraction d'un concret *pensé* qui serait
miraculeusement préformé dans le *réel*. (Cf. par exemple *Pour Marx*, pp. 194-
195, *Lire « Le Capital »*, I, point 10.) Et il est très vrai que Marx, dans ses
travaux de 1857-1859 comme dans *Le Capital*, ne confond jamais, par

On voit comment la conception marxiste de l'essence et du concept permet d'apercevoir la solution du problème traditionnellement insoluble de la science de l'individuel, d'une façon dont G.-G. Granger ne tient pas compte parce que, négligeant, selon une vieille habitude de l'épistémologie française, l'approfondis-

---

opposition à Hegel, le concret réel et le concret pensé, dont il souligne que les modes de formation sont loin de coïncider en tout point, et parfois même s'opposent. Cependant, il est non moins vrai que, pour lui comme pour Engels, il y a une unité profonde de ces deux concrets, car l'*essence* a aussi une *existence* objective, de sorte que, si elle n'existe naturellement pas dans les choses sous la forme du concept, elle n'en fonde pas moins l'objectivité de la science et lui rend possible de *reproduire* finalement le mouvement réel dans la pensée, sans qu'il y ait là aucune rechute dans l'idéalisme hégélien. Comme le dit la Postface de la deuxième édition allemande du *Capital* : « A l'investigation (scientifique) de faire la matière sienne dans tous ses détails, d'en analyser les diverses formes de développement et de découvrir leur lien intime. Une fois cette tâche accomplie, mais seulement alors, le mouvement réel peut être exposé dans son ensemble. Si l'on y réussit, de sorte que la vie de la matière se réfléchisse dans sa reproduction idéale, ce mirage peut faire croire à une construction *a priori*. » (*Le Capital*, I, 1, p. 29.)

Louis Althusser, à mon sens, durcit et isole le premier aspect de la conception de Marx. Il affirme que pour Marx l'objet de pensée est « absolument distinct de l'objet réel » (*Lire « Le Capital »*, I, p. 50. Cf. II, pp. 29, 172-173 ; *Pour Marx*, p. 189), ce que ne dit nullement l'*Introduction* de 1857 par exemple, et il en vient à contester à l'essence une existence objective : là est à mes yeux l'altération décisive. Il écrit : « Nous dirons que n'*existent*, au sens fort du terme, que des objets réels et concrets singuliers. » (Sur le travail théorique, *La Pensée*, n° 132, avril 1967, p. 4. Cf. *Pour Marx*, p. 202), et qu'au contraire les « objets formels abstraits », qui n'existent pas, constituent l'objet de la « théorie au sens fort » (p. 7), alors que pour Marx, on l'a vu, non seulement l'essence existe objectivement, mais le général comme tel peut se présenter en personne sous la forme d'un concret singulier. Cette coupure entre production de la théorie et mouvement objectif de l'essence, cette amorce de glissement à un *idéalisme de l'essence* est à mon avis, étant donné l'importance proprement universelle de cette question, la véritable *matrice théorique* de l'interprétation althussérienne du marxisme dans tous ses aspects, et en particulier dans ses deux massifs principaux : la réduction de la dialectique à une théorie de la surdétermination (la contradiction n'*est* jamais *générale*) ; la réduction du matérialisme historique à l'antihumanisme théorique (l'*essence* humaine n'*existe* pas), avec toutes les conséquences dérivées que cela commande. On conçoit qu'une telle épistémologie soit fort à l'aise dans l'analyse du niveau spécifique de la théorie (la « pratique théorique »), mais qu'elle croie possible d'*ajourner*

sement radical de la dialectique de Marx pour s'en tenir à celle,
bien plus limitée et bien moins matérialiste, malgré ses mérites,
de Bachelard, il ne se livre pas à une critique préalable des fondements logiques de l'aphorisme aristotélicien selon lequel il n'est de
science que du général [1]. Cette solution, sur le terrain de la théorie

---

l'examen de l'articulation de la théorie sur les pratiques économiques et
politiques, décisives en dernière instance cependant pour rendre compte
du processus de connaissance si le mouvement *réel* de l'essence est bien la base
du mouvement de la conscience. Je pense que c'est par là surtout que, contre
la volonté de son auteur, cette interprétation du marxisme a pu faire l'objet
de tentatives de récupération, d'ailleurs malaisées, par la pensée non-marxiste.

*P.-S.* — Cette note était déjà composée quand j'ai pris connaissance de l'important *Avertissement* placé par Louis Althusser en tête de la 2e édition de
*Lire le Capital*, et dans lequel il écrit notamment : « Nous avons maintenant
toutes les raisons de penser que l'une des thèses que j'ai avancées sur la
nature de la philosophie exprime, malgré toutes les précisions données, une
tendance « théoriciste » certaine. Plus précisément, la définition (donnée
dans *Pour Marx* et reprise dans la préface à *Lire le Capital*) de la philosophie
comme théorie de la pratique théorique est unilatérale et donc inexacte. En
l'occurrence, il ne s'agit pas d'une simple équivoque de terminologie, mais
d'une erreur dans la conception même. Définir la philosophie de façon unilatérale comme Théorie des pratiques théoriques (et, par conséquent, comme
Théorie de la différence des pratiques) est une formule qui ne peut pas ne pas
provoquer des effets et des échos théoriques et politiques soit « spéculatifs »,
soit « positivistes ». Les conséquences de cette erreur, qui concerne la définition de la philosophie, peuvent être reconnues et délimitées en quelques
points précis de la Préface de *Lire le Capital*. Mais, à part sur quelques détails
mineurs, ces conséquences n'entachent pas l'analyse que nous avons donnée
du *Capital* (« L'objet du *Capital* », et l'exposé de Balibar). Nous aurons
l'occasion de rectifier la terminologie et de corriger la définition de la philosophie dans une série d'études prochaines. »
Je ne cite pas ici ce texte pour en tirer sommairement argument, avant
même d'avoir pu prendre connaissance des nouvelles études qui y sont
annoncées et donc d'être en mesure d'apprécier jusqu'à quel point s'en
trouveront modifiés les termes du débat. Je le cite parce que le développement de la réflexion de Louis Althusser sur une question d'aussi haute
importance est en soi un fait qui mérite la plus extrême attention — et aussi
par respect pour une démarche corrective publique qui constitue pour tout
marxiste — et plus largement, je le pense, pour tout chercheur, dont le plus
haut souci est la vérité — à la fois une leçon et un exemple (note de 1969).

1. Ne serait-il pas temps, à cet égard, d'entreprendre le bilan critique
d'ensemble de cette bachelardisation générale de l'épistémologie française
depuis trente ans, qui a représenté sans aucun doute un progrès considérable,

de la personnalité, passe par l'abandon sans retour de toute la problématique de l'homme conçu comme généralité abstraite, par exemple sous la forme de la notion de personnalité de base. Un aspect caractéristique de cet abandon est la critique radicale à laquelle il est nécessaire de soumettre ce que, depuis Stern, on appelle la *psychologie différentielle*. La moindre analyse épistémologique de cette notion fait d'emblée apparaître son inconsistance scientifique. Que penser en effet d'une « science » qui prend pour objet les seules « différences » entre des objets ? Si ces objets présentent entre eux des différences analysables, c'est qu'il est possible de les comparer, et s'il est possible de les comparer c'est qu'ils ont tous entre eux des traits communs. Ces traits communs, selon la logique la plus élémentaire, renvoient donc à une *essence générale* de ces objets, dont les différences, autrement dit la singularité, apparaissent comme *inessentielles*. L'idée d'une psychologie différentielle est en somme l'idée d'une « science » qui, sur la base de l'opposition abstraite entre le général et le singulier, décide de prendre pour objet le singulier *à part* en tant qu'inessentiel, c'est-à-dire qui renonce d'avance et par principe à atteindre l'essence de son objet : une telle « science » usurpe son nom. En fait, toute psychologie différentielle est donc nécessairement l'envers d'une psychologie générale au moins implicite, conçue elle-même comme la science de l'individu général abstrait dont elle étudie pour sa part les « variantes » : nous sommes de bout en bout sur le terrain de l'abstraction spéculative. Mais le sens pratique de cette abstraction spéculative n'est pas très difficile à entrevoir : s'occuper des *différences entre les individus* (et corrélativement de leurs *ressemblances*, qui définissent « l'individu général ») c'est s'intéresser non à *eux-mêmes*, mais à leur *comparaison*, et c'est les comparer à partir d'une norme *extérieure*. Cette norme extérieure est le plus souvent une tâche socio-professionnelle préétablie à laquelle il est question d'affecter des individus. Le sens de la psychologie différentielle est, dans cette mesure, purement pragmatique, et dans la société capitaliste le pragmatisme d'une science de l'homme est tout simplement la forme épistémologique du conservatisme : la généralité et la différence de l'individu, qui n'ont aucune signification scientifique profonde sur une telle base, ne sont rien d'autre que des facteurs positifs ou négatifs pour sa

par rapport à l'époque de Brunschvicg, mais dont les limites et les impasses particulièrement perceptibles dans l'œuvre de Michel Foucault où elle confine au maniérisme, représentent ce qu'il s'agit maintenant de dépasser ?

*subordination* à un système de rapports sociaux, qui est en définitive
le seul but qu'on se propose. On comprend par là pourquoi et
comment le grand problème de la psychologie différentielle est
celui des « rapports entre l'influence de l'hérédité et l'influence du
milieu » : « hérédité » et « milieu », dans un tel contexte, ne sont que
les désignations idéologiques de ce qu'on ne sait pas et de ce qu'on
sait modifier chez les individus par des procédures socio-pédago-
giques définies dans le cadre intangible des rapports sociaux existants. Telle est justement la fonction idéologique de la croyance
aux « dons » : est dit « non doué » celui dont on ne sait pas — ou
dont on ne veut pas — prendre en charge le développement
psychique au-delà d'un certain point. La méthode des combinaisons factorielles ne change rien à cette situation : représenter
l'individu psychique comme une combinaison originale de traits
généraux, c'est-à-dire le concevoir comme un assemblage de pièces
découpées dans la fiction d'un individu général abstrait, c'est
toujours échouer à saisir l'individuel comme tel dans la forme du
concept, c'est rester radicalement en dehors de son essence concrète,
c'est ne rien comprendre à son âme. Toute cette psychologie de la
personnalité est imprégnée jusqu'en son tréfonds, et souvent à son
insu, par l'esprit des rapports marchands et de la société bourgeoise, que Marx résumait en cette formule extraordinairement
pénétrante : « C'est la *comparaison*, au lieu de la *communauté* et de
l'*universalité* véritables [1]. » Car l'humanisme abstrait est en dernière
analyse le complément théorique naturel de la réduction de l'homme à une *marchandise*.

Si l'on renonce absolument à la problématique illusoire de l'homme général, si l'on pense le problème dans les termes de l'épistémologie dialectique matérialiste, il n'est pas d'autre issue que dans
le principe suivant : *la théorie de l'individu concret ne peut pas reposer sur un modèle substantiel, mais sur une topologie.* Là réside pour
la science de la personnalité la seule chance de passage à l'âge
adulte. Il s'agit d'élaborer, à partir de la théorie des formes d'individualité correspondantes, *la théorie des rapports et processus au
sein desquels se produit une personnalité concrète.* Bien entendu, une
telle topologie ne saurait elle-même être conçue comme abstraitement générale et historiquement invariante, sous peine de
retomber indirectement dans le naturalisme. Chaque formation
sociale implique ses formes propres d'individualité, lesquelles à
leur tour, pour autant qu'elles sont fonctionnellement déter-

---

1. *Fondements*, t. I, p. 98.

minantes à l'égard des juxtastructures de la personnalité, en définissent la topologie. Ainsi les rapports et formes d'individualité du capitalisme impliquent une topologie de la personnalité dans laquelle par exemple l'activité sociale abstraite joue un rôle médiateur déterminant entre l'activité psychique concrète et la satisfaction des besoins. On voit ici se dessiner une conception de l'individu concret qui n'a encore aucun précédent scientifique — sauf, en partie peut-être, dans la psychanalyse freudienne. Nulle part, à notre sens, ne se manifeste mieux le génie de Freud que dans sa tentative de représenter l'ensemble de l'appareil psychique dans une théorie des *instances*. Cette vue topique, selon le terme consacré par l'usage freudien, et en même temps dynamique, est en effet la seule qui permette d'éviter radicalement l'impasse des modèles substantiels, du repérage des individus par rapport à la fiction d'un homme général. Malheureusement, le profit scientifique immense qui aurait pu être retiré de cette théorie des instances s'est trouvé lourdement grevé par la conception substantialiste du ça et des pulsions — et comment d'ailleurs cette conception pourrait-elle n'être pas substantialiste, quand elle ignore la notion fondamentale des *rapports sociaux* comme essence humaine réelle ? Comme le reconnaît J. Laplanche, Freud, malgré tout ce qu'il avait lui-même élaboré en sens contraire, « finit avec sa théorie du « ça » pour replacer apparemment la pulsion dans l'ordre de la nature et du biologique [1]. » Dès lors, la notion d'instance, empruntée à la représentation des superstructures juridiques, et par elle-même flottante entre une acception statique et une acception dynamique, se trouve invinciblement *spatialisée*, c'est-à-dire qu'elle suit la pente descendante de la pensée structurale : du fonctionnel au statique, au lieu de la suivre en montant vers la dialectique : du fonctionnel à l'historique. Au contraire, si l'on écarte résolument de la théorie de la personnalité, non pas bien entendu la prise en considération des données biologiques, mais la biologisation idéologique des activités d'essence sociale, il apparaît que la topologie cherchée doit être une *topologie temporelle*. La personnalité n'est pas une *architecture*, contrairement à ce que sous-entend à peu près sans exception toute la psychologie de la personnalité existante, pour la raison qu'elle ne peut s'empêcher de naturaliser l'individu en tant qu'objet général ; c'est un *système de processus organisés dans le temps*.

1. Jean LAPLANCHE : « *Interpréter (avec) Freud* », *L'Arc*, n° 34, 1968, p. 45. Cf. J. LAPLANCHE et J.-B. PONTALIS : *Vocabulaire de la psychanalyse*, P. U. F., 1967, article « ça ».

Et c'est pourquoi, selon nous, les concepts de base de la théorie de la personnalité sont nécessairement des concepts temporels.

A partir de là, se découvre également la solution du paradoxe de l'individualité — et corrélativement du paradoxe de l'humanité — dont on a vu plus haut qu'il est la croix de la psychologie de la personnalité. Comment, demandions-nous, la singularité de l'individu peut-elle résulter de la généralité des rapports sociaux ? Comment l'individu peut-il s'individualiser à mesure même qu'il se socialise ? Quel est donc le processus historique qui réalise l'unité de ces contraires ? La réponse est clairement lisible dans l'œuvre scientifique de Marx : c'est la *division du travail*. Et à vrai dire il suffit de réfléchir à ce que nous révèle la comparaison d'ensemble du psychisme humain et du psychisme animal pour apercevoir le rôle décisif de cette division du travail, dans tous les sens de l'expression : sans elle, les individus humains ne différeraient pas plus entre eux que les animaux d'une même espèce. La division du travail social humain, avec l'ensemble de ses conséquences, est la base *sociale* la plus profonde et la plus générale de l'*individuation* chez l'homme, laquelle apparaît comme une conséquence du fait primordial de l'extériorité sociale de l'essence humaine par rapport aux individus. L'essence humaine réelle, le patrimoine social humain se capitalisant historiquement *en dehors* des individus sous la forme des modifications de la nature par le travail, de l'accumulation des moyens de production, des rapports sociaux, des produits de la culture, etc., il apparaît un phénomène sans aucune comparaison dans l'ensemble du monde animal : l'essence humaine, non seulement ne prend pas objectivement la *forme psychologique*, mais elle perd de plus en plus la *mesure de l'individualité*. Elle déborde immensément ce qu'un individu peut s'approprier psychiquement dans le cours de sa vie, ce qui ne peut par définition se produire avec un patrimoine biologique de savoir-faire héréditaires, et ce pourquoi l'individu humain ne peut jamais s'hominiser que d'une manière immensément particulière. Et plus le patrimoine social humain se développe, plus le système social de la division du travail se complique et se diversifie, plus les bases sociales de l'individuation psychologique s'affermissent. Bien entendu, il ne faut surtout pas, renouvelant ici les erreurs de l'anthropologie culturelle et de la théorie de la personnalité de base, concevoir chaque subdivision du système de la division du travail comme un type psychologique : les notions de « personnalité professionnelle » ou de « personnalité de classe », confondant matrices sociales d'activité et formes psychologiques concrètes, sont tout aussi spéculatives que celle de « personnalité de base ». Mais il faut considérer le système de division du travail dans tous ses aspects, techniques et économiques, domestiques, politiques, culturels, etc., comme un ensemble de données sociales objectives indispensables pour comprendre la topologie temporelle des personnalités concrètes dans une société déterminée. Certes, l'individuation psychologique humaine ne se réduit pas tout entière aux effets de la division du travail ; et il n'est question de nier ici le rôle ni des données biologiques, ni du hasard, ni de la liberté, à la condition que ces éléments soient eux-mêmes pensés dans les termes d'une conception correcte de l'individu. Mais si la singularité individuelle est prise au sérieux comme une réalité *essentielle* de la personnalité, on doit bien convenir alors que, comme l'essence de la personnalité dans son ensemble, elle est en son fond un fait *social*. Or seule la division du travail permet de comprendre comment singularité et socialité peuvent coïncider, la seconde étant la base de la première ; comment l'homme peut s'individualiser justement dans la mesure où il se socialise — ce qui suffit d'ailleurs à faire éclater le caractère idéologique de la croyance selon laquelle la « société industrielle » tendrait fatalement vers « la termitière » : ce n'est pas l'enrichissement du patrimoine social humain qui menace l'individuation humaine, au contraire, il la développe objectivement ; mais c'est un système économique qui crée pour des classes sociales entières des limitations extérieures à l'assimilation de ce patrimoine, et qui, appauvrissant des millions d'hommes, les uniformise. En somme, le secret de l'individualité psychique humaine la plus essentielle réside dans la connexion de ces deux données capitales : *l'extériorité sociale et par suite le développement illimité du patrimoine humain total*, de l'essence humaine réelle ; et par rapport à elle *les limitations naturelles et sociales de l'individu*, dont la conséquence est qu'il ne peut s'approprier l'essence humaine qu'à travers une division sociale dont la forme est indépendante de sa volonté, voire de sa conscience, et dont le contenu détermine toute sa personnalité concrète.

On voit donc en fin de compte en quoi consistent la nature et le tracé de la frontière entre sciences psychosociales et psychologie de la personnalité telle qu'elle est ici conçue. Cette frontière repose entièrement sur la distinction fondamentale entre *individualité* et *individu*, autrement dit sur l'extériorité sociale de l'essence humaine, *par conséquent le caractère non psychologique des formes de l'individualité*, totalement méconnu par l'humanisme spéculatif et l'idéologie psychologique ordinaire dont il est le fond ; et sur la

coïncidence de la forme psychologique avec *l'individu concret*.
Cette frontière peut difficilement être perçue à travers l'ambiguïté
de la notion de psychologie sociale. Ou bien, en effet, on se propose
d'étudier les formes sociales de l'individualité, les bases sociales
de la topologie de la personnalité : dans ce cas, bien que les résultats
auxquels on aboutit présentent pour la psychologie de la personnalité un intérêt fondamental, on se trouve clairement sur le
terrain des sciences *sociales*, et en deçà de la frontière de la *psychologie*, qui ne peut être définie comme science spécifique, non
sociale, que sur la base du concept d'individu. Ou bien on se propose
d'étudier précisément l'individu concret : dans ce cas, même si l'on
conçoit l'individu comme social dans son essence, on a quitté le
terrain des sciences sociales dès l'instant où l'on prend pour objet
ce qui *n'existe pas* ailleurs qu'en chaque individu concret, c'est-à-
dire la forme psychologique. Radicalement distincte des sciences
psychobiologiques en ce qu'elle étudie non les rapports naturels, mais
les *rapports sociaux entre les conduites*, la psychologie de la personnalité se distingue non moins radicalement des sciences psychosociales en ce qu'elle étudie le système vivant des rapports sociaux
entre les conduites *dans la forme de l'individu concret*. Brièvement,
on peut donc la définir comme la science de l'individu. Mais il
importe au plus haut point de bien entendre ce qu'on place alors
sous ce concept. En particulier, il est essentiel de ne pas confondre
l'étude des bases sociales générales de l'individu, autrement dit la
théorie de l'individualité, qui n'appartient pas à la psychologie
de la personnalité, et la partie la plus générale de la théorie de
l'individu, la topologie temporelle de la personnalité, qui en est au
contraire le cœur. C'est cette théorie générale de la personnalité,
comprise dans le sens de l'épistémologie dialectique matérialiste,
et que met objectivement à l'ordre du jour l'affleurement dans la
société capitaliste avancée de l'individu dégagé des liens particuliers, la préfiguration dans la société socialiste de l'individu intégral, qui permet d'envisager comme une tâche scientifique réalisable *la construction empirique du concept de tel ou tel individu
concret*, c'est-à-dire la solution rationnelle du problème crucial de la
science de l'individuel. On y reviendra dans le prochain chapitre.

**3. Les sciences
psychologiques et leur
articulation générale.**
Mais avant de s'attacher à ce
problème, sans doute est-il à la fois
possible et utile de réfléchir, à partir
du point où nous sommes parvenus,
au problème plus général encore du découpage d'ensemble du

champ des sciences ayant pour objet le psychisme humain. Or à cet égard il semble bien que la constitution d'une science de la personnalité épistémologiquement adulte ne doive pas constituer un simple succès local des sciences psychologiques, mais qu'elle soit de nature à éclairer d'un jour nouveau leur articulation générale, et peut-être à les libérer définitivement du découpage qui en a marqué tout le développement jusqu'à nos jours, c'est-à-dire le découpage comtiste. Pour paradoxal que cela paraisse en effet, le développement scientifique de la psychologie s'est opéré dans une large mesure depuis un siècle sur la base d'une conception de la classification des sciences, issue d'Auguste Comte, et dont le trait marquant est qu'*elle exclut la psychologie* ; et cela n'est pas sans rapport avec le fait que jusqu'ici, comme on l'a rappelé au premier chapitre, la psychologie n'est pas encore totalement fixée sur son identité. L'exclusion comtiste de la psychologie, récusée comme une fausse science, est prononcée, rappelons-le, au nom des exigences impérieuses de la *positivité* et de l'*objectivité* scientifiques ; ce que Comte n'accepte pas dans cette prétendue science *dont l'objet est selon lui l'esprit humain, les fonctions intellectuelles*, c'est qu'elle est à la fois subjective dans sa méthode et métaphysique dans son inspiration. L'esprit humain y est conçu comme une entité quasi-théologique directement connaissable du dedans par le sujet. A cette unité fictive, Comte oppose la dualité d'une étude objective, la seule qui vaille pour un scientifique : soit celle des conditions organiques de l'esprit, si on considère en lui la faculté naturelle, c'est-à-dire l'étude physiologique ; soit celle de son développement historique, si on considère en lui l'acquis social, donc l'étude selon la physique sociale, qu'il appellera plus tard la sociologie. Et le rapport entre ces deux sciences, qui épuisent selon lui la connaissance positive de l'homme, obéit au principe général sur lequel il fonde toute sa classification des sciences : la seconde dépend de la première sans exercer sur elle aucune influence

« Tous les êtres vivants présentent deux ordres de phénomènes essentiellement distincts, ceux relatifs à l'individu, et ceux qui concernent l'espèce, surtout quand elle est sociable. C'est principalement par rapport à l'homme que cette distinction est fondamentale. Le dernier ordre de phénomènes est évidemment plus compliqué et plus particulier que le premier ; il en dépend sans influer sur lui. De là deux grandes sections dans la *physique organique* : la physiologie proprement

dite et la physique sociale, qui est fondée sur la première. » Autrement dit : « Pour étudier convenablement les phénomènes sociaux, il faut d'abord partir
d'une connaissance approfondie des lois relatives à la
vie individuelle [1]. »

On voit bien aujourd'hui l'erreur de ces dernières affirmations.
En soutenant que la sociologie doit reposer sur la physiologie sans
même la déterminer en retour, Comte admet comme une évidence
que le rapport entre ces deux sciences ne pose aucun problème spécifique par rapport au passage d'une science quelconque à sa
suivante selon sa classification, c'est-à-dire, sans même discuter ici
les principes de cette classification, qu'il postule une homogénéité
du système général des sciences en toutes ses parties. C'est là la
rançon d'une conception très insuffisamment dialectique de l'abstraction, où l'on voit bien à la rigueur les changements qualitatifs
(discontinuité simple), mais non les changements qualitatifs entre
changements qualitatifs, non pas, en d'autres termes, la vie
concrète de l'essence — ni non plus d'ailleurs la détermination
réciproque des niveaux qualitatifs. Partant de là, Comte a beau
insister sur l'importance « fondamentale » du fait social chez
l'homme, il n'en méconnaît pas moins son originalité essentielle
et sa décisive influence par rapport à la « socialité » animale.
N'ayant pas compris ce que Marx formulera génialement en 1845
dans la *VIᵉ Thèse sur Feuerbach* à propos de l'extériorité sociale
de l'*essence* humaine par rapport aux individus, Auguste Comte,
comme tous ses contemporains, continue à croire que la spécifité
de l'homme d'aujourd'hui à l'égard des animaux réside *d'abord*
dans ses facultés intellectuelles dont il attribue l'origine à la *physiologie*, c'est-à-dire qu'il demeure victime de toutes les illusions
relatives à la prétendue *nature humaine*. C'est pourquoi il s'imagine
que pour « étudier convenablement des faits sociaux » il faut partir
des « lois relatives à la vie individuelle », identifié à la vie *physiologique*. Cette erreur de type naturaliste, donc idéaliste au fond,
s'exprime déjà dans le fait peu voyant, et du reste trop peu souligné,
que sa critique liminaire de la psychologie introspective et métaphysique porte *sur la méthode et l'inspiration* dont elle relève, mais
non *sur la définition même de son objet* : la caractérisation naturaliste-idéaliste de l'homme par l'activité *de l'esprit*, la définition

---

1. A. COMTE : *Cours de philosophie positive*, 2ᵉ leçon. Cf. également la
45ᵉ leçon.

de la science psychologique par l'étude *des fonctions intellectuelles* ne lui inspirent aucune réserve, mais seulement le fait que cet objet ne soit pas abordé en tant que réalité positive à travers une méthode objective. C'est là la rançon de la méconnaissance de la vertu critique radicale du matérialisme, identifié à ses seules formes idéologiques et renvoyé dos à dos avec le spiritualisme.

Et c'est ce qui permet, derrière le contenu manifeste de la réduction comtiste de la psychologie à la dichotomie physiologie-sociologie, d'entrevoir son contenu latent, qui constitue aussi son véritable danger, d'autant plus grand qu'il demeure dans l'ombre. En effet, une fois admis que l'étude « psychologique » de l'individu humain s'identifie à celle de ce que Comte nomme les « fonctions intellectuelles », l'« esprit humain », et qu'on nommera plus largement, plus justement, le *psychisme*, la dichotomie physiologie-sociologie est au fond irrécusable, et elle ne cesse de s'imposer en fait, malgré les efforts qui tendent à assurer l'unité de la psychologie. Car il n'y a pas unité mais bien plutôt opposition, fût-ce au sein d'une complémentarité, entre la ligne de recherche qui, partant d'une conduite, remonte à ses mécanismes neurophysiologiques, et celle qui, partant de la même conduite, remonte à ses conditions sociologiques. Et Comte faisait preuve à notre sens d'une réelle perspicacité lorsqu'il considérait l'*unité* d'une telle conduite comme une simple *illusion de la conscience subjective* soutenue par un *substantialisme métaphysico-théologique*. Il en va ici comme d'un morceau de puzzle : son unité éclate dès qu'on se propose de le considérer soit comme élément d'un découpage en morceaux, soit comme portion d'une image organisée. Mais toute la fonction de cette dichotomie légitime est de masquer une dichotomie abusive, car si l'unité de la conduite ou de la fonction demeure introuvable entre l'approche psychobiologique et l'approche psychosociale, c'est que fonction ou conduite ont été d'emblée *abstraites du seul lieu où leur unité existe concrètement : l'individu*. C'est justement dans cette abstraction illégitime et inaperçue que réside le secret de l'exclusion comtiste de la psychologie comme discipline spécifique et unitaire, le sens naturaliste-idéaliste pernicieux de sa dichotomie physiologie-sociologie. La vieille psychologie métaphysique se référait à *l'âme*. Or dans la mesure où Comte admet que l'équivalent positif de l'âme est l'esprit humain, c'est-à-dire un psychisme conçu dès le départ comme *impersonnel*, le problème central de la personnalité, que la notion d'âme ne suggérait pour sa part que sous la forme spéculative et morale de l'identité personnelle, se trouve volatilisé. Il ne demeure plus, qu'il s'agisse de l'homme comme de l'animal, que l'individualité biologique d'une part et les effets de la sociabilité de l'autre. La dichotomie comtiste ne fait en ce sens que reproduire la définition aristotélicienne de l'homme comme zôon politikon, comme animal social. On reconnaît ici le résultat de la méconnaissance prémarxiste des rapports sociaux comme essence réelle de l'homme : si l'essence humaine est d'abord naturelle, et secondement sociale, la connaissance de l'homme commence avec la physiologie et s'achève dans la sociologie. Mais si l'essence humaine est l'ensemble des rapports sociaux, on comprend que surgisse une troisième réalité foncièrement inédite par rapport au monde animal : la *personnalité*, forme qualitativement nouvelle d'individualité induite dans le développement de l'individu biologique à partir de ses conditions sociales d'existence ; et il saute aux yeux cette fois que le système de sciences requis n'est pas double, mais triple. Ainsi l'idéalisme profond de la dichotomie comtiste, apparemment antimétaphysique, tient à l'incompréhension de l'originalité radicale de l'humanité par rapport à l'animalité, à la conservation non critique, sur ce point décisif, de l'abstraction initiale de la vieille psychologie préscientifique qui consiste à partir de la notion d'esprit humain, de psychisme humain, comme s'il s'agissait là d'une propriété naturelle indépendante en soi de la forme de l'individualité humaine concrète.

Cette analyse du thème comtiste n'éclaire-t-elle pas l'histoire du développement scientifique de la psychologie depuis le siècle dernier ? En effet, si la constitution progressive d'une psychologie positive et objective a pu sembler contredire dans sa lettre la position de Comte, elle en a été bien davantage une confirmation selon l'esprit. Au fur et à mesure que s'est précisée la possibilité d'aborder l'étude des activités *psychiques* de manière *expérimentale*, toute introspection naïve et toute spéculation métaphysique demeurant rigoureusement écartées, la psychologie conquit de haute lutte sa place dans la classification des sciences, et même, quoique bien lentement en France, dans les structures administratives et universitaires. Mais l'inexorable division du travail scientifique au sein même de cette science nouvelle n'a pas tardé à administrer la preuve que la dichotomie était loin d'avoir pour autant perdu toute valeur : psychophysiologie d'une part, psychosociologie de l'autre tendent sans cesse à se partager les dépouilles de la psychologie « générale ». Et c'est là un phénomène inévitable aussi bien que légitime, à notre sens, s'il est vrai que les comportements, les conduites, les fonctions psychiques ne sont aucunement en eux-mêmes des *unités à deux faces* — une face physiologique et une face sociale — mais sont au contraire constitués par des découpages *essentiellement non superposables* selon qu'on les considère sous l'angle de leur appartenance à l'ensemble des activités nerveuses ou à l'ensemble des activités sociales : une attitude ou un rôle n'ont pas plus d'unité du point de vue neuro physiologique que le transfert bilatéral d'apprentissage ou la fusion visuelle n'en ont du point de vue sociologique. Cependant on doit bien constater qu'un grand nombre de psychologues se refusent énergiquement à admettre la négation comtiste de l'unité de la psychologie, lors même qu'ils reconnaissent, on l'a montré au premier chapitre, la difficulté qu'il y a à définir de manière univoque et à élucider complètement cette unité. Ce fut le cas par exemple d'Henri Wallon. Nul plus que lui en France n'a combattu le rejet comtiste de la psychologie, nul n'a mieux contribué à son unité — et cela seul donne déjà à son œuvre scientifique une importance de premier plan. Pourtant les arguments qu'il avançait à cet égard ne suffisaient pas toujours à faire une clarté complète et à emporter une adhésion totale. Ainsi dans son discours de 1954 prononcé lors du Colloque sur « Lénine philosophe et savant », et tout entier consacré à ce problème, après avoir dénoncé le dualisme comtiste physiologie-sociologie comme « réactionnaire », il affirme vigoureusement que « la psychologie est nécessairement une », science charnière « entre deux mondes qui sont un seul monde et qu'il ne faut pas laisser se dissocier, entre le monde physique et le monde des sociétés humaines ». Mais quel est donc l'*objet un* dont cette science *une* est alors la science ? Henri Wallon s'en tient ici à la seule idée de la *conscience* : « La conscience est bien l'objet de la psychologie » ; la psychologie est « l'étude des faits appartenant à la conscience ou évocateurs de conscience » [1]. Une telle réponse ne convainc pas absolument. Car elle fonde l'unité de la psychologie sur l'un des concepts — celui de conscience — dont l'univocité fait précisément le plus problème.

Et pourtant Wallon lui-même suggère ailleurs la véritable réponse à nos yeux, par exemple dans un article de 1958, intitulé : Fondements métaphysiques ou fondements dialectiques de la psychologie ? et dans lequel, après avoir souligné les difficultés qu'il y a à saisir le domaine propre de la psychologie, il écrit qu'elle a pour objet « la personne elle-même [2] ». Là est, en effet, la seule

---

1. *La Pensée*, septembre-octobre 1954, n° 57, pp. 125 et 130.
2. *La Nouvelle Critique*, novembre 1958, n° 100, p. 142.

solution convaincante du problème. Non qu'il puisse s'agir, bien entendu, de contester aux sciences *du psychisme*, considéré indépendamment de la singularité individuelle, le titre de sciences psychologiques. Au sens le plus large, les sciences psychologiques recouvrent *tout* le terrain que visait l'ancienne notion de la *science de l'âme*, pour autant qu'elle correspond à une réalité positive. Mais c'est là une notion double, car l'âme peut être entendue comme *substance* ou comme *sujet*. Tout n'est pas caduc dans cette dualité. Elle se retrouve sous la forme de la distinction fondamentale entre sciences du *psychisme* et sciences de l'*individu*. Les premières prennent pour objet les activités, les fonctions psychiques dans leur généralité supra-individuelle. C'est pourquoi leur unité éclate nécessairement entre l'approche biologique et l'approche sociale, puisque le seul support réel de cette unité est l'individu concret. Du même coup, on voit que les sciences du psychisme ne peuvent pas être des sciences *purement* psychologiques : n'étudiant pas la vie psychologique dans son essence spécifique, qui coïncide avec la forme de l'individualité, elles traitent le psychisme comme l'*effet* de processus dont l'essence est située sur un autre terrain. Elles sont donc proprement des *sciences-charnière*, et par conséquent aussi des sciences *semi-psychologiques* : psychobiologie, psychosociologie. Aussi, dans la mesure où l'on ne concevrait pas d'autre psychologie que les sciences du psychisme, resterait-on nécessairement enfermé dans une contradiction : la science « spécifiquement psychologique » étudie un objet qui n'a pas en soi de spécificité essentielle ; autrement dit la psychologie est une science indéfinissable. Et c'est bien à vrai dire, selon des modalités diverses, la leçon qui se dégage de près d'un siècle d'efforts jusqu'ici insuffisamment décisifs pour tirer au clair cette question de la définition et du découpage du domaine psychologique : toutes les tentatives pour justifier sa spécificité et son unité en omettant l'individu concret sont inexorablement vouées à l'idéalisme, donc à l'inconsistance scientifique, puisqu'elles consistent à admettre d'une façon ou d'une autre, irréductible aux processus nerveux d'une part et aux processus sociaux d'autre part, un *psychisme sans support réel*, ou ce qui revient au même un *individu général et abstrait*, qui n'ont jamais existé que dans l'imagination idéologique. Sur cette lancée, les tentatives d'approche des problèmes de l'individu concret, loin d'apparaître comme préfigurant une psychologie vraiment spécifique, sont elles-mêmes entraînées dans le courant général de dichotomisation : biotypologies d'une part, anthropologie culturelle de l'autre. Avec la psychologie de l'enfant, la psychanalyse et certaines formes de la psychiatrie, cependant, la notion d'une unité réelle de la psychologie fondée sur l'unité de l'individu s'est peu à peu dégagée. Mais pour importantes que soient les réussites de la psychologie pathologique et infantile, elles ne peuvent nous faire oublier que l'essentiel demeure en sursis tant que les problèmes de la *personnalité de l'adulte normal* échappent encore à une véritable théorisation scientifique. C'est pourquoi à notre sens l'élaboration d'une théorie épistémologiquement adulte de la personnalité développée est pour la question même de la définition et du découpage du champ d'ensemble de la psychologie la tâche décisive. Car alors seulement pourra apparaître en pleine lumière la solution générale du problème : les sciences du psychisme, liées aux sciences biologiques d'une part et aux sciences sociales de l'autre, ne constituent pas par elles-mêmes le domaine spécifique de la psychologie, qui est proprement science de l'individu humain, et dont le centre est la théorie de la personnalité ; elles n'en ont pas moins pour la psychologie une importance fondamentale, dans la mesure où la personnalité humaine, considérée dans sa généralité, est à la fois un macrocosme biologique et une juxtastructure de la société ; mais dans la mesure où la personnalité est prise en sa singularité essentielle, elles sont seulement des sciences annexes de la psychologie de l'individu concret.

S'il en est bien ainsi, la question principale est de savoir comment s'y prendre pour hâter la constitution d'une réelle psychologie de la personnalité. Or à cet égard l'idée dominante a été jusqu'ici, selon le principe apparemment évident qui veut qu'on aille du connu à l'inconnu, de partir des sciences du psychisme pour élucider les problèmes de l'individu — et sur le terrain même des sciences de l'individu, d'aborder sur la base de ce qui existe déjà : théories du type nerveux ou du caractère, psychologie de l'enfant, psychanalyse, etc., la question la moins mûre de l'aveu général, celle de la personnalité adulte. Ainsi ce serait en partant *des bords* du terrain des sciences psychologiques qu'on pourrait arriver progressivement *au centre* : attitude tout à fait naturelle si l'on admet que la personnalité n'est essentiellement qu'une manifestation particulière du psychisme en général, et la personnalité de l'adulte une forme évoluée de la personnalité de l'enfant. Mais on doit bien constater que tous les efforts entrepris sur cette base depuis des dizaines d'années ont abouti pour l'essentiel à des impasses. Et dans ces conditions on admettra sans doute qu'il pourrait être utile d'examiner si par hasard la clef du problème ne serait pas le renversement des perspectives, c'est-à-dire l'effort

pour penser la personnalité développée *directement en elle-même*,
à partir de son *centre* par conséquent, qui est aussi le centre du
terrain de la psychologie.

Un exemple instructif à analyser sous ce rapport, parmi d'autres,
nous semble être la tentative de tirer de la psychanalyse une théorie
générale de la personnalité — et l'échec de cette tentative. On sait
que Freud a souvent précisé les limites qu'il attribuait lui-même à
la psychanalyse. Dans les *Essais de psychanalyse*, on lit que

> « la psychanalyse n'a jamais eu la prétention de donner
> une théorie complète de la vie psychique de l'homme
> en général [1] » ;

et dans *Ma vie et la psychanalyse*, faisant en 1932 le bilan de
trente ans d'efforts, il conclut :

> « Cette science [celle de l'inconscient psychique]
> peut rarement à elle seule résoudre pleinement un
> problème, mais elle semble appelée à fournir des
> contributions importantes aux domaines les plus
> variés des sciences. Le domaine où s'applique la psycha-
> nalyse est en effet de même ampleur que celui de la
> psychologie, à laquelle elle apporte un complément
> d'une puissante portée [2]. »

Cependant ces sages déclarations se trouvent à certains égards
contredites chez Freud lui-même, et bien davantage encore chez
nombre de ses continuateurs, dans la mesure où ils tiennent pour
acquis que les structures infantiles de l'inconscient sont du même
coup la base des structures de *l'ensemble de l'appareil psychique*
et cela *pour la vie durant* : dans ces conditions, la tentation d'une
interprétation psychanalytique généralisée de la personnalité dans
son entier et des activités humaines dans leur diversité peut difficilement être surmontée. Or même si l'on s'abstient de confondre,
dans le torrent de la psychanalyse généralisée, les spéculations
irresponsables et les recherches honnêtes, pour ne discuter ici que
ces dernières, comment admettre le *principe* d'une tentative,
essentiellement *réductrice*, de faire apparaître les activités adultes
les plus variées, et les structures d'activité qu'elles impliquent,
comme des expressions de ce qui a pu être structuré au cours de
la vie infantile à partir du triangle œdipien ? Aussi bien, pour qui

---

1. S. FREUD : *Essais de psychanalyse*, Payot, 1927, p. 305.
2. *Ma vie et la psychanalyse*, Gallimard, 1949, p. 110.

examine ce genre de recherches à partir de positions anthropologiques réellement critiques, l'absence de rigueur théorique y saute constamment aux yeux. Les psychanalystes sérieux le contestent d'ailleurs peu. Traitant par exemple de la sublimation, J. Laplanche et J. B. Pontalis reconnaissent franchement que

> « l'absence d'une théorie cohérente de la sublimation reste une des lacunes de la pensée psychanalytique [1] ».

Il y aurait à examiner si des absences persistantes de ce type sont contingentes ou structurelles. De la même manière les auteurs du *Vocabulaire de la psychanalyse*, au terme d'une longue étude de la théorie du *moi* chez Freud et notamment dans sa deuxième topique, en viennent à écrire qu'

> « elle laisse pendante la tâche nécessaire d'articuler à une théorie proprement psychanalytique de l'appareil psychique toute une série d'opérations, d'activités, que, dans un souci de bâtir une psychologie générale, une école psychanalytique a cataloguées, comme si cela allait de soi, parmi les fonctions du moi [2] ».

C'est poser les problèmes de la recherche théorique en psychanalyse avec un scrupule critique d'autant plus remarquable qu'il n'est pas si fréquent en la matière. Et cette position de la question nous semble recevable pour qui se place au point de vue du matérialisme historique, puisque de son côté le matérialisme historique ne saurait évidemment récuser la nécessité de penser l'articulation entre la théorie de la personnalité qui prend appui sur lui et les théories qui ont pour base les structures de l'activité infantile, y compris la théorie psychanalytique. Mais il est permis de prendre acte du fait que plus d'un demi-siècle de recherches psychanalytiques n'a pas encore fait apparaître une théorie convaincante de cette articulation, et d'en tirer la conclusion que rien ne serait plus opportun qu'une tentative résolue pour prendre le problème de l'autre côté, à partir du matérialisme historique, de la théorie de la personnalité adulte et de ses structures sociales d'activité.

Ce renversement des perspectives méthodologiques s'inscrit même si visiblement à l'ordre du jour qu'on peut se demander pourquoi jusqu'ici il est resté, sauf rare exception, à l'état de

---

1. J. Laplanche et J.-B. Pontalis : *Vocabulaire de la psychanalyse*, article « *sublimation* », p. 467.
2. Article « *moi* », p. 254.

simple possibilité, non seulement par rapport au freudisme, mais
par rapport à toutes les théories existantes de l'individu, et par
rapport aux sciences du psychisme elles-mêmes. Je formule l'hypothèse qu'une raison essentielle en est le poids d'une conception
insuffisamment dialectique de la grande idée de genèse psychologique — plus récemment relayée par un structuralisme encore
moins dialectique, et dont les efforts théoriques sont donc *de ce
point de vue* identiques à ceux du génétisme classique qu'il combat.
Ce qui est insuffisamment vu alors, que ce soit à partir d'une théorie
des stades ou l'ultérieur est conçu comme sortant de l'antérieur ou
à partir d'une conception structurale selon laquelle tout le développement est sous-tendu par des formes ou des normes logiques
intemporelles, c'est que la personnalité adulte, c'est-à-dire d'abord
le système vivant des rapports sociaux entre les conduites, n'est
nullement le résultat du déploiement d'une nature ou d'une essence
humaines inhérentes à l'individu, ni par conséquent le terme du
développement ou de la structuration d'une individualité présente
au départ, fût-ce à l'état de germe, mais l'effet de l'insertion
singulière d'un individu dans un système déterminé de rapports
sociaux. C'est pourquoi on ne peut pas rendre *essentiellement*
compte de la personnalité développée *par en bas*, si l'on peut dire,
comme un stade ou une forme plus compliqués de ce qui se manifeste
dans les premiers mois ou les premières années en tant que type
nerveux, caractère, structuration psychanalytique, mais au
contraire comme une néoformation qui, *par un renversement
fondamental*, tend à se subordonner à titre de simples matériaux
les formations héritées des phases initiales de la vie. On pourrait
sans doute éclairer ce mode caractéristique de rapports entre la
personnalité développée et les éléments infantiles qui l'ont précédée par l'analyse suggestive que Lévi-Strauss donne du *bricolage*
dans *La pensée sauvage*, et qui déborde largement les limites de la
méthode structurale telle qu'il la conçoit. La règle du bricoleur,
montre Lévi-Strauss,

> « est de toujours s'arranger avec les « moyens du
> bord », c'est-à-dire un ensemble à chaque instant fini
> d'outils et de matériaux, hétéroclites au surplus, parce
> que la composition de l'ensemble n'est pas en rapport
> avec le projet du moment, ni d'ailleurs avec aucun
> projet particulier, mais est le résultat contingent de
> toutes les occasions qui se sont présentées de renou-
> veler ou d'enrichir le stock, ou de l'entretenir avec

les résidus de constructions et de destructions antérieures [...]. Chaque élément représente un ensemble
de relations à la fois concrètes et virtuelles ; ce sont
des opérateurs, mais utilisables en vue d'opérations
quelconques au sein d'un type [1]. »

N'y a-t-il pas, dans une telle analyse, quelque chose d'éminemment suggestif pour la compréhension des rapports entre la personnalité développée et les matériaux ou structures légués par son
passé ? C'est un point généralement tenu pour incontestable par
les psychologues, et parfaitement perceptible au niveau même de
l'observation élémentaire, que la *persistance* profonde des acquis
infantiles pendant la vie entière. Mais de là le génétisme ordinaire
ou même l'interprétation structurale de la psychanalyse semblent
tirer la conclusion que le développement ultérieur de la personnalité est donc nécessairement *déterminé* dans une large mesure
par l'enfance. C'est ne pas voir que les transformations progressivement radicales de problématique objective de la personnalité
qui accompagnent le passage à l'adolescence et à l'âge adulte ont
notamment pour effet de *dénaturer* profondément les données
précédentes, de les rabaisser au niveau d'un stock de matériaux
psychiques polyvalents dont la persistance tend à n'être plus que
celle d'un élément dans la construction nouvelle du bricoleur.
Ainsi des conduites infantiles d'opposition mal surmontées pourront à l'adolescence jouer un rôle dans une large mesure fortuit par
rapport à leur signification originelle, dans le développement d'une
réévaluation critique portant sur des attitudes et des jugements
religieux, moraux et politiques. Chaque personnalité développée
« bricole » ainsi sans cesse avec son enfance. Rien de plus trompeur
que la confusion de ces réemplois avec un déterminisme naïf de
de la *persistance*, qui trop souvent tient lieu d'analyse réelle : ici
aussi, la science marxiste de l'histoire pourrait servir utilement de
science-pilote [2]. Il ne s'agit certes pas de nier la *réalité* des phénomènes de survivance, de fixation, de régression, mais de comprendre
que l'infantile ne peut pas se perpétuer au sein de l'adulte en vertu
d'une sorte de « principe d'inertie », mais bien parce que l'adulte
*en lui-même* reproduit à sa manière l'infantile ; et c'est par consé-

---

1. C. LÉVI-STRAUSS : *La pensée sauvage*, p. 27.
2. Cf. J.-J. Goblot et son analyse du concept de « survivance », dans
*Matérialisme historique et histoire des civilisations*, Éditions sociales, 1973,
pp. 108 et suivantes.

quent dans l'étude de l'adulte en ce qu'il a de spécifique que peut être trouvé le secret des survivances. Là est selon nous la cause majeure du piétinement de la psychologie devant le problème de la personnalité développée, piétinement comparable à celui de la science historique tant qu'elle a cherché à rendre compte du développement social à partir des considérations extérieures — depuis les « données » géographiques ou biologiques jusqu'aux « lois de l'esprit humain » — au lieu de s'attaquer au cœur du problème : les structures de base de l'activité sociale elle-même. La psychologie a jusqu'ici surtout cherché à comprendre l'homme à partir de l'animal, l'adulte à partir de l'enfant, l'individu normal à partir du malade, le système total de la personnalité à partir des fonctions isolées, le contenu de cette personnalité à partir de certaines formes de l'activité. Nous pensons que le moment est venu de compléter cet effort assez peu fructueux pour l'instant par un réel effort de sens inverse.

Le résultat général auquel nous aboutissons, et qui n'est bien entendu rien d'autre qu'un ensemble d'hypothèses théoriques formé à partir du matérialisme historique, et de l'irrécusable articulation sur lui de toute recherche concernant l'individu humain qui voudrait se constituer comme science, ce n'est donc pas seulement une *tripartition* du champ des sciences psychologiques (psychobiologie, psychosociologie, psychologie de l'individu concret) ni même la *centration* de cet ensemble sur la psychologie de l'individu concret, dont la partie décisive est selon nous la théorie de la personnalité développée, mais c'est aussi l'idée que le développement scientifique de tout le complexe des sciences psychologiques, et en particulier le mûrissement de son centre, exigent de compléter les efforts centripètes jusqu'ici presque exclusifs par des *efforts centrifuges* entrepris sur la base d'une donnée fondamentalement sous-estimée pour le moment : le travail, les rapports d'activité impliqués dans ce travail, les structures et processus de la personnalité développée fondés sur ces rapports. Cela suppose que la personnalité ne soit pas confondue avec un simple avatar du type nerveux, du caractère, de la topique infantile, etc., mais qu'elle soit prise *dans son contenu humain réel*, c'est-à-dire que, sans négliger bien entendu tout le reste, on donne à ce qui en est objectivement le centre une place centrale dans la recherche. Bref, il s'agit de faire coïncider davantage, comme le réclamait Politzer, la *science de l'homme* et la *vie humaine concrète*, ce qui suppose évidemment qu'on puisse s'appuyer sur une théorisation de cette vie concrète, donc sur une conception scientifique de la société et de l'histoire. C'est pourquoi le matérialisme historique est au premier chef théorie-pilote pour le développement de la psychologie de la personnalité, et sans doute de la psychologie tout court. Car le passage à l'âge adulte de la psychologie de la personnalité pourra mettre fin à l'incessant *effet de distorsion* entre contenus effectifs et frontières légitimes exercé sur les autres sciences psychologiques par le vide que son actuelle carence maintient au cœur de leur domaine. Une telle inégalité de développement n'est pas en effet sans susciter des efforts compensateurs : et c'est ainsi que psychologie de l'enfant, psychanalyse, psychophysiologie et même psychologie animale tentent de faire à sa place une partie du travail dont se montre encore incapable la psychologie de la personnalité. Ce faisant, elles rencontrent sur leur terrain des problèmes qui ne sont pas en profondeur de leur ressort, et qui ne vont donc pas sans y créer quelque confusion, dans le même temps qu'elles hésitent parfois à reconnaître clairement les limites de leur tâche propre, comme si elles craignaient de se voir objecter que la vie psychologique de l'individu ne s'y réduit pas. Ne serait-ce pas là l'une des raisons pour lesquelles par exemple la psychologie du comportement hésite quelquefois à s'orienter franchement vers la neurophysiopsychologie, cherchant dans l'introuvable définition d'un psychisme au moins méthodologiquement irréductible aux processus nerveux le substitut de ce que seule la science de l'individu concret peut légitimement traiter en tant qu'objet spécifique ? En prenant clairement en main ses propres affaires, la psychologie de la personnalité aidera toutes les autres sciences psychologiques à s'occuper exactement des leurs. Ainsi le découpage général du domaine qu'elles composent pourra-t-il avoir non seulement cohérence théorique, mais encore vertu pratique.

# CHAPITRE IV

# HYPOTHÈSES
# POUR UNE
# THÉORIE SCIENTIFIQUE
# DE LA PERSONNALITÉ

> « Le temps est le champ du déve-
> loppement humain. »
>
> K. MARX : *Salaire, prix et profit,*
> Éd. sociales, 1968, p. 107.

> « Est-ce qu'un jour l'homme ne
> fera pas dans le temps des progrès
> analogues à ceux qu'il a faits dans
> l'espace ? »
>
> P. JANET : *De l'angoisse à l'extase,*
> Alcan, 1926, t. I, p. 233.

LES chapitres précédents proposent une solution au problème du découpage du champ des sciences dans la région du psychisme humain, et en particulier une définition de la psychologie de la personnalité, qui nous apparaît comme une science essentiellement *à constituer* sur des bases nouvelles. En réfléchissant sur ces questions à partir du matérialisme dialectique et historique, et de l'articulation que la science de l'individu humain prend nécessairement sur lui, nous ne pensons pas nous être livré dans le principe à une intervention arbitraire de non-spécialiste sur le terrain d'une science particulière, mais à une recherche légitime d'anthropologie et d'épistémologie générales, et donc de philosophie, dans l'acception marxiste du terme, recherche dont les résultats sont simplement proposés au psychologue afin qu'il juge de leur congruence éventuelle avec les résultats et les obstacles rencontrés par lui sur *son* terrain. Mais, dans ce dernier chapitre, nous nous proposons d'aller plus loin : d'avancer, à titre d'*hypothèses indicatives*, un certain nombre d'idées relatives à des concepts fondamentaux et à des lois générales de développement qui pourraient *donner corps* à cette science de la per-

sonnalité suggérée plus haut. Or il suffit d'annoncer un tel projet pour faire surgir une impérieuse question préalable : n'est-ce
pas là, pour un philosophe marxiste, se placer en flagrante contra-
vention avec ce qui a été rappelé ici même, au chapitre I, quant
à l'illégitimité absolue de l'intervention extérieure dans les affaires
d'une science particulière ?

# I

## REMARQUES PRÉALABLES

ET en effet une telle intervention de non-spécialiste sur le terrain d'une science psychologique paraît impossible pour une raison décisive, c'est que toute psychologie scientifique est fondée sur l'observation et l'expérimentation *objectives*, ou elle n'est pas.

Nul enseignement méthodologique ne se dégage avec plus de force de toute son histoire : la psychologie n'est entrée dans la voie de la science qu'à partir du moment, et dans la mesure, où elle a rompu avec le vieux dogme du spiritualisme métaphysique pour qui il n'était de psychologie qu'en chambre, et dans l'introspection du philosophe. C'est donc là pour elle la règle fondamentale : l'*axiome d'objectivité*. Et c'est précisément pour atteindre de plus en plus à cette objectivité que la psychologie a élaboré peu à peu son vaste outillage de méthodes spécialisées. Dans ces conditions, comment un philosophe comme tel, non-spécialiste par définition, pourrait-il prétendre apporter quoi que ce soit de *concret* à la psychologie — à moins qu'il n'en soit encore à s'imaginer que l'observation artisanale de soi-même, ou du voisin, ait chance de présenter aujourd'hui un intérêt quelconque pour la science ? C'est pourquoi, si un philosophe annonce qu'il se propose de traiter concrètement du contenu d'une science psychologique, cela réveille, on le comprend, la plus franche hostilité, ou compassion, du psychologue. Que le philosophe puisse dans une certaine mesure *répondre* à des questions — notamment épistémologiques — que lui pose le psychologue, on l'accorde en général. Mais justement c'est le psychologue, et lui seul, qui a compétence pour poser les questions concrètes de la psychologie, comme l'astronome seul a qualité pour poser les questions concrètes de l'astronomie : d'où le philosophe en tirerait-il la science *particulière* ? Il est donc au mieux un homme à consulter. Mais qu'il ne

s'avise pas de se consulter lui-même : lumineux et aveugle, instructif mais impotent, il ne peut avoir licence de se mettre à son
compte comme psychologue. Et s'il tente malgré tout de le faire,
n'est-ce pas la preuve qu'il est incapable par profession de s'en
tenir à l'axiome d'objectivité, et qu'il retombe invinciblement
dans le bricolage introspectif et la construction spéculative ?
    La difficulté semble bien irrémédiable. Mais une situation tout
à fait originale se présente maintenant à nous : si ce qui précède
est bien fondé, une science psychologique *nouvelle,* non certes par
l'emplacement qu'elle occupe, mais par le découpage qu'elle instaure et par le type de contenu qu'elle vise, se trouve projetée à
partir d'une réflexion qu'on peut si l'on veut qualifier d'interdis-
ciplinaire, en l'occurrence à partir de l'incidence du matérialisme
historique sur l'anthropologie et la conception de l'individu ; cette
science *nouvelle* ne s'est par définition *pas encore constitué à elle-.
même sa propre spécialisation.* Il est essentiel de noter que cette
science psychologique projetée ne se fonde aucunement sur la
remise en cause de l'axiome d'objectivité, mais au contraire sur
son approfondissement. Que signifie en effet, en profondeur, la
revendication d'une psychologie authentiquement objective ?
Telle est la question que nous avons posée, et qui nous a conduit,
au travers d'un examen critique des principes mêmes de toute
conception de l'homme, à répondre qu'elle ne signifie pas seulement
l'exigence d'objectivité du point de vue de la *méthode,* ce qui est
important, mais aussi du point de vue du *contenu,* ce qui est plus
vital encore. Comme le dit Marx : « La « conception » ne peut être
concrète quand l'objet de la conception est « abstrait »[1]. » Or exiger que la psychologie de la personnalité soit concrète, objective
quant à son contenu, c'est exiger qu'elle aille jusqu'à l'essence de
son objet, et donc qu'elle prenne pour objet non seulement tel ou
tel aspect du psychisme, mais *tout l'ensemble de la structure et du
développement des personnalités humains réelles,* qu'elle se donne
pour tâche de nous aider à nous reconnaître théoriquement et à
intervenir pratiquement dans la croissance de ces personnalités,
non pas dans telles ou telles conditions artificielles ou sous tel ou
tel angle particulier, mais *dans la vie même et globalement.* A cet
égard, la vieille psychologie philosophique manquait foncièrement à l'axiome d'objectivité parce qu'elle théorisait dans l'abstrait
et loin de toute pratique. Mais inversement les théorisations psy-

--------

1. K. Marx : *Critique du droit politique hégélien,* Éditions sociales,
p. 134.

chologiques actuelles sur la personnalité s'effectuent trop souvent — Politzer l'avait bien montré et ses remarques sont loin d'être périmées — à partir de pratiques elles-mêmes bien « théoriques » et peu concrètes, dans la mesure où elles ne saisissent l'activité personnelle que de façon fragmentaire, marginale, sinon artificielle, parce qu'elles laissent de côté les conditions de la vie réelle, à commencer par le travail social. Et c'est pourquoi en la matière il nous semble que l'énoncé princeps de l'axiome d'objectivité pourrait être : la psychologie de la personnalité est science de la vie réelle des individus, ou elle reste enfoncée dans l'illusion idéologique.

Or s'il en est ainsi, le matériau fondamental de toute recherche scientifique *objective* sur la personnalité humaine est la *biographie* ; et le rapport pratique de base avec ce matériau est *l'ensemble des interventions ordonnées visant à modifier la croissance « spontanée »* — spontanée, par rapport à ces interventions — *des personnalités humaines*. On voit aussitôt que ni l'ensemble imposant de ce qui constitue jusqu'ici la psychologie expérimentale, ni même, dans l'acception pathologique de l'expression, la psychologie clinique, ne constituent les seules voies d'accès *possibles* à un savoir psychologique véritablement objectif sur la personnalité, et peut-être même ne sont-elles pas les plus fécondes. Pourquoi par exemple, malgré les justes suggestions de Politzer à cet égard, devrait-on persister à traiter comme quantité négligeable le corps d'observations et d'expériences recouvert par l'expression « avoir de la psychologie », et n'y voir que les aphorismes les plus superficiels, voire les plus idéologiques, qui y abondent effectivement, mais sans prendre garde que dans cette « psychologie populaire », à côté, et au sein, du produit pauvre, souvent mystifié, d'un vieil empirisme fruste et de croyances parasitaires, il y a aussi, il y a surtout le capital de connaissances concrètes, mal élaborées théoriquement, bien entendu, mais pratiquement éprouvées, que les grands mouvements sociaux progressistes, et le mouvement ouvrier en particulier, ont accumulé au fil des générations sur *le développement des individus dans la vie réelle* ? Ce qu'un parti ouvrier expérimenté, par exemple, peut nous suggérer à propos de certains aspects de la croissance des personnalités humaines, serait-ce par principe moins intéressant que ce que le dernier des psychosociologues peut nous révéler sur la dynamique des petits groupes, ou même, peut-être, le premier des psychanalystes sur la structure de l'inconscient ? Voilà qui mérite en tout cas d'être examiné. Pour ma part, je considère que le degré d'*objectivité vraie* atteint par certains principes psychologiques de la politique des cadres du parti communiste français (relatifs par exemple à la symptomatologie du mauvais cadre) vaut largement celui de maints résultats de la caractérologie ou de la psychologie sociale, tout bardés qu'ils puissent être de scientificité extérieure, voire de formalisation mathématique.

Qu'on ne se méprenne pas toutefois. Quand je donne un tel exemple d'*une* voie d'accès *possible* à la région où se situe l'objet authentique de la science de la personnalité — exemple typique par son opposition extrême aux voies d'accès aujourd'hui fréquentées en général par les psychologues, mais aussi exemple limite — il n'entre pas dans mon propos, par quelque démagogie ouvriériste, de suggérer qu'un praticisme militant tienne ici lieu de recherche savante. Il s'agit en réalité aussi peu d'opposer au nom du concret quelque psychologie du pauvre aux théories actuellement dominantes, qu'il ne s'agit pour l'économie politique marxiste, par exemple dans la question des salaires et des profits, d'opposer la pratique spontanée du mouvement ouvrier à la science économique bourgeoise. La psychologie de la personnalité ne saurait passer à l'âge adulte qu'à un *niveau de conceptualisation* non pas inférieur mais supérieur à celui qu'elle a dans l'ensemble atteint aujourd'hui. Il ne s'agit donc en aucune façon ici d'une apologie du primitivisme scientifique : peut-être s'est-on déjà aperçu en cours de route qu'il s'agirait plutôt du contraire. Aussi bien, je le répète, ce n'est pas à mon sens d'un excès de formalisation que souffre essentiellement la psychologie de la personnalité, mais d'un défaut de contenu : si son discours nous paraît si souvent formel, c'est qu'il nous parle peu, beaucoup trop peu, des hommes réels. Ce dont il s'agit par conséquent c'est, sans négliger aucun des outils, aucune des procédures d'une science instruite, de n'y perdre jamais de vue, fût-ce au cœur de la spécialisation la plus poussée, que le but ultime est de maîtriser théoriquement et pratiquement les conditions psychologiques d'un plein épanouissement des personnalités. Et si l'on ne perd pas cela de vue, on s'aperçoit que, de toute la psychologie de la personnalité *possible*, dès lors qu'elle apparaît pensable, celle qui existe aujourd'hui n'a encore réalisé qu'une petite partie, dont il n'est nullement certain qu'elle soit la plus intéressante, ni même la mieux à l'abri de contestations fondamentales. Et l'on se persuade que l'exploration de nouvelles voies d'accès, non répertoriées sur les cartes officielles, et moins encore pourvues de spécialistes, vers la matière première d'une science ainsi définie et conçue, non seulement est théoriquement licite, mais représente sans doute la condition déterminante de son passage à l'âge adulte.

A cet égard, l'exploitation de l'expérience psychologique accumulée par le mouvement ouvrier n'est qu'un exemple de ce qui pourrait être fait. Il y en a bien d'autres, dont un recensement systématique s'impose, à commencer par d'énorme diversité des pratiques pédagogiques, au sens le plus général de l'adjectif. De ce point de vue, le contraste n'est-il pas saisissant, et déraisonnable, entre les très rares coups de chapeau donnés de loin à l'œuvre considérable d'un Makarenko, qui demeure chez nous à peu près complètement inutilisée du point de vue de la théorie fondamentale de la personnalité, et l'invraisemblable prolifération bibliographique de seconde ou de troisième zone sur la psychanalyse, qui à ce niveau finit par être essentiellement l'alibi médiocre d'une fuite devant les questions psychologiques décisives du travail et des rapports sociaux ? Plus généralement, on peut penser que partout où il y a pratique sociale régulière, et à plus forte raison quand elle est déjà capitalisée en culture empirique, visant de quelque façon à l'amendement de la croissance spontanée des personnalités, il y a une mine à ciel ouvert de matière première psychologique — et partout où il y a des praticiens conscients de cette pratique, il y a psychologie de la personnalité en puissance. Ainsi en vient-on à constater — fait d'importance majeure par rapport à l'objection d'incompétence qui nous occupe ici — que le cas de la psychologie de *l'individu humain normal* pris dans *l'ensemble de sa structure et de son développement psychiques* est au départ tout différent de celui de la plupart des sciences, y compris les sciences de l'homme. En astronomie ou en microphysique, et même pour l'essentiel en économie politique ou en linguistique, le non-spécialiste ne dispose d'aucune voie d'accès réel à la matière de la science, ou bien il n'accède qu'aux gisements les plus superficiels, dont les filons sont depuis longtemps épuisés et ne présentent plus d'intérêt pour l'avancement de la science. En psychologie de la personnalité, au sens où elle a été définie plus haut et dans l'état embryonnaire où elle se trouve encore, non seulement l'accès à la matière première *actuellement utile* n'est pas le privilège du spécialiste, tel du moins qu'il est formé et qu'il travaille en général aujourd'hui, mais je pose précisément la question de savoir si tout le secret du piétinement de cette science quant à la théorie fondamentale ne réside pas en ceci que, dans une large mesure, elle découpe faussement son objet et se fourvoie hors du gisement central, pour des raisons qui tiennent en dernière ana-

lyse aux conditions de classe et aux idéologies mystifiantes au
sein desquelles elle s'est édifiée, et dont le marxiste même ne
s'émancipe pas sans quelque peine.

La conséquence de cet état des choses, et le point où je voulais
en venir, c'est que, si le non-spécialiste de psychologie — fût-ce
par exemple un philosophe — est évidemment incapable d'intervenir concrètement dans le travail psychologique *tel qu'il a constitué jusqu'ici sa spécialisation,* le réexamen radical des fondements
de la psychologie de la personnalité ne peut se voir interdire de
mettre en cause les limites de cette spécialisation même, ni de
suggérer la constitution de nouveaux types de recherche, promis
bien entendu à de nouvelles spécialisations, mais *ouverts au départ*
à qui se trouve en position de s'y avancer plus ou moins fructueu-
sement. Piaget lui-même, dans un livre tout entier consacré à la
critique des prétentions illégitimes de philosophes comme Bergson,
Sartre ou Merleau-Ponty à traiter en tant que tels de problèmes
psychologiques, ne fait pas difficulté pour accorder que des philosophes ont eu parfois « d'heureuses initiatives anticipant la
possibilité de sciences encore à constituer, ce dont témoigne l'histoire des idées ultérieures à leurs travaux [1] » : c'est assez exactement sous cette rubrique que peut être rangée l'ambition du présent essai. Autrement dit un non-spécialiste *au sens actuel de ce
terme* — par exemple un philosophe marxiste — dans la mesure
où il allie une connaissance de l'articulation du matérialisme historique avec la théorie de l'individu et une participation dense
à diverses pratiques pédagogiques, n'est pas a priori incapable
d'avoir accès à la matière dont il veut traiter s'il s'occupe de la
personnalité humaine. Naturellement, et fût-ce dans le meilleur
des cas, la valeur expérimentale des hypothèses ainsi avancée
reste toujours à démontrer pratiquement, et, je souligne ce point
essentiel, c'est toujours aux hommes du métier qu'il appartient
en dernier ressort de la déterminer selon des procédures scientifiques éprouvées, soit déjà existantes, soit à imaginer. Aussi bien
ce dernier chapitre ne se propose-t-il rigoureusement rien d'autre
que de soumettre à l'examen critique de qui voudra s'y intéresser
un *ensemble cohérent d'hypothèses* relatives à l'allure générale du
contenu que pourrait avoir la science de la personnalité définie
plus haut [2]. Le caractère des pages qui suivent est donc fort dif-

---

1. J. PIAGET : *Sagesse et illusions de la philosophie,* p. 159.
2. Dans *Apprentissage et activités psychologiques,* J.-F. Le Ny écrit :
« L'expérimentation élémentaire n'est nullement chez l'homme le meilleur

férent de celui des chapitres précédents, situés au seul niveau de l'articulation entre matérialisme historique et psychologie, et procédant par construction critique à partir des résultats scientifiques obtenus sur la base du premier. Au contraire, les hypothèses qui suivent, bien que logiquement liées aux thèses générales du dernier chapitre, n'en sont nullement *déduites* — on en pourrait certainement déduire d'autres — mais formées à la fois par voie de conjecture théorique et par voie de pratique semi-empirique. Le jugement qu'on portera sur elles ne saurait du même coup être étendu aux vues d'ensemble sur la psychologie de la personnalité auxquelles elles sont articulées sans en être le corollaire unique et nécessaire.

Ce qui m'incite à en faire état ici est donc tout le contraire de la vieille tentation philosophique justement critiquée par le psychologue expérimentaliste ; il s'agirait bien plutôt de fournir au psychologue un moyen complémentaire de faire son travail critique à l'égard des hypothèses générales avancées dans les chapitres précédents. Car il serait trop commode de soutenir, pour des raisons de principe et au pur niveau des considérations théoriques, qu'un découpage modifié peut donner à la science de la personnalité l'occasion de sortir de ses impasses actuelles, puis d'esquiver prudemment toute indication autre que programmatique, voire insaisissable, sur ce que *pourrait être* le contenu concret de cette science. On a maintes fois reproché à Politzer d'avoir annoncé une psychologie du « drame » sans lui donner même un commencement d'exécution. L'objection, même si bien des réponses peuvent lui être apportées, comme on le montrera plus loin, me semble *formellement recevable*. C'est donc simplement *prendre ses responsabilités* que de soumettre à titre d'*hypothèses indicatives* quelques idées aidant tout un chacun à concrétiser le sens des propositions théoriques qu'on avance, et à porter sur elles un jugement en plus claire connaissance de cause. Au reste, le danger qui menace actuellement la psychologie de la personnalité ne semble pas être, on l'a dit, le foisonnement d'hypothèses irresponsables, mais la rareté des vues nouvelles pouvant susciter le cas échéant un développement de la recherche. Sans doute en ai-je assez dit pour prévenir quelques malentendus de lecture, et, peut-être, pour faire dans les pages qui suivent l'économie d'excessives précautions d'écriture.

---

moyen de recherche de la preuve. L'établissement de constructions hypothétiques que l'on vérifie ensuite dans leurs conclusions peut se révéler préférable » (p. 300).

# II

# HYPOTHÈSES

**1. Concepts de base.**
**Actes, capacités.**
**Le problème des besoins.**

Chaque personnalité humaine développée se présente d'emblée à nous comme *une énorme accumulation d'actes les plus variés à travers le temps*. Dès cet énoncé élémentaire, nous rencontrons un concept qui paraît seul en mesure de jouer le rôle de concept premier dans la théorie scientifique de la personnalité : le concept d'*acte*. Ce concept se distingue profondément de tous ceux qu'on emploie d'ordinaire en cette place, comme comportement, conduite, rôle, etc., dont la légitimité dans le domaine des sciences du psychisme n'est pas en cause, mais dont l'emploi dans la psychologie de la personnalité suffit à barrer la route dès le premier instant à la compréhension du fond des choses. En effet, parler par exemple de conduites, c'est bien étudier le psychisme de l'homme comme une *activité*, mais seulement comme une activité concrète *du sujet*, abstraction faite de son *résultat objectif pour la société*, et, par cette médiation décisive, pour l'individu lui-même, autrement dit comme une activité qui ne fait *socialement rien* — rien du moins qui importe pour sa connaissance. Sans doute une telle abstraction est-elle légitime tant qu'il s'agit d'étudier la conduite en tant qu'activité psychique générale, car de ce point de vue, que l'apprentissage ou la perception visuelle de la profondeur ou la localisation du souvenir dans le temps s'effectue concrètement au sein d'un travail salarié ou d'une activité de loisir n'a pratiquement aucune importance. Mais lorsqu'on transpose sans y prendre garde cette abstraction sur le terrain de la science de la personnalité, on commet une erreur théorique rédhibitoire, déjà analysée plus haut, en ce sens qu'on élimine a priori sans y songer tous les rapports sociaux entre les conduites, c'est-à-dire toutes les structures réelles de la personnalité développée, qui tiennent justement au fait que ces conduites sont en même temps porteuses d'une activité socialement déterminée, et déterminante pour l'individu.

Parler dès le départ de *conduites*, c'est donc ne retenir qu'un *segment délimité du circuit total des actes* — circuit total qui sort très largement des frontières de l'individualité organique et psychique au sens habituel du terme, et qui fait retour sur lui-même à travers l'immense médiation des rapports sociaux. Or ce sont ces médiations, rejetées comme indifférentes et non pertinentes par une psychologie de la conduite, qui selon nous induisent dans l'individu les structures nécessaires de son activité, et par là de sa personnalité. La personnalité n'est pas la source productrice d'un ensemble de conduites dont le résultat social serait indifférent, et dont la connaissance se trouverait épuisée par l'étude des mécanismes de leur production. La personnalité est un système complexe d'actes, et le propre d'un acte est qu'il fait socialement *quelque chose*. Laisser de côté l'étude de ce quelque chose, qui est précisément le *moment objectif de la rotation complète de l'acte*, comme si les *gestes du travail* par exemple devaient intéresser le psychologue *mais non le salaire*, fait partie de ces cécités idéologiques dont on a peine à comprendre, quand on en est sorti, comment une science a pu si longtemps en demeurer prisonnière.

Partir du concept d'acte, dans le sens indiqué, c'est donc dépasser dès le départ une psychologie de la pure *forme* des personnalités — la forme étant la seule chose que pourrait dans le meilleur des cas atteindre une caractérologie, par exemple — pour s'installer sur le terrain encore passablement vierge d'une psychologie du *contenu* des personnalités, et des *formes* dialectiquement liées à *ce* contenu, sans méconnaître d'ailleurs le problème de leur articulation avec les formes *issues d'ailleurs*, type nerveux congénital ou activités infantiles. C'est faire passer au premier plan non plus l'opposition entre celui qui aime digérer et celui qui aime remuer, ou entre le rancunier et l'oublieux, ou même entre telle et telle complexion que l'on croit pouvoir nous donner comme fondamentales sur la base de vues psychanalytiques ou psychiatriques, mais, toute *typologie* étant abandonnée au profit d'une *topologie*, l'analyse concrète des structures et de la logique de développement qui résultent de l'ensemble des activités d'un individu, à commencer par ses activités sociales de base, son travail. Il s'agit donc de ce qu'on peut appeler une *psychologie concrète*. En ce sens, on considérera peut-être que le concept d'acte n'est pas autre chose que la reprise du concept de *drame* — qui n'a jamais *voulu* dire autre chose qu'action concrète — chez Politzer [1].

---

1. Cf. *Critique des fondements de la psychologie*, P. U. F., 1967, p. 11, note 1.

Et il est certain que la proximité des intentions est grande. Car c'est bien de cela qu'il s'agissait il y a quarante ans déjà dans la *Revue de psychologie concrète* lorsque Politzer y écrivait : « Il est incontestable qu'il y ait dans le drame matière à une science originale. Celles des sciences de la nature qui s'occupent de l'homme étudient en effet ce qui reste une fois qu'on a dépouillé l'homme de son caractère dramatique. Mais la connexion de tous les événements proprement humains, les étapes de notre vie, les objets de nos intentions, l'ensemble des choses très particulières qui se passent *pour nous* entre la vie et la mort constituent un domaine nettement délimité, facilement reconnaissable, et qui ne se confond pas avec le fonctionnement des organes, et il est à étudier, car il n'y a aucune raison de supposer que cette réalité échappe par miracle à toute détermination [1]. » « L'expérience dont nous parle la psychologie est en effet tout autre que l'expérience dramatique. Notre *expérience dramatique* était la vie au sens humain du mot ; ses personnages étaient des *hommes* agissant de telle ou telle manière, ses scènes les plus partielles impliquaient encore l'homme dans sa totalité. *L'expérience que nous offre la psychologie* est constituée par des processus qui n'ont pas la forme de nos actions quotidiennes. (...) A la manière dont le drame est découpé par la multiplicité des personnages individuels et des événements dramatiques, la psychologie a substitué les grandes manifestations de la nature spirituelle : perception, mémoire, volonté, intelligence, à l'étude desquelles elle se consacre ensuite comme la physique se consacre à l'étude des grandes manifestations de la nature [2]. » « Nous disons qu'une psychologie qui remplace les histoires de personnes par des histoires de choses ; qui supprime l'homme et, à sa place, érige en acteur des processus ; qui quitte la multiplicité dramatique des individus et les remplace par la multiplicité impersonnelle des phénomènes est une *psychologie abstraite* [3]. »

Cette remarquable analyse critique, même si certaines formulations peuvent en être discutées, a conservé jusqu'à nos jours sa validité. Tel n'est pas pourtant l'avis de Louis Althusser, pour qui Politzer aurait commis l'erreur majeure de méconnaître la nécessité de l'abstraction en toute science. « Comment, disait selon lui Politzer, la psychanalyse peut-elle prétendre à être la science du *concret*, qu'elle veut et peut être, si elle persiste dans des *abstrac-*

---

1. *La crise de la psychologie contemporaine*, p. 38.
2. *Ibid.*, pp. 42-43.
3. *Ibid.*, p. 51.

*tions* qui ne sont que le « concret » aliéné dans une psychologie abstraite et métaphysique ? » Et à cela il oppose qu'« en vérité nulle science ne peut se passer d'abstraction, même lorsqu'elle n'a, dans sa « pratique » (qui n'est pas, prenons-y garde, la pratique théorique de cette science, mais la pratique de son *application* concrète), affaire qu'à ces variations singulières et uniques que sont les « drames » individuels [1] ». Il y revient dans *Lire Le Capital* : « Politzer est le Feuerbach des temps modernes : sa *Critique des fondements de la psychologie* est la critique de la Psychologie *Spéculative* au nom d'une Psychologie *concrète*. Les thèmes de Politzer ont pu être traités par Sartre comme des « philosophèmes » : il n'a pas abandonné son inspiration ; lorsque l'historicisme sartrien renverse la « totalité », les *abstractions* du marxisme dogmatique dans une théorie de la subjectivité *concrète*, il « répète » ainsi en d'autres lieux, et à propos d'autres objets, un *« renversement »* qui, de Feuerbach au jeune Marx et à Politzer, ne fait que *conserver*, sous l'apparence de la critique, une même problématique [2]. » « Les erreurs géniales de la *Critique des fondements de la psychologie* de Politzer reposent en grande partie sur la fonction idéologique du concept non critiqué de « concret » : ce n'est pas un hasard si Politzer a pu proclamer l'avènement de la « Psychologie *concrète* » sans que cette proclamation soit jamais suivie d'aucune œuvre. Toute la vertu du terme « concret » s'épuisait en effet dans son usage critique, sans pouvoir fonder la moindre connaissance, qui n'existe que dans « l'abstraction » des concepts. On pouvait déjà l'observer chez Feuerbach, qui tente désespérément de se libérer de l'idéologie en invoquant le « concret », c'est-à-dire le concept idéologique de la confusion du connaître et de l'être : l'idéologie ne peut évidemment libérer de l'idéologie. On retrouve la même équivoque et le même jeu de mots chez tous les interprètes de Marx qui se réfèrent aux Œuvres de Jeunesse, invoquant l'humanisme « réel », l'humanisme « concret » ou l'humanisme « positif » comme le fondement théorique de sa pensée [3] ».

Or, en l'occurrence, c'est la critique althussérienne de Politzer qui me paraît reposer ici sur l'équivoque et le jeu de mots. Il est bien évident en effet que *si* Politzer entendait par psychologie *concrète* une sorte de « science » immédiate du vécu fondée sur le

---

1. L. ALTHUSSER, « *Freud et Lacan* », *La Nouvelle Critique*, nᵒˢ 161-162, décembre 1964, p. 105.
2. *Lire Le Capital*, II, p. 100, note 26.
3. *Ibid.*, I, p. 48, note 18.

rejet de l'abstraction des concepts, nous aurions affaire au type même de l'utopie idéologique. Mais supposer qu'il en aille ainsi chez Politzer, c'est au fond supposer qu'entre Politzer et Bergson il n'y a pas de différence essentielle. Que Louis Althusser aille jusqu'à le suggérer, fût-ce en parlant de « rapprochement para-doxal[1] », donne la mesure de l'invraisemblance profonde de sa critique. En réalité, ce n'est à aucun degré *l'abstraction scienti-fique de tout concept* que Politzer rejette, et il ne peut y avoir sur ce point d'autre malentendu que celui dans lequel tombe la cri-tique althussérienne. Politzer écrit par exemple le plus claire-ment du monde : « La psychologie concrète n'est pas un nouveau romantisme ; *elle n'est ennemie que de l'abstraction telle que nous l'avons définie et seulement des concepts mythologiques de la psycho-logie spiritualiste*[2]. » Est abstraite en un sens inacceptable, explique-t-il à maintes reprises, une psychologie qui remplace l'activité personnelle par des processus impersonnels — l'indi-vidu par le psychisme — et qui prétend expliquer le premier par le second. Ce qu'il réclame, ce n'est pas, et admettre le contraire en dépit des textes est lui faire injure, la sotte idée d'une science psychologique sans concepts théoriques, mais bien un découpage conceptuel des faits psychologiques effectué « dans l'ensemble ordinaire des faits humains, sans les escamoter pour y substituer une image transposée qui imite la nature physique et explique ensuite les faits par d'autres faits du même genre[3] ». « L'objet de la psychologie est donné par l'ensemble des faits humains considérés dans leur rapport avec l'individu humain, c'est-à-dire en tant qu'ils constituent la *vie* d'un homme et la *vie* des hommes[4]. » Autrement dit encore ce que Politzer réclame, c'est une psycho-logie qui soit une science de la *biographie*, de l'*individu*, de la *per-sonnalité* : où est l'idéologie anthropologique en un tel projet ?

D'autant que Politzer a eu le génie d'entrevoir, dès 1928-1929, que cette science de la personnalité ne pouvait se fonder sur une *psychologisation quelconque de l'essence humaine*, mais devait prendre pour base le matérialisme historique et l'économie poli-tique : nous sommes aux antipodes du prétendu feuerbachisme de la psychologie concrète. Il y a notamment dans l'article de juillet 1929 des affirmations éclatantes à cet égard : « La psycholo-

---

1. O. c., II, p. 100, note 26.
2. *La crise de la psychologie contemporaine*, p. 106. C'est moi qui souligne.
3. *Ibid.*, p. 138.
4. *Ibid.*, p. 114.

gie tout entière n'est possible qu'enchâssée dans l'économie. Et c'est pour cela qu'elle suppose toutes les connaissances acquises par le matérialisme dialectique et doit constamment s'appuyer sur elles. C'est donc bien le matérialisme qui représente la véritable base idéologique de la psychologie positive [1]. » « Le déterminisme psychologique lui-même n'est pas un déterminisme souverain : il n'agit et ne peut agir qu'à l'intérieur et pour ainsi dire dans les mailles du déterminisme économique. Sa portée et ses limites sont données par la portée et les limites de l'individu lui-même. La psychologie a de l'importance tant que les événements sont considérés dans leurs rapports avec l'individu, elle n'en a plus aucune lorsqu'il s'agit des faits humains eux-mêmes. Il peut être question d'une *psychologie* du travail dans la mesure où le travail est considéré en rapport avec les individus. Dès qu'il n'est plus question de l'insertion des individus dans le travail, le travail cesse d'être un problème psychologique [2]. » « La psychologie ne détient donc nullement le « secret » des faits humains, simplement parce que ce « secret » n'est pas d'ordre psychologique [3]. » « Au point de vue de l'orientation fondamentale de la psychologie et de son organisation, c'est la signification de l'économie qui est vraiment fondamentale [4]. » Devant des textes aussi clairement opposés à tout ce qui caractérise l'humanisme philosophique, il est impossible d'imputer à Politzer le culte spéculatif du pseudo-concret si on ne le lit pas à travers des lunettes déformantes. En fait, ces lunettes sont celles de l'antihumanisme théorique, pour qui il ne saurait y avoir de concept d'homme autre qu'idéologique, de science de l'individu concret autre que mystificatrice. Ces lunettes ne déforment pas seulement la lettre et l'esprit des indications psychologiques de Politzer, mais, on l'a vu, ceux de tout le marxisme mûr.

La critique de Louis Althusser, qui méconnaît Politzer, ne serait pas sans quelque vérité si elle s'appliquait ici à Gramsci. Certes il y a aussi chez Gramsci des formulations extrêmement intéressantes du point de vue de la théorie de la personnalité, et notamment celle-ci, souvent citée : « L'homme est un processus, et précisément, c'est le processus de ses actes [5]. » — formule qui

---

1. O. c., p. 116.
2. *Ibid.*, p. 119.
3. *Ibid.*, p. 120.
4. *Ibid.*, p. 121.
5. A. GRAMSCI : *Gramsci dans le texte*, Éd. sociales, 1974, p. 175.

semble bien être directement inspirée de celle de Marx dans *L'idéo-*
*logie allemande* : « L'Être des hommes est leur processus de vie
réel [1]. » Mais cette formule n'est profonde que si elle s'accompagne
d'une claire conscience des conditions qui permettent de lui donner un développement scientifique effectif. Or à cet égard Gramsci
souligne bien que le concept d'homme en cette affaire ne doit pas
être pris dans l'acception spéculative ordinaire : « L'humain est-il
un point de départ ou un point d'arrivée en tant que concept et
fait unitaire ? Ou bien cette tentative n'est-elle pas plutôt un
résidu « théologique » et « métaphysique » dans la mesure où il est
posé comme point de départ [2] ? » A quoi il répond : « Que la « nature
humaine » soit le « complexe des rapports sociaux » est la réponse
la plus satisfaisante [3], parce qu'elle inclut l'idée du devenir :
l'homme devient, change continuellement avec le changement des
rapports sociaux, et parce qu'elle nie l'« homme en général » : en
fait les rapports sociaux sont exprimés par différents groupes
d'hommes, dont chacun présuppose l'existence des autres, dont
l'unité est dialectique, non formelle [4]. » Comme on le voit, Gramsci
ne retient de la *VIᵉ Thèse sur Feuerbach* que l'aspect *historique*
et *dialectique* de la conception de l'essence humaine qui y est
exprimée ; mais il ne paraît pas accorder suffisamment son attention à l'aspect *matérialiste* non moins fondamental de l'extériorité
et de l'objectivité sociales de l'essence humaine par rapport aux
individus. Ce qui le conduit bien à rejeter le faux matérialisme
d'une conception *biologique* de l'essence humaine au profit d'une
conception *historique* : « La nature de l'homme est l'« histoire » [5]. »
Mais cela ne suffit pas encore à distinguer radicalement la perspective anthropologique du *matérialisme* historique de celle qu'on
rencontre chez les historicistes *non matérialistes*. Faute d'une
claire affirmation des rapports matérialistes entre l'histoire des
rapports sociaux et l'histoire des individus, on risque alors d'en
rester, au sein d'une ambiguïté redoutable, au niveau d'un humanisme historicisé, « praxisé », mais non entièrement délivré des
illusions spéculatives, voire idéalistes. Très contestable de ce point
de vue apparaît dans ce même texte l'affirmation selon laquelle

---

1. O. c., p. 50.
2. O. c., pp. 181-182.
3. Derrière les expressions de la traduction française, il faut bien entendu
reconnaître la *VIᵉ Thèse sur Feuerbach*.
4. *Ibid.*, p. 182.
5. *Ibid.*, p. 182.

« il faut élaborer une doctrine où tous ces rapports (sociaux) sont actifs et en mouvement, en établissant bien clairement que *le siège de cette activité est la conscience de l'homme pris comme individu*, qui connaît, veut, admire, crée, dans la mesure où il connaît, veut, admire, crée déjà, etc., et se conçoit non pas isolé, mais riche des possibilités qui lui sont offertes par les autres hommes et par la société des choses dont il ne peut pas ne pas avoir une certaine connaissance [1] ». On voit nettement qu'ici tout risque de confusion « humaniste », c'est-à-dire de glissement à un idéalisme historicisé, n'est pas écarté [2].

Et l'on voit mieux aussi, par contraste, combien la position résolument matérialiste de la question de l'individu chez Politzer s'inscrit en faux contre la critique althussérienne. C'est pourquoi lorsque Louis Althusser écrit que « ce n'est pas un hasard » si Politzer n'a jamais fait suivre d'aucune œuvre la proclamation de la psychologie concrète, il résout beaucoup moins le problème qu'il ne le généralise. Il est bien vrai que la psychologie du « drame » est restée à l'état de projet, et que ce genre d'impuissance théorique n'est jamais un « hasard ». Mais cela n'autorise pas à confondre un projet *irréalisable* parce que théoriquement inconsistant et un projet *irréalisé* parce que théoriquement en avance sur certaines conditions de sa réalisation. Or il n'est pas difficile d'apercevoir les conditions de réalisation d'une psychologie concrète qui faisaient défaut à Politzer en 1928-1929. Ce qui frappe le plus lorsqu'on relit aujourd'hui sous cet angle la *Critique des fondements de la psychologie* (1928) et la *Crise de la psychologie contemporaine* (articles parus en 1929 dans la *Revue de psychologie concrète*) c'est l'opposition entre la vigueur

---

1. O. c., p. 179. C'est moi qui souligne.
2. Comme le montre bien F. Ricci dans un passage de l'Introduction qu'il a écrite pour l'anthologie de Gramsci publiée aux Éditions sociales en 1974 sous le titre *Gramsci dans le texte* et où il analyse « le style si particulier du matérialisme de Gramsci » : « Ce qu'il veut, c'est, d'un bout à l'autre, que l'homme ne soit pas transformé en objet, ni par l'aliénation des rapports de production capitalistes, ni non plus par une interprétation elle-même aliénée et aliénante du matérialisme historique. Ce qui le guette alors, et ce qui peut surtout guetter ses disciples, c'est l'erreur de Feuerbach : matérialisme en arrière, idéalisme en avant. Mais en fait tout l'effort de Gramsci tend à constituer effectivement le matérialisme en avant ou, si l'on préfère, par en haut — le matérialisme des superstructures. » p. 37.

avec laquelle Politzer affirme de plus en plus le rôle fondamental du matérialisme et de l'économie politique marxistes, et l'absence quasi complète de référence précise aux grands textes marxistes à partir desquels l'articulation entre théorie de l'individu et économie politique peut être pensée. Est-il nécessaire de rappeler que ce n'est pas là en effet _un hasard_, en ce sens que par exemple des textes comme les _Manuscrits de 1844_, _L'idéologie allemande_ ou les _Grundrisse_ n'ont même commencé à être publiés, pour la première fois, qu'à partir de _1932_ ? Par rapport à la nouveauté inouïe de la critique et du projet politzériens en 1928, il faut faire l'effort de se représenter la méconnaissance générale qui régnait alors à l'égard de ce que le marxisme apporte à la réflexion sur les fondements de la psychologie, et même dans une très large mesure la méconnaissance du marxisme tout court, donc la solitude théorique poignante au sein de laquelle ce jeune homme de vingt-cinq ans affrontait un problème immense qui demeure irrésolu quarante ans plus tard dans des conditions idéologiques devenues incomparablement plus favorables. D'ailleurs, au fur et à mesure que Politzer prend connaissance des classiques du marxisme, et prend conscience des conditions réelles d'une psychologie concrète, en particulier du _détour_ par la science des rapports sociaux en dehors duquel elle est vouée à rester une utopie, il comprend du même coup, et on le voit bien dans l'article de juillet 1929 cité plus haut, que l'acquisition d'une solide formation économique marxiste passe avant la recherche d'une introuvable voie directe vers la psychologie concrète : c'est justement à cela que, retrouvant la démarche même de Marx après 1844, il se consacre largement dans les années suivantes. Mais du _retour_ à la psychologie concrète à partir de là, il ne put être question pour Politzer, un autre « hasard » ayant voulu qu'il tombât à trente-neuf ans, en 1942, fusillé par les soldats de Hitler. Ces « hasards » qui ne sont pas des hasards non seulement ne prouvent donc pas l'inconsistance du projet formé par Politzer en 1928-1929, mais en soulignent le caractère génialement anticipateur dans les conditions idéologiques de l'avant-guerre. Lorsque Politzer écrit en juillet 1929 : « Nous savons fort bien qu'on nous opposera de nouveau et avec plus de force l'argument qu'on nous a déjà opposé : faites donc cette psychologie concrète ou matérialiste dont vous parlez. Nous avons déjà dit plusieurs fois que le mal n'est pas du côté des recherches dont une partie est en bonne voie, mais du côté de la théorie où l'on ne trouve presque nulle part ce qui devrait être. La situation est donc telle que nous considérons que pour l'instant *il faut surtout de la critique*, dont l'idée risquerait non de se perdre, mais de s'obscurcir, si avant même qu'elle eût pu être clairement exprimée elle était abandonnée pour des recherches de détail qui viendront cependant elles aussi, et conduites dans l'esprit de cette psychologie dont nous parlons ici [1]. », on constate combien il était déjà conscient des conditions de développement futur de la psychologie concrète *ou matérialiste*, selon sa significative équivalence, et combien il réfute d'avance la critique althussérienne, d'une manière qui devrait interdire, semble-t-il, de la reformuler identiquement aujourd'hui.

Ce que Politzer visait, encore un peu à tâtons sans doute, avec la notion de *drame*, c'est tout simplement ce que traduit sous sa forme rationnelle la plus simple le concept d'*acte*. Par acte, nous entendrons tout comportement d'un individu, de quelque niveau qu'il soit, considéré non pas seulement en tant que comportement, c'est-à-dire rapporté *au psychisme*, mais en tant qu'activité concrète, c'est-à-dire rapporté *à une biographie* ; autrement dit en tant qu'il produit (éventuellement) un certain nombre de *résultats*, non pas seulement des résultats pour l'individu lui-même et de façon directe, mais des résultats pour la société compte tenu de ses conditions concrètes, résultats qui font retour (éventuellement) à l'individu à travers des médiations sociales objectives plus ou moins complexes. *Les actes sont les éléments pertinents* — et les seuls pertinents — *du découpage théorique de la biographie*. Et connaître concrètement une personnalité, c'est d'abord connaître l'ensemble des actes qui composent sa biographie. Que le concept d'acte soit capable de jouer le rôle de *concept de base* dans la théorie de la personnalité, cela apparaît d'emblée dans le fait qu'il nous donne directement accès à des *contradictions fondamentales* de la personnalité. En effet, précisément parce que le propre d'un acte, à la différence d'un comportement ou d'une conduite, est de faire quelque chose dont la connaissance importe *essentiellement* à sa compréhension, tout acte est d'un côté l'acte *d'un individu*, un aspect de sa biographie, une expression de soi ; mais d'un autre côté c'est l'acte *d'un monde social déterminé*, un aspect des rapports sociaux, une expression des conditions historiques objectives. Et il y a là, dans cette dualité foncière, la possibilité formelle d'innombrables contradictions non pas seulement entre l'individu au sens purement biologique, préalable à toute

---

1. *La crise de la psychologie contemporaine*, p. 139.

hominisation, et la société, mais bien davantage encore entre l'individu socialement développé et les conditions sociales de son développement, contradictions qui reflètent sur le plan psychologique les contradictions de la société avec elle-même. C'est ainsi que l'opposition fondamentale entre travail concret et travail abstrait, dont Marx pensait qu'avec l'analyse de la plus-value elle est ce qu'il y a de meilleur dans le livre I du *Capital*[1], ne constitue pas seulement la base des contradictions de l'économie marchande et spécialement du capitalisme, mais la base des contradictions des personnalités qui se forment et se développent en leur sein. Suivre l'épanouissement de ce type de contradictions est à mon sens la tâche primordiale de la théorie de la personnalité.

Mais l'opposition entre l'acte en tant que moment d'une biographie et l'acte en tant que moment des rapports sociaux n'épuise pas les contradictions qui y surgissent dès l'abord. En effet, si nous considérons l'aspect individuel de l'acte, l'acte en tant que moment d'une biographie, il nous apparaît comme un *processus circulaire*, impliquant une série organiquement liée de moments caractéristiques. A la représentation *vectorielle* d'une psychologie dynamique qui ne peut saisir vraiment l'activité concrète dès lors qu'elle admet le point de vue du simple comportement en méconnaissant l'acte, une théorie scientifique de la personnalité qui s'articule sur le matérialisme historique substitue l'analyse de la *rotation* des actes. Le moment de l'effectuation objective de l'acte en suppose en effet immédiatement deux autres : celui du résultat ou du produit dans lequel l'acte à la fois se prolonge et s'éteint, dont on s'occupera plus loin — et celui des conditions subjectives de sa production et de sa reproduction, qui se manifestent dans l'acte lui-même, en d'autres termes celui des *capacités* de l'individu. « Le travail *non objectif*, écrit Marx dans la version primitive de la *Contribution* (et qui n'est donc pas encore matérialisé), existant temporellement, ne peut exister que sous la forme de *capacité*, de possibilité, de faculté, de *capacité de travail* du sujet vivant[2]. » Ce concept de *capacités* apparaît comme le deuxième concept de base de la théorie de la personnalité. Si je retiens ici le mot capacité pour noter ce concept, c'est qu'en l'état actuel du vocabulaire psychologique il semble que ce soit, du fait même qu'il est peu employé, celui qui prête relativement le moins aux malentendus, parmi tous ceux auxquels on peut penser. En parti-

---

1. Lettre de Marx à Engels, 24 août 1867. *Lettres sur Le Capital*, p. 174.
2. *Contribution*, p. 250.

culier le terme d'aptitude, dont il y aurait des raisons de se servir en cet usage, est trop fréquemment pris dans un sens à la fois
innéiste et socialement relatif pour pouvoir être retenu. C'est ainsi
que Piéron écrit dans son traité de *Psychologie différentielle* :
« Si l'on n'emploie pas le mot d'aptitude dans le sens précis qu'il
doit avoir, on s'expose à des confusions qui entraînent d'inutiles
discussions. C'est ce qui est arrivé à Pierre Naville qui n'a pas
distingué nettement la capacité-potentialité actuelle conditionnant une réussite, que l'on peut apprécier et mesurer directement
— et la disposition native que l'on cherche à déceler en s'adres-
sant aux capacités. C'est à cette disposition que convient le terme
d'aptitude, d'après son origine et son emploi par les auteurs
compétents. (...) L'aptitude est la condition congénitale d'une
certaine modalité d'efficicence [1]. » Quelques objections qu'on
puisse songer à présenter, il y a là un état de fait dont le plus
simple est de s'accommoder : le terme d'aptitude demeure prisonnier d'un ensemble d'acceptions innéistes dont le terme capacité
est exempt ; c'est donc le second qui convient dans le sens très
large et indifférencié où il est question de l'employer ici.

J'appelle *capacités* l'ensemble des « potentialités actuelles »,
innées ou acquises, d'effectuer quelque acte que ce soit, et quel
qu'en soit le niveau. Dans une telle acception, le terme a donc un
champ d'application considérablement plus étendu que dans son
emploi courant, où il désigne en général le pouvoir d'effectuer
des actes d'un certain niveau de complexité psychique, voire d'une
utilité sociale reconnue. Dans l'emploi qui en sera fait ici au contraire, il s'agit de la *totalité* des actes d'un individu, fût-ce les plus
élémentaires et les moins utiles socialement. Entre les actes et les
capacités d'un individu, on voit tout de suite qu'existent de
nombreux rapports dialectiques, dont l'analyse constitue un
chapitre essentiel de la théorie de la personnalité. La capacité est
la condition individuelle de l'effectuation de l'acte, mais l'immense
majorité des capacités sont elles-mêmes produites ou développées
dans l'individu par un ensemble d'actes qui en sont à leur tour
la condition. Ces deux côtés des rapports dialectiques actes-capa-
cités n'expriment pas seulement le fait de leur appartenance à un
*même* cycle de l'activité où ils apparaissent à titre de moment ; ils
conduisent aussi à envisager l'activité totale de l'individu comme
se *dédoublant* nécessairement en deux secteurs fondamentaux,

---

1. H. Piéron : *Psychologie différentielle*, P. U. F., 1949, p. 31.

25

entretenant l'un avec l'autre des rapports strictement définis. J'appelle *secteur I* de l'activité individuelle l'ensemble des actes qui produisent, développent ou spécifient des capacités. J'appelle *secteur II* l'ensemble des actes qui, mettant seulement en œuvre les capacités déjà existantes, produisent tel ou tel résultat auquel l'exercice de ces capacités permet d'atteindre. Il va de soi que cette division théorique ne peut être appliquée à une biographie concrète que dans la mesure où ont été résolus au préalable de nombreux problèmes particuliers, par exemple des problèmes de double appartenance : maintes activités sont à la fois apprentissage et exercice de capacités, et même, en un certain sens, cela vaut de toute activité, puisque par-delà l'opposition entre ce qu'on a à apprendre et ce qu'on sait déjà, il faut savoir apprendre et apprendre à savoir. Mais les difficultés concrètes qui peuvent s'élever lorsqu'il s'agit de ranger une activité dans le secteur I ou le secteur II ne constituent pas plus une objection à cette distinction fondamentale des secteurs que les difficultés à déterminer l'appartenance de classe d'un petit paysan qui est aussi un ouvrier saisonnier, ou un membre des professions libérales qui devient partiellement un salarié, ne constituent une objection contre la distinction fondamentale des classes sociales.

Ce qui importe au premier chef dans la dialectique complexe des actes et des capacités, pour qui se place au point de vue des conditions d'épanouissement général des individus, ce sont évidemment les processus de développement multiforme des capacités. S'il est vrai que « la fonction progressive la plus importante de la société (est) l'accumulation[1] », le développement des forces productives, de la *même manière*, — non au sens d'une simple comparaison, mais par un rapport juxtastructurel, — *la fonction progressive la plus importante de la personnalité est le développement des capacités*. D'une certaine façon, on peut même, du strict point de vue de la théorie marxiste, comparer les capacités d'un individu au *capital fixe* d'une formation économique. C'est ce que Marx suggère dans des pages extrêmement importantes des *Grundrisse*. Après avoir montré que la différence entre capital fixe et capital circulant, autrement dit entre installations, outillage et machines d'une part, matières premières, combustibles et salaires de l'autre, « relève de la seule technologie dans l'acte de production[2] » et correspond « à la nécessité plus ou moins grande de renou-

1. F. ENGELS : *AntiDuhring*, p. 351.
2. *Fondements*, II, p. 152.

veler souvent un capital déterminé [1] », il compare la diversité des rythmes de renouvellement de ces deux sortes de capital à ce qu'on observe dans un corps vivant : « L'organisme rejette sous une forme ce qu'il renouvelle sous une autre. Le capital fixe peut se comparer au squelette qui ne se renouvelle pas dans le même temps que les muscles et le sang. Il existe ainsi, dans l'organisme, divers degrés dans la vitesse de la consommation (autoconsommation), et donc de la reproduction [2]. » « Dans le corps humain, comme dans le capital, les diverses parties ne s'échangent pas, lors de la reproduction, en des espaces de temps identiques ; le sang se renouvelle plus rapidement que les muscles, les muscles que les os, que l'on peut comparer au capital fixe [3]. » Et plus loin, étendant la comparaison à l'individualité psychique, après avoir montré que l'économie du temps de travail rend possible le développement des capacités humaines, c'est-à-dire le « développement d'une disposition individuelle et d'une force productive », il ajoute : « Économiser du temps de travail c'est accroître le temps libre, c'est-à-dire le temps servant au développement complet de l'individu, ce qui agit en retour sur la force de travail et l'accroît. Du point de vue de la production immédiate, le temps économisé peut être considéré comme servant à produire du *capital fixe*, un *capital fixe fait homme* [4]. » On voit apparaître là, pour reprendre en un sens fort différent un terme autour duquel Bachelard avait rêvé, la possibilité d'une *rythmanalyse* matérialiste de la personnalité. On voit par exemple comment, par-delà les structures inertes, et étrangères au contenu de l'activité réelle, que visent les conceptions traditionnelles du caractère, entre autres, il devient possible d'approcher scientifiquement le *mouvement* d'un *fonds fixe de la personnalité active*, immédiatement articulable avec les rythmes, les progrès et les crises de la biographie, soumis aux risques de la dépréciation sociale, aux exigences temporellement diversifiées du renouvellement, mais aussi susceptible de reproduction élargie ; bref, un aspect fondamental de la logique concrète des processus de vie individuelle s'éclaire. Il s'agira en particulier d'étudier de près les problèmes de proportionnalité entre secteur I et secteur II de l'activité — tout accroissement des capacités (secteur I) exigeant

---

1. O. c., p. 154.
2. *Ibid.*, p. 174.
3. *Ibid.*, p. 184.
4. *Ibid.*, pp. 229-230.

des modifications définies de l'activité immédiate (secteur II),
aussi bien pour le dégagement des temps d'apprentissage que
pour l'investissement des capacités nouvelles dans les emplois
d'activité correspondants — autrement dit d'élaborer la théorie
de la reproduction simple et de la reproduction élargie de la personnalité.

Mais à ce point de l'analyse nous rencontrons inévitablement
le problème du *moteur* de la reproduction, simple ou élargie, de
l'activité personnelle, c'est-à-dire d'abord le problème des *besoins*.
Dès le premier chapitre, on a rappelé pourquoi le concept de
besoin, bien qu'il soit sans aucun doute un concept scientifique
important, ne peut pas prétendre à jouer *par lui-même* le rôle de
concept *de base* dans la théorie de la personnalité développée. Et
pourtant il y aurait plus d'une raison d'en juger autrement. En
premier lieu en effet, les besoins, dans leur forme biologique primaire, ne sont-ils pas chez l'homme comme chez l'animal le point
de départ réel de l'activité ? On voit mal comment éviter de mettre
au départ des activités psychologiques la satisfaction des besoins
objectifs de l'organisme. En second lieu, s'il est incontestable
que chez l'homme les besoins acquièrent des formes et des contenus de plus en plus socialisés, et par conséquent de moins en
moins *premiers* par rapport à l'activité individuelle, dont ils ne
sont donc pas en ce sens la base mais bien davantage le produit,
leur caractère dérivé n'empêche que du point de vue plus limité
de chaque activité concrète ils apparaissent encore comme des
*points de départ relatifs* : toute conduite ne *répond-elle* pas à des
besoins, fût-ce à des besoins qui ne s'expliquent eux-mêmes qu'à
partir de conduites antérieures ? En somme, points de départ
absolus dans leur aspect biologique initial, les besoins conserve-
raient à travers les interactions complexes de l'individualité développée le rôle relatif de moteurs. En troisième lieu, même si l'on
récuse les arguments précédents au nom d'une priorité fondamentale de l'activité sur le besoin, n'est-on pas conduit, comme le
montre l'exemple de chercheurs marxistes, à soutenir que chez
l'homme l'activité, le travail constituent justement le *premier
besoin* — Marx n'écrivait-il pas que dans la société communiste
le travail sera pour l'homme non plus seulement un moyen de
vivre mais le « premier besoin vital [1] ? » — en sorte que la contestation même de la priorité du besoin nous ramène par un détour

---

1. K. MARX : *Critique du programme de Gotha*, Éd. sociales, 1972, p. 32.

à sa réaffirmation [1] ? Il est donc impossible d'inventorier les concepts de base de la théorie de la personnalité sans essayer de tirer au clair le problème des besoins.

Au premier argument, selon lequel les besoins objectifs de l'organisme, pris dans leur forme primaire, sont *au départ* de toute l'activité psychologique, il n'y a rien à objecter — sinon que, dans tout développement *réel*, au cours duquel par conséquent apparaissent des réalités qualitativement nouvelles, ce qui jouait *au départ* le rôle premier, le rôle de base, n'est justement plus ce qui joue encore ce rôle dans les phases supérieures, le propre des transformations *essentielles* étant notamment de déplacer les contradictions principales, c'est-à-dire le moteur du développement. Ne pas le voir, ce serait demeurer tributaire d'une conception trop simple du développement identifié au déploiement d'une essence abstraite dans un temps uniforme, comme on le voit fréquemment dans la conception XVIIIe siècle du « progrès [2] » ou dans la conception XIXe siècle de l'« évolution ». Cela ne veut pas dire que l'ensemble des activités humaines, même les plus complexes, ne reposent pas en un sens sur la nécessité permanente de satisfaire les besoins organiques élémentaires, comme on le vérifie par exemple chaque fois que des hommes sont ramenés par les circonstances à des conditions de vie plus ou moins « naturelles » : le primat des besoins organiques sous leur forme la plus immédiate se rappelle alors à l'attention avec vigueur, non pas, il faut le souligner, à titre de « résurgence » d'une imaginaire « nature humaine » qui sommeillerait sous la socialité, mais comme affleurement exceptionnel des *conditions minimales de possibilité* de vie ou de survie humaines. Mais précisément il est capital de ne pas confondre l'impérieuse nécessité que l'activité humaine, fût-ce la plus complexe, satisfasse à ces conditions minimales, et la base *explicative* réelle de cette activité complexe prise en elle-même ; car la manière dont les besoins primaires interviennent dans la personnalité développée est elle-même aussi peu primaire que possible, et si *au départ* ils peuvent jouer le rôle de *base*, c'est précisément parce que l'hominisation sociale n'a pas encore déployé tous ses effets.

---

1. Cf. par exemple Laszlo GARAI : *Les problèmes des besoins spécifiquement humains*, *Recherches internationales*, no 51 (consacré à La psychologie), 1966. L'auteur, dans une perspective marxiste, cherche à établir que chez l'homme l'activité de travail est « le besoin fondamental et spécifique ».

2. Cf. K. MARX : *Contribution*, p. 173 : « D'une manière générale, ne pas prendre l'idée de progrès sous la forme abstraite habituelle. »

A cet égard, rien n'est plus discutable scientifiquement que la tentation d'aborder les problèmes *spécifiques de la personnalité humaine* à partir des « modèles » établis sur le terrain de la psychologie animale, sous prétexte que dans le domaine de la science *du psychisme* les comportements humains peuvent effectivement être éclairés par l'étude des comportements animaux. A une psychologie encline à ce genre d'extrapolations, on est en droit de demander de réfléchir très attentivement au fait *évident* que, s'il existe une science du *psychisme* animal, il n'y a en revanche pas matière à une science de la *personnalité* animale — ce que masque très fâcheusement la fausse simplicité du terme de *psychologie* animale. Faute d'apercevoir les implications capitales de cette dissymétrie foncière entre psychologie humaine et « psychologie » animale, la psychologie expérimentale du comportement qui considère le modèle animal du primat des besoins organiques sur la structure de l'activité totale comme une première approximation valable de la personnalité humaine, sans y voir malice, *recrée artificiellement* les conditions d'application à l'homme de ce modèle animal en faisant abstraction de l'activité *sociale réelle*, et le cercle de l'illusion se referme sur lui-même. Ici apparaît le caractère irremplaçable d'une critique théorique *externe* qui, partant des principes essentiels d'une anthropologie scientifique, articulée sur le matérialisme historique, peut montrer les effets désastreux de la confusion entre conditions de possibilité et essence réelle, entre point de départ et base concrète du tout développé.

Et cela nous conduit directement à la discussion du deuxième argument. En effet, que les besoins spécifiquement humains soient tout autre chose que les besoins organiques immédiats, cela rend-il impossible de soutenir que, dans le cycle perpétuel des activités et des besoins, le *moment du besoin* conserve, en un sens *relatif*, le rôle de moment *premier* qu'on refuse d'accorder en un sens *absolu* au besoin organique primaire ? Certes, si l'on considère comme *déjà donnée* la répétition cyclique incessante des activités de satisfaction des besoins développés et la résurgence constante des besoins qui résultent en partie de ces activités mêmes, il est clair que chaque moment peut être tenu pour le point de départ relatif de l'autre, et à cet égard le schéma besoin-activité-besoin, B-A-B, n'est pas moins légitime que le schéma inverse activité-besoin-activité, A-B-A, l'un se liant sans cesse à l'autre. Pris dans ce sens, le problème de savoir si les besoins sont relativement parlant des éléments *premiers* ou non, c'est-à-dire de savoir si un point d'une circonférence en est le « commencement », est au fond dénué de signification. Le seul problème réel est de comprendre comment le cycle général des activités et des besoins est devenu ce qu'il est dans une personnalité développée, la manière dont les besoins s'y manifestent étant elle-même un aspect du cycle considéré dans son ensemble. Or, de ce point de vue, c'est une chose depuis longtemps acquise que le caractère profondément social des formes et des normes des besoins envisagés à ce niveau. Mais cette idée acquise est encore extrêmement insuffisante : par rapport au besoin organique primaire, le besoin humain développé ne se caractérise pas seulement par une *socialisation seconde,* mais bien par un *renversement général de ses caractères premiers,* par une inversion d'essence. L'hominisation sociale ne se traduit pas par de simples remaniements ou additions à un modèle de besoin essentiellement inchangé, mais par la production d'une structure de motivation radicalement nouvelle. Trop souvent on se borne à souligner l'extrême variété et variabilité socio-historique des besoins humains : cela correspond au point de vue général d'un naturalisme psychologique simplement historicisé. En fait, là n'est pas encore le plus important. Le plus important est que, si le besoin organique élémentaire est *nécessitant, interne* et *homéostatique,* le besoin humain développé au contraire se caractérise plus ou moins largement par sa *marge de tolérance* même à une insatisfaction prolongée, son *excentration* et sa *reproduction élargie* sans limitation intrinsèque.

La marge de tolérance à l'insatisfaction se manifeste par exemple dans les comportements classiques de renoncement, même pour la vie entière, à l'assouvissement de besoins pourtant persistants et parfois essentiels. L'excentration s'exprime notamment dans l'aptitude à prendre en charge, fût-ce au détriment de ses propres besoins, et néanmoins de façon extrêmement nécessitante, des besoins d'autrui, individu ou groupe social. Sans doute peut-on en un tel cas faire valoir que, si un homme agit en fonction de besoins qui lui sont objectivement extérieurs, c'est qu'il les intériorise au point d'en ressentir le besoin personnel, ou en d'autres termes que même dans ce cas le besoin conserve un enracinement interne, ce qui est incontestable. Mais à moins de jouer sur les mots, il faut bien convenir qu'entre un besoin *originairement interne* et un besoin dont l'aspect interne n'est compréhensible que comme résultat de l'*intériorisation d'exigences d'essence externe,* il y a une différence qualitative. C'est ainsi que l'ensemble des efforts en quoi consiste la vie d'un *militant* demeurerait incompréhensible si l'on n'y voyait qu'un ensemble de *sacrifices,* en méconnaissant le fait qu'elle répond par maints côtés à un *besoin personnel*, et souvent des plus profonds ; mais ce serait la comprendre bien moins encore que de la réduire pour autant à une sorte de vaste *calcul d'intérêt bien entendu*. En réalité les efforts d'une vie militante réelle reposent précisément sur la prise de conscience du fait que la satisfaction générale de besoins personnels *passe* par l'accomplissement d'un certain nombre de transformations sociales, accomplissement dont la logique objective se *subordonne* plus ou moins complètement la satisfaction immédiate limitée des besoins personnels pris isolément. Le *besoin personnel de militer* n'est donc pas plus l'assouvissement d'un simple besoin interne que le sacrifice de soi à une simple exigence sociale externe, il est jusqu'à un certain point le *dépassement* de l'opposition entre besoin interne et exigence sociale externe, sur la base, non d'un *renoncement* au premier, mais de la prise de conscience de l'*excentration essentielle* de sa base, ce qui modifie en profondeur toute l'activité. Le besoin personnel de militer, dont l'importance théorique est énorme pour la psychologie de la personnalité, n'est au fond pas autre chose que *l'essence générale concrète* de tout besoin spécifiquement humain affleurant directement sous la forme d'un besoin particulier à côté des autres besoins particuliers. Et c'est pourquoi la vie militante, dans ses formes saines, apparaît comme accomplissement de soi, préfiguration partielle du dépassement général, dans la société sans classes à son stade supérieur, des contradictions qui sous-tendent la personnalité au sein de la société de classe[1]. Quant à la reproduction élargie des besoins, elle se manifeste de manière tellement éclatante dans l'extraordinaire diversification historique des motivations de l'activité humaine et leur affinement illimité, par exemple dans le domaine des conditions de la jouissance artistique, que tout développement serait ici superflu.

N'est-il pas évident que ces caractères foncièrement nouveaux des besoins spécifiquement humains sont tout à fait inexplicables *à partir* de la notion primitive de besoin prise en elle-même ?

---

1. Cf. *L'idéologie allemande*, sur le dépassement de la contradiction entre égoïsme et dévouement, pp. 277-280, 460-461, 474-475, 481-482. Cf. aussi, sur le sens profond de la vie militante chez les prolétaires révolutionnaires, *Manuscrits de 1844*, pp. 107-108, *La situation de la classe laborieuse en Angleterre*, 28-29, 161-162, 172-173, 228, 267-268, 278, 281, 336-337, 359, *Correspondance Marx-Engels*, t. I, 324, *La Sainte Famille*, 46-48, *L'idéologie allemande*, 96, 263, 320, 356, *Travail salarié et capital*, 83-85, *Fondements*, t. I, 235-237, etc.

Considérons par exemple le premier de ces caractères, la tolérance à l'insatisfaction. Que les besoins, considérés en tant que stimulations *internes*, ne rendent pas compte à eux seuls du passage à l'acte, mais qu'il faille examiner aussi leurs relations avec les conditions du milieu au sein desquelles cet acte s'accomplit et les résultats qu'il peut y atteindre, autrement dit avec un ensemble de stimulations *externes*, que l'historique complexe de ces rapports entre stimulations internes et externes confère aux besoins, même aux besoins organiques les plus élémentaires et même chez les animaux, un caractère non mécaniquement nécessitant, une aptitude au renforcement, à l'inhibition, à la modulation, et que tout cela vaille à plus forte raison des besoins humains socialisés, voilà ce que la psychologie de la motivation sait depuis longtemps. Mais pour comprendre la forme et la fonction des besoins dans la personnalité humaine développée il faut aller encore radicalement plus loin. Car chez l'individu humain, si l'on ne commet pas l'erreur préalable de réduire l'insertion de ses *actes* dans un système défini de *rapports sociaux* à la simple effectuation de *conduites* dans un *milieu* complexe, l'ensemble des résultats qui viennent moduler la fonction incitatrice des besoins n'est plus seulement *naturel* mais *social*, comme on l'a rappelé plus haut par exemple à propos de l'analyse des rapports entre travail et salaire. Autrement dit, les rapports entre besoins et résultats de l'activité, au lieu de refléter simplement les lois *du psychisme*, par exemple celles de l'apprentissage, se trouvent essentiellement médiatisés par les lois *de la formation sociale* où se développe cette activité, *et par conséquent par la structure d'ensemble de la personnalité elle-même*. Pour préciser ce point capital, appelons *produit psychologique* l'ensemble des résultats de toute nature auxquels aboutit un acte ou un groupe d'actes. Une analyse schématique de la composition de ce produit au sein d'une société capitaliste fait apparaître que 1º un acte suppose une certaine dépense physiologique et l'investissement d'un certain temps psychologique, et à ce titre il produit directement lui-même ou reproduit des *besoins* correspondants ; mais 2º il apporte éventuellement aussi à un ou des besoins préexistants, de façon plus ou moins complète, une *satisfaction directe* de par sa nature ou son résultat d'acte concret ; de plus, 3º dans la mesure où il est aussi un acte abstrait, en tant que dépense de force de travail au sein d'une activité sociale salariée, il est pour l'individu un moyen d'obtenir un *revenu* qui à son tour, mais de façon purement *médiate*, permet la satisfaction directe de certains besoins : 4º étant nécessairement d'autre part l'exercice d'une capacité et éventuellement une source de progrès ou de spécification de cette capacité, l'acte est en même temps générateur d'un produit dans le secteur I de l'activité ; j'appelle *progrès psychologique* toute augmentation ainsi produite du fonds fixe des capacités. A quoi il faut ajouter qu'un acte a encore un ensemble de fonctions et d'effets *superstructurels* dont l'analyse serait ici prématurée, mais dont l'importance peut être détermi- nante, et qu'il faut donc se garder d'oublier.

On voit d'emblée que si certains points de ce produit, notam- ment les points 1 et 2, se situent sur le terrain des résultats psy- chiques directs de l'activité et peuvent par conséquent être régis par des lois psychiques où le primat du besoin conserve une signi- fication, d'autres au contraire, et singulièrement le point 3, se situent sur le terrain de ce que nous avons nommé plus haut les rapports sociaux entre les conduites, c'est-à-dire de rapports dont le produit pour l'individu n'a plus de caractère psychique direct et échappe à la détermination par l'aspect concret de l'acti- vité, *donc aussi du besoin correspondant* ; le salaire par exemple ne dépend pas du travail concret effectué par l'individu, ni des besoins concrets pour lesquels il l'effectue. On saisit ici sur le vif le renversement du rapport entre besoin et produit engendré par des rapports sociaux où l'activité se dédouble elle-même en acti- vité concrète et activité abstraite. Sur cette base on comprend que la *structure du produit psychologique*, lorsque nous avons affaire à une activité sociale réelle, ne soit pas seulement relative aux besoins et à l'acte concrets, mais aux conditions sociales objectives et du même coup à la structure d'ensemble de la per- sonnalité — composition des capacités, place de l'activité abstraite, configuration des superstructures, etc. — laquelle à son tour, par la médiation du produit, détermine *toute la structure et le déve- loppement des besoins*. Ce qui précède suffit déjà à faire apparaître que l'exceptionnelle tolérance à l'insatisfaction qui marque les besoins humains développés ne peut être réduite à une *compli- cation* (dût-on la qualifier d'« extrême ») du modèle animal du besoin par la socialisation de ses formes et de ses normes. Il s'agit en réalité d'une véritable inversion d'essence. Le produit, avec ses aspects sociaux abstraits, et déterminés en dehors même de l'individu, joue un rôle décisif dans l'activité personnelle, car ce qui incite à agir n'est pas le besoin en lui-même et pris à part, mais les proportions et conditions dans lesquelles l'activité cor- respondante est en état de le satisfaire, autrement dit le rapport entre *résultats possibles de l'acte* et *besoins à satisfaire*, dans le sens développé de ces notions, bref, le *rapport entre produit et besoin*. Je formule l'hypothèse que la structure spécifiquement humaine de ce rapport $\frac{P}{B}$, variable au plus haut point d'un acte à un autre et d'un individu à un autre et cependant caractéristique en profondeur d'une personnalité, fournit l'élément central d'une théorie scientifique de la motivation articulée avec l'ensemble d'une conception matérialiste historique de l'individu concret. Ce rapport n'est d'ailleurs nullement une simple construction théorique, mais une *procédure biographique constante*, car un acte n'est pas autre chose qu'une médiation pratique entre un besoin et un produit, et l'évaluation intuitive du $\frac{P}{B}$ dans son contexte apparaît comme l'une des régulations les plus simples et les plus universelles de l'activité, sur laquelle on reviendra. Tout cela permet de comprendre pourquoi la tentative d'édifier une théorie sérieuse des formes supérieures de la motivation humaine *avant* d'avoir tiré au clair les problèmes fondamentaux de la structure d'ensemble de la personnalité n'a aucune chance d'aboutir. L'attachement inébranlable et pourtant indéfendable à un primat du simple besoin, par exemple chez Linton lorsqu'il ne peut s'expliquer l'adoption de modèles culturels par un individu autrement que par un prétendu « besoin de réponse affective », n'est en un sens que le reflet épistémologique de l'incapacité à fonder l'analyse sur la conception de la personnalité totale qui se subordonne ses éléments, c'est-à-dire de l'incapacité à comprendre vraiment l'excentration objective de l'essence humaine, et la structure des motivations qui en résulte.

Nous arrivons au même résultat si nous analysons un autre caractère spécifique du besoin humain développé : son aptitude extraordinaire à la reproduction élargie. Dans les conceptions jusqu'à nos jours les plus classiques du besoin et de la motivation, tout repose sur le schéma homéostatique : à la tension du besoin ou du désir répond l'activité dont le résultat est la réduction de la tension et par conséquent le retour à un nouvel équilibre, c'est-à-dire au repos. Dans ces conditions, c'est tout le développement de l'activité et le progrès de la personnalité qui se trouve théoriquement inconcevable, à moins qu'on n'invente un « besoin d'autodépassement » propre à « l'homme » — l'homme de l'humanisme spéculatif — dont la tension ne serait réduite que par le progrès, ce qui revient à se cacher le caractère irrésolu du problème en l'enveloppant dans le vocabulaire de la conception

même qui empêche de le résoudre. Or une réflexion non prévenue
sur la biographie montre au contraire d'emblée le caractère primordial du développement, au point que, par un renversement
lui-même cohérent avec tous les autres, c'est le fait néanmoins
fréquent de la stagnation qui exige le plus d'explications. Le
problème est donc de comprendre directement à partir de l'activité
humaine développée, et non pas en substantialisant une solution
imaginaire dans un « besoin » ou une « motivation » spécifiques,
la logique de la reproduction simple et de la reproduction élargie
non seulement des actes, mais des besoins eux-mêmes. Or sur ce
point nous pouvons nous appuyer sur des analyses extraordinairement pénétrantes de Marx relatives à une réalité dont l'importance dans la vie humaine *réelle* est éclatante, mais dont la psychologie de la personnalité existante n'a jusqu'ici nul souci :
*l'argent*. Dans les *Grundrisse* en particulier, Marx étudie ce que
les Anciens nommaient *auri sacra fames*, l'infernale soif de l'or.
Il écrit : « Avant d'être transposée en valeur d'échange, chaque
forme de la richesse naturelle implique un rapport essentiel entre
l'individu et l'objet : l'individu s'objective dans la chose, et la
possession de celle-ci représente à son tour un certain développement de son individualité (s'il est riche en moutons, l'individu
devient pasteur, s'il est riche en céréales il devient agriculteur, etc.).
*L'argent, en revanche, devient sujet* de la richesse générale à l'issue
de la circulation : en tant que *résultat social*, il représente uniquement ce qui est général, il n'implique donc aucun rapport individuel avec son propriétaire ; sa possession ne développe aucune
qualité essentielle de son individualité, car cette possession porte
sur un objet dépourvu de toute individualité ; en effet, ce rapport
social existe en tant qu'objet tangible et extérieur que l'on peut
acquérir machinalement et perdre de même. Son rapport avec
l'individu est donc purement fortuit. Bref, ce rapport n'est pas
lié à la personne mais à une chose inerte, et celle-ci investit l'individu de la domination générale sur la société et le monde des jouissances, des travaux, etc. C'est comme si la découverte d'une pierre
me procurait, indépendamment de ma personne, la maîtrise de
toutes les sciences. La possession de l'argent me met en relation
avec la richesse (sociale), comme la pierre philosophale avec toutes
les connaissances. L'argent n'est donc pas *un* objet du désir d'enrichissement, c'est *son* objet même. C'est essentiellement l'*auri
sacra fames*. La passion des richesses est autre chose que la soif
instinctive de richesses particulières, telles les habits, les armes,
les bijoux, les femmes, le vin ; elle n'est possible que si la richesse

générale, en tant que telle, s'individualise dans un objet particulier, bref si l'argent existe sous sa troisième forme. L'argent
n'est donc pas seulement l'objet, mais encore la source de la soif
de s'enrichir. Le goût de la possession peut exister sans l'argent ;
la soif de s'enrichir est le produit d'un développement social déterminé, elle n'est pas *naturelle*, mais historique [1]. »

Et Marx montre l'effet révolutionnaire de l'argent à la fois sur
le développement des forces productives et sur le développement
de l'individualité : « Dans sa course éperdue à la forme générale
de la richesse, le capital pousse le travail au delà des limites de
ses besoins naturels et crée de la sorte les éléments matériels pour
le développement d'une individualité riche, aussi universelle dans
sa production que dans sa consommation, et dont le travail n'apparaît plus comme travail, mais comme plein développement de
l'activité : sous sa forme immédiate, la nécessité naturelle y a disparu, parce qu'à la place du besoin naturel a surgi le besoin produit historiquement. C'est pourquoi le *capital est productif*, autrement dit *un rapport essentiel au développement des forces productives sociales*. Mais il cesse de l'être à partir du moment où le développement de ces forces productives trouve une barrière dans le
capital lui-même [2]. » « L'individu qui crée du superflu parce qu'il
a satisfait ses besoins élémentaires ne correspond pas au mécanisme du développement social. L'histoire montre bien plutôt
qu'un individu (ou une classe d'individus) est forcé de travailler
au-delà de son strict besoin vital, parce que le *surtravail* se manifeste de l'autre côté, comme non-travail et surabondance de
richesses. La richesse ne se développe qu'au milieu de ces contradictions : virtuellement, son développement crée la possibilité
d'abolir ces contradictions [3]. »

De telles analyses, qui nous en apprennent plus sur la personnalité réelle qu'une bibliothèque entière de littérature biotypo-
logique, donnent immensément à réfléchir sur la source profonde
des motivations de l'activité développée. La soif de s'enrichir,
qui au sens naïf du terme est un « besoin » humain exceptionnellement important, n'est à aucun degré un *besoin originaire* mais
bien un *effet structurel* exercé à partir des rapports sociaux sur la
production et la reproduction de l'activité et des besoins. Ce n'est

---

1. *Fondements*, I, pp. 162-163.
2. *Ibid.*, pp. 273-274.
3. *Ibid.*, p. 357, note.

pas un nouveau besoin, issu on ne sait d'où, le « besoin de s'enrichir », qui porte l'individu à rechercher l'argent, c'est au contraire l'argent, c'est-à-dire un rapport social conférant à l'activité humaine un pouvoir abstrait, donc intrinsèquement illimité, d'essence non psychique, qui est la source du besoin de s'enrichir, lequel est d'ailleurs moins un besoin venant s'ajouter aux autres qu'une forme plus générale dans laquelle les besoins préexistants viennent cristalliser : à la forme abstraite du travail vient ici correspondre la forme abstraite du besoin, et ni l'une ni l'autre ne relèvent de la physiologie. On voit très bien ici que l'excentration sociale n'est pas seulement *un* caractère des besoins humains, mais plus fondamentalement le *secret* de tous leurs autres caractères, comme elle est le secret de l'essence humaine en général. Du point de vue le plus élevé, la reproduction élargie de l'activité et des besoins humains est le résultat du fait primordial que l'essence humaine réelle ne consiste pas en un patrimoine biologique interne de traits psychiques héréditaires, ayant donc dès le départ la forme psychologique et la mesure de l'individualité, mais un patrimoine social externe susceptible de croissance historique illimitée, et qui dépasse donc de plus en plus les possibilités d'assimilation directe de l'individu isolé. Il en résulte que, virtuellement et par position, le processus d'assimilation individuelle du patrimoine humain est *intrinsèquement inépuisable*, et même d'autant plus inépuisable qu'il est plus avancé, puisque son avancement signifie en somme une multiplication des capacités et une diversification des besoins, donc une extension des fronts sur lesquels l'individu se trouve face à l'immensité du patrimoine humain. En ce sens, la tendance à la reproduction élargie, pour être comprise, ne suppose aucun *besoin particulier*, elle est l'expression immédiate des *rapports généraux* entre l'homme individuel et l'homme social, entre l'individu et son essence. Alors que chez les animaux l'intériorité des incitations à base biologique implique la dominance d'une homéostasie du comportement, le patrimoine héréditaire définissant d'avance les limites des capacités individuelles, l'extériorité sociale et la cumulation illimitée du patrimoine humain, le mode de rapports totalement neufs qui en résultent entre l'individu et l'espèce refoulent l'homéostasie de l'activité et de la motivation au rang de *point de départ ontogénétique*, d'ailleurs tôt recouvert par les effets de la maturation et de l'apprentissage simple, et surtout dissous peu à peu par le passage au stade de la personnalité développée.

Cependant, tant que les formes monétaires n'ont pas atteint

un développement universel et que les rapports sociaux de possession sont encore essentiellement des rapports concrets, l'extériorité sociale du patrimoine humain n'exerce que très difficilement ses effets : la capacité d'appropriation de l'individu reste étroitement marquée en général par les limites de l'activité et des besoins concrets, et une pseudo-homéostasie de ce mode de personnalité vient masquer les effets virtuellement révolutionnaires de l'excentration sociale de ses bases. A ce stade, l'homme semble bien n'être pas autre chose qu'un *animal social.* Le rôle de l'argent, et plus largement des rapports capitalistes, admirablement dégagé par les analyses de Marx citées plus haut, est précisément d'avoir désintégré ces rapports de subordination étroite des individus à l'égard de leurs rapports concrets avec les choses et avec les hommes, *donc en même temps avec eux-mêmes,* et d'abord avec leurs besoins immédiats. Ainsi apparaît la possibilité historique objective non pas, cela va de soi, d'individus capables d'assimiler la *totalité* du patrimoine social, qui les dépasse immensément et de plus en plus — une telle possibilité est à jamais exclue pour l'humanité —, mais bien d'hommes émancipés de toute *limitation particulière* autre que la forme de l'individualité elle-même et les bornes du patrimoine social à cette époque, et, en ce sens, *intégralement* développés. Mais si le capitalisme crée les conditions historiques objectives de cette réalisation intégrale de l'essence humaine par les individus, il en est en même temps le pire ennemi, dans la mesure où il n'assure le développement de toutes les forces productives et de toutes les richesses sociales, la dissolution de tous les liens particuliers, qu'à travers l'aliénation et le dépouillement les plus profonds de la grande majorité des individus, leur subordination radicale au processus social de création des richesses, lui-même soumis aux intérêts d'une classe sociale de plus en plus parasitaire. Dans un tel système, la séparation entre le *travail* et la *jouissance* est poussée, dans tous les sens, jusqu'à un point extrême. Ne pouvant être une manifestation de soi, le travail apparaît essentiellement comme *moyen* pour la simple reproduction de la force de travail, couramment identifiée à la « satisfaction des besoins », et comme cette reproduction parvient difficilement dans le capitalisme à être autre chose qu'une reproduction simple, voire une reproduction simple de plus en plus malaisée, l'illusion s'établit que les besoins organiques les plus élémentaires sont *en général* la *base absolue de toute activité humaine.* En d'autres termes, le $\frac{P}{B}$ des activités les plus diverses, dont le produit abstrait est bloqué par les rapports capitalistes au niveau le plus bas, ne représente plus pour les individus une incitation suffisante à l'activité correspondante, et les besoins sous-jacents eux-mêmes, loin de se développer, s'atrophient. C'est pourquoi, sans jouer sur les mots, on peut dire que le capitalisme est profondément *bestial*, en maintenant des masses d'individus, au seuil même de l'hominisation intégrale dont il crée les prémisses, dans les conditions de l'animal, pour qui n'existe pas la richesse inépuisable du patrimoine social. On comprend que le complément idéologique le plus naturel du capitalisme soit une forme vulgaire de matérialisme biologique, à laquelle les utopies spiritualistes viennent ajouter, par une contradiction innocente, la touche nécessaire d'alibi et de protestation illusoire. Seul le marxisme donne à l'homme sa vraie dimension et ses perspectives d'épanouissement illimité, en ramenant la base biologique du besoin à son rôle effectif de point de départ génétique et de condition de possibilité, et en révélant dans l'hominisation, c'est-à-dire la socialisation et la personnalisation entrelacées, à la fois ce que généralise et ce que freine le capitalisme, et ce qui annonce nécessairement une phase supérieure du développement historique, c'est-à-dire du développement des individus humains.

Et cela nous conduit à discuter le troisième argument avancé en faveur du primat du concept de besoin, en critiquant l'illusion qui vicie certaines tentatives, opérées à partir du marxisme, pour substituer à la conception animalisée des motivations spécifiquement humaines l'idée que *le travail est précisément le premier besoin humain*. Au premier abord, cette thèse paraît bien mettre en évidence l'impuissance de toutes les conceptions non marxistes à rendre compte de l'activité humaine à partir d'autre chose qu'elle-même : en ce sens, qualifier le travail de « premier besoin », c'est tout simplement dire que « l'essence humaine n'est pas le besoin mais le travail ». Mais cette traduction fait ressortir aussitôt le caractère redoutablement spéculatif de la thèse. On a longuement montré au chapitre II que si Marx définit l'essence humaine non pas par « le travail », mais par les *rapports sociaux*, il ne s'agit pas là d'une nuance subalterne mais d'un point capital. Définir l'homme par *le* travail, c'est le définir par une généralité abstraite, donc, dès le départ, s'écarter du matérialisme *dialectique* et *historique* ; en même temps, c'est méconnaître le fait que l'essence humaine — les rapports sociaux — n'a pas en soi la forme psychologique, découverte dont on a vu l'importance immense pour la théorie de la personnalité. Par un jeu de mots dès lors à peu près inévitable, le *travail* par lequel on définit l'homme, et qui est déjà en soi conçu dans la forme de la généralité abstraite, passe de l'acception *sociale* (les processus sociaux de la production) à l'acception *psychologique* (l'activité laborieuse individuelle). On a alors laissé perdre, sous les dehors d'une formulation éminemment marxiste, tous les caractères scientifiques les plus essentiels de la conception marxiste de l'homme. Dire que le travail est le premier *besoin* de *l'homme*, c'est très directement faire du travail une *essence psychologisée* de *l'homme abstrait* : le spiritualisme de « l'homme créateur » ne fera certainement aucune difficulté pour agréer ce « matérialisme historique »-là.

Au reste, si « le travail » était le « premier besoin » de « l'homme », il faudrait expliquer pourquoi si fréquemment il apparaît au contraire comme ce dont l'individu a le plus horreur, au point que la condamnation au travail forcé ait toujours été considérée comme la plus dure des peines à l'exception de la peine de mort. C'est que, dans la thèse que nous discutons, ce n'est pas seulement le concept de travail qui a pris la forme fâcheuse d'une généralité abstraite, mais tout autant celui de besoin. *De quel mode concret de besoin veut-on parler* lorsqu'on qualifie le travail de premier besoin humain ? La question est d'autant plus nécessaire qu'en un sens, qui paraît bien être le premier, *le travail n'est un besoin que dans la mesure où il relève directement de la contrainte sociale* : si « j'ai besoin » de travailler, c'est justement que le travail reste subordonné à la *forme du besoin*, qu'il n'est pas en lui-même manifestation de soi mais simple moyen de gagner sa vie. De ce point de vue, le « travail qui est pour l'homme le premier besoin » est non pas du tout l'*essence de l'être humain*, mais le *travail aliéné*. Et c'est pourquoi, de façon éminemment paradoxale par rapport à la thèse ici discutée, Marx identifie le communisme à *l'abolition du travail*[1]. « Dans toutes les révolutions antérieures, le mode d'activité restait inchangé et il s'agissait seulement d'une autre distribution de cette activité, d'une nouvelle répartition du travail entre d'autres personnes ; la révolution communiste par contre est dirigée contre le *mode* d'activité antérieur, elle supprime le *travail* et abolit la domination de toutes les classes en abolissant les classes elles-mêmes...[2] » Il est bien clair que Marx

---

1. Cf. sur ce point *L'idéologie allemande*, pp. 68, 94, 96, 104, 232, 248 ; *Fondements*, 1, p. 273, II, pp. 114, 230 ; *Critique du programme de Gotha*, pp. 25, 118 ; *Le Capital*, III, 3, p. 198, etc.
2. *L'idéologie allemande*, p. 68.

ne veut pas parler ici de l'abolition du travail *en général* ; le communisme, comme toute forme de société, repose sur l'activité incessante de production et de reproduction par les hommes de leurs moyens de subsistance, il n'a rien à voir avec l'instauration de la paresse généralisée. Ce que veut dire Marx, c'est que le communisme met fin à l'ère historique du travail morcelé, exploité, aliéné, réduit à n'être qu'un *moyen* de « gagner sa vie » et qui, de ce fait même, n'étant pas libre manifestation de soi, ne maintient la vie qu'en l'étiolant, en la subordonnant de façon contraignante à une division du travail et à une exploitation déshumanisantes. C'est tout cela que le communisme permet de *dépasser* [1] en restaurant au niveau des forces modernes de production et des formes modernes de relations sociales la coïncidence entre la production sociale des richesses et la manifestation personnelle de soi : en ce sens le « travail » n'est plus le travail, mais le libre déploiement de l'activité humaine. La révolution communiste est une révolution « qui renversera d'une part la puissance du mode de production et d'échange précédent ainsi que le pouvoir de la structure sociale antérieure, et qui développera d'autre part le caractère universel du prolétariat et l'énergie qui lui est nécessaire pour mener à bien cette appropriation, une révolution enfin où le prolétariat se dépouillera en outre de tout ce qui lui reste encore de sa position sociale antérieure. C'est seulement à ce stade que la manifestation de soi coïncide avec la vie matérielle, ce qui correspond à la transformation des individus en individus complets et au dépouillement de tout caractère imposé originairement par la nature ; à ce stade correspond la transformation du travail en manifestation de soi et la métamorphose des relations conditionnées jusqu'alors en relations des individus en tant qu'individus [2]. »

Marx revient longuement sur cette question dans les *Grundrisse*, par exemple en critiquant A. Smith. « Sans doute a-t-il raison de dire que dans ses formes historiques — esclavage, servage et salariat — le travail ne cesse d'être rebutant, car c'est du *travail forcé, imposé de l'extérieur* et en face duquel le non-travail est « liberté et bonheur ». Cela est doublement vrai du travail de caractère antagonique, n'ayant pas restauré les conditions subjectives et objectives (qu'il a perdues en quittant l'état pasto-

---

1. Marx emploie le terme *aufheben* pour désigner ce processus de suppression-dépassement du travail ; cf. *L'idéologie allemande*, p. 232, note 3, p. 248, note 3, etc.

2. *Ibid.*, p. 104.

ral, etc.) qui en font du *travail attractif* dans lequel l'homme se réalise lui-même ; cela ne signifie absolument pas qu'il deviendra un plaisir et un *amusement*, comme Fourier, tel une midinette, le pense naïvement. Un travail véritablement libre — par exemple composer une œuvre — n'est pas facile, et exige l'effort le plus intense. » « Mais ce que Smith ignorera toujours, c'est que l'activité de la liberté consiste précisément à surmonter ces obstacles, et qu'il faut, en outre, dépouiller les buts extérieurs de leur caractère de pure nécessité naturelle pour les poser comme des buts que l'individu se fixe à lui-même de sorte qu'ils deviennent la réalisation et l'objectivation du sujet, autrement dit la liberté réelle, dont l'activité est le travail. » Ainsi « le travail ne peut s'émanciper que 1º si son contenu social est assuré ; 2º s'il revêt un caractère scientifique et apparaît directement comme du temps de travail général ; autrement dit, s'il cesse d'être l'effort de l'homme, simple force naturelle à l'état brut ayant subi un dressage déterminé, pour devenir l'activité du sujet qui règle toutes les forces de la nature au sein du procès de production [1] ». « Il va de soi, au demeurant, que le temps de travail immédiat ne peut rester enfermé dans sa contradiction abstraite au temps libre, — comme c'est le cas dans l'économie bourgeoise. Le travail ne peut devenir jeu, comme le voudrait Fourier, qui a eu le grand mérite de démontrer que le but ultime exige que l'on élimine non seulement la distribution actuelle, mais encore le mode de production, même sous ses formes les plus développées. Le temps libre — pour le loisir aussi bien que pour les activités supérieures — transformera tout naturellement celui qui en jouit en un individu différent, et c'est cet homme transformé qui se présentera ensuite dans le procès de production immédiat [2]. »

Ces textes profonds font bien voir toute l'équivoque de la formule : le travail est le premier besoin humain. Car en réalité le concept de travail peut prendre deux significations non seulement distinctes mais *opposées* (le travail comme moyen aliéné de gagner sa vie ou au contraire comme libre manifestation de soi) et il en va de même du concept de besoin (le besoin immédiat, pauvre, simple servitude animale qui, *chez l'homme développé*, loin d'être la base, est le sous-produit de l'aliénation, ou au contraire le besoin médiat, riche, c'est-à-dire la libre aspiration de l'individu largement socialisé). Dans la société capitaliste, le tra-

---

1. *Fondements*, II, pp. 114-115.
2. *Ibid.*, p. 230.

vail social *aliéné* (et pour la masse des individus il *n'y en a pas d'autre*) non seulement *n'est pas* le premier besoin (au sens riche du terme) mais en constitue la négation radicale. Dans ces conditions, ce n'est pas le travail qui est mon premier besoin, c'est au contraire mon premier besoin qui exige le travail : *j'ai besoin* de travailler comme moyen de « gagner » ma vie (aliénée) et par là-même je la perds, ne trouvant le « temps de vivre » qu'en dehors du travail, sous des formes elles-mêmes étiolées. Fausse à la lettre par rapport au capitalisme, la formule est-elle du moins valable au point de vue du communisme ? Oui *en un sens*, mais qu'il faut bien prendre garde de ne pas convertir d'emblée en un non-sens. Dans le communisme, comme l'écrit Marx dans sa *Critique du programme de Gotha*, « quand auront disparu l'asservissante subordination des individus à la division du travail et, avec elle, l'opposition entre le travail intellectuel et le travail manuel », « le travail ne sera pas seulement un moyen de vivre, mais deviendra lui-même le premier besoin vital [1] ». Qu'il soit appelé à le devenir seulement dans la société communiste montre assez combien est mystificatrice la thèse selon laquelle il y aurait là un *trait universel et éternel de l'essence humaine* [2]. Mais de plus le travail ne peut être appelé dans le communisme « premier besoin vital » que dans le sens médiat, spécifiquement humain, du mot besoin : le « travail » émancipé de ses formes aliénées s'émancipe du même coup des formes aliénées du besoin. Cela veut dire que du point de vue même du communisme — le seul où l'on puisse qualifier le « travail » de premier « besoin » — le travail n'est justement *plus* un besoin au sens psychologique ordinaire, il n'occupe pas dans l'ensemble de l'activité humaine une place *homologue* à celle des besoins dans le modèle animalisé du comportement, la personnalité développée étant caractérisée par une structure totalement différente.

A cet égard, il importe de bien réfléchir à la signification de la célèbre formule suivant laquelle le communisme donnera « à chacun selon ses besoins », et de ne pas lui faire dire plus, c'est-à-dire en même temps moins, et autre chose, que ce qu'elle peut et veut dire. Cette formule exprime de manière simple le principe général de répartition des biens de consommation entre les individus dans le communisme, mais elle ne saurait prétendre renfermer toute l'essence et le « sens humain fondamental » du communisme. On

---

1. *Critique du programme de Gotha*, p. 25.
2. Cf. *L'idéologie allemande*, p. 532.

semble parfois porté à le croire du fait que, entre la définition
classique de la phase inférieure du communisme, c'est-à-dire du
socialisme, par la double formule : de chacun selon ses capacités,
à chacun selon son travail — et celle de la phase supérieure ou
communisme strictement dit : de chacun selon ses capacités, à
chacun selon ses besoins, la substitution de la répartition d'après
les besoins à la répartition d'après le travail paraît constituer
*toute la différence.* Mais c'est justement la preuve que ces formules,
reprises par Marx et Engels au socialisme prémarxiste, ne peuvent
être comprises dans leur lettre si on ne les considère pas dans
l'esprit du socialisme scientifique. Un principe véritablement
central du matérialisme historique est que le *mode de répartition*
des richesses est toujours l'expression d'une réalité *plus profonde,*
savoir le *mode de production* ; et déjà en ce sens, croire que le communisme pourrait se distinguer foncièrement du socialisme par
le mode de répartition tout en reposant sur le *même* mode de production (censé être défini alors dans les deux cas par la même
formule : de chacun selon ses capacités), ce serait s'écarter du
marxisme. Certes, que la société communiste instaure un mode
de répartition dans lequel on donne « à chacun selon ses besoins »
est déjà en soi une perspective historique grandiose, car par cela
seul des conditions extraordinaires d'épanouissement sont offertes
à tous les individus, ce qui suffit à distinguer immensément une
telle société de toutes celles qui l'ont précédée. Mais pour important que soit ce point, il n'empêche que le communisme n'est pas
encore défini dans son essence *la plus profonde* si on le caractérise
comme société de l'abondance et de la libre consommation ; car
une société qui se définirait *seulement ainsi* laisserait précisément
l'homme en face de l'incessante et par elle-même absurde reproduction du besoin, fût-elle élargie. *Le communisme n'est pas une
super-« société de consommation ».* L'essence la plus profonde du
communisme consiste *en ce qu'il réalise, et d'ailleurs exige, le « complet et libre développement de tout individu* [1] », c'est-à-dire qu'il
libère de toute contradiction sociale *antagoniste,* en même temps
que la reproduction élargie des forces productives et de la culture,
la reproduction élargie des personnalités elles-mêmes. Autrement dit, plus encore que par la répartition « à chacun selon ses
besoins », le communisme se définit par sa manière *spécifique,*

---

1. *Le Capital*, I, 3, p. 32. Ce membre de phrase, omis dans l'édition Roy,
prend place à la fin du 3e alinéa. Cf. *Cahiers de l'Institut Maurice Thorez,*
n° 6, octobre 1967, p. 97.

foncièrement nouvelle par rapport au socialisme lui-même, de demander « de chacun selon ses capacités » : par la *division communiste du travail,* dans laquelle « l'individu intégral », ayant reçu une formation véritablement polytechnique, sait « tenir tête aux exigences les plus diversifiées du travail et ne donne, dans des fonctions alternées, qu'un libre essor à la diversité de ses capacités naturelles ou acquises [2] ». Malgré l'identité trompeuse des formules classiques, les *capacités* que chacun est appelé à mettre en œuvre dans le communisme sont donc *tout autres* que dans le socialisme, et à plus forte raison que dans toutes les sociétés antérieures, parce qu'elles y sont mises en œuvre, et par conséquent produites, *tout autrement.* Mais dans la même mesure et pour les mêmes raisons, cela vaut également des *besoins* : le communisme, considéré sous le seul angle de la répartition, ne se distingue pas simplement du socialisme en ce qu'il donne « à chacun selon ses besoins » mais en ce que les besoins qu'il satisfait en chacun sans autre limite que ces besoins eux-mêmes *sont devenus en eux-mêmes des besoins autres,* complètement émancipés des conditions et des contradictions qui les caractérisent dans le modèle psychologique traditionnel, et que le socialisme même, compte tenu de ses limites et inégalités spécifiques, ne supprime pas encore jusqu'à la racine. Ainsi tombe d'ailleurs, mais seulement ainsi, l'objection idéologique adressée constamment au communisme : comment pourrat-on jamais donner « à chacun selon ses besoins » si ces besoins ont les caractéristiques qu'on observe dans une société non communiste ? Naturellement, les besoins que satisfait le communisme sont les besoins de l'homme *du communisme.* Voilà justement pourquoi le sens dans lequel il est permis de dire que dans le communisme le travail sera pour l'homme le premier besoin ne coïncide absolument pas avec le sens dans lequel est ordinairement pris le terme de besoin, surtout lorsque cette notion de *premier besoin* a pour fonction d'attribuer au travail, au sein de la personnalité humaine, une place homologue à celle des besoins organiques chez l'animal : nous retombons alors inévitablement dans le naturalisme psychologique, dans la conception spéculative de l'essence humaine. En fait, si dans le communisme le travail devient le premier besoin, c'est que dans la même mesure *le besoin devient le premier travail,* en ce sens que la production de l'homme *riche,* c'est-à-dire aux besoins richement développés, est

---

1. *Le Capital,* I, 2, p. 166.

la production de la première *richesse sociale* [1]. Ramener, fût-ce seulement dans la forme, le travail au besoin comme à la donnée première, en cherchant à exprimer dans le langage originairement homéostatique du besoin le fait même de la reproduction indéfiniment élargie de l'activité constitue donc une tentative, vouée dès le départ à une funeste ambiguïté dans le meilleur des cas, pour penser un contenu marxiste à travers la conceptualisation prémarxiste qu'il dépasse ; c'est l'indice d'une recherche de caractère encore partiellement idéologique dont l'aboutissement, semble-t-il, ne peut être que l'abandon de cette conceptualisation résiduelle. Voilà pourquoi, en fin de compte, et malgré son importance incontestable, nous ne rangeons pas le concept de besoin parmi les concepts *premiers* de la théorie de la personnalité.

**2. Infrastructures et superstructures. L'emploi du temps.** Les concepts de base dont nous partons sont donc, dans leur connexion dialectique, ceux d'*acte* et de *capacité* d'abord : l'acte présuppose la capacité (absolument parlant au point de départ ontogénétique, relativement ensuite), et de plus en plus la capacité présuppose elle-même l'acte, qui se dédouble en *manifestation* et *production* de capacités (secteur II et secteur I de l'activité). Mais un acte n'est pas seulement l'exercice d'une capacité, que ce soit une capacité directe ou une capacité à acquérir de nouvelles capacités ; il est aussi le passage, la médiation pratique d'un *besoin* à un *produit*, au sens psychologique du mot — et réciproquement. L'acte exprime d'abord, au point de départ ontogénétique, le besoin d'un produit ; puis de plus en plus il produit le besoin. Le rapport du produit au besoin, $\frac{P}{B}$, qui correspond en partie, mais en partie seulement, à la notion psychologique aujourd'hui classique de motivation, et où le produit occupe en numérateur la position déterminante du point de vue de l'incitation à l'acte, constitue un troisième concept de base. Mais ces concepts, s'ils doivent intervenir à titre d'éléments fondamentaux dans la topologie générale de la personnalité et dans la construction théorique d'une biographie singulière, sont encore loin de nous donner par eux-mêmes la *structure de base* que nous cherchons ; au contraire, même, ils apparaissent comme incompréhensibles en toute rigueur

---

1. Cf. *Fondements*, II, pp. 224-231.

si on les prend isolément, comme on a été forcé de le faire au moins
en partie jusqu'ici. Ainsi l'acte n'est qu'un moment de l'activité
d'ensemble. La capacité renvoie aussitôt au secteur II, dont les
rapports temporels avec le secteur I posent la question de la structure générale de l'activité. Le $\frac{P}{B}$, et chacun de ses termes pris à
part, impliquent plus essentiellement encore s'il est possible la
structure de la personnalité dans son entier, dont ils apparaissent
comme des expressions partielles. Tout nous conduit par conséquent à poser le problème décisif, celui dont dépend par-dessus tout
la constitution d'une *science* de la personnalité : le problème de la
*structure de l'activité de base*, de l'*infrastructure* de la personnalité.
    Soulignons d'abord que l'*infrastructure* de la personnalité déve-
loppée, telle qu'elle se dégage notamment à la fin de l'enfance, au
moment du passage à l'âge adulte, et dans l'âge adulte lui-même,
est nécessairement la structure d'une *activité*. Certes, on peut
sans doute parler de *structures de l'individu* qui soient en elles-
mêmes étrangères à cette activité, voire qui s'imposent à elle en
tant que conditions formelles ; tel est le cas, semble-t-il, du *type
nerveux* au sens pavlovien. Sans doute aussi existe-t-il des structures précoces qui se constituent sur la base des activités spécifiquement infantiles, et qui sont autant de matériaux préalables
mais en même temps d'obstacles à la formation de la personnalité
développée ; tel est le cas, à notre point de vue, du *caractère* au
sens où Wallon en étudiait le développement chez l'enfant, de
la structuration de l'*appareil psychique infantile*, sous bénéfice
d'inventaire de ce qu'on en peut tenir pour établi par la psychanalyse. La recherche présente sur l'*infrastructure de la personnalité
développée*, c'est-à-dire en fait de la personnalité proprement dite,
ne récuse rien *a priori* de ces données, mais son objet est tout autre.
Elle part, et là est sa spécificité, d'un domaine qui jusqu'ici n'a
jamais été scientifiquement traité, en proportion de son importance : le système des actes, le contenu de la biographie. Elle va
donc *à la rencontre* des travaux psychologiques qui portent sur
les autres éléments de structuration, à la fois pour en incorporer
les résultats qui la concernent et, réciproquement, pour leur
suggérer les raisons de leurs impasses, et peut-être la voie de leur
dépassement. Mais elle implique aussi la conviction que c'est
seulement sur son terrain que *l'essentiel du problème* de la personnalité proprement dite peut trouver sa solution, parce que
c'est là que se joue et se noue *l'essentiel de la vie humaine*.
    Mais concevoir l'infrastructure de la personnalité comme la

structure d'une activité, c'est nécessairement la concevoir comme une structure dont la substance est le temps, comme une *structure temporelle,* car seule une structure temporelle peut être homogène à la logique interne de l'*activité* d'un individu, de sa *reproduction* et de son *développement.* Les typologies ou les caractérologies, les théories des modèles culturels, la dynamique du champ ou la psychanalyse ont, malgré leurs différences profondes, ce point commun que les structures qu'elles envisagent sont des structures non temporelles. Les unes, si l'on prétend en déduire la structure de la personnalité elle-même, impliquent cette erreur somme toute assez naïve de croire que la persistance à travers le temps de caractéristiques psychologiques personnelles ne saurait s'expliquer qu'à partir d'une nature invariante en elle-même, qu'on supposera biologique, comme si l'identité structurelle à travers le temps et le caractère non temporel de la structure étaient choses identiques. A ce compte, même les processus biologiques seraient inconcevables. D'autres, de tendance plus génétique, accèdent à l'idée d'une formation, voire d'une évolution des structures de la personnalité, mais cette historicisation demeure externe et se rapporte à des structures non historiques dans leur essence, des structures pour lesquelles le temps est seulement le lieu d'un fonctionnement synchronique, mais non le champ d'un développement dialectique. C'est ainsi que la personnalité de base dans l'anthropologie culturelle, ou même la trinité du ça, du moi et du surmoi dans la deuxième topique freudienne, tout en étant présentées comme produites génétiquement et comme fonctionnelles, n'en sont pas moins conçues comme non temporelles *en elles-mêmes.* Ce que nous cherchons au contraire, c'est la structure de l'activité elle-même, autrement dit la dialectique de son développement dans le temps, qui représente *l'unité de sa structure de fonctionnement et de sa loi de mouvement historique.* Et, de plus, si cette structure dialectique est bien celle que nous cherchons, c'est-à-dire celle de l'activité *réelle* de l'individu concret, elle est nécessairement une réalité à laquelle les hommes ont sans cesse affaire dans leur existence, donc une réalité *pratique,* dont les aspects empiriques sont *bien visibles,* même si l'élaboration de sa théorie, la construction de sa topologie nous réserve de grandes difficultés. Je formule l'hypothèse que cette réalité absolument fondamentale, et en un sens bien connue depuis toujours, est *l'emploi du temps.*

Le concept d'emploi du temps satisfait à toutes les conditions épistémologiques qui ont été posées au chapitre précédent et sous lesquelles seulement une science de l'individu singulier est possible. Structure temporelle concrète, il exprime donc la logique d'une activité, d'une personnalité *singulières*, mais cette logique est régie par la nécessité d'une topologie *générale* de l'emploi du temps, que la tâche de la *théorie* de la personnalité est d'établir, fournissant ainsi à la *science empirique* des personnalités singulières ses bases de principe. D'emblée, nous semble-t-il, apparaît l'extrême richesse de la matière à étudier sous la rubrique de l'emploi du temps, la multiplicité et l'importance des questions relatives à la vie individuelle qu'il devient possible d'aborder rationnellement en partant de l'idée que *l'emploi du temps est la réelle infrastructure de la personnalité développée*. Mais, bien entendu, pour que l'emploi du temps soit un véritable concept scientifique, il est capital de ne pas confondre l'emploi du temps *empirique*, phénoménal, tel qu'on peut se le représenter immédiatement à travers les catégories idéologiques du vécu, non plus que l'emploi du temps *idéal*, superstructurel, tel qu'un individu peut se proposer, voire s'efforcer de le suivre, avec l'emploi du temps *réel*, essentiel, c'est-à-dire le système des rapports temporels effectifs entre les diverses catégories objectives d'activité d'un individu, car ici plus encore qu'ailleurs on ne peut juger un individu sur l'idée qu'il se fait de lui-même ; c'est au contraire en partant de l'étude scientifique de son emploi du temps réel, éventuellement inconscient ou en tout cas irréfléchi dans une large mesure, qu'on pourra tenter de rendre compte des formes empiriques de sa vie et de la conscience qu'il en prend.

On voit donc que la mise au jour de l'emploi du temps réel dépend d'un préalable théorique absolu, qui est l'analyse scientifique de l'*activité*. En effet, avons-nous dit, l'emploi du temps réel est le système des rapports temporels entre les diverses catégories objectives d'activité d'un individu. Mais comment reconnaître ces catégories objectives ? Il est clair que nous n'aurons pas de *science* de l'emploi du temps, et de la personnalité, si nous nous bornons à raconter l'activité d'un individu en désignant les catégories d'activité *par leur forme immédiate dans la sphère du vécu*. C'est justement là la limite de la « psychologie » littéraire, par exemple romanesque, dans ses manifestations médiocres, et par opposition aux œuvres véritablement grandes, sur la portée desquelles on reviendra. C'est là aussi qu'est venue achopper la tentative politzérienne d'une psychologie « dramatique » : comment passer, *en restant sur le terrain de la biographie concrète*, à une *conceptualisation*, à un découpage théorique du drame ? A cette question, la réponse est que le passage n'est précisément pas possible de façon directe et par une voie courte, comme se l'imagine l'humanisme naïvement psychologiste, mais bien par le détour d'une science de l'activité humaine dans ses déterminations objectives fondamentales. Cette science, comme Politzer l'avait compris en 1929, sans que les conditions de cette époque lui aient permis de tirer aussitôt parti de cette compréhension, c'est l'économie politique, au sens marxiste du terme, et plus largement la science de l'histoire. C'est seulement dans la mesure où l'activité individuelle, au lieu d'être prise dans ses formes vécues et considérée comme l'effet direct d'une essence humaine faussement concrète c'est-à-dire psychologisée, est au contraire, par-delà les apparences immédiates, rapportée au monde social dans lequel elle s'effectue et retrouvée comme produit des structures de ce monde social, que le découpage *dérivé* de l'activité individuelle peut être entrepris avec quelque chance de succès. Il y a là, pour complexe qu'il apparaisse, un principe par rapport auquel toute « simplification », tout affadissement, tout manque de vigilance serait le pavé de l'ours : des bibliothèques entières de psychologie pseudo-sociale, qui sont les cimetières des productions «scientifiques» de l'humanisme spéculatif, sont là pour en témoigner.

A cet égard, il peut être utile de signaler que, si le concept ici avancé d'*emploi du temps* paraît justiciable d'*enquêtes empiriques* au niveau des biographies réelles, enquêtes que les travaux sociologiques sur le *budget-temps* aident sérieusement à imaginer, la confusion des deux concepts n'en serait pas moins désastreuse. On sait que ces dernières années se sont développées des recherches comparatives sur le budget-temps des travailleurs dans des pays capitalistes et des pays socialistes [1], recherches dont de nombreux auteurs ont cru pouvoir tirer la conclusion que rien ne ressemblait plus au budget-temps d'un ouvrier d'usine capitaliste que le budget-temps d'un ouvrier d'usine socialiste. Il n'entre pas ici dans nos intentions de discuter *du point de vue sociologique* la conception du budget-temps sous-jacente à ce résultat, encore que sa concordance avec la thèse foncièrement mystificatrice de l'*unité* de la « société industrielle » derrière la diversité des systèmes sociaux à travers lesquels elle se fraierait un chemin ne puisse pas ne pas faire réfléchir. La seule chose qui nous importe ici est de savoir

---

1. Cf. par exemple à ce sujet G. PROUDENSKI : *L'analyse des budgets de temps et sa méthode*, dans *La sociologie en U. R. S. S.*, Éd. du Progrès, Moscou, 1966.

si le *principe d'analyse* sur lequel est fondée l'étude sociologique du budget-temps, et qui conduit à distinguer essentiellement quatre postes : temps de travail à la production, temps pour les occupations domestiques, temps pour la satisfaction des besoins physiologiques, temps de loisir — peut être admis du point de vue de la psychologie de la personnalité. La réponse est de toute évidence négative. Qu'il puisse être licite du point de vue sociologique de ranger sous la même rubrique de *temps de travail à la production* aussi bien le travail *aliéné*, fourni par un ouvrier en exécution d'un acte de vente de sa force de travail comme marchandise productive de plus-value pour un capitaliste, que le travail *socialement émancipé* — ce qui ne signifie pas libéré de toute contrainte — pour lequel un ouvrier d'une société socialiste reçoit une portion du produit social proportionnelle à la quantité et à la qualité du travail fourni, — en foi de quoi huit heures de travail social d'un métallo de Gorki sont sociologiquement équivalentes à huit heures de travail social d'un métallo de Detroit, — cela représente dans la perspective psychologique longuement définie plus haut un simple non-sens. Car avant même d'avoir élaboré la topologie de l'emploi du temps, on saisit facilement qu'un travail aliéné dont l'ordre de grandeur du produit psychologique *est déterminé d'avance* par la valeur de la force de travail, c'est-à-dire par la forme-marchandise de la personnalité, et un travail émancipé dont l'ordre de grandeur du produit psychologique *se détermine* dans le processus même du travail, aussi bien individuellement que socialement, ne peuvent pas avoir, toutes choses égales d'ailleurs, des $\frac{P}{B}$ analogues, ni jouer dans la production des capacités et la reproduction de la personnalité tout entière des rôles semblables. Les budgets-temps sont quantitativement superposables, les emplois du temps sont qualitativement opposés : au point de vue *psychologique*, les premiers en restent à un emploi du temps appréhendé en termes encore empiriques, les seconds reflètent l'infrastructure réelle.

La question cruciale pour la théorie de l'emploi du temps est donc d'abord celle de la détermination des activités psychologiques qu'on doit tenir pour objectivement infrastructurelles. Je formule l'hypothèse que ce sont *toutes les activités psychologiquement productives*, en entendant par là l'ensemble des activités qui produisent et reproduisent la personnalité en quelque secteur que ce soit. Ainsi définies, les activités psychologiques infrastructurelles laissent en dehors d'elles, d'une part les simples *fonctionnements* biologiques, fût-ce les plus essentiels (par exemple la respiration), qui ne constituent pas à proprement parler des activités psychologiques, d'autre part les activités *superstructurelles*, au sens le plus large du terme, c'est-à-dire toutes les activités qui ne sont pas productives psychologiquement mais organisatoires ou simplement dérivées à quelque niveau que ce soit (par exemple la réflexion sur l'emploi du temps idéal). Cette hypothèse est la seule qui soit cohérente avec l'ensemble des données précédentes : si la personnalité développée est dans son essence activité, les activités de base sont toutes celles qui produisent et reproduisent la personnalité. C'est par la production psychologique et non par le besoin que se définit l'infrastructure : on voit ici sans doute à quel point étaient nécessaires les longues analyses critiques de ce concept de besoin. Le champ des activités infrastructurelles étant circonscrit, quelles catégories objectives d'activité y peut-on reconnaître ? Cette question est aussi décisive pour la théorie de la personnalité que la détermination des classes sociales peut l'être pour la science des formations sociales. Mais précisément le matérialisme historique nous fournit, on l'a montré dès le chapitre II, en même temps que la théorie des rapports sociaux, celle des *formes d'individualité*, autrement dit des conditions sociales objectives d'activité des individus, qui leur correspondent. Les infrastructures des personnalités reflètent nécessairement dans leur topologie les infrastructures sociales : cet énoncé n'est en fait pas autre chose que la projection de la *VIe Thèse sur Feuerbach* dans la conception de l'individu concret. Il ne saurait par conséquent être question d'une topologie universelle de « la » personnalité humaine. Au niveau d'approximation où se situent ces quelques hypothèses extrêmement schématiques, il nous suffira ici de suggérer *en général* l'allure que semble avoir cette topologie dans une société où dominent quasi universellement les rapports capitalistes, comme c'est le cas de la France au stade du capitalisme monopoliste d'État.

L'ensemble de l'activité psychologiquement infrastructurelle s'y trouve dominée chez le plus grand nombre d'individus (non chez tous) par l'opposition entre les activités du *travail socialement productif* d'une part, les activités de *rapport direct à soi* de l'autre — d'autres activités diverses occupant entre ces deux catégories fondamentales une position complexe. Il est d'une importance exceptionnelle, pour prévenir les malentendus les plus graves, de ne pas confondre la notion marxiste classique, sinon toujours bien comprise, de travail *socialement productif*, qu'on

vient d'employer ici pour désigner *une* catégorie fondamentale
d'activités psychologiques de base, avec la notion d'activité *psychologiquement productive*, avancée plus haut à titre de convention
nouvelle de langage, pour désigner sur le terrain de la psychologie *l'ensemble* des activités infrastructurelles de la personnalité.
En un sens, toutes les contradictions essentielles de la topologie
de la personnalité dans le capitalisme tiennent justement à cette
distinction. Dans le capitalisme, Marx l'a montré avec force [1],
« n'est productif que le travail productif de capital [2] ». « N'est censé
productif que le travailleur qui rend une plus-value au capitaliste
ou dont le travail féconde le capital. Un maître d'école par exemple
est un travailleur productif non parce qu'il forme l'esprit de ses
élèves, mais parce qu'il rapporte des pièces de cent sous à son
patron [3]. » « Un écrivain est un travailleur productif non parce
qu'il produit des idées, mais parce qu'il enrichit le libraire
éditeur et est donc salarié par un capitaliste [4]. » En d'autres
termes, le propre du capitalisme est que tend à n'y fonctionner
comme travail socialement productif que le travail *qui prend
la forme abstraite*, et en tant qu'il prend cette forme abstraite.
Le travail concret, en tant que concret, peut tout au plus donner
lieu à échange direct ou prestation de services réciproques, qui ne
sauraient créer de plus-value, donc produire du capital. C'est justement là l'une des formes les plus visibles du caractère aliéné du
travail social au sein des rapports capitalistes, puisque le caractère productif que le travail possède en tant qu'activité humaine
concrète n'est socialement reconnu qu'à travers son contraire,
le travail dans sa forme abstraite déshumanisée.

Ainsi pouvons-nous désigner de façon abrégée l'activité personnelle de travail socialement productif (au sens capitaliste) comme
*l'activité abstraite*, — bien qu'elle ait naturellement aussi un aspect
concret, — puisque c'est en tant qu'abstraite qu'elle est socialement productive, ce qui constitue aussi l'*essentiel* de son caractère psychologiquement productif : c'est avant tout par le pouvoir
d'achat du salaire que le travail salarié intervient dans la production et la reproduction de la personnalité. Et nous appellerons
*activité concrète* toute l'activité personnelle qui se rapporte direc-

---

1. Cf. notamment *Fondements*, I, pp. 218-222, 251-258 ; *Le Capital*, I, 2,
chapitre XVI ; *Théories sur la plus-value*, t. 1, chapitre IV et Annexes.
2. *Fondements*, I, p. 252.
3. *Le Capital*, I, 2, p. 184.
4. *Théories sur la plus-value*, t. 1, Éditions sociales, 1974, p. 168.

tement à l'individu lui-même, comme par exemple les actes de satisfaction directe des besoins personnels, l'apprentissage de nouvelles capacités étrangères à l'exercice et aux exigences du travail social. Entre ces deux massifs de la personnalité concrète et de la personnalité abstraite s'étend d'une façon générale l'ensemble diversifié des activités psychologiquement productives plus ou moins *intermédiaires*, activités concrètes qui tendent à être assimilées par l'activité abstraite, comme par exemple des apprentissages personnels ou des loisirs en voie d'assimilation aux efforts pour compenser l'usure morale de la valeur de la force de travail, son déclassement social — activités anciennement abstraites au contraire qui se mettent à fonctionner en partie comme satisfaction personnelle des besoins, bricolages récréatifs, etc. Mais plus que toutes ces sortes d'activité, intermédiaires en quelque sorte par position contingente, il faut prendre en considération ces activités intermédiaires *par essence* que sont les relations interpersonnelles, et avant tout les relations domestiques. Les activités psychologiquement productives qui se déploient sur ce terrain des rapports familiaux se distinguent profondément des activités concrètes de rapport immédiat à soi-même en ce que, faisant intervenir essentiellement un rapport avec l'autre, elles impliquent un dédoublement de l'activité, comme tout échange : dans la plus simple prestation de service, l'acte est d'une part *celui d'un individu*, mais il est aussi d'autre part un acte *pour autrui*, nécessairement déterminé, en partie au moins, par les conditions de l'échange, par les rapports objectifs du couple, de la famille. Bref, nous avons déjà affaire à une logique *supra-individuelle* de l'activité, avec les contradictions spécifiques que cela comporte. Cependant il s'agit là d'une logique radicalement différente de celle que nous rencontrons dans l'étude du travail social proprement dit, et qui repose directement sur les rapports décisifs à tous égards : les rapports sociaux de production. Cela signifie en particulier que le phénomène le plus fondamental du point de vue de la topologie spécifiquement capitaliste de la personnalité : la transformation d'une part centrale de l'homme en marchandise, de l'activité et de la personnalité concrètes en activité et personnalité abstraites, ne s'opère que sur le terrain du travail social, ou en tout cas par dérivation immédiate à partir de ce terrain. Dans les échanges d'actes au sein de la vie domestique, au sein du couple, la logique de l'échange ne transforme pas par elle-même l'activité psychologique en activité abstraite. De ce point de vue, la ligne de démarcation essentielle passe entre le travail social et la personnalité abstraite d'une part, et d'autre part tout le reste de l'activité psychologique, qui demeure concrète, que ce soit dans les rapports directs à soi ou dans les échanges interpersonnels. Sans doute serait-il hautement instructif d'ailleurs d'étudier de près les problèmes de tracé de cette ligne de démarcation, ainsi que les effets dérivés exercés sur les catégories intermédiaires par les deux groupes fondamentaux d'activité.

Dans la conception que nous en proposons, l'emploi du temps, infrastructure de la personnalité, est donc le système temporel des rapports entre les grandes catégories d'activité, c'est-à-dire essentiellement l'activité personnelle concrète et l'activité sociale abstraite. C'est seulement si l'on se place à ce point de vue *global* de l'emploi du temps réel qu'on peut comprendre pleinement les problèmes évoqués plus haut au niveau de l'analyse des *éléments* de base, et en voir apparaître d'autres que l'examen séparé des concepts initiaux ne révèle pas encore. C'est ainsi que la considération de l'emploi du temps permet de saisir la nature et l'importance d'un besoin absolument spécifique, et inconcevable sur une autre base : le *besoin de temps*. Nous avons là, de manière typique, l'un de ces besoins entièrement produits par le développement de la personnalité et qui consistent en un effet structural de l'emploi du temps, c'est-à-dire produits en dernier ressort par la position objective de l'individu dans un système déterminé de rapports sociaux. Le besoin de temps est l'affleurement de la contradiction entre les besoins et les conditions d'activité, dont la toile de fond générale est l'opposition entre les limitations de l'individualité et le caractère inépuisable du patrimoine social, laquelle dans le capitalisme apparaît sous la forme du conflit multiforme entre la logique de développement de la personnalité concrète et les contraintes de la personnalité abstraite, et entre les divers aspects de la personnalité abstraite elle-même. C'est ainsi que pour des millions d'hommes, et plus encore de femmes, un besoin crucial est celui du *temps de vivre*. Or, à le considérer avec une naïveté de principe, un tel besoin est absolument énigmatique dans la mesure où pour tous les êtres humains le « temps » est également de vingt-quatre heures par jour. On voit ici de façon saisissante pourquoi il n'est de solution possible aux problèmes de la théorie de la personnalité développée que *par en haut*, à partir du tout concret qu'elle constitue, et non par en bas, à partir d'éléments « plus simples » tirés des sciences du psychisme ou des données infantiles. Le besoin du temps de vivre n'est compréhensible que si l'on est en état de rendre théoriquement compte de la différence radicale qui existe entre le *temps à vivre* et le *temps de vivre*, différence qui n'est aucunement une *donnée* psychique mais un *résultat* social affectant la personnalité en son cœur. Réclamer le temps de vivre, c'est *en pratique* — cette pratique du mouvement ouvrier à l'école de laquelle la science de la personnalité aurait tant à apprendre — faire la critique de la séparation entre personnalité abstraite et personnalité concrète que le capitalisme vient opérer en notre âme même d'un bistouri invisible, la critique d'un *mode de vie* qui exige le sacrifice de la vie personnelle concrète à la vie sociale abstraite et de la vie sociale abstraite aux exigences de la reproduction constante de tout le système.

L'analyse plus poussée des effets de ce besoin de temps, qu'il ne peut être question d'entreprendre ici, aide à voir concrètement comment l'emploi du temps se subordonne tous ses éléments, c'est-à-dire tous les éléments de l'infrastructure de la personnalité. En effet, si tout acte représente une certaine dépense physiologique, il suppose aussi une certaine dépense de temps psychologique. Or le temps psychologique total disponible dans une journée, une semaine, une année, est *fini*, de sorte que l'importance de la dépense de temps exigée par un acte n'est pas seulement déterminée par la grandeur absolue de ce temps, mais par la densité correspondante de l'emploi du temps. Il y aurait place ici pour une analyse de type marginaliste : l'utilité ou la désutilité marginale d'un acte ou du renoncement à un acte dépend de l'activité totale. On voit que la composition du produit psychologique d'un acte au titre de son coût de temps est intimement fonction, sous ce seul rapport, de la place qu'il occupe dans un emploi du temps concret, et que le $\frac{P}{B}$ réel, donc l'incitation effective à une activité, n'est pas le $\frac{P}{B}$ de l'acte considéré isolément mais un $\frac{P}{B}$ médiatisé par la structure d'ensemble de l'activité. C'est là, semble-t-il, un aspect des motivations chez l'adolescent et l'adulte qui joue un rôle énorme dans la vie réelle, et qui cependant échappe entièrement aux conceptions ordinaires de la personnalité.

De la même manière les conditions temporelles de la reproduction simple et de la reproduction élargie du secteur I et du secteur II de l'activité posent des problèmes qui ne peuvent trouver solution si on ne les pose pas à partir de l'emploi du temps considéré dans son entier. Ainsi, par une nécessité immédiate que les

27

économistes connaissent bien pour en rencontrer l'homologue dans
la question des rythmes de croissance, l'accélération de l'apprentissage de nouvelles capacités, toutes conditions supposées constantes d'ailleurs par une simplification extrême, exige une augmentation du temps réservé au secteur I de l'activité et par consé-
quant une contraction du temps libre pour le secteur II. On entrevoit les innombrables effets en chaîne et les contradictions dérivées que cela suppose. Tous ces effets négatifs retentissent sur
le $\frac{P}{B}$ réel des activités supplémentaires d'apprentissage et peuvent
se traduire au niveau du vécu par des répugnances au progrès
dont on devine ce que l'idéologie psychologiste ou physiologiste
pourra conclure. Il y a là d'immenses problèmes en friche, sur
lesquels on reviendra quelque peu à propos des lois de développement de la personnalité. En tout cas, il paraît permis de conclure
que l'étude de l'emploi du temps présente les caractères requis
pour une approche scientifique de l'*infrastructure*. L'*économie* du
temps, dans les deux sens du mot économie, est bien la clef de
la personnalité développée. Nous sommes ici, il est vrai, en pleine
hypothèse théorique du point de vue psychologique ; mais, chose
éminemment remarquable, nous sommes en même temps au cœur
de la science marxiste de la société, c'est-à-dire de l'homme social.
En un sens tout ce qui précède n'est qu'un commentaire large de
cette analyse des *Grundrisse* : « Moins il faut de temps à la société
pour produire du blé, du bétail, etc., plus elle gagne de temps pour
d'autres productions, matérielles ou spirituelles. De même, chez
un individu, l'universalité de son développement, de sa jouissance et de son activité dépend de l'économie de son temps. En
dernière analyse, c'est à quoi se réduisent toutes les économies.
En outre, la société doit répartir judicieusement son temps pour
obtenir une production conforme à ses besoins généraux ; de
même, l'individu doit bien diviser son temps pour acquérir ce
qu'il faut de connaissances ou pour satisfaire aux diverses exigences de son activité [1]. » Cette dernière phrase, qu'il n'est nul
besoin de forcer pour y lire le rôle central de l'emploi du temps
personnel, montre à quel point de profondeur s'articulent psychologie de la personnalité et science des rapports sociaux, à quel point
le marxisme est une base féconde pour une science de l'homme.
Mais ce qui nous importe en fin de compte n'est pas simplement d'identifier et de décrire l'infrastructure de la personnalité,

---

1. *Fondements*, I, pp. 110-111.

c'est surtout de repérer ses contradictions principales et par là d'avoir accès à ses lois de développement. Rassemblons donc les données diverses déjà rencontrées en cours de route au sujet de la *contradiction centrale* de la topologie de l'activité dans les conditions du capitalisme. Cette contradiction peut se résumer ainsi : la scission entre personnalité concrète et personnalité abstraite oppose l'activité psychologique à elle-même et lui impose un mode de développement qui l'enferme dans des limites quasiment infranchissables ; par là toutes les personnalités formées sur la base des rapports capitalistes ont une topologie commune, mais la diversité des conditions concrètes à travers lesquelles elle se manifeste et des formes de développement contradictoire qu'elle affecte est inépuisable. La personnalité concrète se présente d'abord comme un ensemble d'activités personnelles, voire interpersonnelles, non aliénées, se déployant comme manifestation de soi — mais, sans même examiner ici de quel cheminement historique elle porte les stigmates, la règle générale de la société capitaliste est que cette personnalité concrète est à la fois coupée du travail social et essentiellement subordonnée à ses produits, c'est-à-dire à la personnalité abstraite, qui la cerne, l'envahit, l'écrase, la désagrège plus ou moins profondément non seulement du dehors, mais du dedans. Au contraire l'activité abstraite se présente d'emblée comme activité aliénée, soumise à la nécessité extérieure et plus ou moins étrangère aux aspirations de la personnalité concrète, et pourtant c'est celle dans laquelle l'individu est en présence des forces productives et des rapports sociaux développés, des moyens immenses créés au cours de l'histoire humaine pour dominer la nature et organiser la société, bref, du patrimoine, de l'essence réelle de l'humanité dans leur part principale, c'est-à-dire qu'elle est l'activité dans laquelle l'individu devrait pouvoir s'approprier effectivement l'essence humaine. Ce rapport contradictoire, qu'on retrouve de toutes les façons au sein des biographies singulières produites sur la base du capitalisme, définit le champ clos de leur emploi du temps. Les conditions du développement de la personnalité concrète y dépendent essentiellement de l'activité sociale, donc de la personnalité abstraite, mais celle-ci, loin de disposer des conditions sociales d'épanouissement qui font défaut en général à la personnalité concrète, n'est à son tour que l'appendice ou en tout cas l'instrument du capital : ainsi les deux hommes qui habitent en chaque individu sont-ils chacun l'aliénation de l'autre ; et vivre dans ces conditions suppose toujours alors le renoncement à quelque raison de vivre. Une telle topologie n'exclut pas la possibilité de personnalités d'une certaine grandeur, mais c'est toujours la grandeur d'une contradiction antagoniste.

Suivre le mouvement interne de cette contradiction dans les formes concrètes et singulières qu'elle affecte en chaque personnalité ainsi structurée, c'est parcourir sur le plan théorique les moments de la rotation de l'emploi du temps, analyser les problèmes d'équilibre de la journée, de la semaine, de l'année psychologiques, saisir peut-être le mécanisme des crises partielles dans lesquelles la contradiction principale vient périodiquement éclater sans se résoudre fondamentalement, bref, c'est se poser déjà le problème des lois de développement. Avant d'en venir à ce point, il importe au premier chef de marquer les différences essentielles qui apparaissent entre l'infrastructure de la personnalité telle que nous la concevons ici et l'infrastructure de la société telle qu'elle est comprise dans le marxisme, afin de prévenir l'éventuelle tentation de *déduire* trop simplement, du second domaine au premier. La première de ces différences, celle dans laquelle toutes les autres trouvent en somme leur source, c'est que l'infrastructure sociale, le système des rapports sociaux est en dernière analyse *déterminé par le caractère, le niveau de développement des forces productives*. Certes, de nombreuses déterminations secondaires ou étrangères viennent modifier ce rapport essentiel, mais l'infrastructure d'une formation sociale n'en dérive pas moins décisivement d'une *détermination interne* à cette formation. Or les choses sont différentes pour l'infrastructure de la personnalité. Sans doute, d'un premier côté, l'infrastructure apparaît-elle comme *l'expression des capacités psychologiques*, c'est-à-dire comme le produit d'une *détermination également interne* à la personnalité ; et l'observation des biographies montre très clairement en effet que lorsque se modifie notablement ce qu'un homme sait faire, son emploi du temps et sa personnalité en sont affectés jusqu'en leur fond. Mais le propre de l'individu, c'est aussi d'être par rapport à la société en position juxtastructurelle, c'est-à-dire qu'il lui est en règle générale impossible de *transformer librement son emploi du temps* comme le réclamerait la croissance de ses capacités ; au contraire les rapports sociaux existants *imposent du dehors* un emploi du temps ou en tout cas une logique objective de l'emploi du temps contre quoi la volonté individuelle est par elle-même totalement impuissante. Nous retrouvons ici, sous une autre forme, la contradiction entre personnalité concrète et personnalité abstraite, qui est aussi la contradiction entre emploi du temps psychologiquement postulé et emploi du temps socialement nécessaire. L'excentration de l'essence humaine se traduit ainsi en excentration de la source de l'emploi du temps, mais l'*extériorité* de la source n'empêche que l'emploi du temps soit une caractéristique *interne* de la personnalité. Cette double détermination contradictoire, externe et interne, est une propriété spécifique de l'individualité psychologique humaine.

Un autre aspect très important des différences entre personnalité et formation sociale sous le rapport de leurs infrastructures respectives est la *relative contingence* de l'emploi du temps par opposition à la grande *nécessité historique* des rapports sociaux. Dans le développement d'une société, les rapports sociaux se forment et se transforment longuement au fil des générations et à travers d'énormes quantités d'actes productifs, d'échanges, d'interventions superstructurelles, etc., de sorte que la résultante est d'emblée un produit statistique dans lequel la nécessité dominante s'est frayé son chemin au milieu d'innombrables hasards. Dans la biographie d'un individu au contraire, les conditions d'élimination statistique du rôle des hasards sont très loin d'être remplies. Certes, on l'a vu, les limites de la contingence à l'intérieur de laquelle se meut l'individu sont elles-mêmes socialement déterminées, mais dans ces limites, et surtout dans celles que fixe le capitalisme, la place du hasard, donc d'une liberté formelle, n'est pas négligeable. La contingence sociale dans la détermination de l'emploi du temps individuel nous paraît être une donnée essentielle pour la théorie de la personnalité et la critique des idéologies extraordinairement prégnantes qui en tiennent trop souvent lieu, par exemple l'idéologie des « dons ». Peut-être la psychologie de l'enfant trouverait-elle profit à chercher aussi dans cette direction. S'il est une chose qu'un enfant, même d'âge scolaire, se montre peu capable de faire, c'est bien de sécréter par lui-même son emploi du temps d'une façon cohérente ; au contraire, dès que l'emploi du temps imposé du dehors se trouve suspendu pour quelque cause et quelque délai que ce soit, son activité tend vers les formes les plus anarchiques. Cela montre bien à quel point l'emploi du temps est une réalité essentielle de la personnalité *développée*, et en même temps à quel point la *source* de la personnalité développée est *extérieure à l'enfance*. Mais cela aide aussi à comprendre par quel processus se forment les bases de la personnalité développée au sein des rapports des enfants avec les adultes. Si les enfants ne sont évidemment pas des images psychologiques directes de leurs parents, bien des choses conduisent en revanche à penser qu'ils pourraient en être comme la radiographie, et plus encore que la radiographie des parents pris à part, celle du couple qu'ils ont formé, celle de la famille en son ensemble — et, à travers elle, des rapports sociaux. *L'emploi du temps réel des parents et de la famille* ne serait-il pas un élément capital de cette modulation dialectique de la personnalité naissante des enfants ? Sur ce point, l'œuvre d'un Makarenko, notamment, constitue une démonstration probante.

On retrouve ici l'un des litiges de fond entre conception marxiste et conception psychanalytique. A la notion freudienne de complexe d'Œdipe, on a longtemps objecté, à partir du marxisme comme du culturalisme, qu'il ne saurait exister de situation œdipienne en soi, indépendamment de la structure sociologiquement variable de la famille. Mais à cette objection, classique depuis les travaux de Malinowski, l'interprétation structurale contemporaine de Freud conduit à répondre que « le complexe d'Œdipe n'est pas réductible à une situation réelle, à l'influence effectivement exercée sur l'enfant par le couple parental. Il tire son efficacité de ce qu'il fait intervenir une instance interdictrice (prohibition de l'inceste) qui barre l'accès à la satisfaction naturellement cherchée et lie inséparablement le désir et la loi (point sur lequel J. Lacan a mis l'accent). Ceci réduit la portée de l'objection inaugurée par Malinowski et reprise par l'école dite culturaliste, selon laquelle, dans certaines civilisations où le père est déchargé de toute fonction répressive, il n'existerait pas de complexe d'Œdipe, mais un complexe nucléaire caractéristique de telle structure sociale : en fait, dans les civilisations en question, les psychanalystes s'attachent à découvrir en quels personnages réels, voire en quelle institution, s'incarne l'instance interdictrice, dans quelles modalités sociales se spécifie la structure triangulaire constituée par l'enfant, son objet naturel et le porteur de la loi [1] ». Une telle réponse vaut sans doute contre l'*empirisme* sociologique et ethnologique. Mais elle ne répond pas à ce qui fait le fond de la critique *marxiste*. Lorsque Freud écrit que « le surmoi de l'enfant ne se forme pas à l'image des parents mais bien à l'image du surmoi de ceux-ci ; il s'emplit du même contenu, devient le représentant de la tradition, de tous les jugements de valeur qui subsistent ainsi à travers les générations [2] », on peut certes affirmer qu'il ne faut pas, pour bien entendre Freud, réduire le surmoi des parents aux

---

1. J. LAPLANCHE et J.-B. PONTALIS : *Vocabulaire de la psychanalyse*, article « complexe d'Œdipe », p. 83.
2. Cf. article « surmoi », p. 473.

simples formes psychologiques concrètes de leurs rapports répressifs avec leurs enfants, mais y reconnaître la loi interdictrice essentielle dont ils sont seulement les porteurs empiriques. Mais par là on ne fait que mieux mettre en évidence la *réduction des rapports familiaux, et sociaux, à leur aspect superstructurel*, réduction sur quoi repose la conception freudienne, et aussi bien l'anthropologie structurale qui la reprend aujourd'hui sur son terrain. Une conception non empiriste, structurale, du surmoi et de la loi, n'en est pas moins encore une conception *non matérialiste*, imprégnée d'idéalisme sociologique, qui suppose comme toile de fond la réduction de la société à la *loi*, c'est-à-dire à certaines de ses superstructures, institutions éthico-juridiques, idéologies, formes de conscience sociale, prises indépendamment de leur infrastructure économique, et le triangle œdipien, les rapports parents-enfants, le surmoi sont eux-mêmes *directement* rattachés à cette loi purement superstructurelle, indépendamment des infrastructures des personnalités et des rapports familiaux considérés. C'est à notre sens cette absence criante des infrastructures sociales, familiales et individuelles, autrement dit du travail, qui chez Freud est masquée par un biologisme des pulsions typiquement pseudo-matérialiste. En ce sens, on peut se demander si la lecture non biologiste et structurale de Freud qui nous est proposée aujourd'hui n'est pas une sorte de transfert épistémologique, dans lequel la psychanalyse fait une ultime tentative pour penser ce qui est de l'homme en se passant des services fondamentaux du marxisme, tout en en pressentant l'impossibilité.

En tout cas, la double détermination contradictoire, externe et interne, et la contingence relative de l'emploi du temps se traduisent par le fait, là encore extrêmement spécifique nous semble-t-il, de la *pluralité des emplois du temps partiellement coexistants* au niveau de l'infrastructure de la personnalité. Si ce fait est bien exact, il faudrait alors analyser les actes et leur $\frac{P}{B}$ de manière encore plus complexe que cela n'a été indiqué jusqu'ici. En effet, chaque acte appartient à un emploi du temps déterminé, non pas par simple position temporelle, mais au plus intime de lui-même : les rapports singuliers qu'il manifeste entre des capacités, des besoins et des produits le rendent intrinsèquement dépendant du système général de ces rapports qu'est justement un emploi du temps, et au sein duquel il remplit une fonction qui n'est nullement interchangeable. C'est pourquoi le passage d'un acte à un autre peut parfois traduire non pas la division des activités au sein d'un même emploi du temps, mais le *passage d'un emploi du temps à un autre.* Il n'y a pas là une construction théorique arbitraire mais, pensons-nous, un fait dont chaque individu a plus ou moins l'expérience intuitive. C'est par exemple une donnée d'observation courante qu'ayant à choisir entre plusieurs actes, tous importants et urgents, mais dont l'embouteillage même rend immédiatement sensibles les contradictions de l'emploi du temps auquel ils appartiennent, nous choisissons d'effectuer un autre acte qui n'a ni importance ni urgence, et dont le $\frac{P}{B}$ au sein de cet emploi du temps est beaucoup plus faible, mais qui en réalité représente le passage au moins optatif à un emploi du temps différent dont le $\frac{P}{B}$ *général* serait bien supérieur, s'il était possible. Peut-être l'étude de ces phénomènes de *battement d'emplois du temps* serait-elle instructive quant à la consistance la plus profonde des personnalités, et à certains aspects de leur pathologie. Assurer la dominance d'un emploi du temps de $\frac{P}{B}$ général aussi élevé que les conditions objectives le permettent apparaît comme la fonction psychologique la plus décisive d'une vie. Au contraire les battements chroniques d'emploi du temps, l'ambiguïté constante des actes semblent caractéristiques d'une personnalité qui succombe au moins partiellement sous la charge, excessivement contradictoire pour elle, des circonstances. Et cette dernière remarque fait surgir la question qui de notre point de vue domine toute la science de la personnalité, celle des perspectives d'épanouissement qui lui sont ouvertes : *dans quelle mesure la solution de ses contradictions fondamentales dépend-elle de la personnalité elle-même ?* Si l'emploi du temps n'est déterminé par les capacités qu'à l'intérieur des limites que lui prescrivent les rapports sociaux, la personnalité n'est-elle pas dans l'impossibilité constitutive de résoudre par elle-même et véritablement au fond ses propres problèmes ? Et cette excentration des conditions requises pour y parvenir n'est-elle pas la source du dynamisme critique et révolutionnaire, au sens le plus large du terme, dont les individus sont capables de faire preuve à l'égard de la société ? Nous retrouvons la proposition si remarquable de *L'idéologie allemande* : les prolétaires doivent « renverser l'État pour réaliser leur personnalité [1] ». Et nous sommes par là au seuil même du

---

1. *L'idéologie allemande*, p. 96.

problème des lois générales de développement de la personnalité.

Ainsi, rapport dialectique des actes et des capacités, du secteur II et du secteur I de l'activité psychologiquement productive ; médiation incessante des besoins aux produits psychologiques et réciproquement en des cycles déterminés au plus intime d'eux-mêmes par leur intégration au système d'ensemble de l'activité ; puis, recoupant et se subordonnant les rapports précédents, opposition au sein d'une unité vivante, par-delà des activités intermédiaires, entre la personnalité concrète, ensemble des activités personnelles directes, notamment consommatrices, et la personnalité abstraite, ensemble des activités sociales productives, mais aliénées ; — telle nous apparaît, de façon très schématique, et hypothétique, mais semble-t-il féconde, la topologie de l'emploi du temps réel, infrastructure de la personnalité au sein des rapports capitalistes. La topologie générale d'activité que nous cherchions peut donc à la rigueur être figurée graphiquement, si cela présente quelque intérêt, comme une imbrication complexe de quatre cycles fondamentaux :

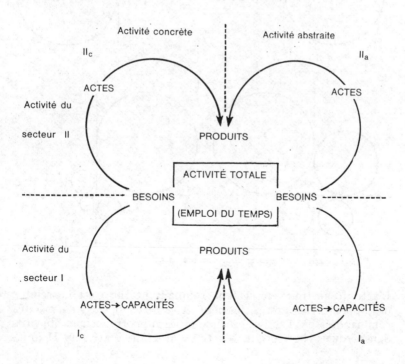

L'activité concrète du secteur I (quadrant Ic), c'est l'ensemble des apprentissages où se forment et se développent les capacités mises en œuvre dans l'activité concrète. L'activité concrète du secteur II (quadrant IIc), c'est l'ensemble des actes qui mettent en œuvre les capacités pour faire directement retour à l'individu.

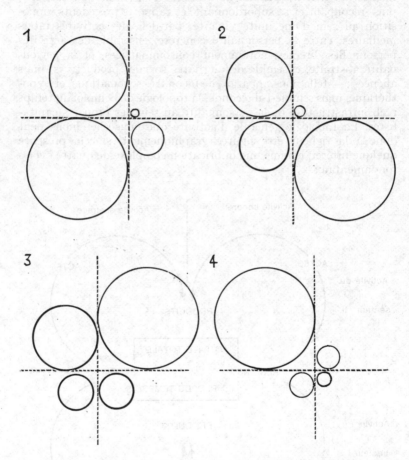

L'activité abstraite du secteur I (quadrant Ia), c'est l'ensemble des apprentissages où se forment et se développent les capacités commandées par l'activité sociale et les rapports sociaux objectifs dans lesquels elle s'inscrit. L'activité abstraite du secteur II (quadrant IIa), c'est l'ensemble des actes en quoi consiste directement ce travail social. Un tel schéma, est-il besoin de le rappeler, ne prétend nullement représenter *la personnalité d'un individu type*. Il correspond à une ébauche hypothétique de *topologie générale des personnalités produites au sein des formes d'individualité capitalistes*. Toutefois, sur la base de cette topologie générale, il est manifestement possible de construire l'emploi du temps réel d'une personnalité singulière. Mais, pour y parvenir, de nombreux problèmes théoriques, méthodologiques et pratiques devraient encore être résolus. Tout au plus peut-on suggérer de façon extrêmement simplificatrice, par une figuration purement quantitative de l'importance relative des quatre cycles fondamentaux, c'est-à-dire du pourcentage de l'emploi du temps total qu'ils représentent, la variété des structures et des contradictions des personnalités réelles (Figures ci-contre).

Ces quatre figures ne sont pas l'illustration d'une *typologie à quatre termes* : on a vu plus haut que la conception ici défendue de la psychologie de la personnalité exclut le principe même d'une typologie. Elles sont simplement quatre *exemples hypothétiques*, retenus pour leur valeur indicative, en eux-mêmes et dans leur écart relatif. La première pourrait correspondre à l'emploi du temps d'un enfant d'âge scolaire : dominance des activités d'apprentissage tournées vers le cycle de la personnalité concrète, avec un aspect très subordonné de préparation indirecte au travail social, importance des actes de consommation concrète, absence totale d'activité abstraite, avec tout au plus une participation aux prestations de services domestiques : la quasi-inexistence du côté droit de la figure, c'est-à-dire de l'activité abstraite, rend compte du fait que la théorie de la personnalité développée a encore, en un tel cas, peu d'occasions de se manifester dans ses démarches spécifiques. La seconde figure pourrait illustrer l'emploi du temps d'un étudiant n'ayant pas besoin d'effectuer un travail social salarié pour payer ses études : dominance des apprentissages de la future activité abstraite, apprentissages qui ont d'ailleurs secondairement un aspect d'apprentissage concret, importance des activités de consommation concrète, quasi-absence encore d'activité abstraite. La troisième figure pourrait correspondre à l'emploi du temps d'un ouvrier n'ayant en dehors de son travail à l'usine que des activités de loisir personnel et des tâches domestiques, à l'exclusion d'activités militantes : dominance écrasante de l'activité abstraite, l'acquisition de nouvelles capacités correspondantes étant réduite à peu de choses, importance limitée des activités concrètes en général, surtout du secteur I. La dernière figure pourrait illustrer l'emploi du temps d'une personne âgée, retraitée, effectuant quelques petits travaux sociaux : dominance absolue des activités de consommation concrète, réduction extrême des autres secteurs, particulièrement des apprentissages abstraits.

Il n'est pas difficile d'apercevoir, par-delà leur simplification poussée à sa dernière limite, combien ces figures soulèvent déjà de problèmes et suggèrent de recherches à propos des structures et des contradictions de personnalités de cet ordre. On voit par exemple comment la succession des quatre secteurs de dominance, dans le sens inverse des aiguilles d'une montre, peut éclairer la question jusqu'ici tellement peu étudiée par la psychologie des *étapes de la vie* et des lois de croissance psychologique, les deux dernières figures étant clairement marquées, en opposition aux deux premières, par la réduction extrême des deux quadrants inférieurs (secteur I). Une certaine habitude de lecture fait apparaître par exemple dans la troisième, de manière directe, le phénomène de l'exploitation capitaliste inscrit au cœur. même de la personnalité, sous forme d'une dominance extrême du quadrant IIa (activité sociale productive) à quoi rien de comparable ne répond du côté des activités personnelles de consommation concrète. Des représentations beaucoup plus complexes, fondées sur un début de quantification sérieuse et un affinement des critères qualitatifs, pourraient permettre, semble-t-il, en liaison avec la récolte des nombreuses données biographiques indispensables, la mise en route d'un processus de recherche scientifique effective.

Encore ne s'agit-il jusqu'ici que d'une ébauche de la problématique de l'infrastructure. Mais l'étude de ce qu'on peut désigner par le terme général de *superstructures psychologiques* nous semble promettre d'être tout aussi féconde. Par superstructures psychologiques on entend ici l'ensemble des activités qui ne contribuent pas directement à la production et à la reproduction de la personnalité, mais qui jouent par rapport à ces processus un *rôle régulateur*. En allant en ce domaine du plus immédiat et du plus étroitement subjectif à ce qui l'est le moins, on peut identifier d'abord l'ensemble multiforme des *régulations spontanées*, d'origine essentiellement interne. Ce niveau est celui des sentiments dans le sens que confère à cette notion l'analyse de Pierre Janet, évoquée plus haut, sur les actions secondaires, par exemple les réactions à l'arrêt de l'action primaire (réactions de triomphe ou d'échec). Il y aurait lieu d'examiner également ses rapports avec la conception psychanalytique des régulations inconscientes. Mais il s'agit aussi, et peut-être d'abord, de régulations qui n'ont guère été étudiées jusqu'ici, sans doute parce qu'aucune théorisation psychologique ne permettait de s'en saisir rationnellement : je veux parler de cette donnée universelle, d'une prégnance très grande, qu'est le *goût* immédiatement ressenti pour tel ou tel acte, l'absence de goût, l'*ennui*, voire l'extraordinaire résistance passive de la *paresse* opposées à d'autres actes. Je formule l'hypothèse que cet attrait et cette paresse sont la traduction immédiate, sur le terrain du dynamisme de l'activité, d'évaluations intuitives, quasi *idéologiques*, en un sens psychologique du mot, du $\frac{P}{B}$ général, du $\frac{P}{B}$ d'emploi du temps des activités envisagées. Chaque individu est littéralement rompu à cette évaluation intuitive, qui fonctionne aussi continuellement que par exemple la perception elle-même, et dont un exemple simple est la modulation si fine et si complexe de la propension à se *tirer du lit* et des dispositions « affectives » qui résultent de cet acte important entre tous : sans méconnaître les déterminations proprement neurophysiopsychologiques ni le rôle souvent largement contraignant des bases sociales de l'emploi du temps, n'est-il pas sensible qu'intervient ici de façon typique une évaluation immédiate, ou parfois plus ou moins largement explicitée par l'imagination anticipatrice, du $\frac{P}{B}$ *général de la journée psychologique* ? L'étude développée de cette forme de régulation psychologique permettrait sans doute, tout en en recevant elle-même un précieux éclairage, de comprendre la nature et la fonction de ce qu'on pourrait appeler *l'emploi du temps optatif*, première forme superstructurelle de l'emploi du temps — et l'analyse des décalages, tensions, contradictions entre emploi du temps optatif et emploi du temps réel pourrait bien être l'une des études psychologiques le plus capable de faire apparaître le fond même d'une personnalité singulière.

Au-delà de ces régulations spontanées et éminemment endogènes de l'activité, il faut considérer les *régulations volontaires* à travers lesquelles une personnalité cherche à maîtriser son emploi du temps, c'est-à-dire selon les cas et les secteurs, à le transformer ou au contraire à le préserver. Ces régulations volontaires sont par exemple les règles de conduite qu'un individu s'efforce de suivre, l'image de soi qu'il projette, l'emploi du temps *délibéré* qu'il prend pour norme — superstructures à quoi correspondent et que soutiennent des idéologies psychologiques plus ou moins élaborées et objectives. D'une manière générale ces régulations *volontaires* ont pour caractère distinctif de n'être pas, du moins pas principalement, endogènes, mais exogènes : au niveau des superstructures comme à celui des infrastructures de la personnalité, les rapports sociaux jouent un rôle capital de détermination fonctionnelle. Cependant il convient d'être ici particulièrement attentif à ne pas concevoir cette excentration essentielle des superstructures volontaires de la personnalité d'une manière qui nous ferait retomber dans l'idéalisme sociologique, pour qui la société est avant tout *loi contraignante*, et non pas d'abord *rapports de production*. Cette méconnaissance de la base réelle de la société revient à masquer les contradictions concrètes des classes, les contradictions de la société avec elle-même, derrière une contradiction spéculative entre *l'*individu et *la* société. Dans ces conditions il est possible de faire apparaître, chez l'individu concret de la société capitaliste, « la volonté », selon la terminologie psychologiste ordinaire, ou, mieux, les superstructures volontaires, comme le résultat d'une simple et directe intériorisation de la loi, des institutions et des valeurs de la société correspondante, sans souffler mot des infrastructures psychologiques non plus que des infrastructures sociales.

Ce qui demeurera toujours incompréhensible dans une telle perspective, c'est la raison pour laquelle les individus *intériorisent* une loi purement fortuite en soi par rapport à leurs aspirations, extérieure et contraignante, et même comment ils *peuvent* passer plus ou moins de l'hétéronomie à l'autonomie dans l'observance de cette loi. L'exemple de Linton, conduit à postuler un « besoin de réponse affective » pour échapper à cette insurmontable difficulté, montre bien dans quelles impasses on s'enferme sur le terrain des sciences de l'homme si l'on méconnaît les infrastructures sociales. En réalité, pensons-nous, les régulations volontaires de la personnalité ne sont pas essentiellement formées par *intériorisation directe* des institutions et valeurs sociales, mais par leur assimilation *sur la base psychologique de la personnalité abstraite*. Très schématiquement, les régulations spontanées peuvent être considérées comme l'instrument superstructurel de la personnalité concrète ; à ce titre elles sont foncièrement endogènes comme la personnalité concrète elle-même. Les régulations volontaires sont l'instrument de la personnalité abstraite ; *elles sont donc endogènes aussi* dans ce sens qu'elles se développent à partir d'une base psychologique *interne* à la personnalité ; mais plus profondément elles sont exogènes au même titre et selon le même processus d'ensemble que la personnalité abstraite, c'est-à-dire sur la base générale du caractère juxtastructurel de la vie individuelle à l'égard des rapports sociaux, et de l'*incorporation* de ces rapports et de leurs contradictions à la personnalité par l'activité sociale et l'emploi du temps correspondant. Les contradictions psychologiques superstructurelles entre régulations spontanées et régulations volontaires, entre acte attrayant et acte voulu, ne sont pas des contradictions *originaires*, comme le croit l'idéologie mystificatrice de la contradiction métaphysique entre « nature » et « culture », « individu » et « société » ; elles sont, par-delà leur spécificité relative, le reflet des contradictions infrastructurales entre personnalité concrète et personnalité abstraite, entre manifestation de soi et travail aliéné, c'est-à-dire qu'elles témoignent en dernière analyse elles aussi des contradictions de classes. Et la question se pose de savoir si l'échec au moins partiel, non seulement de toutes les théories classiques de la « volonté », mais même des recherches les plus averties sur l'intériorisation de la loi, de la conception psychanalytique du surmoi parental aux travaux de Piaget sur le jugement moral chez l'enfant, ne viendrait pas justement de ce que *toutes*, malgré leurs extrêmes différences, ont méconnu le rôle fondamental en cette affaire des infrastructures psychologiques et sociales, autrement dit, une fois encore, *du travail*.

Mais un autre problème fondamental des superstructures psychologiques est celui du niveau et de la valeur de la conscience de soi, et du monde, qu'elles rendent possible : leur fonctionnalité psychologique condamne-t-elle cette conscience à n'être jamais en dernier ressort qu'un processus de « rationalisation » au sens psychanalytique, d'« idéologisation » en un sens dérivé du marxisme, c'est-à-dire une interprétation mystifiée d'une réalité dont la vraie nature demeure incomprise, enfermant ainsi l'homme dans l'illusion, l'aliénation et la dépendance — ou bien permettent-elles, et sous quelles conditions, d'atteindre, à travers leur fonctionnalité même, à la conscience démystifiée de soi, à la connaissance vraie de la réalité objective pour autant qu'elle dépend de préalables psycho-épistémologiques, à la liberté pour autant qu'elle relève d'un développement personnel ? On tentera de répondre plus loin à cette immense question. Mais si, comme nous l'a appris Marx, et plus tard, d'une tout autre manière, Freud, la conscience vraie est une très difficile conquête sur son contraire, on ne peut affronter avec quelque chance de succès un tel problème qu'à partir d'une théorie vraiment scientifique de l'*inconscience*. Or il peut sembler

exceptionnellement hardi de proposer aujourd'hui une telle théorie
(fût-ce avec l'extrême modestie d'une hypothèse indicative) qui
ne se réfère aucunement à la science freudienne de l'*inconscient*,
et même qui mette en cause son monopole de fait en la matière.
Cependant, on ne voit somme toute pas pourquoi l'effort organisé
de l'avant-garde du mouvement ouvrier pour faciliter le passage,
sans cesse répété en des millions d'hommes, de l'inconscience à
la conscience de classe, de la mystification par les illusions spontanées et les idéologies dominantes à la prise de conscience politique, par exemple, ne constituerait pas une base pratique aussi
valable, dans son ordre, que la clinique analytique, pour une tentative de théorisation de l'inconscience, et en quoi le découpage
d'un concept spécifique d'inconscient correspondant à une conception matérialiste historique de la personnalité pourrait être moins
licite que le découpage effectué par Freud en référence à une
conception de la formation infantile de l'appareil psychique.

L'inconscience que nous rencontrons sur le terrain de la théorie
de la personnalité développée ne se réduit pas le moins du monde
au fait neurophysiopsychologique que les conditions de la conscience sont très loin d'être mûres à la naissance et que leur développement est de toute façon un processus long et complexe :
la simple *absence*, à un stade du développement, des formes et du
niveau de conscience qui apparaîtront à un stade ultérieur, ne
pourrait, sans inacceptable jeu de mots, être identifiée à la réalité
*positive* d'une inconscience constitutionnelle, de même qu'on ne
saurait confondre une grandeur non encore dénombrée et une
grandeur non dénombrable. Mais précisément, par-delà cette
limitation simplement relative et négative du champ de conscience, les structures fondamentales de la personnalité développée
nous apparaissent dominées par une réalité génératrice d'une
positive inconscience : l'excentration sociale de l'essence humaine.
Cette excentration, dont la conséquence immédiate est que le
circuit des actes déborde immensément les limites de l'individualité organique et du champ directement connaissable par l'individu, signifie plus encore que l'opacité des rapports sociaux est
nécessairement génératrice d'une opacité correspondante des rapports constitutifs de la personnalité. Ainsi on a montré plus haut
comment, à ce que Marx a analysé sous le nom de *fétichisme de
la marchandise*, et par quoi dans une économie marchande, surtout dominante comme elle le devient avec l'essor du capitalisme,
les rapports entre les hommes sont occultés derrière les rapports
entre les choses, correspond un fétichisme des fonctions psy-

chiques et de la personnalité elle-même, et cela non point par une fantasmagorie toute subjective qu'une prise de conscience scientifique suffirait à faire évanouir, mais comme une illusion objective inscrite dans la forme abstraite, donc, dans la réalité même des rapports sociaux, et qui ne pourra être abolie qu'avec eux ; de même que l'illusion du mouvement du soleil dans notre ciel dépend des conditions objectives de la perception terrestre que nous en avons, et n'a pas été supprimée par la théorie de Copernic. Toutes les illusions du naturalisme psychologique ordinaire, dont l'humanisme abstrait est l'élaboration au niveau de l'idéologie philosophique, ont ainsi leur source dans des caractéristiques objectives de la société de classes, et leur prégnance n'est pas au fond d'autre nature que celle des illusions religieuses, dont Marx montrait les liens avec le fétichisme de la marchandise. Cette conscience fausse de soi et de l'homme n'oppose d'ailleurs pas seulement le rempart de l'*évidence* à l'analyse des vrais rapports, mais, étant en même temps idéologie justificatrice des conditions sociales aliénantes et des formes d'emploi du temps correspondantes, elle manifeste aux occasions et aux entreprises de démystification une *résistance* caractéristique de ses fonctions superstructurelles. Le tour rapidement passionnel que prend souvent la discussion critique avec les tenants des « dons » est un bon exemple du sens biographique profond de ces résistances : pour bien des hommes, le passage à une conscience vraie des conditions de leur propre genèse ou de celles de leurs proches mettrait directement en cause les bases mêmes de leur vie.

Nous avons donc affaire ici à une réelle inconscience constitutionnelle des individus à l'égard des bases objectives et des processus productifs de leur propre personnalité : pas plus que la société capitaliste ne naît avec une conscience vraie de soi, l'homme du capitalisme n'est d'emblée transparent pour soi-même. Pourtant, entre cette inconscience d'essence historique et l'inconscient freudien, il existe des différences fondamentales. Ainsi l'inconscience dont nous parlons ne renvoie pas électivement à l'enfance et ne s'enracine pas dans des pulsions internes, mais elle accompagne la personnalité développée comme telle et résulte sans cesse des caractéristiques objectives du circuit social de ses actes. Étant originairement liée, non aux désirs, mais au travail, elle est aussi, dans le sens matérialiste historique du mot, une question essentiellement *pratique* : ce qui donne à l'*inconscience psychologique* d'un individu son extraordinaire pesanteur, c'est l'*impuissance sociale* qui le caractérise en tant qu'individu face aux rapports sociaux, dont il demeure la créature, quoi qu'il puisse faire pour s'en dégager. Et c'est pourquoi une telle inconscience s'inscrit non dans une conception structurale où l'éternel triangle œdipien ne laisserait d'autre échappée à qui s'y est trouvé coincé que dans l'heureux aboutissement d'une cure individuelle, mais dans une perspective historique qui convie l'homme à la lutte *collective* et débouche sur une société délivrée du fétichisme et des opacités des rapports de classe, une société où, comme dit Marx, les rapports sociaux des hommes sont « simples et transparents dans la production aussi bien que dans la distribution [1] ». L'inconscience et la fausse conscience qui la recouvre ne sont pas l'immuable destin de l'humanité ; et s'il faut certes se garder de croire que la conscience *vécue* puisse jamais coïncider avec la connaissance *scientifique*, on n'aurait pas moins tort de penser que la *vie* humaine soit à jamais enfermée dans l'*illusion* idéologique. « A l'époque actuelle, écrit Marx dans *L'idéologie allemande*, la domination des individus par les conditions objectives, l'écrasement de l'individualité par la contingence ont pris des formes extrêmement accusées et tout à fait universelles, ce qui a placé les individus existants devant une tâche bien précise : remplacer la domination des conditions données et de la contingence sur les individus par la domination des individus sur la contingence et les conditions existantes. » Et il ajoute qu'au sein de la société communiste, où ce renversement sera opéré, « la conscience que les individus auront de leurs relations réciproques aura, elle aussi, un caractère tout différent [2] ».

Il revient sur ce point dans les *Grundrisse* : « Le développement réel des individus à partir de cette base (le développement universel des forces productives, des communications, de la science) où constamment chaque *barrière* se trouve abolie, leur donne cette conscience : nulle *limite* n'est tenue pour sacrée. L'universalité de l'individu ne se réalise plus dans la pensée ni dans l'imagination ; elle est vivante dans ses rapports théoriques et pratiques. Il est donc en mesure de saisir sa propre histoire comme un *procès* et de concevoir la nature, avec laquelle il fait véritablement corps, d'une manière scientifique (ce qui lui permet de la dominer dans la pratique) [3]. » Et c'est encore le même thème qu'il reprend dans *Le Capital* à propos du caractère fétiche de la marchandise : « En

1. *Le Capital*, I, 1, p. 90.
2. *L'idéologie allemande*, pp. 481-482.
3. *Fondements*, II, p. 35.

général, le reflet religieux du monde réel ne pourra disparaître que lorsque les conditions du travail et de la vie pratique présenteront à l'homme des rapports transparents et rationnels avec ses semblables et avec la nature. La vie sociale, dont la production matérielle et les rapports qu'elle implique forment la base, ne sera dégagée du nuage mystique qui en voile l'aspect que le jour où s'y manifestera l'œuvre d'hommes librement associés, agissant consciemment et maîtres de leur propre mouvement social[1]. » La transparence de soi pour soi n'est donc pas en dernier ressort psychologique, individuelle, contemplative, mais sociale, collective, pratique. Et c'est sans doute pourquoi au sein même de la société capitaliste la vie militante révolutionnaire, si elle n'a rien d'une thaumaturgie, est cependant si souvent désaliénante : participer à la transformation consciente des rapports sociaux, essence humaine réelle, c'est être mieux à même de percer le secret de leur genèse et par conséquent de la genèse de soi, c'est, dans les limites historiquement existantes, accéder à la liberté.

**3. Lois de développement et problèmes de la reproduction élargie. La biographie.** En fonction de tout ce qui précède, comment se présente le problème des lois de développement de la personnalité ? A une telle question, cela va de soi, il ne peut s'agir ici de répondre que sur le mode le plus franchement hypothétique, et au niveau des considérations les plus générales. Deux points fondamentaux paraissent du moins acquis. D'abord, la recherche de lois générales de développement de *la* personnalité humaine, dans le sens d'un déterminisme *abstrait* régissant la formation d'un *homme type*, est dénuée de signification, comme de chances de succès. Les seules lois générales de développement de la personnalité qu'il est possible de concevoir sont des lois dialectiques, énonçant les formes générales de détermination qui permettent de comprendre la nécessité concrète de développement dans une personnalité singulière ; de telles lois sont donc elles-mêmes historiquement relatives, comme la topologie de la personnalité à laquelle elles correspondent. Et leur usage scientifique essentiel consiste à fournir les bases théoriques d'élaboration de la loi d'activité et de croissance propre à chaque individu, ou en d'autres termes du *système singulier de nécessités de développement* qui caractérise chaque personnalité. La néces-

---

1. *Le Capital*, I, 1, p. 91.

sité profonde qui est irrécusablement à l'œuvre dans toute vie
individuelle, et sans la conscience et la maîtrise de laquelle il
ne saurait être question d'une véritable liberté, n'est aucunement
une nécessité abstraitement générale dont cette vie individuelle
serait une illustration particulière, mais bien une nécessité concrètement inséparable de la personnalité dont elle exprime la logique
spéciale de développement. Mais cette logique spéciale ne peut
être comprise si l'on n'en saisit pas les articulations fondamentales,
qui renvoient elles-mêmes à une topologie d'ensemble de la personnalité, aux formes d'individualité qui la sous-tendent, donc
en définitive aux rapports sociaux qui en constituent la base
réelle, comme ils sont la base de la nécessité générale dans laquelle
elle s'inscrit.

Le second point qui semble acquis, c'est la triplicité des domaines
dans lesquels il peut être question de rechercher ces lois : psychobiologique, psychosocial, et psychologique, au sens où ce
terme correspond à la théorie de la personnalité proprement dite.
Le système singulier de nécessités de développement qui caractérise chaque personnalité résulte précisément de l'imbrication
complexe et contradictoire de ces trois ordres de détermination.
La croissance des capacités, par exemple, passe nécessairement
par les déterminations psychobiologiques dont les lois d'apprentissage sont une expression. En même temps, elle est dominée
par les déterminations psychosociales qui dans une société capitaliste régissent, entre autres choses, la valeur de la force de
travail. Mais ce n'est pas tout : nécessités neurophysiopsychologiques et nécessités sociales sont intégrées contradictoirement
par une personnalité qui a comme telle sa logique spécifique de
croissance, chez qui par exemple l'acquisition de nouvelles capacités déterminées se présente comme exigence interne d'emploi du
temps. D'une manière générale, il est visible que l'individu ne
dispose pas du pouvoir de s'émanciper par lui-même de la nécessité psychobiologique ni de la nécessité psychosociale ; l'une et
l'autre apparaissent comme des conditions objectives de la vie
personnelle. Mais, justement pour cette raison, elles ne constituent pas ce qu'on peut entendre proprement sous le terme de
*lois de développement de la personnalité* en tant que réalité psychologique *spécifique*, animée par une nécessité *interne*. Sous ce
dernier rapport, il semble y avoir des raisons sérieuses d'avancer
l'hypothèse que la loi la plus générale de développement des
personnalités, dans le sens dialectique de cette notion de loi générale, est la *loi de correspondance nécessaire entre le niveau des*

*capacités et la structure de l'emploi du temps*. Les raisons théoriques qui conduisent à avancer cette hypothèse sont évidentes : la croissance des capacités tend inévitablement à induire une transformation des activités qui les mettent en œuvre, et par conséquent une modification du système de leurs rapports temporels, autrement dit de l'emploi du temps. Il ne s'agit nullement là d'un décalque facile, sur la psychologie de la personnalité, de la loi historique de correspondance nécessaire entre le niveau des forces productives et le caractère des rapports de production, mais, qu'on y prenne garde, d'une connexion objective d'essence : la position juxtastructurelle de la personnalité par rapport à la société est la base effective de cette homologie particlle des lois fondamentales. Cette homologie partielle semble, d'autre part, empiriquement corroborée par les leçons qui se dégagent de maintes pratiques psychopédagogiques réfléchies. *Ce que sait faire un individu* paraît bien n'être pas seulement ce qui le caractérise le plus profondément, mais ce qui livre la clef de son développement tendanciel ; qu'il *cesse d'apprendre*, et sa personnalité s'oriente vers la stagnation ; qu'il *transforme substantiellement ses capacités*, et sa personnalité elle-même en est impulsée dans ses structures profondes. Toutefois, comme on l'a souligné plus haut, il s'agit là seulement d'une loi tendancielle : la correspondance nécessaire de l'emploi du temps avec les capacités définit les *exigences psychologiques internes* de développement de l'individu. Mais cette mise en accord de l'emploi du temps avec les capacités, qui à son tour conditionne leur développement ultérieur, ne peut dans une large mesure se réaliser que par la médiation des rapports sociaux existants. C'est ici que la loi psychologique interne de correspondance nécessaire entre capacités et emploi du temps se heurte à la loi psychosociale de détermination des processus de vie personnelle par les formes sociales d'individualité, c'est-à-dire par les rapports sociaux. Ceux-ci déterminant de façon souveraine en dernière analyse la topologie d'ensemble des personnalités, *l'emploi du temps réel entre éventuellement en conflit avec les nécessités psychologiques internes de développement*, ce qui commande d'innombrables conséquences : nous sommes ici au cœur de la dynamique la plus profonde des personnalités, dynamique à la fois socialement déterminée et concrètement individuelle.

On entrevoit sans peine combien de problèmes biographiques pourraient être abordés à la lumière d'une telle conceptualisation. Limitons-nous ici à quelques suggestions à propos du problème le plus important de toute la psychologie de la personnalité, dans la

perspective de l'humanisme marxiste : celui de la reproduction
élargie, c'est-à-dire en somme de l'*épanouissement maximum* de
chaque personnalité. Il n'est pas difficile de comprendre que cet
épanouissement dépend directement des rapports temporels
entre secteur I et secteur II de l'activité — rapports dont la dialectique est des plus complexes. D'une part, le progrès en valeur
absolue du secteur I apparaît comme source immédiate de développement des capacités, mais d'autre part, sans même parler
du fait que l'activité du secteur II doit elle-même atteindre alors
à un niveau correspondant aux dépenses psychologiques impliquées par le secteur I, sous peine d'un équilibre de type parasitaire
— par exemple infantile — lequel pose à son tour de nombreux
problèmes, le développement absolu du secteur I n'a de sens,
et ses résultats mêmes ne sont réels, que dans la mesure où se
développe un secteur II qui emploie effectivement les capacités
nouvelles. Faute de quoi, la personnalité tout entière se trouve
marquée par le sous-emploi des capacités, sous-emploi qui à son
tour exerce inévitablement des effets négatifs sur le développement de la personnalité en général, et de la zone correspondante
du secteur I en particulier. On voit donc, dès le plus simple examen,
que le développement du secteur I, base de tout progrès de la
personnalité, implique des critères de proportionnalité bien définis
par rapport au secteur II, donc à l'économie générale de l'emploi
du temps.

En d'autres termes, on ne pourrait commettre d'erreur plus
profonde, lorsqu'on aborde l'immense problème du développement
des capacités psychiques des individus, que de songer exclusivement aux obstacles relativement *externes* auxquels il est susceptible de se heurter, obstacles psychobiologiques et obstacles
psychosociaux, extérieurs en eux-mêmes à la structure spécifique de la personnalité. Par obstacles psychobiologiques, il faut
ici entendre non pas tant les limitations neurophysiologiques
immédiates — puisque, par exemple, hormis un nombre restreint
de cas pathologiques, l'aptitude d'un cerveau humain normal à
former des aptitudes psychiques apparaît pratiquement inépuisable par rapport au stade actuel de développement du patrimoine social — mais des limitations indirectes, par exemple
l'incidence d'un type nerveux ou de particularités caractérielles
sur les conditions individuelles d'apprentissage ; obstacles d'ailleurs bien souvent moins naturels que sociaux dans leur *causalité
profonde*, malgré leur *consistance* psychobiologique, et justiciables
en premier lieu de transformations sociales correctives. Par

obstacles psychosociaux, il faut entendre toutes les limitations imposées directement par les conditions sociales à l'acquisition de capacités nouvelles, par exemple l'ensemble des conditions économiques et sociales, des structures scolaires et universitaires qui dans un pays capitaliste rendent objectivement difficile, voire impossible à un enfant, un adolescent ou un adulte, de suivre avec fruit un cycle d'études, ou d'améliorer sa qualification professionnelle. Ces deux sortes d'obstacles peuvent avoir dans la vie d'un individu une importance considérable. Cependant, ils apparaissent comme essentiellement *contingents* si l'on se place au point de vue de la personnalité prise en elle-même, puisqu'ils ne relèvent pas des particularités internes de son emploi du temps, et n'appartiennent pas de façon nécessaire à sa logique spécifique. C'est bien pourquoi d'ailleurs la réfutation de l'idéologie bourgeoise des « dons » demeure essentiellement incomplète si l'on s'en tient à la démonstration du caractère social des obstacles auxquels le développement psychique de l'individu se heurte comme à des *conditions extérieures*, même s'ils apparaissent aussi au-dedans sous une forme psychobiologique : car ce qui demeure alors inexpliqué, c'est le *dynamisme interne* de la croissance personnelle et ses particularités, c'est-à-dire, au sein de conditions sociales données, mais indépendamment d'elles *en apparence*, l'*essentiel* de ce qu'on veut comprendre, et de ce sur quoi il faudrait être capable d'agir.

Or, si nous réfléchissons sur la base de l'ensemble des considérations développées plus haut, cette question cruciale du dynamisme interne de la croissance personnelle et de ses particularités est avant tout celle de ce que je nommerai la *composition organique de l'emploi du temps*, c'est-à-dire le rapport entre la part de l'emploi du temps qui relève du secteur I et celle qui relève du secteur II. Un taux élevé de composition organique de l'emploi du temps signifie que l'emploi du temps comporte une importante proportion d'activités d'apprentissages. Le développement de la personnalité repose sur le maintien permanent d'un taux élevé de composition organique de l'emploi du temps. Abstraction faite des conditions biologiques et sociales qui peuvent peser sur ce taux de composition organique, il est clair que du point de vue de la dynamique interne de la personnalité il est essentiellement régi par le $\frac{P}{B}$ général des activités du secteur I.

Pour pousser plus loin l'analyse, il est donc indispensable de revenir sur la notion cruciale de produit psychologique, et en particulier sur l'une des composantes, fondamentales en l'occurrence, de ce produit : celle que je désignerai par le terme de *progrès psychologique*. J'appelle progrès psychologique toute acquisition ou spécification des capacités, toute augmentation du fonds fixe qu'elles constituent. Le produit psychologique est la somme des résultats de toute nature d'une activité sur l'ensemble de la personnalité, le progrès psychologique est son résultat positif éventuel sur les seules capacités. Bien entendu, la part du progrès comme élément motivant d'une activité dans l'ensemble de son produit est éminemment variable, en sorte que, toutes choses égales d'ailleurs, le produit psychologique d'une activité de secteur I variera selon le taux de progrès qu'elle entraîne dans le fonds fixe des capacités : au niveau des régulations les plus immédiates, c'est dans notre hypothèse ce qui se traduit par le fait que chez un individu donné, et dans des conditions données, une activité d'apprentissage apparaîtra comme attrayante, alors que chez un autre, ou dans d'autres conditions, elle apparaîtra comme rebutante. Tout le problème est précisément de tirer au clair les mécanismes de ces variations si importantes du progrès et du produit psychologiques dans le secteur I.

La réflexion sur un des phénomènes psychologiques les plus universels, les plus évidents et cependant, à y bien regarder, les plus énigmatiques, peut nous y aider au premier chef : c'est ce qu'on pourrait appeler la *baisse tendancielle du taux de progrès* chez l'individu développé, qui s'exprime dans la tendance très générale des personnalités à la stagnation et à l'ossification au fil des années — phénomène d'autant plus énigmatique que, s'il est très général, il n'a nullement pour autant le caractère universel d'une nécessité naturelle. Indépendamment des conditions extérieures, le taux de progrès peut baisser parce que *baisse le rendement* d'une même quantité d'apprentissages, ou parce que *baisse la quantité* d'apprentissages, leur produit psychologique s'étant dégradé, ou encore parce qu'*augmente le fonds fixe* des capacités. Pour comprendre ce dernier point, il faut au préalable bien distinguer, me semble-t-il, *composition organique de l'emploi du temps* et *composition organique de la personnalité*. Par composition organique de la personnalité, j'entends l'étendue et le degré des capacités d'un individu, le niveau général de sa qualification par rapport à l'ensemble des activités qu'il effectue. Or il est évident que, si l'élévation de la composition organique de la personnalité dépend directement du taux de composition organique de l'emploi du temps — c'est-à-dire, par exemple, que les progrès de la qualification d'un individu dans une branche donnée d'activité dépendent de la part relative de son emploi du temps qui est consacrée aux apprentissages correspondants — en revanche l'élévation de la composition organique de la personnalité, autrement dit son taux de progrès, *ne demeure aucunement constant si la composition organique de l'emploi du temps demeure constante.* Si, par exemple, sur dix heures d'activité psychologique, deux heures sont consacrées à des activités d'apprentissages, réduction faite de l'emploi du temps phénoménal à l'emploi du temps réel, *l'effet de progrès* entraîné par ces deux heures sera proportionnellement beaucoup plus faible, toutes choses égales d'ailleurs, sur la personnalité d'un adulte qui a déjà de très nombreuses capacités développées (donc sur une personnalité au taux de composition organique élevé) que sur la personnalité d'un enfant à faible composition organique. Il s'agit là d'un fait capital apparemment spontané et attesté par l'observation la plus constante du développement individuel : une même « quantité » d'apprentissages de capacités nouvelles changera peu les structures de la personnalité d'un homme qui possède déjà beaucoup de capacités, de connaissances analogues, alors qu'elle peut marquer un tournant dans le développement personnel d'un enfant pour qui elles sont vraiment nouvelles.

Ce phénomène de la baisse tendancielle du taux de progrès nous paraît être d'une immense importance, aussi bien en lui-même que par sa portée théorique générale. En premier lieu, il permet de dépister la formidable illusion biologiste qui se cache derrière l'apparence anodine et inattaquable de la notion de vieillissement. Il n'est certes pas question de méconnaître la réalité biologique des processus de sénescence, dont au contraire il est bien certain que la consistance nous apparaîtra de mieux en mieux au fur et à mesure des progrès des recherches psychobiologiques. Mais l'erreur *biologiste*, ici comme ailleurs, commence dès qu'on transpose la sénescence biologique en une source plus ou moins immédiate de sénescence *de la personnalité*, escamotant ainsi derrière une nécessité naturelle l'ensemble des processus d'essence sociale qui se traduisent par le vieillissement psychologique, lequel est en réalité si peu un vieillissement biologique, dans la plupart des cas, qu'on l'observe massivement chez des individus jeunes à la personnalité précocement sclérosée, alors qu'il est peu marqué chez d'autres malgré leur âge avancé, dont la personnalité reste susceptible d'étonnantes reprises de croissance. Au contraire les analyses précédentes aident à faire éclater le sens social profond du phénomène,

et par conséquent sa relativité historique : la longévité psychologique elle aussi est largement affaire de régime social. Car la baisse
tendancielle du taux de progrès, source d'ossification des rapports
constitutifs de la personnalité est d'abord, et *dès l'enfance*, induite
chez les individus par des rapports sociaux qui s'opposent du
dedans comme du dehors à une composition organique élevée de
l'emploi du temps, aussi bien qualitativement que quantitativement : c'est par exemple tout le problème d'une véritable réforme
démocratique — et au-delà, socialiste — de l'enseignement, de la
formation professionnelle, de l'accès à la culture qui est ici posé,
parmi bien d'autres. Mais, quels que soient les aménagements
auxquels elle est contrainte de procéder, la société capitaliste a
pour essence de s'opposer à la reproduction indéfiniment élargie
des capacités chez la masse des individus, parce que l'un de ses
traits les plus fondamentaux est de transformer la force de travail
en marchandise et de la payer *à sa valeur*, autrement dit en fonction
des conditions *minimales* de sa production et de sa reproduction :
bien avant que la sénescence biologique entre indirectement en
jeu, les rapports capitalistes exercent à cet égard une incessante
influence inhibitrice au-delà d'un certain point sur toutes les activités humaines de développement des capacités, dans le secteur
généralement décisif de la personnalité abstraite — le produit de
ces activités tendant au-delà de ce point vers zéro [1]. A plus forte
raison le capitalisme apparaît-il radicalement incapable de résoudre
les problèmes encore beaucoup plus difficiles de la baisse tendancielle *apparemment spontanée* du taux de progrès : au fur et à
mesure que le fonds fixe des capacités d'un individu augmente, il
semble bien inévitable qu'une même augmentation absolue des
capacités produise sur ce fonds fixe, et par là sur toute la personnalité, un effet de modification de plus en plus faible. Cela est vrai
aussi bien d'un secteur déterminé de l'activité que de la personnalité totale, et se traduit tendanciellement dans les deux cas sous la
forme fantastique d'une résistance rapidement croissante au
progrès, d'une inertie psychologique quasi-infranchissable au-delà

---

1. Cela n'exclut pas le phénomène inverse, par lequel le capitalisme
gratifie des capacités particulières sans commune mesure avec leur valeur
réelle, pourvu qu'elles le servent, et les pousse, par l'attribution de plus-
value, de pouvoir social, de prestige culturel, à un développement mons-
trueux : il y a là beaucoup moins une compensation qu'un corollaire à l'aliénation générale des conditions de croissance des capacités dans le capitalisme, spécialement à son stade final.

d'une certaine limite, qui alimente les plus tenaces illusions idéologiques. Si la structure de la personnalité dépend en dernière
analyse, et au point de vue interne, du niveau de ses capacités, il
n'y a pourtant rien de mystérieux dans le fait que la plasticité
spontanée d'une personnalité de faible composition organique
(enfant, voire adolescent) tend à se muer en rigidité au fur et à
mesure que l'élévation de la composition organique de la personnalité entraîne, toutes choses égales d'ailleurs, une baisse du taux de
progrès.

A cette ossification tendancielle de la personnalité vient couramment se surajouter alors, dans les conditions du capitalisme,
un phénomène qui à la fois résume tous les autres et constitue à son
tour l'obstacle le plus décisif à de nouveaux progrès psychologiques,
et que je désignerai par le terme de *dichotomie*. J'appelle dichotomie de la personnalité l'ensemble des processus de séparation et
de cloisonnement entre ses différents secteurs, et avant tout
entre personnalité abstraite et personnalité concrète, dichotomie
fondamentale qui commande à son tour de multiples dichotomies
dérivées, des battements d'emplois du temps mal synthétisés.
Supposons que chez une personnalité développée, dont le
taux de composition organique est par conséquent relativement
élevé par rapport à celui d'une personnalité enfantine, les conditions
sociales, comme c'est si souvent le cas dans le capitalisme,
contraignent l'activité abstraite à prendre les formes les plus
aliénées, réduisant le travail social au niveau d'une rebutante
corvée et s'opposant de maintes manières à la reproduction élargie
de la force de travail : le produit psychologique de l'activité
abstraite, et en particulier dans le secteur I$a$, se trouve donc bloqué
par ces conditions extérieures. Il en résulte que l'acquisition de
nouvelles capacités dans ce secteur perd pour l'individu lui-même
tout aspect attrayant, et, par une détermination qui prend alors
des *formes psychologiques internes* susceptibles de lui en masquer
les causes sociales objectives, la composition organique de l'emploi
du temps va tendre à baisser dans l'ensemble de l'activité abstraite.
Le produit psychologique qu'elle entraîne se dégrade du point de
vue même de sa composition, puisqu'il comporte de moins en moins
de progrès, le taux de progrès fléchit, la personnalité abstraite tout
entière perd son dynamisme et se sclérose, sa séparation d'avec la
personnalité concrète s'approfondit. Nous retrouvons ici, sur le
terrain de la théorie de la personnalité, toute l'analyse économique
de Marx sur le *travail aliéné* : ici le travail social cesse d'être une
« manifestation de soi » pour se rabaisser au niveau d'un simple

moyen déshumanisé de « gagner sa vie ». Tout le dynamisme restant se retire alors dans l'autre secteur, le secteur de la personnalité
concrète, dans lequel les contradictions criantes de la personnalité
abstraite, et de la personnalité tout court, *ne trouvent pas leur
solution*, mais bien plutôt *fuient* leur irrésolution. Comme ce secteur
est pour la grande majorité des hommes, dans le capitalisme, celui
d'une activité individuelle séparée des forces modernes de production, coupée des rapports sociaux décisifs des hommes entre
eux, ce dynamisme ne va trouver à s'investir que dans des activités
bornées, des dérivations et des compensations mesquines, qui ne
pourront elles-mêmes que voir baisser leur propre taux de composition organique : l'individu n'apprendra même plus de nouvelles
manières de se « manifester » dans sa vie concrète, mais se bornera
à reproduire dans le secteur II celles qu'il a déjà acquises. Cette
analyse de la dichotomie n'est-elle pas déjà suggérée dans une des
pages de *L'idéologie allemande* les plus profondes au point de vue
psychologique, et où Marx souligne

> « la connexion entre les plaisirs des individus à chaque
> époque et les rapports de classes, eux-mêmes engendrés
> par les conditions de production et d'échanges dans
> lesquelles vivent ces individus, la pauvreté des plaisirs
> connus jusqu'ici, étrangers au contenu réel de la vie
> des individus et en contradiction avec lui » ?

En un passage biffé dans le manuscrit, il précisait :

> « D'une façon générale, les plaisirs de toutes les
> castes et classes qui ont existé jusqu'à présent ne
> pouvaient être que puérils, épuisants ou brutaux
> parce qu'ils étaient toujours coupés de l'ensemble de
> l'activité, du contenu véritable de la vie des individus,
> se réduisant plus ou moins à donner un semblant de
> contenu à une activité qui en était dépourvue [1]. »

Dans les conditions d'une dichotomie accusée, et quel que soit
son âge biologique, un individu dérive vers la structure sénile de
la personnalité, c'est-à-dire une structure où prédomine le quadrant
II $c$, sans autre rapport qu'abstrait avec l'importance relative,
socialement inévitable chez qui doit gagner sa vie, du qua-

---

1. *L'idéologie allemande*, p. 460.

drant II *a* : l'activité abstraite n'est plus que *moyen* de gagner une vie concrète qui, loin d'être elle-même un but en soi, joue le rôle de *compensation* illusoire à l'aliénation de la vie abstraite. Une telle personnalité est donc aliénée jusqu'en son tréfonds par les rapports capitalistes plus ou moins travestis en « données » psychologiques. Sa dichotomisation profonde, obstacle insurmontable à tout progrès ultérieur, ne fait qu'exprimer en dernier ressort la séparation primordiale de l'individu et des forces productives sociales, qui scinde sa vie même en deux parts fortuitement accolées, et entre lesquelles, si l'on peut dire, l'âme ne circule plus. Que viennent s'ajouter à cela de grandes faiblesses superstructurelles, une inconscience générale des rapports sociaux — et par conséquent humains — réels, et nous avons le portrait sommaire de l'individu biographiquement aliéné au point d'être une *victime consentante* d'une forme de société qui a littéralement détruit sa personnalité. Peut-être cette petite introduction hypothétique à un déchiffrement de la vie mesquine, dans une de ses formes caractéristiques de la société bourgeoise, aide-t-elle à lire les pages si riches des *Grundrisse* dans lesquelles Marx compare les formes d'individualité propres aux divers types de rapports sociaux :

> « Dans l'économie bourgeoise et l'époque correspondante, au lieu de l'épanouissement entier de l'intériorité humaine, c'est le dépouillement complet ; cette objectivation universelle apparaît comme totale, et le renversement de toutes les entraves unilatérales comme sacrifice du but en soi à un but tout à fait extérieur. C'est pourquoi le juvénile monde antique apparaît comme un monde supérieur. Et il l'est effectivement, partout où l'on cherche une figure achevée, une forme et des contours bien définis. Il est satisfaction à une échelle limitée, alors que le monde moderne laisse insatisfait, *ou bien, s'il est satisfait, il est trivial* [1]. »

Mais cette ébauche d'analyse d'une des formes d'obstacle que rencontre sur son chemin la reproduction élargie de la personnalité n'est pas à elle-même son propre but ; elle a pour fonction de suggérer des recherches à entreprendre sur les conditions générales d'élimination de ces obstacles. Car la tâche la plus élevée qu'ait à accomplir la psychologie de la personnalité, telle que nous la

---

1. *Fondements*, I, p. 450. C'est moi qui souligne.

comprenons, n'est pas je ne sais quelle « classification » des « types » à partir de critères plus ou moins phénoménaux et étrangers à la vie humaine réelle, visant à donner aux individus la satisfaction toute spéculative de se situer eux-mêmes dans une nomenclature, voire plus prosaïquement à faciliter leur insertion dans un processus socio-éducatif ou un système de division du travail préétablis ; c'est de découvrir les racines communes et les formes psychologiques singulières de la limitation d'épanouissement des personnalités dans une société donnée, et d'indiquer, pour ce qui dépend de la psychologie, les conditions de sa suppression. Comment se fait-il que, dans une société donnée, à côté de nombreux individus au développement rabougri, qui n'ont pas même l'idée ni l'envie de lutter contre les conditions de leur rabougrissement, il puisse en exister d'autres, leurs *semblables* pourtant, dont l'épanouissement donne une haute idée des possibilités de l'homme, voire qui luttent contre les conditions même de rabougrissement des premiers ? Et que faut-il faire pour que les premiers s'élèvent de plus en plus au niveau des seconds, c'est-à-dire pour que l'ensemble des individus, dans la diversification sans cesse accrue des personnes, parvienne à l'épanouissement maximum que comporte une étape déterminée du développement historique ? A cette immense question, la réflexion sur le phénomène de la baisse tendancielle du taux de progrès, poursuivie ici de façon très consciemment hypothétique et purement indicative, ne serait-elle pas en mesure d'apporter des éléments partiels de réponse ? Schématiquement, on l'a vu, la baisse tendancielle du taux de progrès résulte d'une triple détermination : biologique (dégradation de la capacité d'apprentissage), sociale (décroissance et même annulation de l'incitation sociale à l'apprentissage au-delà d'un certain point), et spécifiquement psychologique (diminution du taux de progrès « spontanément » entraînée par l'augmentation de la composition organique de la personnalité). Si nous laissons de côté la première, qui ne relève pas de notre propos, la seconde apparaît d'emblée comme une condition décisive, une clef du problème. L'excentration sociale de l'essence humaine, pour la première fois clairement formulée dans la *VIe Thèse sur Feuerbach*, se traduit ici par le fait évident que les perspectives d'épanouissement de la personnalité humaine impliquent nécessairement la transformation radicale des rapports sociaux : le passage révolutionnaire du capitalisme au socialisme est, pour l'individu aussi bien que pour la société, la condition éclatante de l'émancipation.

En effet, c'est parce qu'il sépare l'individu des forces produc-

tives, convertit l'homme même en marchandise, fonde l'enrichissement social sur le vol du temps de travail et du temps libre du plus
grand nombre [1], que le capitalisme sclérose et dichotomise jusqu'en
leur for intérieur les personnalités. Or le passage au socialisme,
même effectué dans les conditions historiques les moins favorables
et grevé des plus lourds handicaps, *lève l'obstacle le plus décisif* en
la matière, ce qui ne signifie pas bien entendu qu'il volatilise ins-
tantanément les contradictions héritées des rapports sociaux antérieurs. En mettant fin à la séparation de droit entre l'individu et
les forces productives par la socialisation des moyens de production,
en libérant l'homme de la forme marchandise, en faisant jouer à la
quantité et à la qualité du travail fourni un rôle réel et direct dans
la détermination des revenus, le socialisme, s'il n'abolit pas toute
l'opposition entre travail concret et travail abstrait et par conséquent entre personnalité concrète et personnalité abstraite, crée
les conditions objectives pour que cette opposition ne prenne plus
la forme d'une *contradiction antagoniste* : ne fût-ce que par là, il
représente pour la personnalité humaine aussi un tournant d'importance véritablement historique. De même qu'il émancipe la
croissance des forces productives sociales des impératifs du profit
capitaliste, il libère en son principe le développement des capacités
individuelles de la limitation extérieure que représente, dans le
capitalisme, l'évaluation *minimale* de la force de travail. Tant par
sa base économique que par les mesures sociales, politiques et
culturelles qu'il comporte normalement, il amorce l'immense
processus historique qui dissipera la dichotomisation des individus
et fera coïncider à un niveau supérieur travail *social* et manifestation *de soi*. En ce sens, comme l'ont si souvent noté les observateurs
les plus divers de la réalité socialiste, pourvu qu'ils aient su faire
preuve d'ouverture de l'esprit et du cœur, ce mode nouveau de
rapports sociaux ouvre la voie de la réconciliation de l'homme avec
lui-même, de l'épanouissement de chaque personnalité ; entre
essence humaine objective et existence individuelle, les rapports
juxtastructurels peuvent commencer à y devenir enfin concrètement
réciproques : l'humanisme marxiste reçoit ici la plus profonde des
confirmations expérimentales. C'est pourquoi d'ailleurs la théorie
de la personnalité ne saurait se livrer à investigation empirique
plus instructive pour elle que d'étudier en détail, loin de tout souci
apologétique comme de tout parti pris dépréciatif, les *transforma-*

---

1. Cf. *Fondements*, II, pp. 222 et 226.

*tions réelles* des formes d'individualité et des structures des personnalités singulières induites dans les individus par les sociétés socialistes à leurs différentes phases, et compte tenu des conditions historiques particulières à chaque pays.

Mais sans doute une telle étude ne manquerait-elle pas de faire apparaître aussi combien cette forme de société, étape supérieure de l'émancipation humaine, ne reste pas moins tributaire, outre les séquelles durables des formes sociales précédentes, de nécessités historiques qu'elle ne pourrait si peu que ce soit méconnaître sans s'infliger à elle-même, comme aux individus qui s'y développent, les plus graves dommages. En particulier, si, comme Marx le répète fréquemment, le développement des capacités des individus résulte avant tout de l'appropriation des *forces productives* à laquelle ils se livrent sur la base du travail social, il est évident qu'un progrès substantiel des capacités du plus grand nombre, donc l'annulation des effets sclérosants sur les personnalités de la baisse tendancielle du taux de progrès, suppose en dernière analyse un développement universel de ces forces et leur reproduction sans cesse élargie. C'est ce que Marx soulignait déjà dans *L'idéologie allemande* lorsqu'il y faisait dépendre la suppression de l'aliénation des individus en premier lieu de ce développement,

> « condition pratique préalable absolument indispensable, car, sans lui, c'est la *pénurie* qui deviendrait générale, et, avec le *besoin*, c'est aussi la lutte pour le nécessaire qui recommencerait et l'on retomberait fatalement dans la même vieille gadoue [1] ».

Oublier cette vérité marxiste cardinale, et s'imaginer, comme on l'a fait en Chine, qu'une révolution culturelle volontariste pourrait faire avancer massivement les *consciences* au-delà des *bases réelles de la vie sociale*, c'est une faute théorique et politique de première grandeur ; et après tout ce qui précède sur la théorie de la personnalité qui s'articule avec le matérialisme historique, il semble permis d'ajouter que c'est *aussi* une faute psychologique fondamentale, d'ailleurs empiriquement constatable dans ses effets. Mais si la croissance des forces productives, avec toutes les transformations des rapports sociaux qu'elle rend possible, est la condition objective ultime de la croissance des capacités individuelles, et des transformations corrélatives des emplois du temps,

---

1. *L'idéologie allemande*, pp. 63 et 64.

il n'en résulte absolument pas que les deux séries de processus, de par leur logique interne, se déroulent au même rythme. En règle générale, au contraire, le rythme auquel mûrissent et exigent solution les contradictions biographiques est bien entendu beaucoup plus rapide que celui du développement social dans son ensemble. En schématisant à l'extrême et en laissant de côté d'innombrables autres aspects de la question, il semble qu'on puisse voir dans cette absence de couplage temporel, en soi inévitable dans le socialisme lui-même, un risque permanent de plafonnement des capacités individuelles, de baisse tendancielle de leur taux de progrès, de sclérose et de dichotomisation des personnalités. Bien que n'étant plus inscrite au cœur même des rapports de production comme dans le capitalisme, ce qui représente un progrès historique immense et libère les contradictions existantes de leur caractère *intrinsèquement antagoniste*, la possibilité existe de toute évidence, dans le socialisme, que la loi de correspondance nécessaire entre capacités et emploi du temps se trouve contrecarrée plus ou moins foncièrement par la lenteur relative d'évolution des formes objectives d'individualité, que l'insuffisante mobilité du produit de l'activité abstraite détourne le dynamisme psychologique vers les formes mesquines de la vie si justement appelée *privée*.

A cet égard, et malgré ses difficultés sur d'autres plans, la « période héroïque » du *passage* au socialisme apparaît comme plus facile que sa complexe *édification* ultérieure : pour les personnalités produites dans le capitalisme et victimes de ses contradictions, cette période exaltante du passage où temporairement l'histoire avance aussi vite, voire plus vite que la personnalité elle-même, offre d'immenses possibilités d'accélération des progrès des capacités individuelles, de refonte des structures du produit psychologique et de l'emploi du temps, de réconciliation entre vie abstraite et vie concrète, de solution des problèmes de rapports avec la société et de relations interpersonnelles. Mais lorsque les nouveaux rapports sociaux sont stabilisés, et pour les générations formées en leur sein, les choses se présentent tout autrement. Le bénéfice psychologique de l'instauration du socialisme est alors directement lié à la mise en œuvre effective et multiforme de la *supériorité qualitative* que représentent la collectivisation, la désaliénation du travail et des rapports sociaux, l'élimination des obstacles de classe sur la voie du progrès en tous domaines. Certes, la personnalité reste toujours déterminée par une essence humaine excentrée, par des formes d'individualité sociales, par une logique objective de

29

l'emploi du temps, *qu'il n'est pas en son pouvoir individuel immédiat de modifier selon les rythmes et dans le sens qui lui conviennent.* Mais il est de l'essence du socialisme de donner à *chacun* les possibilités les plus larges de participer aux efforts *collectifs* entrepris pour les modifier, donc de dériver le dynamisme psychologique, que les conditions ne permettent pas encore au secteur I d'absorber au-delà d'un certain point, précisément vers les activités sociales de transformation de ces conditions ; autrement dit d'ouvrir aux contradictions fondamentales des personnalités que les rapports socialistes n'ont pas éliminées à un stade donné de leur développement, le champ le plus vaste pour *s'extérioriser socialement,* et trouver une solution relative dans les activités militantes, au sens le plus large et divers du terme, dans les activités créatrices qui contribuent, chacune à sa manière, à élever la société sur un plan supérieur. D'une façon générale, les contradictions essentielles des personnalités dont le développement historique n'a pas encore dissous les bases, ou bien sont fuies au-dedans dans la dichotomisation et la vie privée, ou bien sont poursuivies au-dehors dans l'excentration consciente de la vie militante. On voit ici l'importance proprement *vitale* qui, du point de vue même de la psychologie de la personnalité, s'attache à la *démocratie socialiste.* Car la démocratie socialiste vivante concrétise justement l'élimination de tout obstacle de classe à la prise en main de leur propres affaires par les individus associés, en leur permettant par conséquent d'accéder, dans les limites historiquement existantes, à un développement multiforme de leurs capacités — y compris celle de gouverner l'État, selon le mot de Lénine — et par là même de faire reculer ces limites à l'épanouissement de leur personnalité. Au contraire, une société socialiste qui ne donnerait pas son plein développement aux formes de démocratie correspondantes, en renfermant les individus dans les contradictions de leur personnalité, les rejetterait nécessairement vers la dichotomisation et ses paradis artificiels, quels qu'ils soient, c'est-à-dire que paradoxalement elle réactiverait certaines des contradictions psychologiques caractéristiques du capitalisme, et qui pis est privées de la perspective de la révolution socialiste libératrice. On voit ici une fois de plus combien la psychologie de la personnalité ainsi comprise, loin d'éloigner de l'analyse politique, y ramène. C'est la vocation *politique* la plus profonde du socialisme que de faire démocratiquement confiance aux masses ; or de cela aussi dépend entièrement la solution des problèmes *psychologiques* de l'homme du socialisme.

Pourtant, même si le socialisme, utilisant au mieux ses virtualités démocratiques et humanistes supérieures, libère le produit psychologique des activités d'apprentissages de toute autre limite que celle du niveau général atteint à chaque époque par le développement social lui-même, et, par là, est en mesure de produire des hommes supérieurement développés, la baisse tendancielle « spontanée » du taux de progrès paraît bien appelée cependant à s'y manifester encore. Dans le socialisme comme dans le capitalisme, la proportion dans laquelle une même quantité d'activités d'apprentissages modifie le fonds fixe des capacités, et maintient la plasticité des structures de la personnalité, ne cesse de baisser au fur et à mesure qu'augmente la somme des capacités déjà acquises. Dans ce sens, faut-il admettre qu'en toute société chaque personnalité tend nécessairement à la sclérose du fait même de ses progrès, et indépendamment des effets de sénescence biologique ? Cette conclusion pessimiste serait irrécusable si le phénomène de baisse tendancielle considéré ici était véritablement *spontané*, comme il semble l'être, c'est-à-dire indépendant des structures sociales et de leur transformation historique. Mais il s'agit là d'une illusion. Jusqu'ici nous avons considéré le fonds fixe de la personnalité comme une simple somme de capacités identiques ; or il exige aussi d'être analysé *qualitativement*. Ainsi, pour s'en tenir aux remarques les plus élémentaires, on ne peut évidemment mêler des formes de capacités aussi différentes que la compétence dans une branche déterminée de la production matérielle et l'aptitude à la recherche scientifique, la culture artistique et l'expérience de l'organisation sociale, le talent pédagogique et l'entraînement sportif. En fait, dans la mesure où le patrimoine social humain à partir duquel l'individu se développe psychiquement est pratiquement inépuisable en une vie d'homme, le fonds fixe des capacités, pour vaste et divers qu'il puisse être dans une personnalité, demeure toujours qualitativement lacunaire : en tout individu, la composition organique de la personnalité est chose intrinsèquement inégale. Dans ces conditions, que dans tel secteur bien défini des capacités, par exemple la compétence pour une activité professionnelle donnée, tende à s'opérer spontanément une baisse du taux de progrès au fur et à mesure du développement — ce qui est bien entendu inévitable — et qu'en ce sens le dynamisme psychologique tende à s'exclure peu à peu lui-même du domaine qu'il a fécondé, cela n'empêche aucunement les activités d'apprentissages de se déplacer vers *d'autres secteurs à plus faible composition organique, où un taux de progrès élevé demeure donc toujours possible,* entretenant ainsi la plasticité générale de la personnalité. Mais cela suppose que l'individu ait la possibilité sociale de transformer les bases mêmes de son emploi du temps en fonction des exigences de sa vie personnelle. Or cette possibilité sociale ne peut être effectivement donnée à chacun sans un développement universel des forces productives, une fluidité extrême de tous les rapports sociaux, la mise en œuvre de moyens énormes permettant à chaque individu de se déployer dans tous les sens ; bref, elle suppose, par-delà le socialisme lui-même, les bases matérielles et culturelles du *communisme* proprement dit.

Tant que ces conditions objectives ne sont pas réunies, la masse des individus reste donc plus ou moins rivée, et souvent pour la vie entière, à un certain nombre de tâches sociales, à l'exclusion de toutes les autres, et nécessairement vouée dans ces conditions à la baisse du taux de progrès. La baisse « spontanée » du taux de progrès n'est donc nullement spontanée en réalité ; elle est l'effet de la subordination de la croissance psychologique à un système morcelant de division du travail, qui reflète lui-même les limites du développement des forces productives et des rapports sociaux. Non pas, bien sûr, que le mouvement historique par lequel la division technique du travail se développe sans cesse semble promis dans l'avenir au ralentissement ou au rebroussement : il ne peut au contraire être question d'un progrès des forces productives et des capacités humaines correspondantes qui ne suppose et n'entraîne une diversification accrue des activités même si, d'un autre côté, il en simplifie ou en supprime des formes anciennes. En ce sens, faire dépendre l'épanouissement intégral des individus futurs d'une abolition de la division du travail *en général* reviendrait à la déclarer à jamais impossible. Mais le communisme, utilisant à fond les virtualités de la société sans classes et supprimant, sur la base d'un développement énorme des forces productives, les différences essentielles entre travail manuel et travail intellectuel, travail à la ville et travail à la campagne, libérera complètement les hommes des conditions qui les rivaient à des tâches parcellaires, et rendra possible *une polyvalence et une mobilité ordonnées des individus en fonction des exigences internes de leur croissance dans le système diversifié des activités sociales* : là est la solution de la contradiction entre la nécessité de la division technique du travail et celle du développement intégral des individus. Sans doute cette idée n'est-elle pas encore très exactement exprimée dans *L'idéologie allemande*, où Marx et Engels parlent de l'abolition de la division du travail sans avoir encore analysé d'assez près les différents aspects de cet immense phénomène historique [1]. Mais dès *Misère de la philosophie*, et à plus forte raison dans les grandes œuvres de la maturité, *Le Capital* et l'*Anti-Duhring* [2], les choses sont bien claires. La grande industrie moderne, écrit Marx dans *Le Capital*,

> « nécessite le changement dans le travail, la fluidité des fonctions, la mobilité universelle du travailleur ; [elle] oblige la société, sous peine de mort, à remplacer l'individu morcelé, porte-douleur d'une fonction productive de détail, par l'individu intégral qui sache tenir tête aux exigences les plus diversifiées du travail et ne donne, dans des fonctions alternées, qu'un libre essor à la diversité de ses capacités naturelles ou acquises [3] ».

Et Engels dans l'*Anti-Dühring* souligne que chaque individu aura « la possibilité de perfectionner et de mettre en œuvre dans toutes les directions l'ensemble de ses facultés physiques et intellectuelles », au sein d'une société formant des

> « producteurs développés dans tous les sens, qui comprendront les bases scientifiques de l'ensemble de la production industrielle et dont chacun aura parcouru dans la pratique toute une série de branches de production d'un bout à l'autre [4] ».

Cette diversité simultanée et successive, cette mobilité des activités, appuyées sur une formation polytechnique de base et sans cesse prolongées par la riche utilisation d'un temps libre croissant, sont la clef du développement universel des individus. Du reste, des grands hommes de l'Antiquité aux grands dirigeants du mouvement ouvrier moderne, en passant par les individus les plus universels de la Renaissance ou du XVIIIᵉ siècle, la preuve qu'il n'y a pas là une simple vue de l'esprit marxiste a déjà été donnée maintes fois, dans les sociétés de classes elles-mêmes, pour autant

---

1. *L'idéologie allemande*, pp. 62 et 63, 93 et 94.
2. *Le Capital*, I, 2, pp. 161 à 167 ; *Anti-Dühring*, III, 3, pp. 325 à 337.
3. *Le Capital*, I, 2, p. 166. (« ... Das Teilindividuum, den blossen Träger einer gesellschaftlichen Detailfunktion, durch das total entwickelte Individuum, für welches verschiedne gesellschaftlichen Funktionen einander ablösende Betätigungsweisen sind. » *M. E. W.*, t. 23, p. 512.)
4. *Anti-Dühring*, pp. 333 et 336.

qu'à titre plus ou moins exceptionnel, et de façon nécessairement partielle, elles ont préfiguré certaines des conditions sociales que le communisme réalisera en les universalisant. Ainsi le communisme, sans lequel il ne saurait y avoir de développement véritablement universel de chaque individu, mais qui ne saurait lui-même exister sans des individus universellement développés, ouvre-t-il des perspectives grandioses à la lutte contre la loi de baisse tendancielle du taux de progrès, à l'épanouissement des personnalités. S'il est bien vrai, comme le notait Engels, qu' « en divisant le travail on divise aussi l'homme[1] », qu'on morcelle ses capacités, qu'on dichotomise sa personnalité, la forme communiste de l'organisation de l'activité sociale permettra au contraire non seulement un libre développement de chaque groupe de capacités pris à part, mais une interpénétration et une fécondation réciproque des unes par les autres — sens pratique et réflexion théorique, aptitudes artistiques et responsabilités sociales, etc. — relançant sans cesse le taux de progrès par la variation de l'emploi du temps et maintenant le dynamisme général de la personnalité au plus haut point. De tels hommes, ayant échappé aux aliénations sociales et, dans la même mesure, *intérieures*, émancipés des formes de conscience, et d'inconscience, où se reflète chaque impuissance historique, mériteront véritablement d'être appelés des hommes *libres*.

Mais s'il est vrai, comme l'écrivait Marx dans *L'idéologie allemande*, qu'en toute rigueur la société communiste est

> « la seule où le développement original et libre des individus n'est pas une phrase creuse[2] »,

cela ne signifie aucunement qu'en attendant le communisme les individus ne puissent dans les limites et au travers des contradictions existantes conquérir en des proportions très variables une réelle liberté. De cette variabilité, l'extrême diversité des personnalités et de leur degré d'émancipation au sein du capitalisme porte un témoignage éclatant. C'est un nouveau et vaste chapitre de la science de la personnalité qui pourrait s'ouvrir ici, et sur lequel, avant de terminer, on risquera quelques brèves remarques : celui des *formes générales de la dialectique du développement personnel* dans la société capitaliste. Il ne s'agit pas ici d'en revenir subrepticement à une sorte de typologie, c'est-à-dire à une conception abstraite de l'essence, mais d'esquisser les principales possibilités

1. *Ibid.*, p. 331.
2. *L'idéologie allemande*, p. 482.

logiques à travers lesquelles chaque biographie déploie sa trajectoire singulière. Ces possibilités sont en fait inscrites, selon notre hypothèse, dans les formes générales d'individualité, et les contradictions essentielles correspondantes, que définit chaque système de rapports sociaux. Dans le capitalisme, elles sont dominées par les contradictions générales entre activité concrète et activité abstraite, entre logique interne et nécessité sociale de l'emploi du temps. Certes, il peut sembler d'abord que certains individus, principalement dans la classe dominante, ont la possibilité d'échapper à ces contradictions, leur position privilégiée dans la division du travail et les rapports sociaux permettant pour l'essentiel à leur activité *sociale* de coïncider avec leur vie *concrète*, aux nécessités *externes* de s'accorder avec la logique *interne* de leur emploi du temps. De tels cas d'*équilibration* et de *vie satisfaite*, qui peuvent s'exprimer dans des personnalités remarquables, voire d'une certaine grandeur, laisseraient croire à des observateurs superficiels que le capitalisme n'est pas aussi foncièrement inhumain que le disent les marxistes, ou qu'en tout cas l'individu peut s'élever radicalement au-dessus des rapports sociaux contrairement à ce qu'affirme le matérialisme historique ; et ils ne cessent de servir d'illustration aux idéologies humanistes qui méconnaissent ou camouflent et cette nécessité, et cette inhumanité. Pourtant, à y mieux regarder, le fait évident qu'une telle équilibration soit toujours dans le capitalisme, comme en toute société de classes, le *privilège* d'un tout petit nombre, dont le corollaire inévitable est la déséquilibration parfois effroyable de la vie du plus grand nombre, se traduit au-dedans même des personnalités considérées par le caractère *parasitaire* de l'équilibre, et *illusoire* en dernière analyse de la coïncidence entre activité abstraite et activité concrète. Ces personnalités ne semblent dépasser les contradictions du capitalisme que parce qu'elles s'y trouvent fortuitement à l'aise, au point souvent de n'en avoir même pas conscience. Là est, malgré leur grandeur apparente, leur étroitesse fondamentale ; car la vie satisfaite, dans le capitalisme, ne peut jamais être exempte de philistinisme.

L'autre forme fondamentale que prennent les contradictions de base du capitalisme dans la personnalité, c'est la dichotomisation et le repli sur la vie privée. Nous avons là l'envers de la vie satisfaite, enfermé dans les mêmes contradictions, mais qui, au lieu de s'y trouver à l'aise par privilège, connaît le sort commun qui est de venir s'y briser. Dans un cas comme dans l'autre, la personnalité ne réussit pas à prendre appui sur ses contradictions de base et à en alimenter son dynamisme ; à un niveau ou à un autre elle est vouée à la baisse du taux de progrès et à la sclérose. La seule possibilité qui existe d'éviter dans une certaine mesure ce double écueil au sein même du capitalisme, c'est que l'individu, tout en faisant l'expérience profonde de contradictions essentielles qu'il n'est nullement en son pouvoir d'abolir, trouve cependant la force de résister à la dichotomisation. Il va de soi qu'une telle force ne peut être trouvée dans la simple « volonté », c'est-à-dire dans une démarche purement superstructurelle, mais, au niveau même de l'infrastructure, dans un certain poids spécifique d'activités non dichotomisées au cœur de l'emploi du temps. Les activités que nous qualifions plus haut d'intermédiaires, en particulier les relations interpersonnelles, qui dépassent l'individu sans être cependant en elles-mêmes et à proprement parler sociales — l'amour, l'amitié — peuvent-elles jouer ce rôle ? Oui et non. Dans la mesure même où elles ne sont pas des *rapports sociaux* au sens fort que donne à cette notion le matérialisme historique, les relations interpersonnelles peuvent être par le seul effort des individus plus ou moins largement émancipées des aliénations que le mode de production *impose* à l'activité sociale abstraite, et ce secteur d'activité psychologique partiellement désaliénée, ce mode de rapports humains « vrais », qui semblent préfigurer une société où tous les rapports seraient de cette nature, peuvent provoquer toute la personnalité à refuser la dichotomie, lui communiquer un dynamisme qui ne se laisse enfermer ni dans les formes aliénées de l'activité sociale ni dans les formes mesquines de la vie privée. En ce cas la logique profonde des relations interpersonnelles les pousse vers la vie militante, au sens très large où nous prenons ici ce terme. Mais il est non moins capital de ne jamais perdre de vue les différences qualitatives qui subsistent entre le couple ou le petit groupe des relations interpersonnelles et les rapports sociaux proprement dit, c'est-à-dire d'abord les rapports de production dont le matérialisme historique a établi l'importance déterminante en dernière instance. Laissant par elles-mêmes en dehors d'elles l'activité sociale abstraite, ce qui facilite leur désaliénation partielle mais limite aussi étroitement leur portée immédiate, les relations interpersonnelles risquent sans cesse non seulement de ne pas contribuer à la lutte contre la dichotomisation générale de la personnalité, mais de s'y enfermer à titre de secteur privilégié plus ou moins illusoirement non dichotomisé, c'est-à-dire en fait de la *consolider* en lui offrant la compensation d'une pseudo-solution non décisive, voire l'alibi d'une autre forme de repli sur la vie privée. Là est l'ambiguïté foncière de rapports comme l'amour et l'amitié, points de suture ou masque de la coupure entre personnalité concrète et personnalité abstraite, ambiguïté qui se reflète dans les dissertations de l'humanisme philosophique sur les relations du Moi et de l'Autre, lesquelles ont un tout autre sens selon qu'elles annoncent un passage au matérialisme historique ou au contraire trahissent une rechute dans l'idéalisme anthropologique.

C'est pourquoi en définitive, nous semble-t-il, il n'est dans les limites historiques existantes de solution profonde au problème central de la dichotomisation qui ne s'enracine dans l'infrastructure essentielle de la personnalité, c'est-à-dire l'activité abstraite, le travail social, où l'individu est en contact plus ou moins direct avec les forces productives et les rapports sociaux décisifs. Certes, le propre du capitalisme est de séparer à l'extrême travail concret et travail abstrait, et de subordonner *socialement* le premier au second. Mais *le travail abstrait n'en conserve pas moins son aspect concret*, lequel *psychologiquement* n'est pas voué de manière fatale à être subordonné à son contraire. Je formule l'hypothèse que la condition infrastructurelle la plus déterminante de la résistance à la dichotomisation est que, dans une personnalité donnée, le $\frac{P}{B}$ général de l'aspect concret du travail social abstrait soit élevé.

C'est cette condition qui se traduit en somme dans l'*amour du métier*. L'homme qui aime son métier est en mesure de ne pas se laisser imposer passivement la baisse du taux de progrès dans le secteur de son activité abstraite, autrement dit, malgré les conditions capitalistes, de continuer à développer ses capacités en ce secteur *non pour le produit abstrait mais pour lui-même*, donc d'enrichir sa personnalité concrète à partir de l'activité déployée au contact des forces et des rapports de production décisifs ; et réciproquement, de virer les disponibilités d'emploi du temps et le dynamisme de la personnalité concrète au compte du développement de l'activité sociale. Mais comme en général dans le même temps les rapports capitalistes refusent à ces capacités en plein développement des possibilités correspondantes d'investissement dans l'activité abstraite, la personnalité dans son ensemble est objectivement poussée avec une force extrême à prendre conscience de l'excentration sociale de ses bases [1] et à dériver son dynamisme

---

1. Cf. *Fondements*, I, p. 426 : « S'il découvre que les produits du travail sont les siens, condamne la dissociation de ses conditions de réalisation et juge qu'on lui impose une situation intolérable, l'ouvrier aura acquis une immense conscience, qui découle d'ailleurs du mode de production reposant sur le capital. »

inemployé vers l'activité de transformation de ces bases excentrées, ce qui lui apporte *sans attendre* un moyen capital de *développement non dichotomisé* au sein même d'une société dichotomisante. On voit bien ici la profondeur des liens qui existent entre amour frustré du métier et besoin d'une vie militante, et que le mouvement ouvrier a empiriquement constatés depuis longtemps : un mauvais ouvrier ne fait à peu près jamais un bon militant.

On comprend aussi pourquoi la vie militante, en entendant par là la participation active à toute activité collective de transformation émancipatrice des conditions sociales, voire toute activité sociale créatrice qui contribue à élever la société sur un plan supérieur, est aussi éloignée du sacrifice ascétique de soi au profit des « générations futures » que du calcul égoïste bien compris : dans ses formes saines, elle est précisément le dépassement de cette contradiction, la seule anticipation partielle possible pour l'individu de la société de classes de ce que sera la vie désaliénée dans la société sans classes de demain. C'est ce que Marx a souvent suggéré, par exemple dans les *Grundrisse*, où il donne une réfutation écrasante de la mystification bourgeoise sans cesse renaissante jusqu'à nos jours selon laquelle, dans leur propre intérêt, les prolétaires devraient renoncer à leur vie concrète, « épargner en pratiquant l'abstinence [1] ». Or le prolétaire, montre Marx, « quoi qu'il fasse, économisera non pas pour lui, mais *pour* le capital ». Si pendant les périodes relativement favorables les ouvriers « mettaient de côté », « ils seraient ravalés au niveau animal » ;

> « tout au contraire, la participation de l'ouvrier à des jouissances plus élevées, voire d'ordre intellectuel, l'agitation pour ses intérêts propres, la presse et les conférences, l'éducation de ses enfants, le développement de ses goûts, etc., bref, la seule participation possible à la civilisation — par quoi il se distingue de l'esclave — tout cela n'est possible économiquement que s'il accroît la sphère de ses jouissances quand les affaires prospèrent, c'est-à-dire quand on lui dit d'économiser [2] ».

Ainsi vie militante et développement de soi sont des termes non pas antithétiques mais interdépendants. En dépouillant à l'extrême ceux-mêmes qui sont à la base de toute création de richesses, le

1. *Fondements*, I, p. 234.
2. *Ibid.*, pp. 236 et 237.

capitalisme n'engendre pas seulement ses propres fossoyeurs, mais il produit des hommes psychologiquement supérieurs, pleinement capables d'apprécier la vie pour eux-mêmes comme pour tous les autres, aptes à prendre en main les destinées de la société tout entière pour l'élever plus haut : le processus psychologique de résistance de la personnalité à la dichotomisation et à la sclérose que nous analysons ici est le corollaire du processus socio-politique par lequel la classe ouvrière, entraînant à ses côtés d'autres couches de travailleurs manuels et intellectuels, devient l'héritière de la nation en même temps que s'accuse la décadence historique de la classe dominante. Comme le notait déjà *L'idéologie allemande,* il y a plus d'un siècle,

> « aujourd'hui on a l'impression que c'est encore parmi (les prolétaires) que l'individualité se développe le plus [1] ».

Là est d'ailleurs la preuve expérimentale la plus directement tangible que la société sans classes, comme l'affirme le marxiste et comme hésite souvent à le croire celui qui ne l'est pas, transformera réellement les hommes jusqu'en leur tréfonds en leur apportant, au sens matérialiste recevable de l'expression, ce « supplément d'âme » que les humanismes philosophiques et les religions se sont avérés incapables de jamais insuffler par eux-mêmes aux larges masses. Veut-on entrevoir concrètement ce que sera l'homme du communisme ? Qu'on observe et qu'on médite en les extrapolant les transformations qui, sous nos yeux, s'opèrent déjà chez l'actif des militants du mouvement ouvrier moderne.

Pourtant les aspects anticipateurs de la vie militante ne peuvent faire oublier qu'elle n'a pas le pouvoir d'abolir par elle-même les contradictions sociales objectives auxquelles elle s'oppose mais dont elle demeure en même temps tributaire. Secteur non dichotomisé par excellence de la personnalité, elle est nécessairement aussi une composante parmi d'autres de l'emploi du temps, et à ce titre risque toujours d'en aggraver certaines autres contradictions. Qu'elle vienne à se détacher de l'activité sociale à la fois concrète et abstraite où normalement elle s'enracine, et la voilà menacée de déchoir au niveau d'une simple compensation à ces contradictions irrésolues, voire d'être elle-même subordonnée à une dichotomie générale non surmontée, se décomposant alors en exécution de tâches quasi-abstraites ou en variante des relations interperson-

---

1. *L'idéologie allemande,* p. 263.

nelles, voire du simple repli sur la vie privée. A cet égard, une *pathologie théorique de la vie militante* sera à coup sûr des plus instructives pour la psychologie de la personnalité. Cependant, même à travers ses retombées partielles, la vie militante apparaît comme porteuse de l'avenir de la personnalité humaine. Des trois grandes possibilités logiques sur la base desquelles il nous semble que chaque personnalité trace sa trajectoire singulière dans la société capitaliste — équilibration relative et vie satisfaite, dichotomisation et repli sur la vie privée, excentration consciente et vie militante — la dernière est la seule qui ne réduise pas la personnalité à son statut étroitement juxtastructurel mais l'ouvre, aussi largement qu'il est possible à un stade historique donné, sur le patrimoine social humain, faisant de ses contradictions mêmes un facteur dynamique de résistance à la baisse tendancielle du taux de progrès, et pouvant donner à sa vie un sens non aliéné si l'activité militante est bien objectivement émancipatrice. Certes, toute société a connu, sous des formes variables, des personnalités militantes, à côté même des figures, classiques dans la galerie de portraits de l'humanisme, du sage, du héros et du saint. Mais dans les sociétés précapitalistes, où les contradictions entre travail concret et travail abstrait étaient loin d'être aussi universelles et radicales que dans le capitalisme — et à plus forte raison le capitalisme monopoliste d'État, antichambre du socialisme — il ne pouvait encore être question d'une préfiguration de l'individu *intégral*, et surtout comme phénomène de *masse*. C'est à ce double titre au contraire que les formes de vie militante produites, sur la base du capitalisme développé, par le mouvement ouvrier moderne attestent d'une mutation grandiose des formes sociales d'individualité, d'un saut qualitatif de l'essence humaine : la possibilité que *tous* les hommes accèdent à un épanouissement personnel limité seulement par le niveau de développement des forces productives, des rapports sociaux et de la culture, est peut-être encore embryonnaire et lointaine, mais à coup sûr désormais *elle existe*. Rien ne saurait confirmer à une plus grande profondeur le fait que notre temps est bien, malgré tant de convulsions, de phénomènes antagonistes, voire de rebroussement partiels, celui du passage général de l'humanité au socialisme et au communisme, la véritable fin de la préhistoire de l'espèce humaine, sa complète émergence hors de l'animalité originelle, l'avènement tangible de sa liberté. Car si l'humanité ne se propose jamais que des tâches qu'elle peut résoudre, elle ne se prépare jamais non plus à résoudre que des tâches qui sont proposées. En produisant *visiblement* au sein même de la pire aliénation des hommes, nullement exceptionnels, déjà si profondément désaliénés, le mouvement historique révèle en une forme sensible au poète ce qu'une science antihumaniste de l'homme ne sait pas toujours voir encore : le monde est en train de *changer de base*. Comme le dit admirablement Marx dans les *Grundrisse* :

> « Sur le *plan des idées,* la dissolution d'une certaine forme de conscience suffit à tuer une époque entière. *En réalité,* toute limitation de la conscience correspond à un *degré déterminé du développement des forces productives matérielles,* et donc de la richesse. L'évolution ne s'effectue pas seulement à partir de l'ancienne base, *mais cette base elle-même s'élargit.* Cette phase du développement évoque la floraison : la plante fleurit sur *cette* base, elle se flétrit pour avoir fleuri et après avoir fleuri. Le plus haut développement de cette base est donc le point où elle est la plus élaborée, où elle se concilie avec la plus haute *évolution des forces productives,* et donc aussi avec le plus ample développement des individus. Sitôt que ce point est atteint, toute évolution ultérieure est déclin, et tout développement nouveau se fera sur une nouvelle base [1]. »

Sur la nouvelle base en train de se développer aujourd'hui à l'échelle mondiale, fleurira l'homme désaliéné, l'individu intégral.

Ces considérations topologiques générales ne doivent pas faire perdre de vue que la tâche ultime de la psychologie de la personnalité est la maîtrise théorique et pratique du développement de chaque individu pris dans sa singularité. C'est pourquoi il semble opportun de présenter pour terminer et dans cette même perspective de brèves remarques sur la constitution d'une réelle *science de la biographie.* Qu'à travers l'immense et diverse abondance d'ouvrages biographiques écrits depuis des siècles, et spécialement au nôtre, il en soit d'admirables, nous n'avons certes pas l'intention de le nier, non plus que de dissimuler la dette qu'à leur égard ont tous ceux qui se mêlent de comprendre les personnalités humaines.

---

1. *Fondements,* II, p. 34.

Mais on court peu le risque d'être contredit si l'on affirme que pourtant il n'en est point qui résolve de façon convaincante *l'ensemble* extraordinairement complexe des problèmes qui se posent au biographe, faute à lui de pouvoir s'appuyer sur une théorie cohérente et complète du devenir de la personnalité, et sur une méthodologie correspondante. Or si l'on n'est pas en état de résoudre l'ensemble des problèmes posés, peut-on vraiment résoudre le *problème d'ensemble de la biographie*, et faire mieux qu'en développer plus ou moins profondément des aspects partiels ? L'étrange serait alors de constater combien peu d'efforts scientifiques ont été jusqu'ici consacrés à cette question de haute importance, si l'immaturité persistante de la théorie de la personnalité ne nous le rendait facile à comprendre. Ce qui nous est donné aujourd'hui comme recherche biographique n'est trop souvent que répétition de tentatives anciennes, dont l'apport mais aussi les limites et les impasses sont apparus depuis longtemps. Un exemple instructif nous en semble être, dans son mélange même de modernité apparente et de médiocrité profonde, un essai presque aussitôt oublié que publié, comme tant de livres aujourd'hui, sur *Le génie adolescent*[1]. Dès le sous-titre même : *essai de biographie structurale*, les auteurs laissent attendre beaucoup de leur travail ; il s'agirait de « tisser les premiers linéaments d'une future science, dont il convient de découvrir les lois : celles qui régissent la vie humaine »[2]. Notant à juste titre que, « à de très rares et très méritoires exceptions près, la biographie, telle qu'on la pratique couramment, est un exercice littéraire, voire même une tâche commerciale, et non une étude scientifique », ils affirment que pourtant elle « devrait par sa nature même faire partie de cette anthropologie qui actuellement à travers les sciences humaines s'élabore, et à l'exemple de ces dernières, qui y ont gagné leur développement et leur présente autorité, se soumettre à des règles extrêmement strictes[3]. »

Or en fait, derrière ces affirmations engageantes, que trouvons-nous ? Des séries de notations biographiques juxtaposées de la manière la plus platement événementielle sur vingt « génies adolescents »[4],

---

1. Jacques BROSSE et Yves FAUVEL : *Le génie adolescent*, Stock, 1967.
2. Parements du livre.
3. *Ibid.*, p. 10.
4. Pascal, Léopardi, Chopin, Byron, Pouchkine, Toulouse-Lautrec, Du Bellay, Kleist, Caravage, Th. de Viau, Cyrano de Bergerac, Jarry, Mozart, Purcell, Raphaël, Watteau, Rimbaud, Burns, Van Gogh, Modigliani.

et couronnées de hâtives interprétations exclusivement empruntées à la psychanalyse. La thèse générale est si mince qu'on
n'a aucune peine à la résumer sans la trahir : le secret du
génie adolescent serait l' « influence dominante du père =
très forte répression des instincts, et spécialement des pulsions
sexuelles »[1]. « Le plus petit dénominateur commun à tous les
personnages étudiés dans ce livre » est le complexe d'Œdipe qui,
« positif ou négatif, a déterminé non seulement leur conduite
sexuelle, mais toute leur vie affective[2] ». « Très fortement inhi-
bés »[3], tous les génies adolescents « sont des névrosés, mais seulement [...] des névrosés en puissance » parce qu'ils disposent
« d'une soupape de sûreté, la faculté créatrice » ; ils sont donc des
exemples achevés « de l'efficacité de la sublimation » mais aussi de
« ses dangers qui peuvent être mortels »[4]. Car, « restés toute leur
vie psychiquement prématurés »[5], ils devaient connaître un
« destin parfois si douloureux qu'il leur arrive de désespérer et
d'appeler la mort. Toujours ils la sentent venir, ils l'appréhendent,
elle les hante »[6]. Bref, le génie adolescent résulte d'une « forte
charge libidineuse » qui, pour être assez puissante, « doit originelle-
ment provenir d'un conflit enfantin non résolu et donc refoulé »[7].
Comme on le voit, il s'agit là, derrière l'étiquette de « psychobio-
graphie structurale »[8], d'une simple reprise de l'idée psychanalytique de sublimation sous une forme devenue banale, et sans que
rien de nouveau ait été trouvé par les auteurs qui surmonte les
nombreuses objections fondamentales auxquelles elle se heurte
depuis plusieurs dizaines d'années, ce qui ne l'empêche pas d'ailleurs de rester jusqu'ici le plus fréquent recours des biographes en
mal de théorie.

Laissons même de côté les naïvetés propres à ces deux auteurs[9]
pour nous en tenir aux aspects généraux de leurs conceptions.

---

1. *Ibid.*, p. 120.
2. *Ibid.*, p. 380.
3. *Ibid,*, p. 382.
4. *Ibid.*, pp. 388 et 384.
5. *Ibid.*, p. 385.
6. *Ibid.*, p. 387.
7. *Ibid.*, p. 385.
8. *Ibid.*, p. 14.
9. Ils ne croient pas seulement à l'hérédité psychologique mais à l'as-
trologie, et ne jugent pas déplacé, dans un ouvrage à prétentions scientifiques, de dire que Pascal est né « sous le signe des Gémeaux » ou Chopin
« sous celui des Poissons », *Ibid.*, pp. 393 et 398.

Mais comment ne pas voir d'emblée la grossière pétition de principe, la procédure sophistique sur laquelle repose toute la thèse ?
On nous dit que *les* génies adolescents sont tous des névrosés, des
« immatures psychiques » chez qui la précocité n'est que l'envers
de « l'évolution accélérée (du) cycle complet de leur vie »[1]. Or ces
assertions, qui nous sont présentées dans les dernières pages du
livre comme des conclusions scientifiques longuement élaborées,
sont en réalité purement et simplement *le postulat même* à partir
duquel le découpage préalable de la matière étudiée a été effectué,
et qu'on ne consacre pas même un paragraphe à justifier. Les vingt
génies adolescents dont traite le livre ont en effet été choisis par
convention parmi des artistes célèbres *morts entre 34 et 39 ans* : ni
ces âges limites, ni le choix de vingt noms parmi tous les artistes
célèbres qui répondent également au critère précédent, ni même le
fait primordial que la qualification de génie adolescent soit ici on
ne sait pourquoi réservée à des artistes *morts jeunes*, ne font l'objet
de la moindre tentative de légitimation scientifique. Tout se passe
donc comme si, ayant découpé délibérément dans l'ensemble des
artistes précocement géniaux un échantillon exclusivement composé
d'individus plus ou moins justiciables d'une approche psychanalytique et dont la mort précoce n'est pas accidentelle, nos auteurs
aboutissaient sans encombre aux résultats prédéterminés par
l'hypothèse de la sublimation. Mais qu'on veuille bien découper
moins arbitrairement l'échantillon, et toute la thèse s'écroule. Car
il n'est vraiment pas difficile de dresser des contre-listes de génies
adolescents, tout aussi précoces que les vingt dont on nous parle
ici et qui, n'étant ni névrosés ni épuisés avant la quarantaine,
mais au contraire ayant continué à vivre et à produire jusqu'à
soixante, soixante-dix, voire quatre-vingts ans, s'inscrivent en
faux contre toutes les thèses, sans exception, de nos auteurs.
C'est ainsi par exemple que J.-S. Bach, qui écrivit sa première
cantate à dix-neuf ans, avait composé avant trente-neuf ans des
chefs-d'œuvre comme les *Concertos brandebourgeois*, les *Sonates
et Partitas pour violon seul* ou la *Passion selon saint Jean* — au
même âge, Hugo, qui écrivit ses *Odes* à vingt ans, avait déjà
composé nombre de ses plus beaux recueils de vers, des romans
comme *Notre-Dame de Paris* et presque tout son théâtre — et
Chaplin, avant trente-neuf ans, sans même parler des dizaines
de petites bandes qu'il avait tournées avant la trentaine, était
déjà l'auteur du *Gosse* et de *La ruée vers l'or*. Gœthe, à vingt-cinq

---

1. *Ibid.*, pp. 385 et 387.

ans, avait déjà écrit *Werther* et *Götz von Berlichingen*, et Picasso, au même âge, peignit *Les demoiselles d'Avignon*. Quant à Marx, il avait vingt-sept ans quand il rédigea les *Thèses sur Feuerbach*, et moins de trente quand il écrivit le *Manifeste*. Voilà donc quelques exemples irrécusables de *génies adolescents*. Mais, contrairement à ce que soutiennent nos auteurs en thèse générale, on aura de la peine à les faire passer pour névrosés, ils n'ont pas été épuisés avant quarante ans, leur capacité de création s'est développée et affirmée jusque dans la vieillesse, ils ne sont pas obsédés par la mort, ils se sont mariés et ont eu des enfants, bref, ils refusent ouvertement de se plier aux schémas psychanalytiques préétablis, et leur génie de se présenter comme la sublimation d'une sexualité infantile refoulée. Cela veut-il dire qu'il n'y ait pas *aussi* des génies adolescents névrosés ? Non, bien entendu. Mais cela veut dire que la thèse, banale, de nos auteurs, est dans le meilleur des cas le type même de ces généralisations abstraites et indues, qui demeurent donc à la surface des choses, y compris par rapport aux cas dont elles sont l'extrapolation abusive.

Ce n'est pas tout. Car si d'une part rien n'autorise, comme on le fait dans *Le génie adolescent*, à affirmer que « tous les génies adolescents sont des névrosés », il est bien évident d'autre part que la réciproque est aussi fausse : tous les névrosés ne sont pas des génies adolescents. Par conséquent, non seulement cette théorie de la sublimation ne rend pas compte des formes de génie étrangères à la névrose, mais elle ne rend pas compte non plus de ses formes névrosées et laisse donc inexpliqué le fait même du génie, puisque, si on la prend au sérieux, elle convient indifféremment aux adolescents névrosés, *géniaux ou non*. Comment d'ailleurs une simple théorie *psychologique* qui ignore tout des *rapports sociaux* pourrait-elle tirer au clair le phénomène ouvertement historico-social du génie ? Que par exemple une société donnée puisse reconnaître comme *géniales* des productions intellectuelles marquées par la *névrose*, est-il possible de ne pas voir que cela suppose un ensemble de conditions socio-idéologiques dont l'examen critique est le préalable absolu de toute approche effectivement scientifique du génie ? Comme tout fait proprement humain, le génie est en son fond un *rapport*, et un rapport *social*. Au contraire, le propre des schémas biographiques tirés de la seule psychanalyse, et plus généralement de toute conception de la personnalité fondée dans la méconnaissance du matérialisme historique, c'est presque toujours un *réalisme psychologique naïf* du génie, une *naturalisation*, voire une biologisation, des capacités géniales considérées comme *inhérentes à l'individu isolé* : sans même entreprendre la critique interne détaillée de telles vues, on y reconnaît d'emblée l'illusion idéologique de l'humanisme spéculatif et de la psychologie ordinaire. Aussi bien n'est-on pas surpris de constater que nos auteurs, tout en prétendant contribuer à l'édification d'une science de la biographie, donc de l'individu concret, abordent en fait le problème du génie adolescent avant tout dans les termes mystificateurs de la description d'une *personnalité type* — *le* génie adolescent en général — dont chacun des vingt individus qu'ils étudient ne serait qu'une spécification. A travers toutes ces biographies, écrivent-ils, on croit pouvoir discerner « comme en filigrane les linéaments d'un type unique, le Génie adolescent »[1], dont les structures seraient communes à tous, « leur dosage et leur agencement » constituant seuls « les personnalités différenciées »[2] ; et c'est seulement à titre secondaire qu'il y aurait lieu de « réintroduire ce qui les distingue individuellement »[3]. Ainsi la « science » aurait pour objet de constituer des généralités abstraites, et la singularité concrète de l'individu, simple variante du type, retomberait du côté de la contingence empirique : loin de contribuer à l'édification d'une science de la biographie, c'est-à-dire d'une science de l'individuel saisi dans son essence concrète, la tentative de la fonder tout entière sur la psychanalyse, tentative au demeurant des plus fréquentes, et fût-elle de bien meilleure qualité que l'exemple très ordinaire ici critiqué, nous en détourne irrémédiablement. N'est-il pas piquant à cet égard de constater par exemple que Sartre, qui dans la *Critique de la raison dialectique* reproche vigoureusement au « marxisme paresseux » de réduire l'individu à un « squelette d'universalité » et d'être incapable « d'engendrer le concret singulier, [...] la personne à partir des contradictions *générales* des forces productives et des rapports de production[4] », tombe lui-même fort clairement dans ce travers pour autant qu'il essaie d' « engendrer le concret individuel » à partir de schémas psychanalytiques passe-partout, fût-ce existentiels ? Dans *Enfance d'un chef* par exemple, on cherche en somme à nous convaincre que Lucien Fleurier devient un petit fasciste à vingt ans sur la base d'un traumatisme sexuel subi vers quatre ans : abstraction

---

1. *Le génie adolescent*, p. 10.
2. *Ibid.*, p. 14.
3. *Ibid.*, p. 376.
4. J.-P. Sartre : *Critique de la raison dialectique*, pp. 42 à 45.

pour abstraction, nous préférerions encore, si tels étaient les deux seuls termes du choix, celle d'un « marxisme paresseux », qui du moins situe l'évolution idéologique et politique des individus sur son terrain essentiel. Or il ne s'agit pas là, dans ce texte de relative jeunesse, d'une simple inexpérience de maniement, où les thèmes psychanalytiques ne seraient pour rien, et dont on pourrait discuter le point de savoir si Sartre en fait preuve encore tout autant dans son *Baudelaire* [1] ou sensiblement moins dans *Saint Genêt* ou l'étude sur *Flaubert* ; par-delà la diversité des manières de s'en servir, c'est en lui-même que le thème psychanalytique pris comme base essentielle d'une science de la biographie est inacceptablement *réducteur* : il postule d'emblée la réduction de l'essence de la personnalité développée à un « après-coup » du psychisme infantile, et la réduction de la singularité individuelle à une variante clinique du type, défini par des pulsions inconscientes, un triangle œdipien et une structure de l'appareil psychique conçus comme inhérents à *l'*individu pris dans sa *généralité abstraite*.

C'est dans une direction inverse, nous semble-t-il, qu'une réelle science de la biographie a chance de se constituer. La biographie exprime conceptuellement « la logique spéciale de l'objet spécial » ou elle n'est pas. Les généralités théoriques dont elle a besoin à titre préalable ne peuvent donc pas être — ni être employées comme si elles étaient — un *modèle de la personnalité*, un canevas biographique, un pochoir psychologique : de tels matériaux ne sont en réalité que les produits d'une représentation idéologique de l'homme, longuement critiquée plus haut, fondée sur la psychologisation de l'essence humaine. Les généralités légitimes dont la science de la biographie peut partir sont d'abord au contraire celles qui ont leur fondement en dehors de l'individualité concrète comme telle : connaissances psychobiologiques d'une part, psychosociales de l'autre, en particulier les formes sociales d'individualité qui sous-tendent tous les rapports temporels de la vie individuelle. Quant aux généralités relatives à la personnalité proprement dite, elles n'ont pas pour fonction de nous apprendre d'avance ce que l'individu singulier est en général, mais bien de nous apporter une aide théorique générale pour élaborer le concept de l'individu singulier : telles sont, nous semble-t-il, les vues sur la topologie temporelle de la personnalité suggérées ici à titre hypothétique et,

1. *Baudelaire* qui semble devoir énormément à *L'échec de Baudelaire* du D$^r$ Laforgue (Denoël et Steele, 1931).

moyennant un attentif inventaire critique, nul doute qu'on ne puisse dégager nombre de matériaux scientifiques de cette nature dans le domaine de la psychologie de l'enfant et de la psychanalyse. Partant de là, la science de la biographie telle que nous la comprenons a essentiellement pour tâche de saisir les structures, les contradictions, la dialectique de la *vie* personnelle, à travers laquelle se forme et se transforme la personnalité singulière et se déploie l'activité : développement quantitatif et qualitatif du fonds fixe des capacités ; infrastructures de l'activité, $\frac{P}{B}$ général et emploi du temps ; superstructures et formes de conscience ; nécessités internes de correspondance entre capacités et emploi du temps, contradictions avec les nécessités sociales externes et les formes d'individualité ; résultantes principales des contradictions à chaque étape, compte tenu de la conjoncture sociale dans laquelle se déroule la vie étudiée, crises périodiques d'emploi du temps, transformations éventuelles de la logique générale du développement.

Dans cette voie, une *biographie scientifique* semble possible. Bien entendu, le seul énoncé sommaire des points de vue à considérer à chaque étape fait apparaître l'ampleur des problèmes à résoudre, aussi bien dans la collecte des informations biographiques singulières que dans le traitement général des données. Mais en même temps se dessine une base de principe pour les aborder, voire pour les résoudre. C'est le cas, semble-t-il, par exemple, d'une difficulté majeure jusqu'ici insurmontée même dans les meilleurs travaux biographiques : le *choix des faits pertinents* parmi la masse inépuisable, du moins en droit, de tous ceux auxquels on peut penser. Le plus souvent, ce choix est effectué par le biographe de manière univoque et selon une option théorique subjective à l'échelle de l'ensemble de son travail ; c'est ainsi qu'on lit des biographies inspirées de A à Z par la psychanalyse, ou par la caractérologie, ou par un sociologisme plus ou moins psychologisé — pour ne rien dire des biographies « littéraires » caractérisées par un pur et simple éclectisme idéologique. Or, la pertinence d'un certain ordre de faits par rapport à une biographie ne peut être à aucun titre le résultat d'une préférence subjective du biographe, mais constitue une propriété objective caractéristique de la vie étudiée à un stade donné de son développement. Le problème une fois posé ainsi, il saute aux yeux que non seulement il n'y a aucune raison pour que tout au long d'une vie ce soient les mêmes ordres de faits qui demeurent pertinents, mais que le propre d'un développement biographique réel est justement de *déplacer les zones de pertinence* : s'il y a un âge où le sein maternel est un élément hautement pertinent, il en est d'autres où le salaire, par exemple, l'est incomparablement davantage. Que cette évidence soit encore pratiquement méconnue même dans des biographies d'ailleurs remarquables, rien sans doute ne montre mieux combien en ce domaine nous sommes loin de l'âge adulte de la science. Comment par exemple n'être pas étonné par la naïveté si fréquente de ces débuts où, pour « tenir compte des données sociales », le biographe nous informe en détail de la situation économique, politique, culturelle telle qu'elle se présentait au moment de la naissance de l'individu étudié — comme si dans ses premières années l'enfant pouvait avoir en général des rapports directs quelconques avec ces éléments — alors que ce même biographe, apparemment quitte avec les « données sociales » une fois pour toutes, et référence faite à la société pour l'année de la naissance où elle ne sert quasiment à rien, omet par la suite de s'en occuper au moment où l'individu arrive à l'adolescence ou à l'âge adulte, c'est-à-dire à un stade où ces éléments jouent un rôle de première importance. Tout le problème est justement d'être en mesure, pour chaque période de la vie étudiée, de saisir les éléments formateurs *réels*, et les *formes* à travers lesquelles ils le sont ; par exemple, et par-delà les confrontations idéologiques entre freudisme et marxisme, de définir dans quelle mesure ce que le premier vise à travers le concept de *surmoi des parents* ne devrait pas être repensé sur la base de ce que le second peut nous apprendre sur les infrastructures sociales, familiales, et par là personnelles, qui déterminent les conditions dans lesquelles *en fait* toute Loi peut devenir pour une personnalité infantile un élément pertinent. Plus généralement, c'est l'articulation des phases successives du développement qu'il faut élucider, sans méconnaître la persistance des effets des précédentes sur les suivantes, mais en sachant plus encore tenir compte de ce que les suivantes apportent de spécifique, et de leur capacité de se subordonner à partir de leur propre essence toutes les données antérieures.

Mais, répétons-le en terminant, ces remarques sur une réelle science de la biographie, comme plus généralement toutes les suggestions théoriques présentées dans ce dernier chapitre, ne sont dans notre esprit que des hypothèses indicatives sur le contenu possible de la psychologie de la personnalité qu'il s'agit de constituer. Avoir conscience de l'ampleur de l'enjeu théorique, et pratique, qui s'attache à cette constitution, c'est du même coup renoncer à toute prétention dogmatique dans la contribution qu'on tente de lui apporter. En revanche, ce qui, par-delà les hypothèses, a la consistance d'un fait absolument fondamental, c'est que la théorie de la personnalité humaine ne saurait devenir véritablement scientifique, comme tout l'exige aujourd'hui, sans méditer tous les aspects et tirer toutes les conséquences de son irrécusable articulation sur le matérialisme historique, fondement de toute science de l'homme.

# CONCLUSIONS

# MORT
# ET TRANSFIGURATION
# DE L'ANTHROPOLOGIE

> « Rien n'est dit. L'on vient trop tôt
> depuis plus de sept mille ans qu'il y a
> des hommes. Sur ce qui concerne les
> mœurs, comme sur tout le reste, le
> moins bon est enlevé. Nous avons
> l'avantage de travailler après les
> anciens, les habiles d'entre les
> modernes. »
>
> Lautréamont, *Poésies*
> *(Préface à un livre futur)*,
> *Œuvres complètes*,
> J. Corti, 1938, p. 326.

S'il y a été beaucoup question de psychologie, c'est ici pourtant, on l'a vu, et sauf en son dernier chapitre, un livre non de psychologue, mais de philosophe : son sens même tient en cette différence. Contre l'usage spéculatif naguère impénitent de la philosophie, fût-ce parfois de la philosophie marxiste, on y admet comme un principe fondamental, et intangible, que le savoir concret ne peut être engendré en chaque science particulière par quelque démarche philosophique, mais seulement par des procédures scientifiques spécifiques ; et qu'un philosophe vienne à suggérer la constitution d'une science nouvelle, ou l'orientation nouvelle d'une science constituée, les indications de contenu qu'il peut alors formuler ne sauraient bénéficier d'un autre statut que celui d'hypothèses, justiciables des validations scientifiques déjà existantes ou à élaborer. Mais contre la tendance positiviste, aujourd'hui si répandue et enracinée dans les sciences de l'homme tout comme dans celles de la nature, on y défend la conviction que l'avancement des sciences requiert plus que jamais l'apport propre d'une philosophie radicalement non spéculative, non seulement au titre d'épistémologie générale, mais à celui de base de principe de la conception du monde, c'est-à-dire aussi de l'homme ; cette philosophie n'est autre, selon nous, que le matérialisme dialectique et historique. Que Piaget, au nom de la grande majorité des psychologues, dise non sans quelque vivacité combien fut incongrue la prétention du bergsonisme, de l'existentialisme ou de la phénoménologie de construire, en tant que philosophies, une théorie de la mémoire, de l'émotion ou de la perception, rien n'est plus fondé, du point de vue même du marxisme. Mais c'est d'une fécondité d'une tout autre sorte, irrécusable au point de vue de la psychologie scientifique, qu'il semble permis de créditer la dialectique matérialiste en tant que solution la plus profonde des problèmes de l'essence et du concept, le matérialisme historique en tant que réponse la plus juste à la question fondamentale : qu'est-ce que l'homme ? On a tenté de montrer concrètement combien cette fécondité est réelle pour la psychologie de la personnalité, et peut-être pour l'ensemble des sciences psychologiques. Il nous reste à montrer réciproquement combien cette aptitude du matérialisme dialectique et historique à féconder la réflexion sur les problèmes fondamentaux des sciences psychologiques confirme à son tour la valeur hors de pair de la réponse *philosophique* du marxisme à la question : qu'est-ce que l'homme ? Étant donné la place aujourd'hui centrale de cette interrogation anthropologique dans les recherches et les débats philosophiques, une telle démonstration revient à analyser au moins brièvement l'ensemble de la conjoncture actuelle de la philosophie française, et cela au moment où nous croyons pouvoir y discerner des transformations de grande portée en faveur du marxisme.

Le trait qui frappe d'emblée dans la conjoncture présente, par rapport à la première moitié du siècle, c'est la décadence accusée — peut-être même faudrait-il dire la débâcle — des diverses formes de *l'essentialisme métaphysique*, c'est-à-dire d'une grande part de l'anthropologie philosophique traditionnelle. Que les individus soient des exemplaires singuliers de l'Homme en général, et que l'Homme en général puisse être défini par un ensemble de propriétés universelles et immuables possédant en elles-mêmes la forme psychologique, propriétés naturelles ou surnaturelles mais en tout cas non historiques, bref, par une essence humaine abstraite spontanément inhérente à l'individu isolé, ce sont là des idées auxquelles, bien entendu, nombre de gens croient encore, et continueront sans doute longtemps de croire, à travers les idéologies les plus diverses — mais le fait nouveau, capital, est que cette croyance parvient de plus en plus mal à se maintenir au niveau des philosophies élaborées, et si peu que ce soit cohérentes. C'est là notamment un aspect majeur de la crise aiguë des philosophies religieuses. Déjà la franche reconnaissance de l'insertion de l'espèce humaine dans le mouvement de l'évolution biologique, avec ses inévitables implications philosophiques et théologiques, avait profondément ébranlé l'édifice de la conception religieuse classique de l'homme, jusqu'à faire mettre en cause, dans la réflexion du P. Teilhard de Chardin par exemple, la notion de péché originel. Mais ce pas en avant même, qui semblait à beaucoup de la plus grande hardiesse il y a seulement dix ans, est aujourd'hui largement dépassé : une fois admis par l'essentialisme métaphysique le *principe* de son nécessaire « aggiornamento » par rapport à l'état et au mouvement réels des données scientifiques, il ne s'agit plus seulement de reconnaître le fait de l'hominisation biologique, acquis depuis un siècle et somme toute assimilable par un spiritualisme, mais bien davantage le faisceau de preuves convergentes qui imposent aujourd'hui le fait de *l'hominisation sociale* : psychologiquement prématuré à la naissance, l'homme ne devient homme qu'en assimilant pratiquement le patrimoine humain objectivé dans le monde social en voie de développement historique. Cette dissolution théorique désormais complète de la vieille notion de « nature humaine », qui recoupe la dissolution pratique accélérée des bases socio-économiques et institutionnelles sur lesquelles reposait jusqu'ici la conscience religieuse — et aussi bien la forme correspondante de la conscience laïque traditionnelle — consomme la ruine de l'essentialisme métaphysique en tant que courant de *pensée* philosophique.

C'est dans une large mesure cette ruine de l'essentialisme métaphysique, et le vaste reflux idéologique qui l'accompagne, qui expliquent à notre sens la fortune des divers courants de l'existentialisme dans les dernières décennies, en particulier, dans un pays à fortes traditions laïques comme le nôtre, l'existentialisme athée de Sartre qui, pendant près de vingt ans, a dominé un vaste secteur de la vie philosophique française. Face aux idéologies bourgeoises classiques, et à un enseignement philosophique trop souvent conservateur, la philosophie sartrienne, telle que nous l'avons reçue nous-même à l'époque de la Libération, pouvait apparaître avec force comme émancipatrice. En niant toute essence humaine pré-établie et en ridiculisant à partir de là le fétichisme des valeurs bourgeoises, en définissant l'homme par la liberté en situation et par le projet, en assimilant à cette conception générale de l'homme des matériaux scientifiques eux-mêmes considérables et séduisants, en particulier psychanalytiques, en ouvrant la voie sur cette base à des descriptions concrètes du vécu parfois saisissantes, tant sur le plan littéraire que sur le plan phénoménologique, en se prononçant pour un humanisme de la responsabilité plénière et un engagement militant dont l'acte fondateur n'est toutefois recommencé à chaque instant que sous bénéfice d'inventaire, Sartre paraissait bien formuler l'anthropologie des temps modernes. Certes, il rencontrait sur ce terrain une autre philosophie foncièrement opposée à l'essentialisme métaphysique, le marxisme, dont la conception scientifique de l'histoire et du socialisme est bien difficile à récuser pour qui veut réellement rompre avec la société bourgeoise et émanciper l'homme. Mais précisément la force de la position de Sartre — et dans un pays comme le nôtre où l'influence des idées marxistes est si profonde, sa séduction pour une importante fraction des intellectuels de gauche — ce fut de déclarer, de plus en plus nettement et non sans courage parfois, qu'il admettait le marxisme sans réserves, et n'en était séparé que par les insuffisances des marxistes eux-mêmes. Le marxisme, écrivait-il en 1957, est « la seule anthropologie possible, qui doive être à la fois historique et structurelle »[1], mais par malheur les marxistes d'aujourd'hui ont « entièrement perdu le sens de ce qu'est un homme »[2] en appauvrissant et en déshumanisant leur propre conception de l'histoire, et de la dialectique ; « c'est pourquoi nous pouvons à la fois nous déclarer en accord profond avec la philosophie marxiste et maintenir provisoirement l'autonomie de l'idéologie existentielle »[3]. Il y a au cœur du marxisme contemporain « l'emplacement vide d'une anthropologie concrète »[4] : la fonction de l'existentialisme sera de « reconquérir l'homme à l'intérieur du marxisme »[5]. Bien entendu, une telle tentative aura son homologue dans un effort pratique visant à

---

1. J.-P. Sartre : *Critique de la raison dialectique*, p. 107. La longue introduction, *Questions de méthode*, a été publiée d'abord dans les *Temps modernes*, en septembre et octobre 1957.
2. *Ibid.*, p. 58.
3. *Ibid.*, p. 107.
4. *Ibid.*, p. 59.
5. *Ibid.*, p. 59.

orienter la lutte pour le socialisme autrement que ne le fait le parti communiste — et, le cas échéant, contre lui.

L'existentialisme pourrait-il donc être l'anthropologie du marxisme, et plus largement sa « vérité », fût-ce contre les marxistes ? Pour que ce soit le cas, à tout le moins faudrait-il d'abord qu'il parte d'une compréhension authentique de l'essentiel dans le marxisme. Or cette compréhension est *impossible*, quel que soit le talent de celui qui s'y efforce, si on essaie de saisir le marxisme à travers la conceptualisation de l'existentialisme, irrémédiablement marquée par son ascendance anti-hégélienne et anti-matérialiste. Le matérialisme historique, on l'a suffisamment montré plus haut pour n'avoir pas besoin d'y revenir ici longuement, est fondé non pas sur un simple *désaveu* de l'essentialisme métaphysique, de l'idée de nature humaine et du système de valeurs qu'elle cautionne traditionnellement, mais, bien plus profondément, sur la découverte du secret de leur genèse en tant qu'idéologie reflétant des rapports de classe, c'est-à-dire en même temps sur leur *dépassement* scientifique aussi bien au point de vue épistémologique qu'anthropologique : Marx ne détruit *radicalement* la croyance en une illusoire essence humaine abstraite, inhérente à l'individu isolé, que parce qu'il découvre la réalité de l'essence humaine concrète dans l'ensemble des rapports sociaux. Cette démarche théorique correspond non pas à une simple rupture subjective avec la société bourgeoise, mais à la démonstration objective de son caractère historiquement transitoire ; non pas à la proclamation subjective de l' « idéal » communiste, mais à la conception objective du mouvement historique réel qui engendre le communisme. De la découverte de l'essence humaine réelle au fondement scientifique de la politique communiste et à l'adoption consciente du point de vue du prolétariat, le lien est sans défaut. Or toute la pensée — épistémologique, anthropologique, politique — de Sartre, bien loin de pouvoir féconder le marxisme, demeure *en deçà* de ses principes fondamentaux.

Cela apparaît dès la démarche critique liminaire de l'existentialisme à l'égard de l'essentialisme métaphysique. Dans *L'existentialisme est un humanisme* [1], la notion d'essence humaine est constamment *identifiée* à celle de nature humaine, sans que soient jamais soupçonnés l'acception dialectique de la première, son contenu historique objectif, bref, la découverte capitale consignée dans la *VIe Thèse sur Feuerbach*. Mais même dans la *Critique de la raison*

---

1. Nagel 1946.

*dialectique*, en dépit de son titre, Sartre fonde toute sa démarche
sur une conception prédialectique de l'essence : il est impossible,
écrit-il, de « mettre au jour quelque chose comme une essence
humaine, *c'est-à-dire un ensemble fixe de déterminations à partir
desquelles on pourrait assigner une place définie aux objets étudiés* »[1]. Dans ces conditions, Sartre ne peut réellement dépasser
l'essentialisme métaphysique, mais seulement en prendre le
contre-pied sur son terrain même, celui de la philosophie spéculative. A l'idée que *l'homme en général* se définit par une essence
humaine abstraite, il oppose la *simple inexistence* de cette essence
abstraite, *ce qui ne nous délivre pas de l'homme en général*, mais
conduit seulement à le définir par l'absence d'essence préétablie,
autrement dit par une *liberté abstraite*, ontologiquement constitutive de *la* réalité humaine. Une telle définition n'est pas moins
métaphysique que celle à laquelle elle s'oppose ; elle demeure sur
le terrain de l'humanisme spéculatif. C'est pourquoi, au lieu de
déboucher d'emblée, comme chez Marx, sur le dépassement de
toute spéculation et sur l'étude scientifique des rapports sociaux
concrets, fondement réel des existences individuelles, le désaveu
existentialiste de l'essentialisme métaphysique conserve chez
Sartre, et dans tout le courant de pensée correspondant[2], les
abstractions caractéristiques de l'anthropologie philosophique,
avec des définitions plus ou moins inversées : toute cette anthropologie est construite, cela se voit au premier coup d'œil, avec des
*entités* abstraites : l'en-soi, le pour-soi, l'homme, l'autre, la liberté —
et les analyses concrètes sont seulement les *pièces justificatives* de
la construction philosophique. Bref, nous sommes ici foncièrement
en deçà du renversement crucial d'où dérive le marxisme, base de
toute solution scientifique des problèmes de l'anthropologie, et de
tous ceux qu'elle commande.

Ce n'est pas tout. Ne voyant pas clairement l'excentration
sociale de l'essence humaine réelle, l'impossibilité pour *les hommes*
de modifier foncièrement cette essence d'autre manière que *collectivement*, par un processus historique objectif qui plonge ses
racines au niveau de l'activité productive matérielle, Sartre
ramène tout cela, de manière idéologique et mystifiante, au choix,

---

1. *Critique de la raison dialectique*, p. 105. C'est moi qui souligne. Six lignes
plus bas l'expression « nature humaine » est employée comme équivalente à
« essence humaine ».
2. Les mêmes analyses peuvent par exemple s'appliquer à l'essai de
M. Dufrenne, *Pour l'homme*.

au projet « libres » de « l'homme » — c'est-à-dire en fait de *l'individu en général*, conçu comme support et source ultimes de tous les rapports sociaux. Cela signifie que l'existentialisme psychologise et subjectivise invinciblement toutes les données de base de l'anthropologie. Dans *L'existentialisme est un humanisme*, on affirme significativement que le propre des existentialistes est d'estimer que chez l'homme « l'existence précède l'essence *ou si vous voulez qu'il faut partir de la subjectivité* »[1]. Cette équivalence révélatrice montre que la possibilité *méthodologique* d'exposer une anthropologie en prenant pour point de départ l'individu — possibilité que le marxisme ne conteste bien entendu aucunement — est confondue avec une priorité *ontologique, essentielle* de l'individu sur les rapports sociaux : « l'homme n'est rien d'autre que ce qu'il se fait »[2], c'est donc l'homme en tant qu'individu (abstrait) qui est censé *faire l'histoire*, et sa propre histoire individuelle en même temps. Nous sommes ici aux antipodes du matérialisme historique, et du même coup d'une conception authentiquement scientifique de l'individu qui soit articulée sur lui. On ne peut cependant feindre d'ignorer l'éclatante *nécessité* qui s'impose à l'intérieur même de chaque biographie, à partir de la position juxtastructurelle de l'individu vis-à-vis des rapports sociaux. Ce problème fondamental de l'articulation interne de « la liberté » sur la nécessité est une des croix de l'existentialisme. Pendant vingt ans, Sartre a tenté de le résoudre sur la base d'une interprétation existentialiste de la psychanalyse, c'est-à-dire en fait en réduisant la si complexe nécessité biographique d'essence sociale aux proportions d'un choix psychanalytique « originel », « choix subjectif par lequel chaque personne se fait personne »[3] et qui serait énigmatiquement effectué dès la naissance. Il est évident qu'une telle conception, où le thème psychanalytique remplit ouvertement la fonction de substitut à la méconnaissance du rôle déterminant des rapports sociaux, est inarticulable sur le marxisme — ce qui donne d'ailleurs la mesure de la médiocrité profonde des inlassables bricolages freudo-marxistes, au concours Lépine de la philosophie.

Aussi bien, au fur et à mesure qu'il faisait mieux connaissance avec le matérialisme historique, Sartre prenait conscience de la faiblesse d'une telle solution. Dans la *Critique de la raison dialectique*, on en trouve le désaveu au détour d'une note : « L'aliénation

---

1. *L'existentialisme est un humanisme*, p. 17.
2. *Ibid.*, p. 22.
3. *L'Être et le Néant*, Gallimard, 1943, p. 662.

fondamentale ne vient pas, comme *L'Être et le Néant* pourrait le
faire croire, à tort, d'un choix prénatal : elle vient du rapport univoque d'intériorité qui unit l'homme comme organisme pratique à
son environnement [1]. » Il y a là, à n'en pas douter, un progrès. Ou
plutôt il y aurait progrès si le sens juxtastructurel, si l'excentration
essentielle de ce « rapport d'intériorité » étaient reconnus ; mais
c'en serait fait alors de l'existentialisme. En réalité, toute la *Critique
de la raison dialectique* s'oriente dans une direction opposée. La
thèse la plus centrale du livre est que « le seul fondement concret
de la dialectique historique, c'est la structure dialectique de
l'action individuelle » [2], que les seuls agents de cette dialectique
historique « sont les hommes individuels en tant que libres activités » [3] — hommes individuels dont on oublie qu'ils sont préalablement produits eux-mêmes par les rapports sociaux. A suivre
Sartre, ce ne seraient donc pas des rapports sociaux *concrètement
définis*, les rapports de production capitalistes, qui aliéneraient en
dernier ressort les individus, tout en créant d'ailleurs les conditions
objectives de leur émancipation ; ce serait l'individu — *en général* — qui s'aliénerait en s'objectivant selon des modalités universelles dans le « pratico-inerte », c'est-à-dire dans les structures
sociales — également *en général* —, et qui pourrait donc « dépasser »
son aliénation en ressaisissant son libre projet individuel — et
seulement ainsi. Loin de fonder « a priori », comme s'en flatte
Sartre [4], la critique marxiste du capitalisme, au sein de laquelle
l'anthropologie scientifique s'enracine dans l'économie politique,
une telle démarche en revient à la critique philosophique abstraite
de la société conçue faussement comme inerte par opposition à
l'individu pris comme source de toute « *praxis* » [5]. Ainsi, dans
l'ouvrage même où Sartre a fait le plus grand effort pour penser en
existentialiste le matérialisme historique, l'homme abstrait de

---

1. *Critique de la raison dialectique*, p. 286, note.
2. *Ibid.*, p. 279.
3. *Ibid.*, p. 377.
4. *Ibid.*, p. 153.
5. Sous prétexte de « déterminer les conditions formelles de l'Histoire »
(p. 743), c'est-à-dire d'atteindre à ses fondements les plus généraux, Sartre
met sur le même plan l'analyse du travail en usine et celle de la file d'attente
de l'autobus (pp. 308 et suivantes), la révolution et le match de football
(pp. 468 et suivantes). C'est annuler la découverte décisive des *infrastructures*, pour les troquer contre des structures purement dérivées, psycholo-
gisées, lors même qu'elles ne sont pas futiles.

l'anthropologie philosophique demeure premier à l'égard des rapports sociaux.

Cela revient à dire que dans une telle anthropologie c'est l'individu isolé de la société capitaliste qui est pris sans critique suffisante comme concept clef, c'est la liberté formelle accordée à l'individu par les rapports capitalistes qui est prise pour la liberté historique concrète : l'idéologie bourgeoise est partout directement sous-jacente. En somme, l'existentialisme est l'expression idéologique de la *révolte* de l'individu de la société bourgeoise contre cette société, et de sa conscience philosophique contre l'essentialisme métaphysique qui cautionne les valeurs bourgeoises — c'est là son côté critique, relativement progressiste, déjà sensible chez Kierkegaard — mais c'est en même temps l'expression de l'impuissance à dépasser radicalement l'horizon idéologique bourgeois, à prendre conscience des fondements objectifs réels de la société et de la personnalité, à s'élever en théorie et en pratique au point de vue de la *révolution* prolétarienne — et c'est son côté mystificateur et réactionnaire, malgré la volonté progressiste parfois évidente de ses adeptes. Cette ambiguïté est la clef de l'audience de l'existentialisme dans d'importantes couches d'intellectuels issus de la bourgeoisie, parmi lesquels Sartre s'est toujours très franchement rangé lui-même. L'existentialisme correspond essentiellement au moment subjectif de la prise de conscience, intensément vécue peut-être mais encore superficielle, que la société bourgeoise est *invivable* pour l'individu bourgeois lui-même, voire au désir de la *détruire* pour que la vie individuelle devienne vivable. Mais il est bien loin encore de la découverte scientifique du fond des choses, c'est-à-dire de la propriété capitaliste des moyens de la production matérielle comme source ultime de l'aliénation de l'existence individuelle — découverte beaucoup plus difficile en règle générale pour l'intellectuel artisanal par exemple que pour l'ouvrier d'usine, de par leurs positions respectives dans le système des rapports de production. Il est bien loin encore de la claire conscience des conditions objectives impérieuses d'une véritable émancipation des individus — conditions relatives à la préfiguration matérielle de la société nouvelle au sein de l'ancienne, au rassemblement des forces de classe capables d'accomplir victorieusement la révolution, au processus économique, politique, culturel complexe de l'édification d'une société socialiste — conditions qui impliquent en même temps la critique scientifique des formes et des contenus *individualistes bourgeois* de certaines aspirations « spontanées » au socialisme, et qu'il s'agit *aussi* de révolutionner pour assurer dans la pratique

31

le dépassement de la société bourgeoise. Dans la mesure où l'existentialisme tend à enfermer l'individu à l'intérieur de cette conscience fausse, et, d'éclats de violence impatiente en accommodements
désabusés à l'état de choses existant, à le maintenir dans le cycle
d'une impuissance fondamentale [1], il n'est plus que l'un des derniers avatars de l'anthropologie spéculative, l'expression idéologique de la perpétuelle retombée de la révolte dans une aliénation
inchangée.

Mais l'histoire des idées n'est jamais simple. Et si la critique de
l'existentialisme à partir du marxisme a été dans une certaine
mesure accompagnée par le passage direct du premier au second
chez un certain nombre d'intellectuels — comme ce fut notre cas
il y a vingt ans — la critique réciproque du marxisme par l'existentialisme mêlait à des incompréhensions fondamentales de nature
idéologique trop de griefs non dénués de bases pour n'être pas elle-
même agissante : que les marxistes des années 50 eussent « oublié
l'homme » ne manquait pas d'apparence, quand le matérialisme
dialectique et historique, trop peu soucieux d'approfondir et
d'affiner ses conceptions anthropologiques, était bien souvent
absent du rapide progrès de maintes sciences humaines, et quand
de graves altérations de la démocratie socialiste, ouvertement
reconnues par les communistes à partir de 1956, pouvaient jeter un
doute sur les vertus désaliénantes de la voie ouverte par la Révolution d'octobre. L'énorme et multiforme pression idéologique de
la bourgeoisie aidant à contrebattre, voire à mettre purement et
simplement sous le boisseau la critique marxiste, c'est dans une
large mesure par une autre voie que s'est opérée en France dans
les années 60 la dissolution de la vaste influence de l'existentialisme : celle du développement d'un certain nombre de sciences
humaines dans leur positivité. Contre l'insurmontable fixation de
l'existentialisme à la subjectivité vécue prise comme base réelle de
l'anthropologie, la psychanalyse, la linguistique, l'ethnologie ont
proclamé de plus en plus, avec la force irrésistible du savoir scienti-

---

1. « De démission en démission, écrit Sartre, nous n'avons appris qu'une
chose : notre radicale impuissance » (Avant-propos d'*Aden-Arabie*, de
P. Nizan, Maspéro, 1960, p. 17). Et encore : « J'ai fait l'expérience, depuis
ma jeunesse jusqu'à maintenant, de la totale impuissance » (dans M. Chap-
sal : *Les écrivains en personne*, Julliard, 1960, p. 220).

fique, que, par-delà les illusions de la conscience subjective des individus, l'anthropologie ne saurait trouver d'autre fondement que dans les *structures objectives, impersonnelles et inconscientes* qui sous-tendent et informent toute existence humaine. Telle est l'idée centrale opposée à Sartre par Lévi-Strauss dans le dernier chapitre de *La pensée sauvage* : Histoire et dialectique[1] qui a marqué une date dans le développement de la conjoncture philosophique dans notre pays depuis la deuxième guerre mondiale. « Qui commence par s'installer dans les prétendues évidences du moi n'en sort plus »[2], écrit Lévi-Strauss, qui s'en prend directement aux thèses de la *Critique de la raison dialectique.* « Retranché dans l'individualisme et l'empirisme, un Cogito — qui veut être naïf et brut — se perd dans les impasses de la psychologie sociale. Car il est frappant que les situations à partir desquelles Sartre cherche à dégager les conditions formelles de la réalité sociale : grève, combat de boxe, match de football, queue à un arrêt d'autobus, soient toutes des incidences secondaires de la vie en société ; elles ne peuvent donc servir à dégager ses fondements[3]. » Et Lévi-Strauss conclut sur ce point : « Tout en rendant hommage à la phénoménologie sartrienne, nous n'espérons y trouver qu'un point de départ, non un point d'arrivée[4]. »

Il semble bien que nous devions avoir affaire ici au réel dépassement de l'anthropologie et de l'humanisme *philosophiques* par la conception rigoureuse des *sciences* humaines, et que ce dépassement puisse à bon droit se réclamer de Marx, comme ne manque pas de le faire Lévi-Strauss[5]. « Aux sciences exactes et naturelles, écrit-il, les sciences humaines ont emprunté la leçon qu'il faut commencer par récuser les apparences, si l'on aspire à comprendre le monde[6]. » C'est justement ce que Marx ne cessait de répéter : « Toute science serait superflue si l'apparence et l'essence des choses coïncidaient[7]. » L'antihumanisme structuraliste, qui estime que la tâche de la

---

1. *La pensée sauvage*, Plon, 1962, pp. 324 et suivantes.
2. *Ibid.*, p. 329.
3. *Ibid.*, p. 330.
4. *Ibid.*, p. 331.
5. *Anthropologie structurale*, Plon, 1958, p. 364 : « J'essaie de réintégrer dans le courant marxiste les acquisitions ethnologiques de ces cinquante dernières années ». Cf. aussi pp. 110, 328, 369, 373, etc.
6. *Critères scientifiques dans les disciplines sociales et humaines*, dans « Le structuralisme », *Aletheia*, n⁰ 4, mai 1966, p. 211.
7. *Le Capital*, III, 3, p. 196.

science « n'est pas de constituer l'homme, mais de le dissoudre »[1], en construisant les modèles infrastructurels qui gouvernent à son insu toutes les modalités de son existence, serait-il donc à son tour la véritable anthropologie scientifique qui convient au marxisme, comme se sont empressés de le suggérer certains chercheurs ? Pour qui serait tenté de le croire, la surprise est alors profonde de constater que ce courant de pensée méconnaît tout comme l'existentialisme la découverte marxiste fondamentale consignée dans la *VIe Thèse sur Feuerbach*, la signification anthropologique majeure de l'économie politique telle que Marx et Engels l'ont conçue. Car cette pratique et cette interprétation structurales antihumanistes d'un certain nombre de sciences de l'homme, souvent haussées, fût-ce à leur corps défendant, au rang de philosophie nouvelle, s'appuient implicitement ou explicitement sur une conception générale de l'homme qui se distingue avant tout par une *immense absence* : celle du travail social et par conséquent des rapports de production, c'est-à-dire de l'essentiel dans l'apport de Marx.

Mieux : chez tous ces auteurs, à commencer par Lévi-Strauss, l'économie politique est considérée avec condescendance comme une étroite et subalterne *spécialité*. Expliquant que l'ethnologie n'ait guère été portée à s'en occuper, Lévi-Strauss demande : « Quel rapport pouvait-il y avoir entre l'existence concrète des groupements humains réellement observables et des notions telles que la valeur, l'utilité et le profit ? [2] » Ailleurs il affirme tranquillement que « l'objet de la science économique n'est pas universel mais étroitement circonscrit à une petite portion du développement de l'humanité »[3], comme s'il avait jamais existé une seule société humaine qui ne fût fondée sur la production et la reproduction des moyens de subsistance, et qui ne fût donc justiciable d'abord d'une étude économique. En fait, ce qui est pris ici pour l'économie politique scientifique, comme si *Le Capital* n'avait pas été écrit, ce sont exclusivement ses formes technocratiques bourgeoises. Et c'est bien pourquoi Lévi-Strauss peut nous proposer une classification générale des sciences de l'homme où l'on trouve d'un côté « les études juridiques, les sciences économiques et politiques et certaines branches de la sociologie et de la psychologie sociale », constituant le groupe des *sciences sociales*, et de l'autre,

---

1. *La pensée sauvage*, p. 326.
2. *Anthropologie structurale*, p. 328.
3. *Aletheia*, p. 201.

sous la dénomination de *sciences humaines*, « la préhistoire, l'archéologie et l'histoire, l'anthropologie, la linguistique, la philosophie, la logique, la psychologie [1] ». Les sciences sociales, telle l'économie politique, poseraient notamment les problèmes « sous l'angle de l'intervention pratique » dans le cadre de la société existante avec laquelle elles seraient toujours plus ou moins de mèche, et n'auraient pas de portée anthropologique profonde ; à l'opposé les sciences humaines, terrain d'élection de la méthode structurale, relèveraient de la « recherche vraiment fondamentale » et seraient seules scientifiques dans leur esprit. Avec une telle bipartition, c'est toute la révolution intellectuelle opérée par le marxisme qui se voit rayée d'un trait de plume [2]. L'économie politique, ravalée au niveau du pragmatisme, est de nouveau séparée radicalement de l'histoire et de la psychologie comme de la philosophie, l'homme redevient étranger aux rapports de production, et les « sciences humaines », dans une version structuraliste qui ne fait que moderniser la vieille tradition de l'idéalisme sociologique français, — celle du comtisme par opposition au marxisme — peuvent proclamer en paix que les lois universelles de l'esprit humain mènent le monde.

Car tel est bien le sens de cette inexpiable exclusive jetée sur l'économie politique dans sa grande acception marxiste. Aux *infrastructures économiques* mises entre parenthèses, il faut en effet en substituer d'autres auxquelles on puisse tenter de faire remplir toute la place de structures *de base* : ce sont avant tout, on le sait, les structures linguistiques qui ont été promues à ce rôle par l'anthropologie structurale [3]. Partant de l'apport réellement

---

1. *Aletheia*, pp. 208 à 210.

2. Cela ne vaut pas seulement pour Lévi-Strauss. C'est exactement selon la même inspiration que Michel Foucault par exemple écrit : « L'économie n'est pas une science humaine » (*Les mots et les choses*, Gallimard, 1966, p. 363). Pour lui, on peut « supposer » que sur le plan politique le marxisme a bien inauguré « un champ épistémologique entièrement nouveau », mais il affirme qu'en économie « Marx ne représente pas une coupure épistémologique » (*Les Lettres françaises*, 7 juin 1967). Toute l'œuvre de Marx témoigne du contraire : c'est de la révolution qu'elle opère en économie politique, et *dans la signification profonde de cette science*, que dérive la révolution accomplie par le marxisme sur tous les autres terrains, politique compris.

3. Cf. parmi cent autres déclarations analogues, celle de J. Lacan, pour qui « langage est la structure », ce qui autorise à considérer la linguistique « pour ce qui est du champ humain comme une science pilote ». *Petit discours à l'ORTF*, Recherches, n° 3-4, 1966, p. 7.

important des sciences linguistiques à l'étude des faits *culturels*, en un sens restreint de l'adjectif correspondant aux activités intellectuelles, et par un passage subreptice constant au sens généralisé où, par opposition à *naturel*, le terme *culturel* prétend désigner tout ce qui est *social*, on fait dire à ces sciences, bien souvent à leur corps défendant, beaucoup plus et tout autre chose que ce qu'elles peuvent dire : on en fait *la discipline pilote* pour *l'ensemble* des sciences humaines, et, présentant une vieille idée philosophique comme le dernier mot de l'anthropologie moderne, *on donne le langage pour l'essence de tout ce qui est humain.* « Le langage, pose en axiome Lévi-Strauss, est à la fois le *fait culturel* par excellence (distinguant l'homme de l'animal) et celui par l'intermédiaire duquel toutes les formes de la vie sociale s'établissent et se perpétuent [1]. » N'est-ce pas l'évidence, pourtant, que pris en lui-même et détaché du travail comme des rapports de production, le langage ne saurait aucunement rendre compte de la vie sociale ? C'est ce que montrait Marx en des pages qu'il ne suffit pas d'ignorer pour les avoir dépassées : « On peut distinguer les hommes des animaux par la conscience, par la religion et par tout ce que l'on voudra. Eux-mêmes commencent à se distinguer des animaux dès qu'ils commencent à *produire* leurs moyens d'existence, pas en avant qui est la conséquence même de leur organisation corporelle. En produisant leurs moyens d'existence, les hommes produisent indirectement leur vie matérielle elle-même [2]. » Cet irrécusable *primat de la production matérielle*, — sur quoi d'ailleurs est fondé en dernière analyse celui de la classe ouvrière dans le processus révolutionnaire — n'implique du reste nullement qu'on *oppose* le « travail » au « langage », mais bien qu'on rapporte l'un comme l'autre, et leur mouvante articulation réciproque, au système des rapports de production, base générale objective de toute la vie sociale. « Le langage est aussi vieux que la conscience, poursuit Marx, — le langage *est* la conscience réelle, pratique, existant aussi pour d'autres hommes, existant donc alors seulement pour moi-même aussi et, tout comme la conscience, le langage n'apparaît qu'avec le besoin, la nécessité du commerce avec d'autres hommes [3]. » L'anthropologie structurale n'en a cure : au bénéfice d'une absolutisation de la linguistique, elle fait l'économie du matérialisme

---

1. *Anthropologie structurale*, p. 392. Cf. *Aletheia*, p. 197.
2. *L'idéologie allemande*, p. 45.
3. *Ibid.*, p. 59.

historique et pose qu'institutions sociales et conduites individuelles, ayant pour trame le langage, seraient seulement des
« modalités temporelles des lois universelles en quoi consiste
l'activité inconsciente de l'esprit [1] ».

Certes, cet idéalisme anthropologique ne nie pas que les structures de l'esprit aient elles-mêmes des bases matérielles ; et Lévi-
Strauss proteste à maintes reprises de son attachement à « l'incontestable primat des infrastructures » [2]. Mais qu'appelle-t-il
infrastructures ? *La pensée sauvage* nous donne en clair une réponse :
« On vérifie donc, en un sens, le primat de l'infrastructure : *la
géographie, le climat, leur retentissement sur le plan biologique*
confrontent la pensée indigène à une situation contradictoire... » [3].
Or, même si l'on admet que ces *données géographiques* jouent en
effet un rôle de base important dans les sociétés où les forces
productives sont faiblement développées, cela n'autorise en aucune
manière à les *substituer*, sous le concept général d'infrastructure,
aux forces et rapports de production qui, au fur et à mesure de
leur développement, transforment de plus en plus les données
géographiques en résultats historiques, s'affirmant ainsi comme
la véritable base. On voit clairement ici le danger de généralisations anthropologiques effectuées, sans critique suffisante,
à partir de secteurs limités, voire inessentiels, du champ
humain.

Sous le couvert de l'emprunt au marxisme du *mot* infrastructure,
mais aux antipodes de son *contenu scientifique*, c'est alors tout
uniment la *nature* qu'on donne pour base explicative à la société
préalablement réduite à la *culture*, c'est-à-dire abstraction faite
de la formation économique, des rapports de classe, et de tout ce
qu'ils commandent, là où ils sont développés : nous voilà paradoxalement revenus aux aspects périmés de la pensée du XIXe siècle,
voire du XVIIIe. L'histoire des sociétés comme la biographie des
individus ramenées à des configurations mouvantes de structures de l'esprit, et les structures de l'esprit à leur tour rapportées
soit aux structures du milieu naturel, soit aux structures du cerveau, et peut-être plus élémentairement encore aux structures
physico-chimiques de toute matière — ce qui confirme une fois
de plus que dans le champ des sciences humaines le biologisme,

---

1. *Anthropologie structurale*, p. 75.
2. *La pensée sauvage*, p. 173.
3. *Ibid.*, p. 124. C'est moi qui souligne.

le naturalisme est toujours le compère de l'idéalisme, et montre
à l'évidence que la méthode structurale, quels que soient ses
mérites dans son ordre, conduit à l'impasse si l'on prétend la
substituer à la dialectique pour penser les connexions et les développements — tel se présente à nous trop souvent ce pseudo-
dépassement scientifique de l'humanisme philosophique.

Et c'est pourquoi le thème de la « mort de l'homme », auquel elle
a prêté quelque éclat[1], apparaît comme un exemple d'emblée
classique d'artéfact épistémologique, de bévue théorique engendrés
dans le développement de la science moderne par la négligence à
assimiler effectivement le marxisme. Le rapprochement s'impose
avec la bévue idéaliste de Poincaré, et de maints autres physiciens
et philosophes, croyant devoir conclure, à la veille de la première
guerre mondiale, de ce que la matière se révélait composée de
particules dépourvues de certaines propriétés qui passaient pour
la caractériser essentiellement, que « la matière s'évanouit »,
qu' « il n'y a plus de matière »[2]. En réalité, ainsi que l'écrivait
Lénine avec une perspicacité admirable dès 1908, les électrons par
exemple, « existent-ils hors de la conscience humaine, ont-ils une
réalité objective ou non » ? Et comme évidemment la réponse est
oui, « la question est ainsi tranchée en faveur du matérialisme, car
la notion de matière ne signifie (...) en théorie de la connaissance
*que ceci* : la réalité objective existe indépendamment de la conscience
humaine qui la reflète ». Que signifie alors en réalité l' « évanouisse-
ment de la matière » ? « Cela veut dire que la limite jusqu'à laquelle
nous connaissions la matière s'évanouit et que notre connaissance
s'approfondit ; des propriétés de la matière qui nous paraissaient
auparavant absolues, immuables, primordiales (impénétrabilité,
inertie, masse, etc.) s'évanouissent, reconnues maintenant relatives,
exclusivement inhérentes à certains états de la matière. » Bref, il
s'agit du dépassement d'une *étape* dans le développement incessant
de la connaissance de la matière. La conclusion, c'est que « la
nouvelle physique a dévié vers l'idéalisme principalement parce
que les physiciens ignoraient la dialectique », et cela à une époque
où la philosophie idéaliste et bourgeoise est là qui « tire profit des
moindres égarements de la pensée »[3].

---

1. Cf. par exemple M. Foucault : *Les mots et les choses* : « L'homme est
en train de disparaître », p. 397.

2. H. Poincaré : *Le matérialisme actuel*, Flammarion, 1913, p. 65.

3. Lénine : *« Matérialisme et empiriocriticisme »*, Œuvres, Paris-Moscou,
t. 14, pp. 271-272 et 372.

Ces analyses de Lénine ne sont-elles pas un trait de lumière pour comprendre le sens réel de cette « disparition de l'homme » qu'on nous a présentée comme le résultat de la science la plus moderne ? Cent ans après Marx, un nombre sans cesse croissant de sciences humaines découvrent selon leurs voies propres, et trop souvent en ignorant ou en comprenant mal le marxisme, qu'en effet les propriétés traditionnellement attribuées à « l'homme » sont des illusions. La linguistique, la psychanalyse, l'ethnologie ne sont plus compatibles avec la croyance en une *humanité* inhérente à l'individu isolé et directement lisible à travers une phénoménologie de la subjectivité. Cela veut-il dire que « l'homme » n'existe plus ? L'ensemble des rapports sociaux, produit de toute l'histoire humaine antérieure et base du développement des individus et des générations nouvelles, a-t-il oui ou non une existence objective, dont on ne peut faire abstraction qu'en imagination ? Sans aucun doute. Dans ces conditions, l'essence humaine, concrète, sociale, historique, base réelle de l'homme, existe bel et bien. « Disparition de l'homme », cela veut dire par conséquent que les propriétés qu'on attribuait traditionnellement à l'essence humaine — l'universalité abstraite, l'inhérence à l'individu isolé, la forme subjective et psychologique, la transparence immédiate à soi, etc. — apparaissent illusoires, ou du moins relatives ; d'autres propriétés toutes contraires apparaissent à leur place. Ce qui disparaît, *ce n'est aucunement l'essence humaine, mais la forme idéologique mystifiée sous laquelle elle apparaissait.* Prendre le dépassement de cette forme pour la disparition de son contenu, c'est commettre une faute de première grandeur contre la dialectique matérialiste de la connaissance. Mais l'antihumanisme structuraliste n'est pas seulement une faute épistémologique, c'est aussi un phénomène idéologique plein de sens social et politique. Si l'humanisme existentialiste est une idéologie de la révolte individualiste impuissante contre l'absurdité de la société bourgeoise, de l'engagement subjectif dans des actions qui se proposent vainement de la détruire au nom du sens de la vie personnelle, l'antihumanisme structuraliste apparaît comme une idéologie de l'accommodation désabusée à la société bourgeoise considérée comme ni plus ni moins absurde qu'une autre, du dégagement « objectif » par rapport à l'action politique progressiste, dont le sens se réduirait toujours plus ou moins à une illusion derrière laquelle les hommes se masquent à eux-mêmes le non-sens des structures qui les gouvernent. L'ambition théorique des sciences humaines, écrit Lévi-Strauss très significativement, « implique qu'on prenne ses distances vis-à-vis de l'action ». D'ailleurs, « au cours des millénaires, et de-ci de-là, n'ont cessé de naître et de disparaître, comme un papillotement éphémère, des milliers de mondes humains. De tous ces mondes, quel est le bon ? »[1]. Ce scepticisme historique et anthropologique dissout d'autant plus aisément l'homme qu'il l'observe du point de vue de Sirius, d'où il est connu que l'on ne perçoit plus guère que les motifs d'un conservatisme distingué, éventuellement relevé par l'encouragement à distance de révolutions exotiques.

Mais dans ces conditions l'anthropologie structuraliste ne réussit nullement à *dépasser* l'humanisme existentialiste. Certes, le mouvement d'idées structuralistes, pris dans sa relative cohésion, apparaît comme l'indice d'un changement extrêmement profond dans la conjoncture intellectuelle en France — et en d'autres pays — dans un sens positif en même temps que négatif. D'un côté, il se présente comme directement issu du progrès des sciences de l'homme, comme la critique scientifique de l'anthropologie philosophique, et de ce point de vue il est une des formes les plus importantes du processus de dépérissement de la philosophie traditionnelle, annoncé il y a un siècle par Engels[2], et longtemps masqué, entre autres choses, par le sursis laissé à l'anthropologie spéculative par l'immaturité des sciences de l'homme. Nous vivons aujourd'hui un épisode important de l'engloutissement final de la philosophie au sens préscientifique du terme, et le « scientisme » structuraliste en est un clair symptôme. A cet égard, tout le courant de critique spiritualiste ou existentialiste du structuralisme, de Ricœur à Sartre, apparaît comme une tentative *retardataire* pour maintenir, contre le passage inévitable de toute la problématique de l'homme sur le terrain de la pensée scientifique, les prérogatives d'une philosophie de la « liberté », de la « subjectivité » et du « sens » qui sont condamnées. Le marxisme ne peut faire sienne une telle critique. Mais en même temps, par suite des conditions sociales et gnoséologiques dans lesquelles il se développe, et toutes choses inégales d'ailleurs, le mouvement d'idées structuraliste reproduit par rapport aux sciences de l'homme l'erreur du positivisme du siècle dernier en matière de rapports entre philosophie et sciences de la nature. La démarche de pensée structuraliste est *la forme contemporaine la plus nette du positivisme.* Au

---

1. *Aletheia*, pp. 209 et 212.
2. « C'est avec Hegel que se termine, d'une manière générale, la philosophie », *Ludwig Feuerbach*, p. 21.

processus de dépérissement de la philosophie spéculative, il attribue le sens d'une disqualification de toute philosophie, alors qu'il est l'avènement de la philosophie scientifique, du matérialisme dialectique et historique. Mais la « loi d'Engels » vaut toujours : « Ceux qui vitupèrent le plus la philosophie sont précisément esclaves des pires restes vulgarisés des pires doctrines philosophiques [1] ». C'est à quoi Lévi-Strauss devrait prendre garde lorsqu'il se targue de faire délibérément « flèche de tout bois » philosophique, et de choisir ses « considérations philosophiques », ici ou là, comme on choisit le style d'un guéridon pour mettre en valeur un objet précieux [2]. Ce dédain positiviste pour la philosophie a pour conséquence qu'une anthropologie d'intention rigoureusement scientifique *contre* les illusions d'un humanisme spéculatif retombe en fait, en deçà même de l'existentialisme, dans les plus vieilles erreurs du naturalisme et de l'essentialisme métaphysique : car le dernier mot de la conception structuraliste des sciences de l'homme selon Lévi-Strauss c'est, se mettant « en dehors de chaque société particulière », de chercher à adopter « soit le point de vue d'une société quelconque, soit celui d'un individu quelconque au sein de n'importe quelle société », soit encore, « visant à saisir une réalité immanente à l'homme », de se placer « en deçà de tout individu et de toute société » [3]. Nous sommes donc ici derechef en plein essentialisme métaphysique, en pleine *nature humaine abstraite*, devant « une humanité douée de facultés constantes » qui ne semble se transformer à travers l'histoire que parce qu'elle se trouve « continuellement aux prises avec de nouveaux objets » [4]. On comprend que Sartre ait dénoncé dans cette anthropologie antihistorique « le dernier barrage que la bourgeoisie puisse encore dresser contre Marx » [5]. Et de ce point de vue, les critiques spiritualistes et existentialistes du structuralisme comme idéologie conservatrice et technocratique recoupent au moins partiellement celles du marxisme.

\*
\*\*

L'actuel mouvement des idées sur l'homme est donc dominé par une vaste scission entre des conceptions philosophiques de

---

1. *Dialectique de la nature*, p. 211.
2. *Cahiers pour l'analyse*, 1967, no 8, p. 90.
3. *Aletheia*, p. 208.
4. *Anthropologie structurale*, p. 255.
5. *L'Arc*, numéro consacré à J.-P. Sartre, 1966, p. 88.

type spéculatif de plus en plus dépassées, mais qui reflètent des aspirations humanistes toujours vivaces en quête de théorie cohérente — et un néopositivisme structuraliste porté en avant par l'essor de maintes sciences humaines, mais inhibé par un antihumanisme épistémologiquement infondé, et parasité du dedans par l'idéologie bourgeoise. Ainsi toute l'anthropologie non marxiste contemporaine tend-elle à s'enfermer dans le cercle rigoureusement clos d'une antinomie spécieuse : ou bien l'effort pour rendre compte de l'homme dans sa réalité concrète, mais qui s'égare dans des abstractions philosophiques arbitraires sans parvenir à découvrir, par-delà les illusions de la subjectivité, les bases réelles de la vie sociale et personnelle — ou bien la démarche rigoureuse de l'analyse scientifique, mais acquise sur les dépouilles de son objet, l'homme, dissous dans les structures, réduit à la nature, frustré du sens de l'histoire et de sa propre biographie. A quoi donc tient cette antinomie entre vie concrète des hommes et rigueur théorique de la science ? A ce que ni l'une ni l'autre de ces deux approches anthropologiques, expressément opposées mais plus profondément analogues, ne sait identifier clairement l'essence *humaine objective* en son lieu *décisif*, là où s'objective l'activité primordiale des hommes, et à partir d'où s'hominise fondamentalement le sujet : dans le système des forces et des rapports de la production matérielle. Méconnaissant, par impuissance à s'évader complètement de l'optique bourgeoise, ce que le marxisme, s'étant placé d'emblée au point de vue du prolétariat, a pu seul découvrir : le rôle déterminant du travail productif et des rapports de ce travail, l'anthropologie non marxiste ne peut saisir l'*unité* de ce qui s'étudie dans la forme de l'objectivité scientifique et de ce qui se vit sous les espèces de l'humanité concrète ; il ne lui reste entre les mains qu'un homme sans essence d'une part, et des essences sans l'homme de l'autre, morceaux inassemblables du puzzle en l'absence de sa pièce centrale. Aussi est-ce seulement par-delà l'opposition de l'humanisme spéculatif et de l'antihumanisme positiviste, et sur la base du marxisme, que pourra être dépassée l'antinomie et libéré l'essor de l'anthropologie contemporaine.

Mais cela suppose que le marxisme sache se reconnaître lui-même dans le dédale des questions anthropologiques, et qu'il parvienne à élaborer ses réponses propres au rythme de la complication des problèmes. On conviendra sans détour que pour ce faire, et malgré des progrès récents, les marxistes ont encore des retards à rattraper. Cependant, après plus de dix ans de réflexion critique et autocritique sérieuse, de libres débats et de recherches approfondies, il semble permis de dire qu'ils disposent aujourd'hui en tout cas de l'instrument le plus décisif pour avancer : *une connaissance scientifique du marxisme lui-même.* C'est sur cette connaissance, fruit d'un travail éminemment collectif rendu possible par le parti communiste français, que s'appuie, parmi d'autres, le présent essai. Et c'est au nom de cette connaissance scientifique, bien commun dont la conquête représente d'énormes efforts de tous ordres et dont l'importance théorique est extrême non seulement pour le marxisme mais, on peut le dire sans outrecuidance, pour la pensée française tout entière, qu'apparaît si nécessaire la fermeté à en combattre les déformations de quelque sens que ce soit. C'est dans cet esprit que, tout au long du livre, on a critiqué une interprétation philosophico-humaniste dont le résultat est en fait, au nom du marxisme créateur, de nous ramener, au moins partiellement, en deçà de la révolution théorique opérée par Marx. Cette interprétation du marxisme, qui n'est pas un phénomène spécifiquement français mais international, est profondément erronée. Traumatisée par les fautes commises, elle part d'une critique *erronée* de ce qui a *vraiment* provoqué une altération appauvrissante de la pensée marxiste, en même temps que de la pratique communiste, et c'est en fait dans tel ou tel aspect *du marxisme lui-même* qu'elle cherche la source de ces altérations. Une telle démarche critique est donc au départ, et si peu que ce soit, engagée dans la voie de la révision du marxisme. Aux courants de l'humanisme non marxiste, en particulier l'existentialisme et le personnalisme chrétien, elle ne se contente pas de prêter l'oreille et de tendre la main, ce qui est une bonne chose, mais elle opère des emprunts théoriques de caractère essentiel : ainsi compris, le dialogue et l'échange se transforment en convergence éclectique d'anthropologies foncièrement inconciliables.

En plus d'un cas, cette démarche idéologique n'est pas dépourvue de sens politique. En effet, le propre de l'humanisme *philosophique*, par opposition à l'humanisme scientifique inauguré par la *VI*e *Thèse sur Feuerbach* prise en son énoncé rigoureux, c'est toujours de considérer au moins partiellement comme base réelle et point de départ absolu *l'individu*, qui est en réalité à un niveau plus essentiel le produit d'un système déterminé de rapports sociaux. Il revient donc à critiquer la société existante et la pratique politique *non pas directement en elles-mêmes*, de façon scientifique, mais idéologiquement, *à partir de revendications extérieures* présentées au nom de « l'individu », c'est-à-dire, en fait, derrière cette *abstraction*, à partir de présupposés — en général bourgeois — non critiqués. L'individualisme bourgeois est le secret de toute spéculation humaniste, comme de tout utopisme socialiste, ainsi que Marx l'avait admirablement montré à propos de Saint-Simon. Analysant les formules saint-simoniennes selon lesquelles l'individu a le droit d'exiger de la société qu'elle lui assure le plus libre développement de ses *dispositions naturelles*, il écrit : « C'est du rapport supposé de ces personnes métaphysiques : individualité et généralité, et non de l'évolution réelle de la société, qu'on déduit la revendication exposée plus haut que l'individu adresse à la société. On n'a pour cela qu'à considérer les individus particuliers comme représentants, incarnations de l'individualité, et la société comme l'incarnation de la généralité, et le tour est joué. Du même coup, la phrase de Saint-Simon relative au libre développement des dispositions naturelles trouve ainsi son expression exacte et l'on découvre sur quel raisonnement elle se fonde. Son expression exacte, c'est cette absurdité selon laquelle les individus qui forment la société veulent conserver leur « individualité », rester ce qu'ils sont, tout en exigeant de la société une transformation qui ne peut émaner que de leur *propre* transformation [1]. » On voit en quel sens la revendication d'une société, d'une politique plus *humaines* est éminemment ambiguë : juste dans la mesure où elle pose le problème du plein développement, de la pleine utilisation des effets, émancipateurs pour les individus, que comportent des structures sociales ou une politique données, elle devient mystificatrice et proprement réactionnaire dans la mesure où l'humain au nom duquel elle revendique est l'effet rémanent dans les individus de structures ou de démarches que la nouvelle société, la nouvelle politique ont justement pour tâche historique de dissoudre et de dépasser. « L'organisation communiste, écrit Marx, agit de double façon sur les désirs que suscitent chez l'individu les conditions actuelles ; une part de ces désirs, ceux qui existent en tout état de cause, et dont seules la forme et l'orientation changent avec les conditions sociales, ne sont modifiés dans cette société également que parce que leur sont donnés les moyens de se développer normalement ; l'autre part, en revanche, ceux qui ne doivent leur origine qu'à une structure sociale déterminée, à un mode de production et d'échange déterminé, ceux-là seront privés radicalement de leur base d'existence. Quant à savoir quels désirs ne seront que modifiés, et quels seront résorbés dans l'organisation communiste, on

---

1. *L'idéologie allemande*, p. 525.

ne peut en juger que dans la pratique, par la modification des désirs réels, non par comparaison avec d'autres structures historiques antérieures [1]. » Le développement de l'anthropologie marxiste ne peut consister à accepter, sous le nom de théorie de la *subjectivité* ou de l'*individu*, un travestissement idéologique de réticences bourgeoises devant les *exigences objectives* de la lutte des classes et de l'édification socialiste, qui sont du même coup les exigences objectives du processus d'émancipation *réelle* des individus dans leur ensemble.

Mais derrière l'erreur de l'interprétation philosophico-humaniste, il serait grave de ne pas voir le besoin théoriquement fondé et pratiquement urgent de développer l'anthropologie marxiste, et en particulier la conception de l'individu. Peut-être la nocivité en fin de compte la plus grande de cette déformation spéculative est-elle justement de *discréditer* aux yeux de beaucoup le projet même de développer sur la base du marxisme la théorie de l'individu — comme si la tâche *en elle-même* était de nature révisionniste — ce qui aboutit en fait à consolider, par un renforcement réciproque de déformations symétriques, les carences anthropologiques qu'il s'agit de dépasser. Carences d'autant plus insidieuses et tenaces qu'elles peuvent sembler d'abord n'en être pas, et correspondre à une réelle *suppression* par Marx de toute la problématique de l'homme, spécialement de l'homme individuel. En réalité le mouvement de l'anthropologie marxiste, on l'a longuement montré ici, est un mouvement *double*. Partant de la critique radicale de l'*homme* tel qu'il apparaît dans l'idéologie bourgeoise et les faux-semblants de l'humanisme spéculatif, elle remonte aux rapports sociaux qui, dans leur matérialité objective, en constituent les présuppositions réelles. Mais par-delà leur apparence de purs rapports entre des choses, qui est l'effet de l'aliénation capitaliste, la critique marxiste met en évidence qu'il s'agit là en fait des rapports au sein desquels les hommes se produisent eux-mêmes, donc, en ce sens précis, de *rapports entre les hommes*. C'est pourquoi, par un deuxième mouvement, le marxisme à la fois permet et exige, à partir de ces rapports sociaux *objectifs* et *humains* essentiels, le retour scientifique aux hommes concrets — non seulement au concret de leur vie sociale, de leur histoire et de leurs luttes de classes, mais encore au concret de leur vie *individuelle* qui s'y articule en position juxtastructurelle. Mais ce dernier aspect du

---

1. *Ibid.*, p. 289, note.

retour au concret, étant lui-même dérivé, et moins directement nécessaire *du point de vue des tâches historiques qui s'imposaient à Marx et Engels*, s'il est dans leur œuvre partout marqué et s'il fait en maintes occasions l'objet d'indications partielles, n'y a pas été développé en une théorie générale comparable, même de loin, à la théorie économique ou politique : cette partie de l'anthropologie marxiste, essentielle selon son esprit, y est donc embryonnaire dans sa lettre. Cet état de choses, dans le contexte d'une fidélité étroitement comprise à la lettre de l'œuvre de Marx, en a longtemps favorisé une interprétation anti-anthropologique qui est une trahison de son esprit. Car en rester au premier mouvement de cette anthropologie, c'est-à-dire à la réduction des hommes concrets aux rapports sociaux pris dans leur aspect de rapports objectifs entre des choses, c'est être de nouveau dupe d'illusions idéologiques et des aliénations qui les sous-tendent, alors que toute la vertu du marxisme est de nous en délivrer. Une mésaventure de cette sorte n'est cependant pas impossible, même au sein d'une société socialiste, notamment dans la mesure où des insuffisances de la démocratie y offriraient une base objective à de telles illusions, comme de se laisser subjuguer par l'aspect étatique, administratif des rapports sociaux, ce contre quoi Lénine ne cessait de mettre en garde dans les dernières années de sa vie, rappelant avec insistance que « la politique est faite par des hommes »[1]. En ce sens, si la déformation philosophico-humaniste du marxisme est liée à une attitude insuffisamment critique vis-à-vis d'aspirations bourgeoises, développement de la conception authentiquement marxiste de l'homme et démocratie socialiste sont pour leur part choses profondément inséparables.

Or, bien que son propos soit aux antipodes de l'appauvrissement dont il vient d'être question, l'interprétation antihumaniste de l'œuvre de Marx, qui s'est développée en France parallèlement à l'essor du mouvement d'idées structuraliste, alimente la croyance tout à fait erronée qu'une recherche anthropologique serait, du point de vue du marxisme, dénuée de sens. Alors qu'elle a eu le grand mérite de mettre en évidence le caractère en toute rigueur *non marxiste* d'un prétendu enrichissement humaniste du marxisme sur la base de ce que Marx a dû dépasser à partir du tournant théorique de 1845-1846, elle déforme elle-même gravement le sens

---

1. Lénine : *Conclusion sur le rapport politique du C.C. du P.C. (b) R.*, 28 mars 1922, *Œuvres*, T. 33, p. 321.

de ce tournant, et court sans cesse le risque d'autoriser la confusion entre le marxisme et un antihumanisme structuraliste qui en contredit l'essentiel, voire de cautionner une version structurale du marxisme dans laquelle il est permis de voir la forme contemporaine d'un « marxisme de la chaire ». En même temps cette réduction antihumaniste du marxisme, comme toute interprétation unilatérale, est nourricière de déformations compensatrices, lors même qu'elle ne favorise pas son contraire. N'est-il pas instructif de constater par exemple que des philosophes spiritualistes l'ont déclarée d'autant plus « irréfutable »[1] qu'elle venait à point nommé faire ressortir leur réfutation du marxisme comme incapable de satisfaire aux exigences profondes de la réflexion philosophique et de l'interrogation sur l'homme ? Au sein du marxisme même elle n'a pas manqué de susciter une tendance à la cristallisation des thèses opposées, c'est-à-dire au renfermement général du débat dans un cercle vicieux. Mais surtout, en semblant ôter tout espoir d'une réponse proprement marxiste aux problèmes théoriques de la vie individuelle, elle encourage directement la recherche d'une anthropologie non marxiste de complément à un matérialisme historique réduit au seul statut de science de l'histoire — en particulier du côté de la psychanalyse, dont l'intérêt propre n'est pas en cause, mais dont on a montré chemin faisant pour quelles raisons fondamentales elle ne saurait fournir la base d'une théorie de la personnalité humaine articulée avec la conception marxiste de la société. Pour toutes ces raisons, la voie d'une interprétation antihumaniste au sens théorique nous semble devoir être abandonnée tout autant que celle du retour à un humanisme philosophique, au profit d'un développement scientifique rigoureux de la conception marxiste de l'homme, et en particulier de l'individu, telle qu'elle résulte de la *VI<sup>e</sup> Thèse sur Feuerbach* correctement comprise.

Ce développement de la conception scientifique de l'individu, auquel toute l'ambition de ce livre est de contribuer, a une d'autant plus grande importance que, si le matérialisme historique seul nous paraît pouvoir en fournir la base générale, il faut bien voir aussi l'ampleur des effets en retour qu'il ne manquera pas d'exercer sur la juste compréhension et le développement du matérialisme historique lui-même, et de tout le marxisme. Car si jusqu'ici le marxisme a été somme toute trop rarement encore compris et

---

1. Le mot est de J. Lacroix, « *La voie royale en philosophie* », *Le Monde*, 6-7 novembre 1966.

développé dans sa dimension d'anthropologie et d'humanisme
scientifiques, c'est-à-dire dans un aspect essentiel de sa vérité —
soit qu'on ait nié cette dimension dans le marxisme mûr, soit
qu'on n'ait su l'identifier que sous la forme encore quelque peu
spéculative des œuvres de jeunesse — c'est d'abord parce que la
masse des pierres d'attente et des indications partielles auxquelles
elle donne lieu, de *L'idéologie allemande* au *Capital*, et qui en un
sens crèvent les yeux, restent pourtant difficiles à *reconnaître*
comme telles, tant que n'est pas clairement dégagée la théorie de
l'individu concret qui leur donne leur pleine portée anthropologique : on a donné, chemin faisant, maints exemples de cette
lecture *psychologique* — en un sens bien précis — à la fois irrécusable et trop souvent inédite des grands textes marxistes, à commencer par la distinction fondamentale entre travail concret et
travail abstrait. Or l'obstacle le plus décisif à la constitution de
cette théorie marxiste de l'individu concret, et à la pratique d'une
lecture correspondante des classiques, c'est une attitude qui pour
le marxisme n'est pas seulement de fondation, mais à laquelle
toute son histoire l'a conduit à se tenir avec la plus grande fermeté : *l'anti-psychologisme*, c'est-à-dire le refus de *l'empirisme* et
de *l'idéalisme* qu'il y a à réduire en dernier ressort les pensées et les
actions humaines, par-delà leurs conditions épistémologiques et
sociales spécifiques, aux déterminations du psychisme individuel.
Il est bien évident que le marxisme, pas plus d'ailleurs que la
plupart des autres philosophies, ne saurait accepter la thèse somme
toute monstrueuse selon laquelle l'édification de la science ou le
mouvement de l'histoire auraient en fin de compte leur *source*
dans des structures caractérielles ou des pulsions psychiques
inconscientes. A ce psychologisme réducteur, il n'est pas question
de « faire sa part », mais bien d'opposer la plus intransigeante des
critiques. Or si l'on admet que la psychologie, quelle que soit son
inspiration, doit prendre pour base théorique ultime des données
psychiques *irréductibles*, directement rapportées à un homme
conçu comme individu général, toute théorie psychologique de
l'individu est nécessairement *réductrice*. Et dans ces conditions,
considérant la tentative de lecture psychologique des classiques
du marxisme comme une erreur de principe, on s'*opposera* au
nom de la pureté du marxisme à une élaboration de la théorie de
l'individu concret que permet et exige le matérialisme historique,
et qui seule rendrait *lisibles* les indications des classiques en ce
sens : l'interprétation anti-anthropologique du marxisme s'est ainsi
enfermée elle-même dans le cercle vicieux de son appauvrissement.

Et pourtant, peut-on nier que toute pensée et toute action humaines concrètes appartiennent de plein droit à une biographie déterminée ? Comment contester par conséquent qu'il n'en est aucune qui ne relève de l'explication psychologique ? Si la réduction psychologique est théoriquement scandaleuse, le refus de la validité universelle de la perspective psychologique ne l'est-il pas tout autant ? Et suffit-il de se voiler la face devant la *réalité de l'articulation* de toute création intellectuelle sur une biographie, comme cela est de mode dans un certain courant d'interprétation structurale du fait littéraire, pour qu'elle cesse d'exister — quand au contraire on pourrait songer à se demander si le refoulement théorique des réalités biographiques ne serait pas lui-même, chez qui l'opère, chargé de signification biographique ? L'antinomie semble donc complète, entre la nécessaire reconnaissance de l'appartenance universelle des actes humains à une biographie et le non moins nécessaire refus de tout psychologisme. En fait, la difficulté principale ici n'est pas de concevoir dans sa généralité un mode d'articulation non réducteur entre une activité intellectuelle et les conditions biographiques qui la sous-tendent : la théorie marxiste de la science et de l'idéologie a déjà fourni la solution d'un problème analogue, celui de l'articulation entre activité intellectuelle et formation sociale. Cette articulation n'est ni une relation de causalité mécanique, ou d'isomorphisme, dans laquelle une réalité n'est que la reproduction de l'autre, ni une interaction purement externe entre deux réalités indépendantes, mais un rapport de détermination fonctionnelle entre deux ordres de processus qualitativement distincts mais qui s'interpénètrent, le premier jouant un rôle infrastructurel par rapport au second. Entre les conditions fonctionnelles propres à ces deux ordres de processus, les rapports peuvent varier de la contradiction antagoniste à la concordance, de sorte que la formation sociale ait tendance, selon son essence et ses particularités, à maintenir la conscience sociale dans l'opacité idéologique ou au contraire à favoriser son accès à la transparence du savoir. On a suggéré plus haut, à propos des superstructures de la personnalité, qu'une dialectique analogue permettait de penser les rapports entre biographie et conscience individuelle, sans réduire la seconde à la première par conséquent, et sans perdre non plus de vue le rôle infrastructurel de la biographie. Mais la difficulté qui d'ordinaire paraît insoluble tient au fait que l'activité intellectuelle, le mouvement de la conscience se trouvent en rapport de détermination fonctionnelle avec *deux* ordres d'infrastructures : les infrastructures de la société et celles de la personnalité — deux ordres qui, si l'on se réfère si peu que ce soit à une conception *naturaliste* de la personnalité (et il n'en est aucune qui ne le soit, sur une base non marxiste, on l'a vu), sont foncièrement exclusifs l'un de l'autre, et semblent obéir à une relation d'incertitude : lorsqu'on rapporte l'activité intellectuelle à sa base sociale, on est hors d'état de rendre compte du rôle infrastructurel de la personnalité, et réciproquement. *C'est précisément cette contradiction insoluble qui se trouve surmontée*, à partir d'une théorie de l'individu fondée avant tout, comme le réclame le matérialisme historique, sur les structures temporelles de l'activité personnelle, sur l'emploi du temps, puisque la biographie renvoie alors *elle-même* pour l'essentiel, et sans perdre sa singularité concrète, aux rapports sociaux au sein desquels elle se forme et se transforme, et que de leur côté les rapports sociaux déterminent fonctionnellement la conscience individuelle avant tout en passant par la biographie, sans perdre leur objectivité sociale. Dans ces conditions, une lecture *psychologique* du marxisme non seulement ne psychologise par le matérialisme historique, mais elle en est le plus fécond des corollaires.

Et cela semble devoir ouvrir à la recherche marxiste des perspectives immenses. En effet, tant qu'une lecture psychologique du matérialisme historique est par principe suspectée de contresens idéaliste, c'est tout un aspect essentiel des problèmes anthropologiques qui se trouve placé par rapport au marxisme en zone réservée, sinon interdite. Dans le vaste domaine de la théorie de la connaissance par exemple, on s'autorisera alors à explorer seulement les processus gnoséologiques considérés en leur généralité impersonnelle ; dans l'esthétique et l'éthique, on sera poussé à ne retenir que les fonctions sociales, les dimensions politiques, les fondements philosophiques. Ainsi restreint au départ, le marxisme peut difficilement éviter de suivre sa pente en descendant, c'est-à-dire qu'au lieu de rendre compte, en s'en enrichissant, de la totalité des formes de la vie humaine, il tend à n'être plus, en anthropologie, qu'une forme supérieure de sociologisme doctrinal. Au contraire, en dépassant toute opposition théorique de principe entre le point de vue historico-social et le point de vue de l'individu concret, c'est-à-dire en surmontant effectivement le psychologisme, le développement de la théorie scientifique de la personnalité permet au marxisme de s'ouvrir sans restrictions à tout ce qui possède consistance scientifique dans l'immense domaine de la connaissance des individus, et réciproquement d'y apparaître sous son jour véritable, donc d'être en mesure d'y apporter, en lieu et place des idéologies bourgeoises, la lumière d'une conception juste de l'homme. Ainsi le problème se pose-t-il par exemple aujourd'hui d'avancer, beaucoup plus loin que cela n'a été le cas jusqu'ici, dans le sens indiqué par Lénine lorsque, énumérant les « domaines qui doivent constituer la théorie de la connaissance et la dialectique », à côté de la philosophie et des sciences singulières, il cite sans hésiter non seulement la physiologie des organes des sens et le langage, mais *la psychologie* [1]. Or, par psychologie, il ne faut pas entendre ici, comme on le fait d'ordinaire, la seule science des conduites et des fonctions psychiques — par exemple la fructueuse psychologie de l'intelligence — mais aussi, et dans ce domaine presque tout reste à faire, la science de la *personnalité*, base réelle, par-delà les opérations mentales prises à part, du mouvement d'ensemble de la conscience personnelle de soi et du monde. Le déploiement de ce type de recherches marxistes, de l'épistémologie à l'esthétique et à l'éthique, est par excellence ce qui peut hâter le dépassement des anthropologies spéculatives comme des étroitesses positivistes. Lorsque Sartre, envisageant l'avenir des rapports entre existentialisme et marxisme, écrit qu' « à partir du jour où la recherche marxiste prendra la dimension humaine (c'est-à-dire le projet existentiel) comme le fondement du Savoir anthropologique, l'existentialisme n'aura plus de raison d'être », et se trouvera « absorbé, dépassé et conservé » dans le marxisme [2], il exprime dans des termes irrecevables une perspective parfaitement réelle : l'anthropologie scientifique du marxisme ne fondera jamais le savoir sur un primat ontologique erroné de l'individu, mais il est bien vrai qu'elle est en mesure d'absorber en les dépassant *toutes* les démarches et les connaissances justes relatives à ce qui est de l'homme.

Cela veut-il dire que selon nous il n'est rien d'humain qui ne soit appelé à tomber désormais sous la juridiction de la *science* ? Nullement. Une telle attitude ne serait pas seulement d'une présomption comique en l'état présent des choses, elle serait erronée dans son principe même. Présomptueuse, d'abord ; car ceux-mêmes qui ont le plus confiance dans les possibilités d'avenir de la science psychologique doivent bien voir la réalité en face : pour l'heure, si de toute évidence sur le terrain psychobiologique, et sans doute aussi en partie sur le terrain psychosociologique, les

1. LÉNINE : « *Cahiers philosophiques* », *Œuvres*, t. 38, p. 336.
2. *Critique de la raison dialectique*, p. 111.

connaissances indiscutables vont rapidement de l'avant, quand il s'agit en revanche de ce qu'un homme fait de sa vie, et de ce que sa vie a fait de lui, immense est le retard de ce qu'en sait la science, par rapport à ce que, du moins dans sa part la meilleure, l'art n'a jamais fini de nous apprendre. Qu'on pense par exemple d'un côté à l'innombrable richesse du roman et de la poésie du XIXe et du XXe siècle en la matière, et de l'autre, à ce qu'il faut bien appeler les pauvretés de la biotypologie et de la caractérologie, à l'unilatéralité du freudisme même. Jusqu'ici, ce qui tient lieu de théorie de la personnalité développée ne semble même pas soupçonner en général l'importance déterminante de la dichotomie et des formes aliénées de l'excentration sociale des bases de la personnalité, qui dans la France bourgeoise dominent la vie de tant d'individus ; mais tout ce qui compte dans le roman, la poésie, le théâtre depuis le début du XIXe siècle ne parle en un sens que de cela, c'est-à-dire du fond même des choses — par exemple sous la forme du thème de l'homme double, de Musset à Aragon, du « Je est un autre » de Rimbaud au « Entre centre et absence » d'Henri Michaux. C'est pourquoi, sur ce chapitre plus encore qu'en tout autre, la morgue scientiste n'a rien à voir avec le marxisme. Mais, de ce que par exemple le roman biographique et autobiographique, le roman de formation et de transformation est *toute une science*, et que l'homme concret est au premier chef *de sa science*, y aurait-il raison suffisante pour abolir toute différence essentielle entre l'art et *une science de l'homme*, à proprement employer le mot science ? Il y aurait là, m'est avis, et en sens inverse, un glissement redoutable. Il n'est de *connaissance scientifique* — ce qui est autre chose, et plus précis, que : *vraie* — sinon dans l'universalité des concepts, la rigueur des lois, qui fondent un pouvoir non seulement d'inventer mais de transformer de façon pratiquement contrôlable ; cela n'est pas l'affaire de l'art, ce que ne semblent pas voir ceux qui croient pouvoir faire avec lui la révolution, le confondant avec la science dont ils sous-estiment les contraintes *spécifiques*, fondement des pouvoirs qu'elle nous donne. C'est pourquoi, comme l'écrivait Politzer, en cherchant à faire du « désir de connaître l'homme » son « programme scientifique », « la psychologie concrète systématise la grande tradition concrète qui a toujours nourri la littérature, l'art dramatique et la science des sages au sens pratique du mot. Seulement, la psychologie concrète, tout en ayant le même objet, offre plus que le théâtre et la littérature : elle offre la *science*[1] ».

---

1. *Critique des fondements de la psychologie*, p. 262.

Confronté à la science de l'homme, l'art est donc visiblement moins — quoiqu'il soit aussi bien davantage. Qu'en un sens il soit moins, le roman des deux derniers siècles par exemple le montre de lui-même, en ayant presque toujours besoin de prendre l'appui de son invention — et justement, là est en général son côté le plus faible — sur la psychologie « scientifique » qui existe à son époque : de Stendhal à Proust en passant par Zola, tous les âges successifs de l'idéologie psychologique se lisent dans les rides des plus grandes œuvres. L'art n'est pas que pensée, mais il est pensée, et par là il peut même être lui aussi victime des « pires restes vulgarisés des pires doctrines philosophiques ». Au contraire, le plus précieux dans l'art n'est-il pas justement ce qui n'est *pas encore* « *scientifique* », ce qui devance la science, avec les risques et aussi les chances que cela comporte ? Mais dans la mesure, variable, où c'est bien cependant, tout comme la science, à une connaissance prospective qu'il vise, il lui faut admettre que sur chaque point particulier la science finisse toujours par le rattraper, et, substituant alors son mode irrécusable de connaissance à celui de l'art, le prive de *cette* base d'existence. C'est par là notamment qu'il y a du mortel dans l'art — même si, ce qui est autre chose, l'art disparu peut demeurer pour nous en tant que disparu éminemment présent. Comme l'expliquait Marx à propos de la mythologie, terre nourricière de l'art grec : « Toute mythologie maîtrise, domine les forces de la nature dans le domaine de l'imagination et par l'imagination et leur donne forme. Elle disparaît donc quand ces forces sont dominées réellement [1]. » Et déjà Spinoza avait noté que « l'esprit est d'autant plus capable de fiction qu'il comprend moins et perçoit plus de choses, et plus il comprend, plus ce pouvoir diminue » [2]. Là est sans doute la source de la profonde complicité de l'art avec certaines formes d'inconscience. Mais — et c'est l'autre face des rapports entre art et science de l'homme — cette inconscience, dans les œuvres véritablement grandes, se révèle toujours en fin de compte comme l'aube d'une plus grande conscience. C'est pourquoi la fondation d'une réelle science de la personnalité, si elle est sans doute appelée à déplacer lentement le point d'application de ce qui fut par exemple le roman de formation ou la poésie de méditation autobiographique, ne menace certes pas

1. *Contribution*, p. 174.
2. *Traité de la réforme de l'entendement, Œuvres complètes* de Spinoza, La Pléiade, Gallimard, 1954, p. 177.

d'ôter le pain de la bouche à un art soucieux de l'homme, mais promet bien plutôt d'offrir un nouveau tremplin à son avance. Car il ne serait pas raisonnable de penser que l'homme soit moins inépuisable que l'atome : vers ce qui n'y est pas encore objet prévisible de science, il y aura toujours des terres inconnues pour un art éclaireur. Aussi bien y a-t-il beaucoup moins lieu de s'inquiéter des avances futures de l'art que d'un intolérable retard présent de la science. Un problème urgent est posé, dont la solution importe à notre histoire même, et pour l'élucidation duquel ce livre a rappelé des certitudes méconnues et pris le risque de proposer des hypothèses : celui de la constitution d'une véritable science de la vie individuelle. C'est à quoi, pour transposer ici un conseil de Lénine, il faut, sans perdre un jour, activement rêver.

# POSTFACE DE LA DEUXIÈME ÉDITION FRANÇAISE

Le texte de cette deuxième édition est le même que celui de la première, à quelques dizaines de minimes corrections près, portant presque toutes sur des coquilles typographiques. Comme je disais en 1968, dans l'Avertissement, que la première édition était le fruit de quatre rédactions successives, mais que j'y apercevais « dès maintenant bien des choses qui en justifieraient une cinquième » — je pensais notamment à éliminer ce qui peut apparaître ici ou là comme des répétitions — le lecteur sera en droit de se demander pourquoi je donne néanmoins ce texte à certains égards imparfait, au lieu de cette rédaction améliorée.

La raison en est que pour s'engager dans un aussi vaste travail, on en conviendra, il serait bon que des motifs de fond viennent s'ajouter aux motifs de forme, que le point de vue sous lequel on considère les problèmes se soit modifié de façon tant soit peu significative. Or tel n'est pas actuellement le cas. D'abord, le cheminement de ma réflexion sur ces problèmes au cours des trois dernières années ne m'a pas conduit à remettre en cause les grandes lignes du livre, bien au contraire. En second lieu l'accueil qu'il a reçu, après quelques hésitations liminaires, a été dans l'ensemble franchement favorable. A travers un abondant courrier et un grand nombre d'articles et de comptes rendus, parfois très approfondis, au fil de maints contacts avec des publics variés à l'occasion de conférences et de séminaires, il m'est apparu d'évidence que son projet et son orientation, à tout le moins, suscitaient un réel intérêt chez des catégories fort diverses de lecteurs : étudiants en sciences humaines, philosophes et pédagogues, économistes et syndicalistes, médecins et psychiatres, et chez un certain nombre de psychologues — cela, à l'étranger comme en France. En troisième lieu, parmi les critiques, relativement peu nombreuses et je le regrette, qui ont été adressées aux thèses philosophiques essentielles du livre, la plupart me paraissent relever des points de vue mêmes contre le caractère erroné desquels le livre a été écrit, points de vue qui ne me semblent pas plus convaincants aujourd'hui qu'hier. En revanche, sur de nombreuses questions psychologiques qui appelleraient d'évidence le débat, notamment les principales hypothèses indicatives développées dans le dernier chapitre, si plusieurs articles de non-psychologues ont apporté des éléments de réflexion d'un grand intérêt, une réelle discussion avec des spécialistes de psychologie de la personnalité n'a pas encore été engagée [1], et par conséquent toute conclusion serait ici prématurée. Telles sont les raisons pour lesquelles le moment ne me semble encore nullement venu, trois ans seulement après la première édition, de procéder à une nouvelle rédaction de *Marxisme et théorie de la personnalité*.

Le but de cette postface est d'exposer, aussi clairement et loyalement que possible, les raisons qui ne me font pas trouver convaincantes les critiques formulées contre les thèses essentielles du livre — thèses qui peuvent être sommairement réparties en trois groupes : des thèses philosophiques d'abord, relatives à la nature exacte de la conception marxiste de l'homme, formulées dans une conjoncture marquée alors par l'opposition (inégale) entre une interprétation humaniste-spéculative et une interprétation « antihumaniste-théorique » (chapitre 2) ; des thèses relatives à la configuration d'ensemble du champ des sciences psychologiques ensuite, et notamment sur la position centrale d'une science de la personnalité humaine à constituer, foncièrement irréductible aussi bien à la science du comportement qu'à la psychologie sociale et directement appuyée sur le matérialisme historique (chapitre 3) ; des hypothèses indicatives enfin sur le contenu possible de cette science, spécialement sur ses concepts de base et sur la dialectique de développement des processus biographiques (chapitre 4). J'examinerai successivement les critiques qui ont été adressées, très inégalement d'ailleurs, à ces trois groupes de thèses ou d'hypothèses.

Sur le plan de la conception marxiste de l'homme, on peut dire que les trois années écoulées depuis la publication de ce livre ont apporté à l'orientation qu'il défendait des confirmations décisives.

---

1. La très longue analyse du livre, remarquablement objective, parue dans le *Bulletin de Psychologie* (n° 292, 1970-71, pp. 836-853) sous la signature de D. VOUTSINAS, se situe évidemment sur un tout autre plan.

Le sens le plus général de l'ouvrage consiste à établir que le matérialisme historique, tout en rompant radicalement et sans retour avec l'humanisme spéculatif — c'est-à-dire avec l'abstraction d'un « homme » existant peu ou prou en dehors des rapports sociaux où en réalité il se produit — n'en récuse pas du tout pour autant le concept d'homme, contrairement à ce qu'affirmait l'antihumanisme-théorique, puisqu'au contraire il en indique pour la première fois le mode de traitement véritablement scientifique. Or, pour ce qui est de la réinterprétation humaniste spéculative du marxisme, sa dégénérescence rapide et profonde a depuis suffisamment illustré combien en effet, à revenir en deçà de la rupture fondatrice du matérialisme historique avec toute espèce d'idéologie humaniste, on sort immanquablement du marxisme : l'humanisme du marxisme est scientifique, ou il n'est pas. Gardons-nous toutefois de croire, parce que la défaite de l'humanisme spéculatif est consommée en rigueur, que cette forme abâtardie de la pensée marxiste a cessé de faire empiriquement des dupes. L'expérience de la lutte d'idées montre qu'on n'en a jamais fini avec une erreur pour lui avoir tranché une fois la tête. Ainsi aux pages 140 à 144 du présent ouvrage, je réfute une méprise de lecture assez élémentaire sur une note du Livre I du *Capital*, qui revient à attribuer à Marx une idée de Bentham sur la « nature humaine ». Cette méprise vient de Fromm, qui en a persuadé Adam Schaff, sur qui l'a recopiée Garaudy. La voici qui nous arrive de nouveau, reprise cette fois par Kalivoda (*Marx et Freud*, Anthropos, 1971, p. 81, note). Songeons à l'énorme quantité de contresens marxistes qui flottent ainsi à l'état libre dans la bibliographie existante, et qui, s'ils peuvent troubler même des connaisseurs, ont toute chance de faire trébucher d'abord les commençants — et, quittes à nous voir accuser de répéter, revenons sans cesse avec rigueur sur l'essentiel.

L'essentiel, en l'occurrence, c'est tout ce qui affleure avec la VI<sup>e</sup> *Thèse sur Feuerbach*. Et c'est bien naturellement sur ce point qu'a porté la seule critique philosophique précise qui ait été formulée contre le livre. Dans un article intitulé « Au sujet de la traduction française de la VI<sup>e</sup> Thèse de Marx sur Feuerbach », Adam Schaff (*L'Homme et la société*, n° 19, janvier-mars 1971, pp. 157-167) affirme que tout mon livre est vicié par un contresens sur la formule clef « das menschliche Wesen » qui, pour des raisons philologiques, *ne pourrait pas* signifier « l'essence humaine » (cela ne saurait être exprimé que par « das Wesen des Menschen ») mais bien « l'être humain ». A cette accusation, j'ai pu sans difficulté répondre (cf. « Mise au point », *L'Homme et la société*, n° 20, avril-juin 1971, pp. 264-267) que : 1° Quoi qu'on puisse penser de la traduction à donner du mot Wesen (essence ? être ?) il est en tout cas un sens qu'il ne saurait avoir : celui d'individu. Or, pour étrange que cela paraisse, dans son livre *Le Marxisme et l'individu*, ainsi que je le fais remarquer ici même p. 141, Adam Schaff énonce ainsi la *VIᵉ Thèse* : l'*individu* (das menschliche Wesen !) est l'ensemble des rapports sociaux ; et cette traduction aberrante, qui substitue en fait au texte réel de Marx un texte imaginaire, figure non pas une fois mais bien à maintes reprises dans *Le Marxisme et l'individu* (pp. 74, 109, 119, 157, 159). A cette objection précise que je lui faisais, que répond Adam Schaff ? Rien. Une querelle de *traduction* du mot Wesen fait ainsi oublier ce qu'il est difficile de ne pas considérer comme une *trahison* du texte de la *VIᵉ Thèse*. 2° Et qu'en est-il de cette querelle de traduction ? Dans le langage philosophique, on le sait, il n'y a pas *opposition* entre être et essence, mais *spécification*. L'essence n'est pas autre chose que l'être *considéré dans ce qu'il a d'essentiel* par opposition à l'être *considéré dans ce qu'il a d'empirique*, qui sera, selon les cas, exprimé par existence, phénomène, apparence. Dès lors, tout le problème est de savoir si Marx, en employant dans la *VIᵉ Thèse* l'expression « das menschliche Wesen », a en vue « l'être essentiel » ou « l'être empirique » de l'homme, donc, au fond, l'*essence* humaine ou l'*individu* humain. Or il est parfaitement clair que ce qu'il a en vue n'est justement pas l'individu humain, puisque tout le sens de la *VIᵉ Thèse* est de poser que « das menschliche Wesen » *n'est pas* inhérent à l'*individu* isolé ! Par suite, même si les arguments philologiques d'Adam Schaff avaient de la valeur et s'il fallait traduire Wesen par être, il faudrait, sous peine de contresens, entendre par là « l'être essentiel de l'homme », donc revenir *en fait* à l'essence. 3° Mais de plus ses arguments philologiques ne tiennent pas. Alors que selon lui il y aurait *opposition de sens* entre « das menschliche Wesen » et « das Wesen des Menschen », j'ai pu fournir dans ma Mise au point deux textes de *L'Idéologie allemande* où Marx se livre à la *même* analyse dans des termes presque *mot pour mot identiques*, mais où dans un cas il écrit « das Wesen des Menschen » et dans l'autre « das menschliche Wesen ». Ce qui montre que l'assertion philologique, sur quoi repose toute l'objection d'Adam Schaff, est en l'occurrence une vue de l'esprit, et que l'expression « l'essence humaine » constitue bien la traduction pertinente de la formule clef de la *VIᵉ Thèse sur Feuerbach*.

J'écrivais en conclusion de cette Mise au point : « Le fond de la question, c'est qu'Adam Schaff, au nom de la lutte contre la déformation dogmatique du marxisme — lutte nécessaire, absolument juste dans son principe — mais se méprenant fondamentalement sur la nature et la racine de cette déformation, croit la corriger en *révisant* la conception marxiste de l'homme dans le sens d'un primat « humaniste » *de l'individu*, ce qui suppose notamment une révision caractérisée de l'esprit *et de la lettre* de la *VIᵉ Thèse sur Feuerbach*, pierre angulaire du matérialisme historique et de tout le marxisme mûr — démarche qui, loin de dépasser le dogmatisme, retombe en dessous de lui ; loin de le corriger, le nourrit. La découverte, immense, de Marx en 1845-1846, celle qui fonde à proprement parler le marxisme mûr, c'est que la forme individuelle de l' « humanité », de l' « être-homme », n'est nullement *première* comme elle s'apparaît spontanément à elle-même, mais bien seconde, sa base réelle étant constituée, en dehors des individus, par l'ensemble objectif et historiquement mouvant des rapports sociaux. Il y a là un véritable renversement copernicien dans la question millénaire de l'humanisme, d'une portée théorique et pratique incalculable. Or c'est cela qu'en fait Adam Schaff, avec d'autres, ne parvient pas à pleinement admettre. Pour lui, et c'est la thèse centrale de son livre *Le marxisme et l'individu*, il faut poser que l'individu est le *véritable point de départ* (cf. pp. 63, 64, 96, 198, etc.) : thèse prémarxiste en son fond, quelques efforts que l'on puisse faire pour l'éviter, qui nous ramène théoriquement aux impasses de l'humanisme abstrait (par exemple à une psychologisation existentialiste du matérialisme historique) et qui couvre pratiquement une critique de la politique entreprise du point de vue de l'individu (qui se trouve toujours être peu ou prou alors l'individu bourgeois), ce « point de vue de l'individu » n'étant pas lui-même préalablement critiqué de façon radicale, comme l'exige le marxisme, à partir de l'étude scientifique de la nécessité concrète du mouvement historique. De là, en chaîne, une série d'autres révisions du marxisme... » Tel est bien, à mon sens, le secret de *toutes* les sollicitations « humanistes » du marxisme.

De l'autre côté, du côté de ce qu'on nommait, il y a trois ans, l'antihumanisme théorique, quelles ont été les réactions aux objections et aux analyses de *Marxisme et théorie de la personnalité* ? Sauf omission de ma part, le silence. Et il est toujours difficile d'interpréter le silence. Toutefois, je ne pense pas être accusé de précipitation si je déclare considérer, quant à moi, que trois années de silence ressemblent fort à un constat de carence, et si j'en tire la conclusion que paraissent bien *réfutées* les thèses caractéristiques de l'antihumanisme théorique et *établi* le statut scientifique de la conception marxiste de l'homme. C'est un point qui vaut d'être noté, puisque aussi bien on lit encore aujourd'hui des analyses qui tiennent, comme si de rien n'était, l'antihumanisme théorique pour acquis. En tout état de cause, cette assurance ne paraît pas fondée.

Pourtant, si l'antihumanisme théorique, en tant que courant explicite de la pensée marxiste française pendant quelques années, n'a pas semblé en mesure d'articuler une objection à l'égard des thèses contraires aux siennes exposées ici, il ne peut pas échapper qu'en même temps quelque chose comme un antihumanisme théorique latent s'exprime en réticences plus ou moins diffuses devant la notion d'un *humanisme scientifique* marxiste, et tout spécialement — nous y revoici — devant le large usage qui est fait dans cet ouvrage du concept d'*essence humaine* : troublante conjonction de méfiances entre ceux qui redoutent le trop d'humanisme et ceux qui déplorent le trop peu. Mais voyons le fond de l'affaire. Il avait déjà été abordé de façon bien éclairante, à la suite de la publication de mon article « Marxisme et sciences de l'homme » (*La Nouvelle critique*, n° 2 nouvelle formule, mars 1967), par un lecteur qui me demandait, « l'idée abstraite d'essence humaine rejetée au profit des concepts scientifiques de rapports sociaux (...), quelle utilité y a-t-il à réintroduire la notion d'essence, comme si l'on voulait avoir raison quand même, en remballant son appareil scientifique dans le fourre-tout métaphysique bien galvaudé de l'essence ?... » Et j'avais été amené déjà à répondre (cf. *La Nouvelle Critique*, n° 4, mai 1967) : « Aucune, naturellement, s'il s'agit de « réintroduire » la « notion d'essence », c'est-à-dire de revenir à l'humanisme spéculatif (...). Mais, une fois écartée *sans retour* la conception spéculative de l'essence humaine, il reste à comprendre *scientifiquement* ce que sont les hommes non au niveau des apparences, mais à celui de l'essence *réelle*. Cela, ce n'est pas une question de naïf point d'honneur « philosophique » : il y va de toute notre conception de l'histoire et de la politique. On explique toujours en dernière analyse les hommes par quelque chose, le tout est de savoir par quoi. Or je dis que si l'on *méconnaît*, comme le fait l'antihumanisme structuraliste, la thèse de Marx dans *L'Idéologie allemande* : « Cette somme de forces de production, de capitaux, de formes de relations sociales, que chaque individu et chaque génération

trouvent comme des données existantes, est la base concrète de
ce que les philosophes se sont représenté comme « substance » ou
« essence » de l'homme », si l'on méconnaît qu'il y a dans ces
données sociales objectives la « réalité » de l'essence humaine,
comme dit la *VIe Thèse sur Feuerbach*, bref, si l'on ne voit pas
que le matérialisme historique ne *récuse* pas du tout le problème
de l'essence humaine, mais le *résout*, les hommes et les rapports
sociaux se trouvent alors de nouveau abstraitement séparés, de
sorte qu'on ne les comprend plus ni les uns ni les autres. Si les
rapports sociaux ne sont pas compris comme *la réelle essence de
l'homme* (autrement dit comme la base explicative fondamentale
de tout ce qui concerne l'homme), réciproquement les hommes ne
seront donc pas compris *à partir des rapports sociaux comme leur
essence*, et on retombera, de quelque façon que ce soit, dans une
conception idéaliste de l'homme, c'est-à-dire en deçà du marxisme.
C'est par exemple ce qui arrive à Lévi-Strauss. Voilà pourquoi la
notion d'essence humaine réelle est tout autre chose qu'un hochet
métaphysique. »

Que cette réticence devant la notion *marxiste* d'essence humaine
soit si répandue, cela ne tient pas seulement à une incompréhension
du fond même du matérialisme historique, mais plus largement,
selon moi, à une *insuffisance de la culture philosophique de base*,
derrière la familiarité avec les terminologies à la mode, et cela
même chez des gens d'ailleurs très instruits. Le fait est aujour-
d'hui fréquent chez des scientifiques, et il est le contraire même
d'un hasard ; c'est le résultat prévisible, inlassablement annoncé
et combattu à la fois par les philosophes marxistes, de la décadence extrême des philosophies universitaires bourgeoises traditionnelles, renforcée, surtout depuis 1958, par une politique
délibérée du pouvoir des monopoles visant à priver les nouvelles
générations d'une formation philosophique digne de ce nom,
politique parvenue aujourd'hui à la veille de son « triomphe » : la
fin de la « classe de philosophie ». Pour beaucoup de gens qui « ne
font pas de philosophie », comme d'autres « ne font pas de politique », le *mot* essence a ainsi une allure médiévale, spéculative,
métaphysique, non-scientifique pour tout dire. A la limite, il s'agit
presque d'une répulsion affective, comme dans cette sortie,
étonnant document idéologique, d'un psychologue au cours d'un
débat sur les problèmes de la *VIe Thèse de Marx sur Feuerbach :*
« De toute façon, le mot « essence » me déplaît souverainement et
me paraît antimarxiste ! » (Cf. *Raison présente*, nᵒ 17, janvier-mars
1971, p. 79). C'est qu'on méconnaît les transformations fonda-

mentales du concept d'essence dans la dialectique hégélienne,
puis marxiste. Dans la pensée prédialectique, l'essence est en fait
tout simplement l'abstraction de l'objet considéré, ou cet objet
converti en abstraction — abstraction qu'il s'agit ensuite de se
représenter comme « inhérente à l'objet isolé », mystérieusement
présente en son tréfonds. En ce sens, le phlogistique, le calorique,
l'éther, par exemple, étaient de belles et bonnes « essences »
physico-chimiques, dont on sait ce que la chimie et la physique
ont dû faire pour avancer : se débarrasser. Nombre de scientifiques
en sont restés là, et avec eux la foule des non-scientifiques :
l' « essence » serait une vieillerie philosophique dont le savoir
scientifique n'a rien à faire. Et pourtant, si notre psychologue de
tout à l'heure veut par exemple donner à entendre que, disons, les
ressemblances et les dissemblances psychologiques entre jumeaux,
loin de pouvoir être expliquées en dernier ressort par « l'hérédité »
ou par « l'éducation », doivent être rapportées à l'analyse concrète
de la *situation gémellaire*, où se produisent selon lui pour l'essentiel
ces particularités psychologiques, que fait-il d'autre que de nous
désigner les *rapports essentiels* (à son sens) qui *engendrent* l'objet
étudié, c'est-à-dire l'*essence de la gémellarité* ? Mais il s'agit alors
d'une essence de type *dialectique*, non plus abstraction inhérente
à l'objet pris en soi, mais rapport concret au sein duquel se produit
pour l'essentiel l'objet considéré ; et le prototype de cette essence
dialectique — la seule qui s'accorde avec les exigences de la
science moderne —, c'est justement l'*essence humaine* indiquée
pour la première fois par Marx dans la *VIe Thèse sur Feuerbach*.
Cela mérite bien quelque réflexion.

Cependant si tout scientifique, comme on vient de le voir, pour
peu qu'il use d'un concept bien fondé, traite de l'essence même
sans le savoir, on demandera peut-être si cela apporte quelque
connaissance supplémentaire à la science, de nommer philosophiquement « essence » ce qu'elle désigne quant à elle par son concept
spécifique. La réponse est claire : pas une once. Il est assez visible
par exemple que si je qualifie la situation gémellaire d'essence de la
gémellarité, je n'ai pas enrichi beaucoup par là ma connaissance
des jumeaux. Mais la question est naïve ; car bien sûr, le pouvoir
et la fonction de la philosophie — et de la marxiste pas plus que de
n'importe quelle autre — ne sont pas de se substituer à la science, de
trouver une « autre » voie d'accès, non expérimentale, à la connaissance expérimentale. En revanche, si je suis fondé à identifier
comme *essence* réelle de l'objet considéré — par exemple l'homme
— des *rapports* déterminés — en l'occurrence les rapports sociaux

— cela me donne, non pas bien sûr des connaissances concrètes quelconques sur l'homme ou les rapports sociaux, mais une *indication stratégique de connaissance* — autrement dit une indication épistémologique — *d'une importance incalculable*, puisque cela signifie que c'est dans la dialectique par laquelle cet objet se produit au sein de ces rapports que je dois m'attendre à trouver la clef de ses propriétés comme de son développement. Voilà pourquoi, en ce livre — livre de réflexion *philosophique* sur les problèmes des sciences psychologiques —, on qualifie si fréquemment les rapports sociaux d' « essence humaine » : il s'agit de faire apercevoir que l'économie politique, au sens marxiste de cette science, est la clef de la psychologie de la personnalité. D'après mes observations, répétées des douzaines de fois, la tendance à bouder cette formulation marxiste capitale est *toujours* l'indice (fût-il non médité) d'un affaiblissement du *matérialisme* historique ; et après ce qui vient d'être dit, je pense que la raison en est évidente. En fait je suis convaincu, et aujourd'hui non moins qu'il y a trois ans, que la nouveauté extraordinairement profonde de la conception marxiste de l'homme (la forme psychologique, individuelle, de l' « être-homme », loin d'être première, est essentiellement dérivée d'une forme historico-sociale objective du patrimoine humain où l'individualité n'est pas identifiable comme telle), cette nouveauté n'a encore presque pas été comprise, et encore moins mise à profit, dans les sciences psychologiques, en tout cas en France. Et il faut bien dire qu'il s'agit d'une nouveauté formidablement *dérangeante* pour toute une psychologie expérimentale massivement informée par une bibliographie anglo-saxonne dans laquelle on doit convenir que jusqu'ici l'apport du matérialisme historique a été royalement ignoré. Mais le tout est de bien savoir ce qu'on veut faire : une science au sens pleinement et radicalement *essentiel* de ce terme, c'est-à-dire au sens qui a permis à Marx de fonder la *science de l'histoire* — ou l'exploration expérimentale de tout l'espace que définissent des présupposés idéologiques inaperçus quant à l'individu psychique ? Là, j'en ai bien l'impression, se situe le choix fondamental qui détermine à la fois l'orientation de ce livre et, peut-être, les raisons pour lesquelles il ne s'est pas avéré « lisible » pour quelques-uns. Qu'il me soit seulement permis de noter, en terminant sur ce chapitre, la remarquable convergence finale de démarche entre une interprétation antihumaniste du marxisme qui rejette l'essence humaine au nom de ce qui apparaît en fin de compte comme une conception positiviste de l'histoire, et une interprétation humaniste spéculative qui la rejette au nom du primat idéaliste de l'individu : c'est précisément contre ces deux erreurs, qu'on relise *L'Idéologie allemande*, que s'est édifié le matérialisme historique.

*
* *

J'en viens à la question de la configuration du champ des sciences psychologiques et du statut d'une réelle science de la personnalité, qui fait l'objet du chapitre 3. Et je crois d'abord pouvoir noter que le diagnostic qui y est avancé sur l'état actuel de la psychologie de la personnalité, du moins celle de langue française, pour sévère qu'il soit, n'a été contesté par personne, pas même par des psychologues professionnels. Mieux : divers spécialistes m'ont indiqué que j'aurais pu, sur tel ou tel point, prendre l'exemple d'auteurs encore plus caractéristiques et représentatifs des erreurs que j'y dénonce, ce dont je les remercie bien. J'ai toutefois été surpris, en ce domaine, de rencontrer à plusieurs reprise une curieuse remarque : il aurait été inutile de faire la critique des travaux de Sheldon, dont on m'assurait que personne ne les prend plus au sérieux. Nous expliquera-t-on alors, s'il en est vraiment ainsi, pourquoi ce monument élevé à l'indigence de la pensée scientifique, qui s'appelle *Les Variétés du tempérament*, tient aujourd'hui encore une telle place dans la bibliographie savante de psychologie de la personnalité ? Un exemple : dans le *Traité de psychologie expérimentale* de Fraisse et Piaget (t.V., P.U.F., 2ᵉ éd., 1968) le chapitre XVII intitulé « La structure de la personnalité » y consacre près de 5 grandes pages sur un total de 70. Presque partout la place de Sheldon est aussi grande, et parfois beaucoup plus, comme dans le chapitre sur la personnalité du livre de P. Fraisse : *La psychologie expérimentale* (P.U.F., 1967) qui déclare d'ailleurs d'emblée : « Nous faisons nôtre la définition de Sheldon » (p. 102 ; en revanche on remarque que J. C. Filloux, dans son livre sur *La Personnalité*, P.U.F., 1967, ne le mentionne même pas dans sa bibliographie). Mais après tout, si ce qu'on m'a assuré est exact, on considérera donc certainement d'un œil favorable la suggestion suivante : supprimer désormais dans notre enseignement supérieur de psychologie de la personnalité l'étude scientifiquement stérile de Sheldon, et la remplacer, à temps égal, par l'exposé de la conception marxiste de l'individualité humaine?

Cela dit, le plus important n'est pas encore de constater que les choses ne vont pas fort en psychologie de la personnalité : c'est de comprendre pourquoi il en est ainsi, et ce qu'il faudrait faire pour qu'il en soit autrement. C'est sans doute sur ce point que les analyses psychologiques du livre ont dans l'ensemble trouvé le plus d'écho, voire d'appui, notamment chez ceux qui sont habitués à l'attitude clinique. Toutefois, comme on pouvait s'y attendre, de vives objections se sont élevées chez certains psychologues expérimentalistes. L'article important, à cet égard, a été celui de J. F. Le Ny dans *La Pensée* (« Une autre science psychologique ? », n° 147, octobre 1969). L'attitude de J. F. Le Ny est facile à résumer : il ne voit aucunement qu'il y ait lieu, et matière, à une autre approche des structures de l'activité individuelle humaine que celle de la psychologie du comportement. Le point central de mon livre, on l'aura remarqué, est constitué par l'analyse des pages 221-239 (« rapports naturels et rapports sociaux entre les conduites ») où j'entreprends de montrer que, le salaire n'étant pas le prix du travail mais celui de la force de travail, « la correspondance entre le travail et le salaire *n'est pas* un rapport naturel, immédiat, « psychologique » au sens ordinaire du terme, et que par conséquent, il n'y a aucun espoir d'en rendre compte dans les termes et sur le terrain de la science des conduites » (p. 234) ; ou en d'autres termes que la correspondance apparente entre travail et salaire est « porteuse d'une relation réelle d'une tout autre nature » rattachant le salaire « non pas du tout au travail concret qui a été effectué mais à *la forme-valeur de la force de travail qui s'y est dépensée* ». Et j'en concluais : « Nous nous trouvons donc ici en présence, au cœur même de la vie psychologique, d'un rapport « psychologique » qui est en fait non pas un rapport psychologique mais un rapport social », un rapport qui dénote un monde de structures de la personnalité vivante entièrement spécifiques (p. 235). Or voilà justement ce que J. F. Le Ny conteste du tout au tout. Pour lui, « si je mange un gâteau, ma propriété de ce gâteau en « résulte » du même coup, en même temps qu'un certain type de micro-rapport social avec ceux qui m'entourent ; de même la valeur « résulte » bien de l'échange, c'est-à-dire d'un certain type de conduite ; la plus-value, quant à elle, « résulte » de l'appropriation, qui est aussi exprimable en termes de conduites. » « Ne voir dans la correspondance erronée qui peut être établie entre le travail et le salaire *que l'illusion* qui naît de l'ignorance de la plus-value, c'est, au plan psychologique, s'en tenir à une conception qui reste subjective ; il me semble beaucoup plus fécond de la regarder aussi sous son autre face qui est celle d'une réalité psychologique objective, et, je ne crains nullement de l'écrire, *indépendante des rapports sociaux*. Cette réalité, que Sève met imprudemment au défi de découvrir dans la « psychologie habituelle », c'est tout bonnement la loi de l'effet, encore appelée loi du renforcement, selon laquelle tous les comportements d'un certain type sont déterminés par leur effet, sur la base des apprentissages antérieurs. » (P. 53.)

Je pense que ces passages caractéristiques permettent bien de voir l'ampleur du malentendu sur quoi repose toute l'argumentation de J. F. Le Ny. En effet, que tous les rapports entre conduites puissent être « exprimés en termes de conduite », c'est bien évident. De même toute prononciation d'une phrase quelconque peut être « exprimée » en termes d'influx nerveux, ou de vibration acoustique. La vie psychologique n'est matériellement constituée de rien d'autre que de conduites et c'est pourquoi *en un sens* elle est totalement justiciable de la science des conduites, ou du comportement. Mais ce que J. F. Le Ny ne voit pas, c'est que, tout comme il y a dans une phrase prononcée d'autres aspects qualitatifs que ceux de l'influx nerveux ou de la vibration acoustique, les rapports entre conduites ne sont pas seulement les rapports au sens psychologique ordinaire du terme — par exemple ceux qu'étudie la loi de l'effet, qui est bien, comme il le dit, *indépendante des rapports sociaux*, et cela met en pleine lumière sa nature *et ses limites :* il y a aussi ce que j'ai cru pouvoir appeler les rapports *sociaux* entre les conduites, pour souligner qu'ils sont au contraire, eux, et — si je puis le dire sans rebuter un psychologue — *dans leur essence, dépendants des rapports sociaux*, pour la bonne raison qu'ils ne sont en fait rien d'autre que les rapports sociaux objectifs eux-mêmes, *intériorisés* en rapports de l'activité psychique individuelle. Ainsi par exemple quand J. F. Le Ny écrit que ce qui régit le rapport entre salaire et travail est « tout bonnement la loi de l'effet », il a *en un sens parfaitement raison*, car il est bien vrai du point de vue des rapports « naturels » entre les conduites que les fluctuations du salaire, par exemple, ont des effets précis sur les fluctuations du travail concret (et c'est là tout un aspect des *formes* de l'exploitation capitaliste) ; mais comment ne pas voir combien cette affirmation est *en un autre sens implaidable*, puisque la loi de l'effet, indépendante des rapports sociaux, est bien incapable de rendre compte que le salaire ait pour répondant réel dans l'individualité du salarié capitaliste — c'est tout différent dans une société socialiste — la *forme-valeur de sa force de travail* (et c'est là le *fond* même de l'exploitation capitaliste) ? Cette forme-valeur de la force de travail, qu'on aurait peu de chances de rencontrer par exemple chez un rat, fût-ce dans une boîte de Skinner, système dynamique entièrement spécifique, découpé dans l'individualité du travailleur salarié par les rapports sociaux capitalistes, et qui joue dans sa propre biographie un rôle immense, ce ne sont pas les « constantes psychologiques » chères à J. F. Le Ny (et que je ne mets pas un instant en doute *dans leur ordre :* celui de l'étude du comportement) qui pourront jamais nous permettre, non pas même de l'expliquer, mais de l'approcher, puisqu'elle ne « résulte » nullement de ces constantes psychologiques, mais de structures non-psychologiques et éminemment transitoires ? En ne voyant que la *trace sur le plan des conduites* d'une réalité bel et bien psychologique, mais d'essence sociale, la psychologie expérimentale se comporte un peu comme le spectateur d'un théâtre d'ombres, qui attribuerait à la pure spéculation philosophique l'affirmation selon laquelle les personnages réels du drame ont *en réalité* une troisième dimension, impossible à faire apparaître comme telle sur son écran. Malheureusement, il y a de bonnes raisons de penser que cette troisième dimension est justement celle qui est requise pour fonder enfin, par-delà la science du comportement, celle de la personnalité humaine.

Aussi bien dans son article de *La Pensée*, J. F. Le Ny a-t-il la loyauté de dire, et cela mérite d'être relevé, qu'il n'est « pas sûr d'avoir bien compris le sens total de cette expression : science des rapports sociaux entre les conduites » (p. 52). Je pense que ce doit être en effet tout simplement la vérité. Extrêmement absorbée par les contraintes de sa propre démarche scientifique et animée par une volonté farouche de rupture, à certains égards tellement légitime et nécessaire, avec la « philosophie » au sens universitaire traditionnel du mot, tout se passe comme si la psychologie expérimentale avait un peu perdu l'habitude de *méditer des textes « philosophiques » d'une tout autre teneur,* comme les grands textes de Marx. Or, je me permets de le redire avec conviction, qui n'a pas assimilé à fond des œuvres comme *L'Idéologie allemande*, les *Grundrisse* et *Le Capital* a peu de chance de comprendre véritablement ce que présuppose la fondation d'une réelle science de la personnalité. Cela conduit à poser une question : au lieu de dire, à propos de ce que j'ai cru pouvoir désigner comme une « inversion d'essence » entre l'individu animal et l'individu humain, que « la psychologie scientifique, il faut l'avouer, ne sait pas bien ce que peuvent être de telles choses et se demande un peu ce que ces expressions signifient » (n° 147, p. 57), ceux qui veulent travailler à l'avancement de la psychologie de la personnalité ne devraient-

ils par réfléchir au contraire à ce qui est, non pas une billevesée
« philosophique », mais bien l'enseignement cardinal de toute
l'anthropologie scientifique, et que A. Leroi-Gourhan pour sa part
résume ainsi : « Toute l'évolution humaine concourt à placer en
dehors de l'homme ce qui, dans le reste du monde animal, répond
à l'adaptation spécifique » (*Le Geste et la parole*, Albin Michel,
t. II, p. 34). Car c'est en approfondissant cet immense processus
d'*excentration sociale de l'essence*, génialement aperçu par Marx
sur le plan philosophique avant que la science expérimentale ne
le confirme de toutes parts, processus qui a bouleversé de fond en
comble les bases mêmes du psychisme humain, qu'on peut apercevoir de quelle manière, étrangère à tous les schémas hérités de
l'étude comportementale de l'animal, la dialectique de la personnalité humaine est connectée au plus profond d'elle-même
avec celle de l'histoire.

En tout cas, ceux qui ne croiraient pas utile de chercher à
comprendre ce renversement d'essence n'ont guère chance de
comprendre non plus la nature réelle des problèmes que tente
d'examiner *Marxisme et théorie de la personnalité*, ce qui est d'ailleurs beaucoup moins grave. Avant d'en terminer avec les remarques relatives au chapitre 3, je voudrais brièvement revenir
sur deux aspects néanmoins regrettables de cette incompréhension. Il s'agit d'abord de la question du « physiologisme ».
J. F. Le Ny, et sans doute n'est-il pas le seul, semble croire qu'il y
aurait dans ma pensée une « constante » (n° 147, p. 54) : l' « anti-
physiologisme théorique » (p. 56). Il présente les pages 281 à 286
du livre, où l'on entreprend de montrer en quel sens il y a un
« noyau rationnel » de la notion d'âme, comme des pages « que les
esprits scientifiques et matérialistes ne liront pas sans malaise »
(p. 56) et suggère même en note que ce pourrait être la raison
pour laquelle Jean Lacroix aurait donné de mon livre un compte
rendu favorable (*Le Monde*, 3 juillet 1969). Ces représentations
matérialistes ne sont pas nouvelles pour moi, depuis mon article
de 1964 « Les dons n'existent pas », que certains avaient mis en
cause en son temps à partir d'une attitude à mon avis « biologiste », avant que son orientation principale ne soit généralement
reconnue comme bien fondée. Pourtant j'écrivais dans cet article,
le plus clairement du monde il me semble : « En un sens, c'est
*toute la vie de l'individu*, dans tous ses aspects, qui est marquée
par les données biologiques de départ. C'est l'évidence même. »
(*L'École et la nation*, octobre 1964, p. 56). On peut bien relire
*Marxisme et théorie de la personnalité*, on n'y trouvera pas, je

crois, une ligne qui s'écarte en la matière des positions matérialistes les plus rigoureuses. Mais ce que dès cet article de 1964, et à plus forte raison dans ce livre, j'ai toujours défendu, c'est l'idée, à mon sens capitale, que les données biologiques ne sont nullement les *bases explicatives* de la personnalité développée mais seulement ses *supports*, la personnalité développée ayant sa vraie base explicative dans *ses propres contradictions internes*, qui réfléchissent les contradictions des rapports sociaux : c'est *cela* que le « physiologisme » a du mal à comprendre, n'ayant sans doute guère perdu son temps à réfléchir à une question aussi « philosophique » que celle des rapports entre base et support, — et qu'il soupçonne toujours de « manquement au matérialisme », un peu comme si l'on reprochait au matérialisme historique de « manquer au matérialisme » parce qu'il ne voit pas dans la géographie la base de l'histoire, mais seulement son support. D'une façon générale, on peut se demander si la psychologie expérimentale a développé une réflexion assez systématique et fondamentale sur les limites de validité de l'application à l'homme des méthodes et concepts qui conviennent à l'étude du comportement animal. Comment comprendre autrement que beaucoup d'auteurs persistent à traiter les rapports sociaux comme le « milieu » de l'individu humain, sans tenir compte du fait que la dialectique individu-milieu change totalement de sens lorsque le *milieu* animal est devenu le *centre* (excentré) de l'humanité ? Traitant toujours en dernier ressort l'homme comme un animal, c'est-à-dire le rabattant sur le plan de la biologie en méconnaissant la place, proprement essentielle chez lui, de l'histoire, le « physiologisme » est en retard d'un matérialisme : le matérialisme historique. Je me suis même entendu objecter un jour, comme je faisais valoir l'apport exceptionnel des analyses de Marx sur le rapport d'argent pour une psychologie de la personnalité, que tout cela avait déjà été mis en évidence sur les rats. Si vraiment la psychologie expérimentale ne devait pas apercevoir l'abîme qui sépare l'appropriation immédiate d'un objet par un rat dans une boîte à expériences et l'appropriation médiatisée par l'argent d'un bien social par un individu humain, ce serait fâcheux pour sa réputation.

N'aurais-je pas pourtant joué avec le feu en affirmant l'existence d'un noyau rationnel de la notion d'âme ? J'avouerai sans détour qu'il y avait au niveau des *mots* quelque provocation délibérée de ma part sur ce point. Mais ce qui compte est la chose, et la définition que je propose de l' « âme », savoir la dynamique des rapports sociaux qui animent une personnalité, quoi qu'elle vaille d'ailleurs, est une définition si exclusivement matérialiste qu'en trois ans pas un seul spiritualiste — Jean Lacroix compris — n'a songé à la solliciter dans son sens, dans le même temps que la lecture du livre achevait au contraire de rallier des chrétiens au marxisme matérialiste et athée. C'est dire que les raisons pour lesquelles des critiques non-marxistes n'ont pas cru bon de maltraiter mon livre sont un peu plus complexes que ne semble le suggérer J. F. Le Ny. Elles sont notamment liées à la grande question de la défense de la philosophie contre la formidable entreprise de décervelage philosophique que poursuit le pouvoir des monopoles. Jean Lacroix par exemple a trouvé que mon livre était inspiré par « l'esprit de recherche et de vérité » ; et, comme lui, nous, marxistes, nous pensons qu'il y a matière à alliance philosophique dans l'urgente défense de cet esprit « de recherche et de vérité », et qu'*a fortiori* aucun marxiste, égaré par le positivisme expérimentaliste, ne saurait se retrouver dans le camp du pouvoir des monopoles en guerre contre toute philosophie. Qu'on veuille bien y réfléchir encore : ce qui pourrait faire le jeu du spiritualisme de l'âme, ce n'est pas la tentative de bâtir la théorie *matérialiste* de la dynamique de la personnalité humaine, c'est bien au contraire la réduction « physiologiste », et en fin de compte, je crois l'avoir montré dans ce livre, bourgeoise, des problèmes de la personnalité humaine, car alors, oui, à coup sûr, surgit de toutes parts l'aspiration à un « supplément d'âme ». Il n'est que de voir combien la réduction antihumaniste théorique du marxisme a été appréciée du côté personnaliste pour s'en rendre compte.

La deuxième incompréhension sur laquelle je voudrais dire un mot, c'est celle qui a trait à la question, elle aussi cruciale quand il s'agit de l'individu concret, de la possibilité d'une science du singulier. Sur ce point non plus, mes thèses n'ont pas rencontré l'adhésion de tous. J. F. Le Ny écrit que l'idée d' « une *science* de l'individu *singulier* » est pour lui « et sans doute pour d'autres, impensable au sens strict du terme » et ajoute : « Je demande que l'on me montre dans d'autres domaines — car il y a partout du singulier — des exemples d'une telle science ; mais laissons, je me ferais taxer d'aristotélisme » (p. 58). Je dois dire qu'une telle demande est quelque peu déconcertante, quand on songe que l'apport au total le plus révolutionnaire et le plus *visible* du marxisme-léninisme consiste précisément dans l'élaboration théorique et pratique d'une *science de la politique* dont l' « âme », si j'ose ainsi m'exprimer, est ce que Lénine nomme « l'analyse concrète des situations concrètes ». On demande à voir ce que

c'est qu'une science du singulier ? Qu'on étudie la politique léni-
niste. Évidemment, jusqu'ici, l'œuvre politique de Lénine n'est
guère citée dans les bibliographies de psychologie de la personnalité. Je suis de ceux qui considèrent que c'est bien regrettable,
parce que là on peut justement apprendre à *penser* l' « impensable »
science du singulier, ce qui ne risque sûrement pas d'arriver en
lisant par exemple *Les Variétés du tempérament* de Sheldon.
J. F. Le Ny semble tellement dépaysé par la notion d'une science
du singulier qu'il en vient à imaginer que la « clé » de mon livre
serait que son point de vue « est *exclusivement celui de la psychologie différentielle* » et que cela éclairerait « tout (mon) propos »
(p. 55) alors qu'on peut lire, notamment aux pages 343-344 de
mon livre une « critique radicale » de l'idée même de psychologie
différentielle, mettant en lumière sa complète « inconsistance
scientifique ». En fait, toute ma démarche, de quelque façon
qu'on l'apprécie d'ailleurs, se situe au-delà du dilemme traditionnel entre psychologie générale et psychologie différentielle,
qui a sans doute un sens quand on étudie des *comportements*,
mais qui n'en a plus aucun lorsque l'objet étudié est cet être,
contradictoirement général et singulier, qui s'appelle l'*individu
concret*. J'admets bien entendu qu'il y ait là matière à discussion.
Ce que je voulais faire observer, c'est simplement que sur ce
point comme sur tous les autres on ne saurait rien fonder qui
vaille sur des incompréhensions préliminaires.

Quant au chapitre 4, et aux hypothèses qu'il avance à titre
indicatif sur le contenu possible d'une science de la personnalité,
c'est ce sur quoi j'aurais à la fois le plus et le moins à dire. Le
plus, car c'est sur ces problèmes que les remarques et les critiques
de ceux qui ont à la fois compris et apprécié le livre ont été les
plus fécondes, et aussi parce que, dans ce domaine, c'est sur eux
que j'ai le plus réfléchi ces trois dernières années. Mais précisément
à cause de l'abondance de ce qu'il y aurait à dire, le dire ne pourra
être que la tâche d'un nouveau livre, directement consacré à un
certain nombre de problèmes concrets de développement de la personnalité — par exemple, les problèmes passionnants, et si mal
maîtrisés jusqu'ici, de la biographie intellectuelle. Quant aux
rapports entre ces conceptions et la psychanalyse, je m'en explique
pour ma part dans un chapitre du livre collectif *Pour une critique
marxiste de la théorie psychanalytique* (Éditions sociales, 1973).

Je me bornerai donc ici à un seul point. Comme je m'y attendais, le caractère évidemment hypothétique des idées émises dans ce dernier chapitre n'a pas manqué d'être relevé du côté de certains expérimentalistes comme une sorte d'infirmité philosophique congénitale ; et on leur a courtoisement souhaité bonne chance du ton dont on souhaiterait longue vie à un nouveau-né dont on a l'intime assurance qu'il ne passera pas la semaine. Or tout d'abord on aimerait savoir comment en général il serait possible de faire *avancer* une science aussi retardataire que la psychologie de la personnalité autrement qu'en *avançant* des hypothèses, pourvu qu'elles soient conformes aux exigences de vérificabilité ? Je constate que J. F. Le Ny par exemple, dans sa propre étude sur « La psychologie et les comportements politiques » (*La Pensée*, nº 146, août 1969), trouve naturel d'écrire qu' « on ne peut, en attendant, laisser le champ libre aux idéologies, sous leur forme la plus pernicieuse, et qu'il est en conséquence inévitable de se hasarder dans une certaine sorte de spéculation », et que de tout cela « à la condition de pouvoir adopter des critères convenables de vérité et d'erreur, rien ne peut être meilleur que de débattre avant de le mettre à l'épreuve des faits » (p. 24). A merveille, encore qu'à mon sens il s'agisse moins de « se hasarder dans la spéculation » que de prolonger au niveau de l'hypothèse de très solides certitudes. Mais pourquoi alors, dans le cas de *Marxisme et théorie de la personnalité*, cette démarche évidemment nécessaire est-elle considérée comme le fruit d'une « idée assez inexacte de la science qui se fait » (nº 147, p. 59), le « rêve d'une synthèse qui précéderait l'étude concrète » (p. 60), bref, le mirage d'une « voie qui ne peut s'ouvrir » (p. 59) ? Libre bien entendu à quiconque de ne pas accorder crédit aux hypothèses ici avancées — et en l'absence desquelles je n'ai d'ailleurs aucun doute qu'on m'eût reproché d'être incapable de concrétiser des vues regrettablement générales — et par exemple de ne pas juger opportunes des enquêtes d'emploi du temps ventilées à la lumière de la conceptualisation proposée ici. C'est cependant, semble-t-il, un problème de savoir selon quels critères certaines hypothèses sont tenues pour expérimentales et d'autres pour spéculatives, quand les voies de la validation ou invalidation expérimentale sont tout aussi claires dans les secondes que dans les premières.

Mais en second lieu, n'y aurait-il pas quelque étroitesse de vue à supposer que des recherches de psychologie de la personnalité développées sur la base de la science marxiste des rapports sociaux seraient vouées à rester l'inoffensive lubie de quelques philosophes isolés ? Si en effet on veut bien élever les yeux au-delà de la bibliographie provisoirement dominante en la matière chez nous, pour regarder ce qui est en train de se développer notamment dans la plupart des pays socialistes, on s'apercevra que l'état actuel des choses pourrait bien se révéler plus précaire qu'il ne semble. A cette occasion, il me paraît intéressant d'indiquer que le psychologue hongrois Laszlo Garaï, dont je discutais aux pages 389-407 la formulation sur « le travail, premier besoin humain », l'a abandonnée depuis en vertu de ses propres recherches, qui, bien qu'elles ne coïncident pas avec la conception ici développée du besoin, ne s'en orientent pas moins dans une direction comparable. Il est à souhaiter que le public scientifique français, justement intéressé par ces questions, soit à l'avenir un peu mieux informé sur le riche développement des travaux de psychologie de la personnalité dans les pays socialistes. Et peut-être apparaîtra-t-il un jour qu'il n'est somme toute pas mauvais, du point de vue même de la *science* psychologique, que la pensée marxiste française n'ait pas pris trop de retard sur ce vaste et capital mouvement de recherches.

Janvier 1972.

# POSTFACE DE LA TROISIÈME
# ÉDITION FRANÇAISE

Cette troisième édition, conforme à la précédente à quelques menues mises à jour et corrections près, paraît dans des conditions fort différentes. Au moment où était publiée la deuxième édition — début 1972 — le livre suscitait encore essentiellement des réactions de philosophes, qu'ils fussent favorables ou hostiles à la conception de l'homme qu'il met en œuvre, de sorte que, dans le silence presque général des psychologues, son but principal : dissiper les illusions idéologiques qui empêchent la psychologie de la personnalité de se constituer en science véritable, disparaissait plus ou moins derrière le débat — d'ailleurs très important en soi-même — sur les présupposés philosophiques d'une telle mutation. Aujourd'hui, la situation est déjà tout autre. Non que les discussions philosophiques sur cet ensemble de problèmes aient cessé depuis deux ans, mais comme on va le voir, elles ont dans une large mesure abouti à renforcer l'orientation de recherche sur le terrain du matérialisme dialectique et historique qu'on adopte dans ce livre, soit que, à la suite des réponses qu'elles ont reçues, certaines sortes d'objections se soient tues, soit que, dans la discussion des autres, on enregistre une rectification prometteuse chez ceux-mêmes qui continuent d'en formuler. Ainsi, sans le considérer prématurément comme clos, on peut dire que le débat sur les thèses philosophiques marxistes qui sont à la base de ce livre apparaît beaucoup plus clairement désormais, par rapport à son enjeu essentiel, pour ce qu'il est : une validation préliminaire.

En même temps le livre a été largement lu parmi ceux qui travaillent dans les divers domaines de la psychologie scientifique — psychologie générale, psycho-pédagogie, psychologie sociale, psychanalyse et psychiatrie, disciplines de tous ordres ayant affaire à des catégories comme celles d'individu ou de besoin — et il a souvent trouvé un écho favorable chez des étudiants et de jeunes chercheurs, peu enclins à croire, semble-t-il, que l'idée d'une infirmité constitutive de ce qui se donne couramment aujourd'hui pour psychologie de la personnalité soit une simple billevesée de philosophe, de sorte que les idées directrices et les hypothèses principales exposées ici commencent à être prises pour points de départ de recherches concrètes. Cela s'observe en France, et plus encore à l'étranger — le livre est actuellement traduit ou en cours de traduction dans seize pays. C'est ainsi que, des deux Allemagnes — en R.D.A. le livre en est à sa seconde édition —, me parviennent de nombreuses indications sur des travaux ou des séminaires qui y ont été consacrés ou se préparent sur des problèmes qu'il soulève, par exemple du point de vue psycho-pédagogique. Un concept comme celui d'emploi du temps, central dans le dispositif théorique proposé, fait sous diverses formes l'objet de premières tentatives d'exploitation expérimentale. Cinq ans après sa première publication, *Marxisme et théorie de la personnalité*, par-delà les difficultés prévisibles d'accommodation qu'il a traversées, est donc largement perçu désormais comme il a été conçu : une contribution *philosophique, dans le sens marxiste du terme*, au processus multiforme de constitution d'une *science*.

Et c'est pourquoi il ne sera certainement pas inutile, avant d'examiner en cette nouvelle postface les problèmes philosophiques et scientifiques soulevés depuis l'édition précédente, de commencer par résumer les thèses et hypothèses principales du livre en en précisant bien la signification. Car en plus d'un cas, et c'est fort compréhensible, apparaissent des malentendus sur les idées qui en constituent la charpente, notamment sur les plus personnelles, comme celles de juxtastructure, d'emploi du temps, d'excentration des besoins ou de biographie, malentendus que le passage à la recherche concrète dévoile plus sûrement que de longues discussions théoriques, et qui suscitent autant d'impasses et de faux-débats. C'est vrai à l'étranger, le livre posant de difficiles problèmes de traduction, qui ont été réglés selon les pays de façon inégalement heureuse. C'est vrai aussi en France même, la compréhension exacte d'un concept inédit se heurtant à bien des résistances. Puis-je attirer toutefois l'attention sur le fait que le résumé qu'on va lire des thèses et hypothèses maîtresses de l'ouvrage doit être pris comme tel, et non comme se substituant peu ou prou aux analyses beaucoup plus explicites et circonstanciées faites à leur place dans le livre, et auxquelles il renvoie expressément ?

* *

Les idées directrices que développe *Marxisme et théorie de la personnalité* peuvent être regroupées, de façon schématique, sous trois rubriques : la *conception d'ensemble de l'homme* en dehors de laquelle la psychologie de la personnalité ne peut trouver la voie de la science (A) ; la conception de la *personnalité elle-même* qui en résulte en tant qu'objet de science, et du type de science qui correspond à un tel objet, l'*articulation* entre cet objet spécifique — la personnalité développée — et les autres objets déjà constitués dans le champ des sciences psychologiques (B) ; enfin, après ces approches externes d'une psychologie de la personnalité articulée avec le matérialisme historique, une esquisse, avancée à titre d'hypothèse de recherche, de *concepts et lois de développement* susceptibles de constituer le contenu d'une telle science (C).

A — La psychologie de la personnalité accessible au lecteur français n'est pas encore parvenue à se constituer comme science, car on ne peut prendre pour science effective la juxtaposition de théories parcellaires souvent bien contestables, et d'ailleurs le plus souvent étrangères les unes aux autres dans leurs présuppositions. Cette situation, grave en soi étant donné l'importance théorique universelle du problème de la personnalité humaine, ne l'est pas moins pour la psychologie scientifique tout entière, dont la psychologie de la personnalité devrait être à maints égards la clef de voûte.

Que la psychologie de la personnalité soit encore en un état préscientifique, particulièrement frappant dans la bibliographie à prédominance américaine qui fait aujourd'hui autorité en France, cela n'est au fond sérieusement contesté par personne. Mais cette situation ne conduit guère à un réexamen critique radical dans la mesure où elle est ordinairement assimilée à un simple « retard » qui serait dû à la fois à l'origine récente des recherches et à la complexité de leur objet. Cette « explication » ne peut convaincre que ceux qui sont décidés d'avance à s'en satisfaire. L'abondante bibliographie dont fait état par exemple le *Traité de psychologie expérimentale* publié sous la direction de P. Fraisse et J. Piaget au chapitre de la personnalité [1] inclut des titres datant non seulement de 1938 (Murray), 1935 (Lewin), 1934 (Wallon), ou 1932 (Piaget), mais aussi de 1921 (Kretschmer), 1915 (Freud), 1908 (Heymans), 1906 (Pearson), sans même parler des références à Paulhan (1894), James (1890), voire Lavater (1775). Ainsi les travaux invoqués

---

1. P.U.F., 1968, T.V., pp. 230 à 234.

remontent pour une part importante au début du siècle, ce qui prouve que la psychologie de la personnalité est pour le moins aussi vieille que bien d'autres branches de la psychologie, devenues scientifiques dans le même délai historique, lequel a suffi également à plusieurs autres sciences humaines pour se constituer. Loin de suivre leur courbe d'évolution, la psychologie de la personnalité piétine de notoriété publique au niveau de théorisations inconsistantes et déjà vieillottes. C'est le contraire même d'une discipline en plein essor mais trop jeune pour avoir trouvé son assiette scientifique.

Reste la « complexité » : notion naïve, pour qui a compris que l'électron est aussi inépuisable que l'atome, et qui masque entièrement le vrai problème. La personnalité humaine n'est pas un « objet psychologique complexe », c'est-à-dire la même chose qu'un objet psychologique simple — par exemple l'individualité animale — mais en plus compliqué ; c'est un *objet-piège*, d'une nature foncièrement inédite par rapport à ceux que la psychologie a investis avec succès au cours de son développement scientifique, un objet insaisissable sans une *critique théorique préalable du concept qui le sous-tend, le concept d'homme*. Or cette critique théorique, dans la méconnaissance de laquelle la psychologie de la personnalité n'a pas plus de chance de se constituer en science que n'en avait la chimie sans la critique préalable de l' « air déphlogistiqué », a *déjà été faite*, mais sur un tout autre terrain que la psychologie : celui de l'*histoire*, dans toute la dimension que Marx et Engels ont donnée à cette science.

La première thèse qui commande le livre est donc celle même qui fonde le matérialisme historique, c'est-à-dire la *VI<sup>e</sup> Thèse sur Feuerbach* : « *L'essence humaine n'est pas une abstraction inhérente à l'individu pris à part. Dans sa réalité, c'est l'ensemble des rapports sociaux.* » Ce qui s'entend ainsi : dans l'humanité développée, ce qui fait essentiellement de l'homme un homme n'est pas une donnée de nature en chaque individu pris isolément mais un produit de l'activité humaine — forces de production, rapports sociaux de tous ordres, patrimoine culturel — accumulé dans le monde social au cours de l'histoire. C'est là le résultat capital de l'hominisation, c'est-à-dire du passage de l'animalité à l'humanité : en produisant leurs moyens de subsistance, les hommes mettent en œuvre non pas de simples actes psychiques s'éteignant dans leur accomplissement mais des moyens matériels de production — ne fût-ce d'abord que le silex taillé — qui survivent à l'acte producteur, et au producteur lui-même, en tant que *matrices externes d'activité* (un simple biface, c'est une technique de taille et un geste utilisateur matérialisés) et qui sont donc susceptibles de cumulation non plus au-dedans de l'individu, sous forme d'un patrimoine biologique d'aptitudes à des comportements déterminés, mais au-dehors, sous forme d'un patrimoine social d'objets et de rapports produits par l'activité antérieure. En même temps le support nerveux des comportements lui-même n'est plus simplement le cerveau en tant qu'organe donné d'emblée, mais des systèmes d'actes cérébraux formés au cours de l'apprentissage social de l'individu et constituant au second degré de véritables organes fonctionnels émancipés de la fixation et de la transmission héréditaires. L'outil, avec les rapports sociaux qu'il implique, prend la relève du chromosome comme mode de stockage de l'expérience de l'espèce. C'est précisément cette cumulation *externe* des résultats de l'activité, cumulation à la fois rapide et illimitée parce que libérée des lenteurs de la fixation génétique et des limites de l'inscription dans l'organisme individuel, qui a fait d'une espèce animale, l'humanité, radicalement autre chose qu'une espèce animale. Bien entendu, comme chez l'animal, l'activité psychique conserve chez l'homme la forme cyclique d'une mise en rapport et d'une interaction entre l'individu et le monde extérieur, mais dans ce cycle le pôle dominant s'est déplacé : à une activité animale trouvant dans la nature de l'individu ses déterminations essentielles, le milieu ne pouvant que la conditionner, se substitue un type d'activité trouvant essentiellement sa source dans le patrimoine social externe, l'individualité naturelle lui imprimant seulement sa marque spécifique. C'est ce déplacement fondamental, ce renversement qu'on a exprimé dans la formule : *excentration de l'essence humaine.*

Mais dire que l'essence humaine est excentrée par rapport aux individus, c'est dire qu'elle n'est plus une réalité d'ordre individuel. D'où une deuxième thèse majeure : *l'essence humaine n'a pas la « forme humaine »*, pour autant que par forme humaine on entend d'ordinaire la forme d'un sujet, la forme psychologique. L'activité sociale humaine se capitalise dans un patrimoine d'objets et de rapports qui, du point de vue qui nous occupe ici, est du psychisme *objectivé sous une forme non-psychique*, et qui ne retrouve la forme psychique que lorsque les individus se l'approprient au cours de leur développement. Dans la réalité matérielle de ce patrimoine social il n'y a pas de *sentiments* mais des régulations d'activité, pas de *pensée conceptuelle* mais des abstractions réalisées, et ainsi de suite. Ainsi l'*essence* du psychisme humain est socialement objectivée, tandis que sa *forme psychique* demeure inséparable de l'individualité, avec ses caractéristiques biologiques, et n'existe originairement que dans l'individu. C'est justement ce divorce entre l'essence et sa forme concrète originaire qui constitue le secret du passage de l'humanité sur une tout autre orbite que l'animalité : de même que le surgissement de la valeur sous la forme à la fois générale et objectivée de l'argent, en substituant à l'échange immédiat de deux marchandises un échange médiatisé par un troisième terme émancipé de toute limitation concrète, a fait éclater l'étroitesse constitutive du troc et entraîné la production marchande dans la voie d'un développement universel, de même l'objectivation du psychisme sous forme de produits sociaux substitue à l'étroite reproduction immédiate de l'individualité animale une reproduction médiatisée par une forme émancipée des limitations concrètes du psychisme individuel, et dès lors indéfiniment élargissable au fur et à mesure des progrès historiques de l'humanité.

On voit bien alors le piège dans lequel tombe inévitablement toute psychologie de la personnalité qui croit pouvoir atteindre directement l'*essence* de son objet — l'individu humain concret — sans passer préalablement par la science de cette essence *comme telle*, c'est-à-dire par la science des rapports sociaux. Pour qui néglige le rapport d'essence entre ces deux domaines, il semble aller de soi que la personnalité humaine n'est rien d'autre qu'une forme plus compliquée de l'individualité animale. Or cette dernière n'exige aucun détour théorique préalable pour être prise comme objet de science, pour l'excellente raison qu'elle ne porte pas son essence en position excentrée, ce qui est tout autre chose que la simple interaction entre l'animal et un milieu extérieur qui, n'étant aucunement *son* essence, ne nous intéresse pas *en soi*. Dans l'animalité, l'individu coïncide essentiellement avec l'espèce et porte donc son essence en lui-même. Il ne recèle par conséquent aucun piège épistémologique et peut à bon droit être pris comme objet de science *en soi*. L'apparence est que cela vaut aussi pour l'humanité. C'est pourquoi par exemple [1] le chapitre du *Traité de psychologie expérimentale* déjà cité, intitulé « La structure de la personnalité », ne croit utile de consacrer que quelques lignes aux définitions et remarques préalables : « Le terme personnalité a été défini de multiples manières et Allport (1949) mentionne cinquante définitions différentes. Cependant, ces différences ne concernent pas l'objet

---

1. Exemple nullement topique, mais au contraire largement interchangeable.

même de notre étude, mais sa conceptualisation, et reflètent donc les divergences des points de vue théoriques des auteurs. Pour ce chapitre, où nous aurons à exposer les connaissances actuelles sur la structure de la personnalité, nous pouvons nous borner à définir l'objet dont nous avons à étudier la structure. La définition de sa nature ne peut être que le résultat des recherches et ne peut pas les précéder. Quant à cet objet, il est très simplement l'homme concret tel que nous le rencontrons dans la rue, au travail ou dans ses loisirs. Nous entendons donc sous le terme de personnalité la *totalité psychologique qui caractérise un homme particulier*. La personnalité n'est donc pas une abstraction, mais cet être vivant que nous observons du dehors ou que nous sentons de l'intérieur et qui diffère d'un individu à l'autre. La psychologie de la personnalité doit donc toujours tenir compte des différences individuelles et a comme but de les définir plus exactement et de les expliquer [1]. »

Malheureusement, ce qui se présente « très simplement » à nous comme « l'homme concret » tel que nous le « rencontrons dans la rue » ou même « au travail » est tout le contraire de ce dont il a l'air : c'est une *pure et simple abstraction*, car *toute* l'activité constitutive de sa vie est engagée dans des circuits sociaux qui lui imposent leur logique, laquelle ne se promène pas avec lui dans la rue, n'est pas entreposée sur son établi ou son bureau, et dont l'étude préalable est pourtant rigoureusement indispensable pour qui veut « expliquer » sa personnalité. Mieux : le fait même d'avoir une *personnalité*, et non pas simplement une *individualité*, comme l'animal, est positivement inexplicable en dehors du fait que, s'accumulant en dehors des individus, le patrimoine social excentré de l'humanité dépasse de plus en plus immensément ce qu'un individu peut en assimiler dans les limites de son existence, de sorte que les hommes sont promis par position à une diversification infinie dans leur façon singulière de s'hominiser. La personnalité n'est pas essentiellement une « complexification » de l'individualité biologique, elle est de part en part *l'effet de la biographie*, qui est elle-même fondamentalement déterminée par les rapports sociaux et leur logique. Chercher les « lois de la personnalité humaine » en prenant pour objet « l'homme concret » *considéré en soi* — dès lors qu'il est considéré en soi il n'est justement plus du tout *concret* au sens profond du mot — a tout autant de chance d'aboutir scientifiquement que chercher à expliquer la valeur marchande d'un

---

1. Pp. 157 et 158.

lingot d'or « concret » considéré en soi, c'est-à-dire par son analyse chimique. D'où une troisième thèse : *la psychologie de la person-nalité comprendra qu'elle est en position radicalement seconde par rapport à la science des rapports sociaux, ou elle ne sera pas.* Là est, de toute évidence, le Rubicon que nombre de psychologues se refusent encore à franchir. Cela peut se comprendre, si l'on songe à l'histoire de la psychologie. Dans les pays capitalistes comme la France, la psychologie n'a pu se constituer comme science qu'au prix d'une dure lutte d'émancipation par rapport à la philosophie régnante, c'est-à-dire en fait à toutes les variétés de spéculation idéaliste, et elle en a gardé une compulsion d'hostilité à l'égard de toute philosophie, qui en plus d'un cas va jusqu'à la phobie. Malencontreusement pour elle, ce refus de plus rien entendre qui vienne du côté de la philosophie s'institutionnalise alors que la philosophie dans ce qu'elle a de meilleur a accouché d'une *science* capitale, la science de l'histoire, la science des rapports sociaux fondée par Marx et Engels, c'est-à-dire au moment précis où la psychologie peut enfin trouver dans la « philosophie » — en un sens foncièrement neuf du terme — non plus une entrave mais un appui décisif. C'est un peu comme si un peuple longuement colo-nisé, et n'ayant conquis son indépendance qu'au prix d'une lutte acharnée, ne voulait plus entendre parler d'aucun rapport avec son ancienne métropole capitaliste alors que celle-ci, libérée du capitalisme par la révolution, serait enfin capable de lui apporter une aide désintéressée, étrangère à toute arrière-pensée colonia-liste. Peut-on faire remarquer à ce propos qu'attiser un anticolo-nialisme sans motif contre les uns est une des principales ruses néocolonialistes de certains autres ? Rappelons, en guise de corol-laire à notre troisième thèse, ces lignes toujours actuelles d'Engels : « Ceux qui vitupèrent le plus la philosophie sont précisément esclaves des pires restes vulgarisés des pires doctrines philoso-phiques [1]. »

B — De tout ce qui précède résulte avec clarté, me semble-t-il, que contrairement à ce qu'affirme l'auteur du *Traité* cité plus haut, rien n'est plus nécessaire que de commencer par tirer au clair les problèmes de « conceptualisation » de la personnalité, au lieu de les renvoyer au royaume embrumé des « divergences de vue théo-riques » entre psychologues. Croire qu'il suffit à une science de

---

1. *Dialectique de la nature,* Éd. sociales, p. 211.

« voir » son objet (de le « rencontrer dans la rue ») pour *savoir* ce qu'il est, et sur quoi il y a donc lieu de chercher à rassembler des « connaissances », c'est vraiment faire bon marché de *toute l'histoire des sciences*, qui nous enseigne combien souvent elles ont passé leur temps à « voir » des choses qui n'existent pas, comme le phlogistique, l'éther ou la race, tant qu'elles n'ont pas *su* ce qu'elles *devaient voir* par-delà ces illusions premières, c'est-à-dire tant qu'elles n'ont pas « conceptualisé » leur objet. Et la conceptualisation de la personnalité psychologique est d'autant plus indispensable que, dans la plupart des langues comme en français, ce que le mot personnalité évoque d'emblée se situe sur un tout autre terrain, celui de l'importance sociale (« les personnalités présentes... »), de l'affirmation de soi (« avoir une forte personnalité »), ou des deux à la fois — tandis que sur le terrain du vocabulaire psychologique règne la plus grande confusion entre personnalité, individualité, caractère, tempérament. De quoi au juste veut-on faire la science quand on se propose d'édifier une psychologie de la *personnalité?* Tant que cette question primordiale n'aura pas reçu de réponse claire, et cohérente avec tout ce qui a été indiqué au point A, la psychologie de la personnalité, on se permet de le prédire, restera dans l'état affligeant où on la trouve aujourd'hui encore.

Or pour comprendre comment la psychologie scientifique, et plus précisément la psychologie expérimentale, conceptualise implicitement ce qu'elle dénomme la personnalité, il faut bien voir à partir de quelle démarche elle le rencontre. Son objet propre, elle le dit elle-même, ce sont les *comportements*. Sensation, apprentissage, émotion, intelligence, langage, etc., tels sont les objets qui constituent le contenu d'un traité de psychologie expérimentale. En retenant comme objet d'étude, dans le cycle total de l'activité des individus concrets, le *moment* du comportement, on a d'avance — peut-être sans le voir — effectué un découpage théorique aux implications immenses. Supposons, pour le mettre en évidence, une psychologie qui déciderait par exemple de s'intéresser non aux *comportements humains* mais à la *vie de chaque individu*, c'est-à-dire aux rapports singuliers qui se nouent et se transforment entre ses connaissances, son métier, ses revenus, ses liens familiaux, ses rapports avec la politique, ses idées sur la vie, etc. Elle aurait alors pour objet des cycles concrets d'activité qui, certes, *passent* nécessairement par le moment du comportement psychique, mais dont le contenu essentiel se détermine sur une tout autre base : celle des rapports sociaux. Que les connaissances d'un individu soient déva-

lorisées par la révolution scientifique et technique, son métier supprimé par la reconversion économique, ses revenus bouleversés par
l'inflation, ses liens familiaux par la crise morale du capitalisme
finissant, ses idées sur la vie mystifiées par l'idéologie dominante, etc., tout cela, qui affecte de manière capitale son existence,
sa personnalité, prendra bien entendu chez lui la *forme* d'autant
de comportements — sensations, apprentissages, émotions, etc. —
mais ne saurait bien évidemment être expliqué par les lois de cette
forme; celle-ci apparaîtra seulement comme une condition générale
de possibilité, un substrat formel sans portée déterminante quant
au *contenu concret, essentiel* de ces activités et de cette existence.
En décidant de s'occuper des comportements, la psychologie expérimentale effectue une démarche opposée. Ce qu'elle promeut au
rang d'objet essentiel, c'est la *forme psychique elle-même* que prend
l'activité chez la généralité des individus, la vie concrète dont elle
est la forme étant alors réduite au rang de *contenu quelconque*, et
les rapports sociaux qui la régissent à celui de simple ensemble de
facteurs conditionnants. Si j'étudie l'émotion ou l'intelligence en
tant que fonctions psychiques, formes générales de comportement,
peu m'importe évidemment de savoir quelles situations contradictoires, quelles occasions de prise de conscience singulières
reçoivent dans la vie de tel ou tel individu la forme d'une émotion
ou d'un acte intelligent; la seule chose qui m'intéresse est de savoir
en quoi consistent ces comportements pris en soi, compte tenu des
caractéristiques formelles des situations fournies en général par
l'expérience. Ce qui est objet essentiel dans l'une des perspectives
adoptées devient forme inessentielle dans l'autre, et réciproquement. Il en va de même dans les rapports entre l'histoire selon
l'acception marxiste et une conception largement répandue de la
sociologie : la seconde ne retient par principe, dans le développement des sociétés singulières, que des structures ou des fonctions
générales qui, pour la première, sont de simples formes plus ou
moins abstraites par lesquelles passe le développement historique
de l'humanité, seule réalité essentielle.

Mais cette psychologie des comportements et des fonctions ne
peut éviter à un moment ou à un autre de se représenter l'*homme*
qui accomplit toutes ces fonctions, tient tous ces comportements.
Évidemment, l'homme auquel renvoient des fonctions et des comportements *généraux* ne peut être lui-même qu'un *homme en général*,
un individu abstrait — et par là, cette psychologie qui se croit aux
antipodes de toute philosophie, sur le terrain de la pure science
expérimentale, n'est pas loin de reprendre à son compte la démarche

centrale de tout humanisme spéculatif, de toute conception naturaliste de l'essence humaine. Du même coup l'individu concret ne
retient plus l'attention *en soi* — en soi, il n'évoque rien d'autre
que l'individu-type de la psychologie générale qui perçoit des couleurs, localise des souvenirs ou saisit intellectuellement des rapports *quelconques* — mais seulement par ses *différences*, ce qui
revient à dire que ce qu'on appelle ici psychologie de la personnalité n'est pas non plus une science en soi, mais le simple *corollaire
différentiel de la psychologie générale*. C'est ce que dit sans détour
le paragraphe introductif cité plus haut : la psychologie de la personnalité repose sur les différences individuelles, « elle a comme
but de les définir plus exactement et de les expliquer. » Les concepts
de référence de la psychologie différentielle sont donc nécessairement les mêmes que ceux de la psychologie générale : les traits ou
facteurs qui sous-tendent ses classifications typologiques renvoient
aux fonctions et aux comportements. Nous sommes ici sur le terrain de solides vérités du type : l'homme en général a toujours une
émotivité, mais elle est plus ou moins grande selon les individus.
En revanche il ne saurait être question pour elle de s'occuper de
choses comme le salaire ou la pratique politique, pour la bonne
raison que la psychologie générale n'a jamais rien rencontré de
semblable sur son terrain, celui des formes comportementales de
l'activité. Tout le contenu de l'existence concrète des individus
tombe donc en dehors du champ de cette prétendue science de la
personnalité. Le rapport entre l'individu et le contenu de son existence apparaît comme rapport entre une *structure* autonome et
un *flux* d'activités contingentes qui la traversent, et qui, on ne le
nie pas, peuvent spécifier, voire modifier cette structure, mais lui
restent étrangères en elles-mêmes. Ainsi conçue, une telle structure
renvoie immanquablement à une *nature* — particularités somatiques et tempéramentales innées ou acquises, constitution précoce
d'un caractère plus ou moins irréformable, etc. — et à tout ce qui
peut y être assimilé dans un monde social réduit aux proportions
d'un *milieu naturel* « plus complexe », c'est-à-dire à des « constantes » comme le langage ou le rapport entre les sexes, à l'exclusion
d'une véritable *histoire*.

La double conséquence de toute cette conceptualisation plus
ou moins implicite, c'est qu'une psychologie de cette sorte échoue
à expliquer vraiment la personnalité, et renonce aux perspectives
de la transformer. Qu'elle échoue à l'expliquer, c'est ce que montre
assez clairement l'état théorique dans lequel elle stagne, qui, même
si l'on supposait *a priori* valables ses matériaux épars (et d'ailleurs

fréquemment contradictoires entre eux), est dominé par l'absence
d'une théorie d'ensemble et de lois générales — situation qu'on
retrouve d'ailleurs de façon bien significative sur le terrain de ce
qu'elle appelle la *motivation*, c'est-à-dire en somme la question du
*moteur* de l'activité personnelle. Comment en effet une psychologie
qui dès le départ coupe l'activité humaine de son essence sociale
excentrée, donc de ses contradictions motrices essentielles, pour
n'en retenir que les formes psychiques par lesquelles elle passe,
pourrait-elle rendre compte du *mouvement* de son objet ? N'est-il
pas clair par exemple que la façon spécifique dont un type donné
d'organisation sociale met biographiquement en rapport les individus avec l'immense patrimoine social à partir duquel ils se développent, la façon dont elle facilite et stimule ou au contraire freine
et décourage les activités d'appropriation multiforme de ce patrimoine par ces individus, détermine jusqu'en son tréfonds le dynamisme de leurs personnalités ? Et si l'on a commencé par mettre
entre parenthèses, comme « non psychologiques », ces structures
objectives de la biographie, faut-il ensuite s'étonner qu'une théorie
d'ensemble de la motivation demeure introuvable ? Incapable de
trouver sur son terrain les matériaux essentiels d'une telle théorie,
et méconnaissant entièrement le terrain du matérialisme historique où elle pourrait les chercher avec fruit, la *typologie formelle*
à quoi se réduit en fait cette psychologie de la personnalité appelle
comme son complément obligé des théories — depuis le biologisme
des pulsions jusqu'à l'interactionnisme superficiel avec un « milieu
social » passe partout — qui renvoient toutes peu ou prou à la
« nature » et que notre psychologie expérimentale, si justement
sévère à l'égard de la spéculation philosophique, ne peut prendre
scientifiquement au sérieux qu'en fermant les yeux sur la fragilité
confondante de leurs bases. De façon fort semblable, une sociologie
qui met d'emblée entre parenthèses le contenu concret de l'histoire, la dialectique de la lutte des classes, pour ne retenir de la
vie des sociétés que certaines formes plus ou moins générales d'organisation ou de fonctionnement, se double inévitablement de
toute une mythologie du « dynamisme social », qu'elle aille quêter
ses matériaux du côté de la géopolitique, de considérations raciales
ou d'un culturalisme vaguement psychanalytique. On peut donc
bien parler d'*échec explicatif* de ce formalisme psychologique par
rapport à la personnalité, échec qui n'est que l'autre face d'une
attitude *conservatrice*, d'ailleurs bien souvent inconsciente. Car
dépouiller la personnalité humaine de sa dimension foncièrement
historique, donc de ses immenses perspectives de transformation

et d'épanouissement dans des conditions historiques elles-mêmes modifiées, c'est la représenter frauduleusement comme captive par nature de structures « éternelles » qui ne sont en réalité, pour une part, que les structures induites en elle par une société aliénante parfaitement transitoire. Description et classification des « types » ne peuvent alors avoir qu'un sens concret : aider à l'adaptation des individus à ces structures posées comme intangibles, au lieu de contribuer à leur transformation. La logique de la psychologie différentielle, c'est en fin de compte de donner dans les impasses de la psychotechnique, contre laquelle un livre récent, qui ne part pourtant pas du marxisme, dresse un édifiant réquisitoire [1].

D'où un deuxième groupe de thèses qui, dans le prolongement des thèses philosophiques résumées plus haut, constituent la base de la théorie de la personnalité pour laquelle milite ce livre. Et d'abord une thèse de forme négative : *si l'on ne commence pas par réduire arbitrairement la personnalité humaine à certaines de ses formes psychiques, ni non plus aux formations infantiles qui la précèdent, ce qui mériterait d'être appelé science de la personnalité n'existe pas encore.* Ce qu'on nous propose sous ce nom aujourd'hui n'est en réalité que typologies formelles plus ou moins contestables, ou, sur un autre plan, théories des structurations qui s'opèrent dans les phases initiales de la biographie, c'est-à-dire à un moment où la logique d'une activité socialement excentrée n'intervient encore que de manière indirecte ou limitée, et où par suite peuvent suffire des schémas explicatifs relevant de la relation interpersonnelle, notamment familiale. Il s'agit donc dans ce livre de tout autre chose que de tenter d'ajouter un cinquante et unième sens aux cinquante acceptions mentionnées par Allport, et selon lesquelles on peut entendre un concept de personnalité confondu en fait, pour l'essentiel, avec celui d'individualité. Il s'agit au contraire de la *constitution d'une science nouvelle*, correspondant à un objet spécifique, non encore reconnu par la psychologie existante — et que visait à tâtons Politzer lorsqu'il appelait de ses vœux une science du « drame », c'est-à-dire de l'activité concrète humaine. *J'appelle cet objet personnalité*, et j'entends par là *le système total de l'activité d'un individu donné, système qui se forme et se développe tout au long de sa vie, et dont l'évolution constitue le contenu essentiel de sa biographie.* La personnalité ne se réduit nullement à l'individualité, ou *ensemble des particularités formelles du psychisme d'un*

---

1. Cf. *Les Psychopitres*, de M. de Montmollin, P.U.F., 1972.

*individu,* que ces particularités renvoient à des conditions biologiques indépendantes en soi de l'activité personnelle et à des structurations infantiles qui la précèdent, ou qu'au contraire elles ne s'expliquent que par la logique propre de cette activité. La personnalité est le concept scientifique qui répond à l'unité profonde de ces deux formules simples : ce qu'un homme fait de sa vie, ce que sa vie a fait de lui. Ce concept est dans le droit fil de l'usage que Marx fait à maintes reprises du terme (Persönlichkeit) sur le terrain économique et historique, qu'il définisse la force de travail comme « l'ensemble des facultés physiques et intellectuelles qui existent dans le corps d'un homme, dans sa personnalité vivante [1] », ou qu'il caractérise la société bourgeoise comme une société où « le capital est indépendant et personnel, tandis que l'individu qui travaille n'a ni indépendance ni personnalité [2] », de sorte que les prolétaires doivent « renverser l'État pour réaliser leur personnalité [3] ». En d'autres termes, il s'agit d'édifier une *science de la biographie* homologue en profondeur à la *science de l'histoire* fondée par Marx et Engels, et qui en est d'ailleurs la base, la biographie étant à la personnalité ce qu'est l'histoire à la société. A peine est-il besoin de souligner qu'à défaut de prendre ces concepts dans le sens précis qui vient d'être indiqué, on commettrait sur *Marxisme et théorie de la personnalité* les plus complets contresens, à commencer par son titre.

Mais si la personnalité, ainsi distinguée de l'individualité qu'on trouve chez l'animal aussi bien que chez l'homme, renvoie à l'activité de l'individu et de là aux rapports sociaux qui la sous-tendent, en quoi relève-t-elle de la *psychologie ?* Question non seulement légitime, mais inévitable pour qui est habitué à identifier toute psychologie possible à la psychologie existante, donc à admettre cette idée, en réalité extraordinairement arbitraire, que le contenu le plus essentiel de notre vie devrait demeurer indifférent à une science dont l'objet, selon ses dires, est « l'homme concret ». En fait, il n'est pas très difficile de comprendre comment les événements essentiels de la biographie relèvent d'une étude psychologique, *à la condition préalable* de partir des thèses philosophiques exposées plus haut à propos de l'essence humaine, c'est-à-dire d'avoir présente à l'esprit la conception scientifique qui montre la coïncidence en dernière analyse de la logique des rapports de

---

1. *Le Capital,* Éd. sociales, I, 1, p. 170.
2. *Manifeste du parti communiste,* Éd. sociales, p. 50.
3. *L'Idéologie allemande,* Éd. sociales, p. 96.

l'activité individuelle avec celle des rapports sociaux. La psychologie du comportement étudie certes elle-même les rapports entre
les conduites de l'individu, mais il s'agit alors de rapports *naturels*,
c'est-à-dire qui résultent de leur *nature de conduites* — ceux par
exemple qui s'établissent au cours d'un apprentissage entre l'activité répétée et ses résultats immédiats pour l'individu — d'où
l'énoncé de lois de l'apprentissage. La science de la personnalité
dont il est ici question a pour but de traiter des *rapports entre les
activités elles-mêmes* — et non plus entre les conduites, c'est-à-dire
les seules formes psychiques de ces activités — et ces rapports sont,
non plus naturels, mais *sociaux*, car ils résultent du fait que les
actes de l'individu sont sans cesse médiatisés par des processus du
monde social qui leur imposent leurs lois — par exemple les rapports que l'économie capitaliste établit, sous les apparences du
salariat, entre rémunération du travail et forme-valeur de la force
de travail, rapport totalement étranger aux lois psychologiques de
l'apprentissage et qui, s'il produit ses effets dans la personnalité
*au travers* de ces lois, lui imprime une logique de croissance (ou de
stagnation) d'une tout autre nature. Les *rapports sociaux entre
les activités de l'individu sont d'évidence des rapports psychologiques
en ce sens qu'ils constituent la base de la dynamique la plus profonde
de sa personnalité, mais cette dynamique, loin d'être naturellement
inhérente au « psychisme humain », reflète en dernière analyse les
rapports caractéristiques d'une société donnée.* C'est pourquoi si la
psychologie du comportement s'appuie en dernier ressort sur les
données de la neuro-physiologie, la psychologie de la personnalité
trouve, elle, ses bases ultimes dans la science des rapports sociaux,
et en particulier dans l'étude — à développer — des *formes historico-sociales d'individualité*, matrices objectives d'activité des individus — depuis le rapport d'argent jusqu'aux rapports de classes —
à partir desquelles elle aura à construire la représentation des processus d'activité constitutifs de la vie personnelle.

Ce faisant, la psychologie de la personnalité sera-t-elle une psychologie générale ou une psychologie différentielle ? Si l'on a
compris ce qui précède, on comprendra aussi que ce dilemme perd
son sens par rapport à une science de ce type, c'est-à-dire une
*science du singulier*. Certes, la psychologie expérimentale, et plus
généralement les sciences expérimentales qui se sont formées
depuis plus de trois siècles à partir du modèle de la physique classique, entièrement fondées sur la réduction du réel à des généralités abstraites, constituent un monde de pensée tellement éloigné
de la notion dialectique de science du singulier que cette dernière

passe souvent à leurs yeux pour une monstruosité épistémologique — signe supplémentaire que toute science implique des vues — ou des œillères — philosophiques, le propre de celle qui le nie étant de les impliquer sans le savoir, c'est-à-dire de la plus mauvaise façon. En fait, si l'on considère des réalités en négligeant leurs différences essentielles, et si l'on a seulement pour but d'en connaître les propriétés afin de les utiliser telles qu'elles sont, non de les transformer, il suffit pour en faire la science de raisonner sur un « objet général » simplifié, dont ces réalités singulières seront seulement des exemples plus complexes par quelque côté. Ici le concept scientifique renvoie à une *généralité abstraite*, c'est-à-dire à un *objet-type*, et par définition l'objet singulier comme tel tombe en dehors de la science. C'est ainsi que procède fondamentalement la psychologie expérimentale : pour elle l'activité des individus est essentiellement réductible à des comportements généraux ; tout se passe donc comme si l'essence humaine était inhérente à l'individu pris à part — d'où le naturalisme toujours au moins sous-jacent à cette psychologie. Quant à l'individu singulier, il ne peut être appréhendé par la science que dans la mesure où il est ramené à une certaine généralité par le biais d'une classification typologique.

Mais si la science de la généralité abstraite correspond à un aspect limité de la réalité, elle échoue par définition à expliquer cette essence abstraite qui semble habiter le concret, et à plus forte raison à saisir ses différenciations internes, ses transformations qualitatives, son mouvement. Pour saisir scientifiquement tout cela, il faut dépasser le point de vue borné de l'objet général, qui n'est lui-même, pour autant qu'il existe, qu'un effet de rapports plus essentiels, de processus générateurs plus profonds. C'est justement là l'enseignement capital qui se dégage de la science de l'histoire fondée par Marx et Engels, et sur laquelle on ne voit décidément pas pourquoi la psychologie s'abstiendrait de réfléchir : saisir le développement nécessaire des formations sociales, ce n'est pas les réduire à l'abstraction d'une Société en général — tout au contraire, le marxisme fait justice de cette mystification idéologique qui revient à éterniser les conditions de la société actuelle — mais mettre en évidence les rapports et processus fondamentaux au travers desquels chaque société singulière devient ce qu'elle est. Ce n'est pas bâtir un modèle substantiel de Société mais dégager la topologie de la production, reproduction, transformation des formations sociales concrètes, topologie qui n'est pas elle-même une généralité passe-partout, mais qui se modifie au cours de l'histoire. Dans une telle science, où le concept renvoie non à une chose mais à un rapport producteur, l'individuel peut être saisi *scientifiquement*, c'est-à-dire tout entier à travers une conceptualisation, mais *dans sa singularité*, puisque cette conceptualisation ne revient pas à l'identifier à un objet général mais fournit les matériaux rationnels de sa *logique concrète*. Telle est, de toute évidence, la démarche scientifique qui convient à une psychologie de la personnalité, c'est-à-dire, les mots mêmes le disent, à une science de l'individuel : construire, non pas le modèle substantiel de l'homme en général, quitte à repérer négativement et superficiellement par rapport à lui des « différences individuelles », ou à renvoyer le « cas singulier » à une clinique plus ou moins intuitive, mais *la topologie de la production, reproduction, transformation de la personnalité dans des conditions historico-sociales données et, par là, rendre possible de saisir la logique concrète d'une personnalité concrète*. Une telle science a chance d'être réellement explicative — c'est-à-dire de rendre effectivement compte de l'essence de son objet — et, du même mouvement, transformatrice et révolutionnaire, c'est-à-dire apte dans sa conception même à montrer la voie d'un épanouissement supérieur des personnalités dans des conditions sociales révolutionnées.

Que cette psychologie soit une science manifestement inédite — encore qu'une fois son projet conçu en toute son étendue, on aperçoive mieux combien de matériaux sont déjà prêts, ici et là, pour sa mise en œuvre — n'implique pourtant le refus d'aucune des données authentiquement scientifiques qui ont pu ou pourront être acquises par ailleurs, mais signale du même coup des problèmes d'articulation entre réalités distinctes. La reconnaissance de cette articulation, loin d'être une sorte de compromis idéologique entre perspectives théoriques différentes, reflète une donnée historique et psychologique fondamentale : le passage de l'animalité à l'humanité, sans cesse reproduit d'une certaine manière dans l'hominisation psychique de chaque petit d'homme. Car s'il est bien vrai que la personnalité humaine est tout autre chose que la simple individualité, *elle n'en est pas moins dans sa forme même un effet*, la logique des rapports sociaux s'y transformant en logique de la biographie. Production historiquement et ontogénétiquement plus tardive engendrée par l'excentration sociale des circuits de l'activité humaine, la personnalité vient donc investir une individualité *préexistante*, et si elle se la subordonne plus ou moins complètement et contradictoirement, l'individualité n'en demeure pas moins le *support* nécessaire de l'activité personnelle. C'est ce rapport que j'ai désigné par le concept nouveau de *juxtastructure, la personnalité*

*venant s'engrener en quelque sorte latéralement dans les rapports*
*sociaux qui jouent par rapport à elle le rôle de base, et dans lesquels*
*toutefois elle ne trouve pas le support même de son existence, qui*
*réside dans l'individualité biologique.* Pour ne pas se méprendre sur
la dialectique d'une telle articulation, il importe au premier chef
de ne pas confondre le *support* d'une réalité — c'est-à-dire la réalité
préalable dont elle est issue et qui demeure sa condition de possibilité — et sa *base*, c'est-à-dire les rapports spécifiques qui la
déterminent fonctionnellement en son essence. C'est ainsi que les
conditions géographiques sont le support de toute vie sociale, mais
que sa base réelle réside dans le mode de production. L'erreur fondamentale de ce qui se donne aujourd'hui comme psychologie de
la personnalité est de confondre à peu près systématiquement le
support de l'individualité avec la base (excentrée) de la personnalité. Mais dissiper cette confusion et souligner le rôle déterminant
de la base n'oblige aucunement à perdre de vue les réactions
secondaires du support sur la base — donc l'apport possible d'une
typologie formelle. Le problème est plus complexe encore lorsqu'il
s'agit de penser les interactions entre la base de la personnalité
*développée* et les structurations plus précoces d'une activité, infantile notamment, encore incomplètement marquée dans son essence
par l'excentration sociale. Mais, de quelque façon que ces structurations infantiles puissent retentir sur la personnalité développée,
on peut être certain que son mouvement essentiel reste déterminé
par la logique objective de son activité actuelle, tout comme le
mouvement essentiel d'une formation sociale, quel que soit le
retentissement en elle des modes de production qu'elle a traversés,
reste déterminé par son mode présent de production. Et c'est
pourquoi la théorie de la personnalité développée apparaît bien
comme devant constituer le *centre* du champ des sciences psychologiques.

C — Les thèses résumées jusqu'ici convergent toutes vers la
constitution, jugée nécessaire, d'une science nouvelle répondant
authentiquement à l'appellation de *psychologie de la personnalité*.
Mais elles ne font que construire du dehors le concept d'une telle
science, préciser son emplacement dans le champ des sciences de
l'homme. Elles visent donc la psychologie, mais seulement à partir
du terrain et selon la démarche du philosophe dans le sens marxiste
du terme, c'est-à-dire notamment sur la base des enseignements
gnoséologiques de la dialectique matérialiste et des enseignements
anthropologiques du matérialisme historique. A ces thèses de phi-

losophie des sciences, *Marxisme et théorie de la personnalité* ajoute un certain nombre d'*hypothèses*, formulées à titre indicatif, sur ce que pourraient être les concepts constitutifs du contenu de cette science, ainsi que sur d'autres aspects. Ces hypothèses indicatives, qui par définition ne sont pas le produit d'une pratique expérimentale encore à instaurer pour l'essentiel, ont été produites à la fois sur une base empirique et à partir de conjectures théoriques. Elles peuvent suggérer plus concrètement, à ceux qui adopteraient tout ou partie des thèses précédentes, quelle sorte de connaissances cette psychologie de la personnalité serait susceptible d'apporter, et dans quelle direction il serait possible de les chercher. C'est d'ailleurs le rôle qu'elles commencent à jouer grâce à l'initiative de divers chercheurs. Il est parfaitement clair que c'est seulement sur la base de recherches et de validations expérimentales qu'elles pourraient être converties en véritables hypothèses de travail, ou au contraire abandonnées et remplacées par d'autres.

Dans toute science, une fonction théorique décisive est remplie par des *concepts de base*. En vertu de tout ce qui précède, on comprend aisément que les concepts de base de la psychologie de la personnalité ne sauraient être les mêmes que ceux de la psychologie du comportement, à commencer par le concept de comportement lui-même. Les comportements, pourrait-on dire, sont ce à quoi se réduit l'activité quand on fait abstraction de toute sa part socialement excentrée. Ainsi l'activité d'un ouvrier se réduit à un ensemble de comportements sensori-moteurs, d'apprentissages, de réactions émotionnelles, etc., si l'on fait abstraction des rapports médiatisés par les structures de l'économie capitaliste comme ceux qui existent entre son travail et son salaire, structures qui induisent dans sa personnalité les contradictions caractéristiques des sociétés d'exploitation. L'activité personnelle n'est donc pas composée de comportements, mais d'*actes*, considérés dans leur circuit total et dans l'ensemble de leurs effets, aussi bien au sein du monde social que de la personnalité elle-même. *Les actes sont les éléments pertinents* — et, semble-t-il, les seuls pertinents — *du découpage théorique de la biographie*. Et connaître une personnalité, c'est d'abord connaître l'ensemble des actes qui composent sa biographie. Le concept d'acte nous introduit d'emblée aux contradictions élémentaires de la personnalité, et d'abord à celle-ci : il est d'un côté l'acte *d'un individu*, une expression de cet individu, mais de l'autre il est un acte *d'un monde social déterminé*, une expression des conditions historiques objectives. Cette dualité recèle la possibilité formelle de toutes sortes d'oppositions au sein de l'activité, que la psychologie de la personnalité a pour tâche primordiale d'analyser. D'autre part, l'acte met en œuvre une capacité quelle qu'elle soit, et quelle que soit son origine, mais d'un autre côté il peut être lui-même générateur de capacités nouvelles, ou de modifications des capacités existantes. Le concept de *capacité*, pôle opposé du circuit de l'activité, constitue donc un autre concept de base, renvoyant à l'ensemble des potentialités innées ou acquises d'effectuer quelque acte que ce soit. Les relations dialectiques entre les actes et les capacités suggèrent que l'activité totale d'un individu peut être théoriquement dédoublée en deux secteurs, celui des actes qui produisent ou spécifient des capacités et celui des actes qui mettent seulement en œuvre des capacités existantes, secteurs dont les rapports peuvent constituer à leur tour un domaine de recherche d'autant plus important que *la fonction progressive la plus importante de la personnalité paraît bien être le développement des capacités*, et que l'hypothèse d'une correspondance entre la nature des capacités et la structure de l'activité retient d'emblée l'attention.

Même aussi schématiquement résumées, ces considérations conduisent d'évidence à poser le problème du *moteur* de l'activité. Or, si tout ce qui a été montré plus haut est vrai, c'est-à-dire s'il faut renoncer à la représentation fallacieuse de structures générales de la personnalité naturellement inhérentes à l'individu comme tel pour adopter la perspective d'une induction de ces structures dans l'individualité à partir des rapports sociaux où se déploie la biographie, peut-on se satisfaire d'une conception du *besoin* — ou tel autre terme par lequel on entend traduire tout ou partie du dynamisme de l'activité personnelle — comme une donnée de type biologique et originairement interne, c'est-à-dire au fond *homéostatique* (tendant à rétablir l'état de départ), fût-ce en insistant, bien entendu, sur sa plasticité, son aptitude à se charger de significations inconscientes, à se socialiser dans ses formes et ses normes, etc. ? Cela semble parfaitement douteux. Si les débuts de l'existence individuelle peuvent évidemment être pensés en de tels termes, le petit d'homme repartant toujours de l'ontogenèse biologique, le déploiement de la personnalité n'exige-t-il pas de chercher dans une direction opposée le moteur de l'activité développée ? Car c'est du dehors de l'individu, du monde social qu'émanent les incitations fondamentales et qu'affluent les matériaux de l'hominisation, et c'est là aussi par conséquent que se déterminent et que se transforment les structures objectives de la « motivation » des actes. Par exemple, comme

Marx l'a admirablement montré, la généralisation des rapports d'argent a bouleversé les besoins humains dans leur essence même. Si l'on réfléchit dans une telle direction, la reproduction élargie de la personnalité et des besoins humains, loin d'apparaître alors comme une spécificité énigmatique de l'espèce, à laquelle vient achopper la psychologie d'aujourd'hui, s'éclaire comme une caractéristique structurelle évidente de l'histoire : l'immensité croissante du patrimoine social virtuellement offert à l'assimilation personnelle, qui à son tour rencontre comme principal obstacle des contradictions et limitations inhérentes elles-mêmes à des formes sociales déterminées — ce qui dévoile la nature essentiellement historique et la relativité des oppositions idéologiquement enracinées entre le « génie » et le « médiocre », entre la personnalité épanouie et la personnalité rabougrie. Il va de soi qu'une telle conception excentrée du moteur de l'activité personnelle ne contredit en aucune façon à sa manifeste *intériorisation*, qui exige qu'on l'étudie en tant que réalité psychique propre, relativement autonome, animée par des contradictions devenues *internes*, qui s'expriment à leur tour au-dehors dans l'activité sociale de la personnalité. Mais ce qu'elle interdit, c'est la « voie courte » consistant à rapporter directement l'activité à des besoins compris comme premier moteur, point de départ réel, alors qu'en réalité les besoins d'une personnalité développée sont essentiellement des *résultats*, exprimant une dynamique sous-tendue par l'ensemble de ses structures, qui réfléchissent elles-mêmes l'ensemble des structures sociales qu'a rencontrées la biographie.

Ainsi la tâche décisive pour fonder une réelle science de la personnalité — les remarques précédentes le montrent bien — c'est de construire une représentation rationnelle des *structures de base de l'activité personnelle*, de faire la théorie de *son infrastructure*. Et c'est parce qu'elle a échoué jusqu'ici dans cette tâche que la psychologie de la personnalité n'est pas encore aujourd'hui pleinement constituée comme science. Mais cette infrastructure qu'elle recherche, la psychologie n'a aucune chance de la trouver tant qu'elle continuera à se la représenter d'avance sous la forme d'une structure statique de type naturel, comme un « tempérament » par exemple, ou même, à l'école de Freud, sous celle d'un système d'instances en quelque sorte spatialisable, d'une topique préalable à l'activité qu'elle est censée structurer. Si l'on ne commet pas l'erreur radicale de confondre la personnalité développée avec tout ce qui la supporte ou qui la précède, si on la conçoit bien comme le système total de l'activité d'un individu, son infrastructure ne peut manifestement être autre chose que la structure de base *de cette activité elle-même*, autrement dit sa propre organisation dans le temps, sa *structure temporelle*. L'hypothèse centrale avancée dans la dernière partie de *Marxisme et théorie de la personnalité* est donc celle-ci : *l'infrastructure de la personnalité développée est constituée par son emploi du temps*. Le problème est alors de repérer l'emploi du temps *réel*, par-delà ses apparences empiriques et à plus forte raison les représentations subjectives ou optatives que s'en fait l'individu lui-même. Et l'analyse de l'emploi du temps réel, c'est-à-dire des rapports temporels effectifs entre diverses sortes d'activité, suppose à son tour la *théorie de cette diversification*. Un champ immense est ainsi ouvert à la recherche. J'ai avancé l'hypothèse que des aspects importants de cette diversification pouvaient être constitués d'une part par la dualité entre activités formatrices de capacités nouvelles (secteur I) et activités mettant en œuvre des capacités déjà existantes (secteur II), et d'autre part, dans les conditions de la société capitaliste (l'infrastructure des personnalités est autre sur ce point dans une société socialiste), par l'opposition entre activité concrète, se rapportant immédiatement à elle-même, et activité abstraite, c'est-à-dire soumise directement ou non à la réduction du temps de travail au temps abstrait, sur quoi repose tout le processus d'exploitation capitaliste. Le développement de la réflexion à partir de ces seules hypothèses suffit, me semble-t-il, à faire apparaître la fécondité du concept d'emploi du temps, et la possibilité de dégager, dans une telle direction de recherche, une véritable logique de base de l'activité personnelle, puis, en relation avec elle et avec ses contradictions, un ensemble d'*activités superstructurelles*, à commencer par les régulations d'emploi du temps, et de *représentations idéologiques* correspondantes — et enfin de commencer à entrevoir des *lois de développement* de la personnalité, dans le sens dialectique du mot loi qu'on a précisé plus haut, c'est-à-dire comme expression de la logique de développement de contradictions concrètes, spécifiques d'une personnalité donnée.

Mais tout au long d'une telle réflexion, il importe de ne jamais perdre de vue la position juxtastructurelle de la personnalité vis-à-vis des rapports sociaux. Faute de quoi, on dériverait immanquablement vers une conception de ses lois de développement qui serait viciée à la base. Admettons par exemple que l'expérience vienne à valider l'hypothèse d'une loi de correspondance « nécessaire » entre le niveau de développement de capacités données et la structure correspondante de l'emploi du temps. Une telle hypothèse apparaît comme entièrement plausible du double point de vue du matérialisme historique et de la dialectique. Mais attention : que des modifications de l'emploi du temps apparaissent comme *nécessaires du point de vue du développement des capacités* ne signifie absolument pas qu'elles vont *nécessairement prévaloir* sur des conditions sociales objectives, qui n'offrent pas *nécessairement* la possibilité de telles modifications ; dans la société capitaliste, la réduction de la force de travail au statut de marchandise signifie au contraire que d'une façon générale c'est plutôt l'*impossibilité* de cette correspondance *nécessaire* qui est la règle, d'où un phénomène social massif de *limitation de croissance* des personnalités. La psychologie de la personnalité a donc affaire à un type spécifique de contradictions : les contradictions entre nécessités internes de développement et conditions sociales de possibilité des modifications correspondantes de la biographie, contradictions qui déterminent à leur tour toute une logique de réaction concrète des individus. Une forme exceptionnellement intéressante et importante de cette logique, face à celle de l'acceptation satisfaite ou du repli mesquin sur la vie « privée », c'est la *vie militante,* qui implique la prise de conscience par l'individu de l'excentration sociale des bases de sa personnalité, et une forme d'activité liant de façon profonde la résolution des contradictions personnelles à la transformation des conditions sociales objectives, « essence réelle » de tous les hommes — annonçant donc par là, au sein même d'une société de classes, les formes supérieures de la personnalité désaliénée.

Qu'est-ce donc, selon la conception proposée, qu'étudier scientifiquement une personnalité ? C'est d'abord repérer, dans la mesure du possible, les particularités biologiques et les structurations infantiles au travers desquelles s'est effectuée pour commencer l'individuation, et d'où résultent des formes plus ou moins durables d'activité. C'est surtout saisir la dialectique de la *vie* personnelle dans laquelle se forme et se transforme la personnalité développée : évolution du fonds fixe des capacités, structures de l'emploi du temps, superstructures et formes de conscience, nécessités internes de développement et contradictions avec les bases objectives de la vie personnelle, résultantes de ces contradictions à chaque étape, crises de l'emploi du temps et transformations éventuelles de la logique générale de développement — tout cela, compte tenu de l'articulation entre dialectique propre de l'activité développée et formes issues de son support organique comme de son passé biographique, des épisodes du renversement progressif de l'activité primitive en activité développée, de l'achèvement plus ou moins complet de ce renversement. Il s'agit là, bien évidemment, d'un *programme théorique* de travail, qui suppose acquises d'innombrables connaissances générales et informations relatives au cas singulier. Aussi bien, la conviction qui anime de bout en bout le présent livre est que la psychologie scientifique de la personnalité appartient encore pour l'essentiel au futur. Du moins dans une telle voie semble possible une réelle *science de la biographie*, articulée avec le matérialisme historique et le socialisme scientifique, les pratiques transformatrices de la personnalité et les luttes révolutionnaires.

*<br>* *

La démarche d'ensemble du livre, on vient de le voir, consiste donc à établir que la personnalité humaine en tant qu'objet scientifique n'est pas accessible directement, comme le supposent conjointement l'humanisme abstrait et son inséparable ennemi le positivisme psychologique, mais moyennant un détour capital par la science des rapports sociaux et son fondement théorique, le matérialisme historique. Dans ces conditions, les discussions auxquelles le livre a donné lieu peuvent être schématiquement classées en deux groupes : celles qui portent sur la question de savoir si le matérialisme historique, et plus largement le marxisme, ont bien en eux-mêmes le sens qu'on leur attribue ici ; et celles qui portent sur la question de savoir si la démarche de pensée qui en tire des enseignements sur le terrain de la psychologie de la personnalité est elle-même convaincante. Bien que les secondes soient devenues dans la dernière période plus importantes que les premières, celles-ci, qu'on peut qualifier de philosophiques à la condition de donner à ce terme son acception marxiste, conservent, outre leur intérêt propre, la valeur d'un préalable essentiel des secondes, et c'est par elles que je commencerai.

Laissant de côté les objections, du reste peu nombreuses, qui m'ont été faites à partir d'autres positions théoriques que le marxisme [1], je constate que *Marxisme et théorie de la personnalité*

---

1. Ainsi, dans un long et honnête compte rendu du livre publié par la *Rivista di Filosofia neo-scolastica* (1971, fasc. V-VI, pp. 708-711), E. Botto me fait grief de « liquider trop facilement l'essentialisme métaphysique en l'assimilant arbitrairement au biologisme naturaliste. » La lecture des pages 193-198, 276-288, par exemple, me semble devoir prouver que ce grief n'est pas fondé.

a été essentiellement critiqué au cours de ces deux dernières années sur les deux fronts de l'humanisme philosophique et de l'antihumanisme théorique. Sur le premier, j'avais déjà été amené, peu avant de rédiger la postface de la deuxième édition, à répondre aux objections d'Adam Schaff [1], selon qui l'expression centrale de la *VI<sup>e</sup> Thèse sur Feuerbach, das menschliche Wesen*, ne *pourrait* pas signifier « l'essence humaine », mais désignerait en réalité l'être humain concret, l'*individu*, attitude qui revient à substituer à la thèse fondatrice du matérialisme historique : l'essence humaine est l'ensemble des rapports sociaux, une thèse psychologico-humaniste : l'individu est l'ensemble de ses relations sociales, qui est à la fois contraire à l'énoncé même de Marx, beaucoup moins profonde et inévitablement génératrice d'idéalisme historique. A mes réponses [2], Adam Schaff a opposé depuis un nouvel article de plus de vingt pages qui ne me paraît contenir aucun argument réellement nouveau se rapportant au problème précis qui est en débat, mais où il réclamait de ma part en conclusion « une réponse et une argumentation concrète [3] ». J'ai fourni cette « réponse concrète [4] » sous la forme de nombreux textes de Marx, datés de 1843 à 1848, où l'expression *das menschliche Wesen* non seulement admet la traduction « l'essence humaine », mais *n'en permet pas d'autre*. Qu'on essaie donc, par exemple, de la rendre par « l'individu humain » dans ce passage des *Manuscrits de 1844* où Marx parle de *das menschliche Wesen des Menschen* (l'essence humaine de l'homme [5]), ou dans cette phrase qu'on trouve dans plusieurs textes de l'été 1844 : *das menschliche Wesen ist das wahre Gemeinwesen der Menschen* (l'essence humaine est la vraie communauté des hommes [6]), ou encore dans ce passage de *La Sainte Famille* où l'on raille Proudhon pour sa conception idéaliste de l'égalité *die ihm das menschliche Wesen repräsentiert* (qui à ses yeux représente l'essence humaine [7]).

---

1. Cf. *L'homme et la société*, n⁰ 19, janvier-mars 1971, pp. 157-167.
2. Cf. *L'homme et la société*, n⁰ 20, avril-juin 1971, pp. 264-267, résumé *supra*, pp. 507-509.
3. *L'homme et la société*, n⁰ 22, octobre-décembre 1971, pp. 25-51.
4. *L'homme et la société*, n⁰ 24-25, avril-septembre 1972, pp. 97-107.
5. *Manuscrits de 1844*, Éd. sociales, p. 65. Cf. MEW, Dietz, Ergänzungsband I, p. 518.
6. *Extraits des Éléments d'économie politique de Mill*, inédit en français, cf. MEW, Ergänzungsband I, p. 451. Cf. aussi MEW, t. 1, p. 408.
7. *La Sainte Famille*, Éd. sociales, p. 53. Cf. MEW, t. 2, p. 43.

Mais il y a plus probant encore, car dans un passage de *L'Idéologie allemande,* Marx *nous dit lui-même* ce qu'il entendait dans tous ses écrits antérieurs par *das menschliche Wesen.* Voici ce passage : « Déjà dans les *Annales franco-allemandes,* dans l'*Introduction à la critique de la Philosophie du droit de Hegel* et dans *La Question juive,* cette évolution (vers une conception matérialiste du monde. L. S.) était indiquée. Mais elle l'était à l'aide du vocabulaire philosophique traditionnel, et les termes philosophiques traditionnels qui s'étaient glissés dans ces ouvrages, tels que « essence humaine », « genre », etc., donnèrent aux théoriciens allemands l'occasion qu'ils souhaitaient de se méprendre sur le sens de la véritable évolution [1]... » Il s'agit bien ici, sans doute possible, de *l'essence humaine,* et non pas de l'*individu humain,* puisque Marx qualifie expressément cette notion de philosophique au sens traditionnel, autrement dit de spéculative, ce qui convient parfaitement à la notion d'essence humaine entendue abstraitement, mais qui serait dénué de signification s'il s'agissait tout simplement de l'individu humain. Quelle est donc l'expression dont se sert Marx en ce passage ? C'est *menschliches Wesen!* De tous ces textes je concluais : « Il me semble qu'il faudrait tout de même se rendre à l'évidence : sous la plume de Marx avant 1848 (et jusqu'en 1848, car on en trouve encore un exemple dans le *Manifeste* [2]) on rencontre *couramment* (je ne dis pas *toujours*), en particulier lorsque apparaissent les problèmes abordés dans la *VI[e] Thèse,* l'expression *das menschliche Wesen* employée de telle sorte que la traduction par *l'essence humaine* est non seulement juste, mais la seule possible. A la fin de son article, Adam Schaff me demande une réponse et une argumentation concrètes. Puis-je à mon tour demander que, laissant de côté les considérations sémantiques générales et les citations étrangères à l'affaire, Adam Schaff explique comment devant ces exemples (et des dizaines d'autres qu'il pourra trouver sans peine par exemple dans les *Manuscrits de 1844*) il peut maintenir sa thèse ? » Cette demande est demeurée à ce jour sans réponse [3].

---

1. *L'Idéologie allemande,* Éd. sociales, p. 269. Cf. MEW, t. 3, p. 218.

2. Cf. *Manifeste du parti communiste,* Éd. sociales, édition bilingue, pp. 98 et 99.

3. A un détour de son argumentation, Adam Schaff écrivait : « ... une chose m'étonne. Pourquoi Lucien Sève, qui vit pourtant en France, n'invoque-t-il pas le témoignage d'Auguste Cornu qui est certainement la plus grande autorité actuelle dans ce domaine ? (...) Prenant en considération l'importance du problème pour la théorie marxiste, je m'adresse à lui person-

Mais quel est donc, se demandera-t-on sans doute, l'enjeu théorique réel de ce problème de traduction ? Qu'il me soit permis sur ce point de reproduire les conclusions de ma seconde réponse à Adam Schaff : « Contre l'humanisme spéculatif, j'affirme (avec la *négative* de la *VIᵉ Thèse*) que l'individu n'est absolument pas premier par rapport aux rapports sociaux, et qu'il ne saurait donc être scientifiquement le *point de départ* ; mais contre la réduction du marxisme à un antihumanisme théorique, j'affirme (avec l'*affirmative* de la *VIᵉ Thèse*) qu'à partir de la science des rapports sociaux il est pleinement possible de revenir à la compréhension des individus concrets, justement parce que les rapports sociaux, loin de leur être étrangers, constituent la *réalité de leur essence*.

Où donc se situe l'opposition profonde entre la conception d'Adam Schaff et celle que je défends ? Non pas du tout dans la question de la légitimité et de l'importance d'une théorie marxiste de l'individu concret, car je n'y crois pas moins que lui. Mais dans la question de savoir quel est le *point de départ marxiste* d'une telle théorie. Pour moi, ce point de départ est nécessairement la science des rapports sociaux, puis des formes historico-sociales d'individualité, toute tentative d'accès *direct* à l'individu concret ressuscitant automatiquement les illusions selon lesquelles l'essence humaine serait inhérente à l'individu pris en soi. Au contraire, Adam Schaff n'hésite pas à écrire : « Marx n'a pas peur du concept d' « individu

---

nellement en lui demandant de bien vouloir se prononcer sur les sujets abordés ». (*L'homme et la société*, nᵒ 22, p. 47.) Auguste Cornu m'autorise à reproduire la lettre qu'il m'a adressée à ce sujet en janvier 1973, en me demandant d'indiquer que c'est une improvisation et que sa réponse demanderait peut-être plus de réflexion : « Il faut, je pense, se référer à ce sujet à la terminologie hégélienne qui distingue *das Sein*, qui est du domaine de la conscience sensible, *das Wesen*, qui est du domaine non de la sensation mais de la réflexion et qui ressort de la Conscience de soi (cf. lettre de Bauer à Marx, 11 décembre 1839, citée dans mon livre *K. Marx et F. Engels*, t. I, p. 178, note 1, et mes remarques), et l'Idée dans laquelle *das Sein* et *das Wesen* se confondent et qui est du ressort de l'Esprit. Je pense de ce fait que le terme *das menschliche Wesen* est un terme abstrait qui exprime ce qu'il y a d'essentiel dans l'homme, ce qui exclut aussi bien ce qu'il y a d'individuel dans l'homme (das Individuelle) que sa nature concrète (das Sein) et aussi l'idée générale de l'homme (die Idee des Menschen) qui inclut la totalité du concept d'homme (Sein, Wesen und Begriff) en sorte que la traduction la plus adéquate du terme *das menschliche Wesen* est *l'essence humaine*, qui exclut à la fois son application à l'individualité humaine et à la nature concrète de l'homme. » Je remercie Auguste Cornu de cette instructive mise au point.

humain », il ne le considère pas comme un terme prémarxiste, mais il pense au contraire — et il le souligne — que *le point de départ de son analyse sont des individus sociaux concrets* [1]. » Il redit peu après, de façon d'ailleurs complètement contradictoire, pour moi du moins (et rappelant le mélange des deux traductions contraires de la *VI[e] Thèse* dans *Le marxisme et l'individu*) : « Un marxiste (a) le droit de prendre l'individu pour point de départ (Marx lui-même justifie ce droit) ; il le peut à condition de considérer l'individu comme un produit des rapports sociaux, comme « l'ensemble des rapports sociaux » — ainsi que le définit Marx métaphoriquement [2]. » Texte contradictoire, car si l'individu est, comme je le pense, le *produit* des rapports sociaux, il n'est donc certainement pas le *point de départ* mais une formation seconde ; si, *au contraire* (ce que je considère comme un contresens radical sur la *VI[e] Thèse*), l'individu *est* l'ensemble des rapports sociaux, il leur est au moins logiquement contemporain et peut donc être traité scientifiquement comme un point de départ. Qu'on puisse donner dans une même phrase ces deux formulations foncièrement contraires comme interchangeables me dépasse. Mais laissons. Est-il vrai en tout cas que Marx lui-même « justifie le droit de prendre l'individu pour point de départ » ? Selon moi, c'est une erreur caractérisée qui nous fait refluer vers le prémarxisme.

A mon avis, Adam Schaff est ici tombé dans le panneau que tendent à ceux qui n'ont pas compris en sa rigueur la *VI[e] Thèse* certains textes bien intéressants de *L'Idéologie allemande* notamment. « Les individus sont toujours partis d'eux-mêmes, partent toujours d'eux-mêmes », y lit-on à plusieurs reprises [3]. Vérité *biographique* évidente, que Marx utilise toujours (qu'on se reporte au contexte) de façon *matérialiste* contre l'*idéalisme* pour lequel les hommes « partiraient » de représentations abstraites ou de conceptions philosophiques. Mais cette vérité biographique est si peu pour Marx un principe d'analyse scientifique qu'*à chaque fois* il oppose à ce point de départ *subjectif* le fait que les conditions de vie des individus, leurs puissances et leurs rapports se détachent d'eux, deviennent autonomes et se les subordonnent entièrement : « renversement du comportement individuel en son contraire, un comportement purement objectif [4] » dont la conséquence est que,

---

1. *L'homme et la société*, n° 22, p. 41. C'est moi qui souligne.
2. P. 42.
3. Cf. pp. 94, 108, 279, 481, etc.
4. P. 481.

pour comprendre théoriquement comme pour libérer pratiquement les individus, il faut en fin de compte partir *non pas d'eux-mêmes mais des rapports sociaux objectifs*. « Les prémisses dont nous partons ne sont pas des bases arbitraires, des dogmes ; ce sont des bases réelles dont on ne peut faire abstraction qu'en imagination. Ce sont les individus réels, leur action et leurs conditions d'existence matérielles, celles qu'ils ont trouvées toutes prêtes comme aussi celles qui sont nées de leur propre action [1]. » Non seulement ce texte ne dit pas, comme le pense Adam Schaff, que l'on doit « prendre l'individu pour point de départ », mais il dit le contraire, d'abord parce qu'il parle non pas de *l'*individu, qui nous conduirait inévitablement à manier des abstractions de forme psychologique, mais *des* individus réels, qui nous conduisent d'emblée à l'histoire ; ensuite et plus encore parce que les *individus* ne sont pas considérés ici en *eux-mêmes* mais au contraire comme *produits des rapports sociaux* : « ce que sont les individus dépend donc des conditions matérielles de leur production [2] ». C'est bien pourquoi dans *L'Idéologie allemande*, et à plus forte raison dans les grandes œuvres marxistes de la maturité, on ne rencontre *jamais* d'analyse de *forme psychologique* (« l'homme est..., l'individu est... ») mais bien des analyses de forme sociale qui ont *à titre second* une portée psychologique souvent énorme. Par opposition, lorsqu'Adam Schaff croit pouvoir écrire dans *Le marxisme et l'individu* que « l'homme (...) est l'artisan autonome de son destin, le créateur de son propre monde et son propre créateur [3] » ou encore que « le point de départ du socialisme — de *tout* socialisme » — est « l'amour de l'homme [4] », il est déjà revenu en deçà de la révolution opérée par la *VIᵉ Thèse sur Feuerbach*, c'est-à-dire qu'il s'éloigne quoi qu'il en ait du socialisme scientifique vers le socialisme « éthique », utopique, feuerbachien. Avec tout ce que cela implique.

Adam Schaff souligne que notre débat ne concerne pas seulement deux individus ; « l'affaire est internationale », écrit-il [5]. J'en suis d'accord. Et précisément le communiste Adam Schaff ne devrait-il pas regarder attentivement en quelle compagnie française et internationale le met cette « lecture » du marxisme à partir d'un primat de l'individu ? Est-ce un simple hasard si sa traduction de la

---

1. P. 45.
2. P. 46.
3. A. Schaff, *Le Marxisme et l'individu*, A. Colin, 1968, p. 183.
4. P. 186.
5. *L'homme et la société*, nᵒ 22, p. 47.

*VI<sup>e</sup> Thèse* a eu chez nous pour principal adepte Roger Garaudy ? Est-ce faire preuve d'étroitesse dogmatique de vues que de s'interroger sur certaines convergences reconnues de ces interprétations avec celles d'un de Man, d'un Gabriel Marcel, d'un Marcuse [1] ? Et lorsque l'auteur de l'introduction à ce livre, après avoir critiqué l'étroitesse, d'ailleurs réelle, de toute une interprétation du marxisme à l'époque de Staline, en vient à contester que « l'authentique Marx, c'est le Marx de la maturité, le théoricien de l'économie et de la révolution » (comme si ce n'était pas justement *celui-là* qui est aussi l'authentique humaniste) et ajoute : « Si, dans le passé, A. Schaff a défendu de semblables positions et s'est attaché à l'œuvre de la maturité, il se place à présent au même plan que les marxologues occidentaux à qui il reconnaît d'ailleurs le mérite d'avoir les premiers compris et restitué Marx dans son intégrité [2], » n'est-il pas permis de penser qu'il y a des éloges empoisonnés et des « amis » dont il serait préférable d'être délivré ? Ces remarques me sont dictées non par un souci polémique, qu'Adam Schaff a cru trouver dans ma précédente réponse, mais, je puis l'affirmer, par un souci contraire. Nous aussi, philosophes communistes français, nous avons beaucoup réfléchi sur la nature et la source profondes des appauvrissements et déformations dogmatiques du marxisme qui ont eu cours pendant une période. Notre conviction collectivement et solidement acquise, vérifiée par maintes pratiques, est que ce qui est en cause, et qu'il y a donc lieu de *réviser*, ce n'est nullement *le marxisme scientifique des œuvres de maturité de Marx et d'Engels* mais au contraire sa compréhension incomplètement rigoureuse et vivante. C'est pourquoi la passion que nous pouvons mettre à combattre la croyance que c'est en s'éloignant quelque peu du marxisme scientifique de la maturité qu'on en trouverait la substantifique moelle est bien autre chose que polémique : elle est militante, donc fraternelle à ceux qu'anime le même esprit. »

Cela précisé, qui me paraît d'importance primordiale, je voudrais écarter un malentendu : le fait que l'individu, loin d'être le point de départ réel de l'explication *des faits humains en général* à commencer par les faits historiques, soit en dernière instance *produit* par les rapports sociaux, et qu'il ne puisse en retour les modifier notablement en tant qu'*individu*, mais seulement en tant que membre d'une *classe*, participant à une action de caractère

---

1. Cf. *Le Marxisme et l'individu*, pp. 28 et suivantes, p. 161, etc.
2. P. 9.

*social*, etc. — et l'individu « génial » lui-même, à y bien regarder, ne fait nullement exception à cette règle — ce fait n'a rien à voir avec une conception *de la personnalité* comme réalité passive et statique. Au contraire, *Marxisme et théorie de la personnalité* est entièrement fondé sur la conviction que le matérialisme historique permet — et lui seul — de penser pleinement la personnalité, par-delà tout naturalisme figé, comme un système dynamique d'activités animé par une logique propre. Néanmoins, compte tenu de l'extrême insistance que j'ai dû mettre, en l'état actuel de la psychologie de la personnalité chez nous, à revenir sur cette idée de la production de l'individualité par les rapports sociaux, certains critiques ont réagi comme la philosophe soviétique, Xénia Mialo qui, au terme d'une longue analyse, essentiellement favorable, du livre [1], ajoute ceci :

« A la vérité, certains aspects de l'appareil catégoriel proposé par l'auteur à titre d'instrument d'une telle recherche peuvent susciter des objections, ce qui est lié à notre sens à l'accent mis par Sève sur l'identité de l'essence humaine et de l'ensemble des rapports sociaux-économiques. Il semble que l'accentuation polémique de cette thèse et l'insuffisante attention à la nature dialectique du rapport qui existe ici masque à l'auteur le danger que recèle une telle catégorisation : le danger d'une sorte d'interprétation essentialiste où l'individu social apparaît comme une essence excentrée qui remplit la forme, neutre et passive par rapport à lui, du psychisme individuel. En outre, il est douteux que le terme de « juxtastructure » proposé par Sève pour décrire la spécificité de la personnalité satisfasse l'exigence, qu'il avance lui-même, de saisir la contradiction fondamentale, car la dynamique de la tension entre l'individuel et le social disparaît dans une telle description. Il semble qu'il faille voir la cause de cette hypertrophie du social dans l'accentuation excessive du phénomène de l'intériorisation et dans l'insuffisante attention au processus d'objectivation qui lui est dialectiquement lié, et aussi dans la mise en relief de l'aspect social-collectif de l'activité productive des hommes sans que soit pris suffisamment en considération le moment personnel-créateur. En raison de cet errement, la polémique de l'auteur contre Sartre, qui a avancé la thèse de la structure dialectique de l'acte individuel comme fondement unique de la dialectique du processus historique, n'apparaît pas comme convaincante. Peut-on enfin considérer comme justifiée en droit la tentative même de donner une

---

1. *Voprossy filosofii*, 1972, nᵒ 4.

définition exhaustive catégorique de l'essence humaine, en restant
dans le cadre exclusif de l'individu social ? Cela ne conduit-il pas
à décrire le phénomène humain comme une chose arrêtée et achevée,
de sorte que le processus historique même semble n'être pas un
mouvement vers la réalisation de l'essence humaine et de la liberté,
mais une reproduction perpétuelle du social-collectif dans le psychique-individuel ? Si le processus historique est dirigé — et selon
Marx il l'est bel et bien — vers le « règne de la liberté », le phénomène de nivellement du psychique-individuel sur le social-collectif
est justement la marque d'une profonde altération de l'essence
humaine, de sa non-réalisation dans un cadre historique donné,
dans les limites du « règne de la nécessité ». »

J'ai reproduit dans son entier l'argumentation critique de
X. Mialo parce qu'elle me semble d'un grand intérêt pour dissiper
des malentendus d'une part, et situer d'autre part très exactement
là où elles sont certaines lignes de partage théoriques. Que le psychique-individuel, la personnalité soient tout autre chose qu'une
sorte de décalque du social collectif, des rapports sociaux, c'est
bien évident, et je crois avoir moi-même longuement montré pourquoi : d'abord la singularité de chaque biographie fait de tout individu un être spécifique ; ensuite l'individuation s'effectue dans des
formes psychologiques qui n'existent nullement comme telles au
sein des rapports sociaux ; enfin et plus encore le système temporel
d'activités qui constitue, à mon sens, la base réelle de la personnalité, ainsi que l'ensemble de superstructures psychologiques qui
lui correspondent, forment une totalité organique dotée de toute
évidence d'un dynamisme, d'une logique de développement propres.
J'ai justement cherché à éclairer ce dynamisme et cette logique
en proposant, à titre d'hypothèse indicative, l'analyse d'un certain
nombre de formes de vie personnelle — par exemple ce que j'ai
nommé la dichotomie ou au contraire la vie militante — qui
constituent des réponses dynamiques aux contradictions essentielles
recelées par un certain type de biographie. La conception de la
personnalité proposée dans ce livre ne me paraît donc pas moins
opposée à un déterminisme sociologique qu'à un idéalisme de la
personne, et en tout cas, par-delà tout malentendu dont le livre
porte éventuellement la responsabilité, je puis assurer X. Mialo
que *sur ce point* je me sens en accord avec elle.

En revanche, lorsqu'elle présente les relations entre la personnalité et les rapports sociaux comme l'interaction « dialectique »
de deux réalités apparemment homogènes, « l'individuel et le
social », il y a entre nous, c'est clair, un désaccord de fond. La posi-

tion du problème qui me semble affleurer dans le texte cité : Sève = détermination de l'individu par les rapports sociaux; Sartre = détermination des rapports sociaux par l'individu; marxisme authentique = réciprocité dialectique de ces deux déterminations — me paraît foncièrement spécieuse, propre à nous ramener à cet humanisme philosophique que Marx a dû radicalement critiquer et dépasser pour concevoir le marxisme. S'il est bien vrai en effet que les rapports sociaux déterminent l'individu, rien n'est plus faussement « dialectique » que d'ajouter : et réciproquement, parce que les deux termes ne sont nullement homogènes du point de vue théorique. Le premier énoncé signifie que l'*histoire* est la clef de la *psychologie :* cela, c'est la pierre angulaire du matérialisme historique. La « réciproque », non seulement n'en est pas le légitime complément dialectique, mais constitue la pierre angulaire de l'idéalisme anthropologique, pour qui la psychologie serait le vrai fondement de l'histoire. X. Mialo me semble confondre en réalité deux idées apparemment voisines et en réalité opposées : l'idée matérialiste-historique selon laquelle, si les rapports sociaux déterminent les *hommes*, ceux-ci, en tant que producteurs, citoyens, membres de syndicats, partis, etc., réagissent sur ces rapports et les transforment dans des conditions déterminées, et c'est la lutte des classes — et l'idée, caractéristique de toutes les formes mystificatrices de l'humanisme, selon laquelle l'*individu* psychique serait, fût-ce dans certaines limites, l' « artisan de l'histoire ». C'est là méconnaître la distinction fondamentale de l'historique et du psychologique, dangereusement masquée par l'unité du mot *homme*, et la priorité *absolue* du premier sur le second. *Sur ce point*, Althusser a, je pense, entièrement raison [1] — même s'il n'a pas vu, à mon sens, que *pour autant* cela ne supprimait nullement le problème de l'*unité réelle* entre l'individu psychologique et l'homme historiquement actif en tant que membre de sa classe, de son parti, etc.

Du même coup, et la chose est bien remarquable, X. Mialo reprend à son compte l'idée que l'histoire est la « réalisation de l'essence humaine », idée qui nous ramène en deçà du grand tournant achevé par Marx en 1845-1846, et à partir duquel l'essence humaine a définitivement cessé pour lui de renvoyer à une virtualité psychique — l'homme tel qu'il devrait être, conformément à son essence — que l'histoire aurait pour sens de « réaliser » —

---

1. Cf. ses remarques sur la question du « rôle de l'individu en histoire », *Lire Le Capital*, Maspero, 1965, t. II, pp. 62-63.

c'est justement là l'*humanisme* dans l'acception spéculative du terme. A partir des *Thèses sur Feuerbach*, l'essence humaine renvoie non plus à une virtualité psychique mais à une *réalité historique*, l'ensemble des rapports sociaux, et l'épanouissement des individus que rend possible la société sans classes n'est nullement conçu comme la réalisation d'une virtualité humaine préalable — c'est alors, justement, qu'on aurait de l'histoire humaine une représentation « arrêtée et achevée » — mais comme la suppression des obstacles à l'appropriation par les individus du patrimoine social objectif à partir duquel ils se développent à chaque époque. De même l'idée de X. Mialo selon laquelle l'histoire réalise le « règne de la liberté », telle qu'elle la présente, me semble d'une redoutable ambiguïté. Car lorsque Marx emploie cette expression [1], c'est précisément pour dire que la condition essentielle de ce « règne de la liberté » pour les individus réside dans une mesure *sociale :* « la réduction de la journée de travail. » Confondre si peu que ce soit l'idée de Marx, pour qui la liberté des individus *dépend absolument* de transformations sociales créant les structures objectives de cette liberté, avec l'idée d'une liberté consistant dans une *indépendance croissante* des individus à l'égard de leurs rapports sociaux, cela reviendrait à suggérer que le matérialisme historique, vrai pour la société de classes, devrait céder quelque peu la place à l'idéalisme historique au fur et à mesure que l'humanité ira au communisme. C'est là à mon sens une vue radicalement fausse, et dont la fausseté ne serait pas moins grave pour la politique que pour la théorie, dans le socialisme que dans le capitalisme.

Bien entendu, je suis tout à fait d'accord avec X. Mialo pour considérer que tout un mode de détermination de la personnalité dans le capitalisme (à commencer par la réduction du temps de travail social au temps abstrait) se trouve modifié en profondeur dans le socialisme — et le livre insiste fortement sur ce point [2]. Mais justement cette différence résulte de la supériorité *sociale* du socialisme, supériorité qui affecte le développement des personnalités moyennant la transformation des bases objectives de la biographie. L'analyse attentive de la détermination sociale de la personnalité n'est donc pas moins nécessaire dans le socialisme que dans le capitalisme, et la solution des problèmes de développement de la personnalité n'y renvoie pas moins à des tâches d'édification sociale. D'où l'extrême importance de la *démocratie*

---

1. *Le Capital*, Éd. sociales, III, 3, p. 199.
2. Cf. supra, pp. 447 et suiv.

*socialiste*, comme je pense l'avoir montré, pour les problèmes mêmes qui nous occupent — importance qui risquerait d'être sous-estimée si, au bénéfice du « moment personnel-créateur », les difficultés objectives du développement psychique dans le socialisme même et la responsabilité de les surmonter étaient renvoyées aux individus. A cet égard, il me semble y avoir matière à réflexion dans ce passage de l'intervention de Werner Röhr, psychologue de R.D.A., au cours d'une discussion autour de *Marxisme et théorie de la personnalité* sur laquelle je reviendrai. Après avoir dit son intérêt pour les analyses que j'ai faites du fétichisme des capacités psychiques qui correspond au fétichisme de la marchandise, W. Röhr ajoute :

« Il ne serait pas juste de tenir ce problème pour caractéristique du capitalisme et de considérer par conséquent qu'il ne nous concerne pas. Les reproches qu'on a faits à Sève de n'avoir pas une connaissance suffisante de la littérature psychologique soviétique et de ne pas aborder spécifiquement les problèmes de développement de la personnalité dans les conditions du socialisme ne peuvent pas fonder une argumentation aux termes de laquelle les analyses de Sève seraient sans valeur pour le développement de la personnalité socialiste, et pourraient être écartées comme sans valeur pratique pour nous. Je pense qu'il y a aussi beaucoup à en retirer pour notre propre développement, et je voudrais en donner l'exemple suivant. Il dit que ce qu'on appelle la période héroïque du socialisme, autrement dit la période d'édification de ses bases, est d'un certain point de vue plus favorable pour le développement de la personnalité que la période de l'édification multilatérale, systématique, globale du socialisme, et cela parce que le besoin qu'ont ceux qui y participent de développer leur personnalité, besoin qu'active le processus de la révolution, peut être alors massivement satisfait au travers d'une évolution sociale dont le rythme est plus rapide que celui de l'évolution de la personnalité elle-même. Ainsi le processus de la révolution socialiste satisfait les besoins de développement de la personnalité qui étaient bloqués avant la révolution. Cela, nous pouvons facilement le constater de façon empirique si nous regardons nombre de cadres de chez nous, appartenant aux générations qui ont entre quarante et soixante ans. A un certain âge ils ont été confrontés à des tâches dont la résolution était formatrice pour la personnalité. Si nous considérons maintes tâches de cette sorte, il sera vite établi qu'aujourd'hui, les confier à d'aussi jeunes cadres n'est plus nécessaire et d'ailleurs n'est plus possible. La rapidité du développement social dans les premières phases du processus de transformation socialiste a fourni nombre de possibilités pour satisfaire tel ou tel besoin de développer et de mettre en œuvre sa personnalité. Maintenant qu'est en train le développement socialiste multilatéral, ce besoin qu'ont ceux qui y participent de développer et de mettre en œuvre leur personnalité est suscité massivement et globalement par nous-mêmes. Notre marche en avant le suscite nécessairement, sans que nous soyons encore en mesure de réaliser avec la même rapidité les conditions sociales pour le satisfaire. Sève pense à cette non-concordance entre le rythme de développement des individus et celui de la société, lorsqu'il parle du danger d'une stagnation durable de la personnalité, ou de sa dérivation vers la vie privée, la mesquinerie domestique et autres manifestations analogues. Nous ne pouvons pas dire que cela ne nous concernerait d'aucune façon [1]. » Ces remarques de W. Röhr me semblent confirmer, non pas que ce que X. Mialo nomme le « moment personnel-créateur » n'existe pas, mais qu'il repose entièrement sur des rapports sociaux correspondants.

Si les idées contenues dans ce livre ont donc continué d'être discutées à partir d'un souci humaniste, avec toutes les ambiguïtés que ce terme peut recouvrir, elles l'ont été aussi à partir de l'anti-humanisme théorique. Ainsi la publication dans *La Nouvelle Critique* [2] d'une partie de la postface que j'ai écrite pour la deuxième édition du livre m'a valu, entre autres, une lettre d'un professeur de philosophie qui, tout en se disant d'accord avec plusieurs aspects de *Marxisme et théorie de la personnalité*, ajoutait ne pas comprendre ma « lutte obstinée » contre l'antihumanisme théorique et écrivait : « Ce n'est pas en qualifiant la notion d'essence humaine de concept scientifique que l'on change quelque chose. Vous le reconnaissez vous-même en affirmant que le terme d'essence n'apporte rien à la science. Pourquoi donc vouloir à tout prix réintroduire cette notion pré-scientifique dans le langage scientifique ? » Commentant, dans ma réponse à ce correspondant [3], cette affirmation fréquente de Marx que « toute science serait superflue si l'apparence et l'essence des choses se confondaient [4] »,

---

1. *Information*, Akademie der Pädagogischen Wissenschaften der DDR, janvier 1973, pp. 66 et 67.

2. N⁰ 51, mars 1972.

3. Lettre et réponse figurent dans le n⁰ 54 de *La Nouvelle Critique*, juin 1972.

4. Cf. par exemple *Le Capital*, III, 3, p. 196 (MEW, t. 25, p. 825).

et montrant que, toute formulation philosophique mise à part, les rapports de production jouaient bien dans *Le Capital* le rôle d'une *essence*, j'ajoutais : « De quelle *essence* s'agit-il ici ? D'une entité abstraite ? D'une réalité « nouménale » ? Évidemment non. Il s'agit de rapports de production *matériels, concrets, historiques*, tels que peut les appréhender objectivement la *science*. En quoi donc ces rapports méritent-ils d'être qualifiés d'*essence* par Marx, et non pas d'apparence comme le voudrait mon correspondant ? En ceci qu'ils constituent la *réalité profonde* dont la représentation immédiate *à la surface* de la vie sociale ne donne qu'une image aliénée, *méconnaissable ;* en ceci qu'une fois mis au jour de la connaissance scientifique, ces *rapports essentiels* permettent de comprendre non seulement le mouvement *nécessaire* qui se fraie son chemin à travers les hasards apparents mais aussi les processus à travers lesquels ils se manifestent à la surface de la vie sociale en *apparences mystificatrices*. Là est justement tout le sens du matérialisme historique : fonder une *science* de la société et de son histoire capable d'atteindre les *rapports essentiels générateurs des mouvements nécessaires* à partir d'une *critique radicale des apparences idéologiques* auxquelles ils donnent lieu. (...) Visiblement *prisonnier* de la conception philosophique traditionnelle de l'essence, de la problématique spéculative de l'essence (et même plus précisément quant à lui de la problématique kantienne : noumène/phénomène), mon correspondant la nie au sens logique formel sans la dépasser. Il ne voit pas l'apport *positif* capital du marxisme inséparable de la *négation* de la problématique spéculative : l'élaboration d'une problématique *radicalement nouvelle*, matérialiste-dialectique de l'essence, entendue non plus du tout comme *substance abstraite* hantant mystérieusement le concret mais comme *rapport fondamental* et *mouvement nécessaire* au sein duquel se *produit* le concret avec ses formes de manifestation immédiates, fréquemment paradoxales. D'où, dans la question de l'essence *humaine* qui nous occupe spécialement, et qui est celle même où est née la nouvelle philosophie matérialiste dialectique, l'incompréhension de la thèse *la plus centrale* de Marx à cet égard : la *VI⁰ Thèse sur Feuerbach...* ».

Mais par-delà la réponse à cette objection tenace, il faut s'interroger sur la signification de cette ténacité elle-même. « On peut se demander, écrivais-je à la fin de ma réponse à ce correspondant, pourquoi la réduction antihumaniste, antiessentialiste du marxisme, bien qu'on ait montré vingt fois en quoi elle est inacceptable, garde du prestige notamment auprès de jeunes philosophes marxistes ou attirés par le marxisme. Mais est-ce somme toute si surprenant ? La crise du capitalisme est très avancée et son idéologie philosophique traditionnelle si usée qu'on voit assez facilement le jour au travers. Nombre de jeunes philosophes sont en insurrection contre cette idéologie, et comme il apparaît de mieux en mieux, grâce aux efforts et aux succès de notre mouvement, que le marxisme est la seule critique radicale et bien fondée de toute idéologie, ils tendent à rallier le marxisme mais en y voyant d'abord *seulement la négation de toute attitude spéculative.* Ce ralliement à l'aspect *critique* du marxisme correspond souvent du point de vue biographique au détachement de la bourgeoisie et à l'orientation vers l'action révolutionnaire, mais prise avant tout *en tant que destructrice de la société bourgeoise.* Ne trouvons-nous pas là la base socio-historique de l'audience des interprétations réductrices, voire négativistes du marxisme ? Car le ralliement intégral au marxisme suppose beaucoup plus : l'assimilation du contenu *positif* de la nouvelle philosophie, assimilation grandement facilitée par le ralliement pratique à la classe ouvrière non seulement en tant que fossoyeur du capitalisme mais *en tant qu'héritière de la nation,* par l'adoption profonde des buts positifs et des formes de lutte et d'organisation du mouvement ouvrier révolutionnaire, par la solidarité avec le socialisme déjà construit. Ce passage, pour être bien moins long et difficile au jeune intellectuel d'aujourd'hui qu'à ceux des générations précédentes, n'en demeure pas moins un *processus* dont personne ne peut faire l'économie. Je pose la question : l'audience d'un marxisme plus ou moins réduit théoriquement à ses aspects négatifs et critiques n'est-elle pas, au moment où le passage au marxisme des jeunes intellectuels prend chez nous un caractère de masse, la rançon provisoire — provisoire, dans la mesure où elle sera combattue avec une vigueur convaincante — de ses inévitables *limitations bourgeoises* ? S'il en est bien ainsi, lutter pour une juste compréhension de la théorie marxiste de l'essence, c'est en même temps lutter pour un ralliement plus complet des jeunes intellectuels au prolétariat révolutionnaire, c'est-à-dire à une révolution vraiment *essentielle.* » Par-delà ces quelques remarques, c'est certainement une question qui mérite qu'on continue d'y réfléchir.

D'autant qu'une importante occasion nouvelle de revenir sur l'interprétation *antihumaniste* du marxisme, au sens théorique du terme, s'est présentée ces derniers mois, et d'une façon qui concerne directement l'auteur de *Marxisme et théorie de la personnalité.* En effet, sortant partiellement d'un silence public de quatre ans sur ce livre, où sont assez longuement exposées les raisons d'un désac-

cord circonscrit mais foncier avec ses propres thèses, Louis
Althusser lui consacre plusieurs allusions et quelques lignes explicites dans sa *Réponse à John Lewis*. Les voici : « Il ne peut y avoir,
pour la philosophie marxiste, de Sujet comme Centre absolu,
comme Origine radicale, comme Cause unique. Et on ne peut,
pour se tirer d'affaire, se contenter d'une catégorie comme celle de
« l'*ex*-Centration de l'Essence » (L. Sève), car c'est un compromis
illusoire, qui, sous la fausse « audace » d'un *mot* parfaitement
conformiste en sa racine (ex-*centration*), sauvegarde le lien ombilical
entre l'Essence et le Centre, et reste donc prisonnière de la philosophie idéaliste : comme il n'y a pas de Centre, toute *ex*-centration
est superflue ou faux-semblant [1]. » — en vertu de quoi la conception
du marxisme que je défends sous le nom d'*humanisme scientifique*
est tenue par Louis Althusser pour une simple « variante » de
l'humanisme idéaliste que représentait hier Garaudy [2]. S'il n'y
avait que cela dans *Réponse à John Lewis* sur le sujet qui m'occupe
ici, je n'y consacrerais moi-même que quelques lignes. Car la façon
dont sont présentées ici les thèses de *Marxisme et théorie de la
personnalité*, et leur assimilation à celles de Sartre ou de Garaudy,
à quoi ces lignes se réduisent, sont, pour ceux qui ont lu mon livre
(et à plus forte raison s'ils savent un peu comment s'est développée
la critique des idées de Garaudy depuis les années 60) d'une crédi-
bilité extrêmement voisine de zéro. Elle s'y égalerait même sans
doute purement et simplement dès lors que la pseudo-citation —
seule référence concrète qu'Althusser fasse à mon livre — sur
« l'*ex*-Centration de l'Essence » serait débarrassée du tiret et des
majuscules postiches qu'il fallait bien rajouter à mon texte réel
pour donner un minimum d'apparence à cet amalgame. On constatera aisément qu'une telle écriture, fleurant d'une lieue son abstraction spéculative, ne figure en réalité pas une seule fois sous ma
plume. Puis-je dire plus ? Elle jure de façon grossière avec la
substance d'un livre entièrement et notoirement construit autour
de l'idée que l'essence humaine n'est rien d'autre que l'ensemble
des rapports sociaux, et n'a donc nullement la forme psychologique, la forme d'un sujet, pour la raison que « la psychologie ne
détient nullement le secret des faits humains. » Là-dessus je me vois
objecter quand même que je fais de l'Essence Humaine un Sujet et
un Centre ! On ne s'étonnera pas qu'à cela j'avoue n'avoir rien à
répondre.

---

1. L. Althusser, *Réponse à John Lewis*, Maspéro, 1973, p. 72.
2. P. 67.

Mais en réalité il y a par rapport à la question qui nous occupe ici autre chose dans *Réponse à John Lewis*, une chose nouvelle — la seule nouvelle, sur le terrain philosophique — et d'une importance considérable, comme on va voir. Ce quelque chose se présente comme une « autocritique » sur « un point précis et important » : « J'ai effectivement laissé entendre, dans mes premiers essais, écrit Althusser, qu'après la « coupure épistémologique » de 1845 (après la découverte par laquelle Marx fonde la science de l'histoire) des catégories philosophiques comme celle d'*aliénation* et de *négation de la négation* (entre autres) disparaissaient [1]. J. Lewis me répond que ce n'est pas vrai. Et il a raison [2]. » Oui, il a indiscutablement raison : ces catégories sont bel et bien présentes dans le marxisme mûr. Mais l'autocritique d'Althusser sur ce point « limité », la reconnaissance par lui de ce *fait* qu'il niait jusqu'ici, étant donné son importance centrale, ouvre de toute nécessité un processus de réévaluation *illimitée*, et à tout le moins extraordinairement étendue, de ce qui constitue à ce jour l' « althussérisme » philosophique. Il n'est pas excessif de voir là un événement de grande portée dans l'effort collectif d'approfondissement du marxisme qui marque toute la vie intellectuelle contemporaine en France, et auquel on est attentif loin au-delà de nos frontières. Dans *Réponse à John Lewis*, Althusser entreprend lui-même la réévaluation de ses positions dans un domaine essentiel : sa théorie de la « coupure épistémologique ». Reconnaissant désormais la persistance de catégories comme celle d'aliénation dans le marxisme mûr, il admet logiquement qu' « il n'est pas possible d'employer le terme de « coupure » pour la philosophie [3] ». Correction capitale, mais dont il est clair qu'elle en commandera en chaîne beaucoup d'autres, par exemple dans tout ce qui touche aux rapports entre dialectique hégélienne et dialectique marxiste. On ne voit pas en effet comment Althusser pourrait à l'avenir maintenir sa position négative bien connue sur le « noyau rationnel » de la dialectique hégélienne, position qui commandait à son tour plusieurs aspects de sa théorie de la « surdétermination dialectique ». Une page semble désormais en passe d'être tournée en ce domaine, ce qui

---

1. Cf. *Pour Marx*, Maspéro, 1965, pp. 220 et 246 notamment.
2. *Réponse à John Lewis*, p. 51.
3. P. 60. J'avais fait ici-même à cette théorie des objections (cf. *supra*, pp. 92-96, et pp. 99-100, note) dont Althusser semble donc admettre aujourd'hui le bien-fondé.

devrait faciliter l'élaboration collective d'une conception d'ensemble de la dialectique marxiste.

Mais restons-en ici sur le terrain de l'antihumanisme théorique. Dans cette question, non seulement *Réponse à John Lewis* n'amorce pas le réexamen critique qu'on attend tout naturellement, mais on y voit Althusser donner à ses thèses bien connues une expression plus tranchante que jamais. Pour ma part, j'affirme que la reconnaissance du fait que la catégorie d'aliénation est présente dans le marxisme mûr conduit *nécessairement* à remettre en cause de façon radicale la réduction du marxisme à un antihumanisme théorique. Et voici pourquoi :

1 — Il ne suffit pas de reconnaître *en général* la présence de fait de la catégorie d'aliénation dans le marxisme mûr, encore faut-il étudier concrètement la nature de cette présence et la signification de cette catégorie. A cet égard, on ne trouve presque rien dans *Réponse à John Lewis*. Il faut même dire plus : Althusser y adopte successivement sur ces points trois attitudes distinctes et partiellement contradictoires. Première attitude : « Plus on avance dans le temps, plus ces catégories s'effacent » pour « disparaître complètement dans les derniers textes de Marx et chez Lénine [1] ». Il s'agirait donc seulement de la *survivance temporaire de notions idéologiques*. Deuxième attitude : « Outre leur disparition *tendancielle* dans l'œuvre de Marx considérée dans son ensemble, il faut aussi rendre compte d'un phénomène étrange : leur effacement dans certaines œuvres et leur réapparition *ultérieure* [2]. » Il s'agirait donc d'une *survivance intermittente de notions ambiguës*. Troisième attitude : « La catégorie d'aliénation peut rendre, me semble-t-il, des services *provisoires* mais à une double condition absolue : 1) de la « couper » de toute philosophie de la « réification » (ou du fétichisme, ou de l'objectivation de soi) qui n'est qu'une variante anthropologique de l'idéalisme et 2) de penser l'aliénation *sous* le concept d'exploitation. A cette double condition, la catégorie d'aliénation peut, *dans un premier moment* (car elle disparaît dans le résultat obtenu) détourner d'une conception purement *comptable*, c'est-à-dire économiste, *de la plus-value* [3]... ». Il s'agirait donc, dans le cas de l'aliénation, de la *survivance en partie justifiée d'une notion utile sous certaines conditions*. En fait, avec cette troisième attitude, Althusser s'est déjà engagé *sans le dire* — sans le voir ? —

1. P. 54.
2. P. 58.
3. Pp. 58 et 59, note 32.

sur le chemin qui conduit à reconnaître la validité « sous certaines conditions » d'un *humanisme théorique marxiste* : c'est-à-dire la démonstration scientifique, contre tout économisme, que le système capitaliste *aliène des hommes*. Mais n'anticipons pas, et constatons pour l'instant que, si Althusser reconnaît désormais la présence fréquente de la catégorie d'aliénation dans le marxisme mûr, sa *conception* de ce fait n'est pas encore fixée. Or on conviendra que la conception d'un fait aussi important doit absolument être fixée, si du moins l'on se propose de donner une vision cohérente du marxisme. Il y a donc là un réexamen en chaîne dont la nécessité est objectivement inscrite dans *Réponse à John Lewis*.

2 — Ne pouvant donner ici que le résultat d'une étude que j'ai longuement développée ailleurs [1], j'affirme pour ma part — et l'étude attentive de l'ensemble des textes ne peut laisser aucun doute sur ce point — que la troisième attitude d'Althusser est la plus proche de la réalité : le dispositif terminologique de Marx et Engels qui correspond à ce qu'on appelle un peu schématiquement *la* catégorie d'aliénation (Veräusserung, Entäusserung, Entfremdung, Fremdheit, fremde Macht, etc.), loin de constituer dans leurs œuvres de maturité une survivance idéologique, y est massivement présent *jusqu'à la fin* et y remplit une *fonction théorique centrale*, entièrement épurée des aspects spéculatifs et préscientifiques qu'il comportait encore dans les œuvres de jeunesse. Pour le Marx du *Capital*, pour l'Engels de l'*Anti-Dühring* ou de *L'Origine de la famille*, qu'est-ce que l'aliénation ? C'est l'immense processus historique qui, contenu en germe dans toute production marchande et atteignant son point culminant dans le capitalisme développé, arrache aux hommes leurs conditions objectives de production et les leur oppose comme des puissances étrangères qui les asservissent et les écrasent. La reconnaissance de la fonction théorique centrale remplie par cette conception radicalement non spéculative de l'aliénation n'est pas seulement imposée par la prise en considération des *textes,* elle est nécessaire pour comprendre des *pans entiers du marxisme-léninisme* de façon correcte : non seulement la théorie de la *plus-value,* comme semble l'envisager désormais Althusser, mais la théorie de la *lutte des classes,* la théorie de la *religion,* la théorie du *socialisme,* etc.

---

1. Cf. L. Sève, *Analyses marxistes de l'aliénation : économie politique et religion,* dans le recueil de conférences du C.E.R.M., *Philosophie et religion,* Éd. sociales, 1974.

3 — Reconnaissant la présence et même partiellement la valeur de la catégorie de l'*aliénation* dans le marxisme mûr, Althusser persiste à nier qu'il en aille de même pour la *négation de la négation*. Il persiste à affirmer que cette dernière catégorie ne figurerait dans *Le Capital* qu' « une seule fois » et ajoute : « Je ne vois vraiment pas ce qu'on peut attendre de positif de la catégorie de *négation de la négation*, qui porte en elle une charge idéaliste irrémédiable [1]. » Je considère pour ma part que cette position d'Althusser est contredite par des faits élémentaires et qu'elle est théoriquement contradictoire. Contredite par les faits : qu'elle soit expressément appelée par son nom philosophique ou qu'elle soit utilisée de façon implicite [2], la négation de la négation figure dans *toute* l'œuvre de maturité de Marx, d'Engels, de Lénine ; mieux, Lénine après Engels ont consacré des pages, voire des chapitres célèbres à en exposer la signification scientifique, mystifiée par Hegel. Le fait est si patent qu'il serait indigne d'une discussion scientifique d'y insister davan-

---

1. P. 58, note 32.
2. L'affirmation d'Althusser selon laquelle la négation de la négation ne figurerait qu'une seule fois dans *Le Capital* repose sur cette idée déconcertante qu'une catégorie n' « existerait » pas là où elle fonctionne sans que soit mentionné son nom philosophique. A ce compte, une part considérable de l'œuvre de Lénine passerait pour conceptuellement indigente ! Par exemple, ne connaissant ni les *Manuscrits de 1844* ni les *Grundrisse*, Lénine a été, c'est certain, peu sensibilisé à la forme philosophique de la catégorie d'aliénation qui fonctionne nommément dans *Le Capital*. Mais qu'on veuille bien analyser par exemple la *théorie de la religion* qu'il développe après Engels, ou maintes choses qu'il écrit, passim, sur la *fonction émancipatrice du socialisme*, et on verra que la conception marxiste de l'aliénation/désaliénation fonctionne bel et bien dans son œuvre comme dans celle de Marx et d'Engels. De même, s'en tenir au fait que Marx ne cite qu'une fois explicitement la négation de la négation par son nom dans *Le Capital* est une attitude étonnamment superficielle. Qu'on réfléchisse simplement au fait que tout phénomène cyclique, tout processus de forme spirale, étant mouvement de sortie de soi puis de retour partiel à soi, est en son essence même négation de la négation, et on constatera qu'en réalité il n'y a, dans *Le Capital*, guère de chapitre dans lequel, du simple échange marchandise-argent-marchandise au retour périodique de la crise, cette figure fondamentale de la dialectique marxiste qu'est la négation de la négation ne soit pratiquement à l'œuvre. J'avais déjà soulevé, dans *Marxisme et théorie de la personnalité* (cf. *supra*, p. 341, note), et à propos d'un point capital, la question de cette tendance de la pensée d'Althusser à une sorte de nominalisme. Il me paraît regrettable que cette question, comme maintes autres, soit restée jusqu'ici sans réponse.

tage. Théoriquement contradictoire : comment en effet peut-on reconnaître la présence, voire la pertinence, de la catégorie d'aliénation dans le marxisme mûr et les contester dans le même temps pour ce qui concerne la catégorie de négation de la négation, *alors que le mouvement historique de l'aliénation/désaliénation est précisément un processus caractéristique de négation de la négation !* Marx a maintes fois exposé cette idée, par exemple dans les passages suivants des *Grundrisse :* « La *forme la plus poussée de cette aliénation*, où le rapport du travail, de l'activité productive à ses propres conditions et à son propre produit apparaît comme rapport du capital au travail salarié, est un stade transitoire nécessaire — elle contient donc déjà *en soi*, sous une forme renversée, la tête en bas, la dissolution de toutes les *présuppositions bornées de la production*, mieux, elle crée et produit les présuppositions illimitées de la production et par conséquent les pleines conditions matérielles du développement complet et universel des forces productives de l'individu. » « Les rapports de dépendance personnelle (d'abord tout à fait naturels) sont les premières formes sociales dans lesquelles la production humaine se développe, mais seulement dans d'étroites limites et en des points isolés. L'indépendance personnelle fondée sur la dépendance à l'égard des *choses* est la deuxième grande forme, où se constitue pour la première fois un système général de métabolisme social, de relations universelles, de besoins multiformes, de capacités universelles. La troisième étape, c'est la libre individualité fondée sur le développement universel des individus et la maîtrise de leur production commune, sociale, devenue leur pouvoir social. La deuxième crée les conditions de la troisième [1]. » Ainsi l'aliénation constitue bel et bien une *négation :* celle de l'unité immédiate, bornée du producteur et de ses conditions objectives de production, unité qui doit être niée (phase de l'aliénation capitaliste) pour que s'opère un double développement universel, celui des forces productives et celui du dépouillement du prolétaire, qui crée alors les conditions nécessaires d'une *négation de la négation* (révolution socialiste) : le rétablissement à un niveau historiquement supérieur de l'unité entre producteurs et

---

1. Traduit d'après le texte original, *Grundrisse der Kritik der politischen Ökonomie*, Dietz Verlag, 1953, pp. 414 et 75. La traduction de Dangeville (*Fondements de la critique de l'économie politique*, Éd. Anthropos, 1967, t. I, pp. 481 et 95), à laquelle j'ai dû me référer lorsque j'ai rédigé mon livre, faute de disposer alors du texte allemand, manque de sérieux au point d'être en plus d'un passage scientifiquement inutilisable.

conditions objectives de production sous la forme de l'appropriation sociale. Reconnaître l'aliénation, mais pas la négation de la négation, est donc tout aussi impossible que de reconnaître par exemple la lutte des classes, mais pas la contradiction dialectique.

4 — Mais constater que le marxisme mûr contient une théorie non-spéculative de l'aliénation/désaliénation, donc que le processus du développement historique de l'humanité affecte, à travers les sociétés de classes, la forme d'une immense négation de la négation, c'est reconnaître qu'*il y a un sens humain de l'histoire*, du strict point de vue du matérialisme historique. Pour le marxisme, l'histoire est fondamentalement histoire des *formations sociales*, concept qui ne renvoie à aucune « essence humaine » préalable ou sous-jacente, mais bien à la dialectique des forces et rapports de production, superstructures, etc.; mais, étant l'histoire des formations sociales qui sont elles-mêmes l'essence réelle, la base productrice et explicative des individus, elle est *du même coup histoire de la formation des hommes* — et à ce titre, par-delà tout humanisme spéculatif que le matérialisme historique a disqualifié sans retour, le marxisme fonde *théoriquement* un *humanisme scientifique*, ou *théorie des conditions historiques de l'épanouissement universel des individus*. Que le développement historique soit immédiatement aussi développement de l'individu, c'est ce que Marx — et Engels, et Lénine — n'ont *jamais* cessé d'affirmer *expressément* — y compris dans les ouvrages où Althusser prétend qu'on peut « toujours chercher [1] » la moindre trace d'aliénation et de négation de la négation. Marx le dit en clair dans une phrase capitale de la lettre à Annenkov où il résume, en décembre 1846, toute la substance de *L'Idéologie allemande :* « L'histoire sociale des hommes n'est jamais que l'histoire de leur développement individuel, soit qu'ils en aient la conscience, soit qu'ils ne l'aient pas [2]. » Il reprend on ne peut plus explicitement ce thème dans des pages célèbres du *Manifeste :* « Dans la société bourgeoise, le capital est indépendant et personnel, tandis que l'individu qui travaille n'a ni indépendance ni personnalité. Et c'est l'abolition de ces rapports sociaux que la bourgeoisie qualifie d'abolition de la personnalité et de la liberté! Et avec raison. Car il s'agit certes d'abolir la personnalité, l'indépendance, la liberté bourgeoises. (...) Dès l'instant que le travail ne peut plus être converti en capital, en argent, en rente foncière, bref en pouvoir social susceptible d'être monopolisé, c'est-à-dire

---

1. *Réponse à John Lewis*, p. 52.
2. K. Marx-F. Engels, *Correspondance*, Éd. sociales, t. I, p. 448.

dès que la propriété individuelle ne peut plus se transformer en propriété bourgeoise, vous déclarez que l'individu est supprimé. Vous avouez donc que, lorsque vous parlez de l'individu, vous n'entendez parler que du bourgeois, du propriétaire bourgeois. Et cet individu-là, certes, doit être supprimé. » « A la place de l'ancienne société bourgeoise, avec ses classes et ses antagonismes de classes, surgit une association dans laquelle le libre développement de chacun est la condition du libre développement de tous [1]. »

Dans les *Grundrisse*, Marx revient fréquemment sur cette idée que dans le capitalisme « les forces productives et les rapports sociaux — deux faces différentes du développement de l'individu social — apparaissent au capital comme simple moyen, et ne sont pour lui rien d'autre que moyen de produire à partir de sa base étriquée », tandis qu'avec un mode de production libéré de cette forme mesquine et contradictoire d'appropriation, c'est « le libre développement des individualités », « le développement de l'individu social, qui apparaît comme le grand pilier sur lequel reposent la production et la richesse. » Et, semblant répondre d'avance à ceux qui prétendent aujourd'hui que pour le matérialisme historique les hommes n'auraient pas d'autre place que celle de supports des rapports sociaux, Marx ajoute quelques pages plus loin : « Tout en se développant progressivement, le système de l'économie bourgeoise développe sa propre négation, qui est son ultime résultat. Nous avons encore affaire maintenant au procès de production immédiat. Si nous considérons la société bourgeoise dans son ensemble, ce qui apparaît toujours comme résultat dernier du procès social de production, c'est la société elle-même, c'est-à-dire l'homme lui-même dans ses rapports sociaux. Tout ce qui a forme fixe, comme le produit, etc., apparaît comme simple moment, moment qui s'évanouit dans ce mouvement. Le procès de production immédiat lui-même apparaît ici comme simple moment. Les conditions et résultats objectivés de ce procès sont eux aussi dans la même mesure ses moments, et ce sont seulement les individus qui apparaissent

---

1. *Manifeste du parti communiste*, Éd. sociales, pp. 50-51 et 57. On voit, devant de tels textes, ce que vaut une lecture pour une fois si peu symptomale qu'elle ne reconnaît pas l'aliénation là où l'on montre que l'individu qui travaille est *privé de personnalité*, simplement parce que (dans un manifeste qui s'adresse à la masse des travailleurs du siècle dernier!) le *mot* philosophique d'aliénation n'est pas prononcé — et qui, pour le même motif, ne *voit pas* la négation de la négation lorsqu'il est dit (p. 47) que « la bourgeoisie produit ses propres fossoyeurs ».

comme ses sujets (Subjekte), mais les individus dans leurs rapports entre eux, qu'ils reproduisent aussi et qu'ils renouvellent. Leur propre procès d'incessant mouvement, au sein duquel ils se renouvellent également eux-mêmes, sous la forme du monde de la richesse qu'ils créent [1]. » Ce thème revient constamment tout au long du *Capital*, y compris dans le Livre IV : « (Ce que ne comprennent pas des économistes comme Sismondi, c'est) ... que le développement des capacités du genre *humain*, bien qu'il se fasse d'abord aux dépens de la majorité des individus humains et de classes entières d'hommes, finit par briser cet antagonisme et par coïncider avec le développement de l'individu singulier, que le développement supérieur de l'individu ne s'achète donc que par un procès historique où les individus sont sacrifiés [2]. » Et c'est encore et toujours ce même thème fondamental qui réapparaît dans la *Critique du programme de Gotha*, où la « phase supérieure du communisme » est décrite par Marx comme une société où « auront disparu l'asservissante subordination des individus à la division du travail et, avec elle, l'opposition entre le travail intellectuel et le travail manuel; (où) le travail ne sera plus seulement un moyen de vivre, mais deviendra lui-même le premier besoin vital; (où), avec le développement multiple des individus, les forces productives se seront accrues elles aussi et toutes les sources de la richesse collective jailliront avec abondance [3]. » Idée dont sont imprégnées à leur tour bien des pages d'Engels, de l'*AntiDuhring* à *L'Origine de la famille*, bien des textes de Lénine, de *Ce que sont les Amis du peuple* à *La grande initiative*.

Il faut se rendre à l'évidence : *il y a* un humanisme marxiste, non pas un « humanisme » de simple agitation idéologique, mais un humanisme *théoriquement fondé* dans le matérialisme historique et dans le socialisme scientifique eux-mêmes. Et puisque cette question a été très embrouillée, dans les sens les plus divers, au cours de cette dernière décennie, soyons parfaitement clair : cet humanisme est à l'humanisme prémarxiste ce que la philosophie marxiste est à la philosophie prémarxiste, ce que le matérialisme historique est à la « philosophie de l'histoire », ce que le socialisme scientifique est au socialisme utopique. Le propre de tout humanisme prémarxiste

---

1. Traduit d'après le texte original, *Grundrisse...*, pp. 593-594 et 600. (Cf. *Fondements...*, t. II, pp. 222-223 et 230.
2. Traduit d'après le texte original, MEW, t. 26², p. 111. (Cf. *Histoire des doctrines économiques*, Éd. Costes, t. 4, p. 10.)
3. *Critique des programmes de Gotha et d'Erfurt*, Éd. sociales, p. 32.

(et maintes formes *contemporaines* d'humanisme sont d'ultimes avatars de l'humanisme *prémarxiste*), c'est de s'imaginer que l'histoire
est la réalisation d'une « essence humaine » purement spéculative,
que « l'Homme » est l'artisan de l'histoire — un « Homme » conçu
comme un Individu abstrait et préalable par quelque côté à l'histoire elle-même. Avec cet humanisme-là, foncièrement *idéaliste* et
*métaphysique* quel qu'en soit le décor, Marx et Engels ont rompu
sans retour à la veille des révolutions de 1848, et aucune compréhension correcte du marxisme n'est possible qui revienne si peu que ce
soit en deçà de cette rupture. Dans la mesure où par *humanisme*
on n'entend rien d'autre que la primauté idéaliste de l' « Homme »
abstrait sur l'histoire, il ne faut pas hésiter à dire, comme l'a fait
Althusser, que le marxisme suppose un *antihumanisme théorique*,
c'est-à-dire une critique théorique radicale de cet humanisme-là.
Sur ce point, il n'y a *aucun* désaccord entre Althusser et moi, et
j'affirme qu'on ne trouvera dans *Marxisme et théorie de la personnalité* pas *une seule trace* d'un tel « humanisme » — cela, entre
autres choses, parce qu'avant de l'écrire j'ai fait mon profit, comme
je l'explique dans l'Avertissement, des importants travaux d'Althusser sur ce point.

Mais en développant leur nouvelle conception de l'histoire, Marx
et Engels ont à l'évidence *retrouvé*, sur une base matérialiste et
scientifique cette fois, le rapport entre l'individu et l'histoire. A la
lumière de la théorie de l'aliénation, le développement des formations sociales apparaît comme la base effective du développement
de l'individu, de « l'homme dans ses rapports sociaux », selon
l'expression de Marx, et la période de l'aliénation capitaliste apparaît comme préparant nécessairement les conditions historiques
d'un épanouissement supérieur de l'individu dans la société sans
classes. C'est *cela*, l'humanisme *scientifique* du marxisme, c'est-à-
dire en un sens le *contraire* de l'humanisme prémarxiste, radicalement transformé par le renversement matérialiste. En d'autres
termes le marxisme est *à la fois* négation de l'humanisme abstrait,
spéculatif, philosophique au vieux sens du mot *et* fondement d'un
humanisme nouveau, supérieur, qui coïncide avec le socialisme
scientifique. Réduire le marxisme, dans une question aussi cruciale,
à sa seule démarche négative, au seul *moment* de l'antihumanisme
théorique, c'est le mutiler. Je dirai plus : à mon sens, une fois qu'on
a compris le tournant capital des années 1845-1846, on ne peut pas
commettre d'erreur plus profonde sur la signification du marxisme
dans son ensemble que de  ne pas reconnaître, dans la science de
l'histoire qu'il a instaurée, la *science de la production de l'homme*

*lui-même dans ses rapports sociaux qui en constitue le fond.* Et c'est pourquoi je réitère ici la question déjà posée par mon livre il y a cinq ans, et demeurée à ce jour sans réponse du côté de ceux qui réduisent le marxisme au moment de l'antihumanisme théorique : étant bien entendu que le marxisme rejette tout humanisme abstrait, *oui ou non,* selon la formule de la lettre à Annenkov, l'histoire sociale des hommes n'est-elle pas en même temps *l'histoire de leur développement individuel ;* et si cela est, comment désigner cet aspect fondamental de la théorie marxiste autrement que comme *humanisme scientifique ?* Je ne pense pas, pour ma part, qu'il soit durablement possible de reconnaître la présence de la catégorie d'aliénation dans le marxisme mûr et, *en même temps,* de se dérober à cette question [1].

Certes, étant donné la charge idéaliste et au fond bourgeoise qui pèse de longue date sur le mot *humanisme,* l'utiliser pour qualifier le marxisme — fût-ce en le spécifiant par l'adjectif *scientifique* — ne va pas sans quelque danger. Althusser a eu raison de le souligner, et je lui en donne acte dans ce livre même [2]. Nous tous qui avons eu à combattre dans les années 50 le glissement « humaniste » à l'opportunisme d'Henri Lefebvre, puis dans les années 60 un autre glissement à l'opportunisme au nom de l' « humanisme », celui de Roger Garaudy, nous savons d'expérience que ce danger n'est pas imaginaire. Aujourd'hui même, et de divers côtés, un « humanisme » aux contours flasques fait partie du dispositif idéologique à partir duquel la science marxiste de l'histoire est dénoncée comme « dogmatique » et l'organisation révolutionnaire de la classe ouvrière comme « bureaucratique ». Et il n'est pas besoin d'être devin pour prévoir qu'au fur et à mesure que l'audience du marxisme s'étendra à de nouvelles couches sociales encore influencées par l'idéalisme et le réformisme,

---

1. Dans un livre d'ailleurs fort documenté et sérieux sur l'œuvre de Louis Althusser (Fayard, 1974), Saül Karsz réussit ce petit tour de force de consacrer un chapitre entier à la question *Marxisme et humanisme* sans dire *un mot* de cet aspect du problème, le *seul* qui soit réellement en débat chez nous aujourd'hui dans ce domaine de la recherche marxiste. Dans sa bibliographie, à la rubrique « Travaux sur Louis Althusser », l'auteur me fait l'honneur de me citer — mais pour un article où il n'est question d'Althusser qu'une fois : dans la phrase liminaire où j'explique que je ne dirai rien de ses positions, consacrant mon analyse à celles de Godelier ! En revanche il omet de citer *Marxisme et théorie de la personnalité,* qui traite notoirement des idées d'Althusser en maints passages... On ne va pas loin avec ces procédés.

2. P. 177.

de nouvelles déformations « humanistes » du marxisme appelleront notre vigilance critique. Mais si la critique idéologique et politique de l'humanisme demeure d'actualité, on voudrait bien savoir pour quelle raison l'antihumanisme, quant à lui, pourrait être exempté d'une telle critique. Comment ne pas le voir en effet ? Il y a aussi aujourd'hui chez nous un antihumanisme théorique massivement présent *au sein de l'idéologie dominante,* et avec lequel il ne serait pas moins funeste de laisser confondre le marxisme. C'est en particulier l'antihumanisme plus ou moins explicitement structuraliste de maints courants de pensée dans les sciences humaines, tel celui qu'illustre l'œuvre de Lévi-Strauss, chez qui le refus — justifié — du sujet comme point de départ de la connaissance des structures se double — faute de voir que les *structures* les plus fondamentales sont celles des rapports sociaux entre les *hommes* — d'une exclusion arbitraire de tout sens de l'histoire, ce qui, à contre-courant du marxisme, aboutit à détacher en profondeur les sciences de l'homme de toute critique sociale, et à plus forte raison de toute lutte révolutionnaire. Le caractère foncièrement bourgeois d'un certain antihumanisme universitaire éclate justement en ceci qu'il rend in-signifiante la *lutte des classes,* du moins en tant que lutte accusant le caractère *aliénant* du capitalisme pour la masse des hommes, et débouchant en fin de compte sur une société socialiste *humainement supérieure.*

Car — là est le cœur de la question — la théorie marxiste, et la réalité pratique, de la lutte des *classes* sont incompréhensibles en dehors de la perspective de l'humanisme scientifique qui la relie aux contradictions induites par les rapports sociaux dans la biographie des *individus,* c'est-à-dire au fait que pour des millions d'*hommes* la vie est rendue de plus en plus invivable par le système capitaliste. C'est là une idée centrale dans le marxisme, et à la phrase profonde de *L'Idéologie allemande* selon laquelle les prolétaires doivent « renverser l'État pour réaliser leur personnalité [1] » fait écho celle de Lénine disant que la révolution ne peut triompher que « lorsque « *ceux d'en-bas* » *ne veulent plus* et que « ceux d'en haut » *ne peuvent plus* continuer à vivre *à l'ancienne manière* [2]. » Écarter les hommes vivants de la science est d'ailleurs de très longue date une caractéristique de la pensée bourgeoise : c'était déjà il y a un siècle et demi la démarche de ses économistes classiques, dont le positivisme consistait à limiter l'objet de leur étude

---

1. *L'Idéologie allemande,* p. 96.
2. Lénine, **Œuvres,** Paris-Moscou, t. 31, p. 81.

à l'état de *choses* existant, pris sans critique pour naturel et éternel.
Et on ne saurait oublier que par rapport à cette économie politique
bourgeoisement conservatrice, le mérite capital de la critique *humaniste* du « travail aliéné » faite par le jeune Marx a précisément été,
malgré ses aspects encore spéculatifs, de démasquer le sens idéologique de ce positivisme en citant la science devant le tribunal de
la révolution. Aujourd'hui plus que jamais, est-il possible de ne pas
s'en rendre compte, un antihumanisme réducteur sert d'alibi idéologique au positivisme conservateur dans les sciences humaines.
A cet égard, il faut se rappeler que l'œuvre althussérienne a été
dès le départ, entre autres choses, *à la fois* une assimilation marxiste
de grand style des acquis nouveaux des sciences humaines cristal-
lisant au début des années 60 en France dans le mouvement d'idées
structuraliste, *et* une contamination du marxisme par ce mouvement d'idées non-marxiste, contamination reconnue depuis par
Althusser lui-même, du moins partiellement [1]. Je pose la question :
ne serait-il pas opportun de faire, d'une manière critique vraiment
approfondie, le bilan de ce que l'assimilation féconde mais insuffisamment vigilante du structuralisme a déformé dans l'interprétation althussérienne du marxisme ? Et la réduction du matérialisme
historique à son moment antihumaniste ne mérite-t-elle pas dans
ce cadre une attention particulière ?

Car elle est, sur trois plans, un inacceptable cadeau à l'idéologie
bourgeoise. Sur le *plan philosophique*, elle permet de faire apparaître le marxisme comme une conception unilatérale des choses,
une hypertrophie du point de vue historico-social fondé sur l' « oubli
de l'homme », bref, comme une aberration symétrique d'un humanisme oublieux de l'histoire — et par-delà ces deux « points de vue
parcellaires » on présentera alors telle ou telle mouture du vieil
idéalisme historicisé comme la « solution ». Il est notoire à cet
égard que les adversaires du marxisme utilisent désormais de façon
systématique l'alibi de l'antihumanisme théorique dans leur tentative de limiter strictement la portée du marxisme, c'est-à-dire de
le réduire au rôle de « moment critique », dont on soulignera éventuellement avec chaleur la fécondité heuristique, mais pour « constater » qu'il est parfaitement incapable de répondre à l'exigence
d'une appréhension totale du réel. Sur le *plan scientifique*, au
moment où nombre de sciences de l'homme entrent dans une phase
de crise théorique et sont de plus en plus tentées d'en chercher
l'issue du côté du marxisme, sa réduction antihumaniste oblitère

---

1. Cf. l'*Avertissement* de la 2ᵉ édition de *Lire Le Capital*.

une part essentielle de ce qu'il a à leur dire et favorise leur reflux désappointé vers un positivisme rétif à l'égard de toute théorisation, ou vers la recherche de pseudo-infrastructures dans telle ou telle science particulière à la mode, si ce n'est même vers un biologisme réactionnaire dont les tentatives actuelles de retour en force doivent retenir l'attention. Sur le *plan politique*, enfin, la campagne acharnée que mène le grand capital avec tous ses moyens pour tenter de discréditer le socialisme et la lutte des partis communistes au nom même des aspirations fondamentales des hommes peut difficilement recevoir des marxistes la réponse qui convient s'ils sont retenus par la crainte, en se plaçant sur le terrain de l'humanisme, de se trouver en contradiction avec la théorie dont ils se réclament. Encore la question ne se pose-t-elle pas aux communistes seulement dans la riposte aux campagnes de l'adversaire, mais dans le débat avec leurs alliés actuels ou potentiels. C'est ainsi que, dans un article publié par *La Croix* à propos de *Réponse à John Lewis* [1], Marcel Merle, envisageant l'idée que « la seule interprétation correcte du marxisme » soit bien celle qui interdit « de loger où que ce soit une vision humaniste », en tire non seulement une interrogation sur la validité de « l'analyse initiale de Marx », mais la conclusion que les chrétiens « ne peuvent en aucun cas communiquer » avec un tel univers et la question de savoir, en somme, si la politique unitaire des communistes est autre chose qu' « une farce électorale ». Pour toutes ces raisons, il n'est à mon sens pas seulement justifié mais opportun de réaffirmer la portée fondamentalement humaniste du marxisme, sans atténuer en rien la critique indispensable de toutes les illusions idéologiques que cette notion peut recouvrir — c'est-à-dire de mettre en lumière ce qui autorise à caractériser le marxisme comme humanisme scientifique.

**\* \***

Pour grande que soit l'importance de ces discussions philosophiques sur la conception de l'homme commandée par le marxisme, répétons-le néanmoins : le propos central de *Marxisme et théorie de la personnalité* n'est pas cette discussion *philosophique* en elle-même, mais la contribution qu'il est possible d'apporter sur cette base au développement original d'une *science* : la psychologie de la personnalité. Or de ce point de vue, comme je l'ai déjà indiqué, le fait nouveau depuis la publication de la 2e édition est qu'en France, et surtout à l'étranger au fur et à mesure qu'y ont paru des

---

1. No du 3 décembre 1973.

traductions, le livre a retenu l'attention des spécialistes les plus divers en tant qu'intervention en faveur du développement de la psychologie de la personnalité. C'est ainsi que j'ai été amené à participer en France à des discussions ou réunions d'étude avec des psycho-pédagogues sur la question des dons, avec des syndicalistes, des économistes, des militants sportifs sur le problème des besoins, etc. A l'étranger, le livre a donné ou donne actuellement lieu à nombre de séminaires, par exemple en République fédérale allemande ou en Argentine. Il a été lu et discuté par des psychologues soviétiques, bulgares, allemands de R.D.A. C'est dans ce dernier pays qu'a eu lieu la discussion la plus importante à ce jour sur les thèses et hypothèses du livre, l'Académie des sciences pédagogiques de R.D.A. y ayant consacré une journée de discussion sous la direction du Professeur Docteur Gerhart Neuner [1]. Étant donné l'intérêt de ces travaux, je crois utile d'en donner ici une brève analyse, et en particulier d'indiquer les problèmes et objections principales qui y ont été soulevés, ainsi que les premières réflexions qu'ils m'inspirent.

Dans sa brève allocution de clôture, Gerhart Neuner résume ainsi l'esprit de la discussion : « Si nous avons pris l'ouvrage de Sève pour objet de discussion, c'est que nous le tenons pour exceptionnellement riche et stimulant pour l'esprit. Nous comprenons très bien que l'ouvrage a été écrit dans le contexte d'une lutte de classes, d'un affrontement idéologique tels qu'ils se présentent concrètement en France (...). Mais d'autre part ce livre pose des questions et contient des indications dont l'importance dépasse la France et la situation qui y règne sur le terrain des affrontements idéologiques. C'est pourquoi nous avons aussi discuté du livre en cherchant ce qu'il a à nous dire pour la résolution des tâches que nous rencontrons dans l'édification de la société socialiste développée, dans la formation de personnalités socialistes, quelles indications il peut nous fournir pour notre travail idéologique et pédagogique, pour l'élargissement de nos recherches en matière de théorie de la personnalité. Dans cette perspective on a mis en lumière des points forts, par exemple l'élaboration de la connexion entre économie et développement de la personnalité, mais aussi des faiblesses et des problèmes irrésolus. » Et plus loin : « Ce que Sève a mis en avant sur la nécessité d'une psychologie de la person-

---

1. Les actes de cette discussion du 3 mai 1973 ont été publiés en octobre 1973 dans une brochure de près de 200 000 signes, *Information* du Präsidium de l'Académie des sciences pédagogiques, Berlin.

nalité, d'une recherche, concrètes, « riches de contenu », trouve
notre complet accord, notre sympathie, c'est à l'unisson de nos
investigations et de nos dispositions pratiques de recherche. Toutefois on a aussi établi que là où Sève, dans la ligne de ce principe
méthodologique, propose des solutions, des énoncés sur la personnalité et ses lois de développement, il se heurte aux limites de ses
connaissances et avance même des choses discutables. Des
remarques critiques ont été faites sur le parallélisme qu'on rencontre en partie chez lui entre les structures de la société, spécialement de l'économie, et celles de la personnalité. On a discuté
aussi le concept de personnalité, la question des spécificités qualitatives de la personnalité individuelle et de la personnalité sociale,
le rapport du biologique, du psychique et du social, la représentation des structures de la personnalité qu'on trouve chez lui. Si
Sève ne propose pas sur ces questions, comme il le fait lui-même
observer au passage, des solutions toujours convaincantes, cela ne
veut pas dire que les thèses de base qu'il a élaborées ne soient pas
valables. Bien plutôt il s'agit, partant de ce point de vue de principe, et sur la base des thèses marxistes-léninistes comme des
connaissances existantes en matière de personnalité, d'élaborer
des solutions convaincantes au problème de la personnalité, de
ses structures et de ses lois de développement, et de les mettre en
discussion [1]. »

Une brève analyse de deux des interventions prononcées au
cours de cette journée d'étude permettra de saisir plus concrètement le sens d'un certain nombre de conclusions de Gerhart Neuner.
Le Professeur Docteur Adolf Kossakowski consacre une importante
partie de ses remarques à la question de la conception de la psychologie de la personnalité, du concept même de personnalité. Après
avoir apprécié positivement la recherche d'un concept non-sub-
stantialiste, relationnel de personnalité, il ajoute : « Sève a raison
à mon sens de s'élever contre l'attitude répandue dans la psychologie bourgeoise qui consiste à considérer la personnalité comme
endogène. Il dit à juste titre que l'individu humain ne porte pas
comme l'animal son essence *en* lui-même, que l'essence de la personnalité a son siège au-dehors de l'individu (sous forme de rapports
sociaux appartenant au patrimoine social) et que l'individu devient
personnalité dans la mesure où il s'approprie ces rapports sociaux.
De même est certainement juste l'idée que les fondements maté-

---

[1]. Pp. 85 et 86.

riels du psychisme chez l'homme ne sont pas à chercher seulement dans les processus cérébraux mais que « les frontières réelles du psychisme débordent énormément les frontières de l'organisme [1]. » Il faut prendre aussi en considération comme supports matériels du psychisme les forces humaines essentielles qui surgissent (qui s'objectivent) dans le travail et plus généralement dans les relations sociales, les moyens de production, les moyens de relation sociale, le langage et la pensée qui s'y matérialise. Tout cela, comme le dit Sève, devient « à proprement parler le corps inorganique de l'homme [2] ». Mais tirer de là la conclusion que la personnalité devrait être comprise comme système vivant de rapports sociaux entre les conduites n'est pas théoriquement soutenable, et conduit à des confusions dans la détermination de l'objet de la psychologie de la personnalité. Sève ne s'en tient d'ailleurs pas lui-même à cette conception de base lorsqu'en divers passages il souligne que la personnalité est « le système total de l'*activité* d'un *individu* [3] », un « système individuel complexe d'activités [4] ». Mais cela revient à reconnaître que la personnalité est un système individuel de processus, d'états et de propriétés qui est essentiellement déterminé par les rapports sociaux sous-jacents (et qui est lui-même aussi une partie de ces rapports sociaux) et qui trouve son expression dans les conduites concrètes biologiquement et socialement conditionnées [5]. » Abordant dans le même esprit la question de la détermination de l'objet de la psychologie de la personnalité, A. Kossakowski cite notamment le passage de mon livre où je dis qu' « étant science d'un être dont l'essence est l'ensemble des rapports sociaux, la psychologie de la personnalité n'a pas pour objet de traiter de *conduites psychiques* — c'est l'affaire de la neurophysiopsychologie — mais bien des *rapports qui les sous-tendent* dans la vie concrète de la personnalité, rapports en dernière instance *sociaux*, mais qui sont toujours *liés* à des conduites et qui *apparaissent comme des conduites* [6] » et il commente : « Cela pourrait être l'objet de sciences sociales s'occupant de la personnalité, mais pas de la psychologie de la personnalité. Selon moi la psychologie de la personnalité, sur la *base* d'une exacte analyse des rapports sociaux qui déterminent

---

1. *Marxisme et théorie de la personnalité*, p. 278.
2. P. 279.
3. P. 291.
4. P. 322.
5. *Information...*, p. 33.
6. *Marxisme et théorie de la personnalité*, p. 227.

la personnalité, a justement à rechercher les lois du *passage*, de la transformation de ces rapports sociaux en conduites concrètes, mieux : en mécanismes psychiques de régulation des activités de la personnalité, en tant qu'activités d'un individu historique concret. Mais comme ce procès de transformation est toujours aussi un procès neurophysiologique, la psychologie de la personnalité doit surmonter la coupure souvent pratiquée jusqu'ici, y compris dans la psychologie marxiste, entre les deux approches, naturelle et sociale, du développement de la personnalité, pour le représenter comme un procès de transformation des rapports sociaux en mécanismes de régulation psychologique des activités individuelles de la personnalité à travers des règles de transformation biologiques. Sur ce point Sève a raison de poser que le rôle directeur revient aux structures psychiques individuelles dérivées des structures sociales de base, et non pas d'abord des bases biologiques ou de quelque « personnalité de base » abstraite d'origine idéaliste, bien qu'il faille ne jamais perdre de vue la non-concordance dont il a déjà été discuté entre structures sociales de base et structures psychiques de l'individu [1]. »

De son côté, le Professeur Docteur Friedhart Fix résume lui-même ainsi son intervention, faite à la fois « en tant que marxiste et que psychologue expérimental » : « L'incontestable et haute importance du livre de Sève pour le développement ultérieur de la théorie marxiste de la personnalité me paraît résider dans les points suivants : 1) Il montre que les composantes, les éléments constitutifs de l'ordre social et son support : les rapports de production dominants, sont les facteurs décisifs du développement de la personnalité — plus : qu'ils sont les grandeurs décisives pour déterminer l'essence de la personnalité, dans la perspective de la VIe Thèse sur Feuerbach. Par là déjà je pense que Sève a apporté une importante contribution au développement d'une théorie marxiste de la personnalité. 2) L'interaction entre individu et société acquiert avec Sève une dimension plus vaste grâce à l'introduction du caractère double du travail dans l'analyse de la personnalité. Je tiens ce point pour la reconnaissance contemporaine la plus importante de ce que les idées marxistes classiques représentent pour la théorie de la personnalité. Elle devient particulièrement essentielle quand il s'agit d'analyser l'influence du système social sur le processus de la conscience, ce qui est de la plus haute

---

1. *Information*, pp. 34-35.

actualité. 3) Je tiens l'argumentation contre le retour en force des
effets idéologiques de la théorie des dons pour essentielle et justifiée. L'argumentation de Sève est la suivante : c'est dans la stabilité relative des rapports de production face aux possibilités de
développement individuel que s'enracine la stabilité relative de la
personnalité et de ses capacités structurelles. Ce n'est pas ce que
nous disent les tests d'intelligence qui est révoqué en doute, mais
bien plutôt la cécité d'utilisateurs de cette méthode à l'égard des
forces sociales de développement de la personnalité qui est au
centre de la critique. Dans la société capitaliste le développement
des capacités connaît la contrainte, à la fois directement vécue et
camouflée. Cette dernière est la plus dangereuse. Elle se manifeste
dans l'orientation des buts de vie auxquels aspirent de larges
couches sociales et dans celle des jouissances que recherche une
couche supérieure parasitaire. Dans le socialisme la transformation
du système des besoins en fonction de développement social constitue de ce fait, comme Sève l'a mis en lumière, une alternative
essentielle. 4) Manquent de clarté dans le livre les points suivants,
qui ne laissent pas d'être essentiels pour une théorie marxiste de la
personnalité, et constituent même des aspects fondamentaux du
problème pour la psychologie de la personnalité : *a*) la dialectique
des forces biologiques et sociales au sens strict. On n'en a pas fini
sur ce problème avec une critique de Sheldon et l'argument selon
lequel la valeur de la force de travail ne réside pas dans la cellule
nerveuse. La démarche de Sève manque ici de dialectique ; car ce
que l'élément ne contient pas, le tout peut le contenir. Ce qui est
une réflexion pertinente sur le terrain social ne l'est pas sur le
terrain biologique. *b*) Les raisons marxistes d'apprécier positivement Freud et la psychanalyse demeurent pour moi douteuses.
Parmi les psychologues bourgeois progressistes il y a à mon sens
des vues plus importantes sur l'influence des facteurs sociaux et
des institutions que celles des freudiens. *c*) Manque de clarté ce
qui donne un contenu bien fondé au parallélisme des catégories
économiques et psychologiques, mis à part le cas des lois, comme
par exemple le parallélisme entre composition organique du capital
et composition organique de l'emploi du temps. L'analogie pourrait
aller dans le cas de la reproduction simple et élargie de la personnalité, bien qu'il faille estomper l'analogie avec le capital ; le parallèle avec la plus-value serait idéologiquement insoutenable. Mais
la question vaut de nouveau pour la baisse tendancielle du taux de
progrès en parallèle avec le taux de profit. Je me bornerai à ces
exemples. *d*) La problématique propre de la psychologie de la

personnalité se situe au niveau de l'élaboration détaillée. A ce
sujet j'ai dit le nécessaire plus haut[1]. En conclusion : le livre de
Sève est la préface la plus importante et la plus actuelle à une
théorie marxiste de la personnalité. Mais justement ce n'est qu'une
préface, de grand style quant à la conception, — les questions
spécifiques, l'élaboration, en particulier psychologique, restant
en suspens. Ce n'est pas une critique à Sève. Il a écrit son livre en
tant que philosophe, en tant qu'excellent connaisseur des problèmes sectoriels de la psychologie. Les psychologues de la personnalité doivent, et c'est même une obligation, se saisir de ses
idées essentielles, les exploiter et leur donner méthodiquement une
forme transposée [2]. »

Il n'est pas nécessaire d'insister pour faire apparaître l'extrême
intérêt de tous ces éléments d'appréciation. Du moins voudrais-je
me permettre de souligner l'*importance* de l'accord qui s'en dégage
sur la plupart des orientations théoriques fondamentales en matière
de théorie de la personnalité, étant donné l'autorité scientifique
que se sont acquise les psychopédagogues de République démocratique allemande, et la validation pratique éclatante que
confèrent à leur jugement les succès notoires du système scolaire
qui y a été mis sur pieds. N'est-il pas hautement remarquable
qu'aient pu ainsi se rencontrer pour l'essentiel dans leurs idées directrices une recherche psycho-pédagogique étroitement liée à la pratique éducative d'un pays socialiste, et une recherche philosophique
avant tout fondée sur l'effort pour penser théoriquement la personnalité à partir du matérialisme historique ; et cette rencontre fondamentale entre des recherches menées dans l'ignorance réciproque
mais à la lumière commune du marxisme n'attire-t-elle pas avec une
force exceptionnelle l'attention des psychologues sur la fécondité
hors de pair pour leur discipline du matérialisme dialectique et
historique ? Je voudrais en même temps exprimer mon accord
avec un ensemble d'appréciations limitatives formulées au cours
de cette journée d'étude de l'Académie des sciences pédagogiques
de R.D.A. quant à la portée de mon propre travail. Oui, *Marxisme
et théorie de la personnalité* est un livre de philosophe, et rien d'autre,
et c'est parce que j'en avais claire conscience en l'écrivant que les

---

1. F. Fix émet par exemple des doutes sur l'univocité et l'opérativité de
la notion de $\frac{P}{B}$. En revanche, comme tous ses collègues, il croit fécond le
concept d'emploi du temps.

2. Pp. 23 à 25.

hypothèses développées dans le dernier chapitre sont expressément données pour *indicatives*, destinées avant tout à « fournir au psychologue un moyen complémentaire de faire son travail critique à l'égard des hypothèses générales avancées dans les chapitres précédents [1] ». Il va donc de soi pour moi que toute élaboration concrète dans la direction indiquée par le livre, même si elle doit conduire à valider tel ou tel concept avancé à titre indicatif, comme celui d'emploi du temps, aura de toute nécessité à construire une représentation scientifique des choses qui débordera ces hypothèses de manière radicale. De plus, à l'intérieur même de sa limitation générale, le livre n'est nullement exempt d'étroitesses propres. Ce qui est dit ici ou là, de manière théorique, sur les conditions socialistes de développement de la personnalité aurait beaucoup gagné à l'être à partir d'une connaissance plus concrète de ces conditions. De même le livre est sur plus d'un point marqué par une connaissance beaucoup trop limitée de la littérature psychologique des pays socialistes, y compris des travaux soviétiques [2]. D'autre

---

1. Cf. supra, p. 373.
2. Je crois pourtant avoir pris connaissance d'à peu près toute la bibliographie provenant des pays socialistes et disponible en langue française sur la question. Ce qui est donc en cause ici, c'est la situation matérielle qui règne chez nous en psychologie de la personnalité, comme en bien d'autres domaines des sciences humaines, et qui est marquée par la *censure de fait* que l'idéologie dominante s'acharne à maintenir à l'égard de ce qui se publie dans les pays socialistes. Résultat : dans le *Traité de psychologie expérimentale* dirigé par Fraisse et Piaget par exemple, sur 175 titres que comporte la bibliographie du chapitre sur la structure de la personnalité, il n'y a *pas un seul titre soviétique*, pas un seul, même, d'un quelconque pays socialiste ! Et l'on viendra après cela nous vanter l'esprit de libre recherche et les échanges d'idées par-delà les frontières ! Rien en vérité ne marque mieux le poids institutionnel de la *domination bourgeoise de fait* sur le terrain de sciences comme la psychologie de la personnalité, domination qui aboutit à maintenir le grand public, et les chercheurs français eux-mêmes, dans une ignorance non seulement choquante, mais scientifiquement des plus funestes à l'égard de travaux dont l'importance mondiale ne cesse de s'affirmer. Ici comme en maints autres domaines, si l'on peut prendre connaissance en langue française de quelques travaux de grands psychologues soviétiques (et étant donné le véritable sabotage de l'enseignement de la langue russe chez nous, combien de chercheurs sont capables de les lire dans l'original ?) comme A. Léontiev, A. Louria,. D. Elkonine, P. Galpérine, B. Teplov, L. Bojovitch, D. Ouznadzé, N. Mentchiskaïa et quelques autres, on le doit avant tout à la capacité indépendante d'édition du Parti communiste français, notamment à l'effort remarquable et trop méconnu encore d'une publication comme *Recherches internationales à la lumière du marxisme* qui a

part encore il est certain que le livre fait principalement porter l'attention sur la question de l'infrastructure de la personnalité, étant donné son importance théorique décisive, et que les questions relatives aux superstructures et aux formes de conscience sont loin d'y être développées en proportion. Ces circonstances contribuent sans doute à expliquer ce qui, dans un certain nombre d'objections qui me sont faites, m'apparaît comme relevant du malentendu. Je n'écarte pas non plus en général l'idée que ces malentendus peuvent résulter aussi de certaines imprécisions de l'expression, voire d'un certain déplacement de telle ou telle analyse entre deux passages éloignés de l'ouvrage [1]. Toutefois, les malentendus mis à part, des problèmes réels demeurent sans aucun doute, sur lesquels il n'est possible de se prononcer avec sérieux qu'au terme d'une réflexion approfondie, exigeant donc plus que les quelques semaines depuis lesquelles j'ai pris connaissance des travaux de l'Académie des sciences pédagogiques de R.D.A. au moment où j'écris cette postface. Je me limiterai donc ici à de premières remarques sur les points les plus importants, avant d'en terminer par quelques réflexions de caractère plus général.

Je voudrais avant tout revenir sur la question du concept de personnalité, et de la conception de la psychologie de la personnalité, soulevée notamment par le Professeur Docteur Kossakowski, car c'est d'évidence la question la plus centrale, et qui commande la plupart des autres. Il faut d'abord dissiper ce qui m'apparaît comme un malentendu. A. Kossakowski cite plusieurs de mes for-

---

consacré quatre numéros en dix ans à ces questions (n° sur *L'Éducation* en 1961, sur *L'homme* en 1965, sur *La psychologie* en 1966, sur *Enseigner* en 1972) ainsi qu'aux efforts des Éditions du Progrès à Moscou, dont il faut rappeler le très important recueil de 1966, *Recherches psychologiques en U.R.S.S.* Les Éditions sociales, pour leur part, publieront dans la prochaine période deux volumes de Vygotski et de Léontiev. Mais tout cela est évidemment bien loin de combler le vide *organisé depuis des décennies*, sauf rares exceptions, à l'égard de la psychologie soviétique, pour des raisons qui n'ont rien à voir avec les intérêts de la science.

1. Commencée en avril 1968, la rédaction du livre a été totalement interrompue, pour des raisons compréhensibles, de mai à juillet, et achevée dans des conditions peu favorables à la concentration théorique dans les mois suivants. Il ne m'a pas été possible ensuite de reprendre, dans une nouvelle rédaction d'un seul jet, le « jeu » involontaire pris en cours de route par certaines analyses, ainsi que certaines répétitions, que ces conditions d'écriture rendaient difficile d'éviter.

mulations sur la personnalité et l'objet de la psychologie de la personnalité, qu'il prélève dans la première partie du chapitre 3, consacrée exclusivement aux rapports entre psychologie de la personnalité et sciences psychobiologiques, il les juge insuffisantes ou même incorrectes, et ajoute : « Sève ne s'en tient d'ailleurs pas lui-même à cette conception de base... »; et il cite alors d'autres formulations qu'il trouve dans la deuxième partie du chapitre, consacrée aux rapports entre psychologie de la personnalité et sciences psychosociales. Apparemment ma démarche n'est pas apparue avec assez de clarté : dans la première partie du chapitre mon propos est de mettre en évidence la spécificité de la personnalité, et donc de l'objet de la psychologie de la personnalité, *par rapport aux sciences psychobiologiques*, et de ce fait le tracé de frontière que j'opère est évidemment unilatéral encore, donnant donc prise, si on l'interprète comme une définition exhaustive, à des objections parfaitement fondées. Mais dès le début de la deuxième partie j'indique : « Dans la mesure où la science de la personnalité est radicalement distinguée des sciences psychobiologiques grâce au concept de rapports *sociaux* entre les conduites, on est en droit de se demander si une telle définition ne la réduit pas du même coup au statut d'une *science psychosociale*. » (C'est là justement, on l'a vu, le sens de l'objection d'A. Kossakowski) et j'ajoute : « A la frontière entre science de la personnalité (...) et sciences biologiques, peut-il s'ajouter vraiment, de l'autre côté du terrain ainsi suggéré, une frontière non moins fermement établie entre science de la personnalité et sciences sociales [1] ? » Et au terme de l'étude de cette question j'aboutis à des formulations, cette fois complètes, qui me semblent précisément répondre au souci exprimé par A. Kossakowski — que je partage — de ne pas laisser perdre *l'unité de l'individu concret* dans la définition de la *personnalité* : « Radicalement distincte des sciences psychobiologiques en ce qu'elle étudie non les rapports naturels, mais les *rapports sociaux entre les conduites*, la psychologie de la personnalité se distingue non moins radicalement des sciences psychosociales en ce qu'elle étudie le système vivant des rapports sociaux entre les conduites *dans la forme de l'individu concret*. Brièvement, on peut donc la définir comme la science de l'individu. Mais il importe au plus haut point de bien entendre ce qu'on place alors sous ce concept [2]. » C'est dire que je me sens tout à fait d'accord avec A. Kossakowski

---

1. Cf. *supra*, p. 289.
2. Cf. *supra*, p. 348.

lorsqu'il explique : « Selon moi la psychologie de la personnalité, sur la *base* d'une exacte analyse des rapports sociaux qui déterminent la personnalité, a justement à rechercher les lois du *passage*, de la transformation de ces rapports sociaux en conduites concrètes, mieux : en mécanismes psychiques de régulation des activités de la personnalité, en tant qu'activités d'un individu historique concret [1]. » On ne saurait mieux dire.

Tout problème est-il donc écarté ? Je ne le pense pas. En effet si les deux définitions ont bien globalement le même contour, celle que j'avance me paraît avoir ceci de spécifique qu'elle utilise en position centrale le concept de *rapports sociaux entre les conduites*, qui fait au premier chef partie des concepts inédits avancés dans *Marxisme et théorie de la personnalité*. Il ne me semble pas que la pertinence de ce concept ait été contestée, et même plusieurs des participants à la journée d'étude de l'Académie des sciences pédagogiques de R.D.A. le considèrent comme « un tremplin pour la recherche de mécanismes concrets » (Professeur Docteur Eva Schmidt-Kolmer) [2], un concept « d'importance fondamentale pour notre propre pensée » (Docteur Werner Röhr) [3]. Mais ce qui a été discuté, c'est la question de savoir si, comme je l'affirme à maintes reprises dans ce livre, les rapports sociaux entre les conduites déterminent bien l'essence *spécifique* de la personnalité développée, l'objet *spécifique* de la psychologie de la personnalité. Sur ce point, et au stade actuel de ma réflexion, je serais enclin à la fois à réaffirmer cette thèse avec force, et à estimer que, dans le livre tel qu'il est, elle est cependant affectée par un certain flottement des formulations, sinon de la pensée. Pour aller d'emblée à ce qui m'apparaît comme la raison de ce flottement, je dirai qu'on peut, du moins dans le champ théorique où se situe *Marxisme et théorie de la personnalité*, entendre le concept de personnalité en deux sens d'extension fort différente : d'une part on peut entendre par personnalité, en opposition à la simple individualité qui existe aussi chez l'animal, l'ensemble des singularités spécifiques résultant de l'excentration sociale de la biographie — et dans ce sens limité, les rapports sociaux entre les conduites considérées dans la forme de l'individu concret me paraissent bel et bien constituer l'essence de la personnalité — mais d'autre part on peut aussi entendre par personnalité le système total de l'activité de l'individu, en y comprenant l'en-

---

1. *Information*, pp. 34-35.
2. P. 57.
3. P. 69.

semble des singularités qu'elle comporte, quelle que soit leur nature — et dans ce second sens, on peut sans doute affirmer, comme je continue de le faire, que les rapports sociaux entre les conduites constituent le *noyau* de la personnalité développée, mais bien évidemment on ne saurait l'y *réduire*. Entre ces deux emplois du concept de personnalité, l'un spécifique et l'autre global, *Marxisme et théorie de la personnalité* n'est pas exempt de certaines hésitations. Le plus souvent, compte tenu de ce qui est l'objet principal du livre : établir les fondements d'une approche nouvelle de la personnalité, le terme est pris dans son acception spécifique, restrictive. Ainsi, dans un passage du dernier chapitre, après avoir reconnu l'existence de *structures de l'individu* qui ne dérivent pas de l'activité socialement excentrée (type nerveux au sens pavlovien, caractère en tant que formation infantile, etc.), j'écrivais : « La recherche présente sur l'*infrastructure de la personnalité développée*, c'est-à-dire en fait de la personnalité proprement dite, ne récuse rien *a priori* de ces données, mais son objet est tout autre [1]. » Ailleurs, dans une terminologie analogue, la théorie de la personnalité développée est qualifiée de « partie décisive de la psychologie de l'individu concret [2] ». Mais en quelques autres passages le terme de personnalité tend à prendre un sens plus global, notamment vers la fin du livre. Ainsi, après avoir avancé l'idée d'une tripartition du champ des sciences psychologiques : psychobiologie, psychosociologie, psychologie de la personnalité, j'écrivais : « Nécessités neurophysiopsychologiques et nécessités sociales sont intégrées contradictoirement par une personnalité qui a comme telle sa logique spécifique de croissance [3]... », annonçant ainsi une conception globale de la science de la biographie comme appréhension de l'ensemble de l'individu concret. Il y a donc là un problème réel, qui aide sans doute à comprendre pourquoi par exemple A. Kossakowski se dit en désaccord avec moi, puisque pour sa part il emploie manifestement le terme de personnalité dans un sens global.

Pour préciser ma pensée, et le sens dans lequel j'entends la terminologie en cause, je dirai ceci : le fait élémentaire que dans toutes les langues, sauf erreur, on parle de *personnalité* humaine, mais seulement d'*individualité* animale, traduit le fait fondamental que dans le processus d'individuation sociale humaine apparaît une réalité entièrement spécifique, savoir toute une logique excen-

1. Cf. *supra*, p. 408.
2. P. 360.
3. P. 436.

trée de l'activité qui vient du dehors investir l'individualité préalable et se la subordonne plus ou moins complètement, devenant ainsi l'élément décisif qui régit la biographie de l'individu. Cette logique excentrée d'essence sociale, mais qui prend la forme psychologique de l'individualité, est proprement ce qui confère à l'homme concret une *personnalité*. Le passage progressif de l'individualité biologique originaire à la personnalité s'effectue au travers de processus complexes d'investissements, de renversements successifs, générateurs de structures susceptibles de durée biographique, notamment sous la forme de matériaux réutilisés à l'étape ultérieure dans le cadre de sa logique propre — d'où des contradictions secondaires qui retentissent sur les contradictions caractéristiques de la logique de l'étape considérée. Le surgissement de la personnalité ne peut s'effectuer pleinement que lorsque la biographie de l'individu considéré est engrenée dans les rapports sociaux fondamentaux, à commencer par ceux du travail social. Mais cette *personnalité développée* est normalement précédée par des formations plus précoces issues de l'insertion de la biographie dans des rapports sociaux dérivés, secondaires, etc. par rapport aux rapports de production, comme les rapports familiaux, les structures de langage, etc., formations qu'on peut déjà appeler *personnalité* (infantile, etc.) à condition de ne pas perdre de vue que seule la personnalité développée exprime de façon complète la spécificité psychologique de l'humanité historiquement évoluée. Le concept de personnalité est donc bien, dans sa racine, concept *spécifique, s'opposant* à celui d'individualité naturelle [1], et en ce sens la *théorie de la personnalité*, ainsi que la science expérimentale qui lui correspond, n'est *qu'une partie* de la *psychologie de l'individu concret* — mais sa partie centrale. Cela dit, dans l'individu concret la personnalité ne se présente bien entendu pas *à part*, mais au contraire comme immédiatement liée aux autres structurations qu'elle a intégrées en cours de route en une totalité immédiatement présente en chaque acte. *De ce point de vue*, le concept *spécifique* de personnalité *apparaît comme une abstraction théorique*, et doit se fondre dans un concept *global* de personnalité, renvoyant à *tous les aspects de l'étude psychologique de l'individu concret*, à la condition capitale de ne jamais perdre de vue la hiérarchie dialectique de ces divers aspects.

---

1. Comme aussi à celui d'individualité au sens social, par exemple les *formes d'individualité*, matrices sociales d'activité dont l'étude relève, non de la psychologie de la personnalité, mais des sciences psychosociales.

Cela étant précisé, il est sans doute possible de comprendre autrement que comme l'antagonisme de deux thèses de principe l'opposition qui se manifeste, sur le point précis de l'extension à donner au concept de personnalité, entre les analyses principales de mon livre et celles de plusieurs éminents psychopédagogues de R.D.A. Car *pour le psychopédagogue* le problème fondamental est l'approche théorique et pratique d'*individus concrets,* donc d'êtres dont la *personnalité* est saisie nécessairement sous l'angle de la *totalité immédiate de tous les aspects de l'individuation.* Très significative à cet égard me paraît être l'observation suivante du Professeur G. Neuner à propos de mon livre : « Autant j'incline à considérer la personnalité en tant que rapport, autant j'ai pourtant besoin, en tant que pédagogue, lorsque je veux éduquer, de quelque chose de consistant. Il me faut pouvoir m'orienter à partir de quelque chose, quand j'ai à m'occuper concrètement de cette personnalité [1]. » Réfléchissant *en philosophe* sur les problèmes *théoriques* de la personnalité, je me trouvais au contraire devant un *tout autre* aspect du *même* problème : tenter de dégager de la totalité immédiate que constitue l'individu concret les rapports essentiels spécifiques qui le constituent comme personnalité, et cela dans un contexte idéologique où, à l'opposé de ce qui existe en R.D.A., le rôle de base du matérialisme historique en cette affaire était presque totalement méconnu. D'où, pour moi, la nécessité d'utiliser le concept de personnalité dans son opposition spécifique à l'individualité, prise sans malice pour objet par ce qui se donne le plus souvent aujourd'hui pour psychologie de la personnalité. Une comparaison achèvera d'éclairer ma pensée : la pratique politique marxiste a concrètement affaire à des totalités intégrant des éléments de détermination très divers en une unité immédiate, comme la *nation,* mais pour penser la stratégie et la tactique adaptées à la lutte des classes qui se développe au sein d'une nation donnée, elle a besoin de démêler cet écheveau de déterminations grâce à une théorie des rapports déterminants en dernière instance, et c'est la *théorie du mode de production,* puis de tous les rapports qui en dérivent. Le concept *global* de personnalité auquel renvoie la pratique psychopédagogique me paraît occuper dans la psychologie de l'individu concret une position homologue à celle du concept de nation dans la science historique, le concept spécifique de personnalité comme système vivant de rapports sociaux entre les

---

1. *Information,* p. 50.

conduites une position homologue à celui de mode de production. S'il en est bien ainsi, il serait hautement souhaitable de pouvoir exprimer ces deux concepts distincts (l'un étant le noyau de l'autre) par deux mots également distincts. Malheureusement la langue commune ne nous offre guère cette possibilité. Il ne sera certainement pas inutile de réfléchir à la manière la moins mauvaise de surmonter cette difficulté réelle [1].

Cette longue explication sur la question la plus centrale me permettra d'être bref sur le problème, au fond subordonné, des rapports entre le biologique, le psychique et le social dans la conception de la personnalité que j'ai proposée. En effet si l'on prend le concept de personnalité en son sens global, il est évident que les déterminations biologiques y sont impliquées, et de ce point de vue je ne puis qu'être d'accord avec l'idée qu'il faut « surmonter la coupure entre les deux approches, naturelle et sociale, de la personnalité [2] », selon la formule d'A. Kossakowski. Sans doute le développement d'une réelle psychologie de la personnalité jouera-t-il même un rôle stimulant pour la recherche biologique, en faisant apparaître, plus clairement que ce n'est le cas jusqu'ici, le genre de processus biologiques dont la prise en considération est effectivement pertinente pour la science de la biographie. Le tout est cependant de comprendre correctement le mode d'efficace du biologique dans les processus de formation et d'évolution de la personnalité. Force est de constater à cet égard que le préjugé biologiste, c'est-à-dire l'incompréhension profonde de l'excentration de l'essence humaine et de ses effets, demeure largement répandu malgré l'audience croissante de sa critique par le marxisme — la seule qui soit pleinement capable de le réfuter, parce qu'elle en *rend compte*. La racine la plus profonde du biologisme dans le capitalisme, c'est l'*aliénation*, qui aboutit à « produire constamment la force de travail en tant que source de richesse subjective, séparée de ses propres moyens d'objectivation et de réalisation, abstraite, *réduite à la seule existence corporelle du travailleur*, bref, le travailleur comme

---

1. La notion de *science de la biographie* me semble apte à traduire, par distinction d'avec celle de *théorie de la personnalité*, la *tâche* d'une connaissance *globale* de l'individu concret. Malheureusement l'*être* dont s'occupe la science de la biographie ne peut guère être désigné que comme l'*individu* concret — terme qui ne traduit pas la spécificité de la *personnalité humaine* — ou comme la *personnalité* — et nous retombons dans l'ambiguïté qu'il s'agit d'éviter.

2. P. 35.

salarié [1]. » Là est le fond idéologique, conscient ou non, de tout un matérialisme biologiste et « médical » bourgeois, qui tend à réduire l'individu à son corps et la pensée à une fonction du cerveau *séparé du patrimoine social humain*, matérialisme réducteur qui ressurgit sans cesse tant qu'on n'a pas assimilé jusqu'en son tréfonds le matérialisme historique.

Dans les pays socialistes eux-mêmes, il arrive qu'on en rencontre aussi des traces; ici ou là, on m'a par exemple objecté que « la théorie matérialiste de la personnalité est incompatible avec les vues extrêmes sur l'importance décisive des facteurs génétiques ou exogènes dont l'importance relative peut varier dans chaque concret. » Il y a là à mon sens une solide banalité enveloppant une erreur plus solide encore. Que les déterminations biologiques marquent la personnalité, notamment en affectant son support organique (par exemple, l'amnésie antérograde de la personne âgée, ou plus indirectement l'affaiblissement physique qui, appauvrissant l'emploi du temps, tend à scléroser toute la personnalité), on ne voit pas qui songe à le nier. En revanche, qu'elles puissent en quoi que ce soit intervenir dans la logique spécifique des rapports sociaux entre les conduites (par exemple dans la relation entre travail et salaire), donc dans l'infrastructure de la personnalité développée, on ne voit pas qui pourrait le prétendre. L'affirmation banale citée plus haut signifie donc tout simplement qu'on méconnaît intégralement l'infrastructure réelle de la personnalité, qu'on confond du même coup le support biologique et la base historico-sociale de la biographie, ce que traduit naïvement la « théorie des deux facteurs », « biologique » et « social », c'est-à-dire la « théorie » qui met *sur le même plan* les conditions de possibilité et l'essence effective d'une réalité donnée. La « théorie des deux facteurs » en psychologie est l'homologue de la « théorie historique » qui se proposerait de rendre compte du développement d'une formation sociale par plusieurs « facteurs » comme le sol, le climat, etc., — *et* l'économie. Devant un éclectisme qui barre la route à toute théorie véritablement scientifique de la personnalité, je ne considère pas pour ma part que l'indulgence soit de mise, surtout au moment où un biologisme ouvertement réactionnaire à la Eysenck et à la Lorenz tente de secourir l'idéologie bourgeoise en difficulté. Et il me paraît de haute importance que l'Académie des sciences péda-

---

1. K. Marx, *Le Capital*, Livre I, Marx-Engels Werke, Dietz, t. 23, p. 596. Je traduis d'après le texte allemand, cette phrase étant sautée dans la traduction Roy. C'est moi qui souligne.

gogiques de R.D.A., tout en soulignant l'imbrication indéniable du biologique, du psychique et du social dans l'*individu* humain concret, apporte le poids de son autorité à la lutte sans concession contre le biologisme sous quelque forme que ce soit.

Quelques mots sur la question du « parallélisme économico-psychologique ». On me demande « ce qui donne un contenu bien fondé » à ce parallèle. Je réponds qu'à mon sens, malgré certaines apparences, il ne s'agit pas réellement d'un « parallélisme », c'est-à-dire en somme d'une transposition mécanique. On m'accordera que sur de nombreux points essentiels, le livre souligne fortement les discordances fondamentales entre personnalité et formation économique [1]. Mieux : il est dans une large mesure fondé sur la mise en évidence de l'*opposition* qui existe entre leurs deux configurations d'ensemble : la personnalité, si elle a bien pour base les rapports sociaux, n'en a pas moins pour support une individualité biologique qui en est en soi tout à fait indépendante, et qui impose à la personnalité une forme psychologique sans équivalent dans le monde des rapports sociaux — d'où le concept de juxtastructure, qui exprime directement un *non-parallélisme* — et du même coup, la personnalité ne portant pas son essence en soi, la solution de ses contradictions *internes* dépend essentiellement de conditions sociales *externes* — d'où l'importance psychologique capitale de la vie militante — ce qui détermine une autre opposition radicale entre personnalité et formation sociale. C'est dans le cadre de ce *non-parallélisme d'ensemble* que la théorie de la personnalité est amenée, selon moi, à dégager des *homologies fonctionnelles*, ce qui est tout autre chose. Le fondement de ces homologies m'apparaît double. D'une part, en édifiant la science de l'histoire, Marx et Engels ont élaboré une dialectique matérialiste dont la portée logique objective est universelle; il est donc tout à fait naturel que la théorie de la personnalité soit conduite à reprendre à son compte des *figures dialectiques* dont l'économie politique marxiste fournit l'exemple. C'est le cas pour des concepts comme correspondance nécessaire, composition organique, baisse tendancielle du taux de progrès — ces deux dernières notions n'exprimant au fond rien d'autre, dans leur forme logique la plus générale, que la dialectique de l'*objectivation d'une activité dans ses produits* — en particulier dans ces produits essentiels que sont ses conditions de production — et de leur *action en retour sur cette activité*. D'autre part, si la *VIᵉ Thèse sur Feuerbach* est bien exacte, les structures de base de

1. Cf. par exemple *supra*, pp. 321-323, 420-424, 437, etc.

la personnalité reflètent nécessairement, sous des formes psychologiquement transposées, les structures sociales objectives : ici non plus
il ne s'agit pas de parallélisme, mais de *connexion fonctionnelle*. C'est
par exemple le cas pour l'opposition entre personnalité concrète et
personnalité abstraite, qui reflète le caractère double de la marchandise et du travail dans la société fondée sur la production marchande. Mais, je le répète, par-delà ces homologies à mon sens
fondées en raison, toute transposition mécanique d'une science à
l'autre au nom d'une superficielle « épistémologie du modèle »
relèverait de la naïveté scientifique.

Quelques remarques aussi sur une question de vive actualité
idéologique et politique, souvent posée par ceux qui, en France,
ont bien voulu examiner avec un certain détail les thèses et hypothèses contenues dans ce livre — la question des *besoins*. J'ai
brièvement rappelé plus haut pour quelles raisons, du point de vue
de la théorie de la personnalité, le besoin ne saurait être, malgré son
évidente importance, pris pour un concept *premier :* bien plutôt
qu'une donnée naturelle, les besoins proprement humains sont des
produits historiques, des résultats de l'activité antérieure. La
psychologie de la personnalité ne saurait donc en partir. Or sur le
terrain des luttes sociales et politiques, dans la perspective de la
mise en œuvre du Programme commun de la gauche, on voit souvent avancer l'idée qu'il est urgent de substituer la satisfaction
des besoins à la logique du profit, autrement dit de *partir* des
besoins individuels et sociaux des larges masses. Les analyses de
*Marxisme et théorie de la personnalité* contredisent-elles donc ces
idées essentielles ? Nullement, comme on va voir — mais, si elles
sont exactes, elles peuvent aider à en préciser le sens et les limites.
Que veut-on dire, en effet, lorsqu'on oppose l'urgente nécessité
d'instaurer un régime fondant son action sur les *besoins des masses*
à l'état de choses actuellement existant où la *loi du profit* exerce
son universelle domination ? On veut dire qu'il importe de remettre
en cause, de commencer à *renverser* le rapport fondamental que le
capitalisme établit, et maintient envers et contre tout, entre travail
mort et travail vivant, subordonnant de façon draconienne les
exigences du second à l'accumulation du premier, à la mise en
valeur du capital comme absurde « but en soi » — on veut dire qu'il
s'agit d'engager le processus révolutionnaire conduisant à faire du
travail vivant, de la formation des hommes, de l'épanouissement de
leur personnalité — donc, de la satisfaction de leurs besoins — le
*but* fondamental (et du même coup la première condition des progrès ultérieurs), l'accumulation des résultats objectivés du travail

n'en étant que le *moyen*. Ainsi la prise en considération prioritaire des besoins coïncide directement avec la théorie de la personnalité défendue dans ce livre, et qui est tout entière ordonnée autour de la recherche des conditions objectives d'un épanouissement supérieur des individus[1]. Dans ce sens, *partir* des besoins ne signifie rien d'autre que placer en position centrale la *désaliénation de l'activité*.

Mais précisément, comme on le voit, la priorité des besoins *par rapport au profit* implique que l'activité est bien la donnée de base *par rapport au besoin*, qui n'est à cet égard qu'un *indice* de ses exigences de développement. Et attention : un indice dont la valeur objective ne peut être établie sans confrontation critique avec ces exigences telles qu'on peut les connaître par d'autres voies. Prendre le besoin pour point de départ « absolu », autrement dit pour expression spontanément juste des exigences objectives de développement de l'activité, qu'il ne serait pas nécessaire de soumettre à la critique, ce serait s'exposer à demeurer prisonnier de graves illusions idéologiques, et notamment deux. D'abord, le besoin qui s'offre comme point de départ est en général celui qui affleure à la conscience, le besoin subjectif. Or s'il est rare qu'un besoin subjectivement ressenti ne soit pas au moins le symptôme d'une exigence objective, il n'est pas moins rare qu'il en soit d'emblée l'expression adéquate. Il n'est souvent que la traduction d'une exigence encore incomprise dans les formes mystificatrices de l'idéologie dominante. Ainsi l'exigence objective que le travail social s'effectue dans des conditions désaliénées, loin de déboucher de lui-même sur la claire conscience que la France a grand *besoin* de changements démocratiques profonds, peut se manifester chez des travailleurs, chez des cadres par le besoin subjectif de « se sentir plus utile dans l'entreprise » — dans l'entreprise *telle qu'elle est* au sein des rapports capitalistes. Non seulement la « satisfaction » d'un tel besoin *pris sans critique pour exigence première*, « naturelle », n'aboutira pas à sa satisfaction *réelle*, c'est-à-dire à une désaliénation effective de l'activité, mais elle ne fera que renforcer (temporairement) son aliénation[2]. Dans ce sens, il ne serait pas tout à fait juste de dire que le

---

1. Cf. sur ce point les remarques de P. Herzog sur la portée de l'œuvre théorique de P. Boccara, dans *Économie et Politique*, n° 236, mars 1974, p. 38, et les *Études sur le capitalisme monopoliste d'État, sa crise et son issue*, P. Boccara (Édit. sociales, 1974), 3ᵉ partie.

2. C'est justement le principe de la D.P.O. (Direction participative par objectifs), méthode capitaliste d'organisation du travail dont les penseurs, comme l'américain Herzberg, vantent sans vergogne les mérites au patronat

grand capital se moque des « besoins » des travailleurs : en un sens il s'ingénie au contraire à les satisfaire, plus précisément à tenter d'opposer la satisfaction de leurs *formes les plus mystifiées* à la *prise de conscience objective* des exigences profondes qu'ils recouvrent, autrement dit la collaboration de classes à la lutte révolutionnaire. La critique objective des besoins subjectifs ressentis par les masses, que développe le syndicat de classe lorsqu'il intervient dans la formulation de la revendication, le parti révolutionnaire lorsqu'il élabore le mot d'ordre de lutte, est donc d'une importance capitale — et c'est bien la preuve concrète que le besoin ne saurait être pris comme donnée réellement première. Ce n'est pas tout : une autre illusion majeure impliquée dans un primat non-critique du besoin, c'est qu'il apparaît comme une *donnée*, donc, peu ou prou, comme une réalité naturelle, essentiellement immuable. Or c'est là, on le sait, une erreur à tous les points de vue. La prétendue fixité naturelle des besoins est par excellence une idée reçue de l'*idéologie bourgeoise*, pour la bonne raison qu'elle permet d'escamoter les effets d'une exploitation du travail aggravée, et de contester dans le principe même les revendications des travailleurs. N'est-elle pas aussi un moyen bien commode de tenter de soustraire à la critique marxiste le fond petit bourgeois de tout un utopisme anarchiste et individualiste, présenté comme exprimant les besoins imprescriptibles de l'être humain ? Ainsi, expression synthétique importante des exigences de développement d'un individu (ou d'une collectivité), et à ce titre *base significative de référence* pour toute pratique éducative ou émancipatrice, le besoin proprement humain, loin de renvoyer à une « nature » devant laquelle il n'y aurait qu'à s'incliner, reflète de façon mouvante et approximative, le plus souvent à travers les idéologies existantes, les exigences d'une logique objective d'activité qui constitue sa *véritable base*, donc aussi le réel point de départ, et par rapport à laquelle il faut toujours en fin de compte le soumettre à la critique. C'est pourquoi une théorie des besoins humains comme produit historico-social est exigée non pas seulement par la théorie de la personnalité, mais, du même mouvement, par l'ensemble des sciences humaines, par l'ensemble des pratiques transformatrices de la société et de la biographie individuelle.

*\* \* \**

en expliquant : avec une augmentation de salaire, vous serez tranquilles trois mois; avec la D.P.O., vous serez tranquilles trois ans.

Qu'il me soit permis, en terminant d'exprimer ma gratitude à tous ceux, philosophes, psychologues ou spécialistes d'autres disciplines, en France ou à l'étranger, qui ont pris la peine de lire avec attention ce long ouvrage, de me faire bénéficier de leurs remarques critiques, de m'encourager de leur approbation sur l'essentiel. Je ne me suis jamais dissimulé que, fût-ce dans le meilleur des cas, il ne pouvait constituer qu'une introduction, parmi d'autres, à une science future de la personnalité. Cette science reste en grande partie à construire. Et l'apport d'un philosophe à cette construction, même s'il ne se heurte pas dans les débuts à de trop grandes difficultés [1], ne saurait être pour l'essentiel, au fur et à mesure de ses progrès, qu'un apport indirect. Mais ce qui n'est pas, ce qui n'est plus possible désormais c'est d'ignorer que sur la base du matérialisme dialectique et *historique* une réelle science de la personnalité *est en gestation ;* qu'en regard de cette science en gestation, dont l'importance est incalculable, un certain refus de prendre en compte pour la psychologie l'apport du marxisme, de la *philosophie* marxiste, apparaîtra de plus en plus comme une conduite d'autodestruction. Pour des raisons qui dépassent infiniment les va-et-vient de la conjoncture idéologique, l'essor de la psychologie de la personnalité, et plus largement de la connaissance scientifique de l'homme, est lié au plus profond avec l'essor des forces démocratiques et socialistes, de la lutte pour la désaliénation des hommes, dont la théorie générale est le marxisme. C'est à la lumière du marxisme que continuera de se développer la théorie de la personnalité.

Décembre 1973-Mars 1974.

---

1. Je me propose de revenir ultérieurement sur les problèmes de l'*emploi du temps* — concept faussement simple, dont on pourrait être tenté de se servir à un niveau purement empirique, sans approfondir radicalement sa structure, ce qui lui ôterait toute portée scientifique — et sur les problèmes de *superstructures, idéologies, formes de conscience personnelles*, en particulier sur la *biographie intellectuelle*, notion impensable en rigueur à défaut d'une conception non réductrice, non psychologiste de la psychologie de la personnalité, mais qui, à la lumière d'une telle conception, apparaît extraordinairement féconde.

# Index sommaire des noms
# et des concepts

N.B. — On n'a pas fait figurer dans cet index les noms ou concepts qui reviennent tout au long de l'ouvrage, comme Marx ou personnalité, ni les notions faisant l'objet de longs développements dont on trouve l'indication dans la table des matières.

Un résumé systématique des principales idées du livre figure aux pages 527-548, ainsi qu'aux pages 584-590.

# TABLE DES MATIÈRES

Achevé d'imprimer le 30 novembre 1975
par l'Imprimerie-Reliure Maison Mame, Tours.

Nᵒ d'édition : 1648.
Dépôt légal : 4ᵉ trimestre 1975.
Nᵒ d'imprimeur : 5226-1974.